AF342902

# DICTIONNAIRE ENCYCLOPÉDIQUE DU LOT,

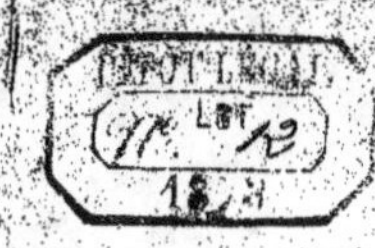



## LA SOCIÉTÉ DES ÉTUDES LITTÉRAIRES, SCIENTIFIQUES ET ARTISTIQUES DU LOT.

MONSIEUR,

Le développement inespéré qu'a pris, en quelques mois, la *Société des études du Lot*, lui fait un devoir de s'élever, dans la limite de ses forces, à la hauteur où l'a placée l'estime des hommes éclairés, qui l'ont honorée de leur adhésion ou de leurs encouragements.

Ce qui l'a préoccupée surtout, et ce qui a été, dès l'origine, la base de son programme, c'est de généraliser, le plus possible, le caractère de ses études, et d'associer à celles-ci, non-seulement les membres correspondants, mais encore tous les hommes de bonne volonté, disposés à concourir au but qu'elle s'est proposé : moraliser et instruire.

Elle a donc décidé qu'en dehors des travaux ordinaires de ses séances, qui ne peuvent être suivies que d'un petit nombre, on s'occuperait activement de rassembler tous les matériaux devant servir à un grand travail sur le département, qui, sous la forme de dictionnaire, résumerait ce qui a été déjà écrit sur le Lot et ce que de nouvelles recherches sont appelées à nous révéler.

De là, deux genres de travaux bien distincts :

Aux uns, de dépouiller, au moyen de bulletins imprimés, que la Société tient à la disposition de ses membres et de tous ses auxiliaires, les divers ouvrages intéressant le Quercy ; aux autres de puiser aux sources trop peu explorées encore, d'où peut jaillir quelque lumière pour l'histoire de notre pays.

Pour mener à bonne fin la première partie de la tâche commune, il est indispensable que chacun désigne dès aujourd'hui ce qu'il est disposé à entreprendre de ce grand dépouillement qui, grâce au mode de nos bulletins, permettra de rapporter le moindre document, qui y sera consigné, au mot qu'il intéressera au dictionnaire en voie d'exécution. On comprend, en effet, que le même ouvrage ainsi dépouillé par deux personnes à la fois, aboutirait à un double emploi qu'il faut éviter.

Plusieurs de nos membres sont déjà à l'œuvre. Mais le nombre des écrits à consulter est tel, que nous ne saurions convier trop de monde à ce travail, modeste en lui-même, mais fécond en résultats. Si vaste, d'ailleurs, que soit l'entreprise, il est permis d'en assurer le succès prochain, si, des divers points du département, nous viennent des collaborateurs dévoués, tels que la Société en compte déjà.

Je l'ai dit : là ne se borne pas notre tâche. *Le Dictionnaire encyclopédique du Lot* ne doit pas être seulement une compilation. Il lui faut sa part de documents originaux, des recherches et des aperçus qui lui soient propres ; et comment ne les aurait-il pas, grâce aux moyens d'investigation dont la Société disposera, **par le nombre toujours croissant de ses membres et le concours de tous les hommes d'étude ?**

Pendant que les uns, placés, par leur résidence au chef-lieu, près des sources les plus fécondes de renseignements, exhumeront des archives départementales, des bibliothèques ou des administrations, les chartes, les manuscrits et tout ce qui peut jeter quelque jour sur le passé ; pendant que nous ferons appel, par nos relations personnelles, aux communications étrangères au département, c'est à nos membres correspondants, surtout, de fouiller dans les archives communales, dans les registres des paroisses, dans les papiers des grandes familles et jusque dans les études de notaires, qui n'ont pas seulement le privilége de garder la fortune des particuliers, mais encore le secret de tant de problèmes historiques.

Ce qu'il faut consulter encore, c'est la chronique, la légende et cette autre mine inépuisable de richesses qu'on appelle les *ruines* : voix rarement muette, quand on sait l'interroger et comprendre son langage !

Ce qu'il faut dire aussi, c'est la nature du sol, la physionomie de la commune, les hommes illustres, l'industrie des habitants, leurs mœurs, les richesses minéralogiques, l'église, le vieux château, les voies de communication, les cours d'eau, les améliorations à introduire : tout ce qui nous rend le passé et prépare l'avenir !

Ainsi compris et exécuté, ce dictionnaire, œuvre impersonnelle, ferait honneur au département qui aurait osé l'entreprendre et le vengerait des préventions injustes qui tendent à le représenter comme déchu du rang si honorable où l'avait placé la gloire de nos ancêtres.

<table>
<tr><td>Le Secrétaire,</td><td>Le Président de la Société,</td></tr>
<tr><td>COMBARIEU, archiviste départemental.</td><td>Léon VALÉRY.</td></tr>
</table>

Cahors, le                 1873.

---

*P. S.* Écrire au Président de la Société pour la collaboration au dictionnaire et dire à quel genre de travail on veut concourir. Si c'est au dépouillement, désigner l'ouvrage ; si c'est à des articles spéciaux du dictionnaire : monographies de communes, histoire de monuments, industries, études minéralogiques ou géographiques, etc., le désigner également.

Nous rappelons que la Société décernera à la meilleure étude sur les phosphates de chaux une médaille d'or ; une médaille de vermeil au meilleur travail sur une commune du Lot, et une médaille d'argent à une légende quercynoise en vers patois, ou à une collection de chants populaires ou de proverbes, ou de croyances populaires. Les ouvrages doivent être envoyés d'ici au 1er mai 1873.

# LISTE

des Membres composant la Société des Études littéraires, scientifiques
et artistiques du Lot.

## COMPOSITION DU BUREAU POUR L'ANNÉE 1873.

Mᵍʳ GRIMARDIAS, évêque de Cahors, président d'honneur.

MM. Léon VALÉRY, président titulaire.
A. CALMELS, vice-président.
H. VALETTE. vice-président.
Louis COMBARIEU, secrétaire.
P. ᴅᴇ FONTENILLES, secrétaire-adjoint.
A. COMBES, archiviste-trésorier.

## LISTE DES MEMBRES.

MM.

ALAZARD, propriétaire à Labéraudie.
ALBESSART, curé à Ferrières (Puy-l'Evêque).
ANDRIEU, curé à St-Martin-le-Redon.
ᴅ'ARMAGNAC (ᵛᵗᵉ), propr. à St-Côme (Aveyron).
ARMAND, employé des Tabacs, à Cahors.
ARNAUDET, docteur en médecine à Douelle.
AYMA, inspecteur d'académie honoraire, à Cahors.
AUDOURY, propriétaire à Cahors.
AUSSET, cond.ʳ des Ponts-et-Chaussées à Cahors.
BAILLIART, inspecteur d'académie, à Cahors.
BAUDEL, professeur de rhétorique au lycée d'Albi.
BASTIDE, négociant à Puy-Larroque (Tarn-et-Gⁿᵉ).
BÉNECH, officier de santé à Marcilhac.
BERCEGOL, curé à Latour.
BESSIÈRES, avocat à Cahors.
BESSIÈRES, directeur des Contributions directes
en retraite, maire à Cambayrac.
ᴅᴇ BLAVIEL (abbé), vicaire-général à Cahors.
BOBINSKI, photographe à Cahors.
BONNEMER, photographe à Cahors.
BOUDON, avocat à Cajarc.
BOULADE (abbé), vicaire de St-Barthélemy, à
Cahors.
BOURRIÈRES, propriétaire à Cahors.
BOUSQUET, avocat à Cahors.
BOUSQUET, président du Tribunal de commerce, à
Cahors.
BOUTAREL-MEMBRY, maire à Luzech.

MM.

CABANÈS, pharmacien à Gourdon.
CALMELS, avocat et juge de paix, à Cahors.
CALMETTE fils, libraire à Cahors.
CALMON, sculpteur à Cahors.
LE CAMUS, chanoine à Cahors.
CANCARDEL, avocat à Cahors.
CAPMAS, avocat, membre du conseil d'arrondisse-
ment, à Cahors.
CAPMAS, contrôleur des Contributions directes, à
St-Ceré.
CAPMAS, receveur de l'enregistrement à Lalbenque.
CAPMAS, professeur de droit à la Faculté de Dijon.
CARAYON, avocat à Cahors.
CARBONEL, étudiant en droit à Toulouse.
CARRIOL, cond.ʳ des Ponts-et-Chaussées à Cahors.
CASTANET, lithographe à Cahors.
CHAULE, surnuméraire dans l'enreg.ᵗ, à Cahors.
CLARET, propriétaire à Salviac.
CLARY, docteur en médecine, inspecteur de l'assis-
tance publique, à Cahors.
COLDEFY (abbé), ancien professeur de philosophie
et de théologie, à Gourdon.
COLY, employé de la Préfecture du Lot, à Cahors.
COMBARIEU, archiviste départemental, à Cahors.
COMBES, professeur de musique à Cahors.
COMBES, propriétaire à Cahors.
CULIÈRE, percepteur à Bach.
DAYMARD, ingénieur à Amiens.

MM.

DELMAS (abbé), curé à St-Cirq-Lapopie.
DEVÈS, propriétaire à Bostassac (Pontcirq).
DEVÈZE (abbé), chanoine et secrétaire général de
    l'évêché, à Cahors.
DOLS, notaire à St-Cirq-Lapopie.
DOUMERC, pharmacien à Labastide-Murat.
DRÈME, vérificateur de culture, à Cahors.
DUC, pharmacien à Cahors.
DUCROS, avoué à Cahors.
DUPORTAL, vérificateur de culture, à Cahors.
DURAND, avocat à Toulouse.
FAURIE, docteur en médecine à Francoulès.
FIEUZAL, juge de paix, à Albas.
DE FLAUJAC, maire de Cahors.
DE FONTENILLES, propriétaire à Cahors.
GARY (abbé), vicaire à Salviac.
Mgr GRIMARDIAS, évêque de Cahors.
GUÉGUEN, chef de station télégraphique à Cahors.
GUICHES, percepteur à Luzech.
GUILHOU (abbé), prêtre à Cahors.
GUIRAUDIES-CAPDEVILLE, chef de bureau à la
    Préfecture du Lot à Cahors.
GUYOT DE CAMY, propriétaire à Labastide-Murat.
HALBERG, professeur à la Faculté des lettres de
    Dijon.
HAUTEFAGE, docteur en médecine, à Cahors.
HENRAS, propriétaire à Mercuès.
IRISSOU, maire de Montcuq.
JAUBERT, instituteur à Floressas.
DE JOFFREAU-BLAZAT, élève commissaire de
    marine, à Brest.
KOLB, employé à la Préfecture du Lot, à Cahors.
KOLB, photographe à Cahors.
LABIE, receveur de l'hospice, à Cahors.
LABROUE, négociant à Cahors.
LACARRIÈRE (abbé), curé à Issendolus.
LACASSAGNE, professeur à la Faculté de médecine,
    à Montpellier.
LACOMBE, homme de lettres, ancien élève de l'é-
    cole des Chartes, à Paris.
LACROIX, conducteur des Ponts-et-Chaussées, à
    Toulouse.
LAGARRIGUE, avocat à Cahors.
LAGARRIGUE, en religion Père DAMAZE, religieux
    de l'ordre de saint François, à Cahors.
LAGRANGE, maire à Duravel.
LALANDE, vérificateur de culture, à Cahors.
DE LAMBERTERIE, sous-préfet à Confolens.
LASSERRE, conseiller de préfecture à Auxerre. (1)

MM.

LAUGLANE, organiste de la Cathédrale, à Cahors.
LAUR (abbé), curé à Castelfranc.
LAUR, vétérinaire départemental, à Cahors.
LAYTOU, journaliste, à Cahors.
LEBŒUF, docteur en médecine, à Cahors.
LIMAYRAC, député du Lot.
MALINOWSKI, professeur au lycée de Cahors.
MARATUECH, employé des Tabacs, à Mercuès.
MARATUECH, propriétaire à Sérignac.
MARTIN (abbé), curé à Leramière.
MAZUC, contrôleur, premier commis de la direction
    des Contributions indirectes, à Cahors.
MIQUEL (abbé), curé à Lascabanes.
MURAT (comte), député du Lot.
MUZAC (abbé), curé à Murel, près Martel.
NOEL, ancien greffier, à Cahors.
D'ORSAY, directeur de l'administration des Tabacs
    en retraite, à Cahors.
D'ORSAY, vérificateur de culture, à Cahors.
PAGÈS-DUPORT, député du Lot.
PARAMELLE (abbé), prêtre à St-Céré.
PARVIEUX, peintre-décorateur, à Cahors.
POUGET, négociant à Cahors.
POUGNY, préfet de l'Hérault, à Montpellier.
POUZERGUES, employé des Ponts-et-Chaussées, à
    Cahors.
QUEYSSAC, surnuméraire dans l'enreg., à Cahors.
RAMES, juge de paix à Limogne.
RELHIÉ, docteur-méd. adjoint au Maire, à Cahors.
REY, docteur en médecine, secrétaire de la Société
    agricole du Lot, à St-Denis près Catus.
REY, vérificateur de culture, à Luzech.
RODOLOSSE, élève de l'école des beaux-arts, à
    Paris.
ROSSIGNOL (abbé), curé à Mechmont.
DE ROUMEJOUX, propriétaire à Périgueux.
DE ROUSSY, propriétaire à Cahors.
ROUVIER (abbé), curé à St-Médard près Catus.
SARLAT père, propriétaire à Cahors.
SOULIÉ, négociant à Cahors.
TACHARD, docteur en médecine, à Montcuq.
TRENEULE (abbé), curé à Escamps.
VALÉRY, contrôleur principal des Contributions
    directes, à Cahors.
VALETTE, chef de l'institution Henri IV, à Cahors.
DE VALON, député du Lot.
VERDIER (abbé), secrétaire particulier de Monsei-
    gneur, à Cahors.
VIALARD, licencié en droit, maire de Catus.

# DICTIONNAIRE

### DES

# COMMUNES DU LOT

CONTENANT LA NOMENCLATURE DES

VILLAGES, HAMEAUX, CHATEAUX, MOULINS, MÉTAIRIES, MAISONS ISOLÉES

ET DONNANT POUR CHAQUE COMMUNE

les divisions administratives anciennes et modernes ;
les bureaux de poste et de télégraphe, les stations de chemin de fer ;
la superficie, la population, l'altitude, la nature des terrains ;
les paroisses, les principaux villages
et hameaux avec leur distance au chef-lieu de la commune ;
les cours d'eau, les voies de communication, les distances ;
le nombre d'électeurs et de conseillers municipaux ;
les impôts et les revenus, la statistique des écoles et des établissements de bienfaisance ;
la nature des produits agricoles, le commerce et les principales industries ;
les dates des fêtes locales, des foires et marchés ;
les curiosités naturelles et archéologiques, la valeur des anciennes mesures ;
les faits historiques, les hommes célèbres, etc., etc ;

PRÉCÉDÉ D'UNE INTRODUCTION

SUR LE DÉPARTEMENT AVANT ET APRÈS 1789

## PAR L. COMBARIEU

Archiviste dép<sup>al</sup>, Officier d'Académie.

Collaborateurs : MM. A. COMBES, J. MALINOWSKI, A. SARCOS,
de la *Société des Études*, et MM. les Instituteurs.

CARTE DU DÉPARTEMENT

CAHORS

A. LAYTOU, IMPRIMEUR-ÉDITEUR

—

1880

IMP. LAYTOU, RUE DU LYCÉE, 34.

# PRÉFACE

En publiant le *Dictionnaire des Communes du Lot,* nous avons essayé de combler une lacune signalée, depuis quelques temps, dans la série des publications qui intéressent notre département.

Il existe, en effet, soit imprimés, soit manuscrits, de nombreux et savants travaux sur le Quercy et le département du Lot ; mais parmi les auteurs de ces travaux, deux seulement, Glück et Delpon, ont groupé autour du nom de chaque commune les renseignements que le lecteur pouvait avoir intérêt à consulter. Ajoutons que Glück, dans son *Album du département du Lot* ne s'est occupé que d'histoire et d'archéologie et que l'on peut reprocher aujourd'hui à la savante *Statistique du Lot* de Delpon d'avoir été publiée en 1831, c'est-à-dire d'être âgée d'un demi-siècle ; ce qui, pour une statistique, est un grand âge.

Nous avons donc pensé répondre à un besoin réel et faire œuvre utile en publiant une liste alphabétique des lieux habités de notre département et en faisant suivre le nom de chaque Commune de tous les renseignements relatifs à sa situation actuelle et à la situation qu'elle avait pendant et avant la grande Révolution.

Nous avons divisé chaque notice communale en deux parties qui pourraient avoir pour titres : *La commune aujourd'hui, la commune autrefois.*

La première partie mentionne les divisions administratives, les bureaux poste et de télégraphe, les stations de chemin de fer, les paroisses avec leur population, la superficie, la population communale, l'altitude moyenne, la nature des terrains et les mines, les principaux villages et hameaux avec leur population particulière et leur distance du chef-lieu communal, les cours d'eau, les voies de communication, les distances aux chefs-lieux de canton, d'arrondissement et du département, le nombre d'électeurs et de conseillers municipaux, le principal des quatre contributions directes payées par la commune, le montant des revenus communaux, la statistique des écoles et des bureaux de bienfaisance, la nature des produits agricoles, les établissements commerciaux et industriels, les foires et marchés, les dates des fêtes locales, les curiosités naturelles, etc.

Dans la seconde partie, nous disons ce qu'était la commune pendant et avant la Révolution, nous indiquons le montant des impositions qu'elle avait à payer, les paroisses qu'elle formait avec leur population, la valeur de ses anciennes mesures, les faits historiques qui peuvent la concerner, les curiosités archéologiques qu'elle renferme, le nom des hommes célèbres qui y ont vu le iv

jour; en un mot tout ce qui peut intéresser son passé et donner une idée de son ancienne importance.

Nous avons cru devoir faire précéder le Dictionnaire d'une *introduction* dans laquelle nous avons essayé de faire connaître notre département considéré aux divers points de vue géographique, administratif, statistique, financier et historique.

Pour la rédaction de ce travail, plusieurs personnes ont bien voulu nous prêter leur concours et nous devons surtout remercier nos confrères de la Société des Etudes, MM. Combes, Malinowski et Sarcos de leur précieuse collaboration (1). Des notices fournies par MM. les Instituteurs du département nous ont permis d'introduire d'utiles renseignements qu'il ne nous eût pas été possible de nous procurer ailleurs.

L. COMBARIEU.

# TABLEAU DES SIGNES ABRÉVIATIFS

| | | | |
|---|---|---|---|
| ⊠ | bureau de poste. | arr. | arrondissement. |
| ⊞ | bureau télégraphique. | cant. | canton. |
| ⌑ | station de chemin de fer. | chef-l. | chef-lieu. |
| ○ | paroisse. | chem. | chemin. |
| c. | commune. | congrég. | congréganiste. |
| c⁽ᵃˡ⁾ | communale. | cons. mun. | conseillers municipaux. |
| cᵗᵉ | communauté. | cont. dir. | contributions directes. |
| ch. | château. | dépˡᵉ | départementale. |
| cᵒⁿ | communication. | départ. | département. |
| f. | ferme. | garç. | garçons. |
| f g. | faubourg. | hab. | habitant. |
| g. cᵒⁿ | grande communication. | hect. | hectare. |
| h. | hameau. | int. com. | intérêt commun. |
| i. | maison isolée. | natˡᵉ | nationale. |
| k. | kilomètre. | ord. | ordinaire. |
| m. | métairie. | patr. | patronale. |
| m. | mètre. | percept. | perception. |
| m. e. | moulin à eau. | rec. | recette. |
| m. v | moulin à vent. | sect. élect. | section électorale. |
| p. | paroissiens. | subdél. | subdélégation. |
| u. | usine. | superf. | superficie. |
| v. | village. | vic. | vicinal. |
| alt. moy. | altitude moyenne. | | |

(1) M. A. Combes a calculé les hauteurs moyennes du sol des communes au-dessus du niveau de la mer et nous a fourni le résultat de ses recherches sur la population actuelle.

M. J. Malinowski nous a communiqué des notes géologiques et minéralogiques sur toutes les communes et de nombreux renseignements historiques.

M. A. Sarcos nous a donné la liste complète de tous les lieux habités du département, liste dressée par lui d'après les renseignements fournis par les agents des Postes.

# DICTIONNAIRE

## GÉOGRAPHIQUE, ADMINISTRATIF, STATISTIQUE,

### HISTORIQUE, ARCHÉOLOGIQUE, ETC.

## DU DÉPARTEMENT DU LOT

## A

ABBAYE (l'), *v.*, c. de Léobard.
ABREUVOIR (l'), *i.*, c. de Grézels.
ADIEU, *h.*, c. de Cabrerets.
AGANOS (les), *h.*, c. de St Médard (Catus)
AGARNEL, *m.*, c. de Limogne.
AGLAN ou Aglans (les), *v.*, c. de Soturac.
AGRÀS, *h.*, c. de Castelnau-de-Montrat.
AILLAT, *h.*, c. de Thédirac.
AILLET, *h.*, c. de Montdoumerc.
ALARY, *h.*, c. de Cambayrac.
ALARY, *i.*, c. de Gigouzac.
ALAUX, *h.*, c. de Peyrilles.
ALAYRANGUES, *h.*, c. de Comiac.
ALBARAT, *h.*, c. de Pomarède.

**ALBAS**, c., cant. de Luzech, arr. de Cahors. — ⊠. — ⛟ et ⛟ de Parnac. — Percept. de Luzech. — ⛨ Albas (1,474 p.) et Cénac (350 p.). — Rec.-buraliste. — Notaire.

*Géographie* : Superf. 2,196 hect. — 1,670 hab. — Alt. moy. 229 m. — Les hauteurs de cette c. appartiennent à la formation jurassique supérieure ; alluvions fertiles dans la vallée.

Principaux v. et h. : Albas (719 hab.) ; — Cénac (58 hab.), à 6 k. d'Albas ; — Rivière-Hte (185 hab.), à 1 k. ; — Rivière-Bse (68 hab.), à 1 k. 500 ; — Paradis et Moulin, (90 hab.), à 2 k. ; — Souleillac (le) (73 hab.), à 2 k. ; — Cambou (52 hab.), à 1 k. 200.

Cours d'eau : Rivière du Lot (bac).

Voies de cᵒⁿ : chem. vic. de g. cᵒⁿ nᵒ 8, de Cahors à Touzac ; — chem. vic. d'int. com. nᵒ 7, de Castelnau à Cazals ; — 12 chem. vic. ord.

Distances : au chef-l. de cant. 5 k. ; au chef-l. d'arr. et de départ. 24 k.

*Statistique* : Électeurs, 577. — Cons. mun. 16. — Sect. élect. : Albas (14 conseillers) ; Cénac (2 conseillers).

Principal des 4 cont. dir. 10,166 fr.
Revenus de la commune, 1,258 fr.
Bureau de bienfaisance (revenu annuel 1,383 fr.).

*Instruction* : Ecole cle laïque de garç. (103 élèves) ; — Ecole cle congrég. de filles (97 élèves) ; — Ecole libre de filles (12 élèves) ; — à Cénac : école laïque mixte de h. (19 élèves).

*Produits agricoles* : Vin, tabac, céréales, pommes de terre.

*Commerce et Industries* : Moulin à farine ; — 2 hôtels ou auberges ; — 4 cafés ; — cercle. — Foires, le 2e lundi de chaque mois. — Marchés, le lundi. — Fête patr., le 3 août.

### HISTORIQUE.

*Pendant la Révolution.* — Albas formait 2 c. (Albas et Cénac) qui dépendaient du cant. de Luzech, district de Cahors.

*Avant la Révolution.* — Albas formait 2 c^tés :

1° C^té d'Albas et Anglars (subdélégation de Prayssac et élection de Cahors). — Paroisses d'Albas, sous l'invocation de St-Etienne (1,400 p.) et d'Anglars, sous l'invocation de l'apparition de St-Michel (192 p.). — Cette c^té payait 8,942 livres d'impositions ; ses charges locales ordinaires étaient de 576 livres.

2° C^té de Cénac (subdél. de Prayssac et élection de Cahors). — Paroisse de Cénac, sous l'invocation de St-Martin (201 p.). — Cette c^té payait 1,809 livres d'impositions ; ses charges locales étaient de 44 livres.

Les anciennes mesures de ces deux c^tés étaient celles de Cahors.

Vers la fin du siècle dernier, les vins d'Albas avaient déjà beaucoup de réputation ; ces vins se vendaient jusqu'à 40 livres la barrique. — Les vignes y atteignaient le prix de 2,000 livres la quarterée (51 ares).

En 1106 le pape Pascal II donna l'église d'Albas aux chanoines de Cahors ; cette église fut plus tard (1263) cédée par le chapitre à l'évêque Barthélemy de Roux. — En 1236 un autre évêque de Cahors, Pons d'Antejac, légua à la cathédrale de Cahors tout ce qu'il possédait à Albas.

Albas fut une des localités du Quercy hypothéquées aux Anglais, en 1287, par le roi Philippe le Long.

Le château d'Albas ou du Bas est souvent mentionné dans les chroniques du Quercy. Deux évêques de Cahors sont morts dans ce château : Antoine de Luzech (1495-1510) et Antoine Hébrard de St-Sulpice (1577-1601).

ALBERCASSAGNE, *h.*, c. de Salviac.
ALBERT, *i.*, c. de Prayssac.
ALBI, *h.*, c. de Sonac.

ALBIAC, c., cant. de Lacapelle-Marival, arr. de Figeac. — ✉, ▦, ▦ de Gramat. Percept. de Thémines. — ♂ (216 p.). — Rec.-buraliste.

*Géographie :* Superf. 377 hectares. — 193 hab. — Alt. moy. 389.^m — C. située sur les marnes supraliasiques ; argiles.

Principaux v. et h. : Albiac (81 hab.).

Voies de c^on : chem. vic. d'int. com. n° 24, de Lacapelle-Marival à Lavergne ; — 3 chem. vic. ord.

Distances : au chef-l. de cant. 12 k. ; au chef-l. d'arr. 30 k. ; au chef-l. de départ. 65 k.

*Statistique :* Electeurs 60. — Cons. mun. 10.

Principal des 4 cont. dir. 1,624 fr.
Revenus de la commune, 35 fr.

*Instruction :* Ecole c^le laïque mixte (29 élèves).

*Produits agricoles :* Blé, maïs, avoine.

*Commerce et Industries :* 1 cabaret. — Fête patr., le 21 juin.

### HISTORIQUE.

*Pendant la Révolution.* — C. dépendant du cant. d'Aynac et du district de Figeac.

*Avant la Révolution.* — C^té dépendant de la subdélégation et de l'élection de Figeac. — Paroisse d'Albiac, sous l'invocation de St-Pierre, apôtre (212 p.). — Cette c^té payait 1,818 liv. d'impositions ; ses charges locales ordinaires étaient de 62 liv. — Ses anciennes mesures étaient celles de Figeac.

En 987, les époux Hugues et Hermentrude donnèrent à l'évêque de Cahors, Frothaire, leur villa d'Albiac, consacrée à St-Pierre. — Cette église aurait été acquise des religieux de Marcillac ; elle était située dans la viguerie d'Aynac.

ALBINQUATS, *ch.*, c. de Bélaye.
ALBOY, *i.*, c. de Belfort.
ALBRAT, *i.*, c. des Junies.
ALBRIGUE, *i.*, c. de Belfort.
ALCAMP, *h.*, c. de Lalbenque.
ALCOSTE, *h.*, c. de Tauriac.
ALDY, *m.*, c. de St-Céré.
ALFAUR, *i.*, c. de Belfort.
ALGAS, *i.*, c. d'Arcambal.
ALGUIÈRES, *h.*, c. de St-Cernin.
ALIBERT, *i.*, c. de Belfort.
ALIÈGES, *f.*, c. de Lacave.
ALIOS, *h.*, c. de Belfort.
ALIX (les), *h.*, c. de Rocamadour.
ALLEGUEDE (l'), *h.*, c. de Bagnac.
ALLIALS, *h.*, c. de Thédirac.
ALLIÈRES, *i.*, c. de Fourmagnac.
ALLIOT, *h.*, c. de Gindou.
ALMAS, *i.*, c. de Fontanes.
ALON, *i.*, c. de Lalbenque.
ALOYS, *i.*, c. de St-Cyprien.
ALPUECH, *i.*, c. de Sousceyrac.
ALRIEU, *h.*, c. de Lalbenque.

ALROUY, *i.*, c. de Montdoumerc.
ALSAVIE, *i.*, c. de Bélaye.
ALTUC, *i.*, c. de Bélaye.

**ALVIGNAC**, *c.*, cant. de Gramat, arr. de Gourdon. — ⊠, ▯ de Gramat, ▯ de Rocamadour. — Percept. de Gramat. — ♦ (717 p.). — Débit de tabac.

*Géographie :* Superf. 1,303 hect. — 739 hab. — Alt. moy. 361 ᵐ. — Terrain argilo-calcaire. — Le lias inférieur, étage exclusivement calcaire, apparaît à l'est de cette c. et forme une plaine assez étendue.

Principaux v. et h. : Alvignac (595 hab.); — Lagorce (40 hab.), à 2 k. d'Alvignac; — Mas des Vignes (20 hab.), à 4 k.; — Mazeyrac (38 hab.), à 2 k.; — Penot (50 hab.), à 1 k. 500.

Cours d'eau : Ruisseau de Latouille ou de Cazelle, limitant les deux c. de Miers et d'Alvignac; — Ruisseau de Salgues.

Voies de cᵒⁿ : chem. vic. de g. cᵒⁿ nᵒ 20, de Gramat à Vayrac; — chem. vic. d'int. com. nᵒ 30, de St-Céré à Rocamadour; — 2 chem. vic. ord.

Distances : au chef-l. de cant. 7 k.; au chef-l. d'arr. 40 k.; au chef-l. de départ. 63 k.

Curiosités : Caverne ou gouffre de Reveillon, dans lequel se jette le ruisseau de Salgues.

*Statistique :* Electeurs 241. — Cons. mun. 12.

Principal des 4 contr. dir. 5,846 fr.

Revenus de la commune, 192 fr.

*Instruction :* Ecole cˡᵉ laïque de garç. (30 élèves); — école cˡᵉ congrég. de filles (40 élèves).

*Produits agricoles :* Blé, maïs, noix.

*Commerce et Industries :* 4 moulins sur le ruisseau de Cazelle; — 4 hôtels ou auberges); 4 cabarets, 3 cafés. — Foires, le jeudi avant le jeudi gras et le 21 août. — Fête patr. le 22 juil. — Les personnes qui vont prendre les eaux minérales de Miers séjournent ordinairement à Alvignac.

HISTORIQUE.

*Pendant la Révolution.* — Alvignac formait deux communes (Alvignac et Salgues; elles faisaient partie du cant. de Gramat et du district de St-Céré.

*Avant la Révolution.* — Alvignac dépendait de la vicomté de Turenne; son territoire actuel formait deux communautés : 1ᵒ cˡᵉ d'Alvignac (subdélégation de Gourdon et élection de Figeac); — Paroisse d'Alvignac, sous l'invocation de Stᵉ-Madelaine (593 p.). — Cette cˡᵉ payait 15,130 livres d'impositions; ses charges locales ordinaires étaient de 410 livres.

2ᵒ. cˡᵉ de Salgues (subdélégation de Gourdon et élection de Figeac); — paroisse sous l'invocation de St-Médard (357 p.). — Cette cˡᵉ payait 1,693 livres d'impositions; ses charges locales ordinaires étaient de 51 livres; elle était beaucoup moins étendue que sa paroisse puisqu'elle ne renfermait que 88 hab. — Les anciennes mesures de ces deux cˡᵉˢ étaient celles de Gramat.

Alvignac était une dépendance de la seigneurie de Castelnau et devait hommage à l'évêque de Cahors. Le monastère de Fieux, dont il reste encore des ruines, fut fondé en 1203 par Gerbert de Thémines. En 1296 le couvent des dames hospitalières de St-Jean de Fieux était gouverné par Jourdaine de Villaret, sœur de Guillaume de Villaret, grand-maître des chevaliers de l'Hôpital. Plus tard la maison de Fieux fut réunie à l'Hôpital-Beaulieu. Une bulle du pape Alexandre III (1175) mentionne l'église d'Alvignac comme possession du Prieuré de Carennac.

*Antiquités :* Tombeaux celtiques; restes de tours très anciennes; ruines du château de Fieux.

ALZAC, *h.*, c. de Sousceyrac.
AMAT, *i.*, c. de St-Projet.
AMBOLY, *h.*, c. de Lamothe-Fénelon.
AMÉLIE (l'), *i.*, c. de Puy-l'Evêque.
AMÉRIGUE (l'), *h.*, c. de Thédirac.
AMOS, *h.*, c. de Carayac.
AMOUGÉ, *i.*, c. de Belfort.
AMOUROUX, *h.*, c. de Lamothe-Fénel.
AMPRIÈRE, *h.*, c. de Vers.
ANDRESSAC, *h.*, c. de Cajarc.
ANDREUILLES, *h.*, c. de Lamothe-Fén.
ANDRIEU, *h.*, c. de Beauregard.
ANDRIEU, *h.*, c. de Padirac.
ANDRIOS, *h.*, c. de Belfort.

**ANGLARS**, *c.*, cant. de Lacapelle-Marival, arr. de Figeac. — ⊠, ▯ de Lacapelle-M., ▯ de Gramat. — Percept. de Lacapelle-Marival. — ♦ (540 p.). — Débit de tabac.

*Géographie :* Superf. 920 hect. — 519 hab. — Alt. moy. 444 ᵐ. — Terrains granitiques et couches de l'infra lias.

Principaux v. et h. : Anglars (157 hab.); — Cantagrel (67 hab.), à 4 k. d'Anglars; — Domergue (70 hab.), à 1 k.;

— Lespinasse (98 hab.), à 2 k.; — Tourène (76 hab.), à 4 k.

Cours d'eau : Trois ruisseaux dont le plus important porte le nom d'Ouysse ou de Thémines. — Tous ces ruisseaux ont leur source dans la commune.

Voies de c<sup>on</sup> : Route nat<sup>le</sup> n° 140, de Figeac à Montargis; — chem. vic. d'int. com. n° 24, de Lacapelle à Lavergne; — 3 chem. vic. ord.

Distances : au chef-l. de cant. 2 k.; au chef-l. d'arr. 24 k.; au chef-l. de départ. 71 k.

*Statistique* : Electeurs 175. — Cons. mun. 12.

Principal des 4 cont. dir. 3,530 fr.

Revenus de la commune, 60 fr.

*Instruction* : Ecole c<sup>le</sup> laïque de garç. (48 élèves); — école c<sup>le</sup> congrég. de filles (40 élèves).

*Produits agricoles* : Blé, maïs, avoine, pommes de terre, châtaignes, etc.

*Commerce et Industries* : Scierie mécanique; tannerie; 4 moulins à farine sur les ruisseaux. — Foires les 26 janvier, 23 novemb. et 13 décemb.; — 3 cabarets. — Fête patr., le 15 août.

### HISTORIQUE.

*Pendant la Révolution.* — Anglars faisait partie du cant. de Lacapelle et du district de Figeac.

*Avant la Révolution.* — Anglars était une communauté (subdélégation et élection de Figeac) et formait une paroisse, beaucoup plus étendue qu'aujourd'hui (1,110 p.), sous l'invocation de St-Martin, évêque. — Cette c<sup>té</sup> payait 6,332 liv.; ses charges locales étaient de 244 livres. — Ses anciennes mesures étaient celles de Figeac.

La terre d'Anglars fut donnée par le V<sup>te</sup> de Turenne à sa fille, en 1271, lorsqu'elle épousa Bertrand de Cardaillac.

*Antiquités* : Près de l'église d'Anglars, cercueils creusés dans un banc de grès. — Ancien château.

**ANGLARS**, *h.*, c. de Nozac.

**ANGLARS-JUILLAC**, (c. créée en 1853). — Cant. de Luzech, arr. de Cahors. — ⊠, ▦, ▧ de Castelfranc. — Percept. de Luzech. — ⚲ (375 p.) — Recette buraliste.

*Géographie* : Superf. 498 hect. — 567 hab. — Alt. moy. 125 <sup>m</sup>. — Les hauteurs de cette c. appartiennent à la formation jurassique supérieure; alluvions dans la vallée occupée par le chef-lieu.

Principaux v. et h. : Anglars (116 hab.) et Juillac (121 hab.).

Cours d'eau : Rivière du Lot (bac); — le ruisseau de Lissourgues ou de Latour.

Voies de c<sup>on</sup> : chem. vic. de g. c<sup>on</sup>, n° 8, de Cahors à Touzac; — chem. vic. de g. c<sup>on</sup>, n° 15, de Cazals à Montcuq, par Castelfranc; — chem. vic. de g. c<sup>on</sup>, n° 43, de Cazals à Montcuq, par Prayssac; — 3 chem. vic. ord. — Pont suspendu, sur le Lot, à Juillac.

Distances : au chef-l. de cant. 10 k.; au chef-l. d'arr. et du départ. 28 k.

*Statistique* : Electeurs 172. — Cons. mun. 12. — Sect. élect. : Anglars (6 cons.); Juillac (6 cons.).

Principal des 4 cont. dir. 4,426 fr.

Revenus de la commune, 89 fr.

Bureau de bienfaisance (revenu annuel 232 fr.)

*Instruction* : Ecole c<sup>le</sup> laïque de garç. (30 élèves); — école c<sup>le</sup> congrég. de filles (27 élèves).

*Produits agricoles* : Vin, blé, tabac, pommes de terre, fourrages.

*Commerce et Industries* : Vin, briques, chaux. — Fête patr., le 10 août.

### HISTORIQUE.

*Pendant la Révolution.* — Anglars formait une commune dépendant du cant. de Luzech, district de Cahors.

*Avant la Révolution.* — Anglars dépendait de la c<sup>té</sup> d'Albas et formait une paroisse sous l'invocation de St-Michel. — Ses anciennes mesures étaient celles de Cahors.

Il existait à Anglars un château appartenant à une famille de ce nom.

**ANGLE** (l'), *ch.*, c. de Caillac.

**ANGLÈNE**, *i.*, c. de St-Céré.

**ANNEULET**, *i.*, c. de Loupiac.

**ANNOUYÉ**, *h.*, c. de Belfort.

**ANSOLE**, *m.*, c. de Maxou.

**ANTIGNAC**, *f.*, c. de Castelnau.

**ANTONY**, *m. e.*, c. de Castelnau.

**ANTRAYGUES**, *h.*, c. de St-Cirgues.

**ARAMON**, *h.*, c. du Montat.

**ARBOUYS** (haut et bas), *h.*, c. de Cahors.

**ARBRE SEUL** (l'), *m. v.*, c. de Concots.

**ARBUSSAC**, *h.*, c. de St-Paul-L.

**ARCAMBAL**, c., cant. de Cahors (sud), arr. de Cahors. — ⊠, ▦ et ▧ de Cahors. — Percept. de Pradines. — ⚲ du Bousquet (680 p.) et de Pasturat (380 p.) — Recette buraliste.

*Géographie* : Superf. 2,311 hect. —

# DICTIONNAIRE

### DES

# COMMUNES DU LOT

CAHORS. — IMPRIMERIE DE A. LAYTOU,

rue du Lycée, 34-36.

# DICTIONNAIRE

### DES

# COMMUNES DU LOT

CONTENANT LA NOMENCLATURE DES

## VILLAGES, HAMEAUX, CHATEAUX, MOULINS, MÉTAIRIES, MAISONS ISOLÉES

DONNANT POUR CHAQUE COMMUNE

les divisions administratives anciennes et modernes ;
bureaux de poste et de télégraphe ;
stations de chemins de fer ; superficie ; population ; altitude ; nature des terrains ;
paroisses ; principaux villages et hameaux ;
cours d'eau ; voies de communication ; distances ;
nombre d'électeurs et de conseillers municipaux ; impôts et revenus ; statistique des écoles
et des établissements de bienfaisance ; produits agricoles ; commerce et industries ;
fêtes locales ; foires et marchés ; anciennes mesures ;
curiosités naturelles et archéologiques ; faits historiques ; hommes célèbres

ET PRÉCÉDÉ D'UNE INTRODUCTION

## SUR LE DÉPARTEMENT DU LOT AVANT ET APRÈS 1789

# PAR L. COMBARIEU

Archiviste dép¹, Officier d'Académie.

Collaborateurs : MM. A. COMBES, J. MALINOWSKI, A. SARCOS
de la *Société des Études*, et MM. les Instituteurs.

— CARTE DU DÉPARTEMENT —

# CAHORS

## A. LAYTOU, IMPRIMEUR-ÉDITEUR

1881

# A Monsieur E. Bargeton

PRÉFET DU LOT, CHEVALIER DE LA LÉGION D'HONNEUR

## MONSIEUR LE PRÉFET,

*Le premier vous avez eu l'idée de ce Dictionnaire et vous m'avez engagé à en entreprendre la rédaction. Avec votre bienveillance ordinaire, non seulement vous avez mis à ma disposition tous les documents qui m'étaient nécessaires, pour mener ce travail à bonne fin, mais encore vous m'avez aidé de vos conseils et soutenu par vos encouragements.*

*A ces divers titres, le DICTIONNAIRE DES COMMUNES DU DÉPARTEMENT DU LOT est votre œuvre; qu'il me soit donc permis d'inscrire votre nom sur la première page de ce livre auquel beaucoup auront collaboré, mais dont seul vous aurez été l'inspirateur.*

L. COMBARIEU.

# PRÉFACE

En publiant le *Dictionnaire des Communes du Lot,* nous avons cherché à combler une lacune signalée, depuis quelque temps, dans la série des publications qui intéressent notre département.

Il existe, en effet, soit imprimés, soit manuscrits, de nombreux et savants travaux sur le Quercy et le département du Lot ; mais parmi les auteurs de ces travaux, deux seulement, Glück et Delpon, ont groupé autour du nom de chaque commune les renseignements que le lecteur pouvait avoir intérêt à consulter. Ajoutons que Glück, dans son *Album du département du Lot* ne s'est occupé que d'histoire et d'archéologie et que l'on peut reprocher aujourd'hui à la savante *Statistique du Lot* de Delpon d'avoir été publiée en 1831, c'est-à-dire d'être âgée d'un demi-siècle ; ce qui, pour une statistique, est un grand âge.

Nous avons donc pensé répondre à un besoin réel et faire œuvre utile en publiant une liste alphabétique des lieux habités de notre département et en faisant suivre le nom de chaque Commune, de tous les renseignements relatifs à sa situation actuelle et à la situation qu'elle avait pendant et avant la grande Révolution.

Nous avons divisé chaque notice communale en deux parties qui pourraient avoir pour titres : *La commune aujourd'hui, la commune autrefois.*

La première partie mentionne les divisions administratives, les bureaux de poste et de télégraphe, les stations de chemin de fer, les paroisses avec leur population, la superficie, la population communale, l'altitude moyenne, la nature des terrains et les mines, les principaux villages et hameaux avec leur population particulière et leur distance du chef-lieu communal, les cours d'eau, les voies de communication, les distances aux chefs-lieux de canton, d'arrondissement et du département, le nombre d'électeurs et de conseillers municipaux, le principal des quatre contributions directes payées par la commune, le montant des revenus communaux, la statistique des écoles et des bureaux de bienfaisance, la nature des produits agricoles, les établissements commerciaux et industriels, les foires et marchés, les dates des fêtes locales, les curiosités naturelles, etc.

Dans la seconde partie, nous disons ce qu'était la commune pendant et avant la Révolution, nous indiquons le montant des impositions qu'elle avait à payer, les paroisses qu'elle formait avec leur population, la valeur de ses anciennes mesures, les faits historiques qui peuvent la concerner, les curiosités archéologiques qu'elle renferme, le nom des hommes célèbres qui y ont vu le jour; en un mot tout ce qui peut intéresser son passé et donner une idée de son ancienne importance.

Nous avons cru devoir faire précéder le DICTIONNAIRE d'une *introduction* dans laquelle nous avons essayé de faire connaître notre département considéré aux divers points de vue géographique, administratif, statistique, financier et historique.

Pour la rédaction de ce travail, plusieurs personnes ont bien voulu nous prêter leur concours et nous devons surtout remercier nos confrères de la Société des Etudes, MM. Combes, Malinowski et Sarcos de leur précieuse collaboration (1). Des notices fournies par MM. les Instituteurs du département nous ont permis d'introduire, dans ce Dictionnaire, d'utiles renseignements qu'il ne nous eût pas été possible de nous procurer ailleurs.

L. COMBARIEU.

---

(1) M. A. Combes a calculé les hauteurs moyennes du sol des communes au-dessus du niveau de la mer et nous a fourni le résultat de ses recherches sur la population actuelle.

M. J. Malinowski nous a communiqué des notes géologiques et minéralogiques sur toutes les communes et de nombreux renseignements historiques.

M. A. Sarcos, Commis principal des Postes, nous a donné la liste complète de tous les lieux habités du département, liste dressée par lui d'après des documents officiels de son administration et les renseignements fournis par les receveurs du département.

# INTRODUCTION

## LA PROVINCE DU QUERCY ET LE DÉPARTEMENT DU LOT

### PREMIÈRE PARTIE

### LE QUERCY

Divisions administratives et Superficie. — Sommaire historique. — Administration civile.
Impôts. — Administration religieuse. — Instruction publique.
Organisation judiciaire. — Organisation militaire.

### 1. — Divisions administratives et Superficie.

Le Quercy est l'ancienne province qui, en 1790, a pris le nom de département du Lot.

Au moment de la Révolution, le Quercy faisait partie du gouvernement de Guyenne et, au point de vue administratif, formait avec le Rouergue (Aveyron), la Généralité de Montauban. Deux sièges épiscopaux, Cahors et Montauban, administraient les paroisses ; une cour des aides, d'abord installée à Cahors, transférée ensuite à Montauban, statuait sur les impôts ; enfin la partie de la province, située en deçà de la rive gauche de la Dordogne était du ressort du Parlement de Toulouse ; les communes placées sur la rive droite de la même rivière ressortissaient au Parlement de Bordeaux. — La superficie du Quercy était de 357 lieues carrées.

### II. — Sommaire historique.

Les premiers habitants du Quercy se rendirent célèbres, lors de la conquête des Gaules, par leur valeur et la défense héroïque *d'Uxellodunum*, ville dont Jules César ne put s'emparer qu'à la suite d'un long investissement.

*Divona* (Cahors) fut une des soixante cités que l'empereur Auguste érigea dans les Gaules.

En 412, le Quercy fut dévasté par Ataulphe, roi des Visigoths ; peu après il fit partie du royaume créé par ce prince ; un siècle plus tard, il fut réuni à la Couronne de France, à la suite de la victoire de Vouillé remportée par Clovis sur Alaric II, dernier roi des Visigoths.

Après la mort de Clovis, le Quercy passa successivement sous la domination de Clotaire I<sup>er</sup>, de Caribert, de Chilpéric et de Brunehaut, sous le règne de laquelle Cahors fut presque détruit par Théodebert.

En 613, Clotaire II réunit à la Couronne cette province qui, cédée plus tard à Caribert par le roi Dagobert, forma avec d'autres pays le royaume d'Aquitaine, devenu quelque temps après simple duché. Cahors fut ravagé par les Sarrasins durant le règne du duc Eudes.

En 768, Pepin le bref réunit à la France le duché d'Aquitaine.

Des comtes particuliers administrèrent le Quercy durant la période carlovingienne.

Du IX<sup>e</sup> au XI<sup>e</sup> siècle, la province fut souvent envahie par les Normands ; elle devint le théâtre des luttes sanglantes qui se livraient entre les seigneurs et subit enfin l'oppression de ces nombreux châtelains du moyen-âge toujours pillant et rançonnant leurs malheureux vassaux.

Henri II, roi d'Angleterre, s'empara du Quercy en 1159 ; durant cette guerre, la ville de Cahors appartint tantôt aux Anglais, tantôt aux Comtes de Toulouse. La paix était à peine rétablie que le Quercy fut de nouveau ravagé par le fils aîné du roi d'Angleterre ; dans son expédition, ce prince pilla le célèbre oratoire de Rocamadour. En 1186, le second fils du roi d'Angleterre, Richard, s'empara de la province.

Le Quercy semblait enfin devoir jouir d'une paix assez longue, lorsque éclata la fameuse croisade des Albigeois ; tour à tour soumis à Simon de Montfort, aux comtes de Toulouse et aux rois de France, le Quercy eut beaucoup à souffrir de cette terrible lutte. De la guerre des Albigeois date réellement la puissance temporelle de nos évêques sur la ville de Cahors, dont ils furent désormais comtes et barons relevant directement de la Couronne.

En 1271, le Quercy fut réuni à la France. Cédée aux Anglais, après le honteux traité de Brétigny, cette province se révolta et les luttes sanglantes qui s'engagèrent sur tous les points de son territoire ne prirent fin qu'après la guerre de cent ans.

Les guerres de religion troublèrent profondément le Quercy ; la ville de Cahors fut assiégée plusieurs fois par les Calvinistes ; elle ne fut prise que par Henri de Navarre, en 1580. L'abjuration du roi Henri IV rétablit enfin la paix. A partir de ce moment, le Quercy réuni diffinitivement à la Couronne, cessa d'avoir en quelque sorte une vie propre ; uni désormais à la France, son histoire se confond avec celle du Royaume tout entier.

### III. Administration civile.

Le Quercy avait des Etats provinciaux qui s'assemblaient tous les ans dans une des villes de la province ; ces Etats, chargés de l'administration, devaient veiller aux besoins du pays et répartir les impôts ; ils se composaient des évêques de Cahors et de Montauban, d'abbés, de prieurs, de quatre vicomtes, de quatre barons, de quelques seigneurs de haut fief et de députés de la bourgeoisie. Le nombre des villes qui pouvaient se faire représenter à ces Etats ne fut pas toujours exactement le même ; au XVII<sup>e</sup> siècle ce nombre était de vingt-sept. Ces villes se divisaient en villes principales : Cahors, Montauban, Figeac et Moissac ; en villes châtellenies : Caylus, Gourdon, Lauzerté et Montcuq ; en villes basses : Mirabel, Réalville, Caussade, Montpezat, Négrepelisse, Bruniquel, Martel, Cajarc, Castelnau, Rocamadour, Sept-Fonds, Vers, Puybrun, Molières, Castelnau-de-Bretenoux, Fons, Lafrançaise, Souillac et Montricoux. (1)

---

(1) D'après un état du XVII<sup>e</sup> siècle, cité par M. E. Dufour, les membres du clergé et de la noblesse qui, en dehors des députés des villes, composaient ces Etats, étaient, à cette époque :

POUR LE CLERGÉ :

L'Évêque, baron et comte de Cahors, *Président-né* ;
L'Abbé de Figeac ;
L'Évêque de Tulle, Abbé de Rocamadour ;
L'Abbé de Marcillac ;
L'Abbé d'Aurillac ;
Le Commandeur de Lachapelle-Livron ;
Le Commandeur de Latronquière ;
L'Abbé de Souillac ;
Le doyen de Carennac ;
Le Prieur de Catus ;
L'Abbé de Lagarde-Dieu ;

POUR LA NOBLESSE :

Les Vicomtes de Turenne ;
—          de Bruniquel ;
—          de Bruniquel, seigneur de Cazals ;
—          de Monclar ;
Les Barons de Castelnau-Bretenoux ;
—          de Puy-Cornet ;
—          de Gourdon ;
—          de Luzech ;
MM. de Cardaillac-Bieule ;
de Cardaillac-Saint-Cirq ;
de Cardaillac-Brengues ;
de Cardaillac-Thémines ;

Ces Etats, dont l'origine remontait à St-Louis, cessèrent de s'assembler en 1673; ils avaient été remplacés par les bureaux d'élection créés à Cahors, Figeac et Montauban, tribunaux spécialement chargés de la répartition des impôts et par la Généralité de Montauban, dont le chef, désigné sous le nom d'Intendant, remplissait, mais avec des pouvoirs plus étendus, les mêmes fonctions que les préfets de nos jours. Les membres des tribunaux d'élection portaient le nom d'*Elus*.

Au-dessous des intendants se trouvaient les subdélégués dont la mission, analogue à celle de nos sous-préfets, était d'administrer, sous la direction de l'intendant, cette partie du territoire de la Généralité qui portait le nom de subdélégation. La Généralité comprenait 16 subdélégations dont 9 dans le Quercy : Montauban, Moissac, Caussade, Cahors, Lauzerte, Gourdon, Figeac, Prayssac et Souillac; les autres subdélégations, au nombre de 7, se trouvaient dans le Rouergue.

La Généralité de Montauban datait de 1635; jusqu'à cette époque les provinces dont elle était formée faisaient partie de la généralité de Bordeaux. Elle se composa d'abord des élections de Montauban, Cahors, Villefranche, Figeac, Rodez, Millau, Rivière-Verdun, Lomagne, Comminges, Astarac et Armagnac; en 1715, les cinq dernières de ces élections ayant été distraites pour agrandir la Généralité d'Auch, elle se trouva réduite à six, comprenant seulement le Quercy et le Rouergue. En 1738, Louis XV acheta la vicomté de Turenne possédée, à titre de souveraineté indépendante, par la maison de Bouillon; ce prince réunit à l'élection de Figeac, les quarante-deux communautés de la partie de cette vicomté qui s'étendaient dans le Quercy. Depuis lors, la circonscription de la Généralité ne fut plus modifiée; elle comprenait, en 1780, 1179 communautés réparties entre les six élections, ainsi qu'il suit :

------

MM. de Cardaillac-Saint-Sernin ;
de Cardaillac-Varaire ;
le baron de Caussade ;
le baron de Roquefeuil ;
le comte de Négrepelisse ;
le marquis de Montpezat ;
de Saint-Suplice ;
le comte de Cabrerets, baron de Gramat ;
le comte de Valhac ;
le baron de Felzins, sieur de Montmurat ;
de Cazillac ;
de Cessac ;
de Boissières ;
du Vigan ;
de Saint-Projet ;
des Joannies ;
du Volvé ;

Montauban, 89 ; Cahors, 204 ; Figeac 190 ; Rodez, 220 ; Villefranche, 300 ; Millau, 176.

Sa superficie était de 580 lieues carrées, sa population de 530,000 âmes environ.

Le nombre des intendants qui se sont succédé dans la généralité de Montauban, de 1635 à 1789, est de vingt-huit.

Vers la fin du xviii° siècle, en 1779, un arrêt du Conseil ordonna la création d'états destinés à remplacer, dans une certaine mesure, les anciens Etats provinciaux supprimés en 1673 ; cette nouvelle assemblée porta le nom *d'administration provinciale de la haute-Guyenne* ; elle se composait de 10 députés de l'ordre du Clergé, de 16 gentilshommes et de 26 membres du Tiers-Etat. — Son action s'étendait sur toute la Généralité de Montauban.

### IV. — Impôts.

Nous avons vu que les Etats provinciaux furent d'abord chargés de la répartition des impôts dans le Quercy ; après la suppression de ces Etats, l'Intendant répartit le montant des contributions entre les six élections de la Généralité. Lors de la création de l'administration provinciale de la Haute-Guyenne, cette assemblée dirigea la répartition, au règlement de laquelle les tribunaux d'élection et les subdélégués étaient appelés à donner leur avis.

Les *Elus* étaient chargés de répartir les sommes à payer, par chaque élection, entre toutes les communautés appartenant à leur ressort.

Les impôts étaient prélevés, dans chaque communauté, par des collecteurs appelés *Consuls* qui étaient renouvelés tous les ans.

Ces impôts étaient de nature diverse et, suivant leur origine, portaient les noms de vingtièmes, capitation noble ou roturière, capitation des officiers de justice, vingtièmes nobles, charges locales, etc.

Indépendamment des charges résultant de tous ces impôts, les communautés et leurs habitants avaient encore à supporter certaines contributions moins lourdes peut-être, mais à coup sûr plus vexatoires, comme par exemple les dîmes ecclésiastiques et les droits seigneuriaux (1).

---

(1) Une communauté, celle de Brengues, se plaignant de l'exagération de ses charges seigneuriales, faisait remarquer qu'en dehors des droits ordinaires, elle payait à ses seigneurs :

1° Pour chaque récolte la quantité de grain qui avait été semée ;

2° Une rente annuelle de 30 sous par 12 toises de superficie couverte ;

3° 2 quartons de froment par famille (le seigneur faisait même cribler le grain plusieurs fois avant de le recevoir).

4° 4 journées de travail par chef de famille ; 8 journées par paire de bœufs ;

5° Une charretée de paille, une paire de poulets, un chevreau, 2 charretées de bois, etc., etc.

Parmi les charges seigneuriales les plus vexatoires qui pesaient sur les habitants de Labastide-Murat figurait le droit qu'avait le seigneur de faire choisir dans les bois de ses vassaux tous les arbres qui lui convenaient et de les faire couper et charrier jusqu'à son château par *corvées.*

Le montant des impositions de toute nature payées par la Généralité de Montauban, en 1789, peut être évalué à 12.000.000 de livres.

### V. — Administration religieuse.

Le premier évêque de Cahors fut St Genulphe ; c'est à cet évêque que l'on doit faire remonter l'introduction du christianisme dans le Quercy, c'est-à-dire en l'an 260. Pendant plus de dix siècles, le Quercy tout entier forma le diocèse de Cahors ; au xive siècle, le pape Jean XXII créa un nouvel évêché à Montauban, ville qui dès lors fut détachée du diocèse de Cahors.

Les évêques de Cahors étaient seigneurs de leur ville épiscopale, en vertu d'une charte accordée en 1088 par Guillaume IV, comte de Toulouse, à Géraud III de Cardaillac (1). Les successeurs de Géraud profitèrent des troubles de la guerre des Albigeois pour s'affranchir de la suzeraineté des comtes de Toulouse et dès 1211, l'évêque Guillaume de Cardaillac prêta directement au Roi de France l'hommage-lige pour la seigneurie de Cahors.

Ces évêques jouissaient du singulier privilège de pontifier avec une armure complète placée ordinairement sur l'autel.

Une cérémonie curieuse avait lieu à Cahors, lors de l'entrée d'un nouvel évêque dans sa ville épiscopale : le vicomte de Cessac, vassal de l'Evêque, allait attendre ce prélat à la porte de la ville, la tête découverte, sans manteau, la jambe droite nue et le pied droit dans une pantoufle. Dans cette singulière tenue, il prenait la bride de la mule montée par l'évêque et conduisait celui-ci au palais épiscopal, où il le servait pendant son dîner. Le seigneur recevait pour sa peine, la mule et le buffet qui avait servi au repas et dont la valeur devait être de 3000 livres (2).

---

(1) Quelques auteurs ont prétendu que la seigneurie de Cahors avait été accordée par le comte Raymond IV à Géraud de Gourdon, évêque de Cahors, de 1068 à 1074.

(2) Il est intéressant de rapprocher cette cérémonie de celles non moins bizarres qui avaient lieu, à Figeac et à Gourdon, dans des conditions analogues.

A Figeac, lors de l'entrée du nouvel abbé, qui était seigneur de cette ville, le baron de Montbrun et de Laroque était tenu d'aller le recevoir aux portes de la ville ; à cet effet, il devait s'habiller en arlequin et avoir une jambe nue ; après l'accomplissement des formalités du cérémonial, le baron prenait la bride de la monture du nouvel abbé, qu'il conduisait à l'Abbaye où, après avoir tenu l'étrier, il recevait ladite monture en retour de son acte de vasselage ; le même jour avait lieu le festin de réception, pendant lequel le baron devait se tenir debout, derrière le siége de l'abbé, jusqu'au moment où celui-ci, après l'avoir invité à lui servir à boire et avoir reçu, de ses mains, la coupe pleine, l'autorisait à s'asseoir, en lui disant : « *Tu peux présentement te mettre à table avec moi.* »

Quand un des seigneurs de Gourdon faisait son entrée dans cette ville, dit M. Delpon, dans sa *Statistique du Lot*, les Consuls étaient obligés de le recevoir aux portes de la ville, ayant la tête découverte et les pieds nus, et de prendre la bride de son cheval jusqu'à ce qu'il arrivât au château ; mais les vêtements qu'il portait, ainsi que son cheval, devenaient leur propriété.

Au moment de la Révolution de 1789, on comptait dans le Quercy 785 paroisses, 3 séminaires, 8 abbayes, 5 commanderies de l'Ordre de Malte, 41 prieurés
et 54 monastères d'hommes ou de femmes.

## VI. — Instruction publique.

Pendant l'occupation romaine, des écoles florissantes furent fondées dans le
Quercy ; les poëtes latins ont vanté l'école de Cahors où enseigna le célèbre rhé-
teur Exupère et où s'instruisirent des prélats et des poëtes illustres.

Ruinées par les Barbares, les écoles latines furent remplacées par des écoles
épiscopales d'où sortirent de nombreux écrivains, troubadours et chroniqueurs.

Au xiiiᵉ siècle une école de droit fut fondée à Cahors.

En 1331, toutes ces écoles disparurent et firent place à une Université que le
pape Jean XXII fonda à Cahors, sa ville natale. Cette Université, célèbre par
les professeurs qui y enseignèrent et par les jurisconsultes et les prélats qui y
firent leurs études fut malheureusement supprimée en 1751.

Cette suppression de l'Etablissement fondé par Jean XXII porta un coup fu-
neste non seulement à la ville de Cahors, mais à la province entière. Quelques
jeunes gens riches pouvant seuls aller à Toulouse suivre les cours universi-
taires, presque tous les habitans restèrent sans instruction ou durent se con-
tenter de fréquenter les rares écoles d'intruction secondaire disséminées dans
les centres les plus importants du Quercy.

## VII. — Organisation judiciaire.

Nous devons faire remonter l'institution des sénéchaux dans le Quercy à Raymond VI, comte de Toulouse. Les sénéchaux étaient chargés non seulement de
la justice, mais encore du commandement des armées ; ils devaient aussi con-
voquer les gentilshommes des provinces qu'ils administraient. Investis de fonctions si différentes, les sénéchaux ne tardèrent pas à négliger la justice : on
leur adjoignit alors des lieutenants, véritables jurisconsultes qui, s'ils étaient
de moins grande noblesse que l'homme qu'ils suppléaient, avaient au moins
l'avantage de connaître les fonctions qu'ils étaient appelés à remplir.

Ces lieutenants étaient au nombre de six dans le Quercy ; ils siégeaient dans
les villes de Cahors, Montauban, Figeac, Gourdon, Lauzerte et Martel. De là,
l'origine des sénéchaussées de ces villes.

En 1551, un présidial fut établi à Cahors ; en 1630, une juridiction de la même
nature fut installée à Montauban.

Une cour des aides fut créée à Cahors, au mois de juillet 1642 ; cette cour fut
transférée à Montauban, en 1658.

Soixante-dix-huit sénéchaux ont siégé dans le Quercy de 1202 à 1789. La
cour des aides a eu sept premiers présidents de 1642 à 1789.

Indépendamment de ces juridictions importantes, la province avait de nombreux siéges de justice secondaires, qui dépendaient tantôt du roi, quelquefois

dès consuls, le plus souvent des seigneurs : l'évêque lui-même avait sa juridiction connue sous le nom d'*officialité*.

### VIII. — Organisation Militaire.

Nous avons vu dans le chapitre précédent que les sénéchaux étaient spécialement chargés de la convocation de la noblesse, lors des prises d'armes; nous devons ajouter que le rôle des sénéchaux ne fut réellement important que pendant le moyen-âge et qu'il devint tout à fait secondaire par le fait de la création des armées permanentes, sous le règne du roi Charles V.

Nous ne parlerons pas de l'armée permanente proprement dite, dont on connaît le mode de recrutement, tel qu'il était pratiqué avant la Révolution; nous nous contenterons de dire quelques mots sur l'institution des milices provinciales, véritables réserves qui, en dehors de certains exercices périodiques n'étaient appelées à aider l'armée ordinaire que dans les cas de guerre.

L'origine de cette seconde armée, de cette armée territoriale, pourrions-nous dire, datait de la fin du xvii<sup>e</sup> siècle; à cette époque, les finances de la France étaient épuisées et l'armée affaiblie par des luttes continuelles avec les peuples voisins; pour remédier à ce fâcheux état de choses, le roi Louis XIV ordonna la création de trente régiments de milice. Les miliciens se recrutaient, tous les ans, par la voie du tirage au sort et n'étaient pris que dans la classe des paysans et des ouvriers pauvres.

En 1736, la Généralité de Montauban fournissait 1,800 hommes de milice, formant trois bataillons, désignés sous le noms de bataillons de Cahors, de Figeac et de Rodez; chaque bataillon se composait de six compagnies commandées par un capitaine et un lieutenant; chaque bataillon avait pour chef le capitaine de la première compagnie.

Dans la suite, quelques modifications furent apportées dans l'organisation des milices; l'ordonnance du 1<sup>er</sup> mars 1778 ordonne notamment que désormais chaque bataillon de milice sera attaché à un régiment de l'armée permanente et portera son nom.

En tant que province, le Quercy était compris dans le gouvernement de Guyenne; il obéissait directement à un commandant en second, dont la résidence était au chef-lieu de la Généralité. Il existait en outre dans la Généralité 2 lieutenants de roi, 2 lieutenants des maréchaux de France, 1 commissaire de guerre, 1 commissaire de marine et un commissaire de la noblesse.

Enfin cinq brigades de maréchaussée résidaient à Cahors, à Puy-l'Évêque, à Souillac, à Figeac et à Saint-Céré.

# DEUXIÈME PARTIE

## LE DÉPARTEMENT DU LOT



### Ch. 1. — Période révolutionnaire.

La loi du 4 mars 1790, en décidant que l'ancien Quercy formerait le département du Lot, divisa son territoire en six districts qui eurent pour chefs-lieux Cahors, Figeac, Gourdon, St-Céré, Montauban et Lauzerte. Cahors devint le chef-lieu de l'administration du département. Plus tard on fit coïncider la division administrative avec la division judiciaire, et, en même temps que l'on plaçait un tribunal civil dans chaque district, on créait un tribunal criminel à Cahors.

Le nombre des cantons compris dans les six districts du nouveau département fut de 48, renfermant 486 communes.

*District de Cahors* (9 cantons, 132 communes). — Cantons de Cahors (12 communes), — de Lalbenque (14 communes), — de Cabrerets (18 communes), — de Castelnau (13 communes), — de Catus (21 communes), — de Puylibre (1) (11 communes), — de Duravel (3 communes), — de Limogne (17 communes), — de Luzech (15 communes), — de St-Géry (11 communes).

*District de Figeac* (7 cantons, 91 communes). — Cantons de Figeac (18 communes), — d'Aynac (10 communes), — de Cajarc (14 communes), — de Fons

---

(1) Puylibre était le nom républicain donné à la localité de Puy-l'Évêque.

(11 communes), — de Lacapelle-Marival (10 communes), — de Latronquière (13 communes), — de Livernon (15 communes).

*District de Gourdon* (7 cantons, 73 communes). — Cantons de Gourdon (15 communes), — de Cazals (8 communes), — de Salviac (10 communes), — de Montfaucon (8 communes), — de Belleplaine (1) (12 communes), — de Carlucet (9 communes), — de Payrac (11 communes).

*District de Franc-Céré* (2) (7 cantons, 72 communes). — Cantons de Franc-Céré (11 communes), — de Vayrac (7 communes), — de Martel (15 communes), — de Souillac (10 communes), — de Sarrazac (8 communes), — de Gramat (8 communes), — de Bretenoux (13 communes).

*District de Montauban* (10 cantons, 51 communes). — Cantons de Montauban (7 communes), — de Caylus (8 communes), — de Caussade (8 communes), — de Négrepelisse (5 communes), — de Montpezat (4 communes), — de Bruniquel (5 communes), — de Lafrançaise (3 communes), — de Molière (3 communes), — de Puylaroque (6 communes), — de Mirabel (7 communes), — de Réalville (2 communes).

*District de Lauzerte* (6 cantons, 67 communes). — Cantons de Lauzerte (16 communes, — de Bélaye (9 communes), — de Bourg de Visa (8 communes), — de Montcuq (21 communes), — de Moissac (7 communes), — de Cazes (6 communes'.

Par la loi du 28 Pluviôse, an VIII, le département du Lot fut divisé en quatre arrondissements et 49 cantons : Arrondissement de Cahors (13 cantons), arrondissement de Figeac (9 cantons), arrondissement de Gourdon (11 cantons), arrondissement de Montauban (16 cantons).

En 1808 un sénatus-consulte détacha du Lot l'arrondissement de Montauban ; cette mesure avait pour but de créer un nouveau département, celui de Tarn-et-Garonne. A partir de ce moment la circonscription de notre département n'a plus été modifiée et il n'a été apporté quelques changements que dans le nombre des communes qui du chiffre de 301 s'est élevé successivement à celui de 323.

### Ch. 2. — Limites, Configuration, Superficie.

Le département du Lot est aujourd'hui borné au Nord par le département de la Corrèze, au Levant par les départements du Cantal et de l'Aveyron, au Midi par celui de Tarn-et-Garonne, au Couchant par ceux de Lot-et-Garonne et de la Dordogne.

Il est situé entre les 44° 12' et 45° 4' de latitude Nord et traversé du Nord au Sud, tout près du chef-lieu, par le premier degré Ouest du méridien de Paris.

La plus grande longueur du département, du Nord au Sud, depuis Lamati-

---

(1) St-Germain.
(2) St-Céré.

vie jusqu'à la partie la plus méridionale du canton de Castelnau, est de 100 kilomètres ; sa plus grande largeur, de Montredon à Couvert (commune de Soturac) mesure 97 kilomètres. Sa figure est à peu près celle d'un parallélogramme incliné du Sud-Sud-Ouest au Nord-Nord-Est, présentant un pourtour d'environ 450 kilomètres. On peut évaluer sa superficie à 519,952 hectares.

### Ch. . — Géologie, Topographie et Climatologie (1).

Le département du Lot offre un sol très tourmenté par suite de dislocations dues à d'anciens cataclismes géologiques : il affecte cependant une pente générale et prononcée de l'Est à l'Ouest ; les deux rivières principales qui le traversent, la Dordogne et le Lot coulent dans cette direction ; sur leurs larges vallées s'embranchent un grand nombre de vallées secondaires qui se ramifient dans tous les sens, en découpant profondément les plateaux. Pour la plupart d'entre elles, le bouleversement des masses cohérentes, dans lesquelles elles sont tranchées à des profondeurs de cent à deux cents mètres, les étranglements, les escarpements qu'on y rencontre, leur forme enfin font reconnaître qu'elles sont de véritables fentes dues à des déchirements, et non à la simple érosion des eaux qui les a seulement modifiées postérieurement à leur origine : la vallée du Lot doit être rangée dans cette première catégorie. Les causes puissantes de dislocation auxquelles le sol a été soumis, sont parfaitement accusées par les nombreux brisements et contournements de stratifications des couches sédimentaires qui couvrent la majeure partie du département.

D'autres vallées ont des caractères qui les distinguent des premières ; elles suivent la déclivité générale du sol ; leurs versants offrent des pentes adoucies et évasées ; on y rencontre beaucoup de galets et de terrains de transport ; tout annonce qu'elles ont été produites uniquement par l'érosion de puissants courants. La vallée de la Dordogne, dont le lit se déplace continuellement au milieu de terrains meubles, paraît appartenir à cette seconde catégorie.

La constitution géologique du département est très variée.

Dans la partie orientale, contiguë au Cantal, on voit les granites des montagnes anciennes de l'Auvergne se dégager des couches plus récentes des terrains stratifiés qui les recouvrent à leur base, et s'élever rapidement à des hauteurs déjà considérables (plus de 700$^m$ au-dessus du niveau de la mer) ; puis, en descendant de l'Est à l'Ouest, on rencontre successivement des terrains schisteux, des terrains de transition et presque toute la série des terrains secondaires ; enfin des dépôts isolés de terrains tertiaires sont jetés sur les précédents en divers points.

---

(1) Nous avons emprunté ces renseignements sur la constitution géologique du département à un mémoire de M. de Saint-Clair, ancien ingénieur en chef des Ponts et Chaussées.

Toutes ces formations, à l'exception de la dernière, se présentant par zones échelonnées de l'Est à l'Ouest, ont dû être redressées par les cataclysmes qui ont soulevé le groupe granitique ; elles ont été amenées au jour par leurs tranches successives à des hauteurs d'autant plus grandes qu'elles se trouvaient à des profondeurs plus considérables. Les angles qu'elles forment avec l'horizon, ou leurs inclinaisons, ne paraissent pas dépasser 6 degrés.

Le thalweg de la vallée du Lot, à son entrée dans le département, se trouve à la cote de 169 mètres au-dessus du niveau de la mer ; à sa sortie, il est à 60 mètres. Le thalweg de la vallée de la Dordogne descend de la cote 122 à 82 mètres. Le faîte séparatif des deux bassins, arête culminante, passe de la cote 780 mètres à Labastide-du-Haut-Mont, point le plus élevé du département, à celle de 330 mètres sur la lisière du département de la Dordogne, près de Salviac et de Cazals.

Les accidents topographiques, les inégalités de hauteur du sol doivent amener sur les divers points du département une répartition de climat très variée.

A l'Est, la région granitique élevée à 550 mètres moyennement au-dessus du niveau de la mer, rapprochée des montagnes du Cantal, coupée par de nombreux ruisseaux, parsemée de marécages, couverte de landes, est soumise à une température froide, humide et variable : l'hiver y dure 6 mois, de novembre à avril, et le thermomètre centigrade descend alors à 6 degrés au-dessous de zéro à peu près tous les ans ; la neige y est abondante, mais peu persistante à la hauteur de 550 mètres ; ce n'est que sur les points élevés à près de 700 mètres qu'elle se maintient pendant plusieurs mois ; les brouillards, les longues pluies, les vents glacés y règnent presque continuellement ; en été même le vent y est toujours froid, quoique la chaleur s'élève jusqu'à 25 degrés au-dessus de zéro, lorsque la pluie vient à cesser pendant quelques jours.

Dans les régions du Centre et de l'Ouest, élevées en moyenne à 280 mètres au-dessus du niveau de la mer, et appartenant aux terrains secondaires, le climat est moins rigoureux, surtout moins humide ; plusieurs hivers se succèdent quelquefois sans neige ; le froid n'y dépasse guère 3 ou 4 degrés, et la chaleur s'y élève jusqu'à 34 degrés.

Dans les grandes vallées le climat est encore plus doux : à Cahors, sur le Lot, l'hiver ne commence en réalité qu'en décembre et dure environ trois mois ; le froid y descend rarement à plus de 2 degrés au-dessous de zéro, et en été la chaleur dépasse 35 degrés.

Les pluies et les orages versent des volumes d'eau considérables, mais n'ont ordinairement qu'une courte durée. Les mois d'avril, mai, juin donnent la quantité d'eau mensuelle la plus forte. La pluie est amenée presque toujours par le vent d'Ouest. Les brouillards sont fréquents et ont une grande intensité sur le sol granitique. La grêle frappe tous les ans quelques parties du sol.

### Ch. 4. — Cours d'eau.

Le département du Lot appartient en entier au bassin de la Garonne ; il est arrosé par les rivières de la Dordogne et du Lot. Quelques ruisseaux tributaires de la Garonne, du Tarn et de l'Aveyron, sillonnent la partie méridionale, notamment les cantons de Montcuq et de Castelnau.

*Dordogne*. — Cette rivière traverse la partie septentrionale du département, sur un parcours seulement de 60 kilomètres ; elle y pénètre entre Puybrun et Girac et le quitte au confluent de la Fénolle, après avoir successivement arrosé ou limité les communes de Girac, Puybrun, Tauriac, Prudhomat, Gintrac, Carennac, Bétaille, Vayrac, Floirac, Martel, Montvalent, Creysse, St-Sozy, Mayronne, Lacave, Pinsac, Lanzac, Souillac et du Roc.

La largeur moyenne de la Dordogne est de 125 mètres ; son débit de 18$^{mc}$ à l'étiage ; sa pente de 0$^m$76$^c$ par 1000 mètres ; son tirant d'eau à l'étiage varie de 0$^m$30 à 0$^m$40.

Cette rivière reçoit, durant son parcours dans le Lot, sur sa rive gauche : la Cère, la Bave, le Mamoul, l'Ouysse et la Fénolle ; sur sa rive droite : le Palzou, la Sourdoire, la Tourmente et la Borrèze.

Presque tous les affluents principaux de la Dordogne reçoivent eux-mêmes des cours d'eau assez importants, c'est ainsi que les ruisseaux d'Escaulmels et de Teyssieu se jettent dans la Cère, les ruisseaux de Sousceyrac ou de Cayla et de Sénaillac ou de Tolermne dans la Bave, les curieux ruisseaux du Boulet et du Blagour dans la Borrèze.

Le Céou est un cours d'eau tributaire aussi de la Dordogne, mais dont le cours supérieur seul arrose notre département.

*Lot*. — Cette rivière, qui a donné son nom au département qu'elle traverse dans toute sa largeur, de l'Est à l'Ouest, prend sa source un peu en amont de Bleymard, dans les montagnes de la Lozère.

Le Lot pénètre dans notre département à Cajarc ; mais de cette localité à Cuzac, c'est-à-dire sur un parcours de plus de 45 kilomètres, il a déjà servi de limite aux deux départements du Lot et de l'Aveyron, et a arrosé les communes de Cuzac, Capdenac, Faycelles, Frontenac, St-Pierre-Toirac, Laroque-Toirac, Montbrun et Cadrieu. Les autres communes traversées ou limitées par cette rivière sont au nombre de trente-cinq ainsi échelonnées de l'Est à l'Ouest : Cajarc, Larnagol, Calvignac, Cénevières, St-Martin-Labouval, Crégols, St-Cirq-Lapopie, Bouziès, St-Géry, Vers, Arcambal, Lamagdelaine, Laroque-des-Arcs, Cahors, Pradines, Mercuès, Douelle, Caillac, Parnac, Crayssac, Luzech, St-Vincent, Albas, Castelfranc, Anglars-Juillac, Prayssac, Bélaye, Grézels, Lagardelle, Pescadoire, Puy-l'Évêque, Vire, Duravel, Touzac, Mauroux et Soturac.

La longueur du cours du Lot est de 500 kilomètres ; sa largeur moyenne de

95 mètres ; son tirant d'eau de 1 mètre ; son parcours dans le département de 165 kilomètres.

Cette rivière a été rendue navigable à partir de Bouquiès (Aveyron), et l'administration des Ponts et Chaussées a construit 55 barrages sur la partie qui arrose notre département ; ces barrages alimentent 25 usines. Enfin trois dérivations souterraines, à Capdenac (139$^m$ de longueur), à Montbrun (295$^m$), à Cajarc (364$^m$), et une dérivation à ciel ouvert à Luzech (180$^m$), évitent aux bâteaux certains passages périlleux ou trop longs à franchir.

Le Lot reçoit, sur sa rive droite, la rivière du Célé et les ruisseaux de Vers, de la Masse, du Vert et de la Thèze ; sur sa rive gauche, il ne reçoit guère que les eaux de fontaines importantes qui se déversent presque directement dans son lit ; telles sont le Lentouï à St-Jean-de-Laur, la fontaine des Chartreux à Cahors, la fontaine de Leygue à Touzac.

Le Célé, petite rivière très rapide, reçoit lui-même, dans le département, trois cours d'eau assez abondants : la Veyre, le Berbezou et le Drauzou.

Nous avons dit qu'indépendamment du Lot, de la Dordogne et de leurs affluents, notre département était arrosé dans sa partie méridionale par des ruisseaux tributaires de la Garonne, du Tarn et de l'Aveyron ; au nombre de ces ruisseaux nous citerons la Séoune, la grande et la petite Barguelonne, la Lutte, l'Emboulas, le Lendou, le Merdanson et le Tartuyé qui, presque tous, coulent dans les cantons de Castelnau et de Montcuq ; un seul, l'Emboulas, arrose une partie du canton de Lalbenque.

Enfin, nous devons mentionner l'existence, dans la partie supérieure du département, de nombreux cours d'eau qui se perdent par infiltration dans le sol ou bien disparaissent brusquement dans des gouffres ou cavernes qui ne sont pas une des moindres curiosités du Haut-Quercy. Parmi ces cours d'eau il nous suffira de citer les ruisseaux de Reyrevignes, de Sonac, d'Assier, de Thémines, de Théminettes, de Rignac, de Salgues et de Miers.

### Ch. 5. — Voies de communication.

Les voies de communication comptent, dans le département du Lot, 6 549 047 mètres.

Ces voies sont représentées par :

3 Chemins de fer exploités (137 093$^m$.)
4 Routes nationales (277 552$^m$.)
19 Routes départementales (586 202$^m$.)
45 Chemins vicinaux de grande communication (1 006 500$^m$.)
95 Chemins vicinaux d'intérêt commun (1 301 200$^m$.)
828 Chemins vicinaux ordinaires subventionnés (2 000 000$^m$.)
637 Chemins vicinaux ordinaires non subventionnés (1 240 500$^m$.)
Et environ 12 000 chemins ruraux.

### 1° Chemins de fer.

#### Chemins de fer exploités.

Les trois lignes de chemin de fer en exploitation, qui traversent le département du Lot, appartiennent au réseau d'Orléans.

La ligne de Périgueux au Lot pénètre dans le département à 1 kilomètre de la station de Turenne, elle en sort à Capdenac et dessert 8 gares ou stations, sur un parcours de 79,511ᵐ. Voici les noms des stations avec le relevé des recettes effectuées en 1878 dans chacune d'elles :

| | |
|---|---|
| Quatre-Routes . . . . . . . . . . . . . . . . . . . . . . | 86 264 fr. |
| Saint-Denis (Martel) . . . . . . . . . . . . . . . . . | 425 200 |
| Montvalent . . . . . . . . . . . . . . . . . . . . . . . | 21 904 |
| Rocamadour . . . . . . . . . . . . . . . . . . . . . | 42 328 |
| Gramat . . . . . . . . . . . . . . . . . . . . . . . | 163 961 |
| Assier . . . . . . . . . . . . . . . . . . . . . . | 60 587 |
| Le Pournel . . . . . . . . . . . . . . . . . . . . | 8 900 |
| Figeac . . . . . . . . . . . . . . . . . . . . . . . | 286 057 |
| Total . . . . . . . . . . . . . . . . | 1 095 201 fr. |

soit 13 fr. 78 par mètre.

La ligne de Figeac à Aurillac n'a, dans le Lot, qu'un parcours de 15,071 mètres ; elle ne dessert, en dehors de Figeac, qu'une seule station, celle de Bagnac, dont les recettes se sont élevées en 1878 à 23,157 fr.

L'embranchement de Libos à Cahors pénètre dans le département, un peu avant la station de Soturac-Touzac ; cette ligne suit la rivière du Lot dans tout son parcours ; la longueur de cet embranchement est de 42,511 mètres. Les gares ou stations desservies sont au nombre de huit, en voici les noms avec le chiffre des recettes en 1878 :

| | |
|---|---|
| Soturac-Touzac . . . . . . . . . . . . . . . . . . . | 35 346 |
| Duravel . . . . . . . . . . . . . . . . . . . . . | 18 737 |
| Puy-l'Évêque . . . . . . . . . . . . . . . . . . . | 123 854 |
| Castelfranc . . . . . . . . . . . . . . . . . . | 197 380 |
| Luzech . . . . . . . . . . . . . . . . . . . . | 105 570 |
| Parnac . . . . . . . . . . . . . . . . . . . . | 48 301 |
| Mercuès . . . . . . . . . . . . . . . . . . . . | 91 612 |
| Cahors . . . . . . . . . . . . . . . . . . . . | 473 062 |
| Total . . . . . . . | 1 093 862 fr. |

soit 25 fr. 73 par mètre.

### Chemins de fer en construction (1)

Les lignes de voies ferrées à construire dans notre département sont au nombre de cinq parmi lesquelles quatre sont classées dans la catégorie de première urgence et une, celle de Cahors à Moissac, dans la catégorie de seconde urgence.

Les quatre lignes de la première catégorie sont les suivantes :

|  |  |
|---|---|
| 1° Montauban à Brive . . . . . . . . . . . . . . . . . | 162 k. |
| 2° Cahors à Capdenac . . . . . . . . . . . . . . . . | 68 k. |
| 3° Aurillac à Brive . . . . . . . . . . . . . . . . . . | 50 k. |
| 4° St-Denis au Buisson . . . . . . . . . . . . . . . | 18 k. |

1° *Ligne de Montauban à Brive.* — Cette ligne constitue la partie la plus importante du chemin direct de Toulouse à Paris ; elle a été déclarée d'utilité publique et son tracé définitif a été approuvé dans toute son étendue. Il a été arrêté que le chemin serait établi pour deux voies, que les courbes seraient au minimum de 500 mètres de rayon et que la déclivité ne dépasserait pas $0^m 010$ par mètre.

Le tracé partant de la gare de Montauban, après avoir franchi le Tarn et la plaine de la rive droite, passe dans la vallée de l'Aveyron qu'il traverse à Albias, gagne Réalville, se dirige vers Caussade, parallèlement à la route nationale n° 20 et la rivière de la Lère ; il remonte ensuite dans la vallée du Candé, affluent de la Lère, passe dans celle du ruisseau de Pouzelgues ou de Dourre, tributaire du précédent, et, s'appuyant sur les coteaux qui bordent cette vallée, il s'élève jusqu'au pied de la crête qui la sépare de celle du ruisseau de Léoure, affluent de l'Emboulas. Il traverse cette crête en souterrain et redescend ensuite vers le ruisseau de Léoure qu'il franchit pour pénétrer dans le département du Lot.

Il entre dans le Lot au lieu dit les Auques, coupe le petit mamelon qui sépare les ruisseaux de Léoure et de l'Emboulas, s'engage dans le vallon du Bagalou qu'il suit jusqu'à sa source, s'élève jusqu'au faîte séparatif des bassins du Lot de l'Aveyron, descend dans la vallée du Lot, après avoir traversé en tunnel, de $850^m$., le contrefort de Pouzergues, franchit la rivière du Lot à Cahors où il se soude à la ligne de Libos.

Après avoir emprunté sur 4 kilomètres la voie ferrée actuelle, le tracé longe les falaises de Mercuès, s'engage ensuite dans la vallée de Nuzéjouls pour passer de là, en la franchissant normalement, dans la vallée de St-Denis et

---

(1) Les éléments de cette notice sur les chemins de fer en construction dans notre département ont été extraits d'un rapport adressé le 29 juillet 1880, à M. le Préfet du Lot, par M. Lantéirès, ingénieur en chef des chemins de fer.

se terminer, dans la direction d'Uzech, à la limite des arrondissements de Cahors et de Gourdon.

En pénétrant dans l'arrondissement de Gourdon, le tracé suit d'abord le vallon du Pit, traverse, près de Roques, le faîte séparatif des bassins du Lot et de la Dordogne; descend, par une suite de petites gorges, vers la vallée du Céou, la franchit et remonte à Gourdon par la vallée du Bléou. Il se dirige de là, à travers les plateaux qui règnent entre Gourdon et Auniac, vers le contrefort de la Tuilerie qu'il traverse pour descendre vers la Dordogne par la vallée de Tournefeuille. Il remonte cette rivière jusqu'à Souillac, passe de là dans la vallée de la Borrèze qu'il quitte pour se diriger, par le vallon du Boulet et par les plateaux du Causse, vers le faîte séparatif des bassins de la Dordogne et de la Vézère. Il franchit ce faîte un peu avant Estivals, se dirige vers la petite gorge du Sorpt, passe de là dans celle de la Couzes, puis dans celle de la Couzolle, après avoir traversé le contrefort de Noailles et arrive enfin dans la gare de Brive un peu en avant de l'aiguille de raccordement des lignes de Tulle et de Capdenac.

La ligne de Montauban à Brive comprendra 4 ponts sur les rivières du Tarn, de l'Aveyron, du Lot et de la Dordogne, 9 viaducs et 20 tunnels formant ensemble une longeur totale de 10 kil. 577 mètres. Les communes traversées par cette ligne, dans le département du Lot, sont les suivantes : Belfort, Montdoumerc, Lalbenque, Cieurac, Le Montat, Labastide-Marnhac, Cahors, Mercuès, Calamane, Boissières, St-Denis, Uzech, Peyrilles, Thédirac, Lavercantière, Dégagnac, Concorès, St-Clair, Gourdon, Nozac, Rouffillac, Fajoles, Lamothe-Fénelon, le Roc, Souillac, Lachapelle-Auzac, Cuzance et Gignac.

Les gares, stations ou haltes échelonnées sur cette ligne seront au nombre de 13 dans le département du Lot, ce sont les suivantes :

Station de Lalbenque, halte de Cieurac, halte des Sept-Ponts, gare de Cahors, stations d'Espère, St-Denis, Thédirac, Gourdon, Nozac, Lamothe-Fénelon, Souillac et Cressensac.

2° *Ligne de Cahors à Capdenac.* — Comme la précédente, cette ligne a été déclarée d'utilité publique et le tracé définitif a été approuvé dans toute son étendue. Il a été arrêté que ce chemin, établi pour une voie, ne présenterait que des courbes d'un rayon minimum de 300$^m$ et que les déclivités ne dépasseraient pas 0$^m$010 par mètre.

A l'origine le tracé se soude à la ligne de Montauban à Brive, à la sortie, rive gauche, du pont sur le Lot, contourne le faubourg St-Georges de Cahors, et, après avoir traversé en souterrain le mamelon St-Cirq, arrive sur la rive gauche du Lot qu'il longe jusqu'à Mondiès, où il franchit la rivière pour se reporter sur la rive droite jusqu'aux Masseries, après avoir pénétré en tunnel sous la montagne St-Crépin, à Planioles.

Arrivé aux Masseries, le tracé passe de nouveau sur la rive gauche pour

4

éviter le défilé des Anglais et longe cette rivière jusqu'à Bouziès, où il franchit pour la troisième fois le Lot.

Il traverse en souterrain le contrefort de Coudoulous et continue à se développer sur la rive droite jusqu'à St-Martin-Labouval.

La rivière franchie une quatrième fois, le tracé se maintient sur la rive gauche, en pénétrant successivement en tunnel sous les contreforts de Cénevières, de Calvignac, de Bessac et de Lagarrigue.

A la sortie de ce dernier souterrain, la ligne franchit une dernière fois le Lot, contourne le mamelon de Seuzac et se dirige sur Cajarc, en suivant la falaise qui borde la rive droite, entre le hameau de Fabret et la limite des communes de Larnagol et de Cajarc.

Arrivé à ce point, le tracé traverse en souterrain le contrefort d'Andressac, pour déboucher dans le vallon de Cajarc, qu'il parcourt, en suivant une direction sensiblement parallèle à celle de la rive droite du Lot, et en se tenant à une distance moyenne de 50 mètres de cette rive jusqu'au lieu dit le Blé; à partir de ce dernier point, le tracé, continuant à se développer le long de la même rive, s'établit sur la plate-forme du chemin vicinal de grande communication n° 33, en s'en écartant toutefois d'abord vers Cadrieu, pour contourner le mamelon de ce même nom et ensuite vers Montbrun, dans le but d'éviter les maisons situées au pied du coteau sur lequel est établi ce village.

Après avoir dépassé le village de Montbrun, le tracé franchit, en souterrain, le contrefort de Caillac, pour se diriger sur les villages de Mas-de-Doucet, de Laroque-Toirac, de St-Pierre-Toirac et de Frontenac, en suivant de très près la direction du chemin vicinal de grande communication n° 33, à côté duquel il est établi.

Entre les villages de Frontenac et de La Magdelaine, le tracé longe le pied des coteaux pour atteindre, dans le versant du Soulié, le niveau de la plate-forme de la ligne de Brive au Lot.

La ligne de Cahors à Capdenac comprendra 6 ponts en rivière, dont 5 sur le Lot et un sur le Célé, et 9 tunnels formant ensemble une longueur de 3 kil. 315 mètres.

Les communes traversées par cette ligne sont les suivantes : Cahors, Arcambal, Vers, St-Géry, St-Cirq-Lapopie, Bouziès, St-Martin-Labouval, Cénevières, Calvignac, Larnagol, Cajarc, Cadrieu, Montbrun, Laroque-Toirac, St-Pierre-Toirac, Frontenac, Faycelles, Capdenac et Figeac.

Les stations ou haltes échelonnées sur cette ligne sont au nombre de 12, ce sont les suivantes :

Halte de Cabessut, stations d'Arcambal, de Vers, de St-Géry, de Conduché, halte de Tour-de-Faure, station de Saint-Martin-Labouval, halte de Calvignac, station de Cajarc, halte de Montbrun, stations de Toirac et de La Magdelaine.

3° *Ligne d'Aurillac à St-Denis.* — Cette ligne pénètre dans le département du

Lot par l'extrémité nord-est de la commune de Lamativie, s'avance parallèlement au cours de la Cère, traverse la Dordogne et arrive à St-Denis.

Les stations projetées sont les suivantes : Lamativie, Laval-de-Cère, Bretenoux, Puybrun et Vayrac.

4º *Ligne de St-Denis au Buisson.* — La partie de cette ligne comprise dans la division de Cahors, forme la première section dite de St-Denis à Souillac. Elle suit sensiblement la corde de l'arc formé entre ces deux points par le cours sinueux de la Dordogne.

Elle quitte la vallée de la Dordogne pour atteindre et franchir le plateau ondulé de Martel, le suivre jusqu'au Pigeon et redescendre ensuite vers la Dordogne, en empruntant une vallée tributaire, celle de Bramefond.

La ligne ainsi monte d'abord, par des pentes qui ne dépassent pas 0020, de la cote 124 à la cote 256 pour redescendre à l'altitude 135ᵐ.

Les rayons des courbes ne sont pas inférieurs à 300ᵐ.

Les travaux les plus importants consistent en 6 souterrains et 2 viaducs.

Les communes traversées sont : St-Denis, Martel, Baladou, St-Sozy, Lachapelle-Auzac et enfin Souillac.

Deux stations sont projetées, celles de Martel et du Pigeon, indépendamment de celles des extrémités à St-Denis et à Souillac, qui se trouvent sur les lignes principales de raccordement.

*Ligne de Cahors à Moissac.* — La ligne de Cahors à Moissac n'a pas encore été déclarée d'utilité publique; d'après l'avant-projet, cette ligne aura une longueur totale de 60 kilomètres dont 32 dans le département du Lot et 28 dans le département de Tarn-et-Garonne.


## 2º *Routes nationales.*


Les routes nationales sont au nombre de quatre, dans le département; leur réseau présente un développement de 277552 mètres. En 1879 les frais d'entretien de ces routes se sont élevés à la somme de 93988 fr. Le personnel ordinaire pour l'entretien, durant la même période, était de 9 chefs cantonniers et de 65 cantonniers stationnaires.

La *route nº 20*, de Paris à Toulouse, parcourt, dans notre département, 106 697 mètres; elle pénètre dans le Lot près de Cressensac, elle sort à Lamagdelaine (Tarn-et-Garonne) ; elle dessert successivement en venant de Paris les chefs-lieux de commune de Cressensac, Lachapelle-Auzac, Souillac, Lanzac, Loupiac, Payrac, St-Projet, Frayssinet, Lamothe-Cassel, Francoulès, Cahors et le Montat.

La *route nº 111*, de Tonneins à Millau, présente un développement de 88346 mètres; elle pénètre dans le département à Soturac, elle en sort tout près du village de Marroule, dans l'Aveyron. Les chefs-lieux de communes desservis par cette route sont : Soturac, Duravel, Puy-l'Évêque, Prayssac, Castelfranc,

Labastide-du-Vert, Espère, Mercuès, Cahors, Arcambal, Concots et Limogne.

La *route n° 122*, de Clermont à Toulouse, ne parcourt dans l'est du département que 25250 mètres, depuis Bagnac jusqu'au petit hameau de La Magdelaine (commune de Faycelles); elle ne dessert que trois chefs-lieux de communes : Bagnac, Viazac et Figeac.

La *route n° 140*, de Montargis à Figeac, entre dans le département près du village de Larauffie (commune de Gagnac). Durant son parcours de 57259 mètres, elle dessert Bretenoux, St-Céré, Aynac, Lacapelle-Marival, le Bourg, Planioles et Figeac.


### 3° *Routes départementales.*


Les routes départementales, dans le Lot, sont au nombre de dix-neuf; leur réseau présente un développement total de 586202 mètres. Les frais d'entretien de ces routes, en 1880, se sont élevés à la somme de 143160 fr. ; le personnel ordinaire de cet entretien, pendant la même année, était de 23 cantonniers-chefs et de 108 cantonniers de toutes classes. Les sommes allouées pour 1881, en faveur de ces mêmes routes, s'élèvent à 185421 fr.

*Route n° 1*, de Mende à Sarlat. — Longueur 70762 mètres.

Entre dans le département à Capdenac et se dirige sur Figeac, où, jusqu'au Bourg, elle se confond avec la route nationale n° 140; elle passe ensuite à Rudelle, Thémines, Gramat, le Bastit, Siniergues (commune de Montfaucon); coupe la route nationale n° 20 à Peyrebrune (commune de St-Projet); passe au Vigan, à Gourdon, à Payrignac et sort du département à St-Cirq-Madelon.

*Route n° 3*, de Sarlat à Aurillac. — Longueur 40250 mètres.

Entre dans le département par la commune de Souillac; arrivée dans cette localité, elle se confond un instant avec la route nationale n° 20; passe à Martel; coupe le chemin de fer de Périgueux au Lot, à la station de St-Denis; traverse Vayrac, Bétaille, Puybrun et se confond, à Bretenoux, avec la route nationale n° 140.

*Route n° 4*, de Gourdon à Cahors. — Longueur : 11576 mètres.

Part de Gourdon, passe près de Souillaguet, à St-Chamarand et, quelques kilomètres plus loin, se confond avec la route nationale n° 20, jusqu'à Cahors.

*Route n° 5*, de Clermont à Cahors. — Longueur : 60805 mètres.

Entre dans le département au moulin de Rodes (commune de Calviac); passe à Sousceyrac, près de Lentillac, à Freyssinhes, à St-Céré, à St-Jean-Lespinasse, à Lavergne, à Gramat où elle se confond avec la route départementale n° 1, qu'elle quitte dans la commune de Monfaucon, pour se diriger sur la commune de Labastide-Murat; aux moulins de Lamothe-Cassel, elle se confond avec la route nationale n° 20, jusqu'à Cahors.

*Route n° 6,* de Moissac à Cahors — Longueur : 19700 mètres.

Entre dans le département près de St-Aureil; passe à Castelnau et se confond à Ventaillac, avec la route nationale n° 20 jusqu'à Cahors.

*Route n° 7,* de Figeac à Limogne. — Longueur : 38180 mètres.

Part de Figeac et passe successivement à Béduer, Gréalou, Cajarc et Limogne.

*Route n° 8,* de Fumel à Payrac. — Longueur : 52716 mètres.

Entre dans la commune de Soturac et passe successivement à Montcabrier, Frayssinet-le-Gélat, Montcléra, Cazals, Salviac, Gourdon, le Vigan; elle se confond avec la route nationale n° 20, dans la commune de Payrac, en face de Reilhaguet.

*Route n° 9,* de Domme à Cahors. — Longueur : 24646 mètres.

Entre par Jardel (commune de Salviac), se dirige sur Dégagnac, passe à Lavercantière, à Thédirac, à Catus et vient se confondre avec la route nationale n° 111, à l'endroit dit *Bout de la côte d'Espère.*

*Route n° 10,* de Villefranche du Périgord à Cahors. — Longueur : 18692 mètres.

Pénètre dans le département, par la commune de St-Caprais; passe à Frayssinet-le-Gélat, où elle coupe la route départementale n° 8; traverse Goujounac, passe par Pontcirq et, après Rostassac, se confond avec la route nationale n° 111.

*Route n° 11,* de Lauzerte à Cahors. — Longueur : 28,012 mètres.

Pénètre dans le département, par la commune de Lebreil; passe sous Montcuq, traverse St-Daunès, passe près de St-Pantaléon; s'embranche, près de Villesèque, avec la route départementale n° 17 et se confond avec la route nationale, n° 20, près du petit bourg de Larozière dans la commune de Cahors.

*Route n° 12,* de Castelfranc à Lamothe-Cassel. — Longueur : 23040 mètres.

Part, à Rostassac, de la route départementale n° 10; passe à St-Médard, à Catus, à Uzech et se confond avec la route nationale n° 20 aux moulins de Lamothe-Cassel.

*Route n° 13,* de Cahors à Figeac. — Longueur : 72080 mètres.

Part de Cahors, passe à Laroque-des-Arcs, à La Magdelaine, à Vers, près de Cours et de Sabadel, à Lentillac, à Grèzes, à Cambes et arrive à Figeac.

*Route n° 14,* de Gramat à Cressensac. — Longueur : 37011 mètres.

Part de Gramat, traverse Montvalent et Martel et arrive à Cressensac.

*Route n° 15,* de Gramat à Souillac. — Longueur : 16185 mètres.

Commence à la route départementale n° 14, entre la station du chemin de fer de Rocamadour et le gouffre de Réveillon; traverse la Dordogne, entre Mayronne et St-Sozy et se confond avec la route départementale n° 3, entre Souillac et Martel.

*Route n° 17,* d'Agen à Villesèque. — Longueur : 24927 mètres.

Entre dans le département, par la commune de Saux; passe à St-Matré, près de Fargues, à Sauzet, et arrive à Villesèque, où elle se confond avec la route départementale n° 11.

*Route n° 18,* de Meyssac à Martel. — Longueur : 11280 mètres.

Entre dans le département, par la commune de Cavagnac ; traverse la voie ferrée à la station des Quatre-Routes, passe près de Strenquels et arrive à Martel.

*Route n° 19,* de Caussade à Figeac. — Longueur : 21480 mètres.

Entre dans le département, près de Belmont ; passe à Bach, à Varaire et arrive à Limogne où elle se confond avec la route départementale n° 7.

*Route n° 21,* de Montauban à Cahors. — Longueur : 10060 mètres.

Entre dans le département par St-Privat, dans la commune de Castelnau et arrive dans cette dernière localité où elle se confond avec la route départementale, n° 6.

*Route n° 22,* de Lafrançaise à Laguépie. — Longueur : 4800 mètres.

Traverse la commune de Belfort en passant par cette localité.

Les routes départementales n°⁵ 16 et 20 destinées à relier St-Denis (Martel) à St-Médard-de-Presque et Souillac à Laroquebroue n'existent encore qu'à l'état de projet. — Leur longueur totale sera de 31540 mètres.

La route départementale n° 2 est devenue route nationale n° 140.


### 4° *Chemins vicinaux de grande communication.*


Ces chemins sont au nombre de 45 ; ils présentent un développement de 1006500 mètres ; les frais d'entretien se sont élevés en 1879 à 183303 fr., dont : 70696 fr. 83 pour matériaux ; 86753 fr. 25 pour salaires des cantonniers ; 24661 fr. 26 pour salaires d'ouvriers auxiliaires et 1191 fr. 66 pour dépenses diverses. — Les sommes allouées, en 1881, par le Conseil général en faveur de ces mêmes chemins, s'élèvent à 186275 fr.

Comme pour les routes départementales, les chemins vicinaux de grande communication ont chacun un numéro d'ordre et sont, en outre, désignés sous le nom des deux localités extrêmes qu'ils desservent.


TABLEAU DES CHEMINS VICINAUX DE GRANDE COMMUNICATION :

| N°⁵ | | |
|---|---|---|
| 1 de Cahors | à | Gourdon |
| 2 de Gourdon | à | Figeac et à Décazeville |
| 3 de Figeac | à | Latronquière et à Sousceyrac |
| 4 de Cazals | à | Montcuq, par Puy-l'Evêque |
| 5 de Vayrac | à | Turenne |
| 6 de Cahors | à | Puy-la-Roque |
| 7 de Cahors | à | Lauzerte |
| 8 de Cahors | à | Touzac, par la rive gauche du Lot |

| Nᵒˢ 9 de Cahors | à | Castelfranc, par la rive droite du Lot |
|---|---|---|
| 10 de Labastide-Murat | à | St-Géry |
| 11 de Montpezat | à | Fumel |
| 12 de Castelnau | à | Limogne |
| 13 de Figeac | à | Cazals et à Belvès |
| 14 de Catus | à | Montcuq |
| 15 de Cazals | à | Montcuq, par Castelfranc |
| 16 de Cahors | à | Aurillac |
| 17 de Cajarc | à | Labastide-Murat |
| 19 de Gourdon | à | Souillac |
| 20 de Gramat | à | Vayrac |
| 21 de Gramat | à | Payrac |
| 22 de Pont de Rode | à | l'Abbaye |
| 23 de Gignac | à | Meyssac |
| 25 de Souceyrac | à | St-Mamet |
| 26 de Vayrac | à | Gluges |
| 27 de Montcuq | à | Montaigu |
| 28 de Frayssinet-le-Gélat | aux | Forges de Sauveterre |
| 29 de Figeac | à | Rouqueyroux |
| 30 de St-Céré | à | Maurs |
| 31 de Gramat | à | Beaulieu |
| 32 de Souillac | à | St-Geniès |
| 33 de Vers | à | Figeac |
| 35 de Bretenoux | | dans le Cantal |
| 37 de Vayrac | à | Tulle |
| 38 de Vayrac | à | St-Céré |
| 39 de Salviac | à | la route départementale nᵒ 9 |
| 40 d'Aynac | à | la route départementale nᵒ 13 |
| 41 de Figeac | à | Cahors, par Marcillac |
| 42 de Cajarc | à | Gramat |
| 43 du Chem. de grande com. nᵒ 4 au | | Chemin vicinal de grande commun nᵒ 8. |
| 44 de Puy-l'Evêque | à | Tournon |
| 45 de St Céré | à | Décazeville |
| 46 de St-Projet | à | la route nationale nᵒ 111 |
| 47 de Cahors | à | Ventaillac |
| 48 de Lacapelle-Marival | à | St-Céré, par Leyme |
| 49 de Cahors | à | Castelnau, par l'Hospitalet |

Les chemins portant les nᵒˢ 18, 24, 34, 36, sont devenus routes départementales, chemins vicinaux d'intérêt commun ou bien ont été confondus avec d'autres chemins de grande communication.

### 5° *Chemins vicinaux d'intérêt commun*

La longueur totale des 95 chemins vicinaux d'intérêt commun est de 1301,200 mètres ; les frais d'entretien se sont élevés, en 1879, à la somme de 123482 fr. 73 cette somme a été répartie de la manière suivante :

|  |  |
|---|---|
| Matériaux. | 23253 fr. 03 |
| Salaires des cantonniers | 48355 fr. 92 |
| Id. d'ouvriers auxiliaires | 51511 fr. 88 |
| Dépenses diverses | 361 fr. 90 |

Les sommes allouées, en 1881, par le Conseil général, en faveur de ces mêmes chemins, s'élèvent à 299771 fr.

TABLEAU DES CHEMINS VICINAUX D'INTÉRÊT COMMUN :

| Nᵒˢ | | |
|---|---|---|
| 2 de Vers | à | la route départementale, nᵒ 1. |
| 3 de Bretenoux | à | Gramat |
| 4 de St-Martin-Labouval | à | Puylagarde |
| 5 de St-Géry | à | Montpezat |
| 6 de Sauzet | à | Belvèze |
| 7 de Castelnau | à | Castelfranc |
| 8 de Puy-l'Evêque | à | Montaigu |
| 9 de Floressas | à | Villefranche |
| 10 de Luzech | à | Pélcoy |
| 11 de la route départementale nᵒ 14 | à | la route départementale, nᵒ 18 |
| 12 de Carennac | à | la route départementale, nᵒ 15 |
| 13 de Vers | à | Pélacoy |
| 14 de la route départementale nᵒ 15 | à | Turenne |
| 15 de St-Céré | à | Comiac |
| 16 de Corn | à | Rueyres |
| 17 de Labastide-Murat | à | Lacapelle-Marival |
| 18 de Cajarc | à | Livernon |
| 19 de Grèzes | à | Labastide-Murat |
| 20 de la route départementale nᵒ 7 | à | la route nationale nᵒ 111 |
| 21 de la route départementale nᵒ 12 | à | Villefranche |
| 22 de Salviac | à | Villefranche |
| 23 de Lacapelle-Marival | à | Cardaillac |
| 24 de Lacapelle-Marival | à | Lavergne |
| 25 de Limogne | à | Gramat |
| 26 de Crégols | à | Lalbenque |
| 27 de Lalbenque | à | Lafrançaise |
| 28 de Lolmie | à | Villefranche |

Nᵒˢ 29 de Rocamadour                   à    la route départementale, nᵒ 1
30 de Rocamadour                        à    St-Céré
31 de Gourdon                           à    Dégagnac
32 de St-Jean-Laur                      à    Jamblusse
33 de Castelfranc                       aux  Forges des Arques
34 de Mercuès                           à    Montcuq
35 de Catus                             à    St-Pierre Lafeuille
36 de St-Chamarand                      à    Gigouzac
37 de Labastide-Murat                   à    Gourdon
38 de Sérignac                          à    Touzac
40 de Mareuil                           à    Lanzac
41 de Creysse                           à    la route nationale nᵒ 20
42 de Souillac                          à    Lacave
43 de Lacapelle-Marival                 à    Martel
44 de Bretenoux                         à    Sousceyrac
45 de la route nationale nᵒ 140         au   Port de Gagnac
46 de Sousceyrac                        à    Cahus
47 de Sousceyrac                        à    Lamativie
48 de Rouqueyroux                       à    St-Céré
49 de Rouqueyroux                       à    Maurs
50 de Latronquière                      à    Gramat
51 de Rouqueyroux                       à    Figeac
52 de St-Martin-de-Vers                 à    Laroque-des-Arcs
53 de Bouillac                          au   Colombié
54 de Cambes                            à    la Magdelaine
55 de Pont-Carral                       à    la route départementale nᵒ 1
56 de la Roquette                       à    St-Chamarand
57 de Labastide-Murat                   au   Pont-de-Rode
58 du Piatgier                          à    Villefranche, par Cazals
59 de Salviac                           à    Gindou
60 de Gigouzac                          à    la route nationale nᵒ 20
61 de St-Cirq-Lapopie                   à    Vayrats et à la route départ. nᵒ 19
62 de Crégols                           à    Limogne
63 de Ventaillac                        à    Vers
64 de Cahors                            à    Caylus
65 de la vieille route natˡᵉ nᵒ 20      au   Chemin de grande communication nᵒ 7
66 de St-Matré                          au   Chemin de grande communication nᵒ 8
67 de Ventaillac                        au   Chemin de grande communication nᵒ 7
68 de Cabrerets                         à    Lauzès
69 de Montcuq                           au   Chemin de grande communication nᵒ 7
70 de Gourdon                           à    Gramat
71 de Concorès                          à    Dégagnac

Nᵒˢ 72 de Bonneviole à St-Céré
73 de Millac à Gourdon
74 de Gignac à Souillac
75 de Bagnac au Chemin de grande communication nᵒ 2
76 de la Route départ. nᵒ 3 dans la Corrèze, par le Port de Gagnac
77 de Cahors à St-Pantaléon
78 de Castelnau à Valence
79 de Varaire à Villefranche
80 de Pont-Aubard au Bourg, par Fons et Issepts
81 de St-Cirq-Lapopie à Arcambal, par La Peyre
82 de la Croix-Blanche au Ch. de gr. com. nᵒ 30, par Belmont
83 de Puy-d'Enteste à Montpezat, par Fontanes
84 de Rouqueyroux au Colombié, par Prendeignes
85 de Gourdon à Mareuil, parMasclat
86 de Montcuq à Lafrançaise, par Rouillac
87 de Capdenac à Bouillac
88 de Buzac à St-Perdoux
89 d'Espédaillac à Villeneuve (Aveyron)
90 de la Borgne à la station de Turenne
91 de Gréalou à Cabrerets
92 de Ginouillac à la route nationale, nᵒ 20
93 de St-Simon à Assier
94 de Bonneviole à Mayrinhac
95 du nᵒ 13 au Nᵒ 15, par les Arques
96 de Lacapelle-Marival à Cajarc
97 de Ventaillac à Lapenche

## 6ᵒ *Chemins vicinaux ordinaires.*

Les chemins vicinaux ordinaires, destinés surtout à la viabilité de chaque commune, forment deux réseaux distincts suivant qu'ils reçoivent ou non des subventions de l'Etat et du département, pour leur entretien ou leur construction ; les uns font partie du réseau subventionné, les autres appartiennent au réseau non-subventionné. Les premiers, au nombre de 828, ont une longueur totale de 2000000 de mètres ; les seconds, au nombre de 637, présentent un développement de 1240500 mètres.

En 1879, le montant de la subvention accordée aux chemins vicinaux ordinaires de la première catégorie s'est élevé à la somme de 54557 francs. — Sur cette somme 11020 francs ont été votés par le Conseil général ; l'Etat a accordé une subvention de 43577 francs.

Une somme de 1000 francs seulement a été votée, pour 1879, en faveur du réseau non-subventionné.

### 7° *Chemins ruraux.*

Indépendamment des voies de communication dont nous venons de présenter le tableau, chaque commune possède des chemins dits *ruraux*. L'entretien de tous ces petits chemins incombe uniquement aux municipalités ; on peut en évaluer le nombre à 12000 présentant un développement d'un nombre égal de kilomètres.

### Ch. 6. — Population.

Le dernier recensement, opéré en 1876, a donné pour la population du Lot, les nombres suivants :

```
Arrondissement de Cahors.....................  112168 habitants ;
     id.        de Figeac....................   87022     id.
     id.        de Gourdon...................   77322     id.
                                               ─────────
     Département entier.......................  276512     id.
```

En comparant ces données avec la superficie des arrondissements et du département, on voit que la densité de la population n'est pas la même dans les 3 arrondissements. Ceux de Cahors et de Gourdon possèdent 52 habitants par kilomètre carré, celui de Figeac, 56. Le département pris en entier, en renferme 53, nombre notablement inférieur à la moyenne de la France, qui est de 70 habitants par kilomètre carré.

Les cantons et les communes présentent de grandes différences sous le rapport de la densité de la population. Les cantons les plus peuplés sont ceux de : Cahors Nord (118 hab. par kil. carré), Vayrac (88), Figeac Ouest (85), Figeac Est (82), Cahors Sud (75). Les moins riches en population sont ceux de : Livernon (32), Lauzès (34), Lalbenque (38), Cajarc (39), Latronquière (39).

Les communes où se trouve la population la plus dense sont les suivantes : Cahors (210 hab. par kil. carré), Puybrun, canton de Bretenoux (200), Figeac (188), St-Céré (172), Bretenoux (166). Les moins peuplées sont : le Bastit, canton de Gramat (16 hab. par kil. carré), Quissac, canton de Livernon (18), Durbans, canton de Livernon (19), Calès, canton de Payrac (19). Des 323 communes du Lot, 68 ont une population spécifique égale ou supérieure à la population moyenne française, 255 restent au-dessous de cette moyenne.

La population dans le département du Lot, comme dans un certain nombre d'autres, est actuellement en diminution. En 1801, elle était (en ne tenant pas compte de l'arrondissement de Montauban), de 262151 habitants. Elle a constamment augmenté jusqu'à 1851, époque où elle est parvenue à son maximum 296224. Si elle avait continué à croître suivant la même proportion, elle aurait atteint, en 1900, le chiffre de 330000, tandis qu'elle ne sera que de 250000 habitants, si elle suit toujours la marche actuelle.

Cette situation provient de deux causes. D'abord la proportion des naissances diminue, tandis que celle des décès reste à peu près constante. En 1826, sur 1000 habitants du Lot, il y avait 26,8 naissances; il n'y en a plus aujourd'hui que 22,6. Néanmoins ce fait ne suffirait pas pour produire la diminution constatée ; elle doit être attribuée surtout à l'émigration. En comparant les résultats des recensements avec les nombres de naissances et de décès, on arrive à cette conclusion que, de 1820 à 1876, le département du Lot a perdu, par suite de l'émigration, 32416 de ses habitants. (1)

## Ch. 7. — Agriculture, Commerce et Industrie.

### 1° Agriculture.

Le sol cultivable du département du Lot peut-être divisé, au point de vue de l'Agriculture, en huit catégories. (2)

*Première catégorie* (Région granitique). — Terres provenant uniquement de la décomposition des roches : elles sont généralement sableuses, très maigres, à sous-sol imperméable et d'autant plus infertiles que le climat y est âpre et froid. — Productions : Seigle, avoine, sarrasin, pommes de terre, quelques prés.

*Deuxième catégorie* (Formation triasique). — Terrain argilo-calcaire, perméable, sec et aride. — Assez fertile. — Culture variée.

*Troisième catégorie* (Formation liasique). — Terrain argilo-calcaire, peu perméable et compacte. — Fertile. — Prairies et Céréales.

*Quatrième catégorie* (Etage oolithique inférieur). — Terrain argilo-calcaire, moins compacte que le précédent et drainé naturellement par les roches fissurées ou caverneuses sur lesquelles il repose. — Fertile. — Reçoit à peu près toutes les cultures.

*Cinquième catégorie* (Etages oolithiques moyen et supérieur). — Les terrains appartenant à cette catégorie forment à peu près la moitié du territoire du département. — Ces terrains très-pierreux sont souvent complètement incultes ; lorsque la couche de terre est suffisante, on y plante de la vigne qui y produit d'excellent vin, mais en petite quantité; dans quelques parties seulement où

(1) Cette notice a été extraite de l'*Étude statistique sur la population du Lot*, publiée par M. A. Combes, dans le Bulletin de la *Société des Études* (tome VI, page 73).

(2) Nous empruntons cette classification des terrains de notre département à un Rapport de M. de St-Clair, ingénieur en chef des ponts et chaussées. (*Annuaire du Lot*, année 1860).

le labour est praticable les céréales peuvent y venir, mais ne donnent que trois à quatre fois la semence.

*Sixième catégorie* (Formation crétacée). — Terres presqu'aussi maigres que celles de la première catégorie ; cependant, comme elles sont généralement assez profondes et qu'elles sont situées sous un climat plus doux, la végétation peut y devenir assez belle. On y cultive le maïs, le seigle et les pommes de terre.

*Septième catégorie* (Dépôts tertiaires). — Ces terres, de nature très variée, où dominent alternativement l'argile, le sable, le calcaire et parfois un mélange de ces trois éléments, présentent tous les degrés de fertilité et le produit de la culture peut y varier de 1 à 50. — Les cantons de Castelnau et de Montcuq peuvent être rangés dans cette catégorie.

*Huitième catégorie.* (Alluvions). — Presque toutes les vallées du département offrent des bandes d'alluvions qui, par leur nature, constituent les terrains les plus féconds et propres à toute espèce de cultures. — On peut évaluer à 42000 hectares, soit 8/00 de la surface du département, l'étendue de ces terrains.

Le département du Lot est essentiellement agricole. Les principales cultures sont les céréales, parmi lesquelles le froment occupe 62000 hectares ; viennent ensuite le maïs (30000 hect.), le seigle (20000 hect.), l'avoine (10000 h.) le sarrasin (10000 hect.), le méteil (3000 hect.) et l'orge (2200 hect.). — L'hectare rapporte en moyenne 11 hectolitres de froment ; il en rapporte 10 en maïs, 13 en seigle, 10 en avoine, 8 en sarrasin, 11 en méteil et 8 en orge.

On cultive les pommes de terre sur 10000 hectares, les légumes secs sur 4000 hectares, les betteraves fourragères sur 800, le chanvre sur 1500 et le lin sur 400.

La vigne, qui fournit un des plus importants produits agricoles du département, occupe 79400 hectares, dont 57400 dans l'arrondissement de Cahors, 12000 dans l'arrondissement de Gourdon et 10000 dans l'arrondissement de Figeac. — La vigne donne, année moyenne, pour tout le département, près de 1000000 d'hectolitres de vin.

Le tabac, autre source importante de revenus, occupe 16000 hectares pouvant produire 16000 quintaux de manoques.

Les châtaignes, qui entrent, pour une grande part, dans l'alimentation des habitants du haut-Quercy, donnent, année moyenne, 400000 hectolitres de fruits.

Les prairies naturelles occupent 30000 hectares et fournissent 1200000 quintaux de foin. — Les prairies artificielles occupent 13000 hectares et fournissent environ 420000 quintaux de luzerne, 150000 quintaux de trèfle et 140000 quintaux de sainfoin.

Le Lot fournit encore une grande quantité de truffes estimées, dites *truffes du Périgord*.

On compte dans le département 7000 chevaux, 3200 mulets et 6800 ânes,

L'espèce bovine est représentée par 67000 individus, dont 55000 bœufs ou taureaux, 6000 vaches et 6000 veaux. L'espèce ovine compte 434500 têtes produisant annuellement 200000 kg. de laine. Il y a environ 75000 porcs et 18000 chèvres.

Il existe une Ferme-Ecole dans la commune du Montat.

### 2° *Commerce.*

Les matières exportées par le département appartiennent presque toutes aux produits agricoles. Il convient cependant d'ajouter que, dans ces dernières années, il a été exporté de grandes quantités de phosphates de chaux.

Les importations se composent surtout d'objets manufacturés, de sel, de tabac, de métaux et de denrées coloniales.

### 3° *Industrie.*

L'industrie, dans le département du Lot, a peu d'importance. Les seules mines de houille exploitées sont celles de Saint-Perdoux et de Viazac. L'extraction des phosphates de chaux, en pleine activité depuis quelques années, semble diminuer par suite de l'épuisement des poches ou gisements ; citons cependant les chantiers de Cajarc, Larnagol, Gréalou, St-Jean-de-Laur et Puyjourdes. La seule carrière exploitée de marbre se trouve dans la commune de Cahus. Il existe quelques forges.

Les établissements industriels du département sont représentés par les moulins à farines, au nombre d'environ 1100 ; les carderies, au nombre de 17, ayant un nombre total de 3360 broches ; les usines à gaz de Cahors et de Figeac, quelques tanneries et les nombreux fours à chaux et briqueteries situés dans les zones riches en calcaire et en argile.

### Ch. 8. — Des différentes parties de l'Administration publique.

### 1° *Organisation civile.*

Le département est administré par le Préfet auquel est adjoint un Secrétaire Général.

Le Préfet est le représentant du Pouvoir exécutif.

Un Conseil de Préfecture, composé de trois membres, statue sur les contestations entre l'administration et les particuliers.

Le Conseil général, composé de vingt-neuf membres, est appelé notamment à régler le budget départemental et à fixer l'emploi des sommes afférentes à ce budget. — Tous les ans le Conseil général nomme une Commission, dite départementale, dont les membres choisis dans son sein ont, en quelque sorte, pour mission de le remplacer lorsqu'il est hors session.

Les attributions respectives du Préfet, du Conseil général et de la Commission départementale sont fixées par la loi organique du 10 Août 1871.

Les arrondissements de Figeac et de Gourdon sont administrés par deux sous-préfets qui ont chacun auprès d'eux un conseil, dit d'arrondissement, composé de 9 membres. Le Préfet remplit les fonctions de sous-préfet dans l'arrondissement de Cahors; il est assisté d'un Conseil d'arrondissement de 12 membres.

Viennent ensuite les Maires qui remplissent, dans les communes, deux fonctions distinctes, celles de représentants du Gouvernement et celles d'officiers de l'Etat civil. Le Maire est assisté d'un ou deux adjoints; il a, auprès de lui, un Conseil dit municipal, dont le nombre de membres dépend de l'importance de la population et qui, dans la commune, a des attributions à peu près identiques à celles du Conseil général dans le département.

Autour du Préfet se trouvent groupés les chefs des services administratifs qui sont pour le département du Lot :

Le directeur des Contributions directes. — Personnel : un inspecteur, 7 contrôleurs.

Le directeur des Contributions indirectes. — Personnel : un sous-directeur à Souillac, un inspecteur et 16 receveurs.

Le directeur de l'Enregistrement et des Domaines. — Personnel : un inspecteur, 3 sous-inspecteurs, 2 receveurs à Cahors, un conservateur des hypothèques dans chaque chef-lieu d'arrondissement, 22 receveurs.

Le directeur des Tabacs. — Personnel : un sous-inspecteur, 2 entreposeurs, 7 contrôleurs et 13 vérificateurs.

Le directeur des Postes et Télégraphes. — Personnel : 46 receveurs ou receveuses chargés d'un nombre égal de bureaux de poste et de 15 bureaux télégraphiques.

Le Trésorier-payeur-général. — Personnel : 2 receveurs particuliers, 46 percepteurs.

L'Ingénieur en chef des chemins de fer. — Personnel : 6 Ingénieurs ordinaires d'arrondissement (Montauban, Cahors (2), Figeac, Brive et Aurillac).

L'Ingénieur en chef du département (service des routes et des chemins vicinaux). — Personnel : 3 Ingénieurs d'arrondissement, 28 conducteurs ou agents-voyers cantonaux.

L'Ingénieur en chef de la navigation du Lot. — Personnel : 4 ingénieurs ordinaires d'arrondissement (Figeac, Cahors, Villeneuve et Agen).

En dehors de ces chefs de services, nommés et rétribués par l'Etat, il existe une autre classe de chefs de services, dits départementaux, qui sont choisis et payés par le département; tels sont : l'agent-voyer en chef, l'architecte et l'archiviste du département.


### 2° *Organisation religieuse.*


Au point de vue religieux, le département, presque tout catholique, est administré par un évêque, assisté d'un chapitre composé de 2 vicaires généraux et de 10 chanoines. — L'évêché de Cahors est suffragant de l'archevêché d'Albi.— Le nombre des cures du diocèse s'élève au chiffre de 33; le nombre des succursales est de 449; le nombre des vicariats rétribués par l'Etat est de 74.

La circonscription de la cure ou de la succursale porte le nom de paroisse.

Arrondissement de Cahors, 15 cures : Cahors (St-Etienne, St-Urcisse, Notre-Dame, St-Barthélemy), Castelnau, Cazals, Catus, St-Géry, Lalbenque, Lauzès, Limogne, Luzech, Montcuq, Puy-l'Evêque et Prayssac.

Arrondissement de Figeac, 9 cures : Figeac (Le Puy et St-Sauveur), Bretenoux, Cahus, Cajarc, Lacapelle-Marival, St-Céré, Gorses et Livernon.

Arrondissement de Gourdon, 9 cures : Gourdon (St-Pierre), Labastide-Murat, St-Germain, Gramat, Martel, Payrac, Souillac, Salviac et Vayrac.


### 3° *Organisation militaire.*


Le département du Lot, au point de vue militaire, ressortit aux 3° et 4° subdivisions de la 17° région militaire, qui a pour chef-lieu Toulouse. — Il obéit à un général résidant à Cahors et commandant la 66° brigade (33° division) d'infanterie. La garnison du chef-lieu se compose d'un régiment d'infanterie. Le département forme le 131° régiment territorial d'infanterie.

L'arrondissement de Cahors, et les cantons de Cajarc (arrondissement de Figeac), de Gourdon, Salviac, Saint-Germain, Payrac, et Labastide (arrondissement de Gourdon) appartiennent à la 3° subdivision (chef-lieu : Cahors).

L'arrondissement de Figeac (moins le canton de Cajarc) et les cantons de Gramat, Souillac, Martel et Vayrac appartiennent à la 4° subdivision (chef-lieu : Montauban).

La compagnie de gendarmerie du département appartient à la 17° légion (bis); elle se compose de 32 brigades (20 à cheval et 12 à pied); son effectif est de 5 officiers, 100 hommes à cheval et 60 à pied. — Le chef d'escadron et un capitaine résident à Cahors; il y a un capitaine à Figeac et un lieutenant à Gourdon.

### 4° *Organisation judiciaire.*

Les trois tribunaux de première instance (un par arrondissement) ressortissent à la cour d'appel d'Agen.

Tribunal et cour d'assises de Cahors : 1 président, 1 vice-président, 5 juges, 2 juges-suppléants, 1 procureur de la République, 2 substituts, 1 greffier, 6 avoués et 6 huissiers.

Tribunal de Figeac : 1 président, 2 juges, 2 juges-suppléants, 1 procureur de la République et 1 substitut, 1 greffier, 6 avoués et 3 huissiers.

Tribunal de Gourdon : 1 président, 2 juges, 2 juges-suppléants, 1 procureur de la République et 1 substitut, 1 greffier, 5 avoués et 4 huissiers.

Un tribunal de commerce (1 président, 3 juges, 2 juges-suppléants et 1 greffier) siège à Cahors.

Enfin il y a 29 tribunaux de justice de paix dans les 29 cantons du département.

### 5° *Instruction publique.*

Le département ressortit à l'académie de Toulouse. — L'inspecteur d'académie, assisté de quatre inspecteurs primaires (2 à Cahors, 1 à Figeac et 1 à Gourdon) est chargé de la direction du service de l'instruction primaire.

On compte dans le département 765 écoles primaires publiques qui se répartissent de la manière suivante :

> 332 écoles de garçons ;
> 359 écoles de filles ;
> 60 écoles mixtes ;
> 5 pensionnats primaires de garçons ;
> 9 pensionnats primaires de filles.

Le nombre d'élèves qui ont fréquenté ces écoles en 1878 s'est élevé à 35 590 dont 18 463 garçons et 17 127 filles.

L'instruction secondaire compte : un Lycée à Cahors, un Collège à Figeac, un petit séminaire à Montfaucon et 6 institutions libres.

### Ch. 9. — Électeurs politiques, municipaux et sénatoriaux.

Le nombre des électeurs politiques du département du Lot s'élevait, au 31 mars 1880, au chiffre de 85 581, sur lesquels 655 n'étaient pas électeurs municipaux.

RELEVÉ NUMÉRIQUE, PAR CANTON, DES ÉLECTEURS INSCRITS SUR LES LISTES ÉLECTORALES CLOSES AU 31 MARS 1880.

| ARRONDISSEMENTS | CANTONS. | NOMBRE des électeurs politiques. | NOMBRE des électeurs municipaux. |
|---|---|---|---|
| Cahors | Cahors (Nord) | 3049 | 3022 |
| | Cahors (Sud) | 2813 | 2804 |
| | Castelnau | 2672 | 2663 |
| | Catus | 3418 | 3402 |
| | Cazals | 2264 | 2263 |
| | Lalbenque | 3131 | 3125 |
| | Lauzès | 2164 | 2158 |
| | Limogne | 2868 | 2864 |
| | Luzech | 4123 | 4086 |
| | Montcuq | 3032 | 3010 |
| | Puy-l'Évêque | 4175 | 4100 |
| | St-Géry | 1723 | 1721 |
| | TOTAL | 35432 | 35218 |
| Figeac | Bretenoux | 3491 | 3480 |
| | Cajarc | 2375 | 2366 |
| | Figeac (Est) | 3761 | 3689 |
| | Figeac (Ouest) | 3088 | 3046 |
| | Lacapelle-Marival | 3844 | 3828 |
| | Latronquière | 2899 | 2875 |
| | Livernon | 2583 | 2549 |
| | St-Céré | 3593 | 3564 |
| | TOTAL | 25634 | 25397 |
| Gourdon | Gourdon | 3530 | 3520 |
| | Gramat | 3426 | 3393 |
| | Labastide-Murat | 2284 | 2253 |
| | Martel | 3512 | 3468 |
| | Payrac | 1889 | 1885 |
| | St-Germain | 2374 | 2367 |
| | Salviac | 1994 | 1994 |
| | Souillac | 3089 | 3033 |
| | Vayrac | 2417 | 2398 |
| | TOTAL | 24515 | 24311 |

Les électeurs sénatoriaux sont au nombre de 386, répartis de la manière suivante :

> 323 délégués des communes ;
> 30 conseillers d'arrondissement ;
> 29 conseillers généraux ;
> 4 députés.

Le département du Lot nomme 4 Députés (1) et 2 Sénateurs.

### Ch. 10. — Impôts.

La totalité des impôts perçus dans le département, pour le compte de l'État, du département et des communes, s'élève à la somme de 9 268 000 francs. Ces impôts peuvent être classés, suivant leur origine, en quatre grandes catégories : 1° Contributions Directes ; 2° Contributions Indirectes ; 3° Enregistrement et Domaines ; 4° Postes et Télégraphes.

#### 1° *Contributions Directes.*

(Etat du montant des rôles en 1879.)

| | |
|---|---:|
| Foncière | 2 387 578ᶠ » |
| Personnelle et mobilière | 580 972 » |
| Patentes | 332 308 » |
| Portes et fenêtres | 258 211 » |
| Frais d'avertissement | 9 038 » |
| Rôles supplémentaires des patentes | 15 247 » |
| Voitures et chevaux | 73 121 » |
| Taxes sur les Cercles et Sociétés | 1 839 ». |
| Taxes sur les billards | 1 797 » |
| Vérification des poids et mesures | 19 622 » |
| Taxes sur les chiens | 18 822 » |
| Impositions communales extraordinaires | 10 379 » |
| Prestations (chemins vicinaux) | 291 967 » |
| Total des Contributions Directes | 4 001 400 » |

(1) Pour l'élection des députés, l'arrondissement de Cahors est divisé en 2 circonscriptions : la première comprend les cantons de Cahors (Nord et Sud), Lalbenque, St-Géry, Limogne et Lauzès ; la seconde est formée par les cantons de Castelnau, Montcuq, Luzech, Puy-l'Évêque, Cazals et Catus.

Les arrondissements de Figeac et de Gourdon nomment chacun un représentant.

## 2° *Contributions Indirectes.*

### (Droits au comptant en 1878.)

| | |
|---|---:|
| Droit de circulation | 210 861ʳ 25 |
| Droit général de consommation | 227 759 25 |
| Droit d'entrée et de taxe unique | 32 322 81 |
| Autres droits et produits | 40 554 09 |

### (Droits constatés en 1878.)

| | |
|---|---:|
| Droit de détail chez les débitants | 300 349 43 |
| Fabrication des bières | 17 700 99 |
| Voitures publiques | 28 671 26 |
| Bacs et pêches | 18 255 10 |
| Nouveaux impôts | 7 742 13 |
| Droits divers | 119 124 45 |
| Tabacs | 1 232 079 27 |
| Poudres | 93 830 70 |
| Total des Contributions Indirectes | 2 329 250 73 |

## 3° *Enregistrement et Domaines.*

### (Droits perçus en 1878.)

| | |
|---|---:|
| Droits d'enregistrement, de greffe, d'hypothèques, etc... | 2 194 065 28 |
| Timbre | 376 419 09 |
| Produits des domaines et produits divers | 56 957 76 |
| Total pour l'Enregistrement et les Domaines | 2 627 442 13 |

## 4° *Postes et Télégraphes.*

### (Produits postaux en 1878.)

| | |
|---|---:|
| Produit net de la taxe des lettres, journaux et imprimés, et du droit de 0ʳ10 0/0 sur les valeurs déclarées, et de 1 0/0 sur les boîtes déclarées | 276 024 » |
| Droit perçu sur les envois d'argent | 12 237 » |
| Recettes diverses et accidentelles | 68 » |

### (Produits télégraphiques en 1878.)

| | |
|---|---:|
| Produit net de la télégraphie privée | 21 534 15 |
| Total pour les Postes et Télégraphes | 309 863 15 |

Le budget du département voté par le Conseil général, pour 1880, s'élève à la somme de....................................................................... 1 525 804 fr. se décomposant ainsi qu'il suit :

Recettes ordinaires.................................................... 1 004 259
Recettes extraordinaires............................................. 521 545

Les 323 communes du département ont ensemble un revenu annuel de 472 051 francs (1). — 35 communes sont imposées de moins de 15 centimes ; 128 sont imposées de 15 à 30 centimes ; 129 de 31 à 50 et 31 de 51 à 100, ce qui donne une moyenne de 32 centimes par commune.

311 communes de notre département sont subventionnées pour l'instruction primaire ; 10 communes seulement possèdent des octrois ; enfin l'ensemble des revenus des bureaux de bienfaisance de tout le département, s'élève à la somme de 104 600 francs.

### Ch. 11. — Divisions administratives.

Le département du Lot comprend 3 arrondissements, 29 cantons et 323 communes :

ARRONDISSEMENT DE CAHORS (12 cantons, 132 communes, 217 884 hectares, 112 168 habitants).

*Canton (nord) de Cahors* (7 com. ; 12 677 hect. ; 17 477 hab.). — Cahors, Espère, Laroque-des-Arcs, Magdelaine (La), Mercuès, Pradines, Valroufié.

*Canton (sud) de Cahors* (4 com. ; 9 523 hect. ; 3 297 hab.). — Arcambal, Bastide-Marnhac (La), Montat (Le), Trespoux-Rassiels.

*Canton de Castelnau* (7 com. ; 19 357 hect. ; 7 855 hab.). — Castelnau, Cézac, Flaugnac, Hospitalet (L'), Pern, St-Paul-Labouffie, Ste-Alauzie.

*Canton de Catus* (16 com. ; 19 214 hect ; 10 520 hab.). — Boissières, Calamane, Catus, Craissac, Francoulès, Gigouzac, Junies (Les), Labastide-du-Vert, Lherm, Maxou, Mechmont, Montgesty, Nuzéjouls, Pontcirq, St-Denis, St-Médard.

*Canton de Cazals* (10 com. ; 14 699 hect. ; 7 039 hab.). — Arques (Les), Cassagnes, Cazals, Frayssinet-le-Gélat, Gindou, Goujounac, Marminiac, Montcléra, Pomarède, St-Caprais.

---

(1) Dans les revenus annuels des communes, on ne fait pas figurer le produit des centimes additionnels, des prestations et de la rétribution scolaire ; ces ressources proviennent donc uniquement des revenus des propriétés communales et du produit des huit centimes sur les patentes, de la taxe sur les chiens, des permis de chasse, des amendes, des octrois, des droits de place sur les marchés, etc.

*Canton de Lalbenque* (13 com.; 27 360 hect.; 10 372 hab.). — Aujols, Bach, Belfort, Belmont, Cieurac, Cremps, Escamps, Flaujac, Fontanes, Laburgade, Lalbenque, Montdoumerc, Vaylats.

*Canton de Lauzès* (12 com.; 20 937 hect.; 7 153 hab.). — Blars, Cabrerets, Cras, Lauzès, Lentillac, Nadillac, Orniac, Sabadel, St-Martin-de-Vers, St-Cernin, Sauliac, Sénaillac.

*Canton de Limogne* (12 com.; 21 735 hect; 9 125 hab.). — Beauregard, Calvignac, Cénevières, Concots, Laramière, Limogne, Lugagnac, Promilhanes, Saillac, St-Martin-Labouval, Varaire, Vidaillac.

*Canton de Luzech* (13 com.; 17 439 hect.; 12 178 hab.). — Albas, Anglars-Juillac, Bélaye, Caillac, Cambayrac, Castelfranc, Douelle, Luzech, Parnac, Rouffiac, St-Vincent, Sauzet, Villesèque.

*Canton de Montcuq* (16 com.; 22 233 hect.; 9 367 hab.). — Bagat, Belmontet, Boulvé (Le), Fargues, Lascabanes, Lebreil, Montcuq, Montlauzun, St-Cyprien, St-Daunès, St-Laurent, St-Matré, St-Pantaléon, Ste-Croix, Saux, Valprionde.

*Canton de Puy-l'Evêque* (14 com.; 20 060 hect.; 12 467 hab.). — Capelle-Cabanac (La), Duravel, Floressas, Grézels, Lagardelle, Mauroux, Montcabrier, Pescadoires, Prayssac, Puy-l'Evêque, Sérignac, Soturac, Touzac, Vire.

*Canton de St-Géry* (8 com.; 12 650 hect.; 5 318 hab.). — Berganty, Bouziès, Cours, Crégols, Esclauzels, St-Cirq-Lapopie, St-Géry, Vers.

ARRONDISSEMENT DE FIGEAC [(8 cantons, 113 communes, 157 562 hectares, 87 022 habitants.

*Canton de Bretenoux* (16 com.; 16 639 hect.; 11 380 hab.). — Belmont, Biars, Bretenoux, Cahus, Comiac, Cornac, Gagnac, Gintrac, Girac, Glanes, Lamativie, Prudhomat, Puybrun, St-Michel-Loubejou, Tauriac, Teyssieu.

*Canton de Cajarc* (14 com.; 19 915 hect.; 7 706 hab.). — Cadrieu, Cajarc, Carayac, Fontenac, Gréalou, Larnagol, Laroque-Toirac, Marcillac, Montbrun, Puyjourdes, St-Chels, St-Jean-de-Laur, St-Pierre-Toirac, St-Sulpice.

*Canton (est) de Figeac* (12 com.; 17 640 hect.; 16 403 hab.). — Bagnac, Cuzac, Felzins, Figeac, Lentillac, Linac, Lunan, Montredon, Prendeignes, St-Félix, St-Perdoux, Viazac.

*Canton (ouest) de Figeac* (9 com.; 10 753 hect.; 7 140 hab.). — Béduer, Camboulit, Camburat, Capdenac, Faycelles, Fons, Fourmagnac, Lissac et Mouret, Planioles.

*Canton de Lacapelle* (19 com.; 21 830 hect.; 13 225 hab.). — Albiac, Anglars, Aynac, Bourg (Le), Bouyssou (Le), Cardaillac, Espeyroux, Issendolus, Labathude, Lacapelle, Leyme, Molières, Rudelle, Rueyres, St-Bressou, St-Maurice, Ste-Colombe, Thémines, Théminettes.

*Canton de Latronquière* (13 com.; 27 459 hect.; 10 577 hab.). — Bastide-du-Haut-Mont (La), Calviac, Gorses, Latronquière, Lauresses, Montet-et-Bouxal, Sabadel, St-Cirgues, St-Hilaire, St-Médard-Nicourby, Sénaillac, Sousceyrac, Terrou.

*Canton de Livernon* (17 com. ; 25 961 hect. ; 8 355 hab.). — Assier, Boussac, Brengues, Cambes, Corn, Durbans, Espédaillac, Flaujac, Grèzes, Issepts, Livernon, Quissac, Reilhac, Reyrevignes, St-Simon, Ste-Eulalie, Sonac.

*Canton de St-Céré* (13 com. ; 17 365 hect. ; 12 206 hab.). — Autoire, Bannes, Bio, Frayssinhes, Lentillac, Loubressac, Mayrinhac, Saignes, St-Céré, St-Jean-Lespinasse, St-Laurent-les-Tours, St-Médard-de-Presque, St-Vincent.

ARRONDISSEMENT DE GOURDON (9 cantons, 78 communes, 144 506 hectares, 77 322 habitants).

*Canton de Gourdon* (10 com. ; 16 619 hect. ; 11 374 hab.). — Gourdon, Milhac, Nozac, Payrignac, Rouffillac, St-Cirq-Madelon, St-Clair, St-Projet, Souillaguet, Vigan (Le).

*Canton de Gramat* (10 com. ; 26 826 hect. ; 10 981 hab.). — Alvignac, Bastit (Le), Carlucet, Couzou, Gramat, Lavergne, Miers, Padirac, Rocamadour, Thégra.

*Canton de Labastide-Murat* (9 com. ; 17 448 hect. ; 7 295 hab.). — Beaumat, Caniac, Fontanes-Lunegarde, Ginouillac, Labastide-Murat, Montfaucon, St-Sauveur-la-Vallée, Soulomès, Vaillac.

*Canton de Martel* (10 com. ; 17 840 hect. ; 10 965 hab.). — Baladou, Cazillac, Cressensac, Creysse, Cuzance, Floirac, Martel, Montvalent, St-Denis, Sarrazac.

*Canton de Payrac* (8 com. ; 12 845 hect. ; 5 839 hab.). — Calès, Fajoles, Lamothe-Fénelon, Loupiac, Masclat, Payrac, Reilhaguet, Roc (Le).

*Canton de St-Germain* (10 com. ; 15 001 hect. ; 7686 hab.). — Concorés, Frayssinet, Lamothe-Cassel, Montamel, Peyrilles, St-Chamarand, St-Germain, Soucirac, Ussel, Uzech.

*Canton de Salviac* (6 com. ; 11 514 hect. ; 6 337 hab.). — Dégagnac, Lavercantière, Léobard, Rampoux, Salviac, Thédirac.

*Canton de Souillac* (8 com. ; 18 020 hect. ; 9 436 hab.). — Gignac, Lacave, Lachapelle-Auzac, Lanzac, Meyronne, Pinsac, St-Sozy, Souillac.

*Canton de Vayrac* (7 com. ; 8 393 hect. ; 7 409 hab.). — Bétaille, Carennac, Cavagnac, Condat, St-Michel-de-Bannières, Strenquels, Vayrac.

# TABLEAU DES SIGNES ABRÉVIATIFS

| | | | |
|---|---|---|---|
| ⊠ | bureau de poste. | arr. | arrondissement. |
| TE | bureau télégraphique. | cant. | canton. |
| ST | station de chemin de fer. | chef-l. | chel-lieu. |
| ☿ | paroisse. | chem. | chemin. |
| c. | commune. | congrég. | congréganiste. |
| c$^{le}$ | communale. | cons. mun, | conseillers municipaux. |
| c$^{té}$ | communauté. | cont. dir. | contributions directes. |
| ch. | château. | dép$^{le}$ | départementale, |
| c$^{on}$ | communication. | départ. | département. |
| f. | ferme. | garç. | garçons. |
| f g. | faubourg. | hab. | habitant. |
| g. c$^{on}$ | grande communication. | hect. | hectare. |
| h. | hameau. | int. com. | intérêt commun. |
| i. | maison isolée. | nat$^{le}$ | nationale. |
| k. | kilomètre. | ord. | ordinaire. |
| m. | métairie. | patr. | patronale. |
| m. | mètre. | percept. | perception. |
| m. e. | moulin à eau. | rec. | recette. |
| m. v. | moulin à vent. | sect. élect. | section électorale. |
| p. | paroissiens. | subdél. | subdélégation. |
| u. | usine. | superf. | superficie. |
| v. | village. | vic. | vicinal. |
| alt. moy. | altitude moyenne. | | |

*Nota.* — Tous les noms commençant par *Saint* ou *Sainte* ont été réunis ensemble à la fin de la lettre S.

# DICTIONNAIRE

## GÉOGRAPHIQUE, ADMINISTRATIF, STATISTIQUE,

### HISTORIQUE, ARCHÉOLOGIQUE, ETC.

## DU DÉPARTEMENT DU LOT

## A

ABBAYE (l'), *v.*, c. de Léobard.

ABREUVOIR (l'), *i.*, c. de Grézels.

ADIEU, *h.*, c. de Cabrerets.

AGANOS (les), *h.*, c. de St-Médard (Catus)

AGLAN ou Aglans (les), *v.*, c. de Soturac.

AGRANEL, *m.*, c. de Limogne.

AGRAS, *h.*, c. de Castelnau-de-Montrat.

AILLAT, *h.*, c. de Thédirac.

AILLET, *h.*, c. de Montdoumerc.

ALARY, *h.*, c. de Cambayrac.

ALARY, *i.*, c. de Gigouzac.

ALAUX, *h.*, c. de Peyrilles.

ALAYRANGUES, *h.*, c. de Comiac.

ALBARAT, *h.*, c. de Pomarède.

**ALBAS**, c., cant. de Luzech, arr. de Cahors. — ✉. — ☎ et ⚡ de Parnac. — Percept. de Luzech. — ⚥ Albas (1,474 p.) et Cénac (350 p.). — Rec.-buraliste. — Notaire.

*Géographie :* Superf. 2,196 hect. — 1,670 hab. — Alt. moy. 229 ᵐ. — Les hauteurs de cette c. appartiennent à la formation jurassique supérieure; alluvions fertiles dans la vallée.

Principaux v. et h. : Albas (719 hab.); — Cénac (58 hab.), à 6 k. d'Albas; — Rivière-Hᵗᵉ (185 hab.), à 1 k.; — Rivière-Bˢᵉ (68 hab.), à 1 k. 500; — Paradis et Moulin, (90 hab.), à 2 k.; — Souleillac (le) (73 hab.), à 2 k.; — Cambou (52 hab.), à 1 k. 200.

Cours d'eau : Rivière du Lot (bac).

Voies de cᵒⁿ : chem. vic. de g. cᵒⁿ nᵒ 8, de Cahors à Touzac; — chem. vic. d'int. com. nᵒ 7, de Castelnau à Cazals; — 12 chem. vic. ord.

Distances : au chef-l. de cant. 5 k.; au chef-l. d'arr. et de départ. 24 k.

*Statistique :* 577 Électeurs. — 16 Cons. mun. — Sect. élect. : Albas (14 cons.); Cénac (2 cons.).

Principal des 4 cont. dir. 10,166 fr.

Revenus de la commune, 1,258 fr.

Bureau de bienfaisance (revenu annuel 1,383 fr.).

*Instruction :* Ecole cˡᵉ laïque de garç. (103 élèves); — Ecole cˡᵉ congrég. de filles (97 élèves); — Ecole libre de filles (12 élèves); — à Cénac : école laïque mixte de h. (19 élèves).

*Produits agricoles :* Vin, tabac, céréales, pommes de terre.

*Commerce et Industries :* Moulin à farine; — 2 hôtels ou auberges; — 4 cafés; — cercle. — Foires, le 2ᵉ lundi de chaque mois. — Marchés, le lundi. — Fête patr., le 3 août.

ALROUY, *i.*, c. de Montdoumerc.
ALSAVIE, *i.*, c. de Bélaye.
ALTUC, *i.*, c. de Bélaye.

**ALVIGNAC**, c., cant. de Gramat, arr. de Gourdon. — ⊠, ▨ de Gramat, ▭ de Rocamadour. — Percept. de Gramat. — ☗ (717 p.). — Débit de tabac.

*Géographie :* Superf. 1,303 hect. — 739 hab. — Alt. moy. 361 ᵐ. — Terrain argilo-calcaire. — Le lias inférieur, étagé exclusivement calcaire, apparaît à l'est de cette c. et forme une plaine assez étendue.

Principaux v. et h. : Alvignac (595 hab.); — Lagorce (40 hab.), à 2 k. d'Alvignac; — Mas des Vignes (20 hab.), à 4 k.; — Mazeyrac (38 hab.), à 2 k.; — Penot (50 hab.), à 1 k. 500.

Cours d'eau : Ruisseau de Latouille ou de Cazelle, limitant les deux c. de Miers et d'Alvignac; — Ruisseau de Salgues.

Voies de cᵒⁿ : chem. vic. de g. cᵒⁿ nᵒ 20, de Gramat à Vayrac; — chem. vic. d'int. com. nᵒ 30, de St-Céré à Rocamadour; — 2 chem. vic. ord.

Distances : au chef-l. de cant. 7 k.; au chef-l. d'arr. 40 k.; au chef-l. de départ. 63 k.

Curiosités : Caverne ou gouffre de Reveillon, dans lequel se jette le ruisseau de Salgues.

*Statistique :* 241 Electeurs. — 12 Cons. mun.

Principal des 4 contr. dir. 5,846 fr.

Revenus de la commune, 192 fr.

*Instruction :* Ecole cᵉ laïque de garç. (30 élèves); — école cᵉ congrég. de filles (40 élèves).

*Produits agricoles :* Blé, maïs, noix.

*Commerce et Industries :* 4 moulins sur le ruisseau de Cazelle; — 4 hôtels ou auberges; 4 cabarets; 3 cafés. — Foires, le jeudi avant le jeudi gras et le 21 août. — Fête patr., le 22 juil. — Les personnes qui vont prendre les eaux minérales de Miers séjournent ordinairement à Alvignac.

### Historique.

*Pendant la Révolution.* — Alvignac formait deux c. (Alvignac et Salgues); elles faisaient partie du cant. de Gramat et du district de St-Céré.

*Avant la Révolution.* — Alvignac dépendait de la vicomté de Turenne; son territoire actuel formait deux cᵗᵉˢ : 1ᵒ cᵗᵉ d'Alvignac (subdél. de Gourdon et élection de Figeac); — Paroisse d'Alvignac, sous l'invocation de Sᵗᵉ-Madelaine (593 p.). — Cette cᵗᵉ payait 15,130 livres d'impositions; ses charges locales ord. étaient de 410 livres.

2ᵒ cᵗᵉ de Salgues (subdél. de Gourdon et élection de Figeac); — paroisse sous l'invocation de St-Médard (357 p.). — Cette cᵗᵉ payait 1,693 livres d'impositions; ses charges locales ord. étaient de 51 livres; elle était beaucoup moins étendue que sa paroisse puisqu'elle ne renfermait que 88 hab.

Alvignac était une dépendance de la seigneurie de Castelnau et devait hommage à l'évêque de Cahors. Le monastère de Fieux, dont il reste encore des ruines, fut fondé en 1203 par Gerbert de Thémines. En 1296 le couvent des dames hospitalières de St-Jean de Fieux était gouverné par Jourdaine de Villaret, sœur de Guillaume de Villaret, grand-maître des chevaliers de l'Hôpital. Plus tard la maison de Fieux fut réunie à l'Hôpital-Beaulieu. Une bulle du pape Alexandre III (1175) mentionne l'église d'Alvignac comme possession du Prieuré de Carennac.

*Anciennes mesures :* Les mesures d'Alvignac étaient celles de Gramat.

*Antiquités :* Tombeaux celtiques; restes de tours très anciennes; ruines du château de Fieux.

ALZAC, *h.*, c. de Sousceyrac.
AMAT, *i.*, c. de St-Projet.
AMBOLY, *h.*, c. de Lamothe-Fénelon.
AMÉLIE (l'), *i.*, c. de Puy-l'Evêque.
AMÉRIGUE (l'), *h.*, c. de Thédirac.
AMOS, *h.*, c. de Carayac.
AMOUGÉ, *i.*, c. de Belfort.
AMOUROUX, *h.*, c. de Lamothe-Fénel.
AMPRIÈRE, *h.*, c. de Vers.
ANDRESSAC, *h.*, c. de Cajarc.
ANDREUILLES, *h.*, c. de Lamothe-Fén.
ANDRIEU, *h.*, c. de Beauregard.
ANDRIEU, *h.*, c. de Padirac.
ANDRIOS, *h.*, c. de Belfort.

**ANGLARS**, c., cant. de Lacapelle-Marival, arr. de Figeac. — ⊠, ▨ de Lacapelle-M., ▭ de Gramat. — Percept. de Lacapelle-Marival. — ☗ (540 p.). — Débit de tabac.

*Géographie :* Superf. 920 hect. — 519 hab. — Alt. moy. 444 ᵐ. — Terrains granitiques et couches de l'infra lias.

Principaux v. et h. : Anglars (157 hab.); — Cantagrel (67 hab.), à 4 k.

d'Anglars ; — Domergue (70 hab.), à 1 k. ; — Lespinasse (98 hab.), à 2 k. ; — Tourène (76 hab.), à 4 k.

Cours d'eau : Trois ruisseaux dont le plus important porte le nom d'Ouysse ou de Thémines. — Tous ces ruisseaux ont leur source dans la commune.

Voies de c⁰ⁿ : Route natˡᵉ n° 140, de Figeac à Montargis ; — chem. vic. d'int. com. n° 24, de Lacapelle à Lavergne ; — 3 chem. vic. ord.

Distances : au chef-l. de cant. 2 k. ; au chef-l. d'arr. 24 k. ; au chef-l. de départ. 71 k.

*Statistique :* 175 Electeurs. — 12 Cons. mun.

Principal des 4 cont. dir. 3,530 fr.

Revenus de la commune, 60 fr.

*Instruction :* Ecole cˡᵉ laïque de garç. (48 élèves) ; — école cˡᵉ congrég. de filles (40 élèves).

*Produits agricoles :* Blé, maïs, avoine, pommes de terre, châtaignes, etc.

*Commerce et Industries :* Scierie mécanique ; tannerie ; 4 moulins à farine sur les ruisseaux. — Foires les 26 janvier, 23 novemb. et 13 décemb. ; — 3 cabarets. — Fête patr., le 15 août.

Historique.

*Pendant la Révolution.* — Anglars faisait partie du cant. de Lacapelle et du district de Figeac.

*Avant la Révolution.* — Anglars était une cˡᵉ (subdél. et élection de Figeac) et formait une paroisse, beaucoup plus étendue qu'aujourd'hui (1,110 p.), sous l'invocation de St-Martin, évêque. — Cette cˡᵉ payait 6,332 liv. ; ses charges locales ord. étaient de 244 livres.

La terre d'Anglars fut donnée par le Vᵗᵉ de Turenne à sa fille, en 1271, lorsqu'elle épousa Bertrand de Cardaillac.

*Anciennes mesures :* Les mesures d'Anglars étaient celles de Figeac.

*Antiquités :* Près de l'église d'Anglars, cercueils creusés dans un banc de grès. — Ancien château.

ANGLARS, h., c. de Nozac.

**ANGLARS-JUILLAC**, (c. créée en 1853). — Cant. de Luzech, arr. de Cahors. — ✉, 🚉, 🚉 de Castelfranc. — Percept. de Luzech. — ⚓ (375 p.) — Rec.-buraliste.

*Géographie :* Superf. 498 hect. — 567 hab. — Alt. moy. 125 ᵐ. — Les hauteurs de cette c. appartiennent à la formation jurassique supérieure ; alluvions dans la vallée occupée par le chef-lieu.

Principaux v. et h. : Anglars (116 hab.) et Juillac (121 hab.).

Cours d'eau : Rivière du Lot (bac) ; — le ruisseau de Lissourgues ou de Latour.

Voies de c⁰ⁿ : chem. vic. de g. c⁰ⁿ, n° 8, de Cahors à Touzac ; — chem. vic. de g. c⁰ⁿ, n° 15, de Cazals à Montcuq, par Castelfranc ; — chem. vic. de g. c⁰ⁿ, n° 43, de Cazals à Montcuq, par Prayssac ; — 3 chem. vic. ord. — Pont suspendu, sur le Lot, à Juillac.

Distances : au chef-l. de cant. 10 k. ; au chef-l. d'arr. et du départ. 28 k.

*Statistique :* 172 Electeurs — 12 Cons. mun. — Sect. élect. : Anglars (6 cons.) et Juillac (6 cons.).

Principal des 4 cont. dir. 4,426 fr.

Revenus de la commune, 89 fr.

Bureau de bienfaisance (revenu annuel 232 fr.)

*Instruction :* Ecole cˡᵉ laïque de garç. (30 élèves) ; — école cˡᵉ congrég. de filles (27 élèves).

*Produits agricoles :* Vin, blé, tabac, pommes de terre, fourrages.

*Commerce et Industries :* Vin, briques, chaux. — Fête patr., le 10 août.

Historique.

*Pendant la Révolution.* — Anglars formait une c. dépendant du cant. de Luzech, district de Cahors.

*Avant la Révolution.* — Anglars dépendait de la cˡᵉ d'Albas et formait une paroisse sous l'invocation de St-Michel.

Il existait à Anglars un château appartenant à une famille de ce nom.

*Anciennes mesures :* Les mesures d'Anglars-Juillac étaient celles de Cahors.

ANGLE (l'), ch., c. de Caillac.

ANGLÈNE, i., c. de St-Céré.

ANNEULET, i., c. de Loupiac.

ANNOUYÉ, h., c. de Belfort.

ANSOLE, m., c. de Maxou.

ANTIGNAC, f., c. de Castelnau.

ANTONY, m. e., c. de Castelnau.

ANTRAYGUES, h., c. de St-Cirgues.

ARAMON, h., c. du Montat.

ARBOUYS (haut et bas), h., c. de Cahors.

ARBRE SEUL (l'), m. v., c. de Concots.

ARBUSSAC, h., c. de St-Paul-L.

**ARCAMBAL**, c., cant. de Cahors (sud) arr. de Cahors. — ✉, 🚉 et 🚉 de Cahors. — Percept. de Pradines. — ⚓ du Bousquet (680 p.) et de Pasturat (380 p.) — Rec.-buraliste.

*Géographie :* Superf. 2,311 hect. —

1,052 hab. — Alt. moy. 201 ᵐ. — Les hauteurs appartiennent à la formation jurassique supérieure; alluvions dans la vallée. — Gisement d'une mine de fer de formation alluviale.

Principaux v. et h. : Arcambal (352 hab.); — Galessie (327 hab.), à 1 k. d'Arcambal; — Les Mazuts (160 hab.), à 4 k.; — Pasturat (156 hab.), à 7 k.

Cours d'eau : Rivière du Lot (bacs à Béars et à Savanac).

Voies de cᵒⁿ : Route natˡᵉ nᵒ 111, de Milhau à Tonneins; — chem. vic. d'int. com. nᵒ 63, de Ventaillac à Vers; — chem. vic. d'int. com. nᵒ 81, de St-Cirq-Lapopie à Arcambal, par Lapeyre; — 6 chem. vic. ord.

Distances : au chef-l. de cant., d'arr. et de départ. 8 k.

*Statistique :* 356 Electeurs. — 12 Cons. mun.

Principal des 4 cont. dir. 6,955 fr.
Revenus de la commune, 230 fr.

*Instruction :* Ecole cˡᵉ laïque de garç. (97 élèves); — école cˡᵉ congrég. de filles (56 élèves); — école laïque mixte de h. (28 élèves).

*Produits agricoles :* Vin, tabac, blé, seigle, pommes de terre. — Vers à soie.

*Commerce et Industries :* 2 moulins sur le Lot; — 2 cabarets. — Fêtes patr., le 19 janv. à Arcambal et le 24 août aux Mazuts et Pasturat.

Historique.

*Pendant la Révolution.* — Arcambal formait trois c., dont deux (Le Bousquet et Galessie) dépendaient des cant. et district de Cahors et la troisième (Pasturat) appartenait au cant. de St-Géry, district de Cahors.

*Avant la Révolution.* — Arcambal formait deux cᵗᵉˢ : 1ᵒ cᵗᵉ d'Arcambal (subdél. et élection de Cahors). — Paroisse sous l'invocation de St-Antoine (1,011 p.). — Cette cᵗᵉ payait 1,327 livres d'impositions; ses charges locales ord. étaient de 63 livres.

2ᵒ Cᵗᵉ de Galessie (subdél. et élection de Cahors). — Paroisse sous l'invocation de l'Assomption (380 p.). — Cette cᵗᵉ payait 3,950 livres d'impositions; ses charges locales ord. étaient de 96 livres.

Pierre Bousquet était seigneur d'Arcambal, en 1491; un de ses descendants, M. du Bousquet, marquis d'Arcambal, colonel de la légion de Corse fut investi, en 1772, du commandement des provinces du Rouergue et du Quercy.

Pendant la guerre de cent ans les Anglais occupaient de préférence Arcambal et Galessie d'où ils surveillaient facilement les bâteaux qui descendaient à Cahors; les consuls de cette dernière ville firent même raser le château-fort de Galessie, en 1374, pour que leurs ennemis n'en fissent pas une de leurs places d'armes. — L'abbé Salvat nous dit, qu'en 1385, les Anglais firent plusieurs courses jusque dans les murs de Cahors, à St-Cirq-Lapopie et à Calvignac; ils traversaient le Lot un peu au-dessus de Galessie où se trouvait un guet.

Une verrerie importante existait à Galessie; cette verrerie fut transportée à Cahors, en 1791 et installée dans les bâtiments du monastère des Dominicains, dans le faubourg de Cabessut.

*Anciennes mesures :* Les mesures des cᵗᵉˢ d'Arcambal et de Galessie étaient celles de Cahors.

*Antiquités :* Château d'Arcambal, au commencement du XVIII° siècle. — Eglise ancienne fortifiée aux XIV° et XV° siècles; cette église renferme la chapelle des anciens seigneurs d'Arcambal.

ARCAMBAL, h., c. de Stᵉ-Colombe.
ARCAMBALS, h., c. de Miers.
ARCHÉ (l'), h., c. de Vaylats.
ARCHETS (les), m. e., c. de Souillac.
ARCIGNES, i., c. de St-Chels.
ARDAILLOUS (les), h., c. de Soturac.
ARDENNES, h., c. du Bouyssou.
ARDENNES, h., c. des Junies.
ARÈLES, h., c. de Capdenac.
ARIDE, h., c. de Stᵉ-Colombe.
ARLES, h., c. de St-Bressou.
ARMAGNAC, h., c. de Caniac.
ARMAL, h., c. de Montet et Bouxal.
ARMAND, h., c. d'Issendolus.
ARMOY, h., c. de Lalbenque.
ARNAL, i., c. de Larnagol.
ARNIS, m., c. de Cahors.
ARPILLEN, h. c. de Lalbenque.

ARQUES (les) c., cant. de Cazals. arr. de Cahors. — ⊠ de Cazals. — ▥ de Salviac. — Percep. de Cazals. — ♂ (550 p.) — Débit de tabac.

*Géographie :* Superf. 1,505 hect. — 757 hab. — Alt. moy. 254 ᵐ. — Terrains tertiaires de la formation miocène. — Riches mines de fer.

Principaux v. et h. : Faure (68 hab.), à 2 k. des Arques; — Leyrissou (105 hab.), à 3 k.;— Les Places (111 habit.), à 3 k.; — St.-André (257 habit.), à 4 k.

Cours d'eau : Ruisseau de la Masse et un autre petit ruisseau.

Voies de c^on : chém. vic. de g. c^on, n° 13, de Figeac à Cazals ;— chem. vic. de g. c^on, n° 15, de Cazals à Montcuq par Castelfranc ;— chem. vic. d'int. com., n° 21, de la route dép^le, n° 12 à Villefranche de Belvès ;— chem. vic. d'int. com., n° 33, de Castelfranc aux Forges des Arques ;—6 chem. vic. ord.

Distances : au chef-l. de canton, 7 k.; — au chef-l. d'arr. et de départ. 28 k.

*Statistique :* 240 Electeurs. — 12 Cons. mun.

Principal des 4 cont. dir. 4,309 fr.

Revenus de la commune, 147 fr.

Bureau de bienfaisance (revenu annuel, 130 fr.)

*Instruction :* Ecole c^le laïque de garç. (32 élèves) ;— école c^le congrég. de filles (33 élèves).

*Produits agricoles :* Blé, seigle, maïs, pommes de terre, vin, noix, châtaignes, prunes. — Bois.

*Commerce et industries :* Chantiers pour l'extraction du minerai de fer. — 4 moulins à eau ; — briqueterie ;— pressoir à huile. — 2 cabarets. — Foire le 12 août. — Fête patr., le 10 août.

Historique.

*Pendant la Révolution.*—C. des Arques, cant. de Cazals, district de Gourdon.

*Avant la Révolution.* — C^té des Arques, subdél. de Prayssac, élection de Cahors. — Paroisse des Arques, sous l'invocation de St-Martin (520 p.) et de St-André, sous l'invocation de St-André (150 p.). — Cette C^té payait 5,220 livres d'impositions ; ses charges locales ordinaires étaient de 130 livres. — Les mines de fer des Arques étaient exploitées bien avant la Révolution.

Un riche doyenné ou C^té des Bénédictins existait autrefois aux Arques ; ce doyenné avait été cédé en 1280 à l'abbaye de Marcillac par l'Evêque de Cahors Raymond Pauchelli ; aussi dans un procès-verbal de visite de Simon, archevêque de Bourges, ce doyenné est-il qualifié, en 1285 de Prieuré de l'abbaye de Marcillac.

*Anciennes mesures :* Les mesures des Arques étaient celles de Cahors.

**Arquiès** (les) *h.*, c. de Cahors.

**Arquiès,** *h.*, c. de Vire.

**Arquis,** *h.*, c. de Strenquels.

**Arteuil,** *h.*, c. de Masclat.

**Artix,** *h.*, c. de Cahors.

**Artix,** *v.*, c. de Sénaillac.

**Artize,** *h.*, c. de Bagnac.

**Ascazáls,** *h.*, c. de Mauroux.

**Asfaux** (bas) *h.*, c. de Sousceyrac.

**Asfaux** (hauts) *h.*, c. de Sénaillac.

**Aspes** (les) *h.*, c. de Gramat.

**Asprats,** *h.*, c. de Puybrun.

**ASSIER ,** c., cant. de Livernon, arr. de Figeac. — ⊠. — ⊺ᴇ et ꜱᴛ. — Percept. — ☿ (770 p.). — Rec.-buraliste. — Notariat. — Brigade de gendarmerie à pied.

*Géographie :* Superf. 1,649 hect. — 801 hab. — Alt. moy. 345^m. — Cette c. se trouve sur le jurassique moyen bien caractérisé. — On y a signalé l'existence de phosphates de chaux.

Principaux v. et h. : Assier (529 hab.); — Bouyssonnet (27 hab.), à 1 k. 500 d'Assier ; — Pech Damoul (16 hab.), à 2 k. 500 ; — Vialan (22 hab.), à 2 k. 500.

Cours d'eau : Ruisseau d'Assier qui s'engouffre près du chef-l. de la c.

Voies de c^on : chem. vic. de gr. c^on, n° 16, de Cahors à Aurillac ; — chem. vic. d'int. com. n° 93, de St-Simon à Assier ; — 3 chem. vic. ord.

Distances : au chef-l. de cant., 5 k.; au chef-l. d'arr., 17 k.; au chef-l. de départ. 61 k.

*Statistique :* 240 Electeurs. — 12 Cons. mun.

Principal des 4 cont. dir., 6,951 fr.

Revenus de la commune, 570 fr.

Bureau de bienfaisance (Revenu annuel, 210 fr.).

*Instruction :* Ecole c^le laïque de garç. (73 élèves) ;—Ecole c^le congrég. de filles (54 élèves).

*Produits agricoles :* Blé, seigle, maïs, avoine, sarrazin, vin, noix, etc.

*Commerce et Industries :* Moulin sur le ruisseau d'Assier. — Foires les 7 janv., 5 mars, 17 mai, 5 juin, 14 sept. et 9 nov.; — marchés-foires le 17 de chaque mois. — 4 hôtels ou auberges; — 4 cabarets; — 3 cafés. — Fête patr., le 24 août.

Historique.

*Pendant la Révolution.* — Assier formait une c. dépendant du cant. de Livernon, district de Figeac.

*Avant la Révolution.* — Assier était une c^té de la subdél. et de l'élection de Figeac. — Paroisse sous l'invocation de

St-Pierre, apôtre (806 p.). — Cette c^lé payait 9,353 livres d'impositions; ses charges locales ord. étaient de 254 livres. Il est fait mention pour la première fois d'Assier dans le traité conclu entre Philippe-le-Bel et Edouard I^er, roi d'Angleterre, en 1298. — Les Anglais se fortifièrent à Assier vers la fin du XIV^e siècle.

*Anciennes mesures :* Les mesures d'Assier étaient celles de Figeac.

*Antiquités :* Il existe des dolmens sur le territoire de cette c.; on a trouvé dans l'un de ces monuments un poignard en bronze au milieu d'ossements humains et des débris de poterie. — On remarque dans cette localité les restes d'un magnifique château (monument historique), qu'aurait fait bâtir, vers le commencement du XVI^e siècle, Jacques Galiot de Genouillac, grand maître de l'artillerie sous François I^er et seigneur d'Assier. — L'église d'Assier (monument historique) date à peu près de la même époque, mais elle est parfaitement conservée; elle est ornée à l'extérieur de bas reliefs très soignés, représentant des combats et des trophées d'armes.

ASTORGUES, *h.*, c. de Prudhomat.
AUBARS (les), *h.*, c. de Fons.
AUBIAC, *h.*, c. d'Aynac.
AUBIAC, *h.*, c. de Calvignac.
AUBIAC, *h.*, c. de Cavagnac.
AUBIAGNES, *i.*, c. de Pinsac.
AUBIÈS, *h.*, c. de Lentillac (St-Céré).
AUBIGNÈRES, *i.*, c. de Fons.
AUBINIÈS, *i.*, c. de Sousceyrac.
AUBRAC (d'), *h.*, c. de Limogne.
AUBRELONG, *ch.*, c. de Bach.
AUBRESPIT, *h.*, c. de Lacapelle-Mar.
AUBRESQUE, *h.*, c. de Leyme.
AUBUGUES (les) *h.*, c. de Souillac.
AUCOR, *i.*, c. de St-Cyprien.
AUCORN, *i.*, c. de Lauzès.
AUDEBRANE, *h.*, c. de Pern.
AUDHUY, *h.*, c. de Duravel.
AUDIÈRES, *h.*, c. de Bio.
AUGIÈRES (les), *i.*, c. de Milhac.
AUGIÈRES (les), *i.*, c. de Payrignac.
AUGLANAC, *h.* et *m. e.*, c. de Sauliac.
AUJAL, *m. e.*, c. de Labathude.
AUJAL ou AUJALS, *h.*, c. de St-Maurice.

AUJOLS, *c.*, cant. de Lalbenque, arr. de Cahors. — ⊠ de Lalbenque. — Percept. de Lalbenque. — ♁ (642 p.). — Rec.-buraliste.

*Géographie :* Superf. 1,639 hect. — 642 hab. — Alt. moy. 202^m. — Terrain jurassique supérieur. — Le sol de cette c. est en général rocailleux.

Principaux v. et h. : Aujols (526 hab.); — Brunard (20 hab.), à 1 k. 500 d'Aujols; — Grélard (15 hab.), à 2 k.; — Pont-Neuf (48 hab.), à 1 k. 200.

Voies de co^u : chem. vic. d'int. com. n° 5, de St-Géry à Montpezat; — 4 chem. vic. ord.

Distances : au chef-l. de cant. 9 k.; au chef-l. d'arr. et de départ. 12 k.

*Statistique :* 195 Electeurs. — 12 Cons. mun.

Principal des 4 contr. dir. 3,551 fr.
Revenus de la commune, 180 fr.

*Instruction :* Ecole c^le laïque de garç.; — école c^le laïque de filles.

*Produits agricoles :* Vins et céréales.

*Commerce et Industries :* Foires les 25 avril, 25 juin et 25 août; — 3 cabarets; — 1 café. — Fête patr., le 24 juin.

Historique.

*Pendant la Révolution.* — Aujols était une c. du cant. de Lalbenque, district de Cahors.

*Avant la Révolution.* — Aujols était une c^lé de la subdél. et de l'élection de Cahors. — Paroisse sous l'invocation de St-Jean-Baptiste (1,000 p.). — Cette c^lé payait 4,701 livres d'impositions; ses charges locales ord. étaient de 125 livres. — La paroisse d'Aujols est mentionnée dès 1258. En 1337, l'évêque Bertrand de Cardaillac unit l'église d'Aujols à la dignité d'archidiacre de Montpezat.

*Anciennes mesures :* Les mesures linéaires d'Aujols étaient celles de Figeac; ses autres mesures étaient celles de Cahors.

*Antiquités :* Eglise et château du XII^e siècle.

*Hommes célèbres :* Aujols a vu naître l'héroïque soldat Jean Capoulade, tombé glorieusement en Bavière, le 30 nov. 1800.

AULIAC, *h.*, c. de Peyrilles.
AULIÉ, *m. e.*, c. de St-Germain.
AUMIÈRES (lac d'), *m.*, c. de Blars.
AUNIAC, *h.*, c. de Nozac.
AUQUES, *i.*, c. de Montdoumerc.
AURASTE, *i.*, c. de Leyme.
AURIAC, *h.*, c. de Corn.
AURIAC, *h.*, c. de Gindou.
AURICOSTE, *h.*, c. des Arques.
AURICOSTE, *h.*, c. de St-Cirgues.
AURIMONT, *h.*, c. de Salviac.

AURIOL, *h.*, c. de Cavagnac.
AURIOLES (les), *h.*, c. de Montamel.
AURIOLS, *h.*, c. de Montamel.
AURIOLS (les), *h.*, c. de St-Chamarand.
AURIVALS, *i.*, c. de Lalbenque.
AURY, *f.*, c. de Cézac.
AUSSAC, *i.*, c. de Fontanes.
AUSSAC, *h.*, c. de St-Paul-Labouffie.
AUSSECOMBE, *h.*, c. de Sérignac.
AUSSET, *h.*, c. de Lalbenque.
AUSSONNE, *h.*, c. de Cézac.
AUSSOU, *h.*, c. de Lentillac (Lauzès).
AUSTALOU, *h.*, c. de Bannes.
AUTEJAC ou AUTEZAC, *h.*, c. de Brengues
AUTENET, *h.*, c. de Puy-l'Evêque.
AUTEVALS, *h.*, c. de Figeac.

**AUTOIRE**, c., cant. de St-Céré, arr. de Figeac. — ⊠ et ▨ de St-Céré. Percept. — ♂ (919 p.). — Rec.-buraliste.
*Géographie* : Superf. 382 hect. — 566 hab. — Alt. moy. 300 ᵐ. — Cette c. est située sur le lias ; sol argileux.
Principaux v. et h. : Autoire (298 hab.)
Cours d'eau : Ruisseau d'Autoire.
Voies de ᶜᵒⁿ : Chem. vic. d'int. com. nᵒ 94, de Bonneviole à Mayrinhac ; — 3 chem. vic. ord.
Distances : au chef-l. de cant. 7 k. ; au chef-l. d'arr. 42 k. ; au chef-l. de départ. 72 k.
Curiosités : Cascade de 33ᵐ formée par la chûte perpendiculaire du ruisseau à l'entrée de la vallée d'Autoire. — Entre la cascade et le chef-l. de la c., un énorme rocher présente sur les saillies de ses flancs, coupés à pic, des restes de fortifications où l'on distingue encore les ruines d'une ancienne tour et où se trouve une profonde caverne.
*Statistique* : 199 Electeurs. — 12 Cons. mun.
Principal des 4 contr. dir. 4,020 fr.
Revenus de la commune, 169 fr.
Bureau de bienfaisance (revenu annuel 451 fr.).
*Instruction* : Ecole cˡᵉ laïque de garç. (45 élèves) ; — école cˡᵉ congrég. de filles (42 élèves).
*Produits agricoles* : Vin, maïs, noix, froment, fourrages.
*Commerce et Industries* : Moulins sur le ruisseau d'Autoire. — 3 cabarets. — Fête patr., le 29 juin.

Historique.

*Pendant la Révolution.* — Autoire formait une c. du cant. et du district de St-Céré.

*Avant la Révolution.* — Autoire formait une cᵗᵉ de la subdél. et de l'élection de Figeac. — Cette localité faisait partie de l'ancienne vicomté de Turenne. — Paroisse sous l'invocation de St-Pierre (543 p.)
L'église d'Autoire (*ecclesia de Altoire*) fut donnée, l'an 1106, par le Pape Pascal II aux chanoines réguliers de Cahors. — Elle fut une des trois églises que l'évêque Guillaume d'Arpajon unit, en 1419, à la mense capitulaire. — Durant les guerres de cent ans Autoire était occupé par des bandes anglaises qui dévastaient les contrées environnantes ; ces bandes, sous le commandement des chefs des compagnies Bertucat d'Albret et Bernard de Lassale, surprirent la ville de Figeac le 14 octobre 1372.
*Anciennes mesures* : Les mesures d'Autoire étaient celles de St-Céré.
*Antiquités* : Restes d'un fort bâti sur la corniche du rocher dont nous avons parlé plus haut, dominant la vallée de plus de 150 mètres. La tradition veut que la tour construite sur le rocher porte le nom de *alta turris*, d'où serait venu le nom d'Autoire. — D'après différentes chroniques on voyait dans cette commune une pierre qui marquait la limite entre le comté du Quercy et la vicomté de Turenne.

AUVERGNE, *i.*, c. de St-Pantaléon.
AUXAL, *h.*, c. de St.-Cirgues.
AUZAC, *v.*, c. de St-Projet.
AUZERAL, *h.*, c. de Concorès.
AUZIER, *h.*, c. de St-Chamarand.
AUZOLE, *i.*, c. de Maxou.
AVIGUE-COMBE, *h.*, c. de Duravel.
AYGUES, *h.*, c. d'Albiac.
AYGUESPARSES, *h.*, c. de Cornac.
AYMARC, *ch.*, c. du Vigan.

**AYNAC**, c., cant. de Lacapelle-Marival, arr. de Figeac. — ⊠ et ▨ de Lacapelle. — ▨ de Gramat. Percept. de Thémines. — ♂ (1200 p.). — Débit de tabac.
*Géographie* : Superf. 2,462 hect. — 1160 hab. — Alt. moy. 433ᵐ. — Terrain primitif. — Quelques parties du sol formées de calcaire, d'argile et d'alluvion. — Mines de plomb sulfuré. — Bancs de micachistes. — On croit que le sol de cette commune renferme une mine d'antimoine.
Principaux v. et h. : Aynac (266 hab.) ; — Cahuac (45 hab.) à 5 k. d'Aynac ; —

Lacoste (88 hab.), à 3 k. 500 ; — Laroumet (34 hab.), à 5 k.

Cours d'eau : Ruisseau d'Aynac et un
affluent.

Voies de c<sup>on</sup> : Route nat<sup>le</sup> n° 140, de
Figeac à Montargis ; — chem. vic. de g. c<sup>on</sup>
n° 40, d'Aynac à la route dép<sup>le</sup>, n° 13 ; —
chem. vic. d'int. com., n° 50, de Latronquière à Gramat ; — 3 chem. vic. ord.

Distances : au chef-l. de cant., 11 k. ;
au chef-l. d'arr., 33 k. ; au chef-l. de
départ. 71 k.

*Statistique* : 392 Electeurs. — 12 Cons.
mun.

Principal des 4 cont. dir. 7457 fr.

Revenus de la commune, 258 fr.

Bureau de bienfaisance (revenu annuel
108 fr.)

*Instruction* : Ecole c<sup>le</sup> laïque de garç.
(70 élèves). — Ecole c<sup>le</sup> congrég. de filles
(75 élèves).

*Produits agricoles* : Froment, seigle,
maïs, pommes de terre, sarrasin, châtaignes.

*Commerce et Industries* : Moulins sur
le ruisseau. — Foires le 2 janv., le samedi de Quasimodo, le 18 mai, le 1<sup>er</sup> sept.
et le 3 nov. ; — 1 auberge ; — 3 cabarets ;
— 2 cafés. — Fêtes patr., les 22 mai et
14 juil.

### Historique.

*Pendant la Révolution.* — Aynac était
c. et chef-l. de cant. du district de
Figeac.

*Avant la Révolution.* — Aynac était une
c<sup>té</sup> de la subdél. et de l'élection de Figeac.
— Paroisse sous l'invocation de St-Geniès
(1382 p.) — Cette c<sup>té</sup> payait 13431 livres
d'impositions ; ses charges locales ord.
étaient de 332 livres.

L'église de St-Genesius d'Aynac *(de
Ainago)* fut donnée, l'an 1106, par le
Pape Pascal II, aux chanoines de Cahors.
— Les premiers seigneurs d'Aynac portaient le nom de Lavergne. Dès le commencement du XIV<sup>e</sup> siècle cette terre appartenait à un Raymond, cousin du v<sup>te</sup>
de Turenne, et qui avait épousé une
Julienne d'Araqui, issue des seigneurs de
St-Céré et des vicomtes de Cahors. — En
1505 Agnet de Turenne était seigneur
d'Aynac. — En 1591 François de Turenne
s'intitulait seigneur et baron d'Aynac. —
Le château d'Aynac était habité en 1731
par Jean-Paul de Turenne, seigneur marquis d'Aynac.

*Anciennes mesures* : Les mesures d'Aynac, à l'exception des mesures de grains,
étaient celles de Figeac ; les mesures de
grains étaient celles de St-Céré.

*Antiquités* : La position du château de
cette localité, au milieu de bois et de
prairies, est pittoresque ; les tours placées aux angles de l'édifice sont basses,
mais crénelées ; celle du milieu, qui servait de beffroi, était à sept étages et do-
minait toute la contrée.

AYNET, *f.*, c. de Montfaucon.
AYRES, *h.*, c. de Cardaillac.
AYRIALS, *h.*, c. de Gignac.
AYRISSAC, *h.*, c. de Brengues.
AYROLES, *h.*, c. d'Aynac.
AYROUS, *i.*, c. de Cadrieu.
AYX, *ch.*, c. de Saux.
AZAM, *h.*, c. de Beauregard.

# B

BABOURIE (La) *h.*, c. de Sarrazac.

**BACH**, c., cant. de Lalbenque, arr. de
Cahors. — ⊠ de Lalbenque. — Percept.
— ☖ (549 p.). — Rec.-buraliste.

*Géographie* : Superf. 2926 hect. —
668 hab. — Alt. moy. 285 m. — Cette c. est
située sur le terrain jurassique moyen.
— On a trouvé dans cette c. plusieurs
carrières de phosphates de chaux ; dans
ces carrières on a recueilli de nombreux
ossements fossiles d'animaux (mammifè-
res et reptiles).

Principaux v. et h. : Bach (335 hab.) ;
— Aubrelong (69 hab.), à 5 k. de Bach ;
— La Borie (85 hab.), à 1 k. 500 ; — Escubert (48 hab.), à 3 k. ; — Les Moulins
(46 hab.), à 1 k. 400.

Voies de c<sup>on</sup> : Route dép<sup>le</sup> n° 19, de
Figeac à Caussade ; — chem. vic. d'int.
com. n° 64, de Cahors à Caylus ; — 6
chem. vic. ord.

Distances : au chef-l. de cant. 11 k. ;
au chef-l. d'arr. et de départ. 26 k.

*Statistique* : 176 Electeurs. — 12 Cons.
mun.

Principal des 4 cont. dir. 3960 fr.

Revenus de la commune, 129 fr.

Bureau de bienfaisance (revenu annuel
229 fr.).

*Instruction :* Ecole c^le laïque de garç. (37 élèves); — école c^le laïque de filles (32 élèves).

*Produits agricoles :* Blé, maïs, pommes de terre, seigle, avoine, vin, truffes.

*Commerce et industries :* Moulins à vent. — Foires les 20 mars, 25 mai, 18 août et 15 déc. — 4 cabarets; — 1 café. — Fête patr., le 15 août.

Historique.

*Pendant la Révolution :* Bach formait 2 c., (1° c. de Bach, cant. de Lalbenque, district de Cahors; — 2° c. de Laborie-Geniez, cant. de Cabrerets, district de Cahors).

*Avant la Révolution.* — Bach formait 2 c^tés (subdél. de Caussade et élection de Montauban) et une paroisse sous l'invocation de la S^te Vierge (480 p.). — La première de ces c^tés, Bach, payait 6065 livres d'impositions; ses charges locales ord. étaient de 120 livres. — La seconde, Laborie-Geniez, payait 694 livres d'impositions et 19 livres pour ses charges locales ord.

*Anciennes mesures :* Les mesures de ces deux c^tés étaient les mêmes que celles de Cahors.

BACH, h., c. de Cahors.
BACH, h., c. de Lalbenque.
BACH, (*Moulin de*) m. v., c. de Bach.
BACHES, h., c. de Lascabanes.
BACHOU, h., c. de Limogne.
BACOU, i., c. de St-Daunès.
BADESSOU, h., c. de Belmont (St-Céré).
BADIOS (les), h., c. de Montamel.
BADORQUE, h., c. de Vire.
BADOURÈS, h., c. de Frayssinet.
BADOURÈS, i., c. de St-Martin.
BAFFALIE, h., c. de Lascabanes.

**BAGAT**, c., cant. de Montcuq, arr. de Cahors. — ⊠ et ▣ de Montcuq, ▣ de Luzech. — Percept. de Sauzet. — ⚕ de Bagat (280 p.), — de Lasbouygues (265 p.) — Débit de tabac.

*Géographie :* Superf. 1664 hect. — 553 hab. — Alt. moy. 270^m. — Cette c. se trouve sur le grand massif tertiaire de la formation miocène qui constitue la plus grande partie du territoire du cant. de Montcuq.

Principaux v. et h. : Couture (76 hab.), à 0 k. 800 de Bagat; — Lasbouygues (111 hab.) à 3 k.; — Mourgues (129 hab.), à 2 k.; — Tuilerie-haute (82 hab.), à 1 k.

Cours d'eau : Ruisseaux de Bagat et de la Séoune.

Voies de c^on : Route dép^le n° 17, de Villesèque à Agen; — chem. vic. de g. c^on n° 15, de Cazals à Montcuq, par Castelfranc; — chem. vic. d'int. com. n° 6, de Sauzet à Belvèze; — 7 chem. vic. ord.

Distances : au chef-l. de cant. 6 k.; au chef-l. d'arr. et de départ. 23 k.

*Statistique :* 162 Electeurs — 12 Cons. mun. — Sect. élect. : Bagat (7 cons.); Lasbouygues (5 cons.).

Principal des 4 cont. dir. 3628 fr.

Revenus de la commune, 258 fr.

*Instruction :* Ecole c^le laïque de garç. (31 élèves); — école c^le laïque de filles (12 élèves); — école laïque de hameau à Lasbouygues (13 élèves).

*Produits agricoles :* Vin, blé, maïs, prunes, noix, foin.

*Commerce et Industries :* Moulin à farine à 2 meules sur le ruisseau de la Séoune; — 1 cabaret. — Fête patr., le 1^er août à Bagat et le 25 juillet à Lasbouygues.

Historique.

*Pendant la Révolution.* — Bagat formait les c. de Bagat et de Lasbouygues qui dépendaient du cant. de Montcuq et du district de Lauzerte.

*Avant la Révolution.* — Bagat formait deux c^tés comprises dans la subdél. de Lauzerte et dans l'élection de Cahors.

1° La c^té de Bagat payait 2825 livres d'impositions; ses charges locales ord. étaient de 126 livres; elle avait une paroisse sous l'invocation de St-Pierre-ès-liens (287 p.);

2° La c^té de Lasbouygues payait 2201 livres d'impositions; ses charges locales ord. étaient de 91 livres; elle avait une paroisse sous l'invocation de St-Jacques (282 p.).

*Anciennes mesures :* Les anciennes mesures linéaires de ces 2 c^tés étaient la canne (2^m 03) et le pan (0^m 225); — leurs mesures agraires et de superficie étaient celles de Cahors; — leurs mesures de grains et de liquides étaient celles de Montcuq.

**BAGNAC**, c., cant. de Figeac (Est), arr. de Figeac. — ⊠, ▣, ▣. — Percept. — ⚕ (2400 p.). — Rec.-buraliste. — Notaire.

*Géographie :* Superf. 1850 hect. — 2020 hab. — Alt. moy. 343^m. — Terrain granitique; quelques dépôts calcaires.

Principaux v. et h. : Bagnac (330 hab.); Costerbouze (86 hab.), à 2 k. 500 de Bagnac ; — Escaloutat (92 hab.), à 2 k. ; — Labédie (90 hab.), à 3 k.; — La Capelle (123 hab.), à 1 k. 500 ; — Serres (74 hab.), à 3 k.

Cours d'eau : Rivière du Célé ; — Ruisseau de Veyre, formant la limite des c. de Bagnac et de Linac. — Pont sur le Célé.

Voies de c<sup>on</sup> : Route nat<sup>le</sup> n° 122, de Toulouse à Clermont ; — chem. vic. de g. c<sup>on</sup> n° 45, de St-Céré à Decazeville ; — chem. vic. d'int. com. n° 75, de Bagnac au chem. vic. de g. c<sup>on</sup> n° 2 ; — 7 chem. vic. ord.

Distances : au chef-l. de cant. et d'arr. 14 k. ; — au chef-l. de départ. 86 k.

*Statistique :* 626 Electeurs. — 16 Cons. mun.

Principal des 4 contr. dir. 9456 fr.

Revenus de la commune, 851 fr.

*Instruction :* Ecole c<sup>le</sup> congrég. de garç. (160 élèves) ; — école c<sup>le</sup> congrég. de filles (120 élèves).

*Produits agricoles :* Froment, vin, châtaignes.

*Commerce et Industries :* 2 filatures de laine. — Foires le 3 de chaque mois. — 4 auberges ; — 15 cabarets. — Fête patr., le 16 août.

### Historique.

*Pendant la Révolution.* — Cette c. portait le nom de Lacapelle-Banhac, elle dépendait du cant. et du district de Figeac.

*Avant la Révolution.* — C<sup>té</sup> de Lacapelle-Banhac dépendant de la subdél. et de l'élection de Figeac ; — payait 15650 livres d'impositions ; ses charges locales ord. étaient de 345 livres. — Paroisse sous l'invocation de St-Pierre (1999 p.).

*Anciennes mesures :* Les anciennes mesures de cette c<sup>té</sup> étaient celles de Figeac.

BAGNAC, *h.*, c. de Peyrilles.
BAGNERETTES, *h.*, c. de Castelnau.
BAGNOLES, *h.*, c. de St-Clair.
BAGNOLS, *h.*, c. de Castelnau.
BAGOU, *h.*, c. de St-Médard.
BAGOU (bas), *i.*, c. de St-Céré.
BAGOU (haut), *m.*, c. de St-Céré.
BAGOUT, *h.*, c. de Padirac.
BAGUES, *h.*, c. de Miers.
BAILLASQUES (les), *h.*, c. de Marminiac.
BAILLES, *h.*, c. de Sérignac.
BAILLISSOU (le), *h.*, c. de Thégra.
BAILLOS, *h.*, c. de Gramat.
BAJOUNET, *i.*, c. de Calamane.

BALACH, *h.*, c. de Lalbenque.
BALACHÉ (le), *h.*, c. de Cahors.
BALADIR, *h.*, c. de Vaillac.

**BALADOU**, (c. créée en 1841), — cant. de Martel, arr. de Gourdon. — ⊠ de Martel. — ▥ et ⛫ de St-Denis. — Percept. de Martel. — ♦ (615 p.). — Débit de tabac.

*Géographie :* Superf. 1574 hect. — 628 hab. — Alt. moy. 253 <sup>m</sup>. — C. située sur le jurassique moyen.

Principaux v. et h. : Baladou (208 hab.) ; — Gaillard (44 hab.) ; — Lagarrigue (83 hab.) ; — Maynades (75 hab.) ; — Pommiers (119 hab.).

Voies de c<sup>on</sup> : Route dép<sup>le</sup> n° 3, de Sarlat à Aurillac ; — 5 chem. vic. ord.

Distances : au chef-l. de cant. 5 k. ; au chef-l. d'arr. 33 k. ; au chef-l. de départ. 75 k.

*Statistique :* 187 Electeurs. — 12 Cons. mun.

Principal des 4 contr. dir. 3646 fr.

Revenus de la commune, 739 fr.

*Instruction :* Ecole c<sup>le</sup> laïque de garç. (43 élèves) ; — école c<sup>le</sup> laïque de filles (42 élèves).

*Produits agricoles :* Froment, méteil, seigle, maïs, sarrasin, pommes de terre, chanvre, noix, châtaignes, truffes.

*Commerce et Industries :* Auberge et cabaret. — Fête patr., le 15 août.

### Historique.

*Pendant la Révolution* — Baladou formait avec Creysse une c. sous le nom de Creysse et Baladou, qui dépendait du cant. de Martel et du district de St-Céré.

*Avant la Révolution.* — Baladou dépendait de la c<sup>té</sup> de Creysse et formait une paroisse, sous l'invocation de l'Assomption (640 p.).

*Antiquités :* Vers la fin de l'année 1877 on a trouvé à Baladou un amas considérable de monnaies celtiques, à la croix en argent.

BALAGÉ, *i.*, c. de Condat.
BALAJOU, *h.*, c. de Figeac.
BALARD, *h.*, c. de Cremps.
BALAT (le), *i.*, c. de Duravel.
BALAY (moulin de), *h.*, c. de Rampoux.
BALAYÉ, *i.*, c. de Condat.
BALAYSAC, *h.*, c. de St-Hilaire-B.
BALDI, *i.*, c. de Bagnac.
BALDI (la), *h.*, c. de Prendeignes.
BALDIT, *h.*, c. de Labastide-Murat.
BALÈNE, *i.*, c. de Montfaucon.
BALIÈRES, *h.*, c. de Pomarède.

Baline, *i.*, c. de Béduer.
Ballargou, *h.*, c. de Pomarède.
Balme (la), *i.*, c. d'Assier.
Balme (la), *i.*, c. de Camboulit.
Balme (la), *h.*, c. de Camburat.
Balme (la), *h.*, c. de Rocamadour.
Balme (la), *h.*, c. de Sénaillac.
Balme (la), *h.*, c. de Vers et Arcambal.
Balme (m. de la), *m. e.*, c. de Peyrilles.
Balmelle (la), *h.*, c. de Carennac.
Balmelle (la), *i.*, c. de Lissac.
Balmes, *i.*, c. de St-Chels.
Balmes, *m.*, c. de St-Denis (Martel).
Balmes, *h.*, c. de St-Paul.
Balmes (les), *h.*, c. de Grèzes.
Balmes (les), *h.*, c. de Puy-l'Evêque.
Balmont, *i.*, c. de Béduer.
Bamaille, *h.*, c. de Cabrerets.
Bancarels, *h.*, c. de Frayssinet-le-Gél.
Bancourels, *h.*, c. de Cajarc.
Bane de Gaubert, *h.*, c. de Floirac.
Baniac, *h.*, c. de Peyrilles.
Banière, *h.*, c. de St-Michel-de-B.
Banière, *ch.*, c. de St-Michel-de-B.

**Bannes**, (c. détachée de St-Vincent, en 1830), cant. de St-Céré, arr. de Figeac — ⊠, — ▦ et Percept. de St-Céré. — ☓ (700 p.). — Débit de tabac.

*Géographie* : Superf. 960 hect. — 582 hab. — Alt. moy. 538ᵐ. — Terrains granitiques.

Principaux v. et h. : Bannes (103 hab.); — Cancès (73 hab.), à 3 k. de Bannes; — Fénautrigues (112 hab.), à 3 k.; — Lasbourines (92 hab.), à 3 k.; — Leyret (34 hab.), à 1 k.; — Vargues (85 hab.), à 3 k.

Cours d'eau : Ruisseaux d'Embiargues, de Fontgaillarde, de Morlay et de Mellac.

Voies de cᵒⁿ : chem. vic. de g. cᵒⁿ nᵒ 48, de Lacapelle à St-Céré; — 5 chem. vic. ord.

Distances : au chef-l. de cant. 8 k.; au chef-l. d'arr. 37 k.; au chef-l. de départ. 82 k.

*Statistique :* 167 Électeurs. — 12 Cons. mun.

Principal des 4 cont. dir. 2176 fr.
Revenus de la commune, 35 fr.

*Instruction :* Ecole cˡᵉ laïque de garç. (40 élèves); — école cˡᵉ laïque de filles (42 élèves).

*Produits agricoles :* Céréales et châtaignes.

*Commerce et Industries :* Moulin à farine sur le ruisseau d'Embiargues. —

3 cabarets. — Fête patr., le 2ᵉ dimanche après Pâques.

Historique.

*Pendant la Révolution.* — Bannes faisait partie de la c. de St-Vincent et Bannes (cant. et district de St-Céré).

*Avant la Révolution.* — Bannes faisait partie de la cᵗᵉ de St-Vincent et Bannes et formait une paroisse sous l'invocation de St-Joseph (604 p.). — Voir St-Vincent.

Bannes (moulin de) *m. e.*, c. de Bannes.
Baque, *i.*, c. de Touzac.
Bar, Bard ou Barc, *ch.*, c. de Puy-l'Evêq.
Baradesque, *h.*, c. de St-Clair.
Baradie, *h.*, c. de Fourmagnac.
Baradou, *h.*, c. de Gorses.
Barague, *h.*, c. de Payrac.
Baran, *h.*, c. de Duravel.
Barancou (le), *i.*, c. de Prayssac.
Baraque (la), *h.*, c. de Francoulès.
Barralou, *h.*, c. de Cézac.
Barbançonnerie, *h.*, c. de Sarrazac.
Barbari, *h.*, c. de Bétaille.
Barbary, *h.*, c. de Cassagnes.
Barbazat, *h.*, c. de Montfaucon.
Barbes, *h.*, c. de Marcillac.
Barbié, *h.*, c. de Montfaucon.
Barbié, *h.*, c. de St-Cernin.
Barbière, *h.*, c. de Touzac.
Barbiers, *h.*, c. de Masclat.
Barbiers (les), *h.*, c. de Gourdon.
Barbutz (les), *i.*, c. des Junies.
Bardaillac, *h.*, c. de Marminiac.
Bardac, *h.*, c. de Goujounac.
Bardet, *i.*, c. de Lacapelle-Cabanac.
Bardet, *m. e.*, c. de St-Céré.
Bardet, *i.*, c. de St-Cernin.
Bardi, *h.*, c. de Lalbenque.
Bardie (la), *i.*, c. de Fourmagnac.
Bardoc, *m.*, c. de Castelnau.
Bardou, *m.*, c. de Gramat.
Bardouly, *f.*, c. du Bourg.
Bargades, *ch.*, c. de Frayssinet.
Bargues, *i.*, c. de Gindou.
Bariat, *h.*, c. de St-Cernin.
Baries (bas et haut) *h.*, c. de Prudhomᵃᵗ.
Barnac, *h.*, c. de Montcuq.
Barnac, *h.*, c. de St-Cyprien.
Barou, *h.*, c. de Dégagnac.
Barou (le), *h.*, c. d'Alvignac.
Barracayre, *h.*, c. de Masclat.
Barrade, *h.*, c. de Montvalent.
Barradès, *h.*, c. de Bio.
Barrainou, *i.*, c. de Béduer.
Barral, *h.*, c. de Cézac.
Barraque (la), *i.*, c. de Francoulès.
Barraque (la), *h.*, c. de Ginouillac.

BARRAQUE (la), *i.*, c. du Montat.
BARRAQUE-COUNORDE, *i.*, c. de St-Vinc<sup>t</sup> [St-Céré].
BARRAQUETTE (la), *h.*, c. de Beaumat.
BARRAQUETTE (la), *i.*, c. de Francoulès.
BARRAQUE-DURAND, *i.* c. de St-Vincent [St-Céré].
BARRAQUE-MARTINET, *i.*, c. de Frayssinhes.
BARRAT, *h.*, c. de Belfort.
BARRAT, *i.*, c. de Belfort.
BARRAT, *m. e.*, c. St-Chamarand.
BARRAYRAT, *i.*, c. de Cornac.
BARRE (la), *f. g.*, c. de Cahors.
BARRE (la), *h.*, c. de Vers.
BARREAU, *i.*, c. de Belfort.
BARREAU, *h.*, c. de Gignac.
BARREAU, *h.*, c. de Promilhanes.
BARREAU, *h.*, c. de St-Pantaléon.
BARRES, *m. e.*, c. de S<sup>te</sup>-Alauzie.
BARRÈS, *h.*, c. de Labastide-du-H<sup>t</sup>-Mont.
BARRI (le), *h.*, c. d'Esclauzels.
BARRI (le), *h.*, c. de Meyronne.
BARRICOUR, *h.*, c. de Promilhanes.
BARRIE (la), *h.*, c. de Frayssinet.
BARRIÉ, *h.*, c. de Labastide-du-H<sup>t</sup>-Mont.
BARRIÈRE (la), *h.*, c. d'Assier.
BARRIÈRE (la), *h.*, c. de Carennac.
BARRIÈRES, *i.*, c. de Belfort.
BARRIÈRES, *h.*, c. de St-Médard.
BARRIÈRES (les), *i.*, c. de Pradines.
BARRIERS (les), *i.*, c. de Sénaillac.
BARRIOL, *h.*, c. de Sérignac.
BARROI, *m. e.*, c. de Gagnac.
BARROT, *h.*, c. de Cazillac.
BARROU, *h.*, c. de Dégagnac.
BARRY, *h.*, c. de Villesèque.
BARRY (bas et h<sup>t</sup>) *i.*, c. de S<sup>t</sup>-Laurent-les-Tours.
BARRY (le), *h.*, c. de Cras et Maxou.
BARRY (le), *i.*, c. de Duravel.
BARRY (le), *f. g.*, c. de Frayssinhes.
BARRY (le), *h.*, c. de Lamothe-Cassel.
BARRY (le), *h.*, c. de Meyronne.
BARRY (le), *h.*, c. de St.-Martin-de-Vers.
BARRY-BAS (le), *h.*, c. de Lamothe-Cassel
BART, *ch.*, c. de Puy-l'Evêque.
BARTABELLE, *i.*, c. de Payrinhac.
BARTAL, *h.*, c. de Sarrazac.
BARTAS, *m. e.*, c. de Vers.
BARTAS (le), *i.*, c. de Pinsac.
BARTHAS (le), *i.*, c. de Belfort.
BARTHAS (le), *h.*, c. de Pinsac.
BARTHE (haut et bas) *i.*, c. de Belfort.
BARTHE-REDONDE, *i.*, c. de Gorses.
BARTHE (la). — Voir *Labarthe*.
BARTHÈLE (la), *i.*, c. de Montdoumerc
BARTHES (les), *h.*, c. de Dégagnac.
BARTHÈS *h.*, c. de St-Martin-Labouval.
BARTIE, *h.*, c. de Loubressac.

BARTIOLE (la), *i.*, c. de St-Pantaléon.
BARUSQUET, *h.*, c. de St-Chels.
BASACLE (le), *m. e.*, c. de Figeac.
BASCAT, *i.*, c. de Vaylats.
BASCOUL, *h.*, c. de Goujounac.
BASCOUL, *h.*, c. de Padirac.
BASCOUL, *h.*, c. de Sérignac.
BASCOULS, *h.*, c. de Salviac.
BAS-DE-LA-CÔTE, *i.*, c. de Lanzac.
BASGRAS, *h.*, c. de Cazillac.
BASPARIS, *i.*, c. de Montdoumerc.
BASREDON, *h.*, c. de Thédirac.
BASSECOUR, *m. e.*, c. de St-Bressou.
BASSIGNAC, *h.*, c. de Figeac.
BASSOUL, *h.*, c. de Cénevières.
BASSOUL, *h.*, c. de Limogne.
BASTIDE, *f.*, c. de Soturac.
BASTIDE (la). — Voir *Labastide*.
BASTIDETTE (la), *h.*, c. de Frayssinet.
BASTIDETTE (la), *ch.*, c. de Pontcirq.

**BASTIT** (le), c., cant. de Gramat, arr. de Gourdon. — ✉, ☎, ☒ et Percept. de Gramat. — ☖ (500 p.) — Débit de tabac.

*Géographie* : Superf. 3147 hect. — 500 hab. — Alt. moy. 350<sup>m</sup>. — Cette c. se trouve sur le terrain jurassique moyen.

Principaux v. et h. : Le Bastit (209 hab.); — Chalvet (37 hab.), à 2 k. du Bastit; — Combescure (80 hab.), à 4 k. 600; — Dagues (52 hab.), à 3 k., — Péchaud (36 hab.), à 2 k.; — Terrisse (22 hab.), à 2 k. 600.

Voies de c<sup>on</sup> : Route dép<sup>le</sup> n° 1, de Sarlat à Mende; — chem. vic. de g. c<sup>on</sup> n° 2, de Gourdon à Figeac; — 4 chem. vic. ord.

Distances : au chef-l. de cant. 9 k.; au chef-l. d'arr. 28 k.; au chef-l. de départ. 47 k.

*Statistique* : 167 Electeurs — 10 Cons. mun.

Principal des 4 cont. dir. 3129 fr.
Revenus de la commune, 113 fr.

*Instruction* : Ecole c<sup>le</sup> laïque de garç. (35 élèves); — école c<sup>le</sup> laïque de filles (17 élèves).

*Produits agricoles* : Blé, seigle, maïs, sarrasin et avoine. — Bois.

*Commerce et Industries* : 2 auberges. — Fête patr., le 15 août.

Historique.

*Pendant la Révolution*. — La c. du Bastit-du-Causse dépendait du cant. de Carlucet, district de Gourdon.

*Avant la Révolution*. — La c<sup>té</sup> du Bastit dépendait de la subdél. et de l'élection de Figeac; elle payait 2875 livres d'impositions; ses charges locales ord. étaient de 95 livres. — Paroisse sous l'invocation de St-Blaise (420 p.).

Le Bastit appartenait aux Templiers; après l'arrestation et la dispersion des membres de l'ordre, en 1307, leur château du Bastit fut confisqué et donné aux chevaliers de Malte qui y intallèrent le siége d'une commanderie.

*Anciennes mesures :* Aune = 1ᵐ 188. — Canne carrée = 2ᵐ ᶜᵃʳʳᵉˢ, 638. — Quartonnée = 8 ᵃʳᵉˢ 547 (la quartonnée se divisait en 4 pugnères). — Quarton = 17 ˡⁱᵗʳᵉˢ 5 (le quarton se subdivisait en 4 pugnères). — (Pauque = 0 ˡⁱᵗʳᵉ 489; 2 pauques formaient la bouteille, 2 bouteilles formaient la pinte).

*Antiquités :* On a découvert au Bastit des poteries romaines, des tuiles sur lesquelles se trouve gravé le mot de *Florus*, des médailles de Jules-César, de Marc-Antoine, d'Auguste, et des fragments de mosaïque. — On a également trouvé dans cette c., 5 pierres gravées qui représentaient les têtes de César, d'Auguste, de Tibère, de Claude et d'Agrippine.

BASTIT (le), *h*, et *m. e.*, c. d'Anglars.
BASTIT (le), *v.* et *ch.* c. de Pinsac.
BASTIT (le), *h.*, c. de St-Hilaire-Besson^ies
BATAILLE, *i.*, c. de Figeac.
BATAILLES, *i.*, c. de Marminiac.
BATAILLOU, *h.*, c. de Capdenac.
BATAN, *h.*, c. de Flaugnac.
BATENG, *ch.*, c. de Castelnau.
BATTU, *h.*, c. de Lachapelle-Auzac.
BATU (le), *h.*, c. de Bétaille.
BATUT, *h.*, c. de Cressensac.
BATUT (le), *f.*, c. de Lachapelle-Auzac.
BATUT (le), *h.*, c. de Lunan.
BAUDET, *h.*, c. de Cavagnac.
BAUDISSES (les), *i.*, c. de Belfort.
BAUJOT, *h.*, c. de Laramière.
BAUJÓU, *i.*, c. de Béduer.
BAULDAUYRÉ, *i.*, c. de Reyrevignes.
BAULE (la), *h.*, c. de Miers.
BAUME (la), *i.*, c. de Béduer et Lunan.
BAUSTAT, *h.*, c. de Carlucet.
BAUTIER OU BOUTIER, *ch.*, c. de Duravel.
BAYLE (le), *h.*, c. de Cavagnac.
BAYLES, *h.*, c. de St-Jean-de-Laur.
BAYLOU, (le), *h.*, c. de Lhospitalet.
BAYLOU, *h.*, c. de Gindou.
BAYNÉ, *h.*, c. de Souillac.
BAYSSAC, *h.*, c. de Nozac.
BAYSSAC, *h.*, c. de Strenquels.
BAYSSAGOU, *m. e.*, c. de Strenquels.

BAZALGUE, *h.*, c. de Baladou.
BAZOS, *i.*, c. de Brengues.
BAZOU, *h.*, c. de St-Michel-Loubéjou.
BEALES DEL BEX, *i.*, c. de Sousceyrac.
BÉARS, *f. g.*, c. d'Arcambal.
BEAUCHAMP, *h.*, c. de Marminiac.
BEAUCLA, *h.*, c. de Floirac.
BEAUJAT, *h.*, c. de Laramière.
BEAULIEU, *ch.*, c. de Pradines.

**BEAUMAT**, (c. détachée de la c. de Vaillac, en 1839), cant. de Labastide-Murat, arr. de Gourdon. — ✉, 🕾 et Percept. de Labastide-M. — ⚭ (430 p.). — Débit de tabac.

*Géographie :* Superf. 810 hect. — 405 hab. — Alt. moy. 402 ᵐ. — Cette c. se trouve sur le point de contact du jurassique moyen et du jurassique supérieur.

Principaux v. et h. : Beaumat (260 hab.); — Cassagnoles (25 hab.), à 1 k. 300; — La Croix-Blanche (29 hab.), à 1 k.; — Galoubet (58 hab.), à 2 k. 500.

Voies de cᵒⁿ : Chem. vic. d'int. com. nᵒ 57, de Labastide à Pont-de-Rode; — 2 chem. vic. ord.

Distances : au chef-l. de cant. 6 k.; au chef-l. d'arr. 18 k.; au chef-l. de départ. 34 k.

*Statistique :* 130 Electeurs. — 10 Cons. mun.

Principal des 4 contr. dir. 2580 fr.
Revenus de la commune, 48 fr.
Bureau de bienfaisance (revenu annuel 258 fr.).

*Instruction :* Ecole cˡᵉ laïque de garç. (30 élèves); — école congrég. libre de filles.

*Produits agricoles :* Blé, maïs, avoine, orge, vin.

*Commerce et Industries :* Cabaret. — Fête patr., le 8 sept.

Historique.

*Pendant la Révolution.* — C. de Beaumat, cant. de St-Germain, district de Gourdon.

*Avant la Révolution.* — Cᵗᵉ de Beaumat, subdél. de Gourdon, élection de Cahors; payait 3782 livres d'impositions; ses charges locales ord. étaient de 124 livres. — Paroisse sous l'invocation de Notre-Dame.

*Anciennes mesures :* Beaumat employait les mêmes mesures que Gourdon à l'exception des mesures agraires qui étaient représentées par la *quarte* valant 45 ares 964 (la quarte contenait 2 quartons 1/2, le quarton se subdivisait en 6 boisseaux et le boisseau en 2 saliers).

BEAUPENDU, *h.*, c. d'Issendolus.

**BEAUREGARD**, c., cant. de Limogne, arr. de Cahors. — ⊠ et Percept. de Limogne. — ☿ de Beauregard (670 p.) et de St-Laurent (200 p.). — Débit de tabac.

*Géographie :* Superf. 1495 hect. — 791 hab. — Alt. moy. 371ᵐ. — Cette c. est située sur le jurassique moyen. Lambeau de terrain tertiaire. — Quelques carrières de phosphates de chaux exploitées avec succès depuis 1873.

Principaux v. et h. : Beauregard (411 hab.) ; — Guiralet (120 hab.), à 1 k. de Beauregard ; — Marsa (123 hab.), à 1 k. ; — St-Laurent (51 hab.), à 2 k.

Cours d'eau : Ruisseau du Valat qui va se jeter dans un gouffre au-dessous du village de St-Laurent, dans la c. de Saillac.

Voies de cᵒⁿ : Chem. vic. d'int. com. nº 32, de St-Jean-de-Laur à Jamblusse ; — chem. vic. d'int. com. nº 79, de Varaire à Villefranche ; — 3 chem. vic. ord.

Distances : au chef-l. de cant. 7 k. ; au chef-l. d'arr. et de départ. 37 k.

*Statistique :* 260 Electeurs. — 12 Cons. mun.

Principal des 4 cont. dir. 5199 fr.

Revenus de la commune, 654 fr.

*Instruction :* Ecole cˡᵉ laïque de garç. (45 élèves) ; — école cˡᵉ congrég. de filles (50 élèves).

*Produits agricoles :* Blé, maïs, pommes de terre, avoine, fourrages.

*Commerce et Industries :* Briqueterie. — Moulin à farine sur le ruisseau du Valat. — Exploitations de phosphates de chaux. — Foires les 18 janv., 28 mars, 11 juin, 27 août, 29 sept., 18 nov. — Auberge ; — 5 cabarets ; — 4 cafés. — Fête patr., le 15 août à Beauregard et le 10 août à St-Laurent.

### Historique.

*Pendant la Révolution.* — Beauregard formait deux c. (Beauregard et Labastide-Marsa), du cant. de Limogne, district de Cahors.

*Avant la Révolution.* — La cˡᵉ de Beauregard (subdél. de Villefranche, élection de Montauban), payait 7390 livres d'impositions ; ses charges locales ord. étaient de 600 livres. — Paroisse sous l'invocation de l'Assomption (668 p.).

Le nom du village de Beauregard est mentionné dans l'histoire du Quercy, à la date de 1307.

*Anciennes mesures :* Les mesures linéaires et de superficie de Beauregard étaient celles de Figeac ; ses mesures agraires et de grains étaient celles de Limogne. — Sa mesure de vin était la pauque contenant 0 litre 6636 (64 pauques valaient un setier, 5 setiers valaient une barrique).

BEAUREGARD, *h.*, c. de Concorès.
BEAUREPOS, *i.*, c. de Souillac.
BEAUSSAC, *h.*, c. de Carlucet.
BEAUVILLA, *h.*, c. de Fargues.
BEAUVILLE, *h.*, c. de Gréalou.
BEDE, *h.*, c. de Montgesty.
BEDEL, *h.*, c. de Saignes.
BÉDÉLAT, *i.*, c. de Concots.
BÉDELS, *h.*, c. de Saignes.
BÉDES (bas et haut), *h.*, c. de Gramat.
BÉDIGAS (le), *h.*, c. de Béduer.
BÉDONNIÈS (les), *i.*, c. de St-Laurent.
BÉDRINES, *m.*, c. de Pern.

**BÉDUER**, c., cant. de Figeac (Ouest), arr. de Figeac. — ⊠, ▥ et ▨ de Figeac. — Percept. — ☿ (1000 p.). — Débit de tabac.

*Géographie :* Superf. 2919 hect. — 1093 hab. — Alt. moy. 329ᵐ. — Cette c. est placée sur le jurassique inférieur ou oolithique. — Belles-carrières de pierre blanche. — Des recherches, pour trouver des gisements de phosphates de chaux, ont amené la découverte de fossiles intéressants, et notamment les restes d'un lémurien ou matri qui n'existe aujourd'hui que dans l'île de Madagascar.

Principaux v. et h. : Béduer (165 hab.) ; — le Bédigas et la Bijonie (170 hab.), à 2 k. de Béduer ; — Bouscassie (201 hab.), à 1 k. ; — Condamines (88 hab.), à 2 k. 500 ; — Martigue et Salien (105 hab.), à 4 k. 500 ; — Sauvegarde (89 hab.), à 3 k.

Cours d'eau : Rivière du Célé qui sépare la c. de Béduer des c. de Boussac, Camboulit et Figeac.

Voies de cᵒⁿ : Route dépˡᵉ nº 7, de Limogne à Figeac ; — chem. vic. d'int. com. nº 54, de Cambes à La Magdelaine ; — chem. vic. d'int. com. nº 89, d'Espédaillac à Villeneuve (Aveyron) ; — chem. vic. d'int. com. nº 96, de Lacapelle à Cajarc ; — 7 chem. vic. ord.

Distances : au chef-l. de cant. et d'arr. 9 k. ; au chef-l. du départ. 62 k.

*Statistique :* 359 Electeurs. — 12 Cons. mun.

Principal des 4 contr. dir. 8,101 fr.

Revenus de la commune, 238 fr.

*Instruction :* Ecole c^le laïque de garç. (64 élèves); — école c^le congrég. de filles (65 élèves).

*Produits agricoles :* Blé, avoine, maïs, tabac, vin.

*Commerce et Industries :* Moulin à farine sur le Célé. — Auberge ; — 3 cabarets. — Foires les 19 fév., 19 mars et 19 sept. — Fête patr., le 3 août.

Historique.

*Pendant la Révolution.* — La c. de Béduer faisait partie du cant. et du district de Figeac.

*Avant la Révolution.* — La c^lé de Béduer (subdél. et élection de Figeac) payait 12166 livres d'impositions ; ses charges locales ord. étaient de 225 livres. — Paroisse sous l'invocation de St-Etienne (440 p.) et sous l'invocation de St-Pierre (510 p.). — Les foires de Béduer existaient bien avant la Révolution.

En 1214, Dieudonné Barrasc, seigneur de Béduer, se reconnut vassal de Simon de Montfort ; un autre Barrasc fonda, au XIII^e siècle, l'hôpital de Poujoula, près de Camburat. Cette famille donna un évêque à Cahors, dans la personne de Géraud IV (1237-1250). En 1660, la terre de Béduer fut érigée en vicomté, en faveur de Louis-François de Lostanges, colonel d'infanterie. La famille de Lostanges possédait le marquisat de Béduer aux XVII^e et XVIII^e siècles ; un descendant de cette famille était sénéchal du Quercy au moment de la Révolution et présida en 1789 les Assemblées des sénéchaussées de la province lors de l'élection des députés aux Etats-Généraux.

*Anciennes mesures :* Béduer employait les mesures de Figeac.

*Antiquités :* Dolmen connu sous le nom de *Pierre Martigne.* — Vieux château assez bien conservé, surmonté, avant la Révolution, d'une tour haute de plus de 60^m et servant de beffroi.

*Hommes célèbres :* L'écrivain Henri Decremps naquit à Béduer, le 1^er août 1746.

BEFFAROL, *h.,* c. de Thégra.

BEGERMIN, *h.,* c. de S^te-Colombe.

BEGET, *h.,* c. de St-Denis.

BÉGOT, *h.,* c. de Bio.

BÉGOUT (le), *h.,* c. de Carennac.

BÉGOUX, *v.,* c. de Cahors.

BEHERS, *h.,* c. de Thémines.

BELAIR, *i.,* c. d'Albiac.

BELAIR, *i.,* c. d'Alvignac.

BELAIR, *i.,* c. de Padirac.

BELAIR, *i.,* c. d'Autoire.

BELAIR, *i.,* c. de Lentillac.

BELAIR, *i.,* c. du Bouyssou.

BELAIR, *i.,* c. de Rueyres.

BELAIR, *h.,* c. de Calviac.

BELAIR, *h.,* c. de Catus.

BELAIR, *h.,* c. de Ginouillac.

BELAIR, *i.,* c. de Marminiac.

BELAIR, *i.,* c. de Mauroux.

BELAIR, *h.,* c. de Nozac.

BELAIR, *i.,* c. de Planioles.

BELAIR, *i.,* c. de St-Perdoux.

BELAIR, *h.,* c. de St-Cernin.

BELAIR, *h.,* c. de S^te-Colombe.

BELAIR, *h.,* c. d'Ussel.

BELAIR, *i.,* c. de Vers.

BELAUBRE, *h.,* c. des Arques.

**BÉLAYE,** c., cant. de Luzech, arr. de Cahors. — ✉, 🕾 et 🖃 de Castelfranc. — Percept. de Sauzet. — ⚕ de Bélaye (400 p.) et de Latour (450 p.). — Rec.-buraliste.

*Géographie :* Superf. 1864 hect. — 807 hab. — Alt. moy. 208^m. — Les hauteurs de cette c. sont formées par le jurassique supérieur ; les parties basses sont formées d'alluvions.

Principaux v. et h. : Bélaye (123 hab.) ; — Lagrèze (40 hab.), à 3 k. de Bélaye ; — Lalande (75 hab.), à 5 k. — Lalaurie (116 hab.), à 5 k. ; — Pech d'Aux (50 hab.), à 5 k.

Cours d'eau : Rivière du Lot ; — ruisseau de Lissourgues.

Voies de c^on : chem. vic. de g. c^on, n° 15, de Montcuq à Cazals ; — chem. vic. d'int. com. n° 66, de St-Matré au chem. vic. de g. c^on n° 8 ; — 10 chem. vic. ord.

Distances : au chef-l. de cant., 14 k. ; — au chef-l. d'arr., et de départ. 32 k.

*Statistique :* 245 Electeurs. — 12 Cons. mun.

Principal des 4 cont. dir., 4602 fr.

Revenus de la commune, 298 fr.

Bureau de bienfaisance (Revenu annuel, 185 fr.).

*Instruction :* Ecole c^le laïque de garç. (32 élèves) ; — Ecole c^le congrég. de filles

(20 élèves); — école congrég. de hameau (25 élèves), à Latour.

*Produits agricoles* : Vin, blé, maïs, pommes de terre.

*Commerce et Industries* : 3 moulins sur le ruisseau de Lissourgues. — Pressoir. — Foires les 25 juil. et 25 nov. — Fête patr., le 17 nov. à Bélaye et le 10 août à Latour.

### Historique.

*Pendant la Révolution.* — La c. de Bélaye était chef-l. de cant. du district de Lauzerte.

*Avant la Révolution.* — La c^lé de Bélaye (subdél. de Prayssac, élection de Cahors) payait 7556 livres d'impositions; ses charges locales ord. étaient de 164 livres. — Paroisses de Bélaye, sous l'invocation de St-Agnan (482 p.) et de Latour, sous l'invocation de l'Assomption (365 p.).

En 1236, l'évêque Géraud de Barasch-Béduer avait la seigneurie de Bélaye; en 1247, cet évêque la donna en gage à Arnaud Béraldy, bourgeois de Cahors. — Barthélemy de Roux, successeur de Géraud établit, en 1252, un droit de péage de 3 sous tournois, sur tout bateau montant ou descendant le Lot. — Des coutumes furent accordées à cette localité. — D'anciens actes et la tradition apprennent que ce lieu fut fortifié sous Charles VI et Charles VII. Des vestiges de remparts et de fossés, une église très-ancienne, un cimetière où existent des tombeaux qui remontent aux premiers siècles du moyen-âge, 2 boulets de canon trouvés dans des fouilles, attestent, en effet que Bélaye était jadis une place importante. Cette c. a été le berceau des illustres familles de Séguier et des Guiscard qui y possédaient un château chacun au XIII^e siècle. Un Guiscard en fit, au XIV^e siècle, une forteresse inaccessible aux Anglais.

*Anciennes mesures* : Canne = 1^m 786 (se subdivisait en 8 pans); — canne carrée = 3^m 256 (se subdivisait en 64 pans carrés); — quarterée = 32 ^ares 975 (se subdivisait en 4 quartonats et le quartonat en quatre boisselats); — quarton = 19 ^litres 5 (se subdivisait en 4 boisseaux et le boisseau de 16 onces; 4 quartons formaient la quarte). — Barrique = 220 litres; — livre = 407 ^grammes 921 (120 livres faisaient le quintal).

BÉLAYE, *h.*, c. de Sérignac.
BELBÈS, *h.*, c. de Viazac.
BELBOUYS, *ch.*, c. de Soturac.
BELCASTEL, *h.*, c. de Cézac.
BELCASTEL, *h.*, c. de Lacave.
BELCASTEL, *h.*, c. de Planioles.
BELCAUR, *h.*, c. de Sousceyrac.
BÉLÉS (h^te et basse) *h.*, c. de Cressensac.
BELSOL, *m.*, c. de Montcuq.

**BELFORT,** *c.*, cant. de Lalbenque, arr. de Cahors. — ⊠ et Percept. de Lalbenque. — ♂ de Belfort (662 p.), de St-Fleurien (275 p.), de St-Geniez (355 p.), de St-Jean des Arades (130 p.). — Débit de tabac.

*Géographie* : Superf. 3591 hect. — 1396 hab. — Alt. moy. 239 ^m. — Terrains tertiaires de la formation miocène qui constitue une grande partie du cant. de Lalbenque.

Principaux v. et h. : Belfort (216 hab.); — Alibert (60 hab.), à 3 k. de Belfort; — Hélias (71 hab.), à 2 k.; — Loubéjac (115 hab.), à 5 k.; — St-Fleurien (50 hab.), à 4 k.; — Souques (85 hab.), à 4 k. 500.

Cours d'eau : Ruisseaux de l'Eoure, de Glaych, de l'Emboulas, de Dourre et de Tourteret, les trois derniers limitant la c.

Voies de c^on : Route dép^le n° 22, de Lafrançaise à Laguépie; — chem. vic. d'int. com. n° 5, de Montpezat à St-Géry; — chem. vic. d'int. com. n° 97, de Ventaillac à Lapenche. — 5 chem. vic. ord.

Distances : au chef-l. de cant. 9 k.; au chef-l. d'arr. et de départ. 26 k.

*Statistique* : 445 Electeurs. — 12 Cons. mun.

Principal des 4 cont. dir. 12498 fr.

Revenus de la commune, 370 fr.

*Instruction* : Ecole c^le laïque de garçons (66 élèves); — école c^le congrég. de filles (55 élèves).

*Produits agricoles* : Blé, maïs, vin.

*Commerce et Industries* : Moulins à farine. — auberge; cabaret. — Foires les 10 janv., 15 avril, 15 juin, 16 août, 29 nov. — Fête patr., le 15 août à Belfort, le 24 juin à St-Jean des Araves, le 19 août à St-Geniez et le 22 août à St-Fleurien.

### Historique.

*Pendant la Révolution.* — C. de Belfort, cant. de Lalbenque, district de Cahors.

*Avant la Révolution.* — La c^lé de Belfort (subdél. de Caussade, élection de Montauban) payait 19153 livres d'impositions ; ses charges locales ord. étaient de 940 livres. — Paroisses de Belfort, sous l'invocation de la Vierge (587 p.), de St-Fleurien et Dourre (387 p.), de St-Pierre de Balach (64 p.), de St-Geniez-Lamillau (380 p.), et de St-Jean des Arades (87 p.).

Le château de Belfort est mentionné dans un acte de l'évêque de Cahors, Barthélemy de Roux, rédigé en 1272. — Au XIVe siècle ce château appartenait à messire Ratier de Belfort qui se montra un des plus redoutables adversaires de la domination anglaise. — Bérald, seigneur de Belfort, figurait en 1442 au nombre des députés aux Etats généraux de Languedoc, convoqués à Montauban. — En 1491, Jean de Belfort, seigneur du Soulier, assistait à la cérémonie dans laquelle l'évêque Antoine d'Alamandi inaugura les huit chapellenies dont il avait doté sa cathédrale.

*Anciennes mesures* : Les mesures linéaires de Belfort étaient celles de Figeac ; les autres mesures étaient celles de Cahors.

BELFORT (*moulin de*), m. v., c. de Belfort.
BELIBENS, h., c. de Sauzet.
BELINAC, h., c. de Livernon.
BELLAGUET, i., c. de Vaillac.
BELLECHAGUE, h., c. de Sérignac.
BELLE-COMBE, m. e., c. de Fons.
BELLE-COMBE, h., c. de Frayssinet.
BELLECASTE, f., c. du Boulvé.
BELLECASTE, h., c. de Castelnau.
BELLECASTE, h., c. de Fargues.
BELLEFAX, h., c. de Puy-l'Evêque.
BELLEFONT, m. e., c. de Maxou.
BELLEFOR, h., c. de L'hospitalet.
BELLEGARDE, h., c. de Bélaye.
BELLEMIRE, i., c. de Lacave.
BELLERASANNE, i., c. de St-Céré.
BELLEVUE, m., c. de Cahors.
BELLEVUE, h., c. de Cressensac.
BELLEVUE, i., c. de La Chapelle-Auzac.
BELLOGUE, h., c. de Vaillac.
BELLOREILLE (la), i., c. de Belfort.
BELLUC, i., c. de Lalbenque.
BELMARAS, f., c. de Montcuq.

**BELMONT**, c., cant. de Bretenoux, arr. de Figeac. — ✉ de Bretenoux. — ▦ de St-Céré. — Percep. de Prudhomat. — ♀ (450 p.).

*Géographie* : Superf. 665 hect. — 420 hab. — Alt. moy. 240 m. — Cette c. se trouve sur la ligne de séparation des terrains liasiques et primitifs ; ces derniers composés des gneiss et des granits qui se rattachent au plateau central de l'Auvergne.

Principaux v. et h. : Belmont (122 hab.) ; — Esclat (101 hab.), à 3 k. de Belmont ; — Fontalbas (94 hab.), à 1 k. ; — Le Treil (103 hab.), à 3 k.

Voies de c^on : Route nat^le n° 140, de Figeac à Montargis ; — chem. vic. d'int. com. n° 82, de La Croix-Blanche au chem. vic. de g. c^on n° 30 ; — 4 chem. vic. ord.

Distances : au chef-l. de cant. 5 k. ; au chef-l. d'arr. 49 k. ; au chef-l. de départ. 78 k.

*Statistique* : 143 Electeurs. — 10 Cons. mun.

Principal des 4 cont. dir. 2,671 fr.
Revenus de la commune, 101 fr.
Bureau de bienfaisance (revenu annuel 140 fr.)

*Instruction* : Ecole c^le laïque de garç. (26 élèves) ; — école congrég. libre de filles (25 élèves).

*Produits agricoles* : Blé, pommes de terre, vin, noix, châtaignes.

Fête patr., le 16 juin.

Historique.

*Pendant la Révolution*. — C. de Belmont, cant. et district de St-Céré.

*Avant la Révolution*. — La c^té de Belmont (subdél. et élection de Figeac) appartenait à la vicomté de Turenne. — Paroisse sous l'invocation de St-Cyr (364 p.).

Belmont (*Bellus mons*), d'après une charte de 842, faisait partie à cette époque des domaines de Rodolphe, c^te de Turenne. — En 872, l'église de Belmont fut cédée au monastère de Beaulieu par Godefroi, c^te de Turenne. — Un Jean de Belmont faisait partie du Parlement de la Toussaint, tenu en 1283, qui jugea que la province d'Auvergne devait revenir à la Couronne, par la mort, sans enfant du c^te Alphonse.

*Anciennes mesures* : Les mesures de Belfort étaient celles de St-Céré.

*Antiquités* : Sur un monticule, qui domine le chef-l. de la c., vestiges de fossés et de retranchements. — Restes de souterrains creusés de main d'homme.

**BELMONT**, c. cant. de Lalbenque, arr. de Cahors. — ✉ et ▦ de Puylaroque. — Percept. de Bach. — ♀ (500 p.). — Débit de tabac.

*Géographie :* Superf. 900 hect. — 457 hab. — Alt. moy. 283 m. — Terrains appartenant à la formation jurassique supérieure.

Principaux v. et h. : Belmont (175 hab.); — Labarthe (120 hab.), à 3 k. de Belmont; — Lacan et Laplanque (127 hab.), à 1 k.

Voies de c⁰ⁿ : Route dépˡᵉ n° 19, de Figeac à Caussade; — chem. vic. de g. c⁰ⁿ n° 6, de Cahors à Puylaroque; — 6 chem. vic. ord.

Distances : au chef-l. de cant. 11 k.; au chef-l. d'arr. et de départ. 28 k.

*Statistique :* 150 Electeurs. — 10 Cons. mun.

Principal des 4 contr. dir. 2800 fr.

Revenus de la commune, 304 fr.

*Instruction :* Ecole cˡᵉ laïque de garç. (30 élèves).

*Produits agricoles :* Blé, maïs, pommes de terre, vin, truffes, etc.

*Commerce et Industries :* Confection de tresses pour chapeaux de paille. — Foires les 2 janv., 22 mai et 18 nov. — Fête patr., le 15 août.

### Historique.

*Pendant la Révolution.* — C. de Belmont cant. de Lalbenque, district de Cahors.

*Avant la Révolution.* — La cˡᵗᵉ de Belmont (subdél. de Caussade, élection de Montauban) payait 5178 livres d'impositions; ses charges locales ord. étaient de 800 livres; elle avait 320 hab. et dépendait de la paroisse de St-Jean-Baptiste de Mazerac, dans la cˡᵗᵉ de Puylaroque.

*Anciennes mesures :* Les mesures de cette cˡᵗ étaient celles de Cahors.

**BELMONTET**, c., cant. de Montcuq, arr. de Cahors. — ⊠ et ▥ de Montcuq. — Percept. de St-Matré. — ⚅ (450 p.). — Débit de tabac.

*Géographie :* Superf. 1212 hect. — 376 hab. — Alt. moy. 263 m. — Cette c. se trouve sur le terrain tertiaire de la formation miocène qui occupe presque toute la surface du canton de Montcuq.

Principaux v. et h. : Belmontet; — Caux (50 hab.), à 4 k. de Belmontet; — Labreguerie (51 hab.), à 3 k.; — Ladevie (26 hab.), à 1 k. 500; — Pech (69 hab.), à 2 k.

Cours d'eau : Ruisseau de la Séoune.

Voies de c⁰ⁿ : chem. vic. de g. c⁰ⁿ n° 11, de Fumel à Montpezat; — chem. vic. d'int. com. n° 6, de Sauzet à Belvèze; — 4 chem. vic. ord.

Distances : au chef-l. de cant. 7 k.; au chef-l. d'arr. et de départ. 32 k.

*Statistique :* Principal des 4 contr. dir. 3741 fr.

Revenus de la commune, 91 fr.

*Instruction :* Ecole cˡᵉ laïque de garç. (15 élèves).

*Produits agricoles :* Blé, maïs, vin.

*Commerce et Industries :* 3 moulins à farine sur la Séoune. — Fête patr., le 17 juin.

### Historique.

*Pendant la Révolution.* — C. de Belmontet, cant. de Montcuq, district de Lauzerte.

*Avant la Révolution.* — La cˡᵗᵉ de Stᵉ-Croix et Belmontet, subdél. de Lauzerte et élection de Cahors, payait 8617 livres d'impositions; ses charges locales ord. étaient de 211 livres. — Paroisses de Belmontet, sous l'invocation de St-Avit (604 p.) et de Stᵉ-Croix, sous l'invocation de Stᵉ-Croix (350 p.).

*Anciennes mesures :* Les mesures de Belmontet étaient celles de Montcuq.

BELMOURA, f., c. de Montcuq.

BELONIE (la), h., c. de Cressensac.

BELONIE (la), h., c de Gignac.

BELPECH, h., c. de Castelnau.

BELPECH, ch., c. de Mechmont.

BELPECH, m., c. de St-Cyprien.

BELPHA, i., c. de Soucirac.

BELUGOU, i., c. de Lacapelle-Cabanac.

BELVEYRÉ, f., c. de Rocamadour.

BÉNAUGES, h., c. de Marminiac.

BÉNECH, i., c. de Lalbenque.

BÉNECH, h., c. de Lauresses.

BÉNECH, h., c. de Lugagnac.

BÉNECH, h., c. de Montcuq.

BÉNECH, h., c. de Lascabanes.

BÉNECH, h., c. de Sousceyrac.

BÉNÉCHIE (la), i., c. de Cavagnac.

BÉNÉCHIE (la), h., c. de Gagnac.

BÉNÉDITES, m. e., c. de Vers.

BÉNÉVIOLE, h., c. de Cardaillac.

BÉNEZOU, h., c. de Vire.

BÉNIVÈS, m. e., c. de Frayssinet.

BENNE, i., c. de St-Jean-de-L.

BENNE, f., c. de Sousceyrac.

BENNES, h., c. de Camburat.

BENNET, h., c. de Sousceyrac.

BENNIÈRES, h., c. de Vaillac.

BENNIVÈS, h., c. de Vaillac.

BÉNOY, h., c. de Laramière.

BENS, h., c. de Durbans.

BENS, h., c. de Lacapelle-Marival.

BÉRAL, h., c. de Creysse.

BÉRAUDIE (la), *v.*, c. de Pradines.
BÉRAUDIE (la), *m. e.*, c. de Cahors.
BÉRAUDIES (les), *h.*, c. de Lacap^le-Cab^anac.
BÉRAY, *i.*, c. de Villesèque.
BERBONES, *i.*, c. de Capdenac.
BERCANTIÈRE (la), *h.*, c. de S^t-Michel-de-
[Bannières].
BERCAT (le), *h.*, c. de Sabadel.
BEREDET, *h.*, c. de St-Chamarand.

**BERGANTY**, c., cant. de St-Géry, arr. de
Cahors. — ⊠ et Percept. de St-Géry. — ☧
de Berganty (325 p.), et de Lapeyre (150
p.). — Débit de tabac.
*Géographie* : Superf. 698 hect. — 346
hab. — Alt. moy. 300 ^m. — Terrain jurassique moyen ; — les argiles et les poudingues quartzeux occupent une surface
assez étendue et présentent çà et là des
gibbosités ou des dépressions formées de
terrains tertiaires ferrugineux ; — Poudingues siliceux fournissant des meules
de moulin très recherchées.
Voies de c^on : chem. vic. d'int. com.
n° 81, de St-Cirq à Arcambal ; — 5 chem.
vic. ord.
Distances : au chef-l. de cant. 11 k. ;
au chef-l. d'arr. et du départ. 20 k.
*Statistique* : 110 Electeurs — 10 Cons.
mun. —Sect. élect. : Berganty (6 Cons.) ;
Lapeyre (4 Cons.).
Principal des 4 cont. dir. 1472 fr.
Revenus de la commune, 111 fr.
*Instruction* : Ecole c^le laïque de garç.
(22 élèves) ; — école c^le laïque de filles
(16 élèves) ; — école congrég. libre de
filles (15 élèves), à Lapeyre.
*Produits agricoles* : Blé, vin, truffes.
— Bois.

### Historique.

*Pendant la Révolution*. — C. de Berganty, cant. de St-Géry, district de
Cahors.
*Avant la Révolution*. — C^té de Berganty,
subdél. et élection de Cahors ; payait
1421 livres d'impositions ; ses charges
locales ord. étaient de 55 livres. — Paroisses de Berganty, sous l'invocation de
St-Martin (322 p.), et de Lapeyre, sous
l'invocation de Notre-Dame.
*Anciennes mesures* : Les anciennes mesures de cette c^té étaient celles de Cahors.

BERGOGNE, *m.*, c. de Lhospitalet.
BERGOUGNOUX, *h.*, c. de Castelnau.
BERGUES, *h.*, c. de St-Caprais.
BERGUES, *h.*, c. de Thégra.
BERGUES (le), *m. e.*, c. de Thégra.

BERNADES, *h.*, c. de Labathude.
BERNADET, *h.*, c. de Gignac.
BERNADIE (la), *h.*, et *m. e.*, c. de Labatu^de.
BERNADOU, *i.*, c. de Fourmagnac.
BERNADOU, *h.*, c. de Girac.
BERNADOU, *h.*, c. de S^t-Laur. et Montcuq.
BERNADOUX, *f. g.*, c. de Loupiac.
BERNARD-VIGNALS, *h.*, c. de Montcab^or.
BERNARDI, *f.*, c. de Montcuq.
BERNARDIE (la), *h.*, c. d'Autoire.
BERNICOTE, *f.*, c. de Cazals.
BERNICOU, *h.*, c. de Prudhomat.
BERNOYE, *h.*, c. de Cornac.
BERRIER, *i.*, c. de Luzech.
BERRY, *i.*, c. de Lacapelle-Cabanac.
BERRY, *h.*, c. de Frayssinet.
BERTAL, *h.*, c. de Dégagnac.
BERTERI, *i.*, c. d'Esclauzels.
BERTEUILLE, *h.*, c. de Boissières.
BERTAIL, *h.*, c. de Dégagnac.
BERTHOMIEUX, *h.*, c. de Cazals.
BERTHOUX (le), *h.*, c. de Lacave.
BERTINES, *h.*, c. de Castelnau.
BERTOUMIEUX, *h.*, c. de Cazals et Montcléra.
BERTRAND, *i.*, c. de Flaugnac.
BERTRANDE, *ch.*, c. de Comiac.
BERTRANDOUNE (la), *h.*, c. de Castelf^ranc.
BERTRANJOLY, *h.*, c. de Salviac.
BERTY, *h.*, c. de Flaugnac.
BERTY, *h.*, c. de Pomarède.
BERTY, *h.*, c. de Prayssac.
BÉSES, *h.*, c. de Montcabrier.
BÉSOUS, *h.*, c. de Montcabrier.
BESSAC, *h.*, c. de Larnagol.
BESSADES (les), *h.*, c. de Marminiac.
BESSE, *h.*, c. de Lacapelle-Marival.
BESSE, *h.*, c. de S^te-Colombe.
BESSEGUE, *m. e.*, c. de Bannes.
BESSIE, *h.*, c. de Montcuq.
BESSIÈRES, *h.*, c. de Labastide-Marnh.
BESSONIES (les), *m. e.*, c. de Terrou.
BESSONIES (les), *v.*, c. de St-Hilaire.
BESSONIES (les), *h.* et *m. e.*, c. de Sous-
[ceyrac].
BESSOU (les), *i.*, c. de Vaylats.
BESSOUS, *h.*, c. de Concorès.
BERTRAND, *h.*, c. de Thégra.

**BÉTAILLE**, c., cant. de Vayrac, arr. de
Gourdon. — ⊠ de Vayrac. — 🚋 et ⛮ de
St-Denis. — Percept. de Vayrac. — ☧
(1613 p.) — Rec.-buraliste. — Notaire.
*Géographie* : Superf. 1399 hect. — 1588
hab. — Alt. moy. 165 ^m. — Le chef-l.
de cette c. est situé sur un îlot de marnes du supra lias qui se montrent au
milieu du trias composé de marnes
irisées et de grès bigarrés.

Principaux v. et h. : Le Causse (200 hab.), à 1 k. 500 de Bétaille; — Moutou (150 hab.), à 1 k.; — Plagac (80 hab.), à 2 k.; — Ségalat (250 hab.), à 1 k. 500; — Verdier (70 hab.), à 1 k. 500.

Cours d'eau : La Dordogne limitant les c. de Bétaille et de Carennac; — le ruisseau de Palsou.

Voies de c⁰ⁿ : Route dépˡᵉ n° 3, de Sarlat à Aurillac; — chem. vic. de g. c⁰ⁿ n° 20, de Vayrac à Gramat; — chem. vic. de g. c⁰ⁿ n° 37, de Vayrac à Tulle; — 10 chem. vic. ord.

Distances : au chef-l. de cant. 3 k.; au chef-l. d'arr. 51 k.; au chef-l. de départ. 81 k.

*Statistique* : 527 Electeurs. — 16 Cons. mun.

Principal des 4 contr. dir. 12311 fr.
Revenus de la commune, 554 fr.
Bureau de bienfaisance (revenu annuel 1320 fr.).

*Instruction* : Ecole cˡᵉ laïque de garç. (70 élèves); — école cˡᵉ congrég. de filles (52 élèves).

*Produits agricoles* : Blé, maïs, pommes de terre, noix, tabac, chanvre, vin.

*Commerce et Industries* : 2 moulins sur le Palsou; — briqueterie; — auberge; — cabaret; — 7 cafés. — Foires les 20 janv., 24 avril, 13 mai et 14 juin. — Fête patr., le 8 sept.

Historique.

*Pendant la Révolution.* — C. de Bétaille, cant. et district de St-Céré.

*Avant la Révolution.* — La cᵗᵉ de Bétaille (subdél. et élection de Figeac) faisait partie de la vicomté de Turenne; elle formait une paroisse (1200 p.), sous l'invocation de St-George.

*Anciennes mesures :* Aune = 1ᵐ 188. — Canne carrée = 2ᵐ ᶜᵃʳʳᵉˢ, 638. — Quartonnée = 10 ᵃʳᵉˢ 552 (la quartonnée se divisait en 5 pugnères). — Quarton = 22 ˡⁱᵗʳᵉˢ (le quarton se subdivisait en 5 pugnères; 4 quartons formaient le setier). — Bouteille = 0 ˡⁱᵗʳᵉ 865 (la bouteille se subdivisait en 2 pauques; 2 bouteilles formaient la pinte). — La livre valait 489 ᵍʳᵃᵐᵐᵉˢ 505.

*Antiquités :* On a trouvé sur le territoire de cette c. divers objets d'antiquité.

*Hommes célèbres :* En 1576, Bétaille vit naître Pierre de Montmaur, professeur de langue grecque, célèbre par ses goûts gastronomiques, sa vie aventureuse, ses saillies bouffonnes et caustiques.

BÉTAILLOL, (le), h., c. de Prendeignes.
BÉTEILLE, h., c. de Belfort.
BÉTEILLE, h., c. de Lacapelle-Marival.
BETZ, i., c. de Belfort.
BEUM, i., c. de St-Laurent.
BÉUNES, h., c. de Camburat.
BEURES, i., c. de Figeac.
BEUZAC ou BEUZAT, h., c. de Cremps.
BEX (le), h., c. de St-Hilaire.
BEXIS, h., c. de Beauregard.
BEYNE (la), i., c. du Montat.
BEYSSAC, r., c. de Cazillac.
BEZÈS, h., c. de Montcabrier.
BÉZET, h., c. de Cornac.
BÉZIOU, h., c. de Larnagol.
BEZOUS, h., c. de Montcabrier.
BIAN, h., c. de Cornac.
BIARGUES, h., c. de Concorès.
BIARGUES, h., c. de Cremps.
BIARMÈS, i., c. de Flaugnac.

**BIARS**, c., cant. de Bretenoux, arr. de Figeac. — ⊠ et Percept. de Bretenoux. — ⚕ (564 p.). — Débit de tabac.

*Géographie* : Superf. 346 hect. — 304 hab. — Alt. moy. 135 ᵐ. — C. placée sur les gneiss se rattachant au grand massif des terrains primitifs du Haut-Quercy et de l'Auvergne.

Principaux v. et h. : Biars (216 hab.); — Lafon (88 hab.), à 1 k. de Biars.

Cours d'eau : Rivière de la Cère (bac au port de Lacaze).

Voies de c⁰ⁿ : Route natˡᵉ n° 140, de Figeac à Montargis; — chem. vic. d'int. com. n° 76, de la route dépˡᵉ n° 3 dans la Corrèze; — 2 chem. vic. ord.

Distances : au chef-l. de cant. 3 k.; au chef-l. d'arr. 54 k.; au chef-l. de départ. 82 k.

*Statistique* : 82 Électeurs. — 10 Cons. mun.

Principal des 4 cont. dir. 1585 fr.
Revenus de la commune, 20 fr.

*Instruction* : Ecole cˡᵉ laïque de garç. (18 élèves); — école libre laïque de filles (16 élèves).

*Produits agricoles* : Froment, seigle, sarrasin, pommes de terre, vin, noix, chanvre.

Fête patr., le 15 août.

Historique.

*Pendant la Révolution.* — C. de Biars, cant. de Bretenoux, district de St-Céré.

*Avant la Révolution.* — La cᵗᵉ de Biars (subdél. de Souillac, élection de Figeac) dépendait de la vicomté de Turenne; elle payait 3651 livres d'impositions; ses

charges locales ord. étaient de 250 livres. — Paroisse sous l'invocation de l'Assomption (282 p.).

*Anciennes mesures :* Canne carrée = 2$^m$ carrés, 638. — Sétérée = 23 ares 742 (la sétérée se subdivisait en 4 quartonnées et la quartonnée en 5 pugnères). — Setier = 69 litres 8 (le setier se subdivisait en 2 émines, l'émine en 2 quartes, la quarte en 5 pugnères). — Pauque = 0 litre 4925 (2 pauques valaient 1 quart ; 2 quarts valaient 1 pinte ; 24 pintes valaient 1 baste). — Livre = 489 grammes 505.

BIARS, h., c. d'Uzech.
BIARS (les), h., c. d'Aynac.
BICARI, h., c. de Fargues.
BIGORRE, i., c. d'Escamps.
BIGOS, i., c. de Lhospitalet.
BIGOT, i., c. de Belfort.
BIGOTTES, i., c. de Belfort.
BIGOU, h., c. de Pern.
BIGUES h., c. de Carlucet.
BIGONIE (la), h., c. de Béduer.
BILLARD, f., c. de Bagat.
BILLIÈRES, h., c. de Cazals.
BILLOUX, h., c. de Bagnac.
BILLOUX, h., c. de Lunan.

**BIO**, c., cant. de St-Céré, arr. de Figeac. — ⊠, 🕾 et 🕾 de Gramat. — Percept. d'Autoire. — ♁ (607 p.). — Débit de tabac.

*Géographie :* Superf. 1079 hect. — 617 hab. — Alt. moy. 359$^m$. — Le lias moyen et les grès infraliasiques se joignent dans cette c. aux granites et aux gneiss qui occupent la partie nord du cant. de St-Céré.

Principaux v. et h. : Bio (164 hab.).

Cours d'eau : Ruisseau de l'Alzou et un affluent. — Fontaine minérale de Lagarde.

Voies de c$^{on}$ : Chem. vic. d'int. com. n° 24, de Lacapelle à Lavergne ; — chem. vic. d'int. com. n° 50, de Latronquière à Gramat ; — 4 chem. vic. ord.

Distances : au chef-l. de cant. 17 k. ; au chef-l. d'arr. 34 k. ; au chef-l. de départ. 62 k.

*Statistique :* 199 Electeurs. — 12 Cons. mun.

Principal des 4 contr. dir. 4662 fr.

Revenus de la commune, 60 fr.

*Instruction :* Ecole c$^{le}$ laïque de garç. (40 élèves) ; — école c$^{le}$ laïque de filles (29 élèves).

*Produits agricoles :* Céréales et fourrages.

*Commerce et Industries :* Foires le 1$^{er}$ juin. — 2 cabarets. — Fête patr., tombe le 14 janv. et se célèbre le 1$^{er}$ dimanche de juin.

Historique.

*Pendant la Révolution.* — La c. de Bio dépendait du cant. d'Aynac, district de Figeac.

*Avant la Révolution.* — La c$^{té}$ de Bio (subdél. et élect. de Figeac), payait 6715 livres d'impositions ; ses charges locales ord. étaient de 122 livres. — Paroisse sous l'invocation de St-Hilaire (710 p.)

Il est fait mention de la paroisse de Bio dans un acte daté de 1253. — En 1388, le Pape Clément VII accorda à l'abbé de Leyme le droit de nommer à la cure de l'église paroissiale de St-Hilaire de Bio.

*Anciennes mesures :* Les mesures linéaires de Bio étaient celles de St-Céré ; les autres mesures étaient celles de Gramat.

BIOU (le), i., c. de Marminiac.
BIQUE, f., c. de Fargues.
BIROU, m., c. de Cahors.
BIROU, h., c. de Flaugnac.
BIS, h., c. de St-Paul.
BISESTET, h., c. de St-Vincent (St-Céré).
BITOU, h., c. de Montcléra.
BIZET, ch., c. de Cornac.
BLACARD, h., c. de Sousceyrac.
BLADOU, h., c. de S$^{te}$-Colombe.
BLAGOUR, h., c. de Lachapelle-Auzac.
BLAINIE (la), h., c. de Gignac.
BLANAT, h., c. de Rocamadour.
BLANAT, ch., c. de St-Michel-de-B.
BLANAT (bas), h., c. de Thégra.
BLANC (le), i., c. d'Esclauzels.
BLANCAL (haut), h., c. de Thégra.
BLANCARD, h., c. de Cremps.
BLANCARDIERS (les), i., c. de Cambes.
BLANCASSIÉ, f., c. de Montcuq.
BLANCHARD, h., c. de Catus.
BLANCHAREL, h., c. de St-Michel-de-B.
BLANCHARET, h., c. de Cavagnac.
BLANCHE (la), f., c. de Lachapelle-Auzac.
BLANCHERIE (la), m., c. de St-Jean-Lesp.
BLANCHIÉ (la), m., c. de Martel.
BLANCHIÉ (la), h., c. de St-Denis.
BLANZAGUET, v., c. de Pinsac.

**BLARS**, c., cant. de Lauzès, arr. de Cahors. — ⊠ de Marcilhac. — Percept. de Cabrerets. — ♁ (500 p.). — Débit de tabac.

*Géographie :* Superf. 2568 hect. —

523 hab. — Alt. moy. 315ᵐ. — Cette c. se trouve sur le jurassique moyen ; plateau calcaire des plus secs du département.

Principaux v. et h. : Blars (277 hab.).

Voies de cᵒⁿ : Route dépˡᵉ nᵒ 13, de Cahors à Figeac ; — chem. vic. de g. cᵒⁿ nᵒ 17, de Cajarc à Labastide. — 7 chem. vic. ord.

Distances : au chef-l. de cant. 12 k. ; au chef-l. d'arr. et de départ. 38 k.

Curiosités : Grotte connue sous le nom de grotte du Robinet ou de Marcillac, bien qu'elle soit située sur le territoire de la c. de Blars. — Il existe de nombreuses descriptions de cette belle caverne ; en parlant d'elle le subdélégué de Figeac s'exprimait ainsi au XVIIIᵉ siècle : « Marcilhac est célèbre par une grotte du voisinage. Elle est située dans des rochers calcaires, elle est entièrement revêtue de stalactites d'albâtre, d'une sorte de spath transparent. Cette grotte s'étend à plus d'un quart de lieue sous la montagne ; on y admire la variété des figures, des formes, des colonnes et des grappes de stalactites ; il y a surtout une partie digne de la curiosité, c'est une voûte élevée à plus de 60 pieds de hauteur et soutenue par une seule colonne qu'on pourrait enlever pour en décorer une place publique de la capitale. » Ajoutons, qu'en proposant l'enlèvement de cette colonne et son transport à Paris, le subdélégué enthousiaste oublie d'indiquer les moyens à employer pour arriver au but désiré.

*Statistique* : 160 Electeurs. — 12 Cons. mun.

Principal des 4 cont. dir. 2540 fr.

Revenus de la commune, 202 fr.

*Instruction* : Ecole cˡᵉ laïque de garç. (35 élèves) ; — école cˡᵉ congrég. de filles (40 élèves).

*Produits agricoles* : Céréales.

*Commerce et Industries* : 3 auberges-cabaret. — Foires les 23 mars, 23 juin, 23 octobre et 23 nov. — Fête patr., le 10 août.

### Historique.

*Pendant la Révolution.* — C. de Blars, cant. de Cabrerets, district de Figeac.

*Avant la Révolution.* — La cᵗᵉ de Blars subdél. et de l'élection de Figeac, payait 3586 livres d'impositions ; ses charges locales ord. étaient de 140 livres. — Paroisse sous l'invocation de St-Laurent (463 p.).

Vers la fin du XIVᵉ siècle, les compagnies anglaises s'établirent dans la c. et se fortifièrent dans le petit hameau de Brasconnies. — A en croire les chroniqueurs du Quercy, Catherine de Médicis aurait fait exploiter les stalactites de la grotte de Marcillac ; cet albâtre servait à faire des objets d'art, dont cette reine ornait l'intérieur des palais royaux.

*Anciennes mesures* : Mêmes mesures qu'à Figeac.

BLASY, h., c. de Flaugnac.

BLATTE (la), h., c. de Montvalent.

BLAVIEL, i., c. de Labastide-Murat.

BLAY, h., c. de Rassiels.

BLAYOU, h., c. de Stᵉ-Alauzie.

BLAZAC, h., c. de Vire.

BLAZI, i., c. de Belfort.

BLAZY, i., c. de Ginouillac.

BLAZY, h., c. de La Chapelle-Auzac.

BLAZY, h., c. de Montfaucon.

BLAZY, h., c. de Souillac.

BLAZY, h., c. d'Uzech.

BLEY, h., c. de Ginouillac.

BOES, i., c. de Lalbenque.

BOÏME (le), i., c. de Livernon.

BOIS (le), i., c. de Sabadel.

BOIS (les), h., c. de Rouffiac.

BOIS-BAS, m., c. de St-Céré.

BOIS-BAS, i., c. de Sénaillac.

BOIS D'ALBAS, h., c. de Montdoumerc.

BOIS D'ALLARS, m., c. de St-Projet.

BOIS DE ROUCH, i., c. de Mauroux.

BOIS DE TENTOU, h., c. de Puy-l'Evêq.

BOIS-GRAND, i., c. de Cabrerets.

BOIS-GRAND, h., c. de Puy-l'Evêque.

BOIS-GRAND, i., c. de St-Sozy.

BOIS-GRAND, i., c. de Souillac.

BOIS-GRAND (le), h., c. de Mondoumerc.

BOIS-GRAND (le), h., c. de St-Denis (Catus)

BOIS-HAUT, h., c. de St-Céré.

BOIS-HAUT, i., c. de Sénaillac.

BOIS-NÈGRE (le), i., c. de Flaujac (Cahors)

BOISSANIE (la), i., c. de Gindou.

BOIS-SAUVAGE, i., c. de St-Sozy.

BOISSE, v. et ch., c. de Castelnau.

BOISSE (la), ch., c. de St-Laurent-les-T.

BOISSES, h., c. de Rueyres.

BOISSIÈRE, h., c. de Gindou.

BOISSIÈRE (la), h., c. de Cours.

BOISSIÈRE (la), ch., c. de Frayssinᵉᵗ-le-Gᵗ

BOISSIÈRE (la), h., c. de Montfaucon.

BOISSIÈRE (la), h., c. de St-Pantaléon.

BOISSIÈRES, c., cant. de Catus, arr. de Cahors. — ⊠, ▥ et ▥ de Mercuès. — Percept. de Maxou. — ☿ (500 p.).

*Géographie :* Superf. 1282 hect. — 645 hab.—Alt. moy. 260 ᵐ.—Cette c. est placée sur le jurassique supérieur. — Nombreux bancs d'argiles, dont quelques-uns propres à la fabrication de la porcelaine.

Principaux v. et h. : Boissières (360 hab.) et Mas de Camp (294 hab.).

Cours d'eau : Ruisseaux de Brouilles, de Calamane et un affluent.

Voies de cᵒⁿ : chem. vic. de g. çᵒⁿ nᵒ 1, de Cahors à Gourdon ; — chem. vic. d'int. com. nᵒ 10, de Luzech à Pélacoy ; — 4 chem. vic. ord.

Distances : au chef-l. de cant. 7 k. ; au chef-l. d'arr. et de départ. 14 k.

*Statistique :* 204 Electeurs. — 12 Cons. mun.

Principal des 4 cont. dir. 3684 fr.

Revenus de la commune, 198 fr.

*Instruction :* Ecole cˡᵉ laïque de garç. (44 élèves) ; — Ecole cˡᵉ congrég. de filles (39 élèves).

*Produits agricoles :* Céréales, vin, pommes, fourrages, châtaignes.

*Commerce et Industries :* 5 moulins à farine sur les ruisseaux ; — 8 briqueteries, dont quelques-unes très importantes. — Fête patr., le 15 août.

Historique.

*Pendant la Révolution.* — C. de Boissières, cant. de Catus, district de Cahors.

*Avant la Révolution.* — La cᵗᵉ de Boissières (subdél. et élection de Cahors) payait 3827 livres d'impositions ; ses charges locales ord. étaient de 79 livres. — Paroisse sous l'invocation de St-Grégoire (669 p.).

Un magnifique château, détruit pendant la Révolution, existait à Boissières ; il appartenait à la famille de Durfort, une des plus anciennes de la province et l'on croit que c'est là que naquit Raymond de Durfort, troubadour célèbre du xɪɪᵉ siècle. La branche de Durfort-Boissières commença, en 1362, par Raymond-Bernard de Durfort, dont un fils fut évêque de Langres. — Vers 1436, Bertrand de Boissières était un chef de routiers du parti anglais. — A la fin du xɪᵛᵉ siècle, la famille des Durfort-Boissières possédait la seigneurie de Calamane. — En 1526, Jacques de Durfort était seigneur et baron de Boissières, de Salviac, de Léobard, de Gourdon, d'Uzech-des-Oules et de Peyrilles. — Jean-Marc de Dur-

fort, comte de Boissières, baron de Gramat, seigneur de Thégra, St-Projet, etc., fut comblé de faveur par Louis XIV pour avoir organisé les troubles en Quercy, en 1707.

*Anciennes mesures :* Les mesures de Boissières étaient celles de Cahors.

Boissières, *h.*, c. de Gindou.
Boissiérette, *h.*, c. de Lherm.
Boissiérette, *v.* c. de Marminiac.
Boissoles, *h.*, c. de St-Germain.
Boisson, *m. e.*, c. de Rampoux.
Boissonnade, *i.*, c. de Lalbenque.
Boissor, *h.*, c. de Luzech.
Boles, *h.*, c. de Flaugnac.
Bolnedy, *h.*, c. d'Uzech.
Bombet, *f.*, c. de Labastide-Murat.
Bonafoux, *m. e.*, c. de Marminiac.
Bonal, *f.*, c. de Montcuq.
Bonarme, *h.*, c. de St-Cyprien.
Bonarme, *f.*, c. de St-Pantaléon.
Boncot, *h.*, c. de Payrac.
Boncuq (le), *i.*, c. de Marminiac.
Bondamie (la), *h.*, c. de Duravel.
Bondezrac, *h.*, c. de Larnagol.
Bondicous (les), *h.*, c. de St-Caprais.
Bonhomme, *i.*, c. de Frontenac.
Bonhomme (le), *h.*, c. de Fons.
Bonnac, *ch.*, c. de Cézac.
Bonnard, *h.*, c. de Strenquels.
Bonnassie, *h.*, c. du Vigan.
Bonne (la), *h.*, c. d'Issendolus.
Bonneau, *i.*, c. de Caniac.
Bonnebas, *h.*, c. de Payrignac.
Bonnecoste, *ch.*, c. de Calès.
Bonnecourse, *h.*, c. de Cassagnes.
Bonnefoucie (la), *h.*, c. d'Aynac.
Bonnefout, *i.*, c. de Puy-l'Evêque.
Bonnefoux, *h.*, c. de Mayrinhac.
Bonnet, *m.*, c. de Cahors.
Bonnet, *h.*, c. de Grézels.
Bonnet, *h.*, c. de Montfaucon.
Bonnet, *h.*, c. de Peyrilles.
Bonnet, *f.*, c. de St-Cyprien.
Bonnet-Bas, *h.*, c. de Gramat.
Bonnet-Haut, *h.*, c. de Gramat.
Bonnetié (la), *f.*, c. de Valprionde.
Bonneviole, *v.*, c. de Prudhomat.
Bontat, *m. e.*, c. de Gramat.
Bontat (la), *i.*, c. de Gramat.
Bor, *h.*, c. de Rueyres.
Bord, *h.*, c. de Padirac.
Bordalié, *m.*, c de Montcuq.
Bordarie, *h.*, c. de Frayssinet.
Bordarie, *h.*, c. de Montamel.
Bordarie (la), *h.*, c. de St-Cernin.
Borde (la), *i.*, c. de Puy-l'Evêque.

Borde (la), *i.*, c. de Villesèque.
Borde-Grande (la), *m.*, c. de Lhospitalet.
Borde-Grande (la), *m.*, c. de Montcuq
Borde-Neuve, *h.*, c. de Cézac.
Borde-Neuve, *m.*, c. de Mauroux.
Borderie (la), *h.*, c. de Lalbenque.
Borde-Rouge, *h.*, c. de Villesèque.
Bordes, *h.*, c. de Castelnau.
Bordes, *h.*, c. de Duravel.
Bordes, *h.*, c. de Sérignac.
Bordes (les), *h.*, c. des Junies.
Bordes (les), *h.*, c. de Vaillac.
Bordes-Basses, *h.*, c. de Marminiac.
Bordes-Hautes, *h.*, c. de Marminiac.
Bordes-Rouges (les), *i.*, c. de Labastide-
[du-Vert.
Bordiel, *m.*, c. de St-Laurent.
Bordot, *m.*, c. de Lhospitalet.
Borgne (la), *ch.*, c. de Cazillac.
Borgne (la), *i.*, c. de Pinsac.
Borie, *f. g.*, c. de Bretenoux.
Borie, *h.*, c. de Condat.
Borie (la), *h.*, c. de Bach.
Borie (la), *h.*, c. de Bétaille.
Borie (la), *f.*, c. du Boulvé.
Borie (la), *i.*, c. de Cras.
Borie (la), *h.*, c. de Creysse.
Borie (la), *h.*, c. de Lachapelle-Auzac.
Borie (la), *i.*, c. de Laroque-des-Arcs.
Borie (la), *h.*, c. de Lentillac.
Borie (la), *h.*, c. de Lissac et Mouret.
Borie (la), *i.*, c. de Prayssac.
Borie (la), *h.*, c. de Prendeignes.
Borie (la), *h.*, c. de Puy-l'Evêque.
Borie (la), *ch.*, c. de Sabadel.
Borie (la), *h.*, c. de St-Germain.
Borie (la), *h.*, c. de Sénaillac.
Borie (la), *h.*, c. de Viazac.
Borie-Basse (la), *h.*, c. de Baladou.
Borie-Basse (la), *h.*, c. de Condat.
Borie-Basse (la), *h.*, c. de Lauzès.
Borie-Basse (la), *h.*, c. de Salviac.
Borie-Basse (la), *h.*, c. de Sérignac.
Borie-Blanche (la), *h.*, c. de Montamel.
Borie-Blanche (la), *h.*, c. de Montvalent.
Borie-Blanche (la), *h.*, c. de St-Chamarand.
Borie-Blanche (la), *i.*, c. de St-Cernin.
Borie de Couderc (la), *i.*, c. de Souillac.
Borie de Glandin (la), *h.*, c. de Roc-
[Amadour.
Borie de la Dame (la), *h.*, commune
[d'Espédaillac.
Borie del Mouly (la), *h.*, c. de Lalbenque.
Borie del Pech, *f.*, c. de Rocamadour.
Borie des Campi, *h.*, c. de Lanzac.
Borie des Rats, *h.*, c. de Cazillac.
Borie d'Imbert (la), *h.*, c. de Rocamadour.

Borie du Baron, *h.*, c. de Cazillac.
Borie du Castel (la), *h.*, commune de
[Labastide-Murat.
Borie-Grande (la), *h.*, c. de Durbans.
Borie Haute (la), *f.*, c. du Bourg.
Borie Haute (la), *i.*, c. de Camboulit.
Borie-Neuve (la), *m.*, c. de Vaylats.
Bories, *h.*, c. de Miers.
Bories, *h.*, c. de Sabadel.
Bories, *i.*, c. de St-Chels.
Bories (Mas de), *h.*, c. de St-Jean-de-L.
Bories (les), *f.*, c. de Bagat.
Bories (les), *h.*, c. de Cazillac.
Bories (les), *h.*, c. de Cressensac.
Bories (les), *h.*, c. de Francoulès.
Bories (les), *i.*, c. de Martel.
Bories (les), *h.*, c. du Montat.
Bories (les), *h.*, c. de Tauriac.
Bories (les), *h.*, c. de Girac.
Bories (les), *h.*, c. de Thédirac.
Bories-Basses (les), *h.*, c. de Labas-
[tide-Marnhac].
Bories-Basses (les), *h.*, c. de St-Cirq-L.
Bories de Bayle, *h.*, c. de Sarrazac.
Bories de Marchand, *h.*, c. de Sarrazac
Bories Gourdonnaises, *h.*, c. de St-
[Cirq-Lapopie].
Bories-Hautes, *h.*, c. de St-Cirq-Lap.
Bories Sèches (les), *f.*, c. de Lacave.
Boriettes (les), *h.*, c. de Baladou.
Boriettes (les), *h.*, c. de Pomarède.
Borio del Bos, *m.*, c. de Laramière.
Porio del Pastre, *i.*, c. d'Albas.
Born, *m. e.*, c. de Felzins.
Borredon, *f.*, c. de Montcuq.
Borredon, *f.*, c. de Montlauzun.
Bos, *h.*, c. de St-Cirgues.
Bos (le), *i.*, c. de Puy-l'Evêque.
Bos (les), *h.*, c. de Catus.
Bos (les), *h.*, c. de Mayrinhac.
Bosc, *h.*, c. de Goujounac.
Bosc, *i.*, c. de Montcuq.
Bosc, *i.*, c. de St-Laurent.
Bosc, *i.*, c. de St-Daunès.
Bosc (le), *h.*, c. de Sérignac.
Boscau, *ch.*, c. de Prudhomat.
Bos del Pech (le), *h.*, c. d'Albas.
Bos Grand, *m.*, c. de Cressensac.
Bos Negre, *i.*, c. de Millac.
Bos Negre (le), *h.*, c. de St-Denis (Catus)
Bos Redon, *h.*, c. de Laramière.
Bos Redon (le), *h.*, c. de Thédirac.
Bossaler, *h.*, c. de Lamagdelaine.
Bosse (la), *h.*, c. de Promilhanes.
Bôte (la), *i.*, c. d'Issepts.
Boubel, *i.*, c. de Lalbenque.
Boubieysse, *i.*, c. de St-Simon.

4

Bouby, *h.*, c. de Capdenac.
Boucharoch, *i.*, c. de St-Cernin.
Bouchecubert, *h.*, c. de Montcabrier.
Bouches de Guerre, *h.*, c. de Pomarède
Boucat, *h.*, c. de Payrac.
Boucat, *m. e.*, c. du Vigan.
Boudet, *h.*, c. de Latronquière.
Boudie, *h.*, c. de St-Médard-de-Presq.
Boudoulou, *i.*, c. de Livernon.
Boudres, *i.*, c. de Cras.
Boué-Basse, *m.*, c. de Gourdon.
Boué-du-Faure, *m.*, c. de St-Clair.
Bouelle, *i.*, c. de Béduer.
Bouet, *h.*, c. d'Albas.
Bouet, *h.*, c. de St-Daunès.
Bouffiac, *h.*, c. de Ste-Alauzie.
Bouffie (la), *h.*, c. de St-Paul-Labouf.
Bouffie (le), *i.*, c. de Vaylats.
Bougayrou (le), *h.*, c. de Lacave.
Bouge (le), *h.*, c. de Grézels.
Bouillère, *h.*, c. de Thégra.
Bouisses (les), *ch.*, c. de Mercuès.
Bouissinas (le), *h.*, c. de Fayssinet.
Bouissou (le), *h.*, c. de Prendeignes.
Boulangers (les), *h.*, c. de Lacave.
Boulards, *h.*, c. d'Aynac.
Bouldouyré, *h.*, c. de Reyrevignes.
Boulé (bas et h<sup>t</sup>.), *h.*, c. de Lachapelle-A
Boulégan, *h.*, c. de Salviac.
Boulégou, *m. e.*, c. de Rocamadour.
Boulet, *i.*, c. de St-Martin-Labouval.
Boulet (le), *h.*, c. de Lachapelle-A.
Boulet-Haut (le), *h.*, c. de Lachapelle-A
Boulève (la), *i.*, c. de Mauroux.
Bouleyrac, *h.*, c. de Thégra.
Boulezat, *m. e.*, c. de Frayssinet.
Bouliech, *h.*, c. de Bagnac.
Boulogne, *h.*, c. de St-Clair.

**BOULVÉ (le)**, c., cant. de Montcuq, arr. de Cahors. — ✉ et 🕾 de Montcuq. — Percept. de St-Matré. — ⚭ du Boulvé (447 p.) et de Ségos (240 p.) — Débit de tabac.

*Géographie* : Superf. 1952 hect. — 704 hab. — Alt. moy. 193<sup>m</sup>. — Cette c. se trouve sur le grand massif des terrains tertiaires de la formation miocène qui couvre toute la partie Sud-Est du départ. à partir de Puy-l'Evêque et qui s'étend dans les cant. de Montcuq, Castelnau et Lalbenque. — On remarque dans cette c. un dépôt ocreux d'un rouge très-vif.

Principaux v. et h. : Le Boulvé (415 hab.); — Cavaillé (15 hab.), à 2 k. 500 du Boulvé; — Laclotte (19 hab.), à 3 k.; — Larnaudie (17 hab.), à 3 k.; — Naval (13 hab.), à 3 k.

Cours d'eau : Ruisseaux de St-Matré à Ségos, de Creyssin à Grézels et de Belcornat au Boulvé.

Voies de c<sup>on</sup> : Route dép<sup>le</sup> n° 17, de Villesèque à Agen ; — chem. vic. de g. c<sup>on</sup> n° 28, de Villefranche à Lolmie ; — chem. vic. de gr. c<sup>on</sup> n° 66, de St-Matré au chem. vic. de gr. c<sup>on</sup> n° 8 ; — 7 chem. vic. ord.

Distances : au chef-l. de cant. 13 k. ; au chef-l. d'arr. et du départ. 32 k.

*Statistique* : 219 Electeurs. — 12 Cons. mun.

Principal des 4 contr. dir. 4504 fr.
Revenus de la commune, 91 fr.

*Instruction* : Ecole c<sup>le</sup> laïque de garç. (40 élèves); — école c<sup>le</sup> congrég. de filles (48 élèves).

*Produits agricoles* : Vin et céréales.

*Commerce et Industries* : 4 moulins à farine et 2 pressoirs sur les ruisseaux.— Auberge, café. — Foires les 10 janv., 15 mai et 28 août. — Fête patr., le 29 juin.

Historique.

*Pendant la Révolution.* — Le Boulvé formait 2 c. (le Boulvé et Ségos) du cant. de Bélaye, district de Lauzerte.

*Avant la Révolution.* — Le Boulvé formait 2 c<sup>tés</sup> : 1° c<sup>té</sup> du Boulvé, subdél. de Lauzerte, élection de Cahors ; — payait 5373 livres d'impositions ; ses charges locales ord. étaient de 189 livres. — Paroisses sous l'invocation de St-Pierre et St-Paul (505 p.).

2° C<sup>té</sup> de Ségos, subdél. de Prayssac, élection de Cahors ; — payait 2298 livres d'impositions ; ses charges locales ord. étaient de 123 livres — Paroisse sous l'invocation de St-Saturnin (345 p.).

*Anciennes mesures* : Canne = 1<sup>m</sup> 786. — Canne carrée = 3<sup>m</sup> c. 2568. — Les mesures agraires, de grains et de vin étaient les mêmes que celles de Montcuq.

*Antiquités* : On a trouvé sur le territoire de la c. du Boulvé, ou du Voulvé, comme on l'appelait souvent avant 1789, une dalle portant l'inscription : JULIA POSTUMINULA AUGUSTA.

Bouquiés, *i.*, c. de Cézac.
Bourbet, *h.*, c. de Labastide-Murat.
Bourbon, *h.*, c. de Corn.
Bourbon, *h.*, c. de Gindou.
Bourbon, *h.*, c. de Lentillac.
Bourbou, *h.*, c. de Lauzès.
Bourbou, *i.*, c. de Rouffillac.
Bourcan, *h.*, c. de Sérignac.
Bourcet, *h.*, c. du Vigan.

Bourdarie, *h.*, c. de Montamel.
Bourdarie, *h.*, c. de Montfaucon.
Bourdaries (les), *h.*, c. de Concorès.
Bourdayrol (le), *i.*, c. de Maxou.
Bourdes, *i.*, c. de Frayssinet-le-Gélat.
Bourdet, *v.*, c. de Gindou.
Bourdet, *h.*, c. de St-Vincent.
Bourdicou, *h.*, c. de Blars.
Bourdicou, *m. e.*, c. de Duravel.
Bourdiçoux, *h.*, c. de Condat.
Bourel, *h.*, c. de Sérignac.
Bourel, *h.*, c. de Varaire.
Bouret, *h.*, c. de Pinsac.

**BOURG** (le), c., cant. de Lacapelle-Marival, arr. de Figeac. — ⊠ de Lacapelle. — ⌷ et ⌷ d'Assier. — Percept. de Lacapelle. — ⚷ (500 p.). — Débit de tabac.
*Géographie* : Superf. 1315 hect. — 579 hab. — Alt. moy. 400 ᵐ. — L'infra lias est très développé dans cette c.
Principaux v. et h. : Le Bourg (222 hab.).
Cours d'eau : Ruisseau de Théminettes.
Voies de cᵒⁿ : Route natˡᵉ nᵒ 140, de Figeac à Montargis ; — route dépˡᵉ nᵒ 1, de Mende à Sarlat ; — chem. vic. de g. cᵒⁿ nᵒ 16, de Cahors à Aurillac ; — chem. vic. d'int. com. nᵒ 17, de Labastide-Murat à Lacapelle ; — 4 chem. vic. ord.
Distances : au chef-l. de cant. 4 k. ; au chef-l. d'arr. 22 k. ; au chef-l. de départ. 65 k.
*Statistique* : 217 Electeurs. — 12 Cons. mun.
Principal des 4 cont. dir. 5104 fr.
Revenus de la commune, 137 fr.
*Instruction* : Ecole cˡᵉ laïque de garç. (25 élèves) ; — école cˡᵉ laïque de filles (32 élèves).
*Produits agricoles* : Céréales et fourrages.
*Commerce et industries* : 2 auberges ; — 3 cabarets. — Fête patr., le 22 juil.

Historique.

*Pendant la Révolution.* — C. du cant. de Lacapelle-Marival et du district de Figeac.
*Avant la Révolution.* — Cˡᵉ de la subdél. et de l'élection de Figeac. — Paroisse sous l'invocation de St-Saturnin (691 p.). — Cette cˡᵉ payait 5871 livres d'impositions ; ses charges locales ord. étaient de 168 livres.
*Anciennes mesures* : Mêmes mesures qu'à Figeac.
*Antiquités* : Eglise du Bourg ; cette église paraît avoir jadis été fortifiée. — D'après la tradition, les nombreux restes de construction, qui existent autour de cette église, auraient fait partie d'un monastère.

Bourget, *i.*, c. de Belfort.
Bourgnoux, *h.*, c. de Lacave.
Bourgnières, *i.*, c. de Sénaillac.
Bouriannes, *f.*, c. de Rocamadour.
Bouriates (les), *h.*, c. de Montfaucon.
Bouriay, *m.*, c. de Lavercantière.
Bouriette (la), *i.*, c. de Camboulit.
Bouriettes, *h.*, c. de Pomarède.
Bouriolle (la), *h.*, c. de Labastide-du-[Haut-Mont].
Bourion, *h.*, c. de Cadrieu.
Bourionne (la), *m.*, c. de Lhospitalet.
Bouriotte (la), *i.*, c. de Belfort.
Bouriotte (la), *i.*, c. de Marminiac.
Bouriotte (la), *h.*, c. de St-Caprais.
Bourlande, *h.*, c. d'Orniac.
Bourleau, *i.*, c. de St-Martin-Labouv.
Bournaguet, *v.*, c. de Rassiels.
Bournac, *i.*, c. de Lhospitalet.
Bournat (le), *i.*, c. de Camboulit.
Bournazel, *h.*, c. de Frayssinet.
Bournazel, *i.*, c. de Gramat.
Bournerie, *f.*, c. de Gramat.
Bournet, *h.*, c. de Pinsac.
Bournissard, *h.*, c. de Cuzance.
Bournixou, *m. e.*, c. de Frayssinet.
Bournizou, *i.*, c. de Sénaillac.
Bourou, *h.*, c. de Dégagnac.
Bourra, *i.*, c. de Labastide-Murat.
Beurret, *i.*, c. de Lacave.
Bourret, *i.*, c. de St-Projet.
Bourrette (la), *h.*, c. de Cuzance.
Bourrettes (les), *h.*, c. de Cazillac.
Bourrianne (la) *h.*, c. de St-Germain.
Bourriettes, *h.*, c. de Pomarède.
Bourrillou (le), *i.*, c. de Bélaye.
Bourroucan (le), *m. e.*, c. de Sonac.
Bourrut, *h.*, c. de Gintrac.
Bourrut, *h.*, c. de Pinsac.
Bourzoles, *v.*, c. de Souillac.
Bouscaillou, *h.*, c. d'Arcambal.
Bouscailloux, *h.*, c. de Rampoux.
Bouscarat, *h.*, c. de St-Denis.
Bouscarel (le), *h.*, c. de Prendeignes.
Bouscassie (la), *h.*, c. de Béduer.
Bouscatel (le), *h.*, c. de Vaillac.
Bouscavel, *h.*, c. de Prendeignes.
Bouscayrac, *h.*, c. de Lauzès.
Bouscayrac, *h.*, c. de St-Martin-de-V.
Bousquet, *h.*, c. de Montcuq.
Bousquet, *h.*, c. de Terrou.
Bousquet, *i.*, c. de Thédirac.

Bousquet (le), *h.*, c. d'Anglars.
Bousquet (le), *v.* et *ch.*, c. d'Arcambal.
Bousquet (le), *h.*, c. de Caniac.
Bousquet (le), *i.*, c. d'Espédaillac.
Bousquet (le), *h.*, c. de Gorses.
Bousquet (le), *i.*, c. de Lamothe-Cassel
Bousquet (le), *i.*, c. de St-Perdoux.
Bousquetou (le), *h.*, c. du Labastide-
[du-Haut-Mont].

**BOUSSAC**, c., cant. de Livernon, arr. de Figeac. — ⊠ de Livernon. — ▣ et ▣ du Pournel. — Percept. de Livernon. — ⚕ (400 p.). — Rec.-buraliste.

*Géographie* : Superf. 714 hect. — 358 hab. — Alt. moy. 241ᵐ. — Près du chef-l. de cette c. couche d'au moins 10ᵐ d'épaisseur, formée d'ammonites et de madrépores. — Le sol de cette c. est argilo-calcaire ; alluvions sur les bords du Célé.

Principaux v. et h. : Boussac (20 hab.) ; — Bullac (31 hab.), à 1 k. de Boussac ; — Cantarel (41 hab.), à 1 k. ; — Le Cras (36 hab.), à 2 k. ; — Lavaysse (27 hab.), à 2 k. ; — Mandens (29 hab.), à 1 k.

Cours d'eau : Rivière du Célé.

Voies de cᵒⁿ : Chem. vic. de g. cᵒⁿ nº 41, de Cahors à Figeac, par Marcillac ; — chem. vic. d'int. com. nº 96, de Cajarc à Lacapelle-Marival ; — 3 chem. vic. ord.

Distances : au chef-l. de cant. 10 k. ; au chef-l. d'arr. 11 k. ; au chef-l. de départ. 68 k.

*Statistique* : 110 Electeurs. — 10 Cons. mun.

Principal des 4 cont. dir. 3934 fr.

Revenus de la commune, 314 fr.

*Instruction* : Ecole cˡᵒ laïque de garç. (21 élèves) ; — école cˡᵒ congrég. de filles (28 élèves).

*Produits agricoles* : Céréales, vin, tabac, chanvre, noix et prunes.

*Commerce et Industries* : 2 moulins sur le Célé. — Cabaret. — Fête patr., le 24 juin.

### Historique.

*Pendant la Révolution* : C. du cant. de Livernon et du district de Figeac.

*Avant la Révolution.* — Cˡᵉ dépendant de la subdél. et de l'élection de Figeac. — Paroisse sous l'invocation de St-Jean-Baptiste (500 p.).

Cette cˡᵉ payait 3802 livres d'impositions ; ses charges locales ord. étaient de 95 livres. — L'église de Boussac était taxée à 7 livres, d'après le compte des décimes de 1526.

*Anciennes mesures :* Mêmes mesures qu'à Figeac.

Boussac, *h.*, c. de Comiac.
Boussac, *h.*, c. de Goujounac.
Boussac, *h.*, c. de Soturac.
Boussagou, *h.*, c. de Marminiac.
Boussuge, *ch.*, c. du Montat.
Boustal, (le), *i.*, c. de Sénaillac.
Bout, *i.*, c. des Arques.
Bout de la Côte, *h.*, c. de Bagnac.
Bout de la Côte, *m.*, c. de Catus.
Bout de la Côte, *m.*, c. d'Espère.
Bout de la Côte, *h.*, c. de Pradines.
Bout de la Côte, *i.*, c. de St-Caprais.
Bout de la Côte, *i.*, c. de St-Géry.
Bout de la Côte, *f.*, c. de St-Sulpice.
Bout de la Sevène, *i.*, c. de Pradines.
Boutanyer, *h.*, c. de Lacave.
Boutaries (las), *h.*, c. de Belmontet.
Boutassac, *m.*, c. de St-Daunès.
Bouteille, *i.*, c. de Valprionde.
Bouteilles, *h.*, c. de Gignac.
Bouteilles, *ch.*, c. de Marminiac.
Boutel, *h.*, c, de Mayrinhac.
Boutessac, *i.*, c. de St-Daunès.
Boutet, *h.*, c. de Bagat.
Boutet, *i.*, c. de Touzac.
Bouthie ou Bautier, *ch.*, c. de Duravel
Bouti, *f.*, c. de Caniac.
Boutières, *h.*, c. de Creysse.
Boutiquette (la), *h.*, c. de Labastide-
[Marnhac].
Boutouyrac, *m.*, c. de Saillac.
Bouxal, *m. e.*, c. de Cardaillac.
Bouxal, *v.*, c. de Montet et Bouxal.
Bouydou (le), *h.*, c. de Cahors.
Bouydou (le), *f.*, c. de Calamane.
Bouyé, *h.*, c. de Gramat.
Bouyé ou Boyé, *h.*, c. de Lalbenque.
Bouyerou, *h.*, c. d'Albas.
Bouyet, *h.*, c. de Thédirac.
Bouygarol, *h.*, c. de Gramat.
Bouyges, *h.*, c. de St-Sozy.
Bouygue (la), *h.*, c. de Bétaille.
Bouygue du Saulou, *h.*, c. de St-Sozy.
Bouygues, *h.*, c. de Gindou.
Bouygues, *h.*, c. de Puy-l'Evêque.
Bouyrissac (le), *h.*, c. de Miers.
Bouyssac, *i.*, c. de Mauroux.
Bouyssales (les), *h.*, c. de Belfort.
Bouysse (la), *f. g.*, c. de Frayssinet.
Bouysses (les), *ch.*, c. de Mercuès.
Bouysses (les), *h.*, c. de Puy-l'Evêque.
Bouysset, *h.*, c. d'Albas.
Bouysset, *h.*, c. de Beauregard.

Bouysset, *h.*, c. de Duravel.
Bouysset, *h.*, c. Montdoumerc.
Bouysset, *i.*, c. de S<sup>te</sup>-Alauzie.
Bouysset (le), *h.*, c. de S<sup>t</sup>-Denis (Martel).
Bouysset (le), *h.*, c. de S<sup>t</sup>-Martin-de-V.
Bouyssette (la), *ch.*, c. d'Albas.
Bouyssettes (les), *i.*, c. de Duravel.
Bouyssettes (les), *h.*, c. de Lherm.
Bouyssi, *h.*, c. de Salviac.
Bouyssière (la), *i.*, c. de Sénaillac.
Bouyssières, *m.*, c. de Laramière.
Bouyssières (les), *h.* c. de Blars.
Bouyssières (les), *h.*, c. de Montvalent.
Bouyssinat (le), *i.*, c. de Frayssinet.
Bouyssol, *h.*, c. de Castelnau.
Bouyssonade (la), *h.*, c. de Sérignac.
Bouyssou, *h.*, c. de Lebreil.
Bouyssou, *h.*, c. de St-Laurent.
Bouyssou, *h.*, c. de Montredon.
Bouyssou, *h.*, c. de Montvalent.
Bouyssou, *h.*, c. de St-Matré.
Bouyssou, *h.*, c. de St-Cyprien.
Bouyssou, *h.*, c. de Thégra.

**BOUYSSOU** (le), c., canton de Lacapelle-Marival, arr. de Figeac. — ⊠ et ☏ de Lacapelle-M., ⚏ d'Assier. — Percept. de Lacapelle. — ⚘ (566 p.). — Débit de tabac.

*Géographie :* Superf. 562 hect. — 400 hab. — Alt. moy. 440 <sup>m</sup>. — Terrains granitiques.

Principaux v. et h. : Le Bouyssou (80 hab.); — David (53 hab.), à 650 <sup>m</sup> du Bouyssou ; — Lacayrouse (46 hab.), à 550 <sup>m</sup>; — Lagrassetie (54 hab.), à 600 <sup>m</sup>; — Mas del Bos (52 hab.), à 500<sup>m</sup>;—Tarral (33 hab.), à 1 k. 300.

Cours d'eau : Un affluent du ruisseau du Drauzou.

Voies de c<sup>on</sup> : Route nat<sup>le</sup> n<sup>o</sup> 140, de Figeac à Montargis ; — 3 chem. vic. ord.

Distances : au chef-l. de cant. 8 k. ; au chef-l. d'arr. 16 k. ; au chef-l. de départ. 69 k.

*Statistique :* 120 Électeurs. — 10 Cons. mun.

Principal des 4 cont. dir. 1767 fr.
Revenus de la commune, 72 fr.

*Instruction :* Ecole c<sup>le</sup> laïque de garç. (30 élèves); — école libre congrég. de filles (40 élèves).

*Produits agricoles :* Céréales, pommes terre, vin, châtaignes, etc.

*Commerce et Industries :* 2 cabarets. — Fête patr., le 14 septembre.

Historique.

*Pendant la Révolution.* — C. du cant. de Fons et du district de Figeac.

*Avant la Révolution.* — C<sup>té</sup> de la subdél. et de l'élection de Figeac. — Paroisse sous l'invocation de S<sup>te</sup>-Croix (412 p.).. — Cette c<sup>té</sup> payait 2,400 livres d'impositions ; ses charges locales ord. étaient de 95 livres.

*Anciennes mesures :* Mêmes mesures qu'à Figeac.

*Antiquités :* Près du chef-l. de cette c. un monticule connu sous le nom de *Puy-les-Martres* (Colline des Martyrs); on y trouve des cercueils en grès, remplis d'ossements humains. D'après l'historien Cathala-Coture, ces ossements proviendraient des chrétiens martyrisés par les arabes d'Espagne, vers l'an 725.

Bouyssou (le), *h.*, c. de Bélaye.
Bouyssou (le), *h.*, c. de St-Cirgues.
Bouyssou (le), *h.*, c. de St-Maurice.
Bouyssounade, *h.*, c. de Lalbenque.
Bouyssounasse, *h.*, c. de Soucirac.
Bouyssounet, *h.*, c. d'Assier.
Bouyx, *i.*, c. de St-Pantaléon.
Bouyx, *i.*, c. de Lebreil.
Bouzan, *h.*, c. de Lherm.
Bouziéras, *i.*, c. de Cahors.

**BOUZIÈS**, c., cant. de St-Géry, arr. de Cahors. — ⊠ et Percept. de St-Géry. — ⚘ (350 p.). — Débit de tabac.

*Géographie :* Superf. 820 hect. — 327 hab. — Alt. moy. 235<sup>m</sup>. — Cette c. se trouve sur le jurassique moyen et tout près des marnes supraliasiques qui forment la vallée du Célé jusqu'à Figeac. — On a trouvé à Bouziès des traces de phosphates de chaux et un grand nombre de dents fossiles de ruminants et de chevaux.

Principaux v. et h. : Bouziès-Haut (166 hab.).

Cours d'eau : Rivière du Lot (bac) et rivière du Célé, qui se jette dans le Lot près du tunnel des Coudoulous, sur le chem. vic. de g. c<sup>on</sup> n<sup>o</sup> 33.

Voies de c<sup>on</sup> : Chem. vic. de g. c<sup>on</sup> n<sup>o</sup> 33, de Vers à Figeac ; — chem. vic. de g. c<sup>on</sup> n<sup>o</sup> 41, de Figeac à Cahors, par Marcillac ; — 5 chem. vic. ord.

Distances : au chef-l. de cant. 8 k. ; au chef-l. d'arr. et de départ. 27 k.

Curiosités : Sur la montagne qui domine la rive droite du Lot, près du chem. vic. de g. c<sup>on</sup> n<sup>o</sup> 33 et un peu en avant du tunnel des Coudoulous, on voit un grand nombre de grottes et de cavités dont les ouvertures ont été murées et fortifiées ; ces grottes sont désignées dans le pays sous le nom de *Château des Anglais* ou de Ruines anglaises.

*Statistique* : 111 Electeurs. — 10 Cons. mun.

Principal des 4 contr. dir. 2277 fr.

Revenus de la commune, 250 fr.

*Instruction* : Ecole c<sup>le</sup> laïque de garç. (30 élèves) ; — école c<sup>le</sup> congrég. de filles (25 élèves).

*Produits agricoles* : Céréales, tabac, chanvre et lin. — Bois.

*Commerce et Industries* : Auberge ; — café. — Fête patr., le 2 octobre.

Historique.

*Pendant la Révolution.* — C. de Béars et Bouziès, du cant. de St-Géry et du district de Cahors.

*Avant la Révolution.* — C<sup>té</sup> de Béars et Bouziès, de la subdél. et de l'élection de Cahors. — Paroisse sous l'invocation de St-Léger (455 p.). — Cette c<sup>té</sup> payait 2723 livres d'impositions ; ses charges locales ord. étaient de 75 livres.

*Anciennes mesures :* Canne = 2<sup>m</sup> 003 ; — quarterée = 41 <sup>ares</sup> 090 (la quarterée se subdivisait en 4 quartonats, le quartonat en 4 boisselats et le boisselat en 16 onces). — Quarte = 62 <sup>litres</sup> 4 (la quarte se subdivisait en 4 quartons, le quarton en 4 boisseaux et le boisseau en 16 onces). — Barrique = 220 <sup>litres</sup> (la pauque se subdivisait en 2 uchaux, 3 uchaux formaient la bouteille qui contenait 1 litre). — Livre = 407 <sup>grammes</sup> 921 (la livre se subdivisait en 16 onces, l'once en 8 gros, le gros en 72 grains).

*Antiquités :* Durant la guerre de cent ans les grottes fortifiées que nous avons mentionnées plus haut, servaient de repaire à des compagnies anglaises ; de là le nom de *Château des Anglais* donné à ces grottes.

Bouziès, *h.*, c. de Cieurac.

Bouziès-Bas, *h.*, c. de St-Géry.

Bouzol, *h.*, c. de Loubressac.

Bouzou, *i.*, c. de St-Géry.

Bouzou (Mas de), *h.*, c. d'Issepts.

Bovila, *h.*, c. de Fargues.

Boyé, *h.*, c. de Boissières.

Boyé, *h.*, c. de Thédirac.

Boyé-Haut, *h.*, c. de Boissières.

Boyer, *ch.*, c. de Flaugnac.

Boyet, *h.*, c. de Thédirac.

Bragayré, *h.*, c. de Belfort.

Bramaire, *h.*, c. de Montamel.

Bramarie, *h.*, c. de Labastide-Murat.

Bramarive (la), *i.*, c. de Montdoumerc.

Brame (la), *i.*, c. de Lachapelle-Auzac.

Braméfond, *h.*, c. de Souillac.

Bramie (la), *h.*, c. de Duravel.

Branche (la), *h.*, c. de Frayssinhes.

Brancols, *i.*, c. de Montredon.

Brandals (les), *h.*, c. de Gignac.

Brande, *h.*, c. de Lachapelle-Auzac.

Brande (la), *i.*, c. de St-Sozy.

Brandoul, *i.*, c. de Belfort.

Brandouly, *h.*, c. de St-Simon.

Branty, *h.*, c. de Sarrazac.

Brard, *i.*, c. de Loubressac.

Brasconnies (les), *f.*, c. de Blars.

Bras de l'Homme, *i.*, c. de Sérignac.

Brassalie (la), *h.*, c. de Francoulès.

Braulès, *h.*, c. de Gindou.

Braulie (la), *h.*, c. de Prendeignes.

Braulugues, *i.*, c. du Vigan.

Bray, *h.* et *m. e.*, c. de Lentillac.

Bréguerie (la), *h.*, c. de Belmontet.

Breil, *i.*, c. de Castelnau.

Breil, *h.*, c. de Frayssinhes.

Breil, *h.*, c. de St-Chels.

Breil (le). — Voir Lebreil.

Brel, *h.*, c. d'Issendolus.

Brel, *h.*, c. de Fargues.

Brel, *i.*, c. de Lascabanes.

Brel (bas et haut), *h.*, c. de Peyrilles.

Brel (haut), *i.*, c. de Marminiac.

Brel (le), *i.*, c. de Camboulit.

Brel (le), *h.*, c. de Marminiac.

Brel (le), *h.*, c. de Thégra.

**BRENGUES**, c., cant. de Livernon, arr. de Figeac. — ✉ et Percep. de Livernon. — ☦ (550 p.). — Débit de tabac.

*Géographie :* Superf. 2056 hect. — 470 hab. — Alt. moy. 315<sup>m</sup>. — Le chef-l. de cette c. se trouve sur les marnes supraliasiques ; les montagnes voisines appartiennent au jurassique moyen.

Principaux v. et h. : Brengues (98 hab.) ; — Le Causse (144 hab.), à 2 k. 500 de Brengues ; — Ayrissac (52 hab.), à 2 k. ; — Antéjac (88 hab.), à 3 k. 500 ; — Merlet (88 hab.), à 2 k.

Cours d'eau : Rivière du Célé.

Voies de c<sup>on</sup> : chem. vic. de g. c<sup>on</sup> n<sup>o</sup> 41, de Figeac à Marcillac ; — chem. vic. d'int. com. n<sup>o</sup> 18, de Cajarc à Livernon ; — chem. vic. d'int. com. n<sup>o</sup> 89, d'Espédaillac à Villeneuve (Aveyron). — 2 chem. vic. ord.

Distances : au chef-l. de cant. 10 k. ; au chef-l. d'arr. 23 k. ; au chef-l. de départ. 55 k.

Curiosités : Nombreuses cavernes renfermant des ossements de rhinocéros, de rennes, de divers animaux appartenant à des races éteintes.

*Statistique :* 155 Electeurs. — 10 Cons. mun.

Principal des 4 contr. dir. 4539 fr.

Revenus de la commune, 146 fr.

*Instruction :* Ecole c^le laïque de garc. (22 élèves) ; — école c^le laïque de filles (20 élèves).

*Produits agricoles :* Céréales, tabac, vin. — Bois et pâturages.

*Commerce et Industries :* Moulin sur le Célé ; — 3 cabarets ; — foires les 12 juin et 12 novemb. — Fête patr., le 24 août.

### Historique.

*Pendant la Révolution.* — C. du cant. de Livernon et du district de Figeac.

*Avant la Révolution.* — C^té de la subdél. et de l'élection de Figeac. — Paroisse sous l'invocation de St-Saturnin (500 p.). — Cette c^té payait 4147 livres d'impositions ; ses charges locales ord. étaient de 622 livres.

Les Cardaillac étaient seigneurs de Brengues ; ils possédaient dans cette seigneurie deux châteaux-forts qu'ils défendirent vigoureusement contre les Anglais durant la guerre de cent ans. — Les habitants de Brengues avaient de lourdes charges seigneuriales à supporter et ils se plaignaient notamment d'avoir à donner à la famille de Cardaillac : 1° pour chaque récolte la quantité de grain qui avait été semée ; 2° une rente de 30 sous par 12 toises de superficie couverte ; 3° 2 quartons de froment par famille ; 4° 4 journées de travail par chef de famille et 8 journées par paire de bœufs ; 5° une charretée de paille, une paire de poulets, un chevreau, etc., etc.

*Anciennes mesures :* Les mesures de vin de Brengues étaient celles de Livernon ; les autres mesures étaient celles de Figeac.

*Antiquités :* Quelques-unes des grottes qui existent à Brengues ont été fortifiées et comme à Bouziès, portent le nom caractéristique de *château des Anglais* ; — d'après le chroniqueur Malleville une de ces grottes aurait servi de refuge à Waïffre, duc d'Aquitaine, que l'histoire fait aussi se cacher dans une caverne de St-Jean-de-Laur, après sa lutte malheureuse contre Pépin le Bref. — Restes d'un vaste camp retranché. — Ruines d'un château-fort que l'on croit avoir été construit sur l'emplacement d'une forteresse appartenant au duc Waïffre.

*Hommes célèbres :* Brengues a donné le jour à Bertrand de Cardaillac, évêque de Cahors, de 1325 à 1368, dont la fermeté sut en imposer aux Anglais après le traité de Brétigny.

BRESQUESOULS, *h.*, c. de Livernon.

BRESSOU, *h.*, c. de Duravel.

BRESSOU (St). — voir St-Bressou.

**BRETENOUX**, c., chef-l. de cant., arr. de Figeac. — ✉, 🖭 de St-Céré. — Percept. — ⚷ (1007 p.). — Rec.-buraliste. — Brigade de gendarmerie à cheval. — Notaire.

*Géographie :* Superf. 569 hect. — 942 hab. — Alt. moy. 160 ᵐ. — Cette c. se trouve sur les gneiss, roches immédiatement superposées aux granits se rattachant au grand massif des terrains primitifs du centre de la France.

Principaux v. et h. : Bretenoux (830 hab.).

Cours d'eau : Rivière de la Cère (pont suspendu) ; — ruisseau de Mamoul.

Voies de c^on : Route nat^le n° 140, de Figeac à Montargis ; — route dép^le n° 3, de Sarlat à Aurillac ; — chem. vic. de g. c^on n° 35, de Bretenoux dans le Cantal ; — chem. vic. d'int. com. n° 3, de Bretenoux à Gramat ; — 1 chem. vic. ord.

Distances : au chef-l. d'arr. 51 k. ; au chef-l. de départ. 80 k.

*Statistique :* 286 Electeurs — 12 Cons. mun.

Principal des 4 cont. dir. 6019 fr.

Revenus de la commune, 767 fr.

Bureau de bienfaisance (revenu annuel 593 fr.).

Compagnie de sapeurs-pompiers (29 hommes).

*Instruction :* Ecole c^le laïque de garç. (63 élèves) ; — école c^le congrég. de filles (58 élèves).

*Produits agricoles :* Blé, vin, noix, légumes, fruits.

*Commerce et Industries :* Moulins à farine sur la Cère et le Mamoul ; — 2 hôtels ou auberges ; — 5 cabarets ; — 2 cafés. — Foires les 8 janv., 8 fév., 8 mars, 12 avril, 12 mai, 12 juil. et 26 novemb. — Marchés, le vendredi de chaque semaine. — Fête patr., le 8 septemb.

### Historique.

*Pendant la Révolution.* — C., chef-l. de cant. du district de St-Céré.

*Avant la Révolution.* — Cté de la subdél. et de l'élection de Figeac. — Paroisse sous l'invocation de Ste-Catherine (800 p.). — Cette cté, qui avait une population de 1200 hab., payait 9526 livres ; ses charges locales ord. étaient de 478 livres.

On ignore l'époque de la fondation de Bretenoux. Ce bourg portait le nom de *Villafranca d'Orlienda*, lorsque Guerin de Castelnau lui accorda des privilèges et des coutumes en 1277. — Il est question de Bretenoux, sous son nom actuel, dans une charte de 867 citée par Justel. — Cette petite ville était jadis fortifiée ; elle a été prise et occupée par les Anglais et les Protestants. Bretenoux était la ville principale de la baronnie de ce nom, qui, en 1766, fut divisée en 8 communautés ; — elle possédait un chapitre composé d'un doyen et de 18 chanoines ; — ses trois foires étaient très suivies avant la Révolution.

*Anciennes mesures :* Canne = 2m 057 (la canne se subdivisait en 2 aunes, l'aune en 2 demi-aunes, la demi-aune en 2 pans, le pan en 2 demi-pans, le demi-pan en 2 crues). — Sétérée = 23 ares 742 (la sétérée se subdivisait en 4 quartonnées, chaque quartonnée en 5 pugnères) ; pour les vignes on se servait d'une mesure appelée *journal* d'une contenance de 3 quartonées. — Setier = 69 litres 8 (le setier se subdivisait en 2 émines, l'émine en 2 quartes, la quarte en 5 pugnères). — Pauque = 0 litre 4469 (2 pauques valaient 1 demi-quart, 2 demi-quarts valaient une pinte, 24 pintes valaient une baste). — Livre = 489 grammes (la livre se subdivisait en 16 onces, l'once en 8 gros, le gros en 72 grains).

*Antiquités :* Deux portes fortifiées de l'ancienne enceinte de la ville qui en comptait quatre. — On a trouvé à Bretenoux des urnes renfermant une poussière blanchâtre.

*Hommes célèbres :* Le député Félix de St-Priest, mort à St-Céré, le 12 mai 1851, était né à Bretenoux en l'année 1800.

BRETENOUX *m. e.*, c. d'Anglars.
BRETOUNEL, *m. e.*, c. de Flaugnac.
BRETOUNEL (le), *h.*, c. de Viazac.
BRETTES, *h.*, c. de Castelnau.
BREYNE, *h.*, c. du Bourg.
BREZEGUET, *i.*, c. de Saux.
BREZIERS (les), *h.*, c. de Vire.
BRIANCE, *h.*, c. de St-Denis.

BRIAT, *h.* et *m. e.*, c. de Sarrazac.
BRIDAL, *h.*, c. de Gindou.
BRINGOU (Mas de), *h.*, c. de Cras.
BRIQUETERIE, *i.*, c. de Dégagnac.
BRIQUETERIE (la), *m.*, c. de Castelnau.
BRIQUETERIE (La), *u.*, c. de Labastide-Murat.
BRIQUETERIE D'ALBERT, *m.*, c. de Boissières
BRIS (Mas de), *h.*, c. de Gigouzac.
BROCARD, *i.*, c. de Marminiac.
BROCARD, *h.*, c. de Montcuq.
BROCHE, *h.*, c. de Carennac.
BROIL, *h.*, c. de Frayssinhes.
BROL, *i.*, c. de Belfort.
BROQUETTE (la), *h.*, c. de St-Michel.
BROSSIE, *h.*, c. d'Aynac.
BROUEL, *h.*, c. de Vire.
BROUELLES, *v.*, c. de Maxou.
BROULIAC, *h.*, c. de Sarrazac.
BROUSSE, *h.*, c de Duravel.
BROUSSE (la), *h.*, c. de Castelnau.
BROUSSE (la), *h.*, c. de Vayrac.
BROUSSES, *i.*, c. d'Autoire.
BROUSSES (les), *i.*, c de Souillac.
BROUSSIL, *h.*, c. de St-Cirgues.
BROUSSOLES, *h.*, c. de St-Cirgues.
BROUSSOUS (les), *h.*, c. de Prayssac.
BROUTOUS (les), *h.*, c. des Junies.
BRU, *i.*, c. de Camboulit.
BRU, *i.*, c. de Fargues.
BRU, *h.*, c. de Marminiac.
BRU, *i.*, c. de Montcuq.
BRU, *h.*, c. de Pern.
BRU, *h.*, c. de Vire.
BRUEL, *h.*, c. de Roufflac.
BRUEL (le), *h.*, c. de Montet et Bouxal.
BRUEL (le), *h.*, c. de St-Cirgues.
BRUEL (le), *h.*, c. de Pontcirq.
BRUEL (le), *h.*, c. de St-Hilaire-B.
BRUGAIRIE (la), *h.*, c. de Prendeignes.
BRUGAL, *i.*, c. de St-Daunès.
BRUGAL (le), *f.*, c. de Soturac.
BRUGALES, *h.*, c. de Cahus.
BRUGALOU, *h.*, c. de Roufflac.
BRUGALS, *h.*, c. du Boulvé.
BRUGALS, *h.*, c. de Cahus.
BRUGAS (le), *h.*, c. de Boissières.
BRUGAYRIE (la), *h.*, c. de Prendeignes.
BRUGAYRONNE, *i.*, c. de Loupiac.
BRUGÈS, *m. e.*, c. de Bétaille.
BRUGES (les), *i.*, c. de Lanzac.
BRUGES (les), *h.*, c. de St-Chamarand.
BRUGES-HAUT, *i.*, c. de Lanzac.
BRUGOUS, *h.*, c. de Pontcirq.
BRUGOUX (les), *h.*, c. de St-Cirgues.
BRUGOUX (les), *h.*, c. de Gorses.
BRUGUE (la), *i.*, c. de St-Matré.
BRUGUES (les), *m.*, c. de Gignac.
BRUGUES (les), *i.*, c. des Junies.

BRULLET, *h.*, c. de Montet et Bouxal.
BRUNARD, *h.*, c. d'Aujols.
BRUNE (la), *h.*, c. de Ginouillac.
BRUNEAU, *i.*, c. de Faycelles.
BRUNES (les), *i.*, c. de Belfort.
BRUNET, *h.*, c. de Marminiac.
BRUNETTE, *h.*, c. de Bétaille.
BRUNETTE (la), *h.*, c. de Creysse.
BRUNIE-HAUTE, *h.*, c. de St-Laurent.
BRUNIOUX, *h.*, c. de Craissac.
BRUXELLE, *h.*, c. de Lhospitalet.
BRUYÈRE (la), *h.*, c. de Calvignac.
BRUYÈRE (la), *i.*, c. de St-Laurent.
BUFFAN, *h.*, c. de Figeac.
BUFFAN, *i.*, c. de St-Perdoux.
BUFFEVENT, *h.*, c. de Masclat.
BUGAN, *h.*, c. de Montcléra.

BUI, *i.*, c. de St-Alauzie.
BULFANES, *i.*, c. de Lalbenque.
BULLAC, *h.* et *m. e.*, c. de Béduer.
BULLAC, *h.*, c. de Boussac.
BURC, *h.*, c. de Rouffiac.
BURGADE, *h.*, c. de St-Vincent (St-Céré).
BUSQUEILLES, *h.*, c. de Prudhomat.
BUSQUILLES, *h.*, c. de Mayrinhac.
BUSSAYE, *h.*, c. de Peyrilles.
BUTGE (la), *h.*, c. de Montcabrier.
BUTTE (la), *i.*, c. des Junies.
BUTZECUBERT, *h.*, c. de Montcabrier.
BUY (le), *h.*, c. de Gramat.
BUZAC, *h.*, c. de Viazac.
BUZAT, *h.*, c. de Gramat.
BUZENAC, *i.*, c. de Castelnau.
BUZENAC, *h.*, c. de St-Alauzie.

# C

CABALET, *i.*, c. d'Issepts.
CABANAC, *v.*, c. de Mauroux.
CABANE, *h.*, c. d'Autoire.
CABANE, *h.*, c. de St-Cirgues.
CABANE-BASSE, *h.*, c. de Prayssac.
CABANE-HAUTE, *h.*, c. de Prayssac.
CABANE DE FONTANEL, *i.*, c. de St-Cirgues.
CABANE DE LACOSTE, *i.*, c. de Lauresses.
CABANE (la), de la Croix, *i.*, c. de Montet [et Bouxal].
CABANE DE L'AMI, *i.*, c. de Gorses.
CABANE-DE-L'OTTE *h.*, c. de St-Cirgues.
CABANE DE PEYROUTOU, *i.*, c. de St-Cirgues.
CABANEL, *i.*, c. de Fontanes.
CABANELLES (les), *i.*, de Lanzac.
CABANES (les), *h.*, c. de Lanzac.
CABANES, *i.*, c. de Livernon.
CABANES, *h.*, c. de Loubressac.
CABANOU, *i.*, c. de Figeac.
CABART, *u.*, c. de Montcabrier.
CABAS, *i.*, c. de Loubressac.
CABASSE, *i.*, c. du Vigan.
CABAZAC, *f. g.*, c. de Cahors.
CABAZAC, *i.* et *m. v.*, c. de Cézac.
CABÉDIES, *i.*, c. de Lascabanes.
CABEROQUE *i.*, c. de Montcuq.
CABESSOUS, *i.*, c. de St-Perdoux.
CABESSUT, *f. g.*, c. de Cahors.
CABIROL, *h.*, c. de Castelnau.
CABONNIÈRES, *h.*, c. de St-Médard-N.
CABOSSE, *i.*, c. de Bagat.
CABOUYS, *m. e.*, c. de Rocamadour.
CABRAYROL, *h.*, c. Montfaucon.
CABRE (la), *h.*, c. de Lanzac.

**CABRERETS**, c., cant. de Lauzès, arr. de Cahors. — ✉, Percept. et ♂ (760 p.). — Rec.-buraliste. — Notaire.

*Géographie* : Superf. 4337 hect. — 1022 hab. — Alt. moy. 312 ᵐ. — Cette c. se trouve sur la limite des terrains jurassiques supérieur et moyen ; — dépôt de poudingues et conglomérats quartzeux d'où on extrait des meules de moulins ; — traces de l'homme préhistorique dans des grottes.

Principaux v. et h. : Cabrerets (445 hab.); — Camy (50 hab.), à 10 k. 500 de Cabrerets ; — Guillot (51 hab.), à 11 k. ; — Lagrezette, Serpoul et Fargues (37 hab.), à 9 k. ; — Merlan (51 hab.), 11 k. ; — Vialolles (82 hab.), à 11 k. 500 ; — Viarnès (93 hab.), à 7 k. 400.

Cours d'eau : Rivière du Célé ; — ruisseaux de Vers et de Lassagne.

Voies de cᵒⁿ : Route dépˡᵉ nᵒ 13, de Figeac à Cazals ; — chem. vic. de g. cᵒⁿ nᵒ 10, de Labastide à St-Géry ; — chem. vic. de g. cᵒⁿ nᵒ 41, de Figeac à Cahors, par Marcillac ; — chem. vic. d'int. com. nᵒ 68, de Cabrerets à Lauzès ; — 9 chem. vic. ord.

Distances : au chef-l. de cant. 10 k. ; au chef-l. d'arr. et de départ. 31 k.

Curiosités : Grotte très spacieuse, mais moins belle que celle de Blars ou de Marcillac et dont les concrétions sont opaques. — Fontaine *Polémie* que quelques historiens ont cru être la fontaine

5

qui alimentait l'aqueduc romain de Cahors. — Rochers pittoresques percés de nombreuses cavernes.

*Statistique :* 248 Electeurs. — 12 Cons. mun.

Principal des 4 contr. dir. 5118 fr.
Revenus de la commune, 1021 fr.

*Instruction :* Ecole c^le laïque de garç. (53 élèves) ; — école c^le laïque de filles (40 élèves).

*Produits agricoles :* Céréales, vin, tabac. — Bois et prés.

*Commerce et Industries :* Moulins à farine sur le Célé et sur les ruisseaux. — 6 auberges ; — 3 cabarets ; — 1 café. — Foires les 1^er fév., 26 mars, 9 mai, 29 juin, 22 septemb., 13 décemb. — Fête patr., le 29 juin.

Historique.

*Pendant la Révolution.* — Cabrerets était un chef-l. de cant. du district de Cahors.

*Avant la Révolution.* — C^té de Cabrerets, (subdél. et élection de Cahors). — Paroisses de Cabrerets (506 p.) et de Vialolles (200 p.), sous l'invocation de St-Pierre et St-Paul. — Cette c^té payait 5491 livres d'impositions ; ses charges locales ord. étaient de 177 livres.

Cabrerets (*Castrum caprarium,* camp des chevriers) est mentionné dans l'histoire dès le commencement du XII^e siècle ; en 1106 le Pape Pascal II assigna pour l'entretien des chanoines de Cahors les revenus de l'église de Cabrerets (*ecclesiam de Cabrairez*). Cette localité fut hypothéquée aux Anglais par le roi Philippe-le-Bel. — En 1380 le château de Cabrerets était occupé par une garnison anglaise.

La terre de Cabrerets avait le titre de marquisat et appartenait à la famille de Biron. — D'après la tradition locale les seigneurs de Cabrerets jouissaient du droit odieux de cuissage.

*Anciennes mesures :* Canne = 2^m 057 ; — canne carrée = 4^m carrés, 0127 ; — quarterée = 41 ^ares 09 (la quarterée se subdivisait en 4 quartonats, le quartonat en 4 boisselats, le boisselat en 16 onces) ; — quarte = 78 ^litres (la quarte se subdivisait en 4 quartons, le quarton en 4 boisseaux, le boisseau en 16 onces) ; — pinte = 1 ^litre 625 (40 pintes formaient la comporte et 2 comportes formaient la charge).

*Antiquités :* Restes d'un ancien château-fort, un des plus anciens du Quercy, sur une saillie du rocher qui domine le bourg ; cette construction porte le nom de *château du diable.* — A peu de distance de ce fort on voit un château plus moderne dont les murs n'ont pas moins de 4 mètres d'épaisseur.

*Hommes célèbres :* L'avocat Jean-Yon Capmas est né à Lapescalerie, en l'année 1776.

CABRÉRIÈS, h., c. de Peyrilles.
CABRÈS, h., c. de Cornac.
CABRETTE (la), h., c. de Carennac.
CABRETTE (la), h., c. de Castelnau.
CABRIDENS, h., c. de Vers.
CABRIÉ, i., c. de St-Céré.
CABRIETTE, i., c. de Montbrun.
CABRISSEAU, h., c. d'Uzech.
CABROL, h., c. de Montcabrier.
CABROLE (la), h., c. de Montfaucon.
CABROULIE (la), h., c. de St-Cirgues.
CABUZAT, m. v., c. de Labastide-Marnh.
CACAVIOLE, h., c. de St-Cirgues.
CACRAYE, h., c. de Creysse.
CADETOU, i., c. de Crégols.
CADIERGUES, h., c. de Molières.
CADIERGUES, h. et m. e., c. de Viazac.

**CADRIEU,** c., cant. de Cajarc, arr. de Figeac. — ✉, 🕾 et Percept. de Cajarc. — ☿ (218 p.).

*Géographie :* Superf. 524 hect. — 201 hab. — Alt. moy. 286^m. — Les hauteurs de cette c. appartiennent au jurassique moyen. — On trouve dans ce terrain des couches de lignite de couleur brune ou noirâtre qui ne sont pas exploitées.

Principaux v. et h. : Cadrieu (175 hab.).

Cours d'eau : La rivière du Lot longe la c. au sud et la sépare du départ. de l'Aveyron (bac).

Voies de c^on : chem. vic. de g. c^on n^o 33, de Vers à Figeac ; — 2 chem. vic. ord.

*Statistique :* 60 Electeurs — 10 Cons. mun.

Principal des 4 cont. dir. 1168 fr.
Revenus de la commune, 50 fr.

*Instruction :* Ecole c^le laïque mixte (24 élèves).

*Produits agricoles :* Céréales, tabac, vin.

*Commerce et Industries :* Cabaret. — Fête patr., le 24 août.

Historique.

*Pendant la Révolution.* — C. du cant. de Cajarc et du district de Figeac.

*Avant la Révolution.* — C<sup>té</sup> de la subdél. et de l'élection de Figeac. — Paroisse sous l'invocation de St-Barthélemy (212 p.). — Cette c<sup>té</sup> payait 1885 livres d'impositions ; ses charges locales ord. étaient de 60 livres.

*Anciennes mesures* : Les mesures de Cadrieu étaient celles de Cajarc.

*Antiquités* : Restes d'un château, construit sur un rocher à pic ; ce château fut pris par les Anglais, en 1390.

Cafol (le), *h.*, c. de Bagnac.
Cafolène, *h.*, c. de Bagnac.
Cagnac, *h.*, c. de Montredon.
Cagnepeyres, *i.*, c. de Reilhac.

**CAHORS**, c., chef-l. du départ. ; forme 2 cant. (nord et sud). — ⊠, 🕾, 💺. — Préfecture ; évêché ; siége de la 3ᵉ subdivision de la 17ᵉ région militaire ; cour d'assises ; résidence des chefs de tous les services administratifs ; succursale de la Banque de France. — ♀ de St-Etienne (6600 p.), de St-Urcisse (2100 p.), de St-Barthélemy (2600 p.), de Notre-Dame (490 p.), du Sacré-Cœur (620 p.), de Bégoux (380 p.), de la Rosière (220 p.), de St-Cirice (250 p.), de St-Henry (275 p.), de la Capelle (280 p.) ; — 7 notaires.

*Géographie* : Superf. 6605 hect. — 13660 hab. — Alt. moy. 227 ᵐ. — Altitudes extrêmes 107 ᵐ, 330 ᵐ. — Alt. de la ville de Cahors (place du Marché, devant la Cathédrale), 124 ᵐ. — Coordonnées géographiques : Latitude N. 44° 26' 52". Longitude O. de Paris, 0° 53' 41". — Les hauteurs appartiennent au jurassique supérieur ; les parties basses sont formées par des alluvions.

V. et h. : Ville de Cahors 12176 (hab ). Canton nord : Arquiès (25 hab.), à 5 k. 500 de Cahors ; — Artix (26 hab.), à 3 k. 500 ; — Belle-Vue (2 hab.), à 1 k. 600 ; — Bouydou (34 hab.), à 10 k. 500 ; — la Capelle (89 hab.), à 4 k. ; — les Durands (18 hab.), à 4 k. ; — Englandières (12 hab.), à 5 k. 500 ; — Frayssinet (29 hab.), à 4 k. 500 ; — Issendous (23 hab.), à 7 k. ; — les Junies (61 hab.), à 6 k. 750 ; — Labéraudie (9 hab.), à 3 k. 300. — Laroque (48 hab.), à 5 k. ; — Château de Laroque (14 hab.), à 3 k. 600 ; — Mas de Balache (5 hab.), à 5 k. 500 ; — Mas de Déry (9 hab.), à 5 k. 200 ; — Mas de Gourgou (10 hab.), à 6 k. 500 ; — Mas de Laur (5 hab.), à 6 k. ; — Merle (29 hab.), à 6 k. 200 ; — Mirepoises (2 hab.), à 3 k. 800. — Peyrat (66 hab.), à 4 k. 500 ; — Roc de Peyret (5 hab.), à 4 k. 500 ; — Regourd (43 hab.), à 2 k. 700 ; — Rogamus (7 hab.), à 7 k. ; — St-Ambroisé (7 hab.), à 2 k. 800 ; — St-Henry (42 hab.), à 6 k. 500 ; — les Sarruts (30 hab.), à 7 k. ; — Tauriac (12 hab.), à 7 k. ; — Toulousque (59 hab.), à 9 k. 500 ; — les Tuileries (43 hab.), à 3 k. 500.

Canton Sud : Arbouys bas (22 hab.) à 4 k. 300 de Cahors ; — Arbouys haut (10 hab.), à 4 k. ; — Arnis (18 hab.), à 5 k. 500 ; — Bach (29 hab.), à 4 k. 500 ; — La Barraque (4 hab.) ; à 5 k. 800 ; — Bégoux (169 hab.), à 4 k. 500 ; — Bonnet (3 hab.), à 6 k. 500 ; — Camp des Monges (17 hab.), à 1 k. ; — Cavaniès (106 hab.), à 5 k. 800 ; — Dines (18 hab.), à 5 k. 500 ; — Feroulet (11 hab.), à 4 k. 400 ; — Fontanet (3 hab.), à 3 k. 800 ; — Fréchevise (3 hab.), à 5 k. 500 ; — Labeyne (8 hab.), à 2 k. 500 ; — Roc de Lagasse (5 hab.), à 3 k. 800 ; — Lamaurinie (12 hab.), à 6 k. ; — Laparra (8 hab.), à 5 k. ; — Linas (4 hab.), à 5 k. 500 ; — La Marchande (17 hab.), à 4 k. 800 ; — les Mathieux (43 hab.), à 5 k. 300 ; — Péchagal (12 hab.), à 3 k. ; — Peyre Quillade (10 hab.), à 6 k. ; — Peyrolès (10 hab.), à 2 k. 500 ; — les Ramonets (64 hab.), à 6 k. 800 ; — Côte de Rocabillère (5 hab.), à 3 k. 500 ; — la Rosière (80 hab.), à 5 k. 700 ; — St-Cirice (13 hab.), à 5 k. 200 ; — Salvignes (4 hab.), à 4 k. 500 ; — Terre-rouge (3 hab.), à 2 k. 500.

Cours d'eau : Rivière du Lot (3 ponts) ; — ruisseau de Quercy ; — Fontaine des Chartreux ; — Fontaine de St-George.

Voies de c<sup>on</sup> : Route nat<sup>le</sup> n° 20, de Paris à Toulouse ; — route n<sup>le</sup> n° 111, de Millau à Tonneins ; — route dép<sup>le</sup> n° 11, de Cahors à Lauzerte ; — route dép<sup>le</sup> n° 13, de Cahors à Figeac ; — chem. vic. de g. c<sup>on</sup> n° 6, de Cahors à Puy-Laroque ; — chem. vic. de g. c<sup>on</sup> n° 7, de Cahors à Lauzerte ; — chem. vic. de g. c<sup>on</sup> n° 8, de Cahors à Touzac ; — chem. vic. d'int. com. n° 64, de Cahors à Caylus ; — chem. vic. d'int. com. n° 77, de Cahors à St-Pantaléon ; — 16 chem. vic. ord. ; — 316 chem. ruraux.

Curiosités naturelles : Fontaine des Chartreux dont l'ancien nom de *Divona*, d'après certains historiens aurait été donné à la capitale du Quercy. — Grotte dite de *Pintou*.

*Statistique :* 3453 Electeurs. — 27 Cons. mun.

Principal des 4 cont. dir. 150713 fr.

Revenus de la commune, 209033 fr.

Etablissements communaux : Octroi (produit net, 149,000 fr. ; nombre d'agents 22) ; — Halle ; — Abattoir ; — Caisse d'épargne ; — Pompiers (51 hom.) ; — Orphéon (70 exécutants et 25 postulants) ; — Bibliothèque municipale (16000 volumes) ; — Musée ; — Théâtre.

Etablissements charitables : Hospice (13 sœurs de charité, 313 lits, 517 malades, 31700 fr. de revenus) ; — Bureau de bienfaisance (revenu annuel 6858 fr.) ; — Société de secours mutuels d'hommes (231 membres honoraires, 925 membres participants, 10843 fr. de revenus) ; — Société de secours mutuels de femmes en formation ; — Société des sauveteurs du Lot (18 membres d'honneur et 46 membres participants) ; — Sœurs garde-malades ; — Sœurs de la miséricorde ; — Orphélinat des jeunes filles ; — Dames de la Providence.

Cercles et Associations : Cercles de l'Union, du Commerce, de France, Catholique.

Journaux et Publications périodiques : Le *Journal du Lot* et le *Courrier du Lot* paraissant 3 fois par semaine ; le *Réformateur du Lot* et le *Républicain du Lot* bi-hebdomadaires ; — *Bulletin* de la Société des Etudes ; *Bulletin* de la Société agricole et industrielle ; *Bulletin* de l'Instruction primaire.

*Instruction :* Ecole c<sup>le</sup> congrég. de garç. (447 élèves) ; — écoles laïques mixtes de h. à St-Henry (36 élèves) et à Bégoux (16 élèves) ; — 2 écoles libres laïques de garç. (106 élèves) ; — école libre congrég. de garç. (215 élèves) ; — école libre laïque de filles (80 élèves) ; — 6 écoles libres congrég. de filles (969 élèves) ; — Salle d'asile (282 enfants). — Lycée (258 élèves). — Association philotechnique pour l'instruction gratuite des adultes. — Société des études littéraires, scientifiques et artistiques du Lot (178 membres).

*Produits agricoles :* Vin, noix, tabac, blé, truffes, légumes et fruits. — Cahors est le siège d'une Société agricole et industrielle (118 membres).

*Commerce et Industries :* Commerce de vin, de noix et de truffes. — Filature. — 2 fonderies ; — 5 minoteries ; — 6 imprimeries ; — 2 fours à chaux et à ciment ;

— briqueteries ; — 4 banquiers ; — 52 hôtels, auberges ou restaurants ; — 37 cafés. — Foires les 3 janv., 3 août, 3 novemb. et le 1<sup>er</sup> des autres mois. — Marchés-foires le 1<sup>er</sup> samedi après le 10 de chaque mois. — Marchés les mercredi et samedi de chaque semaine.

Fêtes locales : Cahors, le 1<sup>er</sup> août (Cabessut), le 3 août (Port-Bullier), le 16 août (St-Urcisse), le 24 août (Labarre), le 29 août (St-George) ; — St-Cirice, le 16 juin ; — St-Henry, le 14 juillet ; — Lacapelle, le 1<sup>er</sup> août ; — La Rosière, le 29 août.

Historique.

On ne connaît pas l'origine de *Divona*, aujourd'hui Cahors ; on sait seulement que cette ville était dans la Gaule indépendante la capitale des Cadurques. Après l'invasion de César elle prit le nom de *Civitas Cadurcorum* et devint le chef-lieu d'une des 60 cités organisées dans les Gaules par l'Empereur Auguste. Cahors était sous les Romains une ville très considérable et tout porte à croire qu'elle occupait la presque totalité de la presqu'île que le Lot forme autour d'elle ; mais cette splendeur dura peu et la belle cité romaine eut bientôt à souffrir de l'irruption des barbares : les Visigoths s'en emparèrent en 472 et s'y établirent ; pillée et saccagée par Théodebert, fils de Chilpéric, elle se releva sous l'épiscopat de St Didier ; mais elle fut encore dévastée, à diverses époques, d'abord par Pépin le Bref, ensuite par les Sarrasins, enfin par les Normands. Cette ville subit plusieurs fois le joug des Anglais, pendant la guerre de cent ans ; elle lutta contre les Albigeois au XIII<sup>e</sup> siècle, contre les Protestants au XVI<sup>e</sup> siècle, et fut prise d'assaut par le roi Henri de Navarre, en 1580. — Vers la fin du XI<sup>e</sup> siècle les évêques de Cahors reçurent des comtes de Toulouse la seigneurie ou comté de cette ville ; après la guerre des Albigeois les évêques-comtes s'affranchirent de la suzeraineté des comtes de Toulouse et firent directement hommage de leur fief aux Rois de France. — Ces mêmes prélats jouissaient du singulier privilège de pontifier avec une armure complète placée ordinairement sur l'autel. Tout le monde connaît la curieuse cérémonie qui avait lieu lors de l'entrée d'un nouvel évêque dans sa ville épiscopale et la réception que devait lui faire le vicomte de Cessac, son vassal. — Des libertés et des coutumes furent accordées aux habitants de Cahors par leurs évêques.

*Avant la Révolution.* — Cahors formait avec Laroque-des-Arcs une seule c<sup>té</sup>. — Cette c<sup>té</sup> payait 152324 livres d'impositions ; ses charges locales ord. étaient de 29525 livres ; ses charges locales extraordinaires de 12811 livres.

Cahors comprenait un chapitre cathédral, 16 paroisses, 15 communautés religieuses, 4 hôpitaux et une maison de refuge.

Chapitre cathédral : Ce chapitre se composait de 14 chanoines y compris l'Evêque, de 4 hebdomadiers, de 14 prébendiers, de 13 chapelains, d'un sacristain, d'un maître et d'un sous-maître de musique, de 6 musiciens y compris l'organiste, de 10 enfants de chœur et de 2 verguiers.

Paroisses : De St-Laurent (643 p.) ; — de St-Barthélemy (1000 p.) ; — des Soubiroux, sous l'invocation de la nativité de la Vierge (1207 p.) ; — de la Daurade, sous l'invocation de l'Assomption (3000 p.) ; — de St-André (222 p.) ; — de St-Pierre (600 p.) ; — de St-Maurice (450 p.) ; — de St-Urcisse (2957 p.) ; — de St-Géry, sous l'invocation de St-Didier (850 p.) ; — de Lamagdelaine, sous l'invocation de S<sup>te</sup> Madeleine (256 p.) ; — de St-Henry, sous l'invocation de St-Barthélemy (240 p.) ; — de St-Cirice (130 p.) ; — de La Capelle, sous l'invocation de St-Pierre ès liens (138 p.) ; — de Laroque des arcs, sous l'invocation de l'Assomption (500 p.) ; — de Bégoux, sous l'invocation de St-Martin (207 p.) ; — de La Rosière, sous l'invocation de St-Julien (140 p.).

Communautés religieuses : Chanoines réguliers (4 religieux) ; Capucins (11 relig.) ; Cordeliers (16 relig.) ; Chartreux (22 relig.) ; Petits-Carmes (5 relig.) ; Grands-Carmes (7 relig.) ; Augustins (4 relig.) ; Jacobins (4 relig.) ; Pères de la Mercy (7 relig.) ; — Ursulines (30 religieuses) ; demoiselles du Bon-Pasteur (11 relig.) ; chanoinesses de St-Géry (28 relig.) ; Clairistes (26 relig.) ; Dominicaines (12 relig.) ; religieuses de la Daurade (17 relig.).

Hôpitaux : Hôpital général St-Jacques sous l'invocation de St-Jacques (7 sœurs de charité, 300 pauvres) ; — Hôpital St-Projet sous l'invocation de N.-D. de la Visitation (4 sœurs de charité, 24 pauvres) ; — Hôpital des Orphelins sous l'invocation de S<sup>te</sup>-Barbe (7 sœurs de charité, 55 orphelins) ; — Hôpital des Orphelines sous l'invocation de St-Joseph (5 sœurs de charité, 76 orphelines).

Cahors était le siège d'une Université, supprimée en 1751 ; d'un cour des Aides, transférée à Montauban en 1661 ; d'un gouvernement et d'une lieutenance générale municipale ; d'un bureau d'élection comprenant 6 officiers ; d'une subdél. ; d'un présidial comprenant 14 membres et d'une viguerie composée de 3 officiers.

*Anciennes mesures :* Canne = 1<sup>m</sup> 786 (la canne se subdivisait en 8 pans.) — Quarterée = 51 <sup>ores</sup> (la quarterée se subdivisait en 4 quartonats, le quartonat en 4 boisselats, le boisselat en 16 onces). — Charretée = 1 <sup>stère</sup> 85. — Quarte = 78 <sup>litres</sup> (la quarte se subdivisait en 4 quartons, le quarton en 4 boisseaux, le boisseau en 16 onces). — Barrique = 220 <sup>litres</sup> (la bouteille ou le litre se subdivisait en 3 uchaux, l'uchau en 2 pauques). — Livre = 407 <sup>grammes</sup> 921 (la livre valait 16 onces, l'once 8 gros, le gros 72 grains).

*Antiquités :* Ruines des bains romains, dont il ne reste plus qu'un portail, dit *Portail de Diane* (monument historique) ; — Cathédrale de Cahors (mon. hist.) ; — Pont Valentré (mon. hist.) ; — Maison Henri IV (mon. hist.) ; — Enceinte de Cahors (mon. hist.) ; — Tour du Pape Jean XXII ; — Château du Roi ; — Pont-Neuf ; — Eglises ; — ancien collége Pélegry ; — Lycée ; — Ruines de l'église des Dominicains ; — Hermitage ; — Nombreuses fenêtres des xv<sup>e</sup> et xvi<sup>e</sup> siècle ; — Mosaïques, etc.

*Hommes célèbres :* Luctérius et Tibérius Pompeius ; — le Pape Jean XXII (1243-1333) et les cardinaux Bernard du Bousquet, Gaucelin Dejan, Jacques et Arnaud Devia, Pierre de Sortenac, Bernard de Ruthena, fondateur du collége de Rodez, au xiv<sup>e</sup> siècle ; — Clément-Marot (1495-1544) ; — le jurisconsulte Géraud de Barriet ; — le poëte Guillaume du Buy ; — l'algébriste Pierre Josselin ; — l'historien Lacroix (1575-1614) ; — Olivier de Magny ; — le jurisconsulte Mainfroy Govéa, né en 1550 ; — le capitaine Salvezou ; — le jurisconsulte Jean de Lacoste ; — le littérateur Lacalprenède (1610-1663) ; — le jurisconsulte Jean Dartis, mort en 1650 ; — l'historien et jurisconsulte Dominici ; — Jean de Montmaur, avocat et poëte, né en 1669 ; — les frères Dadine d'Hauteserre, jurisconsultes; — les trois Baudus (1693 à 1822); — l'avocat et député à la convention, Barthélemy Albouys (1751-1795); — le marquis d'Eslacs d'Arcambal, mort en 1781; — l'écrivain Pierre Rulhié (1717-1793); — le général Ramel (1770-1815); — l'avocat Gary (1736-1819); — le prêtre Joseph Treneuil (1763-1818); — le jurisconsulte Faydel, député aux Etats généraux en 1789, mort en 1820; — le général Galdemard, bienfaiteur de Cahors; — l'historien et jurisconsulte E. Dufour, mort en 1872.

CAHUAC, *h.*, c. d'Aynac.
CAHUAC, *h.*, c. de Gorses.

**CAHUS**, c., cant. de Bretenoux, arr. de Figeac. — ⊠ et Percept. de Bretenoux. — ☍ (1000 p.). — Débit de tabac. — Notaire.

*Géographie :* Superf. 1262 hect. — 936 hab. — Alt. moy. 397 m. — Terrain primitif; — carrière de serpentine exploitée sur une petite échelle.

Principaux v. et h. : Cahus (54 hab.), Nougayrols, Orgues, Sepval.

Cours d'eau : Rivière de la Cère (bac de Laval); — ruisseau d'Orgues.

Voies de c⁰ⁿ : chem. vic. d'int. com. n⁰ 46, de Sousceyrac à Cahus; — chem. vic. d'int. com. n⁰ 76, de la route dépⁱᵉ n⁰ 3 dans la Corrèze; — 3 chem. vic. ord.

Distances : au chef-l. de cant. 10 k. ; au chef-l. d'arr. 60 k.; — au chef-l. de départ. 93 k.

*Statistique :* 281 Electeurs. — 12 Cons. mun.

Principal des 4 cont. dir. 3382 fr.

Revenus de la commune, 767 fr.

*Instruction :* Ecole cⁱᵉ laïque de garç. (50 élèves); — Ecole cⁱᵉ congrég. de filles (60 élèves).

*Produits agricoles :* Blé, seigle, sarrasin, vin, tabac, pommes de terre et châtaignes.

*Commerce et Industries :* Minoterie et 2 moulins à farine sur la Cère. — 4 cabarets. — Fête patr. le 27 septembre.

Historique.

*Pendant la Révolution.* — C. du cant. de Bretenoux et du district de St-Céré.

*Avant la Révolution.* — Cᵗᵉ de la subdél. et de l'élection de Figeac; Cahus dépendait de la vicomté de Turenne. — Paroisse sous l'invocation de St-Benoit

(724 p.). — Cette cᵗᵉ payait 247 livres d'impositions; ses charges locales ord. étaient de 40 livres.

L'église de Cahus est mentionnée dans une charte de 1297. — On récoltait autrefois à Cahus un tabac très estimé, qui, sous le nom de *tabac de la vicomté*, était recherché dans toute la France.

*Anciennes mesures :* Aune = 1ᵐ 188; — canne carrée = 2ᵐ ᶜ. 638; — sétérée = 23 ᵃʳᵉˢ 742 (la sétérée se subdivisait en 4 quartonées, la quartonée en 5 pugnères); — setier = 69 ˡⁱᵗʳᵉˢ 8 (le setier se subdivisait en 2 émines, l'émine en 2 quartes, la quarte en 5 pugnères); — baste = 47 ˡⁱᵗʳᵉˢ 28 (la baste se subdivisait en 24 pintes, la pinte en 4 pauques).

*Antiquités :* Ancien château sur un rocher escarpé.

CAILLABEL, *i.*, c. de St-Laurent.

**CAILLAC**, c., cant. de Luzech, arr. de Cahors. — ⊠ de Luzech. — ▥ et ▨ de Mercuès. — Percept. de Luzech. — ☍ (400 p.). — Bureau de tabac.

*Géographie :* Superf. 744 hect. — 604 hab. — Alt. moy. 161 m. — Les hauteurs de cette c. appartiennent au jurassique supérieur; alluvions fertiles dans la vallée occupée par le chef-l.

Principaux v. et h. : Caillac (179 hab.); —Lapoujade (106 hab.), à 2 k. de Caillac; —Larguel (105 hab.), à 2 k.; — Mas-Viel (123 hab.) à 1 k.

Cours d'eau : Rivière du Lot (bac de Langle); — ruisseau de Reignac formant limite à l'Est.

Voies de c⁰ⁿ : Chem. vic. de g. c⁰ⁿ n⁰ 9, de Cahors à Castelfranc; — chem. vic. de g. c⁰ⁿ n⁰ 14, de Catus à Montcuq; — 6 chem. vic. ord.

Distances : au chef-l. de cant. 9 k. ; au chef-l. d'arr. et de départ. 12 k.

*Statistique :* 215 Electeurs. — 12 Cons. mun.

Principal des 4 cont. dir. 5175 fr.

Revenus de la commune, 175 fr.

*Instruction :* Ecole cⁱᵉ laïque de garç. (28 élèves); — école cⁱᵉ laïque de filles (29 élèves).

*Produits agricoles :* Céréales, vin, tabac, chanvre.

*Commerce et Industries :* moulin à farine. — Briqueterie. — Fête patr. le 24 août.

*Historique.*

*Pendant la Révolution :* C. du cant. de Luzech et du district de Cahors.

*Avant la Révolution.* — C^{té} de la subdél. et de l'élection de Cahors. — Paroisse sous l'invocation de St-Pierre (660 p.). — Cette c^{té} payait 7124 livres d'impositions ; ses charges locales ordinaires étaient de 104 livres.

Le nom de Caillac se trouve dans l'histoire de Lacroix à la date de 1254 ; M. E. Dufour le mentionne comme existant en 1309. Héliot de Caillac servait dans l'armée du duc d'Anjou, en 1375. En 1368 le produit de la dîme de Caillac était affecté à l'entretien du collége Pélégry.

*Anciennes mesures :* Caillac avait les mêmes mesures que Cahors.

*Antiquités :* Château de l'Angle, de la fin du XV^e siècle. — Châteaux de la Grezette et de Laroque (renaissance).

CAILLAC, *i.*, c. de Montbrun.
CAILLAVEL, *h.*, c. de St-Laurent.
CAILLAVETTE, *h.*, c. de Douelle.
CAILLÉ (le), *h.*, c. de Gramat.
CAILLES, *h.*, c. de Labastide-Marnhac.
CAILLOU, *h.*, c. de Prudhomat.
CAILLOU, *h.*, c. de Sérignac.
CAILLOU, *h.*, c. de Vire.
CAIRE-BAS (le), *h.*, c. de St-Cernin.
CAIRE-HAUT (le), *i.*, c. de Sénaillac.
CAISSAT, *h.*, c. de Concorès.
CAÏX, *v.* et *ch.*, c. de Luzech.
CAJALET, *i.*, c. de Bagat.

CAJARC, c., chef.-l. de cant. de l'arr. de Figeac. — ⊠, ▥ et Percep. — ⚓ dè Cajarc (1700 p.) et de Gaillac (270 p.). — Brigade de gendarmerie à cheval. — Notaire. — Rec.-buraliste. — 2 débits de tabac.

*Géographie :* Superf. 3569 hect. — 1847 hab. — Alt. moy. 280 ^m. — Schistes et couches du jurassique inférieur et moyen recouvertes d'un dépôt calcaire d'eau douce de la formation tertiaire. — Traces de phosphates de chaux ; alluvion dans la vallée. — Carrières de marbre et couches de houille peu importantes.

Principaux v. et h. : Cajarc (1063 hab.) ; — Andressac (82 hab.), à 2 k. 500 de Cajarc ; — Gaillac (238 hab.), à 3 k. ; — Naudy (58 hab.), à 4 kil. ; — Pratjoux (59 hab.), à 7 k. ; — Sauzet et l'Hôpital (195 hab.), à 3 kil. ; — le Verdier (152 hab.), à 6 k.

Cours d'eau : Rivière du Lot. (Ponts suspendus à Cajarc et à Gaillac).

Voies de c^{on} : Route dép^{le} n° 7, de Figeac à Limogne ; — chem. vic. de g. c^{on} n° 17, de Cajarc à Labastide-Murat ; — chem. vic. de g. c^{on} n° 33, de Vers à Figeac ; — chem. vic. d'int. com. n° 25, de Limogne à Gramat ; — chem. vic. d'int. com. n° 91, de Gréalou à Cabrerets ; — 7 chem. vic. ord.

Distances : au chef-l. d'arr. 25 k. ; au chef-l. de départ. 49 k.

Curiosités : Cascade dite *de la Cogne* d'une hauteur de 25 ^m, dont les eaux sortant d'une grotte spacieuse alimentent deux moulins. — Dérivation souterraine du Lot formant un tunnel de 364 ^m.

*Statistique :* 569 Électeurs. — 16 Cons. mun.

Principal des 4 cont. dir. 13510 fr.
Revenus de la commune, 2087 fr.
Bureau de bienfaisance (revenu annuel 1203 fr.).
Halle. — Abattoir. — Fanfare de l'école communale.

*Instruction :* Ecole c^{le} congrég. de garç. (177 élèves) ; — école c^{le} congrég. de filles (48 élèves).

*Produits agricoles :* Céréales, vin, tabac, chanvre.

*Commerce et Industries :* 4 moulins dont 2 sur le Lot. — Tannerie ; — cloûteries. — Phosphates de chaux. — 10 hôtels ou auberges ; 7 cabarets ; 10 cafés. — Foires les 10 et 25 de chaque mois. — Fête patr. le 3 août.

*Historique.*

*Pendant la Révolution.* — C., chef-l. de cant. du district de Figeac.

*Avant la Révolution.* — C^{té} de la subdél. et de l'élection de Figeac. — Paroisses de Cajarc sous l'invocation de St-Etienne (1734 p.) et de Gaillac, sous l'invocation de St-Julien (250 p.). — Cette c^{té} comptait 2936 hab. ; elle payait 22425 livres d'impositions ; ses charges locales ord. étaient de 2094 livres.

Cajarc était une des 18 villes basses du Quercy qui avaient le droit de se faire représenter aux Etats de cette province ; c'était une place fortifiée importante ; elle lutta énergiquement contre les Anglais pendant la guerre de cent ans. Au XIII^e siècle les évêques de Cahors devinrent seigneurs temporels de Cajarc, ces prélats eurent souvent à réprimer les révoltes de leurs vassaux ; en 1256 l'évêque Barthélemy de Roux accorda une charte de coutumes aux Cajarcois. Les protestants de Cajarc prirent une grande part aux guerres que leur parti soutint dans le Quercy en 1622 ; Louis XIII s'empara de cette ville et en fit démolir toutes les fortifications. — Il existait autrefois à Gaillac un monastère de Bénédictins, dépendant de l'abbaye de Figeac ; ce monastère fut détruit pendant la guerre de cent ans.

*Anciennes mesures :* Canne = 2^m^003 ; — sétérée = 61 ^ares^ 635 (la sétérée se subdivisait en 8 quartonats, le quartonat en 6 pennes, la penne en 4 pennons, le pennon en 2 lattes carrées, la latte carrée en 4 cannes carrées) ; — quarton = 16 ^litres^ 5 (le quarton se subdivisait en 6 pennes, la penne en 4 pennons ; 5 quartons formaient le sac) ; — barrique = 208 litres (la barrique se subdivisait en 4 barrils, le barril en 25 pintes, la pinte en 2 miquarts, le mi-quart en 2 pauques).

*Antiquités :* Peulvans et dolmens entre Cajarc et Gréalou ; — Restes d'un pont détruit par les Anglais en 1368. — Vestiges d'anciennes fortifications. — Eglise bâtie au commencement du XIIIe siècle par Ayméric d'Hébrard, évêque de Coïmbre en Portugal, né à Cajarc. — Restes de la chapelle d'une ancienne léproserie sur l'isthme formé par la presqu'île d'Andressac. — Archives importantes remontant au XIIIe siècle, déposées à la Préfecture.

*Hommes célèbres :* Charles Andrieu, écrivain calviniste du XVIe siècle.—Pierre Brunies, professeur et poète ; fut le premier secrétaire général de la Préfecture du Lot (1754-1808). — M. Duphénieux, fut représentant du département du Lot après les élections du 29 août 1791 et pendant les cent jours.

**Cajaloux**, *f.*, c. de Sauliac.
**Calaix**, *h.*, c. de Thémines.

**CALAMANE**, c., canton de Catus, arr. de Cahors. — ⊠, 🆃🅴 et 🆂🆃 de Mercuès. — Percept. de Maxou. — ☥ (480 p.). — Rec.-buraliste.

*Géographie :* Superf. 753 hect. — 417 hab. — Alt. moy. 270 ^m^. — Les hauteurs de cette c. appartiennent au jurassique supérieur ; alluvion dans la vallée occupée par le chef-l.

Principaux v. et h. : Calamane (326 hab.) ; — Mas d'Elleux (23 hab.), à 2 k. de Calamane ; — les Lattes (17 hab.), à 3 k.

Cours d'eau : Ruisseaux de Réignac et de Rouby.

Voies de c^on^ : Chem. vic. de g. c^on^ n^o^ 1, de Cahors à Gourdon ; — chem. vic. d'int. com. n^o^ 35, de Catus à St-Pierre-Lafeuille ; — 3 chem. vic. ord.

Distances : au chef-l. de cant. 7 k. ; au chef-l. d'arr. et de départ. 12 k.

*Statistique :* 140 Electeurs. — 10 Cons. mun.

Principal des 4 contr. dir. 3136 fr. Revenus de la commune, 121 fr.

*Instruction :* Ecole c^le^ laïque de garç. (28 élèves) ; — école c^le^ laïque de filles (22 élèves).

*Produits agricoles :* Céréales, fourrages, vin, légumes.

*Commerce et Industries :* Moulin à farine ; — pressoir à huile ; — 2 auberges ; café. — Fête patr., le 1^er^ août.

Historique.

*Pendant la Révolution.* — C. du cant. de Catus et du district de Cahors.

*Avant la Révolution.* — C^té^ de la subdél. et de l'élection de Cahors. — Paroisse sous l'invocation de St-Pierre ès liens (500 p.). — Cette c^té^ payait 6243 livres d'impositions ; ses charges locales ord. étaient de 130 livres.

En 1330 le riche bourgeois de Cahors, Béraldy, donna en dot à sa fille les terres de Calamane et de Boissières. — C'est dans cette localité que la princesse de Galles attendit, en 1369, le résultat de l'attaque dirigée contre Cahors, par Jean Chandos et le captal de Buch.

*Anciennes mesures :* Les mesures de Calamane étaient celles de Cahors.

*Antiquités :* Ancien château.

**Calamières**, *i.*, c. de St-Daunès.
**Calassou**, *h.*, c. de Duravel.
**Calcadi**, *h.*, c. de Théminettes.
**Calèpe**, *h.*, c. de Sérignac.

**CALÈS**, c., cant. de Payrac, arr. de Gourdon. — ⊠ et 🆃🅴 de Payrac. — 🆂🆃 de Rocamadour. — Percep. de Payrac. — ☥ (612 p.). — Débit de tabac. — Notaire.

*Géographie :* Superf. 3265 hect. — 623 hab. — Alt. moy. 244 ^m^. — c. située sur un plateau formé par un dépôt tertiaire superposé au jurassique supérieur.

Principaux v. et h. : Calès (288 hab.) ; — Bonnecoste (68 hab.), à 5 k. de Calès ; — les Granges (53 hab.), à 0 k. 500 ; — le

Mazut (18 hab.), à 8 k.; — Paloque (18 hab.), à 1 k.; — les Places (25 hab.), à 3 k.; — Vitarelles (33 hab.), à 1 k. 500.

Cours d'eau : Ruisseau de l'Ouysse.

Voies de c<sup>on</sup> : Chem. vic. de g. c<sup>on</sup> n° 21, de Gramat à Payrac; — chem. vic. d'int. com. n° 41, de Creysse à la route nat<sup>le</sup> n° 20; — 4 chem. vic. ord.

Distances : au chef-l. de cant. 8 k.; au chef-l. d'arr. 20 k.; au chef-l. de départ. 52 k.

Curiosités : Gouffres de St-Sauveur et de Cabouy qui donnent naissance au ruisseau de l'Ouysse, de moins de 2 k. de cours, mais dont le volume d'eau est supérieur à celui de la Bave et même du Célé.

*Statistique* : 217 Electeurs. — 12 Cons. mun.

Principal des 4 contr. dir. 3741 fr.

Revenus de la commune, 176 fr.

Bureau de bienfaisance (revenu annuel 1006 fr.).

*Instruction* : Ecole c<sup>le</sup> laïque de garç. (35 élèves); — école c<sup>le</sup> laïque de filles (26 élèves).

*Produits agricoles* : Céréales, vin, noix. — Bois.

*Commerce et Industries* : 3 moulins à farine sur l'Ouysse; — 3 auberges. — Foires le 5 juin et le 20 novemb. — Fête patr., le 25 juillet.

### Historique.

*Pendant la Révolution.* — Calès formait deux c. (Calès et Bonnecoste); Calès dépendait du cant. de Payrac (district de Gourdon); — Bonnecoste appartenait au cant. de Carlucet (district de Gourdon).

*Avant la Révolution.* — C<sup>té</sup> de la sub-dél. de Souillac et de l'élection de Cahors. — Paroisse sous l'invocation de St-Jacques (671 p.). — Cette c<sup>té</sup> payait 2783 livres; ses charges locales ord. étaient de 95 livres.

En 940, l'église de Calès fut donnée au monastère de St-Martin de Tulle, par le vicomte de Chelles. — Calès et Bonnecoste furent occupées par les compagnies Anglaises, du XIV<sup>e</sup> au XV<sup>e</sup> siècle.

*Anciennes mesures* : Aune = 1<sup>m</sup> 035. — Canne carrée = 4<sup>m</sup> c. 232. — Sétérée = 48 <sup>ares</sup> 758 (la sétérée se subdivisait en 8 quartons, le quarton en 3 pugnères). — Quarton = 28 <sup>litres</sup> (le sac était composé de 3 quartons et la quarte de 2 quartons 1/2). — Baste = 50 <sup>litres</sup> (la baste se subdivisait en 20 pintes et la pinte en 4 pauques).

CALET, h., c. de Sérignac.
CALETONS, h., c. de St-Clair.
CALMEJANE, h., c. de Cornac.
CALMEJANE, h., c. de Lauresses.
CALMÉJANE, h., c. de St-Maurice.
CALMETTE (la), h., c. de St-Bressou.
CALMETTES (les), h., c. de Soucirac.
CALMEZÈNE, i., c. de Lentillac.
CALOT, h., c. de St-Jean-de-Laur.
CALOUSSADE (la), h., c. d'Escamps.
CALPÉ (le), h., c. de Prayssac.
CALPORETZ (le), h., c. de Cassagnes.
CALVAYRAC, ch., c. de Prayssac.
CALVET, i., c. de Lebreil.
CALVI (Mas de), i., c. de Francoulès.

CALVIAC, c., cant. de Latronquière, arr. de Figeac. — ☒ et Percept. de Sousceyrac. — ☖ de Calviac (695 p.) et de Pontverny (440 p.). — 2 débits de tabac, dont un à Pontverny.

*Géographie* : Superf. 2634 hect. — 647 hab. — Alt. moy. 618<sup>m</sup>. — Terrain primitif qui occupe toute la partie N. E. du départ.

Principaux v. et h. : Calviac (54 hab.); — Laboule (21 hab.), à 1 k. 600 de Calviac; — Lafargue (19 hab.), à 1 k.; — Lherm (52 hab.), à 3 k. 700; — Lissoulié (66 hab.), à 1 k.; — Ploirac (18 hab.), à 1 k. 600; — Pontverny, à 4 k.

Cours d'eau : Ruisseaux d'Escaumels et de Ressègue.

Voies de c<sup>on</sup> : Route dép<sup>le</sup> n° 5, de Cahors à Clermont; — chem. vic. de g. c<sup>on</sup> n° 25, de Sousceyrac à St-Mamet; — chem. vic. de g. c<sup>on</sup> n° 35, de Bretenoux dans le Cantal; — chem. vic. d'int. com. n° 47, de Sousceyrac à Lamativie; — 6 chem. vic. ord.

Distances : au chef-l. de cant. 19 k.; au chef-l. d'arr. 46 k.; au chef-l. de départ. 99 k.

*Statistique* : 152 Electeurs. — 12 Cons. mun. — Sect. élect. de Calviac (8 cons. mun) et de Pontverny (4 cons. mun.)

Principal des 4 cont. dir. 3016 fr.

Revenus de la commune, 115 fr.

*Instruction* : Ecole c<sup>le</sup> laïque de garç. (60 élèves); — école c<sup>le</sup> laïque de filles (33 élèves); — école de h. à Pontverny (35 élèves).

*Produits agricoles* : Seigle, sarrasin,

pommes de terre, fourrages et châtaignes.

*Commerce et industries :* 4 moulins à farine sur les ruisseaux. — 2 auberges ; — 5 cabarets. — Fête patr., le 3 août.

Historique.

*Avant la Révolution.* — C<sup>té</sup> de Calviac et Pontverny (subdél. et élection de Figeac) ; formait deux paroisses : Calviac sous l'invocation de St-Etienne (592 p.) et Pontverny sous l'invocation de S<sup>te</sup>-Luce (267 p.). — Cette c<sup>té</sup> payait 5859 livres d'impositions ; ses charges locales ord. étaient de 286 livres ; elle comptait 450 hab.

Calviac a donné naissance à St-Sacerdos, ordonné prêtre en 440 et qui fut plus tard évêque de Limoges. Avitus, empereur d'Occident et parrain de St-Sacerdos, donna, à son filleul, Calviac et ses dépendances. — A cette même époque, Calviac renfermait un monastère dont St-Sacerdos était abbé.

*Anciennes mesures :* Les mesures de Calviac étaient celles de St-Céré.

*Antiquités :* Ancienne église. — On a trouvé dans cette localité plusieurs médailles romaines du bas-empire.

**CALVIGNAC**, c., cant. de Limogne, arr. de Cahors. — ⊠ et Percept. de Limogne. — ⚕ (660 p.). — Débit de tabac.

*Géographie :* Superf. 1789 hect. — 659 hab. — Alt. moy. 259 <sup>m</sup>. — Les hauteurs de cette c. font partie du causse de Limogne et appartiennent au terrain jurassique moyen ; le chef-lieu est bâti sur les alluvions du Lot.

*Principaux v. et h. :* Calvignac (291 hab.) ; — Aubiac (34 hab., à 5 k. de Calvignac ; — Grès (128 hab)., à 3 k. ; — Labruyère (48 hab.), à 4 k. ; — Lagarrigue (43 hab.), à 3 k. ; — Pech Blanc (20 hab.), à 6 k.

*Cours d'eau :* La rivière du Lot et le ruisseau de Treil.

*Voies de c<sup>on</sup> :* Chem. vic. d'int. com. n° 25, de Limogne à Gramat ; — 3 chem. vic. ord.

*Distances :* au chef-l. de cant. 8 k. ; au chef-l. d'arr. et de départ. 42 k.

*Statistique :* 222 Electeurs — 12 Cons. mun.

Principal des 4 cont. dir. 4654 fr.

Revenus de la commune, 126 fr.

Bureau de bienfaisance (revenu annuel 120 fr.).

*Instruction :* Ecole c<sup>le</sup> laïque de garç.

(30 élèves) ; — école c<sup>le</sup> laïque de filles (25 élèves).

*Produits agricoles :* Céréales, vin, tabac.

*Commerce et Industries :* Moulin sur le Lot ; — scierie sur le ruisseau de Treil ; — briqueteries ; — 2 cabarets ; — café. — Fête patr., le 24 août.

Historique.

*Pendant la Révolution.* — C. du cant. de Limogne et du district de Cahors.

*Avant la Révolution.* — C<sup>té</sup> de la subdél. et de l'élection de Cahors. — Paroisse sous l'invocation de St-Etienne (606 p.). — Cette c<sup>té</sup> payait 4832 livres d'impositions ; ses charges locales ord. étaient de 87 livres.

La terre de Calvignac avait titre de marquisat. — En 1249, le seigneur de Calvignac reconnut la suzeraineté d'Alphonse, comte de Poitiers. — En 1362, Déodat, vicomte de Calvignac et de Larnagol, exempta de tout péage et de toute redevance les habitants de Cahors qui traverseraient ses terres. — En 1388, le capitaine Fronsac, qui était sous les ordres du duc de Berry, et le seigneur de Puycornet, campèrent à Calvignac et à Larnagol pour s'opposer au passage des Anglais qui voulaient traverser le Lot.

*Anciennes mesures :* Canne = 2<sup>m</sup> 003 ; — Sétérée 61 <sup>ares</sup> 635 (la sétérée se subdivisait en 8 quartonats, le quartonat en 6 pennes, la penne en 4 pennons, le pennon en 2 lattes carrées et la latte carrée en 4 cannes carrées). — Quarte = 24 <sup>litres</sup> 028 (la quarte se subdivisait en 4 pugnères et la pugnère en 4 pauques). — Barrique = 212 <sup>litres</sup> (la barrique se subdivisait en 5 setiers et le setier en 64 pauques).

*Antiquités :* Dolmens. — Ruines de l'ancien château des seigneurs.

**CALVIGNAC**, i., c. de Fons.

**CALVIGNAC**, h., c. de Labastide-du-V.

**CALVIGNAC**, h., c. de Luzech.

**CALVIGNES** (les), h., c. de Pontcirq.

**CAMBAJOU**, h., c. de Labastide-Murat.

**CAMBAYRAC**, c., cant. de Luzech, arr. de Cahors. — ⊠ de Luzech. — ▯ et ▯ de Parnac. — Percept. de Sauzet. — ⚕ (304 p.).

*Géographie :* Superf. 739 hect. — 328 hab. — Alt. moy. 285 <sup>m</sup>. — Terrain jurassique supérieur.

Principaux v. et h. : Cambayrac (141 hab.); — Alary (56 hab.), à 3 k. de Cambayrac; — Granel (44 hab.), à 2 k.; — Grèzes (50 hab.), à 2 k. 500; — Masséries (21 hab.), à 2 k.

Cours d'eau : Ruisseau de St-Vincent.

Voies de c<sup>on</sup> : Chem. vic. de g. c<sup>on</sup> n° 14, de Catus à Montcuq; — 7 chem. vic. ord.

Distances : au chef-l. de cant. 9 k.; au chef-l. d'arr. et de départ. 20 k.

*Statistique* : 102 Électeurs. — 10 Cons. mun.

Principal des 4 cont. dir. 2382 fr.

Revenus de la commune, 122 fr.

*Instruction* : Ecole c<sup>le</sup> laïque de garç. (23 élèves); — école libre congrég. de filles (19 élèves).

*Produits agricoles* : Vin, blé, maïs.

Fête patr., le 24 août.

Historique.

*Pendant la Révolution.* — C. du cant. de Luzech et du district de Cahors.

*Avant la Révolution.* — C<sup>té</sup> de la subdél. de Lauzerte et de l'élection de Cahors. — Paroisse sous l'invocation de la Chaire de St-Pierre (309 p.). — Cette c<sup>té</sup> payait 4135 livres d'impositions; ses charges locales ord. étaient de 84 livres.

*Anciennes mesures* : Les mesures de cette c. étaient celles de Cahors.

*Antiquités* : Eglise revêtue intérieurement de marbre, bâtie au siècle dernier.

*Hommes célèbres* : Joseph Bessières, ancien directeur des contributions directes, antiquaire érudit (1795-1874) est né à Cambayrac.

CAMBELÈVE, h., c. de Salviac.

**CAMBES**, c., cant. de Livernon, arr. de Figeac. — ⊠ de Livernon. — ▨ de Figeac. — ▨ du Pournel. — Percept. de Béduer. — ♂ (400 p.). — Débit de tabac.

*Géographie* : Superf. 658 hect. — 342 hab. — Alt. moy. 325 <sup>m</sup>. — Cette c. est située sur le plateau calcaire qui domine la vallée du Célé et qui appartient au jurassique inférieur.

Principaux v. et h. : Cambes (116 hab.); — Ferriol et la Coste (26 hab.), à 3 k. de Cambes; — Labalme (25 hab.), à 1 k.; — Lacrit et Pommié (60 hab.), à 1 k.; — Loubière et Lacourtiol (26 hab.), à 1 k.; — Le Pournel et Rustand (67 hab.), à 2 k.

Voies de c<sup>on</sup> : Route dép<sup>le</sup> n° 13, de Cahors à Figeac; — chem. vic. de g. c<sup>on</sup> n° 54, de Cambes à Lamagdelaine; — chem. vic. de g. c<sup>on</sup> n° 96, de Lacapelle-Marival à Cajarc; — 4 chem. vic. ord.

Distances : au chef-l. de cant. 9 k.; au chef-l. d'arr. 10 k.; au chef-l. de départ. 62 k.

*Statistique* : 120 Electeurs. — 10 Cons. mun.

Principal des 4 cont. dir. 3768 fr.

Revenus de la commune, 77 fr.

*Instruction* : Ecole c<sup>le</sup> laïque de garç. (24 élèves); — école laïque libre de filles (22 élèves).

*Produits agricoles* : Céréales, vin, pommes de terre.

*Commerce et Industries* : Pressoir à huile; — tissages. — 2 cabarets. — Fête patr., le 1<sup>er</sup> juin.

Historique.

*Pendant la Révolution.* — C. du cant. de Fons et du district de Figeac.

*Avant la Révolution.* — C<sup>té</sup> de la subdél. et de l'élection de Figeac. — Paroisse sous l'invocation de St-Maurice (395 p.). — Cette c<sup>té</sup> payait 5681 livres; ses charges locales ord. étaient de 301 livres.

*Anciennes mesures* : Les mesures de cette c<sup>té</sup> étaient celles de Figeac.

CAMBESSOU, i., c. de St-Cernin.

CAMBILOUS, i., c. de Flaugnac.

CAMBOU, *écluse*, c. d'Albas.

CAMBOU (le), h., c. d'Autoire.

CAMBOU, h., c. de Loubressac.

CAMBOU, h., c. de Rueyres.

CAMBOULAS, i., c. de Lalbenque.

**CAMBOULIT**, c., cant. de Figeac (ouest), arr. de Figeac. — ⊠ et ▨ de Figeac. — ▨ du Pournel. — Percept. de Béduer. — ♂ (603 p.). — Débit de tabac.

*Géographie* : Superf. 519 hect. — 473 hab. — Alt. moy. 244 <sup>m</sup>. — Plateau calcaire du terrain jurassique moyen, sillonné de nombreuses gorges.

Cours d'eau : Rivière du Célé et ruisseau du Drauzou.

Voies de c<sup>on</sup> : Route dép<sup>le</sup> n° 13, de Cahors à Figeac; — chem. vic. de g. c<sup>on</sup> n° 41, de Figeac à Cahors, par Marcillac; — chem. vic. d'int. com. n° 54, de Cambes à Lamagdelaine; — 3 chem. vic. ord.

Distances : au chef-l. de cant. et d'arr. 8 k.; au chef-l. de départ. 65 k.

*Statistique* : 153 Electeurs — 10 Cons. mun.

Principal des 4 cont. dir. 3819 fr.
Revenus de la commune, 152 fr.
*Instruction :* Ecole c^{le} laïque de garç. (32 élèves) ; — école c^{le} laïque de filles (23 élèves).
*Produits agricoles :* Céréales, vin, pommes de terre.
*Commerce et Industries :* 3 cabarets. — Fête patr., le 15 août.

Historique.

*Pendant la Révolution.* — C. du cant. et du district de Figeac.

*Avant la Révolution.* — C^{té} de la subdél. et de l'élection de Figeac. — Paroisse sous l'invocation de St-Martin (577 p.). — Cette c^{té} payait 8148 livres d'impositions ; ses charges locales ord. étaient de 316 livres. — La terre de Camboulit avait titre de châtellenie.

Vers la fin du XIII^e siècle, cette localité fut hypothéquée aux Anglais, par le roi Philippe le Bel. — En 1386, Camboulit obtint une charte communale de son seigneur Géraud de Cardaillac-Lacapelle. — Le château de Camboulit fut occupé pendant 40 ans, par des compagnies Anglaises, qui ruinèrent toute la vallée du Célé et les localités voisines.

*Anciennes mesures :* Les mesures de cette c. étaient celles de Figeac.

*Antiquités :* Deux tours du moyen-âge. — Ancien château.

*Hommes célèbres :* Le cardinal Bertrand de Latour de Camboulit est né dans cette localité vers la fin du XIII^e siècle.

CAMBOUS (les), *h.,* c. de Prayssac.
CAMBRELORIE, *h.,* c. de Cazillac.
CAMBRET, *h.,* c. de Payrac.

**CAMBURAT**, c., cant. de Figeac (ouest), arr. de Figeac. — ✉, 🚉 et 🕾 de Figeac. — Percept. — ♁ (520 p.). — Rec.-buraliste.

*Géographie :* Superf. 803 hect. — 565 hab. — Alt. moy. 339^m. — Grès de l'infralias, calcaires et marnes.

Principaux v. et h. : Camburat (178 hab.) ; — Campagne (60 hab.), à 1 k. 200 de Camburat ; — Doulans (50 hab.), à 2 k. ; — La Balme (43 hab.), à 0 k. 300 ; — Labro (46 hab.), à 0 k. 100 ; — Malegorse (48 hab.), à 1 k. 500 ; — Pradelles (40 hab.), à 1 k. 800 ; — Roques (36 hab.), à 1 k. 600.

Cours d'eau : Ruisseau du Drauzou.

Voies de c^{on} : Route n^{le}, n° 140, de Figeac à Montargis ; — chem. vic. de g.

c^{on}, n° 29, de Figeac à Rouqueyroux ; — 8 chem. vic. ord.

Distances au chef-l. de cant. et d'arr. 7 k. ; — au chef-l. de départ. 68 k.

*Statistique :* 167 Electeurs. — 12 Cons. mun.

Principal des 4 contr. dir. 3993 fr.
Revenus de la commune, 119 fr.

*Instruction :* Ecole c^{le} laïque de garç. (36 élèves) ; — école c^{le} laïque de filles (33 élèves).

*Produits agricoles :* Vin, froment, fourrages, noix.

*Commerce et Industries :* Moulin à farine sur le Drauzou. — 2 cabarets. — Fête patr. le 24 août.

Historique.

*Pendant la Révolution.* — C. du cant. de Fons et du district de Figeac.

*Avant la Révolution.* — C^{té} de la subdél. et de l'élection de Figeac. — Paroisse sous l'invocation de St-Saturnin (535 p.). — Cette c^{té} payait 7393 livres d'impositions ; ses charges locales ord. étaient de 272 livres.

La charte (contestée) qui attribue à Pépin le Bref la fondation de l'Abbaye de Figeac, mentionne Camburat comme ville en l'année 755.

*Anciennes mesures :* Les mesures de Camburat étaient celles de Figeac.

*Antiquités :* Ruines d'une chapelle où existaient les tombeaux de la famille des seigneurs de Béduer.

CAMCLOS, *h.,* c. d'Albas.
CAMI, *h.,* c. de Cabrerets.
CAMI. *h.,* c. de Luzech.
CAMI-FERRAT, *h.,* c. de Prayssac.
CAMINADE, *i.,* c. de Belfort.
CAMINADE, *h.,* c. de Duravel.
CAMINADE (la), *h.,* c. de Frayssinet.
CAMINADE, *h.,* c. de Villesèque.
CAMINAT, *h.,* c. de Gramat.
CAMINEL, *i.,* c. de Belfort.
CAMINEL, *h.,* c. de Castelfranc.
CAMINEL, *h.,* c. de Fajolles.
CAMINEL, *v.* et *ch.,* c. de Lebreil.
CAMINOU, *i.,* c. de Rocamadour.
CAMMAS, *h.,* c. de Cardaillac.
CAMMAS, *h.,* c. d'Espeyroux.
CAMMAS, *i.,* c. de Lalbenque.
CAMMAS, *h.,* c. de Vayrac.
CAMMAS (le), *h.,* c. d'Anglars.
CAMMAS (le), *h.,* c. de St-Simon.
CAMMAY (le), *h.,* c. de Soturac.
CAMP (le), *i,* c. de Frayssinhes.

CAMP (le), *h.*, c. de Vayrac.
CAMPAGNAC, *h.*, c. de Gourdon.
CAMPAGNAC, *h.*, c. de Thégra.
CAMPAGNAC, *h.*, c. de Touzac.
CAMPAGNAT, *h.*, c. de Soucirac.
CAMPAGNE, *h.*, c. de Camburat.
CAMPAGNE, *h.*, c. de St-Paul-Labouffie.
CAMPAGNE (la), *h.*, c. de Rocamadour.
CAMPAGNES (les), *h.*, c. de Castelfranc.
CAMPANDU, *h.*, c. de Gorses.
CAMPANOLE, *h.*, c. de Payrac.
CAMPAYROUX, *i.*, c. des Junies.
CAMPCROS, *h.*, c. de Gorses.
CAMP D'AMARD, *h.*, c. de Roufflac.
CAMP DE BROC, *i.*, c. de Lalbenque.
CAMP DE COUJOUL, *h.*, c. de Belfort.
CAMP DE DABLANC, *h.*, c. de Pradines.
CAMP DE GAILLARD, *i.*, c. d'Albas.
CAMP DE LA BÉDIE, *i.*, c. d'Assier.
CAMP DE LA CROIX, *h.*, c. de Montamel.
CAMP DE LA SERVANTE, *h.*, c. de Vaillac.
CAMP DEL CASSÉ, *h.*, c. de Mauroux.
CAMP DEL SALTRÉ, *i.*, c. de Prayssac.
CAMP DEL SALTRÉ, *h.*, c. de Roufflac.
CAMP DE MARS, *i.*, c. de Prayssac.
CAMP DE MARTY, *i.*, c. de Belfort.
CAMP DE POUJOLIS, *i.*, c. de Concots.
CAMP DE ROUJOL, *h.*, c. de Frayssinet.
CAMP DES HORTES, *i.*, c. de Montfaucon.
CAMP DES MONGES, *f. g.*, c. de Cahors.
CAMP-DU-BOULVÉ, *i.*, c. de Bagat.
CAMP DU FAURE, *i.*, c. de St-Cernin.
CAMP DU FONS, *h.*, c. de Puy-l'Evêque.
CAMPENDU, *h.*, c. de Gorses.
CAMPET, *h.*, c. de Prendeignes.
CAMP GRAND, *h.*, c. de Sérignac.
CAMP GRAND, *h.*, c. d'Ussel.
CAMP GRAND (le), *i.*, c. de Lalbenque.
CAMPIRAUD, *i.*, c. de Ste-Alauzie.
CAMPMAS, *h.*, c. de Lagardelle.
CAMPMAS, *i.*, c. de Montcuq.
CAMPMAY, *h.*, c. de St-Cirgues.
CAMP-MÉZÈS, *h.*, c. de Lamothe-Cassel.
CAMP-MÉZÈS *h.*, c. de St-Martin-de-V.
CAP-NÈGRES (les), *i.*, c. de St-Martin-
[de-Vers].
CAMPOURNEL, *h.*, c. de Fons.
CAMPOURNES, *ch.*, c. de Fons.
CAMPREDON, *i.*, c. de Montdoumerc.
CAMP-SADOULES, *h.*, c. de Puy-l'Evêque.
CAMPS-DU-LONG (les), *i.*, c. de l'Hospitalet.
CAMPS-GRANDS (les), *i.*, c. du Boulvé.
CAMPS GRANDS (les), *h.*, c. de Thédirac.
CAMP St-PIERRE, *h.*, c. de Floirac.
CAMUS (le), *h.*, c. des Arques.
CAMY, *h.*, c. de Cabrerets.
CAMY, *v.*, c. de Luzech.
CAMY, *v.*, c. de Payrac.

CAMY-FERRAT, *h.*, c. de Prayssac.
CAMCALÈS, *m.*, c. de St-Cernin.
CANCÈ (bas et haut), *h.*, c. de Reilhac.
CANCEL, *h.*, c. de Gramat.
CANCÈS, *h.*, c. de Bannes.
CANDARIOLLES, *h.*, c. de Luzech.
CANDELUSSE, *i.*, c. de Fons.
CANDES, *h.*, c. de Comiac.
CANDRASSOU, *m. e.*, c. de St-Cirgues.
CANET, *h.*, c. de Gorses.
CANET, *h.*, c. de St-Céré.
CANET, *h.*, c. de Sousceyrac.
CANHAC, *h.*, c. de Figeac.

**CANIAC**, c., cant. de Labastide-Murat, arr. de Gourdon. — ✉, ▦ et Percept. de Labastide-Murat. — ♂ (1025 p.) — Débit de tabac. — Notaire.

*Géographie :* Superf. 3500 hect.—1025 hab. — Alt. moy. 399ᵐ. — Pech Cendrié, à 465ᵐ d'altitude, est un des points les plus élevés du sol calcaire du département. — Cette c. se trouve sur le jurassique moyen ; au Sud-Ouest deux ilots de terrain tertiaire.

Principaux v. et h. : Bonneau (98 hab.), à 2 k. 500 de Caniac ; — Clavel et Naudou (98 hab.), à 4 k. ; — Gizot et Jouany (153 hab.), à 3 k. 500 ; — Labécade (150 hab.), à 5 k. ; — Poujade (72 hab.), à 1 k. 500.

Voies de cᵒⁿ : Chem. vic. de gr. cᵒⁿ, nᵒ 17, de Cajarc à Labastide-Murat ; — 5 chem. vic. ord.

Distances au chef-l. de canton 7 k. ;— au chef-l. d'arr. 30 k. ; — au chef-l. de départ. 36 k.

*Statistique :* 340 Electeurs. — 12 Cons. mun.

Principal des 4 contr. dir. 5902 fr.
Revenus de la commune, 267 fr.

*Instruction :* Ecole cˡᵉ laïque de garç. (53 élèves) ; — école cˡᵉ laïque de filles (52 élèves).

*Produits agricoles :* Céréales, tabac, pommes de terre, vin.

*Commerce et Industries :* 8 cabarets ; 2 cafés. — Foires les 18 mars, 12 et 26 mai, 25 juin, 9 septembre et 20 novembre. — Fête patr., le 8 septembre.

Historique.

*Pendant la Révolution.* — C. du cant. de Montfaucon et du district de Gourdon.

*Avant la Révolution.* — Cᵗᵉ de la subdél. et de l'élection de Figeac. — Paroisse sous l'invocation de St-Martin (1073 p.). — Cette cᵗᵉ payait 9979 livres ;

ses charges locales ord. étaient de 196 livres.

Les compagnies anglaises se fortiflèrent à Caniac, vers la fin du XIV° siècle.

*Anciennes mesures :* Canne = 2ᵐ 057 ; — les autres mesures de Caniac étaient celles de Cahors.

*Antiquités :* Eglise romane, une des plus anciennes du départ. ; — dans une chapelle souterraine repose le corps de St-Namphaise, parent de Charlemagne ; d'après Lacroix, ceux qui se rendaient en pèlerinage à cette chapelle, guérissaient de l'épilepsie.

CANOURGUE, *h.*, c. des Junies.
CANSILLE, *h.*, c. de St-Michel-de-B.
CANTADUC, *i.*, c. de Vers.
CANTAGREIL, *i.*, c. de Souillac.
CANTAGREL, *h.*, c. d'Anglars.
CANTAGREL, *h.*, c. de Laroque-Toirac.
CANTAGREL, *h.*, c. de Prendeignes.
CANTAGREL, *h.*, c. de Prudhomat.
CANTAGREL, *h.*, c. de St-Germain
CANTAGREL, *h.*, c. de Sarrazac.
CANTAGREL, *h.*, c. de Soturac.
CANTAGREL, *h.*, c. de Sousceyrac.
CANTAGREL, *h.*, c. d'Uzech.
CANTALAUSETTE, *i.*, c. d'Arcambal.
CANTALES, *h.*, c. de Stᵉ-Alauzie.
CANTALOU, *h.*, c. de Goujounac.
CANTALOUBE, *h.*, c. de Bagnac.
CANTALOUBE, *h.*, c. de Carlucet.
CANTALOUBE, *h.*, c. de Lacave.
CANTALOUBE, *h.*, c. de St-Céré.
CANTALOUBE, *h.*, c. de St-Chamarand.
CANTALOUBES, *h.*, c. de Cambes.
CANTALOUBES, *h.*, c. de Montet et Bouxal
CANTALOUP, *h.*, c. de Gindou.
CANTAREL, *h.*, c. d'Albas.
CANTAREL, *i.*, c. de Belfort.
CANTAREL, *h.*, c. de Boussac.
CANTAREL, *i.*, c. de Lalbenque.
CANTECOR, *i.*, c. d'Alvignac.
CANTECOR, *h.*, c. de Montdoumerc.
CANTECOUCUT, *h.*, c. de Sousceyrac.
CANTEGOR, *i.*, c. de Montcuq.
CANTELAUZE, *h.*, c. de Cassagnes.
CANTELAUZE, *i.*, c. de Duravel.
CANTELAUZETTE, *h.*, c. de Montamel.
CANTELOUBE, *h.*, c. de Lacave.
CANTEMERLE, *h.*, c. de Figeac.
CANTEMERLE, *h.*, c. de Fons.
CANTE PERDRIX, *h.*, c. de Boussac.
CANTE PERDRIX, *i.*, c. de Couzou.
CANTE PERDRIX, *i.*, c. de Montfaucon.
CANTE PERDRIX, *h.*, c. de Sénaillac.

CANTE PERDRIX, *h.*, c. de St-Chamarand
CANTERELLE, *h.*, c. de Montfaucon.
CANTEYRE, *h.*, c. de Fajoles.
CANTIFAGE, *h.*, c. de St-Maurice.
CANZUN, *m.*, c. de Gramat.
CAOUSSE (le), *i.*, c. de Lalbenque.
CAP BLANC, *h.*, c. de Faycelles.
CAP BLANC, *i.*, c. de Villesèque.
CAP-DE-GAT, *h.*, c. de Marminiac.
CAP-DE-LACOSTE, *h.*, c. de Cours.
CAP-DEL-COUAL, *m.*, c. de Lugagnac.
CAP-DEL-SOL, *i.*, c. de Mauroux.

**CAPDENAC**, c., cant. de Figeac (ouest), arr. de Figeac. — ☒ de Figeac. — ⴲ, ⴲ. — Percept. de St-Félix. — ☿ de Capdenac (800 p.), de Clayrou (250 p.) et de d'Ournes (160 p.). — Rec.-buraliste. — Débit de tabac au Clayrou.

*Géographie :* Superf. 1091 hect. — 1200 hab. — Alt. moy. 285ᵐ. — Le chef-l. de cette c. est situé sur une montagne formée de couches de marnes supraliasiques, séparées par des bancs de calcaire compacte. — Argiles pouvant être utilisées pour faire des crayons de charpentier. — Mines de plomb et de zinc.

Principaux v. et h. : Capdenac (237 hab.) ; — Clayrou (196 hab.), à 5 k. de Capdenac ; — Ournes (96 hab.), à 5 k.

Cours d'eau : Rivière du Lot (pont suspendu) ; — Bacs au Clayrou et à Vic) ; — Dérivation souterraine (de 139ᵐ de longueur). — Ruisseaux de Dounazac et d'Escadasse.

Voies de cᵒⁿ : Route déplᵉ n° 1, de Mende à Sarlat ; — chem. vic. d'int. com. n° 87, de Capdenac à Bouillac ; — 6 chem. vic. ord.

Distances : au chef-l. de cant. et d'arr. 6 k. ; au chef-l. de départ. 78 k.

*Statistique :* 379 Electeurs. — 12 Cons. mun.

Principal des 4 contr. dir. 7219 fr. Revenus de la commune, 466 fr.

*Instruction :* Ecole cˡᵉ laïque de garç. (55 élèves) ; — école cˡᵉ laïque de filles (52 élèves) ; — école de h. de garçons, au Clayrou (20 élèves) ; — école de h. de filles, au Clayrou (15 élèves).

*Produits agricoles :* Vin et céréales.

*Commerce et Industries :* 7 cabarets. — Foires les 20 fév., 20 et 21 avril, 8 juin, 4 septemb. et 20 décemb. — Fêtes patr., le 27 septemb. à Capdenac ; le 24 juin à Ournes ; le 29 juin à Clayrou ; le 3 août à Vic.

Historique.

*Pendant la Révolution.* — C. du cant. et du district de Figeac.

*Avant la Révolution.* — Ct⁶ de la sub-dél. et de l'élection de Figeac. — Paroisses : de Capdenac, sous l'invocation de St-Jean-Baptiste (703 p.) ; — de Vic, sous l'invocation de St-Etienne (153 p.) ; — de Livignac (aujourd'hui dans l'Aveyron), sous l'invocation de l'Assomption (536 p.) ; — de St-Julien d'Empare (aujourd'hui dans l'Aveyron), sous l'invocation de St-Julien (900 p.) ; — de Sonnac (aujourd'hui dans l'Aveyron), sous l'invocation de St-Cirice (220 p.) ; — de Vernet supérieur (aujourd'hui dans l'Aveyron), sous l'invocation de St-Pierre. — Monastère des religieuses de Vic, de l'ordre de Citeaux, sous l'invocation de la Ste-Vierge, fondé en 1357 ou 1360.

La ct⁶ de Capdenac (2500 hab.) était exempte de tailles ; elle ne payait que le vingtième et la capitation qui s'élevaient à la somme de 17357 livres.

Quelques savants ont cru reconnaître dans Capdenac l'ancien *Uxellodunum* ; mais cette opinion n'est plus admise aujourd'hui. — D'après Cathala-Coture cette localité aurait été fondée en 477 par les Visigoths. — Capdenac soutint heureusement un siège contre les Anglais en 1317 ; ce fut en récompense de cette défense que Philippe le long lui accorda toutes sortes de privilèges et d'exemptions. Plus tard ne pouvant défendre tous ses privilèges, cette ville se soumit au comte d'Armagnac qui promit de les lui conserver à la condition qu'elle lui paierait 8 sols par feu, 5 sols pour le guet et 25 sols par paire de bœufs. — Quelques écrivains assurent qu'après la confiscation du comté de Rodez dont Capdenac faisait partie, Louis xi donna cette ville à Jacques d'Armagnac, duc de Nemours, qui en fit don et vente à Galiot de Ginouillac, grand maître de l'artillerie. Cette localité fut portée dans la maison d'Uzech par le mariage de la petite-fille de Galiot avec Jacques de Crussol. — Sully, après sa disgrâce, vint habiter Capdenac dont il était seigneur. — Au moment de la Révolution Capdenac appartenait à 118 co-seigneurs auxquels les habitants devaient payer 600 setiers (864 hectolitres) de blé choisi et un grand nombre d'autres redevances.

La terre de Capdenac avait titre de baronnie.

*Anciennes mesures* : Les mesures de Capdenac étaient celles de Figeac.

*Antiquités* : Restes d'anciennes fortifications. — Château de Sully.

CAPDÉNAC, *h.*, c. de Cardaillac.
CAPDÉNAC, *écluse,* c. de Capdénac.
CAP DE PECH, *i.,* c. de St-Cyprien.
CAPELANEL, *h.,* c. de Luzech.
CAPELETTE (la), *i.,* c. d'Espédaillac.
CAPELETTE (la), *i.,* c. de Figeac.
CAPELETTE (la), *h.,* c. de Sabadel.
CAPELETTE (la), *h.,* c. de St-Germain.
CAPELETTE (la), *i.,* c. de Sénaillac.
CAPELLA, *h.,* de Sérignac.
CAPELLE, *h.,* c. d'Albiac.
CAPELLE (la). *Voir Lacapelle.*
CAPILIÈRES (les), *h.,* c. de Sérignac.
CAPITOUL, *i.,* c. du Vigan.
CAPMARY, *i.,* c. de Valprionde.
CAPMAS, *h.,* c. de Cardaillac.
CAPMAS (le), *h.,* c. de Lauresses.
CAPMEIL, *h.* c. de Linac.
CAP-NÈGRE, *h.,* c. de St-Médard.
CAPNIÉ, *v.,* c. de Flaugnac.
CAPSOURDOU, *h.,* c. de Vayrac.
CAPY, *m.,* c. de Fontanes.
CAQUERIE, *h.,* c. de Mayrinhac.
CARAMEL, *h.* c. de Fargues.

**CARAYAC**, c., cant. de Cajarc, arr. de Figeac. — ✉ et 🕾 de Cajarc. — Percept. de Gréalou. — ⚭ (285 p.).

*Géographie* : Superf. 358 hect. — 262 hab. — Alt moy. 353 ᵐ. — C. placée sur le plateau qui sépare les rivières du Lot et du Célé et qui appartient à la formation du jurassique moyen.

Principaux v. et h. : Carayac (143 hab.) ; — Poux-Delmas (43 hab.), à 0 k. 450 de Carayac ; — Marens et Poujoulat (15 hab.), à 0 k. 300.

Voies de cᵒⁿ : chem. vic. d'int. com., nᵒ 89, d'Espédaillac à Villeneuve ; — 2 chem. vic. ord.

Distances : au chef-l. de cant. 12 k. ; — au chef-l. d'arr. 14 k. ; — au chef-l. de département 57 k.

*Statistique* : 75 Electeurs. — 10 Cons. mun.

Principal des 4 cont. dir. 1474 fr.
Revenus de la commune, 161 fr.

*Instruction* : Ecole cˡᵉ laïque de garç. (27 élèves).

*Produits agricoles* : Céréales, pommes de terre, vin. — Bois.

*Commerce et Industries :* 2 cabarets. — Fête patr. le 3 août.

*Historique.*

*Pendant la Révolution.* — C. du cant. de Cajarc et du district de Figeac.

*Avant la Révolution.* — C$^{té}$ de la subdél. et de l'élection de Figeac. — Paroisse sous l'invocation de St-Etienne (291 p.). — Cette c$^{té}$ payait 1845 livres d'impositions; ses charges locales ord. étaient de 57 livres.

*Anciennes mesures* : Les mesures de Carayac étaient celles de Figeac.

CARAYOL, *i.*, c. de Loupiac.
CARAYAT, *h.*, c. de Ginouillac.
CARAYOL, *h.*, c. d'Albiac.
CARAYOL, *i.*, c. de Fourmagnac.
CARBONELLE, *i.*, c. de St-Cyprien.
CARBONIÉ, *h.*, c. de Sauliac.
CARBONNERIE (la), *h.*, c. de Lachapelle-Auzac.
CARBONNIER, *i.*, c. de Montcuq.
CARBONNIÈRE, *i.*, c. d'Arcambal.
CARBONNIÈRE, *h.*, c. de Belmont.
CARCAVY, *h.*, c. de Berganty.
CARCAVY, *i.*, c. de Maxou.

**CARDAILLAC**, c., cant. de Lacapelle-Marival, arr. de Figeac. — ⊠ et ▥ de Lacapelle. — ▥ de Figeac. — Percept. de Camburat. — ♂ (1159 p.). — Rec.-buraliste. — Notaire.

*Géographie :* Superf. 1810 hect. — 1255 hab. — Alt. moy. 479 $^m$. — La plus grande partie de cette c. repose sur les granites, les micachistes et les grès au Nord et à l'Est; le sol est calcaire au Sud et appartient à la formation infra-liasique.

Principaux v. et h. : Cardaillac (592 hab.); — Ayres (60 hab.), à 6 k. de Cardaillac; — Cammas (61 hab.), à 6 k.; — Fraysse (21 hab.), à 2 k.; — Laboudie (51 hab.), à 4 k.; — Ourtoux (70 hab.), à 5 k.; — Pech (41 hab.), à 4 k.

Cours d'eau : Ruisseaux du Drauzou, de Planioles et de St-Perdoux.

Voies de c$^{on}$ : chem. vic. de g. c$^{on}$ n$^o$ 29, de Figeac à Rouqueyroux; — chem. vic. d'int. com. n° 23, de Lacapelle-Marival à Cardaillac; — chem. vic. d'int. com. n° 51, de Rouqueyroux à Figeac; — 5 chem. vic. ord.

Distances : au chef-l. de cant. 9 k.; au chef-l. d'arr. 14 k.; — au chef-l. de départ. 72 k.

*Statistique :* 398 Electeurs. — 12 Cons. mun.

Principal des 4 cont. dir. 7982 fr.

Revenus de la commune, 228 fr.

*Instruction* : Ecole c$^{le}$ laïque de garç. (71 élèves); — Ecole c$^{le}$ congrég. de filles (50 élèves).

*Produits agricoles* : Céréales, vin, châtaignes.

*Commerce et Industries* : 7 cabarets. — Foires le 25 de chaque mois. — Fête patr., le 28 août.

*Historique.*

*Pendant la Révolution.* — C. du cant. de Fons et du district de Figeac.

*Avant la Révolution.* — C$^{té}$ de la subdél. et de l'élection de Figeac. — Paroisse sous l'invocation de St-Julien (1440 p.). — Cette c$^{té}$ payait 14872 livres d'impositions; ses charges locales ord. étaient de 392 livres.

Le bourg de Cardaillac a été rendu célèbre dans le Quercy, par la famille de ce nom, une des plus anciennes et des plus considérables de la province. Les membres de cette famille divisée en cinq branches (Bioule, Lacapelle-Marival, Thémines-Espédaillac, Varaire-Privazac et Brengues-Montbrun) se sont trouvés mêlés à tous les évènements de notre histoire. Bertrand de Cardaillac se battit pour Pépin le Bref, contre Waïffre. Un Guillaume de Cardaillac fut évêque de Cahors, de 1209 à 1234, prit une part active à la guerre des Albigeois et devint le premier comte-évêque de Cahors, relevant directement de la Couronne; cet évêque et plusieurs autres de la même famille eurent de nombreux démêlés avec la ville de Cahors. L'évêque Bertrand de Cardaillac fut dépossédé de son siège épiscopal par le Prince Noir, en 1364.

Cardaillac embrassa avec ardeur la cause du Protestantisme; les fortifications de cette localité furent démolies par ordre de la Cour, au commencement du règne de Louis XIV.

La terre de Cardaillac avait titre de marquisat.

*Anciennes mesures :* Les mesures de vin de Cardaillac étaient celles de Cajarc; les autres mesures étaient celles de Figeac.

*Antiquités :* Tours et restes de l'ancien château. — Vestiges de remparts et de bastions.

CARDAILLAC, *h.*, c. de Vaylats.
CARDAU, *h.*, c. de Puy-l'Evêque.

CARDES (les), *h.*, c. de Floressas.
CARDINE, *m. e.*, c. de Labathude.
CARDONNEL, *m.*, c. de Saillac.
CARÈNE, *h.*, c. de Salviac.

**CARENNAC**, c., cant. de Vayrac, arr. de Gourdon. — ⊠ de Vayrac. — 🕾 et 🕾 de St-Denis. — Percept. de Vayrac. — ☗ de Carennac (750 p.) et de Maniagues (340 p.). — Rec.-buraliste.

*Géographie* : Superf. 1900 hect. — 953 hab. — Alt. moy. 277 ᵐ. — Cette c. se trouve sur le jurassique inférieur; une des assises de cette formation fournit une des plus belles pierres de taille du départ., dite *pierre de Carennac*.

Principaux v. et h. : Carennac (448 hab.); — Maniagues (153 hab.), à 2 k. 500 de Carennac.

Cours d'eau : Rivière de la Dordogne (pont suspendu).

Voies de cᵒⁿ : Chem. vic. de g. cᵒⁿ nᵒ 20, de Gramat à Vayrac; — chem. vic. de g. cᵒⁿ nᵒ 38, de Vayrac à St-Céré; — chem. vic. d'int. com. nᵒ 12, de Carennac à la route dépˡᵉ nᵒ 13; — 4 chem. vic. ord.

Distances : au chef-l. de cant. 8 k.; au chef-l. d'arr. 53 k.; au chef-l. de départ. 76 k.

*Statistique* : 309 Electeurs. — 12 Cons. mun.

Principal des 4 contr. dir. 8935 fr.

Revenus de la commune, 410 fr.

Bureau de bienfaisance (revenu annuel 1808 fr.).

*Instruction* : Ecole cˡᵉ laïque de garç. (35 élèves); — école cˡᵉ congrég. de filles (38 élèves).

*Produits agricoles* : Céréales, chanvre, vin.

*Commerce et Industries* : 2 moulins à farine; — 3 pressoirs à huile. — 2 auberges; — 6 cabarets; — 3 cafés. — Foires à Carennac les 4 mars, 4 avril, 4 août et 4 novemb.; — à Maniagues les 20 avril et 20 mai. — Fêtes patr., le 15 août à Carennac et le 10 août à Maniagues.

Historique.

*Pendant la Révolution* : C. du cant. de Vayrac et du district de St-Céré.

*Avant la Révolution*. — Ctᵉ de la subdél. et de l'élection de Figeac. — Paroisses de Carennac, sous l'invocation de St-Pierre (964 p.) et de Maniagues, sous l'invocation de St-Laurent (202 p.).

— Cette cᵉ payait 13480 livres d'impositions; ses charges locales ord. étaient de 272 livres.

Carennac renfermait une abbaye de religieux de l'ordre de Cluny, fondée, d'après quelques auteurs, au commencement du xiᵉ siècle.—Fénélon, archevêque de Cambrai fut prieur de ce monastère et une petite île sur la Dordogne, ancienne dépendance de l'abbaye, porte encore le nom d'île de *Calipso*. — Cette abbaye, dont le doyen faisait partie, en 1657, des Etats du Quercy, était exempte de toute redevance et devait toujours renfermer 12 religieux; ce nombre était cependant réduit à 5, quelques mois avant la Révolution.

*Anciennes mesures* : Aune = 1ᵐ 188. — Canne carrée = 2ᵐ ᶜ. 638. — Sétérée = 23 ᵃʳᵉˢ 742 (la sétérée se subdivisait en 4 quartonées, la quartonée en 5 pugnères). — Setier = 69 ˡⁱᵗʳᵉˢ 8 (le setier se subdivisait en 2 émines, l'émine en 2 quartes, la quarte en 5 pugnères). — Baste = 47 ˡⁱᵗʳᵉˢ (la baste se subdivisait en 24 pintes, la pinte en 2 quarts et le quart en 2 pauques).

*Antiquités* : Eglise du xiiᵉ siècle. — Restes de l'ancien Prieuré.

*Hommes célèbres* : Le littérateur Dunoyer (1786-1862) naquit à Carennac.

CARENNE, *h.*, c. de Salviac.
CAREYGUES, *f.*, c. de Sousceyrac.
CARIBENS. *f.*, c. de Montfaucon.
CARITEAU, *h.*, c. de Larnagol.
CARLA, *h.*, c. de Montfaucon.
CARLA, *m. e.*, c. de Sarrazac.
CARLA (le), *i.*, c. de Saux.
CARLAC, *h.*, c. de Strenquels.
CARLAT, *h.*, c. de Biars.
CARLAT, *h.*, c. de Montfaucon.
CARLAT (le), *h.*, c. de Strenquels.
CARLE, *i.*, c. de Fons.
CARLES, *h.*, c. de Concots.
CARLET, *h.*, c. de St-Paul.
CARLETOU, *h.*, c. de St-Paul.

**CARLUCET**, c., cant. de Gramat, arr. de Gourdon. — ⊠, 🕾, 🕾 et Percept. de Gramat. — ☗ (714 p.). — Débit de tabac. — Notaire.

*Géographie* : Superf. 3370 hect. — 847 hab. — Alt. moy. 330 ᵐ. — Cette c. se trouve sur le jurassique moyen; îlots de jurassique supérieur disséminés çà et là.

Principaux v. et h. : Carlucet (351 hab.)

Voies de c⁰⁰ : Route dépᵗᵉ n° 1, de Mende à Sarlat ; — chem. vic. d'int. com. n° 29, de Rocamadour à la route dépᵗᵉ n° 1 ; — 6 chem. vic. ord.

*Statistique :* 278 électeurs. — 12 Cons. mun.

Principal des 4 contr. dir. 4083 fr.

Revenus de la commune 110 fr.

*Instruction :* Ecole cᵗᵉ laïque de garç. (53 élèves) ; — école cᵗᵉ congrég. de filles (32 élèves).

*Proluits agricoles :* Céréales. — Bois.

*Commerce et Industries :* Moulin à vent, pressoir. — 6 cabarets. — Foires les 3 et 26 mai et 5 novembre. — Fête patr., le 22 juillet.

Historique.

*Pendant la Révolution.* — Carlucet formait 2 c. (Carlucet et Beaussac) dépendant du cant. de Carlucet et du district de Gourdon.

*Avant la Révolution.* — Le territoire actuel de cette c. formait 2 cᵗᵉˢ (Carlucet et Beaussac) de la subdél. de Gourdon et de l'élection de Figeac.

La cᵗᵉ de Carlucet (630 hab.), payait 3333 livres d'impositions ; ses charges locales ord. étaient de 118 livres. — Paroisse sous l'invocation de Stᵉ Madeleine (833 p.) ;

La cᵗᵉ de Beaussac en entier comprenait un domaine noble affermé 4000 livres et ne payant que 75 livres de capitation noble. — Paroisse sous l'invocation de St-Maurice (22 p.).

Les Anglais se fortifièrent à Carlucet en 1423.

*Anciennes mesures :* Les mesures linéaires de Carlucet étaient celles de St-Céré ; — ses autres mesures étaient celles de Gramat.

*Hommes célèbres :* Guillaume Calmon (1737-1800) avocat, représentant à l'Assemblée législative en 1791, Président de l'administration centrale du département du Lot en 1796 ; Président du Tribunal de Gourdon. — Jean Calmon (1774-1857), directeur général de l'administration de l'Enregistrement et des Domaines, député du Lot. — J.-J. Castanié (1776-1828), maréchal de camp.

CARLUCET, *m. e.*, c. de Cazillac.

CARLUE, *m. e.*, c. de Sarrazac.

CARMETS (les), *h.*, c. de Montdoumerc.

CARNAC-ROUFFIAC. (*Voir Rouffiac.*)

CARNET, *h.*, c. de Gramat.

CARRASSOL, *i.*, c. de Marminiac.

CARRAYOLLE (le), *h.*, c. d'Espédaillac.

CARREAU, *h.*, c. de Puyjourdes.

CARRÉ-DEL-AYDE, *i.*, c. du Boulvé.

CARREFOUL, *h.*, c. de Sousceyrac.

CARREFOUR, *h.*, c. d'Assier.

CARREFOUR, *h.*, c. de Montredon.

CARREFOUR, *h.*, c. de Pradines.

CARREFOUR, *h.*, c. de Prayssac.

CARREFOUR-DE-TOULE, *h.*, c. de Thédirac.

CARRÈLES, *h.*, c. de Lascabanes.

CARRETIER, *h.*, c. de Belfort.

CARRI, *m*, c. de Beauregard.

CARRIÉ, *h.*, c. du Bourg.

CARRIER, *h.*, c. de Cardaillac.

CARRIÈRE (la), *h.*, c. de Bétaille.

CARRIÈRE (la), *h.*, c. de Loupiac.

CARRIÈRES, *h.*, c. de Miers.

CARRIÈRES (les), *h.*, c. de Maxou.

CARRIÈRES (les), *h.*, c. de Peyrilles.

CARRIÈRES (les), *h.*, c. de St-Cernin.

CARRIOL, *h.*, c. de Concorès.

CARRIOL, *i.*, c. de Douelle.

CARRIOL (le), *h.*, c. du Montat.

CARROS, *i.*, c. de Montcuq.

CARROUL, *i.*, c. de Belfort.

CARROUX (les), *h.*, c. de Floressas.

CARTASSAC, *h.*, c. de Sarrazac.

CARTAYROUX, *h.*, c. de Dégagnac.

CARTEYROUX (les), *h.*, c. de Lanzac.

CASBANES (les), *h.*, c. de Lavercantière.

CASCABEL, *ch.*, c. de St-Cirq-Lapopie.

CARCAVEL, *h.*, c. de Montgesty.

CASSAGNE, *h.*, c. de Douelle.

CASSAGNE, *i.*, c. de Leyme.

CASSAGNE (la), *h.*, c. du Boulvé.

CASSAGNE (la), *h.*, c. de Prayssac.

CASSAGNE (la), *m. e.*, c. St-Daunès.

CASSAGNE (la), *h.*, c. de St-Laurent.

CASSAGNE (la), *h.*, c. de St-Pantaléon.

**CASSAGNES** (c. créée en 1867), cant. de Cazals, arr. de Cahors. — ⊠ de Frayssinet. — 🅃🄴 et 🅂🅃 de Puy-l'Evêque. — Percept. de Cazals. — ♉ (617 p.). — Débit de tabac.

*Géographie :* Superf. 1153 hect. — 585 hab. — Alt. moy. 244ᵐ. — Terrain crétacé inférieur ; îlots de formation tertiaire d'eau douce contenant des gisements de minerai de fer.

Principaux v. et h. : Cassagnes (175 hab.) ; — Lamouthe, à 1 k. 500 de Cassagnes ; — Lascabanes, à 2 k. ; — Tarrieu, à 3 k.

Cours d'eau : Ruisseau de la Thèze.

Voies de c⁰⁰ : Route dépᵗᵉ n° 8, de Payrac à Fumel ; — chem. vic. d'int.

com. nᵒ 28, de Lolmie à Villefranche;
— 4 chem. vic. ord.

Distances : au chef-l. de cant. 15 k.;
au chef-l. d'arr. et de départ. 35 k.

*Statistique :* 193 Electeurs. — 12 Cons.
mun.

Principal des 4 cont. dir. 2870 fr.

Revenus de la commune, 380 fr.

*Instruction :* Ecole cˡᵒ laïque de garç.
(37 élèves); — école cˡᵒ congrég. de filles
(29 élèves).

*Produits agricoles :* Céréales, pommes
de terre, noix, châtaignes. — Bois.

*Commerce et Industries :* 2 moulins à
farine sur la Thèze; — 2 cabarets. —
Foire le 29 août. — Fête patr., le 1ᵉʳ
juin.

Historique.

*Pendant la Révolution.* — C. du cant.
de Puy-l'Evêque et du district de Cahors.

*Avant la Révolution.* — Cassagnes faisait partie de la cˡᵉ de Duravel. (Voir
Duravel).

CASSAGNES, *h.*, c. du Roc.
CASSAGNIOLES, *h.*, c. de Beaumat.
CASSAGNOLE (la), *h.*, c. de St-Martin-L.
CASSAGNOUSE, *h.*, c. de Sénaillac.
CASSAN, *h.*, c. de Sousceyrac.
CASSAN (le), *i.*, c. de Leyme.
CASSAN (le), *h.*, c. de St-Cirgues.
CASSAN (le), *h.*, c. de Viazac.
CASSAR, *h.*, c. d'Anglars.
CASSAYRÉ, *h.*, c. de Cénevières.
CASSEL, *m. v.*, c. de Lamothe-Cassel.
CASTAGNAL, *h.*, c. de Payrac.
CASTAGNAL (le), *h.*, c. de Montet et
[Bouxal].
CASTAGNAL (le), *h.*, c. de St-Hilaire-de-B.
CASTAGNE, *h.*, c. de Peyrilles.
CASTAGNÉ, *i.*, c. de Cézac.
CASTAGNÉ, *h.*, c. de Pontcirq.
CASCAGNÉ (le), *h.*, c. de Gramat.
CASTAGNOL (le), *h.*, c. de Marminiac.
CASTAGNOLS, *h.*, c. de Lavercantière.
CASTAGNOLS (les), *h.*, c. de Bannes.
CASTAN, *h.*, c. de St-Cirq-Lapopie.
CASTANET, *i.*, c. de Larnagol.
CASTANET, *h.*, c. de St-Sozy.
CASTANET (le), *h.*, c. de Baladou.
CASTANET (le), *h.*, c. de Lachapelle-A.
CASTANET-DE-LALANDE, *h.*, c. de St-Sozy
CASTANIÉ, *h.* c. de Calviac.
CASTANIÉ, *h.*, c. de Prendeignes.
CASTEL (le), *h.*, c. d'Arcambal.
CASTELA, *h.*, c. de Mauroux.
CASTELAS, *i.*, c. de Ste-Alauzie.
CASTELAT, *i.*, c. de Gindou.

CASTELET, *f.*, c. de Figeac.
CASTELUT, *h.*, c. de Gourdon.

**CASTELFRANC,** c., cant. de Luzech. arr.
de Cahors. — ⊠, ▣ et ▣. — Percept.
de Luzech. — ☿ (850 p.). — Rec.-bura-
liste. — Notaire.

*Géographie :* Superf. 766 hect. — 811
hab. — Alt. moy. 188 ᵐ. — Cette c. est
située sur le jurassique supérieur, entre
les terrains crétacés au Nord et les terrains tertiaires au Sud; alluvions dans la
vallée.

Principaux v. et h. : Castelfranc (750
hab.); — le Causse-bas (68 hab.), à 2 kil.
500 de Castelfranc; — les Campagnes (11
hab.), à 1 k. 500; — Foulquet (12 hab.),
à 2 k. 500.

Cours d'eau : Rivière du Lot (pont
suspendu); — les ruisseaux du Vert et
de la Masse.

Voies de cᵒⁿ : route natˡᵉ nᵒ 111, de
Millau à Tonneins; — chem. vic. de g.
cᵒⁿ nᵒ 9, de Cahors à Castelfranc; —
chem. vic. de g. cᵒⁿ nᵒ 15, de Cazals à
Montcuq, par Castelfranc; — chem. vic.
d'int. com. nᵒ 33, de Castelfranc aux
forges des Arques; — 3 chem. vic. ord.

Distances : au chef-l. de cant. 8 k.;
au chef-l. d'arr. et de départ. 26 k.

*Statistique :* 280 Electeurs —12 Cons.
mun.

Principal des 4 cont. dir. 5445 fr.

Revenus de la commune, 182 fr.

Bureau de bienfaisance (revenu annuel
66 fr.).

*Instruction :* Ecole cˡᵉ laïque de garç.
(69 élèves); — école cˡᵉ congrég. de filles
(64 élèves).

*Produits agricoles :* Vin, céréales et
tabac.

*Commerce et industries :* Vins. — 2 moulins à farine, filature, carderie, pressoir
à huile, 2 fours à chaux. — Auberge, cabaret, 6 cafés. — Foires le 10 de chaque
mois. — Fête patr. le 15 août.

Historique.

*Pendant la Révolution.* — C. du cant.
de Luzech et du district de Cahors.

*Avant la Révolution.* — Cˡᵉ de la subdél. de Prayssac et de l'élection de Cahors.
— Paroisse sous l'invocation de Notre-
Dame (672 p.). — Cette cˡᵗ payait 6868
livres d'impositions; ses charges locales
ord. étaient de 210 livres.

Les vignobles de Castelfranc étaient
déjà renommés avant la Révolution; —

cinq foires très suivies se tenaient tous les ans dans cette localité. — Les évêques de Cahors étaient seigneurs de Castelfranc.

*Anciennes mesures* : Les mesures de Castelfranc étaient celles de Cahors.

*Antiquités* : Eglise gothique.

CASTELLOU, i., c. de Planioles.
CASTELNAU, v., c. de Prudhomat.

**CASTELNAU-DE-MONTRATIER**, c. chef-l. de cant. de l'arr. de Cahors. — ✉ et Percept. — ⚰ de Castelnau (1400 p.), de Boisse (700 p.), de Divillac (255 p.), de Ganic (440 p.), de Lacabrette (370 p.), de Russac (265 p.), de Saint-Aureil (460 p.), et de Thézels (350 p.). — Rec.-buraliste. — Débit de tabac. — 2 notaires. — Brigade de gendarmerie à pied.

*Géographie* : Superf. 7256 hect. — 3627 hab. — Alt. moy. 210ᵐ. — Le territoire de cette c. appartient au grand massif des terrains tertiaires lacustres (éocène), qui forme cette partie du départ. du Lot qui s'étend de Fumel au départ. de Tarn-et-Garonne. — Traces de gypse aux environs du chef-l.

Principaux v. et h. : Castelnau (1280 hab.); — Boisse (70 hab.), à 7 k. de Castelnau; — Cougournac (20 hab.), à 7 k.; — Fouyard (20 hab.), à 12 k.; — Ganic (50 hab.), à 6 k.; — Lacabrette (35 hab.), à 6 k. 500; — Lartigue (15 hab.), à 4 k.; — Malemousque (18 hab.), à 12 k.; — Montaudou (25 hab.), à 5 k.; — St-Aureil (60 h.), à 6 k. 560.

Cours d'eau : les ruisseaux de la Petite Barguelonne, du l'Emboulas et de la Lupte.

Voies de cᵒⁿ : Route déplᵉ nᵒ 6, de Cahors à Moissac; — route déplᵉ nᵒ 21, de Cahors à Montauban; — chem. vic. de g. cᵒⁿ nᵒ 11, de Montpezat à Fumel; — chem. vic. de g. cᵒⁿ nᵒ 49, de Cahors à Castelnau; — chem. vic. d'int. com. nᵒ 27, de Lalbenque à Lafrançaise; — chem. vic. d'int. com. nᵒ 78, de Castelnau à Valence; — 14 chem. vic. ord.

Distances : au chef-l. d'arr. et du départ. 23 k.

*Statistique* : 1243 Electeurs. — 23 Cons. mun.

Principal des 4 cont. dir. 32280 fr.

Revenus de la commune, 5499 fr.

Bureau de bienfaisance (revenu annuel 918 fr.)

Hospice (revenu annuel 1730 fr.)

Société de secours mutuels (revenu annuel 520 fr.)

Octroi en régie d'un revenu de 2507 fr.

*Instruction* : Ecole cᵒ laïque de garç. (98 élèves); — école cᵒ congrég. de filles; — école cᵒ laïque de h. à Boisse (22 élèves); — école libre congrég. de garç. (110 élèves); — école libre laïque de h. à Boisse (25 élèves).

*Produits agricoles* : Céréales, tabac, vins, fourrages.

*Commerce et Industries* : Moulins à farines; — filature; — scierie mécanique; — briqueteries. — 5 hôtels ou auberges; — 5 cabarets; — 4 cafés. — Foires le 12 de chaque mois. — Marchés le samedi de chaque semaine. — Fête patr., le 11 novemb. à Castelnau; — le 15 août à Boisse; — le 29 juin à Divillac; — le 15 août à Ganic; — le 8 septembre à Lacabrette; — le 23 avril à Russac; — le 15 août à Thézels; — le 6 mai à St-Aureil; — le 11 mai à St-Anthet; — le 23 août à St-Privat.

Historique.

*Pendant la Révolution.* — Castelnau formait 2 c. (Castelnau et Boisse), du cant. de Castelnau et du district de Cahors.

*Avant la Révolution* : Castelnau formait 3 cᵗᵉˢ (Castelnau, Boisse et St-Privat), de la subdél. de Lauzerte et de l'élection de Cahors. Ces cᵗᵉˢ comprenaient les 14 paroisses suivantes : Castelnau (1022 p.), sous l'invocation de St-Martin; — Russac (304 p.), sous l'invocation de St-Georges; — Boisse (470 p.), sous l'invocation de l'Assomption; — Cornus (77 p.), sous l'invocation de de St-Jean-Baptiste; — St-Aureil (389 p.); — Thézels (222 p.), sous l'invocation de l'Assomption; — St-Sernin (236 p.); — St-Julien de cap de Pech (117 p.); — Ganic (445 p.), sous l'invocation de l'Assomption; — Divillac (208 p.), sous l'invocation de St-Pierre; — St-Vincent (147 p.); — St-Anthet (178 p.); — Lacabrette (139 p.), sous l'invocation de Notre-Dame; — St-Privat de Bretes (177 p.). — Il y avait à Castelnau un chapitre composé de 8 chanoines et d'un doyen. — Le couvent des religieuses de l'ordre de Sᵗᵉ Claire, fondé en 1322 par le cardinal du Pouget avait été supprimé par arrêt du Conseil de l'année 1735.

La cᵗᵉ de Castelnau payait 40243 livres d'impositions; ses charges locales ord. étaient de 1659 livres. — La cᵗᵉ de Boisse payait 1280 livres; ses charges locales ord. étaient de 113 livres.

On ignore l'époque précise de la fondation de Castelnau-Montratier; mais il est à présumer que cette localité remonte à une très haute antiquité. Cette petite ville a eu des seigneurs très puissants qui se qualifiaient de *prévôts de l'église de Cahors*, parceque cette église les avait pris pour ses défenseurs. Ratier, un de ces seigneurs, agrandit et fortifia le château de Castelnau qui porta depuis le surnom de Montratier, tandis qu'auparavant il était appelé Castelnau-des-Vaux *castrum novum de vallibus*. Les seigneurs de Castelnau prirent une part très active à la guerre des Albigeois et virent leurs domaines entièrement ruinés par Simon de Montfort. Les Anglais s'emparèrent de Castelnau sous le règne de Charles vi et en étaient encore les maîtres en 1428. — Des coutumes furent concédées à Castelnau par ses seigneurs.

*Anciennes mesures* : Canne = 2ᵐ 07.— Canne carrée = 3 ᵐ. ᶜ. 256. — Quarterée = 32 ᵃʳᶜˢ 568 (la quarterée se subdivisait en 4 quartonats, le qurtonat en 4 boisselats, le boisselat en 16 onces. — Quarte = 72 litres (la quarte se subdivisait en 4 quartons et le quarton en 4 boisseaux). — Barrique = 211 litres (la barrique contenait 150 pintes, la pinte se subdivisait en 2 pouchous et le pouchou en 2 uchaux.

*Antiquités* : Restes des anciennes fortifications de la ville. — Tumulus dit Butte de Maurélis, de 20 ᵐ de hauteur, entouré de fossés, au Nord de Castelnau. — Vestiges de l'ancienne église de Thézels qui semble avoir été un temple remontant à une très haute antiquité et d'où provient la *Pierre Constantine* déposée dans l'hôtel de la Préfecture du Lot. — Restes de châteaux. — Dolmens.

*Hommes célèbres* : Castelnau a donné naissance aux cardinaux Bertrand de Pouget et Bertrand de Montsalès qui se montrèrent habiles négociateurs sous le Pape Jean xxii (xivᵉ siècle).

CASTELNAU, *ch.*, c. de Prudhomat.
CASTERBOUZE, *h.*, c. de Bagnac.
CASTEROUSSE, *h.*, c. de Bagnac.
CASTILLE, *h.*, c. de Durbans.
CASTON, *h.*, c. de Pinsac.
CASTRETES, *i.*, c. de Fontanes.
CATALO (le), *h*, c. de Lacapelle-Mariv.
CATALOS, *h.*, c. de Concorès.

CATALOUBE, *h.*, c. de St-Chamarand.
CATINE (la), *h.*, c. de Marminiac.
CASTOUGNE, *h*. c. de Thégra.
CATUFFE, *i.*, c. de Stᵉ-Croix.

**CATUS**, c., chef-l. de cant. de l'arr. de Cahors. — ⊠, ▥ et Percept. — ▧ de Castelfranc. — ♀ de Catus (1300 p.) et de Salvezou (359 p.). — Rec.-buraliste. — 2 notaires. — Brigade de gendarmerie à cheval.

*Géographie* : Superf. 2132 hect. — 1584 hab. — Alt. moy. 259ᵐ. — Cette c. se trouve sur le jurassique supérieur. — Dépôts d'argiles.

Principaux v. et h. : Catus (1280 hab.); — Salvezou (304 hab.), à 3 k. de Catus; — Terrié, à 2 k. 500.

Cours d'eau : Ruisseau du Vert.

Voies de cᵒⁿ : Route déplᵉ nᵒ 9, de Cahors à Domme; — route déplᵉ nᵒ 12, de Castelfranc à Lamothe-Cassel; — chem. vic. de g. cᵒⁿ nᵒ 13, de Figeac à Cazals et à Belvez; — chem. vic. de g. cᵒⁿ nᵒ 14, de Catus à Montcuq; — chem. vic. d'int. com. nᵒ 21, de la route déplᵉ nᵒ 12 à Villefranche; — chem. vic. d'int. com. nᵒ 35, de Catus à St-Pierre-Lafeuille; — 8 chem. vic. ord.

Distances : au chef-l. d'arr. et de départ. 17 k.

*Statistique* : 569 Electeurs. — 16 Cons. mun.

Principal des 4 cont. dir. 10837 fr.

Revenus de la commune, 4649 fr.

Bureau de bienfaisance (revenu annuel 281 fr.).

Société de secours mutuels (100 membres; — revenu annuel, 1200 fr.).

Halle aux grains et Abattoir.

*Instruction* : Ecole cˡᵉ laïque de garç. (84 élèves); — école cˡᵉ congrég. de filles (81 élèves); — école laïque libre de garç. (32 élèves); — école laïque libre de filles (17 élèves).

*Produits agricoles* : Céréales, vins, noix, fourrages, tabac, châtaignes.

*Commerce et Industries* : 3 moulins à farine et 1 pressoir sur le ruisseau du Vert. — 6 hôtels ou auberges; — 11 cabarets; — 10 cafés. — Foires les 13 janv., 6 et 25 févr., 20 mars, 12 avril, 6 mai, 12 juin, 24 juillet, 30 août, 22 sept. 22 oct., 20 nov. et 17 décemb. — Marchés le jeudi de chaque semaine. — Fête pat., le 11 juin.

Historique.

*Pendant la Révolution.* — Catus formait 2 c. (Catus et Salvezou), du cant. de Catus et du district de Cahors.

*Avant la Révolution.* — C^te de Catus, Salvezou et Graudènes de la subdél. de Prayssac et de l'élection de Cahors. — Paroisses de Catus sous l'invocation de St-Astier (800 p ) et de Salvezou sous l'invocation de St-Hilaire (297 p.). — Cette c^te payait 14030 livres d'impositions; ses charges locales ord. étaient de 261 livres. — Cette petite ville était autrefois une des places les plus importantes du Quercy et de nombreux objets d'antiquité font présumer qu'elle fut même habitée par les Romains. — Un monastère, dont le Prieur était seigneur de Catus, existait dans cette localité dès la fin du IX^e siècle. Durant la guerre de cent ans, les Anglais attaquèrent Catus plusieurs fois inutilement; mais ils parvinrent à s'en emparer sous le règne de Charles VI; cette ville fut reprise par les habitants de Cahors sous le règne de Charles VII. Pendant la domination des comtes de Toulouse, Catus était le chef-l. d'un des douze bailliages du Quercy. Dans la deuxième moitié du XVII^e siècle, le Prieur de Catus faisait partie des Etats du Quercy.

*Anciennes mesures :* Les mesures de Catus étaient celles de Cahors.

*Antiquités :* Restes de remparts et de fossés. — Ruines de l'ancien monastère. — L'église de Catus renferme le mausolée de François de Clermont de Toucheboeuf, qui fut Prieur de Catus et qui en cette qualité assista au concile de Bourges, en 1584.

*Hommes célèbres :* Le h. de Salvezou, où l'on remarque encore un ancien château, a donné son nom à l'un des plus vaillants guerriers des armées de François I^er et de Henri II, au sire de Salvezou.

CATUSSE, *h.*, c. de Cardaillac.
CATUSSE, *h.*, c. de Castelnau-Montrat.
CATY-MORT, *h.*, c. de Vaillac.
CAU (le), *h.*, c. de Puy-l'Evêque.
CAUBILLE, *i.*, c. de St-Projet.
CAUBRANES, *f.*, c. de Castelnau-Mont.
CAUCHENILLE, *h.*, c. de St-Médard-de-P.
CAUDENAC, *h.*, c. de Brengues.
CAUFOUR, *i.*, c. de Mauroux.
CAUFOUR, *m.*, c. de Montcuq.
CAUFOUR (le), *h.*, c. de Sérignac.
CAUMELS (les), *h.*, c. de Viazac.
CAUMET, *m.*, c. de Limogne.

CAUNEZIL, *h.*, c. de Parnac.
CAUPEYRE, *ch.*, c. de Martel.
CAUSSADE, *i.*, c. de Lhôpitalet.
CAUSSANEL, *i.*, c. de Camboulit.
CAUSSANEL, *i.*, c. de Planioles.
CAUSSANEL (le), *h.*, c. d'Espédaillac.
CASSANELOU (le), *h.*, c. d'Espédaillac.
CAUSSE (le), *h.*, c. d'Albas.
CAUSSE (le), *h.*, c. d'Arcambal.
CAUSSE (le), *h.*, c. de Beauregard.
CAUSSE (le), *h.*, c. de Bétaille.
CAUSSE (le), *h.*, c. de Bouziès-Haut.
CAUSSE (le), *h.*, c. de Cazals.
CAUSSE (le), *i.*, c. de Frontenac.
CAUSSE (le), *h.*, c. de Gintrac.
CAUSSE (le), *h.*, c. d'Issendolus.
CAUSSE (le), *h.*, c. de Lavercantière.
CAUSSE (le), *h.*, c. de Montamel.
CAUSSE (le), *h.*, c. de Roufflac.
CAUSSE (le), *i.*, c. de St-Cernin.
CAUSSE (le), *m. e.*, c. de St-Cirgues.
CAUSSE (le), *h.*, c. de St-Cirq-Lapopie.
CAUSSE (le), *h.*, c. de St-Géry.
CAUSSE (le), *h.*, c. de St-Jean-Lespin.
CAUSSE (le), *i.*, c. de St-Laurent.
CAUSSE (le), *h.*, c. de St-Médard (Catus).
CAUSSE (le), *h.*, c. de St-Michel.
CAUSSE (le), *i.*, c. de St-Paul-Laboufffie.
CAUSSE (le), *h.*, c. de St-Simon.
CAUSSE (le), *h.*, c. de Souillac.
CAUSSE (le), *i.*, c. du Vigan.
CAUSSE (le), *h.*, c. de Vire.
CAUSSE-BAS, *h.*, c. de Castelfranc.
CAUSSE-BAS, *h.*, c. de Prayssac.
CAUSSE-DE-BOUGAYROU, *h.*, c. de Lacave.
CAUSSE-DE-BRENGUES, *h.*, c. de Brengues.
CAUSSE-DE-BULHAC, *h.* c. de Boussac.
CAUSSE-DE-CAHORS, *h.*, c. de Saint-[Médard (Catus).]
CAUSSE-DE-CAVE, *h.*, c. de Lacave.
CAUSSE-DE-CORN, *h.*, c. de Corn.
CAUSSE-DE-DELMAS, *i.*, c. de St-Jean-[Lespinasse].
CAUSSE-DE-GARAUD, *f.*, c. de Lacave.
CAUSSE-DE-GROS, *m.*, c. de S^te-Alauzie.
CAUSSE-DE-LAGANE, *h.*, c. de Cavagnac.
CAUSSE-DE-LAROQUE, *h.*, c. de Laroque-[Toirac].
CAUSSE-DE-MIALET, *i.*, c. de Lacave.
CAUSSE-DE-PARROTS, *h.*, c. d'Arcambal.
CAUSSE-DE-st-MÉDARD, *h.*, c. de S-[Médard (Catus).]
CAUSSE-D'ESPAGNAC, *h.*, c. de S^te-Eulalie
CAUSSELADE, *i.*, c. d'Issepts.
CAUSSENILLE, *i.*, c. de Gourdon.
CAUSSE-NUD, *m.*, c. de Calvignac.
CAUSSERAND, *ch.*, c. de Bélaye.
CAUSSINES, *i.*, c. de St-Pantaléon.

Caussout, *h.*, c. de Saux.
Cautabat, *h.*, c. de Vire.
Cautissat, *i.*, c. de Millac.
Caux, *h.*, c. de Belmontet.
Caux-de-St-Sulpice, *h.*, c. de St-Sulpice

**CAVAGNAC**, c., cant. de Vayrac, arr. de Gourdon. — ⊠, ☎ et ▭ des Quatre-Routes. — Percept. de Vayrac. — ⚲ de Cavagnac (650 p.) et de St-Palavy (350 p.). — Débit de tabac.

*Géographie :* Superf. 1068 hect. — 871 hab. — Alt moy. 169$^m$. — La plus grande partie du territoire de cette c. s'étend sur les plateaux de la formation liasique, l'autre partie est formée de bas-fonds marécageux.

Principaux v. et h. : Cavagnac (504 hab.); — Aubiac (67 hab.); — St-Palavy (162 hab.), à 2 k. 500 de Cavagnac.

Cours d'eau : Ruisseaux de la Tourmente et de Meyssac.

Voies de c$^{on}$ : Route dép$^{le}$ n° 18, de Martel à Meyssac; — chem. vic. de g. c$^{on}$ n° 5, de Vayrac à Turenne; — chem. vic. de g. c$^{on}$ n° 23, de Gignac à Meyssac; — 4 chem. vic. ord.

Distances : au chef-l. de cant. 10 k.; au chef-l. d'arr. 48 k.; au chef-l. de départ. 91 k.

*Statistique :* 284 Electeurs. — 12 Cons. mun. — Sect. élect. de Cavagnac (7 cons. mun.) et de St-Palavy (5 cons. mun.).

Principal des 4 cont. dir. 7922 fr.

Revenus de la commune, 229 fr.

Bureau de bienfaisance (revenu annuel 189 fr.).

*Instruction :* Ecole c$^{le}$ laïque de garç. (32 élèves); — école c$^{le}$ congrég. de filles (28 élèves); — école congrég. libre à St-Palavy (26 élèves.)

*Produits agricoles :* Céréales et fourrages.

*Commerce et Industries :* 2 cabarets. — Fète patr., le 15 août à Cavagnac (on ne célèbre pas la fête. — Fête locale, le dernier dimanche de mai, à St-Palavy.

### Historique.

*Pendant la Révolution.* — Cavagnac formait deux c. (Cavagnac et St-Palavy) du cant. de Sarrazac et du district de St-Céré.

*Avant la Révolution.* — Cavagnac formait deux c$^{tés}$ (Cavagnac et St-Palavy) de la subdél. de Gourdon et de l'élection de Figeac. — Le territoire de Cavagnac faisait partie de l'ancienne vicomté de Turenne et comprenait les paroisses de Cavagnac sous l'invocation de l'Assomption (551 p.) et de St-Palavy sous l'invocation de St-Palavy (271 p.).

Le château de Cavagnac a été le berceau de la famille de Guiscard, qui s'illustra par de nombreux exploits militaires, durant la guerre de cent ans.

*Anciennes mesures :* Aune = 1$^m$ 188. — Canne carrée = 2$^m$ c. 638. — Quartonée = 10 $^{ares}$ 552 (la quartonée se subdivisait en 5 pugnères). — Setier = 88 $^{litres}$ (le setier se subdivisait en 4 quartons, le quarton en 5 pugnères). — Pagelle = 62 $^{litres}$ (la pagelle se subdivisait en 36 pintes, la pinte en 2 bouteilles et la bouteille en 2 pauques).

*Antiquités :* Donjon carré du XIII$^e$ siècle, reste de l'ancien château des seigneurs de Guiscard.

Cavagnac, *i.*, c. de Figeac.
Cavagnac, *h.*, c. de Gramat.
Cavagnac, *h.*, c. de Grèzes.
Cavagnac, *v.*, c. de Soturac.
Cavaillé, *h.*, c. du Boulvé.
Cavales (les), *h.*, c. de St-Chamarand.
Cavalet, *h.*, c. de St-Germain.
Cavalié, *h.*, c. du Boulvé.
Cavalié, *h.*, c. de Catus.
Cavalié, *h.*, c. de Thédirac.
Cavalié (le), *h.*, c. de Vayrac.
Cavalière (la), *h.*, c. de St-Cernin.
Cavailles (les), *ch.*, c. de Rouffiac.
Cavan, *h.*, c. de Cuzance.
Cavanié, *h.*, c. de St-Cirgues.
Cavaniès, *h.*, c. de Cahors.
Cavarroc, *m. e.*, c. de Corn.
Cavarroc, *h.*, c. de Laroque-Toirac.
Cavarroc-Lacombette, *h.*, c. de Laro-
[que-Toirac].
Cavart, *u.*, c. de Montcabrier.
Cave (la), *i.*, c. des Junies.
Cave (la), *m*, c. de St-Céré.
Cavelobre, *i.*, c. de Calès.
Cavensac, *i.*, c. de Montcuq.
Caveroc, *m.*, c. d'Autoire.
Caviole, *h.*, c. de Viazac.
Cayla, *h.*, c. de Reilhaguet.
Cayla (le), *i.*, c. de Figeac.
Cayla (le), *h.*, c. de Latronquière.
Cayla (le), *h.*, c. de Linac.
Cayla (le), *h.*, c. de St-Bressou.
Cayla (le), *h.*, c. de Vers.
Caylux *h.*, c. de Faycelles.
Cayra (le), *h.*, c. de St-Sozy.
Cayrac, *h.*, c. d'Albas.
Cayrac, *i.*, c. de Lalbenque.

Cayran, *h.*, c. de Cieurac.
Cayré, *h.*, c. de Gréalou.
Cayré, *f.*, c. de Soulomès.
Cayré (le), *f.*, c. d'Assier.
Cayré (le), *h.*, c. de St-Martin-Lab.
Cayré (le), *i.*, c. de St-Cernin.
Cayrel, *h.*, c. de Montcuq.
Cayrel (le), *i.*, c. de Duravel.
Cayrel (le), *i.*, c. de Labastide-Marnh.
Cayrelle, *h.*, c. de St-Chamarand.
Cayrigues, *h.*, c. de Viazac.
Cayrol, *h.*, c. de Figeac.
Cayrols, *h.*, c. de Montcabrier.
Cayrols, *h.*, c. de Sousceyrac.
Cayrot, *h.*, c. de Calamane.
Cayrou (le), *i.*, c. d'Albas.
Cayrou (le), *h.*, c. de Cras.
Cayrou (le), *h.*, c. de Lamothe-Cassel.
Cayrou (le), *ch.*, c. de Puy-l'Evêque.
Cayrou (le), *h.*, c. de St-Cirgues.
Cayrou (le), *h.*, c. de St-Médard.
Cayrou (le), *i.*, c. de St-Pantaléon.
Cayrou-Gros, *h.*, c. de Limogne.
Cayrouse, *h.*, c. de St-Jean-Lespin.
Cayrouse (la), *h.*, c. de St-Bressou.
Cayroux, *h.*, c. de Labastide-Marnhac.
Caysol, *h.*, c. de Gorses.
Cayssac, *h.* c. de Montfaucon.
Cayssac, *h.*, c. de Prudhomat.
Cayssalié, *h.*, c. de Cahus.
Cayx, *v.*, c. de Luzech.
Cayzac, *h.*, c. de Dégagnac.
Cazabous, *h.*, c. de Duravel.
Cazal (le), *h.*, c. de Capdenac.
Cazal (le), *h.*, c. de Francoulès.
Cazalou, *h.*, c. de Fajoles.
Cazalous, *h.*, c. de Frayssinet-le-Gt.
Cazalous, *h.*, c. du Vigan.

**Cazals**, c., chef-l. de cant., arr. de Cahors. — ⊠ et Percept. — ▥ de Salviac — ♨ (780 p.). — Notaire. — Brigade de gendarmerie à cheval.

*Géographie :* Superf. 1057 hect. — 824 hab. — Alt. moy. 242 m. — Cette c. est située sur le terrain crétacé qui s'étend dans la partie sud-ouest du départ. du Lot. Près de Cazals cette formation est superposée au jurassique supérieur et soutient dans certains endroits quelques lambeaux de terrains tertiaires.

Principaux v. et h. : Berthoumieux (69 hab.), à 2 k. de Cazals ; — Gameau (50 hab.), 2 k. ; — Gardès (20 hab.), à 2 k. ; — Maleville (12 hab.), à 1 k. 500 ; — Pechcalvel (16 hab.), à 3 k.

Cours d'eau : Ruisseau de la Masse.

Voies de c<sup>on</sup> : Route dép<sup>le</sup> n° 8, de Payrac à Fumel ; — chem. vic. de g. c<sup>on</sup> n° 13, de Figeac à Cazals et à Belvès ; — chem. vic. de g. c<sup>on</sup> n° 15, de Cazals à Montcuq, par Castelfranc ; — chem. vic. d'int. com. n° 58, du Piatgier à Villefranche, par Cazals ; — 9 chem. vic. ord.

Distances : au chef-l. d'arr. et de départ. 32 k.

*Statistique :* 248 Electeurs. — 12 Cons. mun.

Principal des 4 cont. dir. 5383 fr.

Revenus de la commune, 2005 fr.

Bureau de bienfaisance (revenu annuel 370 fr.).

*Instruction :* Ecole c<sup>le</sup> laïque de garç. (62 élèves) ; — école c<sup>le</sup> congrég. de filles (60 élèves).

*Produits agricoles :* Céréales, pommes de terre, vin, fourrages. — Bois.

*Commerce et Industries :* 4 hôtels ou auberges ; 8 cabarets ; 6 cafés. — Foires le 27 de chaque mois. — Fête patr., le 15 août.

### Historique.

*Pendant la Révolution.* — C. chef-l. de cant. du district de Gourdon.

*Avant la Révolution.* — C<sup>té</sup> de la subdél. de Gourdon et de l'élection de Cahors. — Paroisse sous l'invocation de l'Assomption (740 p.). — Cette c<sup>té</sup> payait 5267 livres d'impositions ; ses charges locales ord. étaient de 139 livres. — Cette c<sup>té</sup> avait des foires importantes pour la vente des porcs et des bœufs gras ; la plus importante de ces foires était celle du lendemain de la Noël.

Cazals faisait autrefois partie de la vaste seigneurie de Gourdon. Les seigneurs de cette ville y avaient fait construire un château dont il est fait mention dans le traité conclu, en 1193, entre le comte de Toulouse et Richard, roi d'Angleterre. Cette localité fut d'abord préservée de la domination anglaise en 1361, après le traité de Brétigny ; mais en 1390 elle était occupée par le capitaine anglais Raymond Desort et resta au pouvoir des envahisseurs jusqu'à la fin de la guerre de cent ans.

*Anciennes mesures :* La mesure de grains de Cazals était la quarte valant 87 <sup>litres</sup> 75 (la quarte se subdivisait en 4 quartons, le quarton en 4 boisseaux et le boisseau en 16 onces) ; — les autres mesures étaient celles de Cahors.

*Antiquités :* Traces de la voie romaine de Périgueux à Cahors.

*Hommes célèbres :* Cazals est la patrie

du poëte Hugues Salel (1503-1553) et de Guion de Maleville (XVIᵉ siècle), seigneur de Cazals et auteur des mémoires manuscrits, intitulés : *les Esbats sur le pays du Quercy.*

CAZALS, *h.*, c. de Calviac.
CAZALS, *h.* et *i.*, c. de Gréalou.
CAZALS, *h.*, c. de Marcillac.
CAZALS, *h.* et *i.*, c. de St-Chels.
CAZALS, *h.*, c. de Teyssieu.
CAZALS (les), *i.*, c. de Flaujac (Cahors).
CAZALS (les), *h.*, c. de Francoulès.
CAZAT, *h.*, c. de Pomarède.
CAZELLE (la), *i.*, c. de Reyrevignes.
CAZELLES, *h.*, c. de Thégra et Miers.
CAZELLES (les), *h.*, c. de Sénaillac.
CAZEMATTES (les), *h.*, c. de Blars.
CAZES, *h.*, c. de Floressas.
CAZES, *v.*, c. de Puy-l'Evêque.
CAZES-MARNAC, *h.*, c. de Duravel.
CAZES-MARQUET, *h.*, c. de Pradines.

**CAZILLAC,** c., cant. de Martel, arr. de Gourdon. — ⊠, ▣ et ▣ des Quatre-Routes. — Percept. de Martel. — ♂ de Cazillac (589 p.), de Lasvaux (300 p.) et de Paunac (260 p.). — Rec.-buraliste aux Quatre-Routes. — Débit de tabac à Lasvaux.

*Géographie :* Superf. 1724 hect. — 1158 hab. — Alt. moy. 240 ᵐ. — Cette c. est située sur les marnes supra-liasiques et sur le plateau formé par le jurassique inférieur qui couronne ordinairement ces marnes.

Principaux v. et h. : Cazillac (68 hab.); — Lavaux (132 hab.), à 1 k. de Cazillac; — Murat (120 hab.), à 2 k.; — Paunac (84 hab.), à 4 k.; — Quatre-Routes (155 hab.), à 4 k.

Cours d'eau : Ruisseaux de la Tourmente, de Ladour et du Rionet.

Voies de cᵒⁿ : Chem. vic. de g. cᵒⁿ nᵒ 5, de Vayrac à Turenne; — chem. vic. de g. cᵒⁿ nᵒ 23, de Gignac à Meyssac; — chem. vic. d'int. com. nᵒ 14, de la route dépᵗᵉ nᵒ 15, à Turenne; — chem. vic. d'int. com. nᵒ 90, de la Borgne à la station de Turenne; — 4 chem. vic. ord.

Distances : au chef-l. de cant. 8 k.; au chef-l. d'arr. 45 k.; au chef-l. de départ. 88 k.

*Statistique :* 405 Electeurs. — 12 Cons. mun.

Principal des 4 contr. dir. 8517 fr.

Revenus de la commune, 638 fr.

Bureau de bienfaisance (revenu annuel 280 fr.).

*Instruction :* Ecole cˡᵉ laïque de garç. à Lasvaux (54 élèves); — école cˡᵉ congrég. de filles (52 élèves); — école congrég. de h. aux Quatre-Routes (26 élèves); — école laïque libre aux Quatre-Routes (5 élèves).

*Produits agricoles :* Céréales, pommes de terre, vin, truffes et noix. — Fourrages.

*Commerce et Industries :* 5 moulins à farine sur les ruisseaux. — 5 auberges; — 2 cabarets; — 3 cafés. — Foires aux Quatre-Routes le 8 de chaque mois. — Fête patr., le 22 janv. à Cazillac; — le 8 septemb. à Lasvaux; — le 20 septemb. à Paunac.

Historique.

*Pendant la Révolution.* — Cazillac formait 3 c. (Cazillac et Lasvaux du cant. de Sarrazac et Paunac du cant. de Martel) dépendant du district de St-Céré.

*Avant la Révolution.* — Cazillac formait 3 cᵗᵉˢ de la subdél. de Souillac et de l'élection de Figeac.

La cˡᵉ de Cazillac formait une paroisse sous l'invocation de St-Vincent (775 p.); elle payait 5940 livres d'impositions; ses charges locales ord. étaient de 155 livres.

La cˡᵉ de Lasvaux formait une paroisse sous l'invocation de la Nativité (309 p.); elle payait 3342 livres d'impositions; ses charges locales ord. étaient de 94 livres.

La cˡᵉ de Paunac formait une paroisse sous l'invocation de St-Cosme et Damien (85 p.); elle payait 1174 livres d'impositions; ses charges locales ord. étaient de 60 livres.

Cazillac était le chef-l. d'une viguerie qui s'étendait sur les cant. de Martel et de Vayrac et que l'on trouve mentionnée dans les chartes du roi Raoul (923-936). — Cette viguerie appartint longtemps à une famille puissante, alliée aux vicomtes de Turenne; elle hérita, en 1443, de toutes les terres du baron de Cessac.

La terre de Cazillac avait titre de baronnie.

*Anciennes mesures :* Aune = 1ᵐ 188. — Canne carrée = 2 ᵐ·ᵉ 638. — Quartonée = 10 ᵃʳᵉˢ 552 (la quartonée se subdivisait en 5 pugnères). — Setier = 88 litres (le setier se subdivisait en 4 quartons, le

quarton en 5 pugnères). — Pagelle =
62 litres (la pagelle se subdivisait en 36
pintes, la pinte en 2 bouteilles, la bouteille en 2 pauques).

CEINT-D'EAU. *(Voir St-Dau)*.
CÉLARIÉ, *i.*, c. de Berganty.
CELIÉ-DIGOT, *i.*, c. de Cuzac.
CELLE, *i.*, c. de Loubressac.
CELBE-DE-PY, *i.*, c. de Loubressac.
CELS, *v.*, c. de Parnac.
CÉNAC, *v.*, c. d'Albas.

**CÉNEVIÈRES**, c., cant. de Limogne, arr.
de Cahors. — ✉ et Percept. de Limogne.
— ⚕ de Cénevières (290 p.) et de Cornus
(263 p.). — Rec.-buraliste. — Notaire.
*Géographie* : Superf. 1569 hect. — 648
hab. — Alt. moy. 277 m. — Les parties
élevées de cette c. appartiennent au jurassique moyen ; les parties basses sont
formées par les éboulements des roches
précédentes et par les alluvions déposés
par le Lot.
Principaux v. et h. : Bassoul (61 hab.),
à 4 k. de Cénevières ; — Rartouillet (15
hab.), à 5 k. ; — Roquecave (29 hab.), à 4
k. ; — St-Clair (53 hab.), à 3 k.
Cours d'eau : Rivière du Lot ; — ruisseau de Cénevières.
Voies de c^on : chem. vic. d'int. com.,
n° 4, de St-Martin-Labouval à Puylagarde;
— chem. vic. d'int. com. n° 25, de Limogne à Gramat ; — 3 chem. vic. ord.
Distances : au chef-l. de cant. 9 k. ; —
au chef-l. d'arr. et de départ. 37 k.
*Statistique* : 195 Electeurs. — 12 Cons.
mun.
Principal des 4 contr. dir. 4108 fr.
Revenus de la commune, 99 fr.
*Instruction* : Ecole c^le laïque de garç.
(24 élèves) ; — école c^le laïque de filles
(15 élèves) ; — école congrég. libre de
filles à Cornus (14 élèves).
*Produits agricoles* : Céréales, tabac,
vin, chanvre, truffes.
*Commerce et Industries* : 2 moulins à
farine sur le ruisseau. — Auberge. —
Foires les 20 mai et 20 décembre. — Fêtes
patr. le 16 août à Cénevières et le 18 octobre à Cornus.

Historique.

*Pendant la Révolution.* — Cénevières
formait les c. de Cénevières et de Cornus,
du canton de Limogne et du district de
Cahors.
*Avant la Révolution.* — Cénevières formait 2 c^tés : Cénevières et Cornus-de-rive-
d'Olt.
La c^té de Cénevières comprenait 2 paroisses, St-Clair de Cabanac sous l'invocation de St-Clair (122 p.) et Lugagnac
sous l'invocation de St-Pierre ès liens
(320 p.) ; — cette c^té payait 3031 livres
d'impositions ; ses charges locales ord.
étaient de 66 livres.
La c^té de Cornus de rive-d'Olt comprenait une paroisse, sous l'invocation de
St-Luc (206 p.) ; — elle payait 2484 livres
d'impositions ; ses charges locales ord.
étaient de 75 livres.
Le château de Cénevières appartenait,
dit-on, à Waïffre, duc d'Aquitaine, et aurait joué un rôle dans la guerre de ce
prince contre Pépin le Bref ; il appartint
plus tard à une branche de la famille des
Gourdon qui se signala par sa résistance
contre l'invasion anglaise et dont le dernier membre fut un des plus zélés défenseurs du calvinisme.
La terre de Cénevières avait titre de
marquisat.
*Anciennes mesures* : Canne = 2^m 003.
— Canne carrée = 4^m c. 012. — Quarterée = 41 ^ares 09 (la quarterée se subdivisait en 4 quartonats, le quartonat en
4 boisselats, le boisselat en 16 onces).
— Quarte = 24 ^litres 028 (la quarté se
subdivisait en 4 pugnères). — Barrique
= 212 ^litres (la barrique se subdivisait
en 5 setiers, le setier en 64 pauques).
*Antiquités* : Dolmens. — Ancien château, bâti sur un roc escarpé, flanqué
de nombreuses tours et couvrant une
surface de 4225 m c.; ce château, composé de corps de bâtiments construits
à différentes époques, renferme de vieux
meubles et notamment de très belles tapisseries du XVI^e siècle.

CENTIEU, *i.*, c. de Fajoles.
CÈRE, *m. e.*, c. de Bretenoux.
CESSAC, *h.*, c. de Douelle.
CESSAC, *h.*, c. de Rampoux.
CESSENAT, *i.*, c. de Cajarc.
CEX, *h.*, c. de Labathude.

**CÉZAC**, c., cant. de Castelnau-Montratier, arr. de Cahors. — ✉ et ▦ de Castelnau. — Percept. de Pern. — ⚕ de
Cézac (345 p.) et de Pechpeyroux (180 p.).
— Débit de tabac.
*Géographie* : Superf. 1734 hect. — 487
hab. — Alt. moy. 238 m. — Terrain tertiaire d'eau douce (éocène).

Principaux v. et h. : Cézac (85 hab.); — Belcastel (25 hab.), à 0 k. 600 de Cézac; — Lacapillière (21 hab.), à 0 k. 500; — Lamothe (25 hab.), à 1 k. 500; — Pechpeyroux (100 hab.), a 2 k.; — St-Clément (60 hab.), à 1 k. 700.

Cours d'eau : Trois ruisseaux parmi lesquels le Lendou et le Merdanson.

Voies de c<sup>on</sup> : Chem. vic. de g. c<sup>on</sup> n° 7, de Cahors à Lauzerte; — chem. vic. d'int. com. n° 65, de la route dép<sup>le</sup> n° 20, au chem. vic. de g. c<sup>on</sup> n° 7; — 6 chem. vic. ord.

Distances : au chef-l. de cant. 10 k.; au chef-l. d'arr. et de départ. 18 k.

*Statistique :* 162 Electeurs. — 10 Cons. mun.

Principal des 4 cont. dir. 3920 fr.

Revenus de la commune, 540 fr.

*Instruction :* Ecole c<sup>le</sup> laïque de garc. (28 élèves); — école c<sup>le</sup> laïque de filles (16 élèves).

*Produits agricoles :* Céréales et fourrages.

*Commerce et Industries :* 5 moulins à farine, dont 4 sur les ruisseaux et 1 à vent. — Fête patr., le 13 août à Cézac, le 1<sup>er</sup> août à Pechpeyroux et le 24 août à St-Clément.

### Historique.

*Pendant la Révolution.* — Cézac formait 3 c. (Cézac, Pechpeyroux et St-Clément) qui dépendaient du cant. de Castelnau et du district de Cahors.

*Avant la Révolution.* — Cézac formait 3 c<sup>tés</sup> de la subdél. de Lauzerte et de l'élection de Cahors.

La c<sup>lé</sup> de Cézac comprenait une paroisse sous l'invocation de St-Martin (328 p.); elle payait 2396 livres d'impositions; ses charges locales ord. étaient de 131 livres.

La c<sup>lé</sup> de Pechpeyroux comprenait une paroisse sous l'invocation de St-Pierre ès liens (199 p.); elle payait 2730 livres d'impositions; ses charges locales ord. étaient de 160 livres.

La c<sup>lé</sup> de St-Clément comprenait une paroisse sous l'invocation de St-Clément (91 p.); elle payait 1281 livres d'impositions; ses charges locales ord. étaient de 92 livres.

Cathala-Coture assure que Pechpeyroux était une ville très considérable lorsqu'elle fut ruinée, en 1408, par le comte d'Armagnac, ennemi des seigneurs de cette prétendue ville qui avait pris parti pour les Bourguignon. L'assertion de cet historien est très contestable; il est toutefois bien certain que le château de Pechpeyroux était une véritable citadelle occupée en 1384 par le chef anglais, Jean de Serval qui, d'après Fouillac, levait annuellement sur la localité 300 livres, une pièce de drap et 2 paires de draps de lit.

Clément-Marot possédait dans cette c. 2 propriétés; St-Clément et Marot où il composa quelques unes de ses poésies.

*Anciennes mesures :* Les mesures de vin de Cézac étaient celles de Cahors; ses autres mesures étaient celles de Montcuq.

*Hommes célèbres :* Gasbert Duval, camérier du Pape Jean XXII, d'abord évêque de Marseille, ensuite archevêque d'Aix et Narbonne. Il fonda, en 1342, le collège de Narbonne pour 12 écoliers, dont 2 devaient être de la paroisse où il était né.

CHABANES (les), h., c. de Cuzance.

CHABANNES (les), h., c. de Sarrazac.

CHABLAUCHERIE (la), h., c. de Gignac.

CHABOURNAC, h., c. de Lachapelle-Auzac.

CHADEBEC, h., c. de St-Projet.

CHAFOT-BAS (le), h., c. de Cressensac.

CHAI (le), i, c. de Laroque-des-Arcs.

CHAIROUX, i., c. de Dégagnac.

CHALDES, h., c. de Concorés.

CHALVET, h., c. du Bastit.

CHAMBEAU (les), h., c. de Floressas.

CHAMBERT, h., c. de Floressas.

CHAMBOURGUET, i., c. de St-Clair.

CHAMEZ, h., c. de Livernon.

CHAMPAGNAC, i., c. de Pinsac.

CHAMP D'AUZIÉ, h., c. de Lavercantière.

CHAMP DE BESSE, i., c. de St-Martin (Lauzès).

CHAMP DE COURTET, h., c. de Rampoux.

CHAMP DE CRAS (le), i., c. de St-Martin [Lauzès].

CHAMP DE LIÈVRE, i., c. de Reilhaguet.

CHAMP DE MEYRAC, i., c. de Lacapelle-[Cabanac].

CHAMP DE PÉLISSIER, h., c. de St-Sozy.

CHAMP DE PRATS, i., c. de Masclat.

CHAMP DE PRATS, h., c. de Souillaguet.

CHAMP DE REVERS (le), i., c. de Sabadel [Lauzès].

CHAMP DE SARRU, h., c. de St-Sozy.

CHAMP DES PUITS, i., c. de Mauroux.

CHAMP DE TORRÈDE, i., c. de St-Sozy.

CHAMP DE TRAPAS, i., c. de Mauroux.

CHAMP DU BOIS (le), h., c. de Sabadel [Lauzès].

CHAMP DU POMIER, i., c. de Mauroux.

CHAMP-GRAND, i., c. de Nozac.

CHAMP-GRAND (le), *i.*, c. de Sabadel [Lauzès].
CHAMP-LAFON, *h.*, c. de Sarrazac.
CHAMP-LONG, *i.*, c. de Mauroux.
CHAMP-MAGNE, *h.*, c. de Lavercantière.
CHAMPRADE, *h.*, c. de Lachapelle-Auz.
CHAMPS (les), *h.*, c. de Strenquels.
CHAMP-SARRAT, *i.*, c. de St-Sozy.
CHAMPS-GRANDS, *i.*, c. de Mauroux.
CHAMPVIEL, *h.*, c. de Gindou.
CHANFOUR, *i.*, c. de Fons.
CHANTRE (le), *h.*, c. de Lamagdelaine.
CHAPEL, *h.*, c. de St-Sozy.
CHAPELLE (la). — *Voir Lachapelle.*
CHAPELLE-BASSE, *h.*, c. de Lachapelle-A.
CHAPELLE-BATEL, *h.*, c. de Cazillac.
CHAPELLE-DU-CAUSSE, *h.*, c. de Cazillac.
CHAPELONNE (la), *h.*, c. de Lachapelle-A.
CHAPERT, *h.*, c. de Terrou.
CHAPITRE (le), *i.*, c. de Lhospitalet.
CHAPLAT, *h.*, c. de St-Vincent.
CHAPOUX, *h.*, c. de Dégagnac.
CHAPOUX, *h.*, c. de Tauriac.
CHAPPERT, *h.*, c. de Terrou.
CHARROUX, *h.*, c. de Bélaye.
CHARRY, *ch.* et *moulin*, c. de Montcuq.
CHARTRON (le), *h.*, c. de Creysse.
CHARTROUX (les), *h.*, c. de Dégagnac.
CHASSANDERIE (la) *i.*, c. de Lachapelle-A.
CHASSOUTIE (la), *h.*, c. de Sarrazac.
CHATAIGNAL, *h.*, c. de Frontenac.
CHATAIGNERAIE (la), *h.*, c. de St-Chamarand.
CHATAIGNERAIE (la), *i.*, c. de Sénaillac [Lauzès].
CHATEAU (le), *ch.*, c. d'Assier.
CHATEAU (le), *ch.*, c. de Labastide-M^at^.
CHATEAU (le), *ch.*, c. de Figeac.
CHATEAU (le), *h.*, c. de Floirac.
CHATEAU (le), *ch.*, c. de Lacapelle-C^ac^.
CHATEAU (le), *ch.*, c. de Mayrinhac.
CHATEAU (le), *h.*, c. de St-Sulpice.
CHATEAU DE CIEURAC, *ch.*, c. de Lanzac.
CHATEAU DE FERRIÈRES, *ch.*, c. de [Sérignac].
CHATEAU DE GRÉZELS, *ch.*, c. de Grézels.
CHATEAU DE LANZAC, *ch.*, c. de Lanzac.
CHATEAU DE LAROQUE, *ch.*, c. de Cahors.
CHATEAU DES TAUTES, *ch.*, c. de Dégagnac.
CHATEAU-VIEUX, *ch.*, c. de Millac.
CHAUDES, *h.*, c. de Dégagnac.
CHAUFFOUR, *i.*, c. de Fons.
CHAUFFOUR, *m.*, c. de Loubressac.
CHAUFFOURS, *i.*, c. de Lanzac.
CHAUMETTE, *h.*, c. de Boissières.
CHAUPRADES (les), *h.*, c. de Lachapelle- [Auzac].
CHAUSSÉE (la), *i.*, c. de Lanzac.
CHAUZENOU, *ch.*, c. de Cressensac.
CHAVETTES, *h.*, c. de Dégagnac.
CHAYLE (le), *i.*, c. de Nozac.
CHEMIN D'AUZAC, *m. v.*, c. de Ginouillac.
CHEMIN DE CANIAC (le), *i.*, c. de Sénaillac.
CHEMIN DE GRAMAT, *i.*, c. de Reilhac.
CHEMIN DE GRÈZES, *i.*, c. d'Espédaillac.
CHEMIN DE LA POMME, *i.*, c. de Souillac.
CHEMIN DE LA RIVE, *h.*, c. de Duravel.
CHEMIN DE L'OUDE, *h.*, c. de Duravel.
CHEMIN DE L'OUYSSE, *h.*, c. de Montfaucon.
CHEMIN DES VACHES (le), *f.*, c. de [Rocamadour].
CHEMIN DE VIRE, *h.*, c. de Duravel.
CHEMIN-PLANE (le), *f.*, c. de St-Sozy.
CHEVALGUES, *h.*, c. de Miers.
CHEVALIÉ, *i.*, c. du Boulvé.
CHORROU, *h.*, c. de Limogne.
CHRIST (le), *i.*, c. de Castelnau.
CIERP, *h.*, c. d'Albas.

**CIEURAC**, c., cant. de Lalbenque, arr. de Cahors. — ⊠ et Percept. de Lalbenque. — ♁ (610 p.). — Débit de tabac.

*Géographie :* Superf. 1878 hect. — 611 hab. — Alt. moy. 266 ^m^. — Terrain de formation tertiaire (éocène) renfermant de belles carrières de pierre blanche.

Principaux v. et h. : Pech de l'Eglise (126 hab.); — Bouziès (126 hab.), à 1 k. 200 du Pech; — Cayran (131 hab.), à 1 k. 500; — Cieurac (73 hab.), à 1 k.; — Pauliac (72 hab.), à 1 k. 600; — Pech-de-Fos (106 hab.), à 1 k. 200.

Cours d'eau : Ruisseau de Reboy, affluent du Tréboulou.

Voies de c^on^ : Route nat^le^ n° 20, de Paris à Toulouse; — chem. vic. de g. c^on^ n° 6, de Cahors à Puylaroque; — chem. vic. d'int. com. n° 63, de Ventaillac à Vers; — 5 chem. vic. ord.

Distances : Au chef-l. de cant. 7 k.; au chef-l. d'arr. et de départ. 13 k.

*Statistique :* 187 Électeurs. — 12 Cons. mun.

Principal des 4 cont. dir. 3493 fr.

Revenus de la commune, 154 fr.

*Instruction :* Ecole c^le^ laïque de garç. (41 élèves); — école c^le^ congrég. de filles (26 élèves).

*Produits agricoles :* Céréales, pommes de terre, tabac, vin, fourrages.

*Commerce et industries :* moulin à farine sur le Réboy. — 2 cabarets. — Fête patr., le 1^er^ août.

Historique.

*Pendant la Révolution.* — C. du cant. de Lalbenque et du district de Cahors.

*Avant la Révolution.* — C^té^ de la subdél. et de l'élection de Cahors. — Paroisse sous l'invocation de St-Pierre ès liens (630 p.). — Cette c¹ᵉ payait 2854 livres d'impositions; ses charges locales ord. étaient de 77 livres. En 1358 les consuls de Cahors rachetèrent le château de Cieurac occupé par les Anglais. Un baron de Cieurac faisait partie, en 1784, de l'Assemblée provinciale de la Haute-Guyenne.

*Anciennes mesures :* Les mesures linéaires de Cieurac étaient celles de Figeac; les autres mesures étaient celles de Cahors.

CIEURAC, *v.* et *ch.*, c. de Lanzac.
CINGLE (le), *h.*, c. de Figeac.
CINQ-PEYRES, *h.*, c. de Grèzes.
CINQ-PIERRES (les), *h.*, c. de Beaumat.
CIRANS (les), *h.*, c. de Lamothe-Cassel.
CIRCAM, *h.*, c. de de Cornac.
CIRCOFOUL, *h.*, c. d'Albas.
CIRGAGNOL, *h.*, c. de St-Félix.
CIRGUES (les), *h.*, c. de Millac.
CISQUE (la), *h.*, c. de Cuzance.
CITADELLE (la), *h.*, c. d'Albas.
CIUSSAC, *h.*, c. de Cressensac.
CLA, *i.*, c. de Fargues.
CLAFARDOU, *h.*, c. de Dégagnac.
CLAIRMONT, *h.*, c. de Concorès.
CLAIROU, *h.*, c. de Capdenac.
CLAN-CHAUD (le), *h.*, c. de Blars.
CLAN DE BORDIER, *m.*, c. de Blars.
CLANCINE, *h.*, c. de Sénaillac.
CLAPE (la), *f.* c. de Brengues.
CLAPE (la), *f.*, c. de Sénaillac.
CLAPIES, *i.*, c. de Belmont.
CLARN, *h.*, c. de Laroque-des-Arcs.
CLARY, *i.*, c. de Puy-l'Evêque.
CLAU (le), *m.*, c. de Laramière.
CLAUJETOU (le), *i.*, c. de Crégols.
CLAUSADE (la), *h.*, c. de Sérignac.
CLAUSADES-BASSES, *h.*, c. de Saux.
CLAUSEL, *h.*, c. de Pinsac.
CLAUX, *h.*, c. de St-Jean-Lespinasse.
CLAUX (le), *h.*, c. de St-Cirgues.
CLAUX (le), *h.*, c. de Vayrac.
CLAUX DE GALIOT, *m.*, c. de Loubressac.
CLAUX DE LABARRIÈRE, *m.*, c. de St-Céré.
CLAUZEL, *i.*, c. de Pinsac.
CLAUZELS (les), *h.*, c. de Marminiac.
CLAVEL, *m.*, c. de Belfort.
CLAVEL, *i.*, c. de Caniac.
CLAVEL, *h.*, c. de Castelnau.
CLAVEL, *i.*, c. de Saux.
CLAVELLÈRES, *i.*, c. de Saux.
CLAVERIE, *m.*, c. de Frayssinhes.
CLAVIÈS, *h.*, c. de Lauresses.

CLAVIÈS, *h.*, c. de Lissac.
CLAYRAC, *h.*, c. de Bio.
CLAYROU, *v.*, c. de Capdenac.
CLÈDE (la), *i.*, c. de Labastide-Marnhac.
CLÉDY, *h.*, c. de Teyssieu.
CLÉJOULS, *h.*, c. de Lachapelle-Auzac.
CLICAGNÈS, *h.*, c. de Gorses.
CLOFARDOU, *i.*, c. de Dégagnac.
CLOS (le), *i.*, c. de Fontanes.
CLOS (le), *h.*, c. de Sérignac.
CLOS-BARRAT, *h.*, c. de Sérignac.
CLOS DE BOURDET, *i.*, c. de Belmont.
CLOTTE (la), *h.*, c. du Boulvé.
CLOT DEL CHOULGRIE (le), *i.*, c. de [Lalbenque].
CLOU (le), *h.* c. de Lavercantière.
CLOUCAU *i.*, c. de Labastide-Murat.
CLOUCAU (le), *h.*, c. de Gramat.
CLOUP, *h.*, c. de Cambayrac.
CLOUP (le), *h.*, c. de Frayssinet.
CLOUP (le), *h.*, c. de Labastide-Murat.
CLOUP (le), *h.*, c. de Montgesty.
CLOUP DE LAURENSOU (le), *i.*, c. de [Sénaillac].
CLOUP DE MAUROUX (le), *i.*, c. de [Sénaillac].
CLOUP DE VALS, *h.*, c. de Cabrerets.
CLOUP-MAURY, *h.*, c. de Rocamadour.
CLOUPS (les), *i.*, c. d'Espédaillac.
CLOUPS (les), *h.*, c. de Montfaucon.
CLOUPS (les), *h.*, c. de Reyrevignes.
CLOUQUIÉ (le), *h.*, c. de Calvignac.
CLUB (le), *i.*, c. de St-Céré.
CLUZEL (le), *h.*, c. de Grézels.
CLUZEL (le), *h.*, c. de Labastide-Marnh.
CLUZEL (le), *h.*, c. de Montcléra.
CLUZEL (le), *i.*, c. de Montcuq.
CLUZEL (le), *h.*, c. de Pontcirq.
COANAC, *ch.*, c. de Varaire.
COBREYOU, *h.*, c. de St-Denis (Martel).
COGNAGUET, *m. e.*, c. de Calès.
COL-DE-LA-REYNE, *i.*, c. de Lunan.
COLOMB, *h.*, c. de St-Hilaire.
COLOMBIER (le), *h.*, c. de Castelnau.
COLOMBIER (le). *h.*, c. de Cremps.
COLOMBIER (le), *m.*, c. de de Cressensac.
COLOMBIER (le), *h.*, c. de Gourdon.
COLOMBIER (le), *m.*, c. de Lalbenque.
COLOMBIER (le), *h.*, c. de Linac.
COLOMBIER (le), *h.*, c. de Payrac.
COLOMBIER (le), *h.*, c. de Rampoux.
COLOMBIER (le), *h.*, c. de Rassiels.
COLOMBIER, *i.*, c. de St-Pantaléon.
COLOMBIER (le), *h.*, c. de Vaillac.
COLOMBIER (le). *h.*, c. de Vayrac.
COLOMBOU, *h.*, c. de Prudhomat.
COLON, *i.*, c. de Planioles.
COLON, *m.*, c. de Promilhanes.

Colonges, m., c. de Laramière.
Colonges (les), m., c. de Promilhanes.
Combart, h., c. de Gorses.
Combe (la), i., c. de Belmontet.
Combe (la), h., c de Bétaille.
Combe (la), i., c. de Boissières.
Combe (la), h., c. de Boulvé.
Combe, m. e., c. de Fons.
Combe (la), h., c. de Cardaillac.
Combe (la), i., c. d'Esclauzels.
Combe (la), h., c. de Frayssinet-le-Gélat
Combe (la), i., c. de Grèzes.
Combe (la), i., c. de Lacave.
Combe (la), m., c. de Martel.
Combe (la), m., c. de Montcuq.
Combe (la), h., c. de Prayssac.
Combe (la), i., c. du Roc.
Combe (la), h., c. de Sauzet.
Combe (la), h., c. de St-Caprais.
Combe (la), h., c. de St-Michel-de-B.
Combe (la), i., c. de St-Cirq.
Combe (la), i., c. de St-Géry.
Combe (la), h., c. de St-Matré.
Combe (la), f., c. de St-Laurent.
Combe (la), i., c. de Viazac.
Combe-Arnal, h., c. de Duravel.
Combe (Mas de), h., c. de Maxou.
Combe-Bigonne, i., c. de Gagnac.
Combe-Brouze, i., c. de St-Cirgues.
Combe-Capelle (la), i., c. de Faycelles.
Combe-Cavarroc, h., c. de Corn.
Combecave, h., c. d'Anglars.
Combecave, i., c. de Castelnau.
Combecave, h., c. de Figeac.
Combecave, m., c. de Martel.
Combecave, h., c. de Mauroux.
Combecave, i., c. de Soulomès.
Combecave, i., c. de St-Cirgues.
Combecroze, h., c. de Calamane.
Combe-d'Aban, h., c. de Sauliac.
Combe-d'Alguière, i., c. de Sénaillac.
Combe-d'Arnal, i., c. de Belfort.
Combe-de-Borie, h., c. de Terrou.
Combe-de-Clou, f., c. de Sauliac.
Combe-de-Fillol, h., c. de la Capelle-C.
Combe-de-Gaby (la), h., c. de Mauroux.
Combe-de-Gindou (la), h., c. de Montcuq.
Combe-de-Guerric, h., c. de Gorses.
Combe-de-Jordy (la), h., c. de St-Sulpice.
Combe-de-la-Cajargue, h., c. d'Espédaillac.
Combe-de-Lafon, i., c. de Bagat.
Combe-de-la-Fontaine (la), i., c. de
[St-Daunès].
Combe-del-Mouly (la), h., c. de Montcuq.
Combe-de-Paris (la), h., c. de Vaillac.
Combe-de-Prou (la), i., c. de Montfaucon.
Combe-de-Roy, i., c. de Lauzès.
Combe-de-St-Pierre, i., c. de St-Cyprien.

Combe-de-Salgues, i., c. de Béduer.
Combe-des-Molles, h., c. de Milhac.
Combe-de-Vals, h., c. de Cabrerets.
Combe-d'Igole, h., c. de Cabrerets.
Combe-Dorade, h., c. de Figeac.
Combe-du-Moulin, i., c. d'Albas.
Combe-Falgayrouze (la), i., c. de
[Sénaillac].
Combe-Folle, h., c. de St-Germain.
Combe-Gourde, h., c. de Puy-l'Evèque.
Combe-Jean, i., c. de Belfort.
Combel, h., c. de Marminiac.
Combel, h., c. de Montcléra.
Combel, m., c. de St-Matré.
Combel, h., c. de St-Bressou.
Combel (le), h., c. de Blars.
Combel-Blanc (le), i., c. de Fontanes.
Combel-d'Ayssou, h., c. de Gignac.
Combel-de-Lage, i., c. de Pradines.
Combel-del-Boyé, i., c. de Fargues.
Combel-des-Vins (le), i., c. de Cahors.
Combelet, i., c. de Montcuq.
Combelève, h., c. de Dégagnac.
Combelle (la), i., c. de Lascabanes.
Combelle (la), h., c. de Rouffiac.
Combelle (la), h., c. de St-Géry.
Combelles, h., c. de Corn.
Combelles (les), h., c. de Lavercantière.
Combelles (les), h., c. de Linac.
Combelles (les), i., c. de Payrinhac.
Combelles (les), h., c. de Peyrilles.
Combelles (les), h., c. de St-Cernin.
Combelles (les), h., c. de Soucirac.
Combe-Longue, h., c. de Luzech.
Combe-Longue, i. c. de St-Daunès.
Combelou, f., c. de Flaugnac.
Combelous, h., c. de Blars.
Combels (les), h., c. de Reyrevignes.
Combels (les), h., c. de St-Bressou.
Combelsu, i., c. de Belmontet.
Combenègre, h., c. de Frayssinet-le-G.
Combenègre, h., c. d'Issepts.
Combenègre, h., c. de Laburgade.
Combenègre, i., c. de Laroque-des-A.
Combenègre, i., c. de Laroque-Toirac.
Combe-Paille, i., c. de St-Bressou.
Combe-Perdue, i., c. de Cézac.
Combe-Peyrouse, i., c. de Bagat.
Combe-Plane, h., c. de Rouffiac.
Combe-Poujade, h., c. de Luzech.
Combe-Prionde, h., c. de Ste-Alauzie.
Combe-Rivière, h., c. de Grèzes.
Combe-Roudié, h., c. de St-Germain.
Combe-Rouge, h., c. d'Espédaillac.
Comberousières, f., c. de Labastide-M.
Combes, h., c. de Sérignac.
Combes (las), h., c. de Peyrilles.
Combes (les), h., c. de Caniac.

Combes (les), *h.*, c. de Cassagnes.
Combes (les), *i.*, c. de Cézac.
Combes (les), *i.*, c. de Labastide-du-V.
Combes (les), *h.*, c. de Lanzac.
Combes (les), *i.*, c. de Lauzès.
Combes (les), *h.*, c. de St-Denis (Catus).
Combes (les), *h.*, c. de Sénaillac.
Combes (les), *h.*, c. de Sérignac.
Combes (les), *h.*, c. de Touzac.
Combe-Salesse, *i.*, c. de Faycelles.
Combe-Sarrade, *h.*, c. de Cuzance.
Combes-Cartes, *h.*, c. de Puy-l'Evêque
Combescure, *h.*, c. du Bastit.
Combes-de-Croze, *h.*, c. de Gignac.
Combes-de-Lafon, *i.*, c. de Rouffiac.
Combes-de-Martel, *h.*, c. de Lacha-
[pelle-Auzac].
Combes-de-Nougiès, *i.*, c. de Lacha-
[pelle-Auzac].
Combes-de-Présignac, *h.*, c. de Souillac
Combes-d'Orniac, *h.*, c. de Blars.
Combes-du-Lac (les), *i.*, c. de Souillac.
Conbes-Foud, *i.*, c. de Lamativie.
Combes-Fourcades, *i.*, c. de Lacha-
[pelle-Auzac].
Combes-Longues, *h.*, c. de Lauresses.
Combes-Longues, *h.*, c. de Rueyres.
Combes-Noires, *h.*, c. de Beaumat.
Combes-Peyroux, *h.*, c. de Gignac.
Combet, *h.*, c. de St-Bressou.
Combet-Crozes, *h.*, c. de Calamane.
Combette, *h.*, c. de Corn.
Combette (la), *h.*, c. de Montcabrier.
Combeyrolles, *h.*, c. de St-Martin-de-V.
Combis (les), *h.*, c. de St-Germain.
Comboulière, *i.*, c. d'Albas.
Combres, *m. c.*, c. de Cajarc.
Combret, *h. c.* de Sousceyrac.
Comburadel, *i.*, c. de Payrinhac.

**COMIAC**, c., cant. de Bretenoux, arr. de
Figeac. — ⊠ de Bretenoux. — Percept.
de Sousceyrac. — ☩ (900 p.).
*Géographie :* Superf. 2934 hect. — 940
hab. — Alt. moy. 559 ᵐ. — Terrain primitif composé de granits et de gneiss.
Principaux v. et h. : Comiac (140
hab.); — Boussac (152 hab.), à 1 k. 500
de Comiac ; — Candés (78 hab.), à 1 k.
700 ; — Nauviole (81 hab.), à 2 k. —
La Salesse (114 hab.), à 3 k.
Cours d'eau : Rivière de la Cère ; —
ruisseaux de Comiac et d'Escaumels.
Voies de cᵒⁿ : Chem. vic. de g. cᵒᵘ nᵒ
35, de Bretenoux dans le Cantal ; —
chem. vic. d'int. com. nᵒ 15, de St-Céré
à Comiac ; — 2 chem. vic. ord.
Distances : au chef-l. de cant. 18 k. ;

au chef-l. d'arr. 50 k. ; au chef-l. de
départ. 91 k.
*Statistique :* 267 Electeurs. — 12 Cons.
mun.
Principal des 4 cont. dir. 5212 fr.
Revenus de la commune, 170 fr.
*Instruction :* Ecole cˡᵉ laïque de garç.
(60 élèves) ; — école cˡᵉ congrég. de filles
(70 élèves).
*Produits agricoles :* Seigle, blé, noix,
pommes de terre, châtaignes. — Bois.
*Commerce et Industries :* 3 moulins à
farine. — 4 cabarets. — Foires les 18
avril, 12 mai, 24 juin et 18 décemb. —
Fête patr., le 24 juin.
Historique.
*Avant la Révolution.* — Comiac était
une Cᵗᵉ de la subdél. et de l'élection de
Figeac. — Paroisse sous l'invocation de
St-Jean-Baptiste (600 p.). — Cette cᵗᵉ
payait 9994 livres d'impositions ; ses
charges locales ord. étaient de 194 livres.
En 1304, Hugues de Vayrac était seigneur de Comiac. En 1435, la seigneurie
de Comiac appartenait à la maison Hébrard de St-Sulpice. Cette localité qui
avait quelques fortifications, au XVIᵉ
siècle, embrassa le parti d'Henri IV et
en fut punie par les ligueurs qui com-
mencèrent leurs exploits, dans le Quercy,
par la prise de cette petite ville.
*Anciennes mesures :* Les mesures de
Comiac étaient celles de St-Céré.

Commande, *h.*, c. de Gramat.
Commanderie (la), *h.*, c. c. du Bastit.
Commardès, *i.*, c. de Boissières.
Communal, *m.*, c. de Calvignac.
Communal, *h.*, c. de Felzins.
Communal (le), *h.*, c. de Grèzes.
Communals (les), *h.*, c. de Sénaillac.
Compassy, *i.*, c. de Fajoles.
Compastier, *h.*, c. de Puy-l'Evêque.
Comperas, *h.*, c. d'Aynac.
Compère, *i.*, c. de Belmontet.
Comportie, *h.*, c. de Frayssinet.
Composonnerie (la), *h.*, c. de Gignac.

**CONCORÈS**, c., cant. de St-Germain, arr.
de Gourdon. — ⊠ et Percept. de St-
Germain. — ☩ de Concorès (874 p.) et
de Linars (342 p.). — Rec.-buraliste.
*Géographie :* Superf. 1900 hect. — 1219
hab. — Alt. moy. 312 ᵐ. — Cette c. s'é-
tend sur le jurassique supérieur.
Principaux v. et h. : Concorès (507
hab.); — Beauregard (121 hab.), à 3 k.

de Concorès ; — Bessous (73 hab.), à 3 k. 600 ; — Les Bourdaries (66 hab.), à 3 k. ; — Grand-Roque (72 hab.), à 4 k. 300 ; — Goulème (120 hab.), à 2 k. 200.

*Cours d'eau* : Ruisseau du Céou et les deux affluents de Peyrilles et de Rivalès.

*Voies de c*on : Chem. vic. de g. con no 1, de Cahors à Gourdon ; — chem. vic. de g. con no 22, du Pont de Rode à l'Abbaye ; — chem. vic. d'int. com. no 71, de Concorès à Dégagnac ; — 7 chem. vic. ord.

*Distances* : au chef-l. de cant. 4 k. ; au chef-l. d'arr. 13 k. ; au chef-l. de départ. 30 k.

*Statistique* : 393 Electeurs — 12 Cons. mun. — Sect. élect. de Concorès (8 cons. mun.) et de Linars (4 cons. mun.).

Principal des 4 contr. dir. 6739 fr.

Revenus de la commune, 75 fr.

*Instruction* : Ecole cle laïque de garç. (57 élèves) ; — école cle laïque de filles (38 élèves). ; — école congrég. de filles de h. à Linars (39 élèves) ; — école libre laïque de filles à Concorès (16 élèves).

*Produits agricoles* : Céréales, vin, tabac, fruits, fourrages.

*Commerce et Industries* : 7 moulins à farine sur les ruisseaux ; — 2 pressoirs. — 2 auberges ; — cabaret ; — café. — Foires les 26 mars, 9 mai, 26 juin et 4 décemb. — Fête patr., le 25 juin.

**Historique.**

*Pendant la Révolution.* — Concorès formait 2 c. (Concorès et Linars) du cant. de St-Germain et du district de Gourdon.

*Avant la Révolution.* — Concorès formait 2 ctés (Concorès et Linars) de la subdél. et de l'élection de Cahors.

La cté de Concorès comprenait une paroisse, sous l'invocation de St-Jean-Baptiste (1050 p.) ; elle payait 6292 livres d'impositions ; ses charges locales ord. étaient de 141 livres.

La cté de Linars comprenait une paroisse, sous l'invocation de Ste-Quiterie (355 p.) ; elle payait 2798 livres d'impositions ; ses charges locales ord. étaient de 116 livres.

L'église de Concorès fut cédée, l'an 1106, par le pape Pascal II, aux chanoines réguliers de Cahors. — On croit que le château de Concorès fut excepté de la cession que Philippe-Auguste fit du Quercy à Richard-Cœur-de-Lion. En 1287, Concorès fut l'une des localités du Quercy hypothéquées aux Anglais par Philippe le Bel. Les compagnies anglaises s'emparèrent de cette localité dans le xive siècle.

La baronnie de Clermont ou de Clairmont fut érigée en comté par Louis XIII.

*Anciennes mesures* : Les mesures de Concorès étaient celles Gourdon.

*Antiquités* : Vestiges d'anciennes constructions. — Ruines du château de Clermont.

*Hommes célèbres* : François de Clermont-Touchebœuf, procureur-général de l'Ordre de Malte en 1546. — Guyon de Clermont-Touchebœuf, sénéchal et gouverneur du Quercy, mort en 1612. — Comte de Clermont-Touchebœuf, maréchal de camp, mort en 1647.

**CONCOTS**, c., cant. de Limogne, arr. de Cahors. — ☒ de Limogne. — Percept. de Bach. — ☿ (1180 p.). — Rec.-buraliste.

*Géographie* : Superf. 2791 hect. — 782 hab. — Alt. moy. 282 m. — C. située sur le jurassique moyen ; gisements de phosphates de chaux.

Principaux v. et h. : Concots (568 hab.) ; — Carles (56 hab.), à 1 k. de Concots ; — Lebratières (38 hab.), à 3 k. ; — Nuc (70 hab.), à 3 k. ; — Vergne (74 hab.), à 1 k. ; — Vinagrou (76 hab.), à 0 k. 500.

*Voies de c*on : Route natle no 111, de Millau à Tonneins ; — chem. vic. d'int. com. no 26, de Crégols à Lalbenque ; — chem. vic. d'int. com. no 61, de St-Cirq à Vaylats ; — 2 chem. vic. ord.

*Distances* : au chef-l. de cant. 11 k. ; au chef-l. d'arr. et de départ. 25 k.

*Statistique* : 296 Electeurs. — 12 Cons. mun.

Principal des 4 contr. dir. 4193 fr.

Revenus de la commune, 237 fr.

*Instruction* : Ecole cle laïque de garç. (47 élèves) ; — école cle congrég. de filles (55 élèves).

*Produits agricoles* : Céréales. — Vins, truffes, vers-à-soies. — Bois.

*Commerce et Industries* : Phosphates de chaux. — 3 auberges, cabaret, café. — Foires les 13 janv., 30 avril, 4 septembre et 23 nov. — Fête patr., le 6 novembre.

**Historique.**

*Pendant la Révolution.* — C. du cant. de Limogne et du district de Cahors.

*Avant la Révolution.* — Cté de la subdél. de Caussade et de l'élect. de Montauban. — Paroisse, sous l'invocation de St-Jean-Baptiste (960 p.). — Cette cté payait 5980 livres d'impositions; ses charges locales ord. étaient de 162 livres. — Avant 1789, Concots avait 4 foires très suivies. — La terre de Concots n'avait que le titre de seigneurie.

*Anciennes mesures* : Les mesures linéaires et de superficie de Concots étaient celles de Figeac; ses mesures de grains et agraires étaient celles de Limogne; ses mesures de vin étaient celles de Beauregard.

CONDAMINE, *h.*, c. de Salviac.
CONDAMINES *h.*, c. de Béduer.
CONDAMINES, *h.*, c. de Puy-l'Evêque.
CONDAMINES (les), *i.*, c. de Pradines.

**CONDAT** (c. créée en 1841), cant. de Vayrac, arr. de Gourdon. — ⊠, ▣ et ▣ des Quatre-Routes. — Percept. de Vayrac. — ☗ (520 p.). — Débit de tabac.

*Géographie* : Superf. 596 hect. — 507 hab. — Alt. moy. 171 m. — Cette c. est située sur le lias et sur l'oolithe inférieur; — marnes infraliasiques du massif de Beaulieu (Corrèze). — Carrières de belles pierres de taille, dites *pierres de Condat*.

Principaux v. et h. : Condat (380 hab.); — Ginestes (64 hab.), à 2 k. de Condat; — Lacépède (59 hab.), à 2 k.

Cours d'eau : Ruisseaux de la Tourmente, du Vignon et du Soustre.

Voies de c^on : Chem. vic. de g. c^on n° 5, de Vayrac à Turenne; — 2 chem. vic. ord.

Distances : au chef-l. de cant. 6 k.; au chef-l. d'arr. 48 k.; au chef-l. de départ. 90 k.

*Statistique* : 166 Electeurs. — 12 Cons. mun.

Principal des 4 cont. dir. 4608 fr.
Revenus de la commune, 75 fr.

*Instruction* : Ecole c^le laïque de garç. (48 élèves); — école c^le laïque de filles (29 élèves).

*Produits agricoles* : Céréales, tabac, vin, pommes de terre, fourrages.

*Commerce et Industries* : 2 moulins à farine sur la Tourmente. — 2 cabarets. — Fête patr., le 24 juin.

Historique.

*Pendant la Révolution.* — C. du cant. de Vayrac et du district de St-Céré.

*Avant la Révolution.* — C^té de la subdél. de Gourdon et de l'élection de Figeac. — Paroisse sous l'invocation de St-Jean-Baptiste (375 p.). — Cette c^té payait 3700 livres d'impositions; ses charges locales ord. étaient de 80 livres. — Les eaux minérales de Condat étaient autrefois célèbres pour la guérison des maladies des femmes.

*Anciennes mesures* : Les mesures de superficie de Condat étaient celles de Gramat; les autres mesures étaient celles de Martel.

CONDAT, *ch.*, c. de Bouziès-Haut.
CONDAT, *i.*, c. de Dégagnac.
CONDUCHÉ, *ch.*, c. Bouziès-Haut.
CONFINIÉ, *h.*, c. de Labastide-Murat.
CONNES, *h.*, c. de St-Pierre-T.
CONNIAC, *h.*, c. de Payrignac.
CONQUARELLES, *h.*, c. de St-Sulpice.
CONQUEFANES, *i.*, c. de Lalbenque.
CONQUETTES, *i.*, c. de Grèzes.
CONSIALVES, *h.*, c. de Bio.
CONSTANS, *v.*, c. de Valrouflé.
CONSTANT, *m.*, c. de St-Médard (Catus).
CONSTAT, *i.*, c. de Laroque-Toirac.
CONSTATS (les), *i.*, c. de Rouffillac.
CONSTULON (le), *i.*, c. de Souillaguet.
CONTAL, *h.*, c. de Limogne.
CONTEGORD, *i.*, c. de Maxou.
CONTI, *h.*, c. de Larnagol.
CONTIES (les), *h.*, c. de Lamothe-Fénel.
CONTIVAL, *h.*, c. de Francoulès.
CONTY, *h.*, c. de Puy-l'Evêque.
COPEYRE, *ch.*, c. de Martel.
COQUILLE, *i.*, c. de St-Céré.
CORAN, *h.*, c. de Cuzance.
CORGNE (la), *h.*, c. d'Escamps.
CORGNE (la), *i.*, c. de St-Cirgues.
CORMELIÉ (le), *h.*, c. de Beaumat.

**CORN**, c., cant. de Livernon, arr. de Figeac. — ⊠ de Livernon. — ▣ et ▣ du Pournel. — Percept. de Livernon. — ☗ (573 p.). — Rec.-buraliste. — Notaire.

*Géographie* : Superf. 1533 hect. — 600 hab. — Alt. moy. 300 m. — Cette c. se trouve sur les marnes supraliasiques recouvertes par le jurassique inférieur; — nombreux dépôts de tuf ou calcaire de formation récente.

Principaux v. et h. : Corn (171 hab.); — Auriac (45 hab.), à 3 k. 500 de Corn; — Crayssac (56 hab.), à 4 k. 600; — Combelles (17 hab.), à 1 k.; — Goudou (50 hab.), à 1 k. 500; — Laparrot (39 hab.), à 0 k. 500; — Le Causse (140 hab.), à 2 k.; — Malès (5 hab.), à 0 k. 800; — Roquefort (16 hab.), à 2 k.; — St-Laurent (24 hab.), à 1 k. 200.

Cours d'eau : Rivière du Célé.

Voies de c^on : Route dép^le n° 13, de Cahors à Figeac; — chem. vic. de g. c^on, n° 41, de Figeac à Cahors; — chem. vic. d'int. com., n° 16, de Corn à Rueyres; — 4 chem. vic. ord.

Distances : au chef-l. de cant. 7 k.; — au chef-l. d'arr. 13 k.; — au chef-l. de départ. 65 k.

Curiosités : Grottes sur les bords du Célé.

*Statistique* : 180 Electeurs. — 12 Cons. mun.

Principal des 4 cont. dir. 5375 fr.

Revenus de la commune, 162 fr.

*Instruction* : Ecole c^lo laïque de garç. (38 élèves); — école c^le laïque de filles.

*Produits agricoles* : Céréales, tabac, vin, chanvre, pommes de terre, fourrages.

*Commerce et Industries* : 4 moulins à farine sur le Célé; teinturerie. — 2 auberges, 3 cabarets. — Foire le 4 mai. — Fête patr., le 10 août.

Historique.

*Pendant la Révolution.* — C. de Corn et Roquefort du cant. de Livernon et du district de Figeac.

*Avant la Révolution.* C^lé de Corn et Roquefort, de la subdél. et de l'élection de Figeac. — Paroisse sous l'invocation de St-Laurent (617 p.). — Cette c^lé payait 6162 livres d'impositions; ses charges locales ord. étaient de 208 livres.

En 1286, Géraud de Cardaillac accorda une charte de coutumes aux habitants de Corn. — En 1380, un capitaine anglais s'empara de cette localité d'où il put rayonner et mettre des garnisons à Brengues, à Sauliac, à Cabrerets, à Gréalou; ce capitaine obligea même les consuls de Cajarc à traiter avec lui. — En 1504, noble Jean de Béduer était seigneur de Corn. — Roquefort était une seigneurie particulière.

Parmi les grottes qui existent dans cette c., il en est deux, très grandes, qui communiquent entre elles et qui sont désignées sous les noms de grottes du *Consulat* et de la *Citadelle*. — D'après la tradition, la grotte du Consulat servait de lieu de réunion aux habitants pour délibérer ou élire leurs consuls; la grotte de la Citadelle servait de refuge aux mêmes habitants, lorsqu'ils voulaient résister à l'oppression féodale ou éviter le joug des Anglais.

*Anciennes mesures* : La principale mesure de vin était la charge contenant 133 ^litres 76 (la charge se subdivisait en 2 comportes et la comporte en 32 pintes); — les autres mesures étaient celles de Figeac.

*Antiquités* : Restes d'anciennes fortifications.

CORN, h., c. de Lentillac.

**CORNAC**, c., cant. de Bretenoux, arr. de Figeac. — ⊠ de Bretenoux. — ▥ de St-Céré. — Percept. de Bretenoux. — ☦ (650 p.). — Rec.-buraliste.

*Géographie* : Superf. 2109 hect. — 1530 hab. — Alt. moy. 433 ^m. — Cette c. se trouve sur la limite des terrains primitifs ou granitiques et des terrains calcaires.

Principaux v. et h. : Cornac (497 hab.); — Ayguesparses (31 hab.), à 11 k. 500 de Cornac; — Circam (63 hab.), à 8 k.; — Darses (21 hab.), à 11 k.; — Frauziol (69 hab.), à 1 k. 500; — Laborie (24 hab.), à 1 k. 500; — Lalevade (40 hab.), à 4 k.; — Laplaze (43 hab.), à 0 k. 500; — Lapradelle (52 hab.), à 4 k.; — Mejanasserre (50 hab.), à 11 k.; — Mourèze (67 hab.), à 13 k.; — Souilhol (77 hab.), à 7 k.; — Le Terral (38 hab.), à 1 k. 300; — Le Verdier (167 hab.), à 7 k.; — Ussel (137 hab.), à 4 k. 200.

Cours d'eau : Ruisseau du Mamoul.

Voies de c^on : Chem. vic. de g. c^on n° 35, de Bretenoux dans le Cantal; — chem. vic. d'int. com. n° 44, de Bretenoux à Sousceyrac; — chem. vic. d'int. com. n° 45, de la route nat^le n° 140, au Port de Gagnac; — 7 chem. vic. ord.

Distances : au chef-l. de cant. 4 k.; au chef-l. d'arr. 50 k.; au chef-l. de départ. 79 k.

*Statistique* : 462 Electeurs. — 16 Cons. mun. — Sect. élect. de Cornac (8 cons. mun.) du Verdier et de Mejanasserre (8 cons. mun.).

Principal des 4 contr. dir. 8479 fr.

Revenus de la commune, 784 fr.

Bureau de bienfaisance (revenu annuel 116 fr.).

*Instruction* : Ecole c^le laïque de garç. (35 élèves); — école c^le congrég. de filles (32 élèves).

*Produits agricoles* : Vin, céréales et fourrages.

*Commerce et Industries :* 5 moulins à farine sur le Mamoul. — 3 auberges ; — 2 cabarets ; — café. — Foires les 4 janv., 16 mars, 4 avril et 13 mai (ne sont pas suivies). — Fête patr., le 3 janv. et fête locale le 1er dimanche de septemb.

### Historique.

*Pendant la Révolution :* C. du cant. de Bretenoux et du district de St-Céré.

*Avant la Révolution.* — Cté de la subdél. et de l'élection de Figeac. — Paroisse sous l'invocation de Ste-Geneviève (1200 p.). — Cette cté payait 15925 livres d'impositions ; ses charges locales ord. s'élevaient à 405 livres.

*Anciennes mesures :* Canne = $2^m$ 003. — Canne carrée = $2^{m\,c}$ 638. — Sétérée = 23 $^{ares}$ 742 (la sétérée se subdivisait en 4 quartonées, la quartonée en 5 pugnères). — Setier = 80 $^{litres}$ 72 (le setier se subdivisait en 4 quartes, la quarte en 7 pugnères). — Charge = 111 $^{litres}$ 15 (la charge se subdivisait en 2 comportes de 30 pintes ou en 3 bastes de 20 pintes).

*Antiquités :* Restes d'un vieux château fortifié.

CORNIÈRE (la), *i.*, c. de Bach.
CORNUS, *h.*, c. de Cénevières.
CORNUZEL, *m. e.*, c. de Cazillac.
CORRIEUX, *h.*, c. de Vayrac.
CORTOULES, *i.*, c. de St-Cirq.
COSSOUL, *m. e.*, c. de St-Germain.
COSTALOU, *h.*, c. d'Alvignac.
COSTE (la), *h.*, c. de Cambes.
COSTE (la), *ch.*, c. de Flaugnac.
COSTE (la), *i.*, c. de Vers.
COSTEBAROU, *f.*, c. de Labastide.
COSTEBILLE, *h.*, c. de Strenquels.
COSTEBRU, *h.*, c. de Corn.
COSTE-DE-CAYRÉ (la), *h.*, c. de Soulomès.
COSTE-LONGUE, *m.*, c. de St-Céré.
COSTE-MAGRE, *i.*, c. de Reilhac.
COSTE-NÈGRE, *i.*, c. de Viazac.
COSTE-PLANE, *i.*, c. de Terrou.
COSTERASTE, *i.*, c. de Lachapelle-Auzac.
COSTERASTE, *v.*, c. de Gourdon.
COSTERASTE, *i.*, c. de Montfaucon.
COSTERASTE, *h.*, c. de Sérignac.
COSTERBOUZE, *h.*, c. de Bagnac.
COSTE-ROUGE, *h.*, c. de Vidaillac.
COSTE-ROUSSE, *h.*, c. de Bagnac.
COSTES, *h.*, c. de Caniac.
COSTES-ROUGES, *h.*, c. de Sauliac.
CÔTE (la) *h.*, c. de Beaumat.
CÔTE (la), *h.*, c. d'Issepts.
CÔTE-BLANCHE, *h.*, c. de Soucirac.
CÔTE-DARDENNE, *h.*, c. des Junies.

CÔTE-DE-COUAILLE, *i.*, c. d'Albas.
CÔTE-DE-PALIS, *h.*, c. de Pradines.
CÔTE-DE-SABY, *i.*, c. de Mauroux.
CÔTE-DES-CRABES, *h.*, c. de Salviac.
CÔTE-D'ESPÈRE, *m.*, c. de Catus.
CÔTE-DES-RODES, *i.*, c. d'Albas.
CÔTE-DE-VADAILLAC, *h.*, c. de Douelle.
CÔTE-DU-CAUSSE, *h.*, c. des Junies.
CÔTE-DU-MAS, *h.*, c. de Sauliac.
CÔTE-NICOUSE, *h.*, c. de Miers.
CÔTE-PEYROUSE (la), *i.*, c. de Sénaillac.
CÔTES-DE-LA-BRUYÈRE, *h.*, c. de Rouffiac.
COTY, *écluse*, c. de Cahors.
COTY, *i.*, c. de La Magdelaine.
COTY (le), *h.*, c. de St-Denis (Catus).
COUAILLE, *h.*, c. de Carayac.
COUAL (le), *i.*, c. de Pradines.
COUBEJOLS (le), *i.*, c. d'Assier.
COUCARDOU, *h.*, c. de Catus.
COUDENNE, *h.*, c. de Bétaille.
COUDERC, *h.*, c. de Dégagnac.
COUDERC, *h.*, c. de Limogne.
COUDERC, *h.*, c. de Saillac.
COUDERC, *h.*, c. de St-Matré.
COUDERC, *h.*, c. de Théminettes.
COUDERC (le), *h.*, c. de Bétaille.
COUDERC (le), *h.*, c. de Nozac.
COUDERC (le), *h.*, c. de St-Projet.
COUDERC BAS ET HAUT, *h.*, c. d'Alvignac.
COUDERCS (les), *f.*, c. de Rocamadour.
COUDERCOU (le), *h.*, c. de Reilhac.
COUDÈRE, *h.*, c. de Calviac.
COUDÈRE, *h.*, c. de Caniac.
COUDÈRE, *h.*, c. de Labastide-Murat.
COUDÈRE, *h.*, c. de St-Jean-de-Laur.
COUDERT (le), *h.*, c. d'Espédaillac.
COUDON, *i.*, c. de Gindou.
COUDONNIER, *i.*, c. de Montlauzun.
COUDOULOUS, *h.*, c. de St-Cirq-Lapopie.
COUDOUMIER, *ch.*, c. de Labastide-[Marnhac].
COUENSAC, *ch.*, c. de Montcuq.
COUGES, *h.*, c. de Castelnau.
COUGNAC, *h.*, c. de Payrignac.
COUGOURNAC, *h*. c. de Castelnau.
COUJAC, *h.*, c. de Bétaille.
COULET, *h.*, c. de Sarrazac.
COULIAC (le), *h.*, c. de Rouffiac.
COULON, *h.*, c. de Grézels.
COULON, *i.*, c. de Rassiels.
COULOUGNAC, *m. e.*, c. de Cazillac.
COULOURGNES, *h.*, c. de St-Matré.
COUMARQUE, *m.*, c. de Montfaucon.
COUNORDE, *i.*, c. de St-Vincent (St-Céré).
COUNORT, *h.*, c. de Castelnau.
COUPET, *f.*, c. de Castelnau.
COUPIAC, *h.*, c. de Gourdon.
COUPIALOU, *h.*, c. de St-Cernin.

Courbenac, *u.*, c. de Puy-l'Evêque.
Courbou, *h.*, c. de Lentillac (St-Céré).
Courbou, *h.*, c. de Leyme.
Courbou, *h.*, c. de Reyrevignes.
Courbous, *h.*, c. de Cabrerets.
Courcelle, *i.*, c. de Goujounac.
Cournayrac, *h.*, c. de Payrignac.
Cournelier, *h.*, c. de Montcléra.
Cournes, *h.*, c. de Montcléra.
Cournet, *i.*, c. de Camboulit.
Cournet (le), *h.*, c. de Montcléra.
Cournies (les), *i.*, c. de Valroufié.
Cournissou, *h.*, c. de Sarrazac.
Cournou, *h.*, c. de Grézels.
Cournou, *h.*, c. de Montcuq.
Cournou, *v.*, c. de St-Vincent (Luzech).
Cournouillé, *h.*, c. de Goujounac.
Cournouillé, (le), *h.*, c. de Cuzance.
Cournouillé (le), *h.*, c. de Durbans.
Cournouillé (le), c. de Reilhac.
Cournus, *f.*, c. de Castelnau.
Courounelle (la), *h.*, c. de Labastide-
[Marnhac].
Courpe (la), *h.*, c. de St-Géry.
Courpet, *i.*, c. de Belfort.
Courpou, *h.*, c. d'Albas.
Courpou, *i.*, c. d'Esclauzels.
Courpou, *i.*, c. de Laroque-des-Arcs.
Courrech, *h.*, c. de Grézels.
Courrech, *h.*, c. de Lacapelle-Cab.
Courrèges, *m. e.*, c. de Vers.
Courrieu (le), *h.*, c. de St-Cirgues.

**COURS**, c., cant. de St-Géry, arr. de
Cahors. — ✉ de Pélacoy. — Percept. de
Cabrerets. — ☦ de Cours (600 p.) et de
St-Michel (252 p.). — Rec.-buraliste. —
Notaire.
*Géographie :* Superf. 1706 hect. — 695
hab. — Alt. moy. 318 ᵐ. — Cette c.
occupe un plateau calcaire fort élevé,
appartenant à l'étage jurassique supé-
rieur.
Principaux v. et h. : Cours (254 hab.);
— La Boissière (82 hab.), à 0 k. 250
de Cours; — Gironde (82 hab.), à 2 k.; —
St-Michel et Ladevèze (226 hab.), à 3 k.
Cours d'eau : Ruisseaux de St-Julien
et de St-Martin qui, en se réunissant,
forment le ruisseau de Vers.
Voies de c^on : Route dép^le n° 13, de
Cahors à Figeac; — chem. vic. d'int.
com. n° 13, de Vers à Pélacoy; — chem.
vic. d'int. com. n° 52, de Laroque-des-
Arcs à St-Martin-de-Vers; — 4 chem.
vic. ord.
Distances : au chef-l. de cant. 11 k.;
au chef-l. d'arr. et de départ. 18 k.

*Statistique :* 245 Electeurs. — 12 Cons.
mun.
Principal des 4 cont. dir. 4186 fr.
Revenus de la commune, 240 fr.
*Instruction :* Ecole c^le laïque de garç.
(50 élèves); — école c^le laïque de filles
(24 élèves); — école laïque de h. à St-
Michel (15 élèves); — école congrég. libre de h. à St-Michel (14 élèves).
*Produits agricoles :* Céréales, vin, fourrages. — Bois.
*Commerce et Industries :* 4 moulins sur
le ruisseau de Vers. — Cabaret. — Foires
les 18 avril et 15 novemb. — Fêtes patr.,
à Cours, le 8 septemb.; à St-Michel, le
29 septemb.

Historique.

*Pendant la Révolution.* — Cours formait les 2 c. de Cours et Gironde et de
St-Michel, du cant. de St-Géry et du
district de Cahors.
*Avant la Révolution.* — Cours formait
les 2 c^tés de Cours et Gironde et de St-
Michel.
La c^té de Cours et Gironde comprenait
une paroisse, sous l'invocation de St-Clair
(489 p.); elle payait 4862 livres d'impositions; ses charges locales ord. étaient de
69 livres.
La c^té de St-Michel comprenait une
paroisse, sous l'invocation de St-Antoine
(401 p.); elle payait 2520 livres d'impositions; ses charges locales ord. étaient de
60 livres.
Le château de Cours devint un lieu
important pendant les dévastations des
compagnies anglaises dans le Quercy.
*Anciennes mesures :* Les mesures de
Cours étaient celles de Cahors.
*Antiquités :* Restes de l'ancien aqueduc
romain qui conduisait à Cahors les eaux
du ruisseau de Vers.

Cours (les), *h.*, c. de St-Cirgues.
Coursac, *h.*, c. de Quissac.
Courson, *i.*, c. de Livernon.
Courtat, *h.*, c. de Quissac.
Courtave (la), *h.*, c. de Marminiac.
Courtet, *h.*, c. de Cambayrac.
Courtet, *h.*, c. de Dégagnac.
Courtet, *h.*, c. de Lavercantière.
Courtille, *h.*, c. de Gramat.
Courtine (la), *h.*, c. de Cassagnes.
Courtissou, *h.*, c. de Miers.
Courty, *h.*, c. de Crayssac.
Courty, *h.*, c. de Montcabrier.
Courty, *h.*, c. d'Ussel.
Cousi, *h.*, c. de Laramière.

COUSSARD, *h.*, c. de Montfauçon.
COUSSERAN, *ch.*, c. de Bélaye.
COUSSERANT, *i.*, c. de Frayssinet-le-Gél.
COUSSIES (les), *h.*, c. de Reyrevignes.
COUSSOL, *h.*, c. de Castelnau.
COUSTADES (les), *h.*, c. de St-Jean-Lesp.
COUSTAL, *i.*, c. de Castelnau.
COUSTAL, *h.*, c. de St-Daunès.
COUSTAL (le), *i.*, c. de Camboulit.
COUSTAL (le), *h.*, c. de Capdenac.
COUSTAL (le), *i.*, c. de Pinsac.
COUSTALOU, *h.*, c. d'Alvignac.
COUSTALOU, *h.*, c. de Catus.
COUSTALOU (le), *i.*, c. de Marminiac.
COUSTASSIO (la), *i.*, c. de Belfort.
COUSTEILLES-BASSES ET HAUTES, *h.*, c. [de Montcléra].
COUSTEILLES-DELBOS, *h.* c. de Montcléra.
COUSTIS, *h.*, c. de Salviac.
COUSTOU, *h.*, c. de Gourdon.
COUSTOU, *h.*, c. de Thémines.
COUSTOUNE (la), *i.*, c. de Catus.
COUSTAL, *h.*, c. de Limogne.
COUSTAL (le), *h.*, c. de Capdenac.
COUTEL, *h.*, c. d'Albiac.
COUTENS, *h.*, c. de Frayssinet.
COUTETOU, *h.*, c. de Thédirac.
COUTIN (le), *i.*, c. de St-Martin-de-V.
COUTRIX, *m. e.*, c. de Boissières.
COUTURE, *h.*, c. de Bagat.
COUTURE, *h.*, c. de St-Vincent (St-Céré).
COUTURE (la), *h.*, c. de Floressas.
COUTURES (les), *i.*, c. de Lebreil.
COUTY (le), *i.*, c. de Millac.
COUVENT, *i.*, c. de Belfort.
COUVERT, *v.*, c. de Soturac.
COUVIGNAC, *h.*, c. de Montcuq.
COUVINENS, *h.*, c. de Montcuq.
CAUX-DE-LEVAT, *h.*, c. de Sauzet.
COUYFFAT, *h.*, c. de St-Jean-de-Laur.
COUZENAC, *h.*, c. de Sarrazac.

**COUZOU**, c., cant. de Gramat, arr. de Gourdon. — ⊠ de Rocamadour. — [TE], [ST] et Percept. de Gramat. — ☿ de Couzou (470 p.) et de Lapanonie (250 p.). — Débit de tabac.

*Géographie :* Superf. 2153 hect. — 445 hab. — Alt. moy. 298 $^m$. — Le territoire de cette c. s'étend sur le jurassique moyen; le sol est entièrement calcaire et très sec.

Principaux v. et h. : Couzou (255 hab.); — Pelaprat (24 hab.), à 0 k. 250 de Couzou; — Poudurac (46 hab.), à 1 k.; — Pounissou (36 hab.), à 0 k. 500.

Voies de c^on : Chem. vic. d'int. com. n° 29, de Rocamadour à la route dép^le n° 1; — chem. vic. d'int. com. n° 70, de Gourdon à Gramat; — chem. vic. ord.

Distances : au chef-l. de cant. 11 k.; au chef-l. d'arr. 21 k.; au chef-l. de départ. 51 k.

Curiosités : Gouffre de l'*Igue de Biau*.

*Statistique :* 140 Electeurs. — 10 Cons. mun.

Principal des 4 cont. dir. 2351 fr.

Revenus de la commune, 88 fr.

*Instruction :* Ecole c^le laïque de garç. (36 élèves).

*Produits agricoles :* Céréales. — Bois.

*Commerce et Industries :* Fabrique de paniers de noisetiers. — Commerce de bêtes à laine et de chèvres. — Fromages estimés. — 3 cabarets. — Foires les 20 mai et 20 octob. — Fête patr., le 25 août.

### Historique.

*Pendant la Révolution.* — Couzou formait 2 c. (Couzou et Lapanonie) du cant. de Carlucet, district de Gourdon.

*Avant la Révolution :* Lapanonie était une c^lé de la subdél. de Gourdon et de l'élection de Figeac. — Paroisse sous l'invocation de St-Cirq (104 p.); elle payait 1496 livres d'impositions; ses charges locales ord. étaient de 38 livres.

Couzou appartenait autrefois à l'abbaye d'Obazine. — En 1392, le capitaine anglais dit *Peyroutou*, s'empara du fort de Couzou et se rendit si redoutable que les consuls de Cahors et le Prieur de Catus furent obligés de lever des troupes pour le chasser.

*Anciennes mesures :* Les mesures linéaires de Couzou étaient celles de St-Céré; ses autres mesures étaient celles de Gramat.

*Antiquités :* Tumuli (une de ces éminences mesure 74 mètres de circonférence.

COY, *i.*, c. de Goujounac.
COYRAC (le), *h.*, c. de Calamane.
CRABAL (la), *h.*, c. de Frayssinet.
CRABES (les), *h.*, c. de Payrac.
CRABIDELLES, *h.*, c. de Boissières.
CRABILLIÉ, *ch.*, c. de Montgesty.
CRABOL, *i.*, c. de Vers.
CRABOL (le), *h.*, c. de Catus.

**CRAISSAC**, c., cant. de Catus, arr. de Cahors. — ⊠ de Catus. — [TE] et [ST] de Mercuès. — Percept. de Catus — ☿ (720 p.). — Rec.-buraliste et débit de tabac.

*Géographie :* Superf. 1377 hect. — 701 hab. — Alt. moy. 276 m. — Les hauteurs de cette c. appartiennent au calcaire jurassique supérieur ; les parties basses sont formées par les éboulements de ces roches et par des marnes.

Principaux v. et h. : Craissac (421 hab.) ; — Brunioux (59 hab.), à 3 k. 400 de Craissac ; — Laborie (86 hab.), à 0 k. 900 ; — Lamat (34 hab.), à 2 k. 500 ; — Mas de Bastide (60 hab.), à 0 k. 800 ; — Vitarelles (54 hab.), à 1 k.

Cours d'eau : Rivière du Lot.

Voies de c^on : Route nat^le n° 111 de Millau à Tonneins ; — route dép^le, n° 9, de Cahors à Domme ; — chem. vic. de g. c^on n° 14, de Catus à Montcuq ; — chem. vic. d'int. com. n° 10, de Luzech à Pélacoy ; — 2 chem. vic. ord.

Distances : au chef-l. de cant. 7 k. ; — au chef-l. d'arr. et de départ. 15 k.

*Statistique :* 224 Electeurs — 12 Cons. mun.

Principal des 4 cont. dir. 3364 fr.

Revenus de la commune, 253 fr.

*Instruction :* Ecole c^le laïque de garç. (50 élèves) ; — école c^le congrég. de filles (48 élèves).

*Produits agricoles :* Céréales, vin, prunes.

*Commerce et Industries :* auberge. — Fête patr., le 30 mai.

### Historique.

*Pendant la Révolution.* — C. du cant. de Catus et du district de Cahors.

*Avant la Révolution.* — C^té de la subdél. et de l'élection de Cahors. — Paroisse sous l'invocation de St-Blaise (700 p.). — Cette c^té payait 5994 livres d'impositions ; ses charges locales ord. étaient de 175 livres.

Craissac vit punir de mort, en 1234, son seigneur, coupable d'avoir favorisé l'hérésie albigeoise. — Une garnison anglaise occupait Craissac en 1355 ; cette localité fut encore occupée par les Anglais en 1385 et 1387. — En 1605 l'évêque de Cahors donna aux Jésuites, qu'il venait d'appeler dans son diocèse, les revenus du prieuré de Craissac.

*Anciennes mesures :* Les mesures de Craissac étaient celles de Cahors.

*Antiquités :* En 1873, on a trouvé tout près de l'ancienne voie romaine de Cahors à Bordeaux qui traverse cette c., un certain nombre de pièces de monnaies romaines dans un état parfait de conservation.

CRAYSSAC, h., c. de Corn.

CRAYSSAC, v., c. de St-Laurent-les-T.

**CRAS**, c., cant. de Lauzès, arr. de Cahors. — ⊠ et percept. de Lauzès. — ☊ (520 p.). — Débit de tabac.

*Géographie :* Superf. 1036 hect. — 509 hab. — Alt. moy. 317 m. — Les hauteurs de cette c. appartiennent au calcaire jurassique moyen ; les parties basses sont formées par les éboulements des marnes et par des alluvions.

Principaux v. et h. : Cras (137 hab.) ; — le Barry (80 hab.), à 1 k. de Cras ; — le Cayrou (105 hab.), à 1 k. 200 ; — Mursens (52 hab.), à 3 k. 500.

Cours d'eau : Ruisseau de Vers.

Voies de c^on : Chem. vic. d'int. com. n° 52, de St-Martin-de-Vers à Laroque des Arcs ; — 3 chem. vic. ord.

Distances : au chef-l. de cant. 9 k. ; — au chef-l. d'arr. et de départ. 21 k.

Curiosités : Caverne du Roc-d'Aucor, où l'on remarque des travaux de main d'homme.

*Statistique :* 170 Electeurs. — 12 Cons. mun.

Principal des 4 cont. dir. 3000 fr.

Revenus de la commune, 178 fr.

*Instruction :* Ecole c^le laïque de garç. (30 élèves) ; — école c^le laïque. de filles (27 élèves).

*Produits agricoles :* Céréales et vin.

*Commerce et industries :* moulins à farine sur les ruisseaux. — 3 cabarets. — Fête patr. le 6 octobre.

### Historique.

*Pendant la Révolution :* C. du cant. de Cabrerets et du district de Cahors.

*Avant la Révolution :* C^té de la subdél. et de l'élection de Cahors. — Paroisse sous l'invocation de S^te Foy (545 p.). — Cette c^té payait 5474 livres d'impositions ; ses charges locales ord. étaient de 158 livres.

Cras était le siège d'une commanderie des chevaliers de St-Jean de Jérusalem. — Le château de Cras fut détruit au xiv^e siècle par les Anglais qui voulaient se venger d'une défaite que leur avait fait éprouver le seigneur de Thémines, propriétaire de ce château ; — en 1385, Cras était occupé par le capitaine anglais Huc de Turenne.

*Anciennes mesures :* Les mesures de Cras étaient celles de Cahors.

*Antiquités :* Ruines très intéressantes

d'un ancien *oppidum* celtique dit de Mursens, (Murcens, Murshein, Mursceint) où l'on a trouvé et où l'on trouve encore des poteries, des médailles, des meules, etc. Cet oppidum aurait été successivement occupé par les Romains et les Anglais, et, d'après la tradition, communiquerait avec une grotte située au-dessous et désignée sous le nom de *caverne du Roc d'Aucor.*

*Hommes célèbres* : Guillaume de Cras était évêque de Cahors au XIIIᵉ siècle.

**CRÉGOLS**, c., cant. de St-Géry, arr. de Cahors. — ⊠ de Limogne. — Percept. de St-Géry. — ☿ (270 p.). — Débit de tabac.

*Géographie* : Superf. 1835 hect. —370 hab. — Alt. moy. 288 ᵐ. — Jurassique moyen ; — carrières de phosphates de chaux renfermant de nombreux fossiles.

Principaux v. et h. : Crégols (172 hab.) ; — Fonderbies (38 hab.), à 4 k. de Crégols ; — Mas de Parra (23 hab.), à 3 k. ; — Trégoux (62 hab.), à 4 k. ; — Zacharias (32 hab.), à 3 k.

Cours d'eau : Rivière du Lot (bac) ; — ruisseau du Bournac.

Voies de cᵒⁿ : Chem. vic. d'int. com. nᵒ 26, de Crégols à Lalbenque ; — chem. vic. d'int. com. nᵒ 62, de Crégols à Limogne ; — 3 chem. vic. ord.

Distances : au chef-l. de cant. 17 k. ; au chef-l. d'arr. et de départ. 27 k.

*Statistique* : 120 électeurs. — 10 Cons. mun.

Principal des 4 cont. dir. 2497 fr.

Revenus de la commune, 106 fr.

*Instruction* : Ecole cˡᵉ laïque de garç. (25 élèves).

*Produits agricoles* : Céréales, vin, tabac. — Bois.

*Commerce et Industries* : 2 moulins à farine sur le ruisseau du Bournac ; — briqueterie. — Cabaret. — Fête patr., le 1ᵉʳ août.

### Historique.

*Pendant la Révolution*. — C. de Crégols et Trégoux du cant. de St-Géry et du district de Cahors.

*Avant la Révolution*. — Cᵗᵉ de Crégols et Trégoux, de la subdél. et de l'élection de Cahors. — Paroisses de Crégols sous l'invocation de St-Pierre ès liens (288 p.) et de Trégoux, sous l'invocation de la chaire de St-Pierre (172 p.). — Cette cᵗᵉ payait 1482 livres d'impositions ; ses charges locales ord. étaient de 79 livres.

*Anciennes mesures :* Les mesures de Crégols étaient celles de Cahors.

*Antiquités* : Dolmens. — Petite église du XIᵉ siècle.

CRÉGOLS (*écluse*), c. de St-Cirq-Lapop.
CREIL (le), h., c. de Frayssinet-le-Gᵃᵗ.

**CREMPS**, c., cant. de Lalbenque, arr. de Cahors. — ⊠ de Lalbenque. — Percept. de Bach. — ☿ (758 p.). — Rec.-buraliste.

*Géographie* : Superf. 1966 hect. — 695 hab. — Alt. moy. 259 ᵐ. — Jurassique moyen ; — carrières de phosphates de chaux.

Principaux v. et h. : Cremps (229 hab.) ; — Biargues (80 hab.), à 4 k. de Cremps ; — Pouzergues (98 hab.), à 3 k. ; — Sabrié (128 hab.), à 1 k.

Voies de cᵒⁿ : Chem. vic. d'int. com. nᵒ 26, de Crégols à Lalbenque ; — chem. vic. d'int. com. nᵒ 64, de Cahors à Caylus ; — 3 chem. vic. ord.

Distances : au chef-l. de cant. 8 k. ; au chef-l. d'arr. et de départ. 17 k.

*Statistique* : 222 Electeurs. — 12 Cons. mun.

Principal des 4 contr. dir. 4404 fr.

Revenus de la commune, 238 fr.

Bureau de bienfaisance (revenu annuel 142 fr.).

*Instruction* : Ecole cˡᵉ laïque de garç. (53 élèves) ; — école cˡᵉ congrég. de filles (30 élèves).

*Produits agricoles* : Céréales, truffes, vin.

*Commerce et Industries* : Moulins à vent. — 2 cabarets. — Foires le 1ᵉʳ mercredi après Pâques, le 9 septemb., le 16 nov. et le 29 décemb. — Fête patr., le 8 septemb.

### Historique.

*Pendant la Révolution*. — C. du cant. de Lalbenque et du district de Cahors.

*Avant la Révolution*. — Cᵗᵉ de la subdél. et de l'élection de Cahors. — Paroisse sous l'invocation de la Nativité de la Vierge (822 p.). — Cette cᵗᵉ payait 3056 livres d'impositions ; ses charges locales ord. étaient de 93 livres. — En 1105, Cremps avait trois seigneurs : Guillaume de St-Cirq, Ratier de Belfort et le Chapitre de Cahors.

*Anciennes mesures* : Les mesures linéaires de Cremps étaient celles de Figeac ; ses autres mesures étaient celles de Cahors.

Crespiat, *h.*, c. d'Albas.

**CRESSENSAC**, c., cant. de Martel, arr. de Gourdon. — ✉. — 🚉 de Turenne. — Percept. de Martel. — ♂ (1202 p.). — Rec.-buraliste.

*Géographie :* Superf. 1963 hect. — 1074 hab. — Alt. moy. 305 ᵐ. — Cette c. est située sur un lambeau de terrain tertiaire, placé sur le jurassique moyen, lequel recouvre les marnes supraliasiques qui s'étendent depuis Cressensac jusqu'à St-Denis et à la Dordogne. — Gisements de minerai de fer.

Principaux v. et h. : Cressensac (234 hab.); — Neyragues (186 hab.), à 1 k. 500 de Cressensac; — Peyrelevade (113 hab.), à 2 k.

Voies de c$^{on}$ : Route nat$^{le}$ n° 20, de Paris à Toulouse; — route dép$^{le}$ n° 14, de Gramat à Cressensac; — chem. vic. de g. c$^{on}$ n° 23, de Gignac à Meyssac; — 3 chem. vic. ord.

Distances : au chef-l. de cant. 13 k.; au chef-l. d'arr. 40 k.; au chef-l. de départ. 82 k.

*Statistique :* 345 Electeurs. — 12 Cons. mun.

Principal des 4 contr. dir. 5494 fr.

Revenus de la commune, 445 fr.

*Instruction :* Ecole c$^{le}$ laïque de garç. (86 élèves); — école c$^{le}$ laïque de filles (75 élèves); — école libre de filles (24 élèves).

*Produits agricoles :* Céréales, vin, tabac, truffes. — Bois.

*Commerce et Industries :* 2 auberges; — 5 cabarets. — Foires les 5 fév., 5 mars, 5 avril, 7 août et 5 octobre. — Fête patr., le 24 août.

Historique.

*Pendant la Révolution.* — C. du cant. de Sarrazac et du district de St-Céré.

*Avant la Révolution.* — C$^{té}$ de la subdél. de Souillac et de l'élection de Figeac. — Paroisse sous l'invocation de St-Barthélemy (825 p.). — Cette c$^{té}$ faisait partie de la vicomté de Turenne.

*Anciennes mesures.* Aune = 1ᵐ 188. — Canne carrée = 2 ᵐ. ᶜ. 638. — Les autres mesures de Cressensac étaient celles de Martel.

Crestou, *h.*, c. de Cyprien.
Grets, *i.*, c. de Rampoux.
Crevalié, *h.*, c. de St-Cirgues.
Creyssague (la), *h.*, c. de Frayssinhes.
Creyssague (la), *i.*, c. de St-Laurent.

**CREYSSE**, c., cant. de Martel, arr. de Gourdon. — ✉, 🚉 et Percept. de Martel. — 🚉 de Montvalent. — ♂ (907 p.). — Débit de tabac.

*Géographie :* Superf. 961 hect. — 770 hab. — Alt. moy. 189 ᵐ. — Jurassique inférieur. — Dans certaines parties de cette c. on trouve des bancs d'argiles propres à la confection des poteries.

Principaux v. et h. : Creysse (293 hab.); — Boutières (155 hab.), à 2 k. de Creysse; — Loudour (132 hab.), à 2 k. 500.

Cours d'eau : Rivière de la Dordogne; — ruisseaux de Cacrey et de Boutières.

Voies de c$^{on}$ : Chem. vic. d'int. com. n° 12, de Carennac à la route dép$^{le}$ n° 13; — chem. vic. d'int. com. n° 14, de la route dép$^{le}$ n° 15 à Turenne; — 3 chem. vic. ord.

Distances : au chef-l. de cant. 6 k.; au chef-l. d'arr. 35 k.; au chef-l. de départ. 67 k.

Curiosités : Hautes falaises sur les bords de la Dordogne.

*Statistique :* 243 Electeurs. — 12 Cons. mun.

Principal des 4 cont. dir. 5429 fr.

Revenus de la commune, 363 fr.

*Instruction :* Ecole c$^{le}$ laïque de garç. (43 élèves); — école c$^{le}$ laïque de filles (28 élèves).

*Produits agricoles :* Céréales, vin, fourrages, jardinage.

*Commerce et Industries :* 5 moulins à farine, sur les ruisseaux; — poteries. — 6 cabarets. — Foires les 11 mars, 11 avril et 11 juin. — Fête patr., le 24 août.

Historique.

*Pendant la Révolution.* — Creysse formait avec Baladou une seule c. du cant. de Martel et du district de St-Céré.

*Avant la Révolution.* — Creysse formait avec Baladou une seule c$^{té}$ appartenant à la vicomté de Turenne et dépendait de la subdél. de Souillac et de l'élection de Figeac. — Paroisses : de Creysse, sous l'invocation de St-Germain (437 p.); — de Baladou, sous l'invocation de l'Assomption (640 p.); — de Loudour, sous l'invocation de St-Julien (230 p.).

La terre de Creysse avait titre de châtellenie.

En 940 une partie du territoire de Creysse fut donnée au monastère d'Aurillac par Flotard, vicomte du Quercy. — Les Anglais ont occupé Creysse au XIV$^e$ siècle.

*Anciennes mesures :* Aune = 1 ᵐ 188.
— Canne carrée = 2 ᵐ. ᶜ 638. — Les au-
tres mesures de Creysse étaient celles de
Martel.

*Antiquités :* Restes de fortifications.

*Hommes célèbres :* Le commandant Taillade tué pendant la guerre de 1870-1871
était né à Creysse.


CREYSSENS, *h.*, c. du Boulvé.
CREZOU, *h.*, c. de St-Médard.
CROÏS, *h.*, c. de Dégagnac.
CROIX (la), *h.*, c. d'Autoire.
CROIX (la), *h.*, c. de Ginouillac.
CROIX-BLANCHE (la), *h.*, c. de Beaumat.
CROIX-BLANCHE (la), *i.*, c. de Grézels.
CROIX-BLANCHE (la), *i.*, c. de Faycelles.
CROIX-BLANCHE (la), *h.*, c. de Montvalent.
CROIX DE BRUEL, *h.*, c. de Montet-et-
[Bouxal].
CROIX DE CAZES, *h.*, c. de Puy-l'Evêque.
CROIX DE DOUGNÉT, *i*, c. d'Espédaillac.
CROIX DE FÉNELON (la), *i.*, c. de Masclat.
CROIX DE FERRASSE (la), *h.*, c. de
Sabadel (Lauzès).
CROIX DE FRAYSSINET, *h.*, c. de Goujounac.
CROIX-DE-LAGLERADE, *i.*, c. de Gourdon
CROIX DE LA PEIRRE, *h.*, c. de Goujounac
CROIX DEL FER, *i.*, c. d'Esclauzels.
CROIX DE MALTE, *h.*, c. de St-Cirgues.
CROIX DE MARTINET, *i.*, c. de Goujounac.
CROIX DE MAURE (la), *h.*, c. de
[Lachapelle-Auzac].
CROIX DE MEULES, *i.*, c. de Meyronne.
CROIX DE MIALET, *h.*, c. de Gorses.
CROIX DE PECH, *i.*, c. de Fajoles.
CROIX DES MOINES, *i.*, c. de Flaugnac.
CROIX DU GAL (la), *i.*, c. de Montfaucon.
CROIX DU MEUNIER (la), *i.*, c. des Junies.
CROIX D'USSEL, *i.*, c. de Teyssieu.
CROIX-HAUTE, *i.*, c. de Loubressac.
CROIX-MATHIEU (la), *h.*, c. de Martel.
CROIX-ROUGE (la), *i.*, c. de Bouyssou.
CROS (le), *h.*, c. d'Anglars.
CROS (le), *h.*, c. de Boussac.
CROS (le), *f.*, c. de Castelnau.
CROS (le), *h.*, c. de Montet et Bouxal.
CROS (le), *h.*, c. de St-Cirgues.
CROS (le), *h.*, c. de St-Perdoux.
CROS (le), *h.*, c. de Sousceyrac.
CROS DE BEZET, *i.*, c. de Cornac.
CROSE (la), *h.*, c. des Junies.
CROSE BASSE ET HAUTE, *h.*, c. de
[Montfaucon].
CROUMEL, *i.*, c. de Lentillac.
CROUSCANTIL, *f.*, c. de Caniac.
CROUX D'ORVAL (la), *i.*, c. de Reilhac.

CROUX DE PAILLOTE, *i.*, c. de Maxou.
CROUZAVAL, *h.*, c. de Labastide-Murat.
CROUZELLES, *h.*, c. de Saillac.
CROUZET (le), *i.*, c. de St-Perdoux.
CROUZETS (les), *h.*, c. de Cras.
CROUZETS (les), *h.*, c. de Lunan.
CROUZETTE (la), *h.*, c. de Pontcirq.
CROUZETTES (les), *h.*, c. du Bastit.
CROUZILLOU, *h.*, c. de Gagnac.
CROUZOL, *m. e.*, c. de Labathude.
CROXIES, *h.*, c. de St-Denis (Catus).
CROZE, *ch.*, c. de Sarrazac.
CROZE (la), *i.*, c. de Dégagnac.
CROZE (la), *h.*, c. de Touzac.
CROZES, *h.*, c. de Frayssinet-le-Gélat.
CROZILLES, *h.*, c. d'Alvignac.
CRU (le), *h.*, c. de Thédirac.
CRUBELS, *h.*, c. du Boulvé.
CRUT, *h.*, c. de Thédirac.
CRUZEL, *i.*, c. de Montcuq.
CRUZOUL, *i.*, c. de St-Pantaléon.
CUBANETTES (les), *h.*, c. de Pontcirq.
CUBAYNES, *i.*, c. de Lalbenque.
CUBERTOU, *h.*, c. de Duravel.
CUCAS, *h.*, c. de Puy-l'Evêque.
CUFEL, *m. e.*, c. de Boissières.
CUFELLE, *f.*, c. de Rocamadour.
CUISINES (les), *h.*, c. de Souillac.
CUQUEL, *m. e.*, c. de Bannes.
CURADE (la), *h.*, c. de St-Sozy.
CUREBOURSET, *h.*, c. de Concorès.
CUSSOIRE, *h.*, c. de Lherm.
CUSSONAT, *h.*, c. de Sauliac.
CUSSONNAC, *h.*, c. de Bagnac.
CUSSOU-BAS ET HAUT, *i.*, c. de Flaugnac.
CUSTALOU, *h.*, c. de Grèzes.
CUYSAT (Moulin de), c. de Dégagnac.


**CUZAC**, c., cant. de Figeac (est), arr.
de Figeac. — ⊠ de Figeac. — ▦ et ⓢⓣ de
St-Martin de Bouillac. — Percept. de St-
Félix. — ⚇ (563 p.). — Débit de tabac.

*Géographie :* Superf. 502 hect. — 500
hab. — Alt. moy. 344 ᵐ. — Cette c. se
trouve à l'extrémité orientale de la ligne
de séparation des terrains primitifs et secondaires. — Traces de plomb sulfuré argentifère.

Principaux v. et h. : Cuzac (136 hab.);
— Floirac (96 hab.), à 1 k. 500 de Cuzac;
— Gours (72 hab.), à 1 k. 400; — Laborie
(50 hab.), à 2 k. 100; — Monteils (61 hab.),
à 1 k.

Cours d'eau : Rivière du Lot.

Voies de cᵒⁿ : Chem. vic. d'int. com.
nᵒ 53, de Bouillac au Colombier; — chem.

vic. d'int. com. n° 87, de Capdenac à Bouillac; — 3 chem. vic. ord.

Distances : au chef-l. de cant. et d'arr. 14 k. ; au chef-l. de départ. 85 k.

*Statistique :* 162 Électeurs. — 10 Cons. mun.

Principal des 4 cont. dir. 2467 fr.

Revenus de la commune, 66 fr.

*Instruction :* Ecole c^le laïque de garç. (35 élèves); — école c^le congrég. de filles (30 élèves).

*Produits agricoles :* Blé, vin, châtaignes, pommes de terre.

*Commerce et industries :* 3 cabarets. — Fête patr., le 25 juillet.

Historique.

*Pendant la Révolution.* — C. du cant. et du district de Figeac.

*Avant la Révolution.* — Cuzac faisait partie de la province du Rouergue.

CUZAL, h., c. de Marcillac.
CUZALS, h., c. de Sauliac.

**CUZANCE**, c., cant. de Martel, arr. de Gourdon. — ✉, 🚉 et Percept. de Martel. — 🚉 de St-Denis. — ☧ de Cuzance (540 p.) et de Rignac (580 p.). — Rec.-buraliste.

*Géographie :* Superf. 2975 hect. — 1078 hab. — Alt. moy. 233 ᵐ. — Cette c. est située sur le jurassique moyen; — sol calcaire et très-sec.

Principaux v. et h. : Cuzance (204 hab.); — Bournissard (42 hab.), à 2 k. 400 de Cuzance; — Lacisque (156 hab.), à 3 k. 600; — Lagarrigue (48 hab.), à 1 k. 700; — Malastreges (57 hab.), à 2 k.; — Négelle (48 hab.), à 3 k. 800; — Rignac (148 hab.), à 4 k. 400; — Viors (62 hab.), à 2 k. 300.

Voies de c^on : Route nat^le n° 20, de Paris à Toulouse; — route dép^le n° 14, de Gramat à Cressensac; — 8 chem. vic. ord.

Distances : au chef-l. de cant. 6 k. ; au chef-l. d'arr. 36 k. ; au chef-l. de départ. 78 k.

*Statistique :* 356 Electeurs. — 12 Cons. mun. — Sect. élect. de Cuzance (6 cons. mun.) et de Rignac (6 cons. mun.).

Principal des 4 cont. dir. 5826 fr.

Revenus de la commune, 396 fr.

*Instruction :* Ecole c^le laïque de garç. (62 élèves); — école c^le laïque de filles (45 élèves); — école de h. à Rignac (50 élèves).

*Produits agricoles :* Céréales, tabac, noix et truffe.

*Commerce et Industries :* 2 auberges; — 4 cabarets. — Foires les 7 mars, 7 juin, 7 septemb. et 7 décemb. — Fête patr., à Cuzance, le 18 août; à Rignac, le 21 juillet.

Historique.

*Pendant la Révolution.* — Cuzance formait 2 c. (Cuzance et Rignac) du cant. de Martel et du district de St-Céré.

*Avant la Révolution.* — Cuzance appartenait à la vicomté de Turenne et formait deux c^tés (Cuzance et Rignac) de la subdél. de Souillac et de l'élection de Figeac. — Paroisses de Cuzance sous l'invocation de St-Pierre (540 p.) et de Rignac sous l'invocation de St-Victor (545 p.).

*Anciennes mesures :* Aune = 1ᵐ 188. — Canne carrée = 2ᵐ. ᶜ. 638. — Les autres mesures étaient celles de Martel.

*Antiquités :* Restes d'un vieux château appartenant jadis aux vicomtes de Turenne et qui servait à relier les places fortes de la vicomté : Turenne, Montvalent, Martel, St-Céré, etc.

CUZAT, h., c. de Labastide-Murat.
CUZOR, i., c. de Montcabrier.
CUZOUL (le), h., c. de Gramat.
CUZOUL (le), h., c. de Lalbenque.
CUZOUL (le), i., c. de Sénaillac.
CUZOUL (le), h., c. de Vers.
CYRUS, f., c. de Figeac.

# D

DABRUNES, h., c. de Thédirac.
DADA, h., c. de Larnagol.
DADOT, h., c. d'Issendolus.
DAELLES, h., c. de Thégra.
DAGUES, h., c. du Bastit.
DAILLÉS, h., c. de Reyrevignes.
DALAT, h., c. de Limogne.

DALAY, h., c. de Peyrilles.
DALET, m. e., c. du Vigan.
DALOU, m., c. de Martel.
DALOU, h., c. de Sérignac.
DAMANCE, i., c. d'Espédaillac.
DAMANCE, i., c. de Livernon.
DAMANCONNERIE (la), h., c. de Gignac.

DAME (la), *h.*, c. dé Calès.
DAME (la), *h.*, c. de Payrac.
DAME (la), *i.*, c. de St-Projet.
DANDRAL, *i.*, c. du Vigan.
DANÈS, *f.*, c. de Montfaucon.
DANTONET, *h.*, c. de Lentillac.
DANTOU, *h.*, c. de Catus.
DANTOU, *h.*, c. de Payrignac.
DANTOU, *h.*, c. de Salviac.
DAOURI (le), *h.*, c. de Montvalent.
DARDÉ, *i.*, c. d'Autoire.
DARDÉ, *i.*, c. de Lalbenque.
DARDÉ, *h.*, c. de St-Simon.
DARDENNES (basses et hautes), *h.*, c. du
[Vigan].
DARIBEN, *h.*, c. de Lachapelle-Auzac.
DARNIS, *h.*, c. de Loubressac.
DARNIS, *h.*, c. de Gramat.
DARSES, *h.*, c. de Cornac.
DARSES (les), *i.*, c. de Montfaucon.
DAUDELY, *h.*, c. de Castelnau.
DAUDY, *h.*, c. de Bélaye.
DAURAT, *i.*, c. de St-Daunès.
DAUSSE (la), *h.*, c. de Figeac.
DAVID, *h.*, c. du Bouyssou.
DABASSE, *h.*, c. de Duravel.
DÉBATS (les), *i.*, c. de Lauzès.
DÉBATS (les), *h.*, c. de Masclat.
DEBRUNES, *h.*, c. de Thédirac.

**DÉGAGNAC**, c., cant. de Salviac, arr. de Gourdon. — ⊠ et ▥. — Percept. de Salviac. — ☉ (2011 p.). — Rec.-buraliste. — Notaire.
*Géographie :* Superf. 3790 hect. — 1889 hab. — Alt. moy. 251 m. — Terrain jurassique supérieur.
Principaux v. et h. : Dégagnac (490 hab.) ; — Lamothe (350 hab.), à 3 k. 200 de Dégagnac ; — Lantis (156 hab.), à 3 k. ; — Mas de Teulat (244 hab.), à 2 k. 500 ; — Mazerat (329 hab.), à 4 k. 500 ; — Poudens (320 hab), à 5 k.
Cours d'eau : Ruisseau de Palazet ; le Céou et ses 2 affluents les ruisseaux de Rivalès et de Peyrilles.
Voies de c<sup>on</sup> : Route dép<sup>le</sup> n° 9, de Cahors à Domme ; — chem. vic. d'int. com. n° 31, de Gourdon à Dégagnac ; — chem. vic. d'int. com. n° 71, de Concorès à Dégagnac ; — 8 chem. vic. ord.
Distances : au chef-l. de cant. 5 k. ; au chef-l. d'arr. 11 k. ; au chef-l. de départ. 32 k.
*Statistique :* 592 Electeurs. — 16 Cons. mun.
Principal des 4 contr. dir. 11285 fr.
Revenus de la commune, 2871 fr.

Bureau de bienfaisance (revenu annuel 320 fr.).
*Instruction :* Ecole c<sup>le</sup> laïque de garç. (110 élèves) ; — école c<sup>le</sup> congrég. de filles (106 élèves).
*Produits agricoles :* Céréales, vin, tabac, fourrages.
*Commerce et Industries :* Cabaret ; — 3 cafés. — Foires le 5 de chaque mois. — Fête patr., le 15 août.
Historique.
*Pendant la Révolution.* — C. du cant. de Salviac et du district de Gourdon.
*Avant la Révolution.* — C<sup>é</sup> de la subdél. de Gourdon et de l'élection de Cahors. — Paroisse sous l'invocation de St-Vincent (1850 p.). — Cette c<sup>té</sup> payait 14431 livres d'impositions ; ses charges locales ord. étaient de 210 livres.
Dégagnac était autrefois une petite ville fortifiée ; elle fut hypothéquée aux Anglais, en 1287. — D'après le traité de cette même année, entre Philippe le Bel et Edouard d'Angleterre, c'était au roi lui-même à qui appartenait la justice haute et basse de Dégagnac. — Un évêque de Cahors, Raymond de Cornil (1280-1293) a été enterré dans l'église de Dégagnac.
*Anciennes mesures :* Les mesures de grains et de vin de Dégagnac étaient celles de Gourdon ; ses autres mesures étaient celles de Cahors.
*Antiquités :* Restes des anciennes fortifications. — Nécropoles disséminées dans tout l'espace occupé par le chef-l. de cette c. — On a trouvé à Dégagnac plusieurs médailles du Bas-Empire.

DÉGAGNAZÈS, *v.*, c. de Peyrilles.
DÉGANIE (la), *h.*, c. de Figeac.
DÉGIMAT (le), *i.*, c. du Vigan.
DELBOSE (la), *i.*, c. de Lauzès.
DELCHIEZ (moulin de), c. du Vigan.
DELFOUGEAT, *i.*, c. de Labastide-Murat.
DELMET, *h.*, c. de Concorès.
DELMET, *m. e.*, c. de Frayssinet.
DELPY, *m. e.*, c. de St-Paul.
DENJEANNE, *m. e.*, c. de Peyrilles.
DENTAL, *h.*, c. de Lauresses.
DERIEYS-BAS (le), *h.*, c. de St-Jean-L.
DESCARGUES (les), *h.*, c. de Terrou.
DEVALADOR (le), *h.*, c. de Montamel.
DEVÈZE (la), *h.*, c. de Blars.
DEVÈZE (la), *h.*, c. de Cours.
DEVÈZE (la), *h.*, c. de Livernon.
DEVÈZE (la), *h.*, c. de S<sup>te</sup>-Eulalie.
DEVÈZE (la), *i.*, c. de Vers.

DEVEZOU, *h.*, c. de Gramat.
DEVEZOU (le), *h.*, c. de Soucirac.
DEVINAUDES, *i.*, c. de Mayronne.
DIÈZES, *h.*, c. de Ste-Eulalie.
DÉLIGENT, *i.*, c. de St-Paul.
DIMINZOU, *i.*, c. de Lascabanes.
DINES, *h.*, c. de Cahors.
DINETIS, *i.*, c. de Lebreil.
DINETY, *h.*, c. de Puy-l'Evêque.
DIRY (le), *h.*, c. de Cahors.
DIVILLAC, *v.*, c. de Castelnau.
DOLSE (la), *h.*, c. de Montcabrier.
DOMAINE DE MOLES, *h.*, c. de Bétaille.
DOMENZOUS, *h.*, c. de Reilhaguet.
DOMENAC, *h.*, c. de Sénaillac.
DOMERGUE, *h.*, c. d'Anglars.
DON (le), *h.*, c. de Cornac.
DONADIEU, *i.*, c. de Gourdon.
DONAT (bas et haut), *h.*, c. de St-Médard
[St-Céré].
DONAZAC, *h.*, c. de Lentillac.
DONAZAC, *h.*, c. de Lunan.
DONDINNERIE (la), *h.*, c. de Gignac.
DONGAY, *h.*, c. de Gramat.
DONNADIEU, *h.*, c. de Gramat.
DONNAT, *m.*, c. de Gramat.
DONNATS (les), *h.*, c. de Masclat.
DONNES (les), *m. e.*, c. de Concorès.
DONTOU, *h.*, c. de Dégagnac.
DORDÉ, *h.*, c. de Mauroux.
DORNAZAC, *h.*, c. de Castelnau.
DORVAL, *h.*, c. de Cavagnac.
DOUCET, *h.*, c. de Montbrun.

**DOUELLE**, c., cant. de Luzech, arr. de Cahors. — ⊠, ▥ et ▤ de Mercuès. — Percept. de Luzech. — ⚲ (1120 p.). — Rec.-buraliste. — Notaire.

*Géographie :* Superf. 898 hect. — 1246 hab. — Alt. moy. 149 ᵐ. — Terrain jurassique supérieur dans les parties élevées ; alluvions dans les vallées.

Principaux v. et h. : Douelle (1010 hab.) ; — Cessac (136 hab.), à 0 k. 300 de Douelle.

Cours d'eau : Rivière du Lot (pont suspendu) ; — Ruisseaux de Reignac et d'Auronne ou de Freysse.

Voies de cᵒⁿ : Chem. vic. de g. cᵒⁿ nᵒ 8, de Cahors à Touzac ; — chem. vic. d'int. com. nᵒ 34, de Mercuès à Montcuq ; — 2 chem. vic. ord.

Distances : au chef-l. de cant. 8 k. ; au chef-l. d'arr. et de départ. 11 k.

*Statistique :* 395 Électeurs. — 12 Cons. mun.

Principal des 4 contr. dir. 6686 fr.
Revenus de la commune, 296 fr.

*Instruction :* Ecole cˡᵉ laïque de garç. (80 élèves) ; — école cˡᵉ congrég. de filles (86 élèves).

*Produits agricoles :* Vin, tabac et céréales.

*Commerce et Industries :* Commerce de vins. — Moulins à farine et à phosphates de chaux. — Auberge ; — cabaret ; — 4 cafés. — Foires les 18 fév., 18 mars, 9 mai, 16 août, 16 octob. et 18 décemb. — Marchés tous les lundis. — Halle aux grains. — Fête patr., le 15 août.

Historique.

*Pendant la Révolution.* — C. du cant. de Luzech et du district de Cahors.

*Avant la Révolution.* — Cᵗᵉ de Douelle et de Cessac, de la subdél. et de l'élection de Cahors. — Paroisse sous l'invocation de l'Assomption (615 p.). — Cette cᵗᵉ payait 7139 livres d'impositions ; ses charges locales ord. étaient de 154 livres.

Le petit bourg de Cessac, situé sur une presqu'île, était un lieu très fortifié qui fut longtemps occupé par les Anglais ; aussi ce château et celui de Douelle furent-ils rasés, en 1427, par les consuls de Cahors.

Les barons de Cessac furent longtemps les plus puissants seigneurs du Quercy ; quelques-unes de leurs terres relevaient de l'évêque de Cahors et on connaît la réception qu'ils étaient obligés de faire à l'évêque, leur suzerain, lors de son entrée dans sa ville épiscopale. — Les barons de Cessac descendaient d'un riche bourgeois de Cahors, nommé Béral de Béraldy, qui, ayant prêté des sommes considérables à Simon de Montfort, reçut en paiement des terres confiquées sur les seigneurs convaincus ou soupçonnés d'hérésie. — Les seigneurs de Cessac faisaient partie de l'ordre de la noblesse dans les Etats du Quercy.

*Anciennes mesures :* Les mesures de Douelle étaient celles de Cahors.

*Antiquités :* Vieille tour ruinée et quelques restes de murailles au hameau de Cessac.

DOULANS, *h.*, c. de Camburat.
DOUMAZAR, *h.*, c. de Cazillac.
DOUMENCHE, *h.*, c. de Montdoumerc.
DOUMERC, *i.*, c. de Saux.
DOUMERGUES, *h.*, c. d'Anglars.
DOUMERGUES, *h.*, c. de Ste-Colombe.
DOUMÉRY, *i.*, c. de Saux.
DOUNY, *h.*, c. de St-Sozy.
DOURDOUNE (la), *i.*, c. de Montdoumerc.

Douriou, *h.*, c. de Lavercantière.
Douzios, *i.*, c. de Belfort.
Dragonière (la), *i.*, c. de St-Martin-
[de-Vers].
Drauzou, *h.* et *m. e.*, c. de Camboulit.
Dreuille, *i.*, c. du Vigan.
Dronazat, *m. e.*, c. de Lentillac.
Drouille, *h.*, c. de Peyrilles.
Droumelle, *h.*, c. de Fons.
Druilhes, *h.*, c. de Larnagol.
Druilles, *h.*, c. de Linac.
Drulhes, *i.*, c. de St-Laurent-les-T.
Druts (les), *h.*, c. de Loupiac.
Duc (le), *h.*, c. de Cavagnac.
Dugards, *h.*, c. de St-Jean-de-Laur.
Dumas, *h.*, c. de Floirac.
Durand, *h.*, c. de St-Michel-Loubéjou.
Durand, *h.*, c. de Castelnau.
Durand, *h.*, c. de Cézac.
Durand, *h.*, c. de Salviac.
Durands, *h.*, c. de St-Chamarand.
Durands (les), *h.*, c. de Cahors.
Durant, *h.*, c. de Lascabanes.
Durantie (la), *h.*, c. de Lanzac.

**DURAVEL**, c., cant. de Puy-l'Evêque,
arr. de Cahors. — ⊠, ▥, ▨ et Percept.
— ☉ de Duravel (1009 p.) et de St-Martin-
le-Redon (700 p.). — Rec.-buraliste. —
Débit de tabac. — Notaire.
*Géographie*: Superf. 2560 hect. — 1689
hab. — Alt. moy. 181 ᵐ. — Cette c. se
trouve sur la ligne de limite des terrains
jurassique supérieur et crétacé. — Gisements de minerais de fer, exploités
surtout à Calassou, à Mordaigne et à
Cavignac et qui alimentent les forges
de Fumel, dans le Lot-et-Garonne.
Principaux v. et h. : Duravel (565
hab.); — St-Martin (482 hab.); — chemin de l'Onde (70 hab.), à 1 k. 500 de
Duravel; — Chemin de Vire et Lagineste
(148 hab.), à 1 k. 900; — Combe-Arnal
(10 hab.), à 3 k.; — Lapaillole et Roufflac (32 hab.), à 1 k. 500; — Laroquette
et le Fournier (30 hab.), à 2 k.
Cours d'eau : Rivière du Lot; — ruisseaux de la Thèze et de Cazes.
Voies de cᵒⁿ : Route natᵉ nᵒ 111, de
Millau à Tonneins; — route dépᵗᵉ nᵒ 8,
de Payrac à Fumel; — chem. vic. d'int.
com. nᵒ 9, de Floressas à Villefranche;
— 8 chem. vic. ord.
Distances : au chef-l. de cant. 6 k.;
au chef-l. d'arr. et de départ. 39 k.
*Statistique* : 568 Electeurs. — 16 Cons.
mun. — Sect. élect. de Duravel (11 cons.
mun.) et de St-Martin (5 cons. mun.).

Principal des 4 contr. dir. 12388 fr.
Revenus de la commune, 744 fr.
Bureau de bienfaisance (revenu annuel
713 fr.).
*Instruction* : Ecole cᵗᵉ laïque de garç.
(94 élèves); — école cᵗᵉ congrég. de filles
(79 élèves); — école de h. laïque de garç.
à St-Martin (30 élèves); — école de h.
laïque de filles à St-Martin (21 élèves).
*Produits agricoles* : Céréales, fruits,
vin, fourrages.
*Commerce et Industries* : Usine métal-
lurgique. — Auberge ; — 2 cabarets ; —
5 cafés. — Foires le 19 de chaque mois,
celle d'octobre excepté, qui se tient le
22. — Halle aux grains. — Fêtes patr.,
le 23 octob. à Duravel et le 1ᵉʳ juil. à
St-Martin.

Historique.

*Pendant la Révolution.* — Duravel était
un chef-l. de cant. du district de Cahors.
*Avant la Révolution.* — Duravel formait avec Montcabrier, Soturac et Cassagnes une seule cᵗᵉ de la subdél. de
Prayssac et de l'élection de Cahors. —
Cette cᵗᵉ payait 9436 livres d'impositions;
ses charges locales ord. étaient de 1570
livres. — Paroisses : de Duravel, sous
l'invocation de St-Hilarion (1076 p.); —
de Soturac, sous l'invocation de St-Pierre
(329 p.); — de Pestillac, sous l'invocation de Notre-Dame et de Montcabrier,
sous l'invocation de St-Louis (775 p.);
— de Couvert, sous l'invocation de la
Nativité de N.-D. (253 p.); — de Cavagnac, sous l'invocation de St-Pierre ès
liens (267 p.); — d'Aglan, sous l'invocation de St-Vincent (175 p.); — de Cassagnes, sous l'invocation de l'Assomption
(624 p.); — de St-Martin-le-Redon (543
p.); — de Mazières, sous l'invocation de
St-Martin (262 p.).
On croit que Duravel était connu des
Romains et que cette ville, traversée
par la voie militaire de Bordeaux à
Lyon, portait le nom de *Diolidinum*. —
Au moyen-âge, Duravel était une place
très-forte et l'histoire rapporte que la
garnison de Cahors, durant la guerre de
cent ans, désespérant de défendre la trop
vaste enceinte de cette ville, se retira
à Duravel, d'où elle brava toutes les
forces anglaises envoyées pour l'as-
siéger. — Quelques temps après, en
1369, Duravel tomba au pouvoir des
grandes compagnies.
En 1055, Duravel fut donné par Gaus-

bert et Ségui, seigneurs de Pestillac, à l'abbé de Moissac, qui l'érigea en Prieuré conventuel et fit bâtir la belle église qui existe encore. — Quelques auteurs prétendent que Charlemagne, lorsqu'il revint de combattre les Maures d'Espagne, déposa dans l'église de Duravel diverses reliques très-précieuses, conservées depuis avec le plus grand soin.

*Anciennes mesures* : Aune = 1ᵐ 188. — Canne carrée = 3 ᵐ. ᶜ. 256. — Quarterée = 23 ᵃʳᵉˢ 742 (la quarterée se subdivisait en 4 quartonats, le quartonat en 4 boisselats, le boisselat en 16 onces). — Quarte = 78 ˡⁱᵗʳᵉˢ (la quarte se subdivisait en 4 quartons, le quarton en 4 boisseaux, le boisseau en 16 onces). — Barrique = 200 ˡⁱᵗʳᵉˢ.

*Antiquités* : Eglise romane avec cryptes. — Restes de la voie romaine, de Bordeaux à Cahors; aggers. — On a trouvé à Duravel des mosaïques, des urnes et des médailles des premiers empereurs romains.

**DURBANS**, c., cant. de Livernon, arr. de Figeac. — ⊠ de Livernon. — ⊤ᴱ, ⬚ et Percept. d'Assier. — Débit de tabac. (La c. de Durbans n'a ni église ni chef-lieu).

*Géographie* : Superf. 2781 hect. — 521 hab. — Alt. moy. 331 ᵐ. — Marnes du supra-lias et de l'oolithe inférieur.

Principaux v. et h. : Ladignac (62 hab.); — Castille (61 hab.), à 2 k. de Ladignac; — Cornouillé (117 hab.), à 3 k.; — Pradelles (175 hab.), à 4 k.; — la Salle (106 hab.), à 2 k.

Voies de cᵒⁿ : Chem. vic. de g. cᵒⁿ, nᵒ 2, de Gourdon à Figeac; — chem. vic. de g. cᵒⁿ nᵒ 40, d'Aynac à la route dépˡᵉ nᵒ 13; — chem. vic. de g. cᵒⁿ, nᵒ 42, de Cajarc à Gramat; — chem. vic. d'int.

com. nᵒ 17, de Labastide-Murat à Lacapelle-Marival; — 3 chem. vic. ord.

Distances : au chef-l. de cant. 5 k.; au chef-l. d'arr. 23 k.; au chef-l. de départ. 55 k.

*Statistique* : 168 Electeurs. — 12 Cons. mun.

Principal des 4 contr. dir. 4997 fr. Revenus de la commune, 195 fr.

*Instruction* : Ecole cˡᵉ laïque de garç. (30 élèves); — école cˡᵉ congrég. de filles (24 élèves).

*Produits agricoles* : Céréales, tabac, chanvre, pommes de terre.

*Commerce et Industries* : 3 cabarets. — Fête patr., le 22 septembre.

Historique.

*Pendant la Révolution.* — C. du cant. de Livernon et du district de Figeac.

*Avant la Révolution.* — Cˡᵉ de la subdél. et de l'élection de Figeac. — Payait 3756 livres d'impositions; ses charges locales ord. étaient de 113 livres. — Cette cˡᵉ dont la population était de 500 hab. n'avait pas d'église et était rattachée à la paroisse d'Espédaillac. — Durbans ou Lassalle-Durbans formait jadis une commanderie de l'ordre de Malte.— Les protestants de la contrée se retranchèrent dans les châteaux de Lasalle et de Plégaven, d'où ils furent expulsés, vers 1570, par Jean de Lascazes, seigneur de Roquefort.

*Anciennes mesures* : Les mesures de vin de Durbans étaient celles de Livernon; ses autres mesures étaient celles de Figeac.

**DURESTAT**, *f.*, c. de Marcillac.
**DUROU**, *i.*, c. de Lalbenque.
**DUROU**, *i.*, c. de Villesèque.
**DUROUNAT**, *i.*, c. de Boulvé.
**DUSSOL**, *i.* c. de St-Pantaléon.

E

**ECLUSE**, *i.*, c. de Bouziès.
**ECLUSE**, *i.*, c. de St-Cirq.
**ECLUSE**, *i.*, c. de Vers.
**ECLUSE D'ARCAMBAL**, *i.*, c. d'Arcambal.
**ECLUSE D'ASSIER**, *i.*, c. d'Assier.
**ECLUSE DU BAS**, *i.*, c. de Limogne.
**ECLUSE DE COMPAST**, *i.*, c. de Pescadoires.
**ECLUSE DE DOUELLE**, *i.*, c. de Douelle.
**ECLUSE D'ESCAMBOUS**, *i.*, c. de Pescadoires.
**ECLUSE D'ESCARBILLAS**, *i.*, commune de [Pescadoires].
**ECLUSE DE GALESSIE**, *i.*, c. d'Arcambal.
**ECLUSE DE GRIMARD**, *i.*, c. de Puy-l'Évêque.
**ECLUSE DE LACROZE**, *i.*, c. de Touzac.
**ECLUSE DE MEYMES**, *i.*, c. de Pescadoires.
**ECLUSE DE PLANIOL**, *i.*, c. d'Arcambal.
**ECLUSE DE TOUZAC**, *i.*, c. de Touzac.
**ECLUSE D'ORGUEIL**, *i.*, c. de Soturac.

Ecume (l'), *h.*, c. de Frayssinet-le-Gél.
Eglis (l'), *h.*, c. de Cieurac.
Eglise, *i.*, c. de St-Chels.
Eglise-Basse, *i.*, c. de Loubressac.
Eguille (le), *i.*, c. de Figeac.
Embelpech, *h.*, c. de Frayssinet-le-Gélat.
Empérigord, *h.*, c. de Payrignac.
Encabre, *h.*, c. de Teyssieu.
Encan, *h.*, c. de Terrou.
Englandières, *m.*, c. de Cahors.
Enguestou (l'), *m.*, c. de Lhospistalet.
Enroques, *m. e.*, c. de Castelnau.
Enteste, *i.*, c. du Montat.
Envergnes, *ch.* et *m. e.*, c. de Mayrinhac-
                                    [Lentour].
Ericardou, *h.*, c. de Bétaille.
Erous (l'), *h.*, c. de Frayssinet-le-Gélat.
Escabasse, *h.*, c. de Flaugnac.
Escabelle (*moulin d'*), c. de Millac.
Escales (les), *h.*, c. de Pradines.
Escalié, *h.*, c. de St-Denis (Catus).
Escaliel, *h.*, c. de Sauzet.
Escalier (l'), *h.*, c. de Laburgade.
Escalmels (mas d'), *h.*, c. de Gigouzac.
Escaloulat, *h.*, c. de Bagnac.
Escambous, *h.*, c. de Prayssac.
Escambous (écluse d'), *i.*, c. de Pescadoires.

**ESCAMPS**, c., cant. de Lalbenque, arr. de Cahors. — ☒ de Lalbenque. — Percept. de Bach. — ♂ (505 p.). — Débit de tabac.

*Géographie* : Superf. 997 hect. — 511 hab. — Alt. moy. 277 ᵐ. — Terrain jurassique moyen.

Principaux v. et h. : Escamps (237 hab.); — Le Corgne (112 hab.), à 1 k. 500 d'Escamps; — Le Fraysse (162 hab.), à 1 k.

Voies de cᵒⁿ : Chem. vic. d'int. com. nᵒ 61, de St-Cirq à Vaylats; — chem. vic. d'int. com. nᵒ 64, de Cahors à Caylus; — 2 chem. vic. ord.

Distances : au chef-l. de cant. 9 k.; au chef-l. d'arr. et de départ. 22 k.

*Statistique* : 161 Electeurs. — 12 Cons. mun.

Principal des 4 cont. dir. 2411 fr.

Revenus de la commune, 250 fr.

Bureau de bienfaisance : (Revenu annuel 23 fr.).

*Instruction* : Ecole cˡᵉ laïque de garç. (20 élèves); — école cˡᵉ congrég. de filles (26 élèves).

*Produits agricoles* : Céréales, vin, pommes de terre, fourrages, truffes.

*Commerce et Industries* : Cabaret. — Foires les 21 janv., 12 mai et 7 novemb. — Fête patr., le 6 novemb.

Historique.

*Pendant la Révolution*. — C. du cant. de Lalbenque et du district de Cahors.

*Avant la Révolution*. — Nous n'avons trouvé aucune trace de cᵗᵉ à Escamps.

*Antiquités* : Restes d'un ancien château.

Escamps, *h.*, c. de Lalbenque.
Escarbillas, *écluse*, c. des Pescadoires.
Escaris, *h.*, c. de Prayssac.
Escarrits, *h.*, c. de Fons.
Escavals, *h.*, c. de Sonac.
Escayrac, *v.* et *h.*, c. de Lascabanes.
Escazalous, *h.*, c. de Durbans.
Escazals, *h.*, c. de Durbans.
Escazals, *h.*, c. de Fontanes.
Escazelles, *h.*, c. de Comiac.
Esclapieds (les), *h.*, c. de Frayssinet.
Esclapiers, *i.*, c. de Mauroux.
Esclat, *m. e.*, c. de Belmont.
Esclauzel, *h.*, c. de Carennac.

**ESCLAUZELS**, c., cant. de St-Géry, arr. de Cahors. — ☒ et Percept. de St-Géry. — ♂ (460 p.). — Rec.-buraliste.

*Géographie* : Supérf. 1773 hect. — 518 hab. — Alt. moy. 308 ᵐ. — Terrain jurassique moyen; — quelques dépôts de phosphates de chaux.

Principaux v. et h. : Esclauzels (250 hab.); — Le Mazet (95 hab.), à 6 k. d'Esclauzels; — Négremont (64 hab.), à 2 k.; — Peyrefie (72 hab.), à 4 k.

Cours d'eau : Rivière du Lot. — Fontaine de l'Iffernet.

Voies de cᵒⁿ : Route natˡᵉ nᵒ 111, de Millau à Tonneins; — chem. vic. d'int. com. nᵒ 5, de St-Géry à Lalbenque; — chem. vic. d'int. com. nᵒ 81, de St-Cirq-Lapopie à Arcambal; — 5 chem. vic. ord.

Distances : au chef-l. de cant. 10 k.; au chef-l. d'arr. et de départ. 22 k.

*Statistique* : 161 Electeurs. — 12 Cons. mun.

Principal des 4 contr. dir. 2772 fr.

Revenus de la commune, 343 fr.

*Instruction* : Ecole cˡᵉ laïque de garç. (13 élèves); — école cˡᵉ laïque de filles (15 élèves).

*Produits agricoles* : Céréales, vin, truffes, fourrages. — Bois.

*Commerce et Industries* : 3 moulins à farine. — Auberge; 2 cabarets. — Foires les 15 mars et 20 novemb. — Fête patr., le 1ᵉʳ août.

Historique.

*Pendant la Révolution.* — C. du cant. de St-Géry et du district de Cahors.

*Avant la Révolution.* — C^té d'Esclauzels ou des Clauzels, de la subdél. et de l'élection de Cahors. — Paroisse sous l'invocation de St-Pierre ès liens (440 p.). — Cette c^té payait 2119 livres d'impositions; ses charges locales ord. étaient de 84 livres.

La paroisse d'Esclauzels est mentionnée en 1258.

*Anciennes mesures* : Les mesures d'Esclauzels étaient celles de Cahors.

ESCLAUZELS, *i.*, c. de Soulomès.
ESCOUANES, *i.*, c. de Tauriac.
ESCREGNOLES, *i.*, c. de Douelle.
ESCUBERT, *i.*, c. de Bach.
ESCURES, *h.*, c. de Cajarc.
ESCURIES (les), *h.*, c. de Condat.
ESGONIE, *h.*, c. de Mauroux.
ESCATS, *f.*, c. de Castelnau.
ESCLAS, *f.*, c. de Castelnau.
ESPAGNAC, *h.*, c. de Fontanes.
ESPAGNAC, *v.*, c. de S^te-Eulalie.
ESPAGNAC, *h.*, c. de St-Chamarand.
ESPAILLAC, *m. e.*, c. de Flaugnac.
ESPALIEU, *h.*, c. de Bretenoux.
ESPALIEU, *h.*, c. de Calviac.
ESPALIEU, *m. e.*, c. de Lamativie.
ESPARNOL, *f.*, c. de Montfaucon.

**ESPÉDAILLAC**, c., cant. de Livernon, arr. de Figeac. — ⊠ de Livernon. — ▥ et ▣ d'Assier. — Percept. de Livernon. — ♂ (1150 p.). — Débit de tabac. — Notaire.

*Géographie* : Superf. 3492 hect. — 847 hab. — Alt. moy. 322 ^m. — Terrain jurassique moyen.

Principaux v. et h. : Espédaillac (641 hab.); — Combe-rouge (39 hab.), à 2 k. d'Espédaillac ; — Ginouillac (31 hab.), à 5 k. ; — Lac de Vers (38 hab.), à 4 k. ; — Mas de Mérigue (48 hab.), à 1 k. ; — Mas d'Ourgnaguel (44 hab.), à 2 k.

Voies de c^on : Route dép^le, n° 13, de Cahors à Figeac ; — chem. vic. de g. c^on n° 40, d'Aynac à la route dép^le n° 13 ; — chem. vic. de g. c^on n° 42, de Cajarc à Gramat ;—chem. vic. d'int. com. n° 19, de Grèzes à Labastide-Murat ; — chem. vic. d'int. com., n° 89, d'Espédaillac à Villeneuve ; — 5 chem. vic. ord.

Distances : au chef-l. de cant. 6 k. ; au chef-l. d'arr. 24 k. ; au chef-l. de départ. 51 k.

*Statistique* : 252 Electeurs. — 12 Cons. mun.

Principal des 4 cont. dir. 6759 fr.
Revenus de la commune, 221 fr.

*Instruction* : Ecole c^le laïque de garç. (53 élèves) ; — école c^le congrég. de filles (77 élèves).

*Produits agricoles* : Céréales et pommes de terre.

*Commerce et industries* : Commerce des laines. — 2 auberges, 3 cabarets. — Foires les 4 janv., 7 et 28 mai, 25 août. — Fête patr. le 8 septembre.

Historique.

*Pendant la Révolution* : Espédaillac formait 2 c. (Espédaillac et Ginouillac), du cant. de Livernon et du district de Figeac.

*Avant la Révolution* : Espédaillac formait 2 c^tés (Espédaillac et Ginouillac), de la subdél. et de l'élection de Figeac.

La c^té d'Espédaillac payait 4962 livres d'impositions ; ses charges locales ord. étaient de 160 livres. — Paroisse sous l'invocation de St-Blaise (1279 p.).

La c^té de Ginouillac formait un domaine noble et privilégié affermé 6000 livres, exempt de tailles et ne payant qu'une capitation de 69 livres. — Paroisse sous l'invocation de S^te-Apollonie (50 p.).

*Anciennes mesures* : Les mesures de vin de ces 2 c^tés étaient celles de Livernon ; leurs autres mesures étaient celles de Figeac.

*Antiquités* : Restes d'un ancien château fortifié ayant appartenu à la famille de Cardaillac-Thémines.

**ESPÈRE**, c., cant. de Cahors (nord), arr. de Cahors. — ⊠, ▥ et ▣ de Mercuès. — Percept. de Pradines. — ♂ (450 p.). — Rec.-buraliste.

*Géographie* : Superf. 631 hect. — 402 hab. — Alt. moy. 221 ^m. — Terrain jurassique supérieur ; quelques alluvions.

Principaux v. et h. : Presque toute la population est agglomérée dans le chef-l.

Cours d'eau : Ruisseau de Reignac.

Voies de c^on : Route nat^le n° 111, de Millau à Tonneins ; — chem. vic. de g. c^on n° 1, de Cahors à Gourdon ;—3 chem. vic. ord.

Distances : au chef-l. de cant., d'arr. et de départ. 10 k.

*Statistique* : 152 Electeurs — 10 Cons. mun.

Principal des 4 cont. dir. 4040 fr. — Revenus de la commune, 742 fr.

*Instruction :* Ecole c<sup>le</sup> laïque de garç. (25 élèves) ; — école libre congrég. de filles (24 élèves).

*Produits agricoles :* Blé, tabac, vin, fourrages.

*Commerce et Industries :* 2 moulins à farine sur le ruisseau de Reignac. — Fête patr., le 10 août.

Historique.

*Pendant la Révolution.* — C. du cant. de Catus et du district de Cahors.

*Avant la Révolution.* — C<sup>té</sup> de la subdél. et de l'élection de Cahors. — Paroisse sous l'invocation de St-Laurent (498 p.). — Cette c<sup>té</sup> payait 4705 livres d'impositions ; ses charges locales ord. étaient de 40 livres.

Avant 1254, l'église et le village d'Espère appartenaient au chapitre de Cahors ; ils furent acquis à cette époque, par l'évêque Barthélemy de Roux.

*Anciennes mesures :* Les mesures d'Espère étaient celles de Cahors.

ESPEYRAGNES, *h.,* c de St-Germain.
ESPEYRASSE, *i.,* c. de Bach.

**ESPEYROUX** (c. créée en 1877, aux dépens des c. de St-Maurice, Anglars et Molières), cant. de Lacapelle-Marival, arr. de Figeac. — ⊠, ▦ et Percept. de Lacapelle. — ⚕ (400 p.).

*Géographie :* Superf. 832 hect. — 508 hab. — Alt. moy. 541 <sup>m</sup>. — Terrain granitique.

*Principaux v. et h. :* Espeyroux (97 hab.) ; — Cammas (75 hab.), à 0 k. 500 d'Espeyroux ; — Fontalzines (104 hab.), à 1 k. 500 ; — Lacam (55 hab.), à 0 k. 500 ; — Lascardonies (103 hab.), à 1 k.

*Cours d'eau :* 2 petits ruisseaux.

*Voies de com :* Chem. vic. de g. c<sup>on</sup> n<sup>o</sup> 48, de Lacapelle à St-Céré ; — 3 chem. vic. ord.

*Distances :* au chef-l. de cant. 5 k. ;

au chef-l. d'arr. 27 k. ; au chef-l. de départ. 73 k.

*Statistique :* 114 électeurs. — 12 Cons. mun.

Principal des 4 cont. dir. 2046 fr. — Revenus de la commune, 157 fr.

*Instruction :* Ecole c<sup>le</sup> laïque de garç. (38 élèves). — École c<sup>le</sup> congrég. de filles (41 élèves).

*Produits agricoles :* Céréales, pommes de terre, châtaignes.

*Commerce et Industries :* 2 moulins à farine. — Cabaret. — Fête patr., le 10 août.

ESPINADET, *h.,* c. de S<sup>te</sup> Colombe.
ESPINARDS, *h.,* c. de Montcabrier.
ESPINIÈRES, *h.,* c. d'Orniac.
ESPOUJADES, *h.,* c. de Reilhaguet.
ESPOUX, *i.,* c. de Labastide-Marnhac.
ESTAL, *h.,* c. de Lentillac.
ESTALS, *h.,* c. de Gagnac.
ESTAMPES, *h.,* c. de Figeac.
ESTAMPES, *h.,* c. de St-Chamarand.
ESTAMPS, *i.,* c. de L'hospitalet.
ESTANELS, *h.,* c. de Vers.
ESTANG (l'), *i.,* c. de Fontanes.
ESTÈBE, *m.,* c. de Beauregard.
ESTEGRY, *h.,* c. de Miers.
ESTEMPES, *h.,* c. de Frayssinet-le-Gélat.
ESTIALOUS, *h.,* c. de St-Hilaire-de-B.
ESTIEU, *h.,* c. de Montcabrier.
ESTIVAL, *h.,* c. de Cieurac.
ESTIVAL, *h.,* c. de St-Céré.
ESTIVE, *h.,* c. de Frayssinet-le-Gélat.
ESTOMPE (l'), *i.,* c. de Montfaucon.
ESTORTS, *h.,* c. de St-Hilaire-de-B.
ESTOURNELS, *ch.,* c. de St-Laurent [Montcuq].
ESTOURNELS (les), *h.,* c. de Reilhaguet.
ESTRADE, *h.,* c. de Montcléra.
ESTREIL, *h.,* c. de Molières.
ESTREIL, *i.,* c. de St-Céré.
ESTRENE, *m. e.,* c. de Bannes.
ESTRIPAU, *h.,* c. de Limogne.
ETANG-DE-CROS, *i.,* c. de Sousceyrac.
EXTRANS, *i.,* c. de Cénevières.

# F

FABELÈGUE, *i.,* c. de Payrignac.
FABENERIE (la), *h.,* c. de Gignac.
FABRE, *m.,* c. de Pern.
FABRE (le), *h.,* c. de Sénaillac.

FABUS, *i.,* c. de St-Médard-de-Presq.
FAGE (la), *h.,* c. de Rocamadour.
FAGEOLES (les), *h.,* c. de St-Hilaire-de-B.
FAGES, *h.,* c. de Figeac.

Fages, *v.*, c. de Luzech.
Fages, *h.*, c. de Peyrilles.
Fages, *v.*, c. de St-Martin-de-Vers.
Fagesle, *h.*, c. de Comiac.
Faget (bas et haut), *h.*, c. de St-Sozy.
Fagettes, *h.*, c. de Frayssinet-le-Gélat
Fagolle (la), *i.*, c. de Fargues.
Failgayrat, *h.*, c. de Frayssinet.
Failhal (le), *i.*, c. de Labastide-Marn.
Fainéant, *h.*, c. de Cadrieu.
Fajard, *h.*, c. de Gindou.
Fajole, *h.*, c. de Carennac.

**FAJOLES**, c., cant. de Payrac, arr. de Gourdon. — ✉, 🕾 et Percept. de Payrac. — ⚕ (628 p.). — Débit de tabac.

*Géographie* : Superf. 631 hect. — 618 hab. — Alt. moy. 178 ᵐ. — C. située sur la limite des terrains jurassique supérieur et crétacé.

Principaux v. et h. : Fajoles (180 hab.); — Caminel (104 hab.); — Ventéjouls (150 hab.).

Voies de cᵒⁿ : Chem. vic. d'int. com. nᵒ 85, de Gourdon à Mareuil ; — 6 chem. vic. ord.

Distances : au chef-l. de cant. 7 k. ; au chef-l. d'arr. 9 k. ; au chef-l. de départ. 52 k.

*Statistique* : 180 Electeurs. — 12 Cons. mun.

Principal des 4 cont. dir. 3741 fr.
Revenus de la commune, 53 fr.

*Instruction* : Ecole cˡᵉ laïque de garç. (48 élèves) ; — école cˡᵉ laïque de filles (29 élèves).

*Produits agricoles* : Seigle, tabac, noix et châtaignes.

*Commerce et Industries* : Briqueteries. — 2 cabarets. — Foires les 6 fév., 6 mars, 11 mai à Fajoles et le 11 août à Caminel. — Fête patr., le 15 août.

Historique.

*Pendant la Révolution.* — C. du cant. de Payrac et du district de Gourdon.

*Avant la Révolution.* — Cˡᵉ de Lacapelle-Fajoles, de la subdél. de Gourdon et de l'élection de Cahors. — Paroisse sous l'invocation de l'Assomption (649 p.). — Cette cˡᵉ payait 3949 livres d'impositions ; ses charges locales ord. étaient de 140 livres.

*Anciennes mesures* : Les mesures de Fajoles étaient celles de Gourdon.

Fajolles, *i.*, c. de St-Daunès.
Fajou (le), *h.*, c. de Lachapelle-Auzac
Falbet, *i.*, c. de Fargues.

Falgayras, *i.*, c. de Lalbenque.
Falgayras (le), *h.*, c. de Mechmont.
Falgayrine, *h.*, c. de Thédirac.
Falgueras, *h.*, c. de Catus.
Falguerines (les), *h.*, c. de Thédirac.
Falguière, *h.*, c. de Reyrevignes.
Falguières, *h.*, c. de St-Cernin.
Falguières, *h.*, c. de Thégra.
Falguières, *h.*, c. de Thémines.
Falissard, *h.*, c. de Bagnac.
Falquières, *i.*, c. de Labastide-Marn.
Falsegarre, *h.*, c. de Capdenac.
Falsemoyer, *h.*, c. de Gignac.
Faltrep, *h.*, c. de St-Perdoux.
Fangas, *h.*, c. de Lentillac.
Fantaisie (la), *h.*, c. de Montgesty.
Fantou, *m.*, c. de Promilhanes.
Farelle, *h.*, c. de St-Cernin.
Farge-Haute, *h.*, c. de Montcléra.
Fargou, *h.*, c. de Goujounac.
Fargue (la), *h.*, c. de Lentillac (Lauzès)
Fargue (la), *i.*, c. de Montcuq.
Fargue (la), *h.*, c. d'Orniac.

**FARGUES**, c., cant. de Montcuq, arr. de Cahors. — ✉ de St-Matré. — 🕾 de Montcuq. — Percep. de St-Matré. — ⚕ de Fargues (300 p.), de Farguettes (229 p.) et de Mascayroles (120 p.). — Débit de tabac.

*Géographie* : Superf. 1479 hect. — 602 hab. — Alt. moy. 261 ᵐ. — Terrain tertiaire, de la formation éocène.

Principaux v. et h. : Bovila (92 hab.), à 2 k. de Fargues ; — Farguettes (14 hab.), à 2 k. ; — Lavidale (35 hab.), à 1 k. ; — Mascayroles (17 hab.), à 5 k. ; — Pons (72 hab.), à 3 k. ; — Taxié (54 hab.), à 1 k.

Voies de cᵒⁿ : Route dépˡᵉ nᵒ 17, de Villesèque à Agen ; — chem. vic. d'int. com., nᵒ 28, de Lolmie à Villefranche ; — 8 chem. vic. ord.

Distances : au chef-l. de cant 10 k. ; au chef-l. d'arr. et de départ. 26 k.

*Statistique* : 178 Electeurs. — 12 Cons. mun.

Principal des 4 cont. dir. 4131 fr.
Revenus de la commune, 114 fr.

*Instruction* : Ecole cˡᵉ laïque de garç. à Bovila (38 élèves). — Ecole cˡᵉ laïque de filles à Bovila (27 élèves).

*Produits agricoles* : Céréales et vin.

*Commerce et Industries* : Moulin à farine. — Fêtes patr., à Fargues, le 29 juin ; à Farguettes, le 10 août ; à Bovila, le 10 septembre ; à Mascayroles, le 24 août.

**Historique.**

*Pendant la Révolution.* — C. du cant. de Montcuq et du district de Lauzerte.

*Avant la Révolution :* C<sup>té</sup> de la subdél. de Lauzerte et de l'élection de Cahors. — Paroisses : de Fargues, sous l'invocation de St-Pierre (166 p.); — de Bovila, sous l'invocation de St-Nicolas (131 p.); — de Mascayroles, sous l'invocation de St-Barthélemy (165 p.). — La c<sup>té</sup> de Fargues payait 4877 livres d'impositions; ses charges locales ord. étaient de 209 livres.

*Anciennes mesures :* Canne = 1 <sup>m</sup> 678. — Canne carrée = 3 <sup>m. c.</sup> 256. — Quartérée = 51 <sup>ares</sup> 071 (la quartérée se subdivisait en 4 quartonats, le quartonat en 4 boisselats, le boisselat en 16 onces.) — Quarté = 71 <sup>litres</sup> 9 (la quarte se subdivisait en 4 quartons et le quarton en 4 boisseaux). — Barrique = 205 litres (la barrique se subdivisait en 184 pots, le pot en 2 pouchous et le pouchou en 2 uchaux).

FARGUES, *h.*, c. de Cabrerets.

FARGUES, *h.*, c. des Junies.

FARGUES, *h.*, c. de Labastide-Murat.

FARGUES (les), *i.*, c. de St-Laurent [Montcuq].

FARGUES (les), *h.*, c. de Théminettes.

FARGUETTES, *v.*, c. de Fargues.

FARGUILS (les), *h.*, c. de Montamel.

FARIT, *h.*, c. d'Uzech.

FARQUES, *i.*, c. de Belfort.

FARRIEL, *h.*, c. de Valprionde.

FATIGUE, *m. e.*, c. de St-Céré.

FATIGUES, *h.*, c. de Cabrerets.

FAU (le), *h.*, c. des Arques.

FAU (le), *h.*, c. de Camburat.

FAU (le), *h.*, c. de Latronquière.

FAU (le), *h.*, c. de Prendeignes.

FAU (le), *h.*, c. de St-Hilaire.

FAUBLANC, *f.*, c. de Pinsac.

FAURAS (le), *h.*, c. de Catus.

FAURAT, *i.*, c. de Belmontet.

FAURE, *h.*, c. des Arques.

FAURE, *h.*, c. de Grèzes.

FAURE (moulin de), c. de Nozac.

FAURE (le), *h.*, c. de Vire.

FAURE (bas et haut), *h.*, c. de Lavercantière.

FAURE (les), *h.*, c. de Gignac.

FAURIE, *i.*, c. de St-Clair.

FAURIE (la), *h.*, c. de Mechmont.

FAURIE (la), *h.*, c. de Montfaucon.

FAUROUX, *i.*, c. de Lebreil.

FAUX (le), *h.*, c. du Roc.

FAUX (les), *h.*, c. de Gignac.

FAVAROU, *h.*, c. de St-Pierre-Toirac.

FAVART, *h.*, c. de Camburat.

FAVREY, *h.*, c. de Loubressac.

FAYARD, *h.*, c. de Gindou.

**FAYCELLES**, c., cant. de Figeac (Ouest), arr. de Figeac. — ⊠, ℡. et ☎ de Figeac. — Percept. de Béduer. — ⚇ de Faycelles (810 p.) et de Mas de Noyer (550 p.). — Rec.-buraliste. — Notaire.

*Géographie :* Superf. 1408 hect. — 1063 hab. — Alt. moy. 301 <sup>m</sup>. — Terrains bouleversés et montrant les traces d'un soulèvement occasionné par les masses de porphyres qui ont disloqué les grès, les marnes du trias, les couches du lias et le calcaire jurassique inférieur. — Les grès de Faycelles sont excellents pour les constructions monumentales.

Principaux v. et h. : Faycelles (480 hab.); — Lagraville (60 hab.), à 1 k. 500 de Faycelles; — Lavalade (90 hab.), à 1 k.; — La Magdelaine (50 hab.), à 3 k. 500; — Mas du Noyer (150 hab.), à 2 k. 500.

Cours d'eau : Rivière du Lot. — Fontaine minérale de Pompet.

Voies de c<sup>on</sup> : Chem. vic. de g. c<sup>on</sup>, n° 33, de Vers à Figeac; — chem. vic. d'int. com., n° 54, de Cambes à La Magdelaine; — 4 chem. vic. ord.

Distances : au chef-l. de cant. et d'arr. 7 k.; — au chef-l. de départ. 70 k.

*Statistique :* 390 électeurs. — 12 cons. municipaux.

Principal des 4 cont. dir. 7006 fr.

Revenus de la commune, 466 fr.

*Instruction :* Ecole c<sup>le</sup> laïque de garç. (48 élèves); — école c<sup>le</sup> laïque de filles (60 élèves); — école mixte de h. à Mas de Noyer (25 élèves).

*Produits agricoles :* Céréales et vin.

*Commerce et Industries :* 8 cabarets. — Foires les 24 mars, 10 mai et 1<sup>er</sup> juin. — Fête patr., le 8 septemb.

**Historique.**

*Pendant la Révolution.* — C. du cant. et du district de Figeac.

*Avant la Révolution.* — C<sup>té</sup> de la subdél. et de l'élection de Figeac. — Paroisses de Faycelles, sous l'invocation de Notre-Dame (1150 p.) et de la Magdelaine-de-Rivière, sous l'invocation de Ste-Madeleine (162 p.). — Cette c<sup>té</sup> payait 11348 livres d'impositions; ses charges locales ord. étaient de 555 livres.

Il est fait mention de Faycelles dans la prétendue charte de fondation de l'abbaye de Figeac, en l'année 755. — Leplateau occupé par le chef-l. de cette c. paraît avoir été fortifié jadis.

*Anciennes mesures* : Les mesures de Faycelles étaient celles de Figeac.

FAYCETTES, *h.*, c. de Corn.
FAYFOL, *h.*, c. de Labathude.
FAZENDES, *h.*, c. des Arques.
FÉLINE, *f.*, c. du Roc.
FÉLINES, *h.*, c. de Prudhomat.
FÉLODIE (la), *h.*, c. de Souillac.
FELUC, *i.*, c. de Quissac.
FELZINES, *h.*, c. de Tauriac.

**FELZINS**, c., cant. de Figeac (est), arr. de Figeac. — ⊠ de Figeac. — 🗺 et 🚂 de St-Martin. — Percept. de St-Félix. — ⚕ (700 p.). — Débit detabac.

*Géographie* : Superf. 1500 hect. — 785 hab. — Alt. moy. 308$^m$. — Terrain primitif.

Principaux v. et h. : Felzins (104 hab.); — Communal (30 hab.), à 5 k. de Felzins; — Guirande (40 hab.), à 4 k.; — Lagasquie (33 hab.), à 3 k. 500; — Laromiguière (44 hab.), à 4 k.; — Poux (34 hab.), à 3 k.

Cours d'eau : Ruisseau de Guirande.

Voies de c$^{on}$ : Chem. vic. de g. c$^{on}$ n$^o$ 2, de Gourdon à Figeac; — chem. vic. d'int. com. n$^o$ 53, de Bouillac au Colombié; — 4 chem. vic. ord.

Distances : au chef-l. de cant. et d'arr. 11 k.; au chef-l. de départ. 82 k.

*Statistique* : 238 Electeurs. — 12 Cons. mun.

Principal des 4 cont. dir. 3736 fr.
Revenus de la commune, 351 fr.

*Instruction* : Ecole c$^{le}$ laïque de garç. (50 élèves); — école c$^{le}$ laïque de filles (40 élèves).

*Produits agricoles* : Céréales, vin, châtaignes, fourrages.

*Commerce et Industries* : 2 moulins à farine, sur le ruisseau de Guirande. — 3 cabarets. — Foires les 13 avril, 13 septemb. et 13 décemb. — Fête patr., le 24 août.

### Historique.

*Pendant la Révolution* : C. du cant. et du district de Figeac.

*Avant la Révolution.* — C$^{té}$ de la subdél. et de l'élection de Figeac. — Paroisses : de Felzins, sous l'invocation de St-Vincent (504 p.); — de Guirande, sous l'invocation de S$^{te}$-Madeleine (114 p.). — Cette c$^{té}$ payait 7360 livres d'imposi-

tions; ses charges locales ord. étaient de 153 livres.

Le chef-l. de cette c. est adossé à une butte, autrefois surmontée d'un château-fort, dont les seigneurs étaient très-puissants et luttèrent vigoureusement contre les Anglais pendant la guerre de cent ans. — Un de ces seigneurs contribua, par ces dons, à reconstruire le pont de Cajarc.

*Anciennes mesures* : La principale mesure de vin de Felzins était la charge contenant 133 $^{litres}$ 76 (la charge se subdivisait en 2 comportes, la comporte en 32 pintes, la pinte en 4 pauques.) — Les autres mesures étaient celles de Figeac.

*Antiquités* : Sur une montagne de cette c. on remarque des traces d'immenses excavations que l'on croit avoir été pratiquées pour l'extraction de minerai de fer.

*Hommes célèbres* : Felzins a vu naître l'abbé Paramelle, le célèbre hydroscope.

FEMMES MORTES, *h.*, c. de Soucirac.
FENANTRIGUES, *h.*, c. de Bannes.
FENOUIL, *i.*, c. de St-Jean (St-Céré).
FENOUL, *h.*, c. de St-Bressou.
FÉRAL, *h.*, c. de Castelnau.
FÈRES, *h.*, c. de Calviac.
FERLUC, *h.*, c. de St-Hilaire-de-B.
FERMONTÈS, *h.*, c. de Cazillac.
FÉROULET, *i.*, c. de Cahors.
FERRAL (le), *i.*, c. de St-Clair.
FERRAND-BAS, *h.*, c. de Montcabrier.
FERRANDOU, *h.*, c. de Tauriac.
FERRANT, *h.*, c. de Cassagnes.
FERRATIER, *i.*, c. de Belmontet.
FERRE, *f.*, c. de Pern.
FERRERY, *h.*, c. de Laroque-des-Arcs.
FERRIÈRES, *m. e.*, c. de Castelnau.
FERRIÈRES, *f.*, c. de Lamothe-Cassel.
FERRIÈRES, *h.*, c. de Miers.
FERRIÈRES, *v.*, c. de Sérignac.
FERRIÈRES-LE-GRAND, *h.*, c. de Limogne.
FERRIÈRES-LE-PETIT, *h.*, c. de Limogne.
FERRIOL, *h.*, c. de Cambes.
FERROND, *m. e.*, c. de Lentillac.
FERRY, *h.*, c. de Reyrevignes.
FESTREQ, *h.*, c. d'Alvignac.
FEUILLE (la), *h.*, c. de Duravel.
FEUILLES (les), *h.*, c. de St-Bressou.
FEUILLE-VERTE (la), *i.*, c. de Belfort.
FEYNE (la), *h.*, c. de Linac.
FIAILLES, *h.*, c. de Théminettes.
FIALARDE, *i.*, c. de St-Cernin.
FIALY, *h.*, c. de Miers.
FIAUX (bas et haut), *h.*, c. de Miers.

Fieux, *h.*, c. de St-Bressou.
Fieux (les), *h.*, c. de St-Cirgues.

**FIGEAC**, c., chef-l. d'arr.; forme 2 cant. (est et ouest). — ⊠, ▱ et ▱. — Sous-Préfecture; Tribunal civil; Rec.-particulière. — ⛪ de St-Sauveur (3183 p.); — de Notre-Dame la Fleurie, dite du Puy (2758 p.); — de St-Thomas (660 p.); — de St-Dau (502 p.).

*Géographie :* Superf. 3891 hect. — 7333 hab. — Alt. moy. 280 $^m$. — Altitudes extrêmes : 183 $^m$, 399 $^m$. — Alt. de la ville de Figeac, sol de l'église Notre-Dame-du-Puy, 225 $^m$. — Coordonnées géographiques ; Latitude N., 44° 36' 40". Longitude O, de Paris, 0° 18' 6". — Terrain de l'infra-lias disloqué sur les bords du Célé par les masses porphyriques et serpentineuses. Vers le nord, terrains granitiques et vers le nord-ouest, affleurements de terrain houillier.

Cours d'eau : Rivière du Célé (3 ponts); — ruisseau de Planioles.

Voies de c$^{on}$ : Route nat$^{le}$, n° 122, de Toulouse à Clermont; — route nat$^{le}$, n° 140, de Figeac à Montargis; — route dép$^{le}$, n° 1, de Mende à Sarlat; — route dép$^{le}$, n° 7, de Figeac à Limogne; — route dép$^{le}$, n° 13, de Cahors à Figeac; — chem. vic. de g. c$^{on}$, n° 2, de Gourdon à Figeac; — chem. vic. de g. c$^{on}$, n° 33, de Vers à Figeac; — chem. vic. de g. c$^{on}$, n° 41, de Figeac à Cahors; — chem. vic. d'int. com. n° 51, de Rouqueyroux à Figeac; — 12 chem. vic. ord.

Distance au chef-l. de départ. 72 k.

*Statistique :* 1729 électeurs. — 23 cons. mun.

Principal des 4 contr. dir. 53969 fr.
Revenus de la commune 63604 fr.

Etablissements communaux : Octroi (produit net 45000 fr.; — nombre d'agents 22); — halle; — abattoir; — Pompiers (30 hommes); — Fanfare; — Bibliothèque municipale; — Musée (en formation).

Etablissements charitables : Hospice (8 sœurs de charité, — 183 lits, — 468 malades, — 40000 francs de revenus); — Bureau de bienfaisance (revenu annuel 8000 francs); — Société de Secours mutuels (59 membres honoraires, 246 membres participants, 2365 fr. de revenus); — Orphelinat des jeunes filles; — Association pour l'extinction de la mendicité; — Ouvroir; — Dames de la Providence.

Cercles : Cercle Divan.

Journaux : *L'Echo du Quercy*, le *Mémorial de Figeac*.

*Instruction :* Ecole c$^{le}$ laïque de garç. (205 élèves); — école laïque de hameau à St-Dau (33 élèves); — école libre congrég. de garç. (268 élèves); — 2 écoles libres congrég. de filles — S$^{te}$-Marthe et S$^{te}$-Famille — (377 élèves). — Collége (207 élèves). — Section de la Société des études du Lot.

*Produits agricoles :* Céréales, châtaignes, truffes, vins médiocres.

*Commerce et Industries :* Minoterie, 2 carderies, 2 scieries, 2 fabriques de tapisseries pour pantoufles. — 42 hôtels ou auberges, 30 cabarets, 30 cafés. — Foires le 15 de chaque mois et le 23 avril; — marchés-foires hebdomadaires commençant le 1$^{er}$ samedi d'octobre et se terminant le samedi qui précède le mercredi des cendres; — marchés les mercredi et samedi de chaque semaine.

Historique.

Figeac doit son origine à son monastère de bénedictins que quelques auteurs, sur la foi d'une charte apocryphe, ont voulu faire fonder en 755 par Pépin le Bref. Toutefois, si l'abbaye de Figeac ne remonte pas au VIII$^e$ siècle, elle existait incontestablement au IX$^e$ et c'est autour d'elle qu'un grand nombre d'habitants des provinces voisines, attirés par les franchises qui leur étaient octroyées, vinrent établir leur demeure et fonder une véritable ville que Guillaume I$^{er}$, abbé de Figeac, fit fortifier sur la fin du XI$^e$ siècle. Les abbés de Figeac abandonnèrent de bonne heure aux habitants le droit de se gouverner et de s'administrer eux-mêmes; dès l'année 1001 nous voyons en effet les Figeacois autorisés à nommer 7 consuls chargés de l'administration municipale et de la justice. — Les consuls restèrent chargés de la justice jusqu'au moment où Philippe-le-Bel établit à Figeac une viguerie royale, en vertu d'un échange qu'il fit en 1309 avec l'abbé Géraud IV.

A partir de cette époque la ville de Figeac eut le sort de la plupart des villes du moyen-âge; tour à tour saccagée par les Anglais et plus tard par les Huguenots, elle appartint tantôt aux rois de France, tantôt aux rois d'Angleterre, suivant les vicissitudes de la province du Quercy dont elle faisait partie. Assiégée et prise, en 1371, par deux bandes anglaises, elle eut à subir la présence de ces bandes pendant 22 mois et ne put s'en débarrasser que moyennant une forte rançon. En 1568 elle fut de nouveau assiégée par une armée de 30000 Calvinistes qui durent se retirer après trois mois de siège; plus heureux, en 1576, les religionnaires s'emparèrent de la ville, la pillèrent et en firent une de leurs places fortes. En 1662, le duc de Sully, qui en était gouverneur, la remit sous l'obéissance de Louis XIII, qui en fit démolir la citadelle et raser les fortifications.

Une curieuse cérémonie, analogue du reste à celle qui était usitée à Cahors lors de la première entrée d'un évêque dans sa ville épiscopale, avait lieu à Figeac au moment de la réception du nouvel abbé. Le seigneur baron de Montbrun et de Laroque devait aller joindre l'abbé aux portes de la ville; à cet effet il devait s'habiller en arlequin et avoir une jambe nue; après l'accomplissement des formalités du cérémonial, le baron prenait la bride de la monture du nouvel abbé, qu'il conduisait à l'abbaye où après avoir tenu l'étrier, il recevait ladite monture en retour de son acte de vasselage; le même jour avait lieu le festin de réception pendant lequel le baron devait se tenir debout derrière le siège de l'abbé jusqu'au moment où celui-ci, après l'avoir invité à lui servir à boire et avoir reçu de ses mains la coupe pleine, l'autorisait à s'asseoir, en lui disant : « *Tu peux présentement te mettre à table avec moi.* » Cette cérémonie se pratiquait encore en 1766.

Avant la Révolution, Figeac formait une C^té qui payait 75951 livres d'impositions; ses charges locales ord. étaient de 9183 livres.

L'ancienne abbaye sécularisée par le Pape Paul III, en 1536, formait un Chapitre composé de 11 chanoines, 4 hebdomadiers, 2 évangélistaires, 2 épistolaires, 8 prébendiers, 2 clercs et un bedeau.

Figeac comprenait en outre 6 paroisses, 7 communautés religieuses, un séminaire, un collège, un hôpital général.

Paroisses : de Notre-Dame-du-Puy sous l'invocation de la S^te Vierge (4000 p.);— de St-Thomas (520 p.); — de St-Dau, sous l'invocation de St-Étienne (450 p.);—de Lacapelle, sous l'invocation de la Nativité de la S^te Vierge (1400 p.); — de St-George (210 p.); — de St-Martin (315 p.).

Communautés religieuses : Jacobins (5 religieux); — Cordeliers (4 relig.); — Carmes (4 relig.);—Augustins (4 relig.);— Capucins (10 relig.); — Clairistes (19 religieuses); — Bénédictines de Lundieu (17 religieuses).

L'hôpital général St-Jacques était desservi par 6 sœurs de Nevers; il renfermait environ 200 pauvres ou malades; ses ressources annuelles étaient de 9022 livres.

Figeac était le siège d'un bureau d'élection, d'une sénéchaussée et d'une justice royale. C'était la résidence d'un subdélégué de l'Intendance, de deux receveurs des tailles, d'un sous-ingénieur des ponts et chaussées et d'une brigade de maréchaussée.

*Anciennes mesures :* Canne = 2^m 003.— Canne carrée = 4^m.^c. 0127. — Sétérée = 52^ares 0047 (la sétérée se subdivisait en 8 quartons, le quarton en 4 pennes et la penne en 4 pennons). — Setier = 144^litres (le setier se subdivisait en 8 quartons, le quarton en 4 pennes et la penne en 4 pennons). — Charge = 130^litres (la charge se subdivisait en 2 comportes, la comporte en 4 pintes, la pinte en 4 pauques).

*Antiquités :* Église de l'ancienne abbaye St-Sauveur (mon. hist.); — Église de N.-D. du Puy (mon. hist.); — Obélisques d'Herbemol et de Cante-Merle (mon. hist.); — ancien Hôtel de Ville (mon. hist.); — Maison, rue Ortabadia (mon. hist.); — Restes des anciennes fortifications; — Pont du XII^e siècle; — Archives anciennes à l'Hôtel de Ville.

*Hommes célèbres :* L'avocat Guillaume Dubreuil, mort en 1345;—les cardinaux Bertrand de Latour et Lagier (XIV^e siècle); — le jurisconsulte Gabriel Cayron (XVI^e siècle); — le jurisconsulte Boutaric (1673-1733); — le graveur Louis Siriés (1675-1762); — l'ingénieur Baduel (1779-1818); — le lieutenant général de police Destroa (1683-1759; — les deux frères Champollion.

FIGEAC, *ch.*, c. de Montcuq.
FIGUEIRADE, *h.*, c. de Castelnau.
FIGURADE, *h.*, c. de Payrac.
FILHOL, *m.*, c. de Laramière.
FILIÈRE (la), *i.*, c. des Junies.
FILLÈRES, *i.*, c. d'Albas.
FILSAC, *h.*, c. de Figeac.
FINANTRIGES, *h.*, c. de Bannes.

Finoul, *h.*, c. de St-Germain.
Fioule (Mas de), *h.*, c. de Cras.
Fises, *h.*, c. de Berganty.
Fizague, *i.*, c. de Duravel.
Flagel, *h.*, c. de Gourdon.
Flagel, *h.*, c. de Payrac.
Flarie-bas, *h.*, c. de Loubressac.
Flatou, *f.*, c. de Rocamadour.

**FLAUGNAC**, c., cant. de Castelnau, arr. de Cahors. — ⊠, ▨ et Percept. de Castelnau. — ⚹ de Flaugnac (570 p.), de Capnié (250 p.) et de Lamolayrette (201 p.).

*Géographie* : Superf. 3096 hect. — 1060 hab. — Alt. moy. 244 $^m$. — Terrains calcaires et argileux.

Principaux v. et h. : Flaugnac (152 hab.); — Lamolayrette (76 hab.), à 4 k. de Flaugnac; — Capnié (12 hab.), à 3 k.

Cours d'eau : Ruisseaux de la Lupte et de la Petite Barguelonne.

Voies de c$^{on}$ : Route dép$^{le}$ n° 6, de Cahors à Moissac; — chem. vic. de g. c$^{on}$ n° 11, de Montpezat à Fumel; — chem. vic. d'int. com. n° 27, de Lalbenque à Lafrançaise; — 5 chem. vic. ord.

Distances : au chef-l. de cant. 5 k.; — au chef-l. d'arr. et de départ. 24 k.

*Statistique* : 363 Electeurs. — 12 Cons. mun.

Principal des 4 contr. dir. 8197 fr.

Revenus de la commune, 437 fr.

*Instruction* : Ecole c$^{le}$ laïque de garç. (45 élèves); — école c$^{le}$ congrég. de filles (49 élèves).

*Produits agricoles* : Céréales et vin.

*Commerce et Industries* : 3 moulins à farine sur la Lupte. — Cabaret. — Fêtes patr., le 25 juillet à Flaugnac, le 28 juillet à Lamolayrette et le 25 septembre à Capnié.

Historique.

*Pendant la Révolution* : Flaugnac formait 2 c. (Flaugnac et Lamolayrette), du cant. de Castelnau et du district de Cahors.

*Avant la Révolution* : Flaugnac formait 2 c$^{tés}$ (Flaugnac et Lamolayrette) de la subdél. et de l'élection de Cahors. La c$^{té}$ de Flaugnac payait 13165 livres d'impositions; ses charges locales ord. étaient de 84 livres.

Paroisses : de Flaugnac sous l'invocation de St-Vincent (429 p.); — de St-Privat, sous l'invocation de St-Privat (170 p.); — de Capnié, sous l'invocation de St-Martin, évêque (205 p.).

La c$^{té}$ de Lamolayrette payait 3773 livres d'impositions; ses charges locales ord. étaient de 132 livres. — Paroisse sous l'invocation de St-Nazaire (249 p.).

*Anciennes mesures* : Canne = 1 $^m$ 84. — Les autres mesures étaient celles de Castelnau.

*Antiquités* : En octobre 1875 une belle mosaïque a été trouvée à Capnié, tout près du chem. vic. d'int. com., n° 27.

**FLAUJAC**, c., cant. de Lalbenque, arr. de Cahors. — ⊠, ▨ et ▨ de Cahors. — Percept. de Lalbenque. — ⚹ (415 p.).— Rec.-buraliste.

*Géographie* : Superf. 1270 hect. — 459 hab. — Alt. moy. 245 $^m$. — Terrain jurassique supérieur.

Principaux v. et h. : Flaujac (21 hab.); — Pissepourcel (92 hab.), à 1 k. de Flaujac;—Poujols (249 hab.), à 1 k.;—Vayrols (57 hab.), à 2 k.

Cours d'eau : Ruisseau du Tréboulou.

Voies de c$^{on}$ : Chem. vic. de g. c$^{on}$ n° 6, de Cahors à Puylaroque; — chem. vic. d'int. com. n° 64, de Cahors à Caylus; — 2 chem. vic. ord.

Distances : au chef-l. de cant. 9 k.; au chef-l. d'arr. et de départ. 9 k.

*Statistique* : 152 Electeurs. — 10 Cons. mun.

Principal des 4 contr. dir. 2901 fr.

Revenus de la commune, 64 fr.

*Instruction* : Ecole c$^{le}$ laïque de garç. (20 élèves); — école libre laïque de filles (18 élèves).

*Produits agricoles* : Céréales, vin, pommes de terre.

*Commerce et Industries* : Fête patr., le 11 novembre.

Historique.

*Pendant la Révolution.* — C. du cant. et du district de Cahors.

*Avant la Révolution.* — C$^{té}$ de Flaujac, Poujols et Pissepourcel, de la subdél. et de l'élection de Cahors. — Paroisse sous l'invocation de St-Martin (318 p.).—Cette c$^{té}$ payait 1832 livres d'impositions; ses charges locales ord. étaient de 90 livres.

*Anciennes mesures* : Les mesures de Flaujac étaient celles de Cahors.

*Antiquités* : Ancien château.

**FLAUJAC**, c., cant. de Livernon, arr. de Figeac. — ⊠, ▨, ▨ et Percept. d'Assier — ⚹ de Flaujac (445 p.) et de Scelles (280 p.). — Débit de tabac.

*Géographie* : Superf. 809 hect. — 257

hab. — Alt. moy. 328 ᵐ. — Terrain liasique.

Principaux v. et h. : Flaujac (91 hab.); — Le Bret (81 hab.), à 1 k. 500 de Flaujac; — Sadouillé (16 hab.), à 3 k. 500; — Scelles (69 hab.), à 3 k.

Voies de cⁿ : Chem. vic. de g, cⁿ nᵒ 40, d'Aynac à la route déplᵉ nᵒ 13; — chem. vic. d'int. com. nᵒ 17, de Labastide-Murat à Lacapelle-Marival ; — 3 chem. vic. ord.

Distances : au chef-l. de cant. 11 k. ; au chef-l. d'arr. 29 k. ; au chef-l. dé départ. 60 k.

*Statistique* : 72 Électeurs. — 10 Cons. mun.

Principal des 4 cont. dir. 2289 fr.

Revenus de la commune, 47 fr.

*Instruction* : Ecole cˡᵉ laïque de garç. (28 élèves).

*Produits agricoles* : Céréales et pommes de terre.

*Commerce et industries* : 4 cabarets. — Fête patr., le dimanche de Quasimodo.

Historique.

*Pendant la Révolution*: — C. du cant. de Livernon et du district de Figeac.

*Avant la Révolution*. — Cᵗᵉ de la subdél. et de l'élection de Figeac.—Paroisse sous l'invocation de la Compassion de la Sᵗᵉ-Vierge (120 p.). — Cette cᵗᵉ payait 897 livres d'impositions; ses charges locales ord. étaient de 58 livres.

*Anciennes mesures* : La principale mesure de vin de Flaujac était le poinçon de Livernon, contenant 214 litres; ses autres mesures étaient celles de Figeac.

*Antiquités :* Dolmens.

FLAYGOLLES, *m.*, c. de Prayssac.
FLAYNAC, *v.*, c. de Pradines.
FLEURAQUET, *h.*, c. de St-Sozy.
FLEYSSINEY, *h.*, c. de Floirac.

**FLOIRAC**, c. cant. de Martel, arr. de Gourdon. — ⊠ et Percept. de Martel. — ▨ et ▨ de Montvalent. — ♂ (850 p.). — Débit de tabac. — Notaire.

*Géographie* : Superf. 897 hect. — 855 hab. — Alt. moy. 227 ᵐ. — Terrain du lias inférieur.

Principaux v. et h. : Floirac (456 hab.); — Foussac (55 hab.), à 1 k. 500 de Floirac ; — Pédagude (33 hab.), à 0 k. 600; — Soult (21 hab.), à 2 k.; — Uffande (58 hab.), à 2 k.

Cours d'eau : Rivière de la Dordogne.

Voies de cⁿ : Chem. vic. d'int. com.

nᵒ 12, de Carennac à la route déplᵉ nᵒ 15; — 3 chem. vic. ord.

Distances : au chef-l. de cant. 7 k.;— au chef-l. d'arr. 41 k.; — au chef-l. de départ. 73 k.

*Statistique* : 294 Electeurs. — 12 Cons. mun.

Principal des 4 contr. dir. 7452 fr.

Revenus de la commune, 677 fr.

Bureau de bienfaisance (revenu annuel 603 fr.).

*Instruction* : Ecole cˡᵉ laïque de garç. (52 élèves); — école cˡᵉ congrég. de filles (51 élèves).

*Produits agricoles* : Céréales, tabac, betteraves, vin, noix, fourrages, pommes de terre.

*Commerce et Industries* : Moulin à farine sur la Dordogne. — Auberge, 6 cabarets. — Foires le 29 des mois de mars, avril, mai, juin et novembre. — Fête patr., le 23 avril.

Historique.

*Pendant la Révolution*. — C. du cant. de Martel et du district de St-Céré.

*Avant la Révolution*. — Cᵗᵉ de la subdél. de Gourdon et de l'élection de Figeac. —Paroisse sous l'invocation de St-George (820 p.). — Cette cᵗᵉ appartenait à la vicomté de Turenne.

Floirac est mentionné dans un acte de 932 et le château de cette localité paraît être désigné dans une donation de 940, consentie par Aymar, vicomte de Chelles, à l'abbaye de Tulle. — En 1784 le marquis de Floirac faisait partie de l'administration provinciale de la Hᵗᵉ-Guyenne.

*Anciennes mesures* : Aune = 1 ᵐ 188. — Canne carrée = 2 ᵐ. ᶜ. 638. — Les autres mesures de Floirac étaient celles de Martel.

FLOIRAC, *h.*, c. de Cuzac.
FLOIRAS (*écluse*), c. de Castelfranc.
FLOIRAS, *i.*, c. de St-Laurent.
FLORENTI, *h.*, c. de Carennac.
FLORENTIN (*moulin de*), c. de Payrignac.

**FLORESSAS**, c., cant. de Puy-l'Evêque, arr. de Cahors. — ⊠, ▨, ▨ et Percept. de Puy-l'Evêque. — ♂ (500 p.). — Rec.-buraliste. — Débit de tabac.

*Géographie* : Superf. 1384 hect. — 599 hab. — Alt. moy. 250 ᵐ. — Terrain jurassique supérieur.

Principaux v. et h. : Floressas (338 hab.).

Cours d'eau : Ruisseau de St-Matré.

Voies de c<sup>on</sup> : Chem. vic. de g. c<sup>on</sup> n° 4, de Cazals à Montcuq ; — chem. vic. d'int. com. n° 9, de Floressas à Ville-franche ; — 6 chem. vic. ord.

Distances : au chef-l. de cant. 9 k. ; au chef-l. d'arr. et de départ. 40 k.

*Statistique* : 181 Electeurs. — 12 Cons. mun.

Principal des 4 cont. dir. 4195 fr.

Revenus de la commune, 806 fr.

Bureau de bienfaisance (revenu annuel 150 fr.).

*Instruction* : Ecole c<sup>le</sup> laïque de garc. (36 élèves) ; — école c<sup>le</sup> congrég. de filles (38 élèves).

*Produits agricoles* : Blé, maïs, vin.

*Commerce et Industries* : 2 moulins à farine sur le ruisseau de St-Matré. — Cabaret ; — café. — Foires les 7 janv., 8 mars, 13 août et 30 novemb.

### Historique.

*Pendant la Révolution.* — C. du cant. de Bélaye et du district de Lauzerte.

*Avant la Révolution.* — C<sup>té</sup> de la sub-dél. de Prayssac et de l'élection de Ca-hors. — Paroisse sous l'invocation de St-Martin-de-Tours (700 p.). — Cette c<sup>té</sup> payait 3755 livres d'impositions ; ses charges locales ord. étaient de 128 li-vres.

*Anciennes mesures :* Canne = 1<sup>m</sup> 786. — Canne carrée = 3<sup>m. c.</sup> 2568. — Quar-terée = 48 <sup>ares</sup> 852 (la quarterée se sub-divisait en 4 quartonats, le quartonat en 4 boisselats et le boisselat en 16 onces). — Quarte = 78 <sup>litres</sup> (la quarte se subdi-visait en 4 quartons, le quarton en 4 boisseaux, le boisseau en 16 onces). — Barrique = 205 <sup>litres</sup> (la barrique se sub-divisait en 184 pots, le pot en 2 pouchous et le pouchou en 2 uchaux.

FLORY, *h.*, c. de Catus.

FLOTTES, *v.*, c. de Pradines.

FLOURAGUET, *h.*, c. de St-Sozy.

FLOURY, *h.*, c. de Thégra.

FLOYRAS, *ch.*, c. de Bélaye.

FOIRAL, *h.*, c. de Caniac.

FOIRAL, *m.*, c. de Concots.

FOIRAL-ST-LOUIS (le), *i.*, c. de Millac.

FOISAT, *i.*, c. de Soulomès.

FOISSAC (bas et haut), *h.*, c. de Fargues.

FOLMONT, *ch.*, c. de Bagat.

FONBASTIDE, *h.*, c. de Dégagnac.

FONBASTIDE, *i.*, c. de Payrignac.

FONBELLES, *i.*, c. de Sousceyrac.

FONBLANQUE, *i.*, c. de Payrignac.

FONBONNE, *i.*, c. du Boulvé.

FONBONNE, *h.*, c. de Lentillac.

FONBONNE, *h.*, c. de Nozac.

FONCAVE, *h.*, c. de Luzech.

FONCEGRIVE, *i.*, c. de St-Pantaléon.

FONCERVINES, *h.*, c. de Cardaillac.

FON D'ALONS (la), *i.*, c. de Béduer.

FONDANISSE, *h.*, c. de Loupiac.

FON-DE-BOIS, *m e.*, c. de Payrac.

FOND-DE-LA-CÔTE DE SABY, *i.*, c. de [Mauroux].

FONDERBIE, *m.*, c. de Crégols.

FONDGRANDE, *i.*, c. de Fargues.

FONDROUMIVE, *h.*, c. du Bastit.

FONDVIEILLE, *h.*, c. de Masclat.

FONFRAIGE, *h.*, c. de St-Michel.

FONGAGE, *h.*, c. de Salviac.

FONGOURDOU, *h.*, c. de Puy-l'Evêque.

FONGRAND, *h.*, c. de Laramière.

FONNADAL, *h.*, c. de Dégagnac.

**FONS**, c., cant. de Figeac (ouest), arr. de Figeac. — ⊠, ▥ et ▱ d'Assier. — Percept. de Camburat. — ♂ (1130 p.). — Rec.-buraliste. — Notaire.

*Géographie* : Superf. 1495 hect. — 1044 hab. — Alt. moy. 349 <sup>m</sup>. — Le terrain de cette c. appartient surtout au lias et au trias ; on y trouve aussi des champs dont le sol est formé de porphyres en dé-composition. — Le château du Roc est construit sur le tuf.

Principaux v. et h. : Fons (473 hab.).

Cours d'eau : Ruisseau de Fons.

Voies de c<sup>on</sup> : Route nat<sup>le</sup> n° 140, de Figeac à Montargis ; — chem. vic. de g. c<sup>on</sup> n° 2, de Gourdon à Figeac ; — chem. vic. d'int. com. n° 80, de Pont-Aubard au Bourg ; — 7 chem. vic. ord.

Distances : au chef-l. de cant. et d'arr. 11 k. ; au chef-l. de départ. 67 k.

Curiosités : Cavernes situées près du chef-l.

*Statistique* : 338 Electeurs. — 12 Cons. mun.

Principal des 4 cont. dir. 6800 fr.

Revenus de la commune, 365 fr.

Bureau de bienfaisance (revenu annuel 800 fr.).

*Instruction* : Ecole c<sup>le</sup> laïque de garc. (50 élèves) ; — école c<sup>le</sup> congrég. de filles (28 élèves). — Ecole congrég. libre de filles (40 élèves).

*Produits agricoles* : Céréales, vin, fourrages, betteraves, fruits.

*Commerce et industries* : Moulins à fa-

12

rine sur le ruisseau. — 4 cabarets. — Foires le 22 février, le lendemain de la Pentecôte, le 22 juillet et le 4 octobre.— Fête patr. le jour de la Pentecôte.

Historique.

*Pendant la Révolution.* — Fons était chef-l. de cant. du district de Figeac.

*Avant la Révolution :* C<sup>té</sup> de la subdél. et de l'élection de Figeac. — Paroisse sous l'invocation de St-André (1196 p.).— Cette c<sup>té</sup> payait 10124 livres d'impositions; ses charges locales ord. étaient de 726 livres. — Il existait à Fons un prieuré de l'ordre de St-Benoit (congrégation de Cluny), fondé au x<sup>e</sup> siècle par un certain Ranulfe, que l'on croit avoir été seigneur de Cardaillac; ce prieuré, au moment de la Révolution, renfermait 5 religieux; ses revenus étaient évalués à 5000 livres.

Cette localité connue autrefois sous le nom d'*Artelis* était une petite ville fortifiée; après le siège infructueux de Duravel, sous le règne de Charles v, les Anglais s'emparèrent de Fons et ne l'évacuèrent que 8 ans plus tard, en 1377.

Fons était une des dix-huit villes basses du Quercy.

*Anciennes mesures :* La principale mesure vinaire de Fons était la charge contenant 133 litres (la charge se subdivisait en 2 comportes, la comporte en 32 pintes et la pinte en 4 pauques). — Les autres mesures étaient celles de Figeac.

*Antiquités :* Ruines de l'ancien monastère. — Château du Roc.

FONTAINE (la), *i.*, c. de Montgesty.
FONTAINE DE GUIRAL (la), *i.*, c. de [Sénaillac].
FONTAINE ST-GEORGE, *h.*, c. de Millac.
FONTALBAS, *h.*, c. de Belmont.
FONTALBE, *i.*, c. de Labastide-Murat.
FONTALBE, *i.*, c. de Mauroux.
FONTALBE, *h.*, c. de Sérignac.
FONTALZINES, *h.*, c. de St-Maurice.
FONTANELLES, *h.*, c. de Bagat.
FONTANELLES, *h.*, c. de S<sup>te</sup>-Croix.

**FONTANES**, c., cant. de Lalbenque, arr. de Cahors. — ⊠ et Percept. de Lalbenque. — ☉ de Fontanes (712 p.) et de St-Sever (200 p.). — Rec.-buraliste. — Notaire.

*Géographie :* Superf. 1644 hect. — 694 hab. — Alt. moy. 255 <sup>m</sup>. — Terrain tertiaire éocène.

Principaux v. et h. : Fontanes (199 hab.); — St-Sever (149 hab.), à 4 k. de Fontanes.

Cours d'eau : Ruisseau du Boulou.

Voies de c<sup>on</sup> : Route nat<sup>le</sup> n° 20, de Paris à Toulouse; — chem. vic. de g. c<sup>on</sup> n° 12, de Castelnau à Limogne; — chem. vic. d'int. com. n° 27, de Lalbenque à Lafrançaise; — chem. vic. d'int. com. n° 83, du Puy d'Enteste à Montpezat; — chem. vic. d'int. com. n° 97, de Ventaillac à Lapenche.

Distances : au chef-l. de cant. 6 k.; au chef-l. d'arr. et de départ. 19 k.

*Statistique :* 228 Electeurs — 12 Cons. mun.

Principal des 4 cont. dir. 5973 fr.
Revenus de la commune, 224 fr.

*Instruction :* Ecole c<sup>le</sup> laïque de garç. (54 élèves); — école c<sup>le</sup> congrég. de filles (69 élèves).

*Produits agricoles :* Céréales, vin, fourrages.

*Commerce et Industries :* Moulins à farine sur le Boulou. — 3 auberges; — cabaret. — Foires les 11 fév., 31 mai, 3 septemb. et 14 novemb. — Fêtes patr., le 1<sup>er</sup> septemb. à Fontanes et le 11 novemb. à St-Sever.

Historique.

*Pendant la Révolution.* — C. du cant. de Lalbenque et du district de Cahors.

*Avant la Révolution.* — C<sup>té</sup> de la subdél. de Caussade et de l'élection de Montauban. — Paroisses de Fontanes, sous l'invocation de St-Clair (594 p.) et de St-Sever, sous l'invocation de St-Martin (146 p.). — Cette c<sup>té</sup> payait 6025 livres d'impositions; ses charges locales ord. étaient de 179 livres.

Le bourg de Fontanes appartenait au XIII<sup>e</sup> siècle aux évêques de Cahors. — En 1491, l'église de St-Clair de Fontanes fut unie à la chapelle de N.-D., que l'évêque Antoine Alamandi venait de fonder dans son église cathédrale.

*Anciennes mesures :* Canne = 2<sup>m</sup> 003. — Les autres mesures de Fontanes étaient celles de Cahors.

**FONTANES-LUNEGARDE**, c., cant. de Labastide-Murat, arr. de Gourdon. — ⊠, TE et Percept. de Labastide. — ☉ de Fontanes (380 p.) et de Lunegarde (380 p.). — Débit de tabac.

*Géographie :* Superf. 2246 hect. — 592 hab. — Alt. moy. 376 <sup>m</sup>. — Cette c. est située sur la limite du jurassique moyen et du jurassique inférieur.

Principaux v. et h. : Fontanes et Nougayrat (233 hab.) ; — Lunegarde (275 hab.), à 4 k. de Fontanes.

Voies de c<sup>on</sup> : Chem. vic. de g. c<sup>on</sup> n° 2, de Gourdon à Figeac ; — chem. vic. d'int. com. n° 17, de Labastide-Murat à Lacapelle-Marival ; — chem. vic. d'int. com. n° 19, de Grèzes à Labastide-Murat ; — 4 chem. vic. ord.

Distances : au chef-l. de cant. 9 k. ; au chef-l. d'arr. 29 k. ; au chef-l. de départ. 43 k.

*Statistique* : 178 Electeurs. — 12 Cons. mun. — Sect. élect. de Fontanes (5 cons. mun.) et de Lunegarde (7 cons. mun.).

Principal des 4 cont. dir. 2973 fr.

Revenus de la commune, 176 fr.

*Instruction* : Ecole c<sup>le</sup> laïque de garç. (21 élèves) ; — école c<sup>le</sup> congrég. de filles (30 élèves) ; — école laïque de h. de garç. à Lunegarde (27 élèves) ; — école libre congrég. de filles à Lunegarde (32 élèves).

*Produits agricoles* : Céréales, tabac, pommes de terre.

*Commerce et Industries* : 6 cabarets ; — café. — Fête patr., le 22 juil. à Fontanes, le dimanche de la Pentecôte à Lunegarde.

### Historique.

*Pendant la Révolution* : Fontanes-Lunegarde formait 2 c. (Fontanes et Lunegarde), du canton de Carlucet et du district de Gourdon.

*Avant la Révolution* : Fontanes-Lunegarde formait les c<sup>tés</sup> de Fontanes et de Lunegarde de la subdél. et de l'élection de Figeac.

La c<sup>té</sup> de Fontanes payait 1261 livres d'impositions ; ses charges locales ord. étaient de 40 livres. — Paroisse sous l'invocation de S<sup>te</sup>-Anne (172 p.).

La c<sup>té</sup> de Lunegarde payait 2815 livres d'impositions ; ses charges locales ord. étaient de 68 livres. — Paroisse sous l'invocation de St-Julien (348 p.).

*Anciennes mesures* : Canne = 2<sup>m</sup> 057. — Les autres mesures de Fontanes étaient celles de Gramat.

FONTANET, *m.*, c. de Cahors.

FONTANGES, *h.*, c. de St-Cernin.

FONTANILLE, *h.*, c. de Fons.

FONTANILLE, *i.*, c. de Rouffillac.

FONTARABIE, *h.*, c. de Lavercantière.

FONTAUBAR, *h.*, c. de Camboulit.

FONTAUDA, *h.*, c. de Montcuq.

FONTAYNES, *h.*, c. de Vire.

FONTAYNOUS, *h.*, c. de Laramière.

FONT-BLANCHE, *h.*, c. de Blars.

FONT-BOUZOU, *h.*, c. de Bio.

FONT-D'ASTORG (la), *i.*, c. de Sénaillac.

FONT DE BLOUZE, *h.*, c. de Miers.

FONT DE BOISSE, *h.*, c. de Lagardelle.

FONT DE CLAUDI, *h.*, c. de Vire.

FONTENELLES, *h.*, c. de Frayssinet-le-[Gélat et Pomarède].

FONTENELLES, *h.*, c. de Salviac.

FONTENILLE, *h.*, c. de Cavagnac.

FONTENILLES (les), *h.*, c. de St-Médard-[de-Presque].

FONTESTELLE, *m.*, c. de Montcuq.

FONFAN, *h.*, c. de Sérignac.

FONTFAURÈS, *m e.*, c. de Lentillac.

FONTFRÈGE, *h.*, c. d'Alvignac.

FONTFRÈGE, *h.*, c. de Sérignac.

FONTFROIDE, *i.*, c. de Trespoux.

FONTGAILLARDE, *m.*, c. de Bannes.

FONT-GARY, *i.*, c. de Sénaillac.

FONTGRAND, *h.*, c. de Soulomès.

FONT-GRANDE (la), *h.*, c. de Cavagnac.

FONTIEU, *i.*, c. de Béduer.

FONTILLE, *i.*, c. de Capdenac.

FONT-NADAL, *h.*, c. de Dégagnac.

FONT-NEUVE, *i.*, c. de Montfaucon.

FONT POLÉMIE *m. e.*, c. de Cabrerets.

FONT-VINCENT, *i.*, c. de St-Médard (Catus).

FONVIELLE, *h.*, c. de Masclat.

FONVIELLE, *m.*, c. de Varaire.

FORAL, *h.*, c. du Bastit.

FORCE (le), *h.*, c. de Mayrinhac-Lent.

FOREQ, *h.*, c. de Mayrinhac-Lentour.

FORET (la), *h.*, c. de Souillac.

FORGE (la), *u.*, c. des Arques.

FORGE (la), *u.*, c. de Souillac.

FORT (*moulin de*), c. de St-Caprais.

FORT (le), *i.*, c. de Bagat.

FOS, *h.*, c. de Concorès.

FOSSAT (le), *ch.*, c. de Soturac.

FOSSES *h.*, c. de Soturac.

FOSSES (les), *h.*, c. Lacapelle-Cabanac.

FOSSES (les), *i.*, c. de St-Médard (Catus).

FOUCHER, *m. e.*, c. de Carennac.

FOUGAYROUX (le), *i.*, c. de Lachapelle-A.

FOUGÈRE, *i.*, c. de Belfort.

FOUILLADE (la), *h.*, c. de Puy-l'Evêque.

FOUILLADOU, *h.*, c. de Gramat.

FOUILLOLES, *h.*, c. de Montfaucon.

FOULCONNET, *h.*, c. de Miers.

FOULLADE, *h.*, c. de St-Germain.

FOULQUET, *h.*, c. de Castelfranc.

FOULQUIÉ, *h.*, c. de Marminiac.

FOULQUIÉ, *h.*, c. de St-Germain.

FOUMOULENNES, *h.*, c. de Vaillac.

FOUNTANILLES, *h.*, c. de S<sup>te</sup>-Croix.

FOUQUET, *h.*, c. du Bourg.

Four, *h.*, c. de Loubressac.
Four (le), *i.*, c. de Lachapelle-Auzac.
Fouragou, *h.*, c. de St-Sozy.
Four-bas, *h.*, c. de Pomarède.
Fourcat (le), *h.*, c. de Linac.
Foureilles (les), *h.*, c. de Carennac.
Fourès, *h.*, c. de Cajarc.
Fourès, *h.*, c. de St-Jean-de-Laur.
Fourgous, *h.*, c. de Corn.
Four-haut, *h.*, c. de Pomarède.

**FOURMAGNAC**, c., cant. de Figeac (ouest), arr. de Figeac. — ✉, 🕾 et 🕾 de Figeac. — Percept. de Camburat. — ♂ (346 p.). — Débit de tabac.

*Géographie* : Superf. 378 hect. — 340 hab. — Alt. moy. 305 ᵐ. — Cette c. se trouve sur le lias.

Principaux v. et h. : Fourmagnac (49 hab.); — Baradie (20 hab.); — Lorlie (55 hab.);—Mas de Caze (20 hab.)—Ségalat (24 hab.); —Thérondels (40 hab.).

Cours d'eau : Ruisseau du Drauzou et son affluent, le ruisseau de Pont de Mol.

Voies de cᵒⁿ : Route natˡᵉ nᵒ 140, de Figeac à Montargis ; — 5 chem. vic. ord.

Distances : au chef-l. de cant. et d'arr. 10 k. ; au chef-l. de départ. 70 k.

*Statistique* : 105 Electeurs. — 10 Cons. mun.

Produit des 4 cont. dir. 2024 fr.
Revenus de la commune, 243 fr.

*Instruction* : Ecole cˡᵉ laïque mixte (33 élèves).

*Produits agricoles* : Céréales, vin, noix, fourrages, prunes.

*Commerce et Industries* : 4 moulins à farine sur le Drauzou. — 3 cabarets. — Fête patr., le 29 juin.

Historique.

*Pendant la Révolution.* — C. du cant. de Fons et du district de Figeac.

*Avant la Révolution.* — Cᵗᵉ de la subdél. et de l'élection de Figeac.—Paroisse sous l'invocation de St-Pierre (614 p.). — Cette cᵗᵉ payait 6844 livres d'impositions; ses charges locales ord. étaient de 253 livres.

*Anciennes mesures* : La principale mesure vinaire de Fourmagnac était la charge contenant 133 litres (la charge se subdivisait en 2 comportes, la comporte en 32 pintes et la pinte en 4 pauques).— Les autres mesures étaient celles de Figeac.

Fourmagnac, *h.*, c. de Lavercantière.
Fourmillières, *i.*, c. de Figeac.

Fournanty, *h.*, c. de St-Médard-Nic.
Fournel, *h.*, c. de Masclat.
Fournet, *h.*, c. de Duravel.
Fournet, *f.*, c. de Lalbenque.
Fournet-haut, *h.*, c. de Montcabrier.
Fournets, *h.*, c. de Cremps.
Fournicou, *h.*, c. de Lachapelle-Auzac.
Fournicous, *i.*, c. de Puy-l'Evêque.
Fournicoux, *h.*, c. de Millac.
Fournié (le), *i.*, c. de Duravel.
Fournié (le), *h.*, c. de Soturac.
Fournières (les), *h.*, c. de St-Cernin.
Fournol, *h.*, c. de Soturac.
Fournou, *i.*, c. de Labastide-Marnhac.
Fourquerie, *h.*, c. de Dégagnac.
Fourques (basses et hautes), *i.*, c. de [Brengues].
Fourques, *i.*, c. de Fontanes.
Fourrou (le), *m.*, c. de St-Céré.
Foursou (le), *h.*, c. de Bagnac.
Foursou, *h.*, c. de Lacapelle-Marival.
Foussac, *h.*, c. de Floirac.
Foussal (le), *i.*, c. de Luzech.
Foussal (le), *h.*, c. de Pern.
Foussat, *h.*, c. de Floirac.
Foussat, *i.*, c. de St-Pantaléon.
Foutissal, *h.*, c. de St-Sozy.
Fougard, *h.*, c. de Castelnau.
Fouyssac, *h.*, c. du Boulvé.
Fouysse laze, *f.*, c. de Rocamadour.
Fouysséry, *h.*, c. de Cieurac.
Fouzol, *h.*, c. de Luzech.
Foysses (les), *h.*, c. de Pinsac.
Fragette (la), *h.*, c. de Prendeignes.
Fraissinet, *h.*, c. de Cahors.
Framie (la), *h.*, c. d'Albas.
Francès, *h.*, c. de Castelnau.
Françon, *m.*, c. de Beauregard.

**FRANCOULÈS**, c., canton de Catus, arr. de Cahors.— ✉ de Pélacoy.—Percept. de Maxou. — ♂ de Francoulès (400 p.), et de St-Pierre-Liversou (364 p.). — Rec.-buraliste.

*Géographie* : Superf. 1361 hect. —614 hab. — Alt. moy. 360 ᵐ. — Cette c. se trouve sur un plateau calcaire très élevé appartenant à la formation jurassique supérieure.

Principaux v. et h. : Francoulès (189 hab.); — St-Pierre-Liversou à 4 k. de Francoulès.

Cours d'eau : un ruisseau de peu d'importance.

Voies de cᵒⁿ : Route natˡᵉ nᵒ 20, de Paris à Toulouse ; — chem. vic. d'int. com. nᵒ 13, de Vers à Pélacoy ; — 6 chem. vic. ord.

Distances : au chef-l. de cant. 16 k. ; au chef-l. d'arr. et de départ. 15 k.

*Statistique* : 212 Electeurs — 12 Cons. mun.

Principal des 4 cont. dir. 3741 francs. Revenus de la commune, 282 francs. Bureau de bienfaisance (revenu annuel 500 fr.).

*Instruction* : Ecole c^le laïque de garç. (26 élèves). — Ecole c^le congrég. de filles (25 élèves). — Ecole de hameau congrég. mixte à St-Pierre (34 élèves).

*Produits agricoles* : Céréales, vin, noix, tabac, truffes et fourrages.

*Commerce et Industries* : Auberge ; — cabaret. — Fête patr. le 25 septemb.

Historique.

*Pendant la Révolution* ; C. de Francoulès et St-Pierre-Liversou du cant. de Catus et du district de Cahors.

*Avant la Révolution* : C^té de la subdél. et de l'élection de Cahors. — Paroisses : de Francoulès, sous l'invocation de St-Firmin (407 p.) ; — de St-Pierre-Liversou, sous l'invocation de St-Pierre ès liens (323 p.). — Cette c^té payait 6559 livres d'impositions ; ses charges locales ord. étaient de 83 livres.

*Anciennes mesures* : Les mesures de Francoulès étaient celles de Cahors.

FRAU, *m. e.*, c. de Fons.
FRAU (le), *h.*, c. de Montfaucon.
FRAU (le), *i.*, c. de Montgesty.
FRAUX, *i.*, c. de Lavercantière.
FRAUZIOL (le), *h.*, c. de Cornac.
FRAYRES, *m. e.*, c. de Castelnau.
FRAYSSAT, *i.*, c. de Dégagnac.
FRAYSSE, *h.*, c. de Cardaillac.
FRAYSSE, *h.*, c. de Cassagnes.
FRAYSSE, *h.*, c. de Concorès.
FRAYSSE, *h.*, c. de Lissac et Mouret.
FRAYSSE, *h.*, c. de Montcabrier.
FRAYSSE (le), *i.*, c. d'Arcambal.
FRAYSSE (le), *f.*, c. de Castelnau.
FRAYSSE (le), *f.*, c. de St-Paul-Lab.
FRAYSSE (le), *h.*, c. de Cuzac.
FRAYSSE (le), *h.*, c. de Lissac.
FRAYSSE (le), *h.*, c. d'Escamps.
FRAYSSE (le), *h.*, c. de Floirac.
FRAYSSE (le), *h.*, c. de Montdoumerc.
FRAYSSE (le), *h.*, c. de Soturac.
FRAYSSES, *h.*, c. de Goujounac.
FRAYSSES, *h. et m. e.*, c. de Sousceyrac.
FRAYSSINES, *h.*, c. de St-Cernin.
FRAYSSINET, *h.*, c. de Montcabrier.
FRAYSSINET, *h.*, c. de St-Cyprien.

**FRAYSSINET-LE-GÉLAT**, c., cant. de Cazals, arr. de Cahors. — ⊠. — Percept. de Cazals. — ♂ (1000 p.). — Rec.-buraliste. — Notaire.

*Géographie* : Superf. 2312 hect. — 960 hab. — Alt. moy. 256^m. — Terrains crétacés ; — couche épaisse de sable siliceux.

Principaux v. et h. : Frayssinet (666 hab.) ; — Labastide (86 hab.), à 4 k. de Frayssinet ; — Lajasse (61 hab.), à 6 k. ; — Laserp (29 hab.), à 5 k. 750 ; — Lathèze (47 hab.), à 5 k. 250 ; — Mespoulié (52 hab.), à 5 k.

Cours d'eau : Ruisseau de Lathèze et son affluent, le ruisseau de Frayssinet.

Voies de c^on : Route dép^le n^o 8, de Payrac à Fumel ; — route dép^le n^o 10, de Cahors à Villefranche ; — chem. vic. de g. c^on n^o 4, de Cazals à Montcuq ; — chem. vic. de g. c^on n^o 28, de Frayssinet aux forges de Sauveterre ; — chem. vic. d'int. com. n^o 28, de Lolmie à Villefranche ; — 4 chem. vic. ord.

Distances : au chef-l. de cant. 10 k. ; au chef-l. d'arr. et de départ. 32 k.

*Statistique* : 312 Electeurs. — 12 Cons. mun.

Principal des 4 cont. dir. 5177 fr. Revenus de la commune, 259 fr.

*Instruction* : Ecole c^le laïque de garç. (60 élèves) ; — école c^le congrég. de filles (50 élèves).

*Produits agricoles* : Céréales, vin, fourrages, noix, châtaignes, pommes de terre. — Bois.

*Commerce et Industries* : 6 moulins à farine sur les ruisseaux. — 4 auberges ; — 2 cabarets ; — 4 cafés. — Foires le 16 janv., le 2 septemb. et le 1^er jeudi des autres mois. — Fête patr., le 18 août.

Historique.

*Pendant la Révolution*. — C. du cant. de Cazals et du district de Gourdon.

*Avant la Révolution*. — C^té de la subdél. de Prayssac et de l'élection de Cahors. — Paroisse sous l'invocation de S^te-Radegonde (920 p.). — Cette c^té payait 2972 livres d'impositions ; ses charges locales ord. étaient de 91 livres.

Sous l'épiscopat de l'évêque Guillaume II (1118-1144) l'église de Frayssinet fut unie au Prieuré de Pomarède.

*Anciennes mesures* : Aune = 1^m 028. — Canne carrée = 3^m. ^c. 1919. — Quartérée = 51 ^ares 0719 (la quartérée se subdivisait en 4 quartonats, le quartonat en

4 boisselats et le boisselat en 16 onces).
— Quarte = 87 <sup>litres</sup> 75 (la quarte se subdivisait en 4 quartons, le quarton en 4 boisseaux, le boisseau en 16 onces). — Barrique = 220 litres.

*Hommes célèbres :* Frayssinet est la patrie du jurisconsulte Joseph Delord (1700-1781).

**FRAYSSINET** (le Gourdonnais), c., cant. de St-Germain, arr. de Gourdon. — ⊠.— ▥ de Labastide-Murat. — Percept. de St-Germain. — ⚥ (1200 p.). — Rec.-buraliste. — Notaire. — Brigade de gendarmerie à cheval.

*Géographie :* Superficie 1756 hect. — 1011 hab. — Alt. moy. 344 ᵐ. — Cette c. se trouve sur la ligne de contact du jurassique moyen et du jurassique supérieur.

Principaux v. et h. : Frayssinet (379 hab.); — Labastidette (49 hab.), à 5 k. de Frayssinet; — Lamostonie (60 hab.), a 4 k. 800; — Lamothète (61 hab.), à 3 k. 600; — Treil (55 hab.), à 4 k.

Cours d'eau : Ruisseau du Céou et son affluent, le ruisseau de Tirelire.

Voies de cᵒⁿ : Route natˡᵉ nᵒ 20, de Paris à Toulouse; — Chem. vic. de g. cᵒⁿ nᵒ 2, de Gourdon à Figeac; — chem. vic. d'int. com. nᵒ 57, de Labastide-Murat à Pont-de-Rode; — 4 chem. vic. ord.

Distances : au chef-l. de cant. 6 k.; au chef-l. d'arr. 15 k.; au chef-l. de départ. 32 k.

*Statistique :* 310 Electeurs. — 12 Cons. mun.

Principal des 4 cont. dir. 5314 fr.
Revenus de la commune, 343 fr.

*Instruction :* Ecole cˡᵉ laïque de garç. (61 élèves); — école cˡᵉ congrég. de filles (63 élèves).

*Produits agricoles :* Céréales, vin, fourrages, pommes de terre.

*Commerce et Industries :* 7 moulins à farine sur les ruisseaux; — Pressoir. — Auberge; — 3 cabarets; — 3 cafés. — Foires le 1ᵉʳ mardi de chaque mois et le lundi gras. — Fête patr., le 20 septemb.

Historique.

*Pendant la Révolution :* C. du cant. de St-Germain et du district de Gourdon.

*Avant la Révolution.* — Cᵗᵉ de la subdél. de Gourdon et de l'élection de Cahors. — Paroisse sous l'invocation de St-Pierre. — Cette cᵗᵉ payait 7642 livres d'impositions; ses charges locales ord. étaient de 285 livres.

Frayssinet avait jadis un fort dont les compagnies anglaises s'emparèrent dans le xɪvᵉ siècle. — La seigneurie de Frayssinet appartenait à la famille de Vassal.

*Anciennes mesures :* Les mesures de Frayssinet étaient celles de Gourdon.

*Hommes célèbres :* Cardinal Fortunier de Vassal, Patriarche de Grado, mort en 1361.

**FRAYSSINHES**, c., cant. de St-Céré, arr. de Figeac. — ⊠, ▥ et Percept. de St-Céré. — ⚥ (600 p.). — Débit de tabac.

*Géographie :* Superf. 1215 hect. — 623 hab. — Alt. moy. 428 ᵐ. — Terrains primitifs; — gneiss.

Principaux v. et h. : Frayssinhes (115 hab.); — Le Barry (38 hab.), à 0 k. 150 de Frayssinhes; — Breil (23 hab.), à 2 k.; — Laborie (34 hab.), à 1 k. 500; — Labrousse (24 hab.), à 1 k.; — Laclaverie (20 hab.), à 0 k. 600; — Lavalade (68 hab.), à 2 k.; — Mas Viel (32 hab.), à 2 k.; — Paillès (25 hab.), à 2 k.; — Rougié (34 hab.), à 3 k.; — Verbiguié (36 hab.), à 2 k.

Voies de cᵒⁿ : Route dépˡᵉ nᵒ 5, de Cahors à Clermont; — Chem. vic. de g. cᵒⁿ nᵒ 30, de St-Céré à Maurs; — chem. vic. d'int. com. nᵒ 82, de la Croix blanche au chem. de g. cᵒⁿ nᵒ 30; — 2 chem. vic. ord.

Distances : au chef-l. de cant. 7 k.; au chef-l. d'arr. 50 k.; au chef-l. de départ. 83 k.

*Statistique :* 187 Electeurs. — 12 Cons. mun.

Principal des 4 cont. dir. 2802 fr.
Revenus de la commune, 40 fr.

*Instruction :* Ecole cˡᵉ laïque de garç. (28 élèves); — école cˡᵉ laïque de filles (34 élèves).

*Produits agricoles :* Céréales, châtaignes, pommes de terre, sarrasin.

*Commerce et Industries :* 2 auberges. — Fête patr., le 28 août.

Historique.

*Pendant la Révolution.* — C. du cant. et du district de St-Céré.

*Avant la Révolution :* Cᵗᵉ de la subdél. et de l'élection de Figeac; elle appartenait à la vicomte de Turenne et formait une paroisse sous l'invocation de St-Julien.

*Anciennes mesures :* Les mesures de Frayssinhes étaient celles de St-Céré.

**FRAYSSY**, h., c. de Lacapelle-Cabanac.

Frechevise, *m.*, c. de Cahors.
Frèges, *h.*, c. de Gorses.
Fregière, *f.*, *g.*, c. de Souillac.
Fréjac, *h.*, c. de Sousceyrac.
Fréjafon, *h.*, c. de Lentillac.
Fréjan, *i.*, c. de Castelnau.
Fréjaville, *h.*, c. de St-Pierre-T.
Fréjaville, *h.*, c. de Salviac.
Fréou, *h.*, c. de Lalbenque.
Frescalines, *h.*, c. de Leyme.
Fresquet, *m. e.*, c. de Gramat.
Freysséfonds, *h.*, c. de Rueyres.
Friat, *h.* et *m. e.*, c. de Strenquels.
Friolens (bas et haut), *h.*, c. de Thé-
[minettes].
Friquedina, *h.*, c. de Vire.
Fromental, *i.*, c. de Capdenac.
Fromental, *m. e.*, c. de Meyronne.
Frons, *h.*, c. de Bagnac.

**FRONTENAC**, c., cant. de Cajarc, arr.
de Figeac. — ⊠ de Cajarc. — Percept.
de Gréalou. — ⚥ (303 p.).
*Géographie* : Superf. 284 hect. — 232
hab. — Alt. moy. 183 ᵐ. — Les côteaux
qui dominent le chef-l. appartiennent
aux marnes oxfordiennes ; les parties
basses sont formées par des alluvions.
Principaux v. et h. : Frontenac (73
hab.).
Cours d'eau : Rivière du Lot (bac).
Voies de cᵒⁿ : Chem. vic. de g. cᵒⁿ nᵒ
33, de Vers à Figeac ; — 2 chem. vic. ord.
Distances : au chef-l. de cant 16 k. ;
au chef-l. d'arr. 12 k. ; au chef-l. de
départ. 65 k.
*Statistique* : 85 Electeurs. — 10 Cons.
mun.

Principal des 4 cont. dir. 2154 fr.
Revenus de la commune, 36 fr.
*Instruction* : Ecole cᵉ laïque de garç.
(16 élèves) ; — école cᵉ congrég. de filles
(15 élèves).
*Produits agricoles* : Blé, vin, chanvre.
*Commerce et Industries* : 2 cabarets.
— Fête patr., le 24 juin.
Historique.
*Pendant la Révolution.* — C. du cant.
de Cajarc et du district de Figeac.
*Avant la Révolution.* — Cᵗᵉ de la subdél. et de l'élection de Figeac. — Paroisse sous l'invocation de St-Jean-Baptiste (196 p.). — Cette cᵗᵉ payait 1913 livres d'impositions ; ses charges locales
ord. étaient de 60 livres.
*Anciennes mesures* : Les mesures de
Frontenac étaient celles de Figeac.
*Antiquités* : Ruines d'un temple romain auprès duquel on a trouvé des cercueils, creusés dans le grès, et de nombreuses médailles romaines, notamment
d'Auguste, de Claude et d'Antonin.

Froubert, *h.*, c. de Castelnau.
Frouza, *i.*, c. d'Autoire.
Frouzels, *f.*, c. de Montfaucon.
Fumat, *f.*, c. de Capdenac.
Fumelles (les), *h.*, c. de St-Denis (Catus).
Furgues, *i.*, c. de Larnagol.
Fuste (la), *h.*, c. de Marminiac.
Fustié, *h.*, c. de Goujounac.
Fustié, *h.*, c. de Castelnau.
Fustié, *h.*, c. de St-Sozy.
Futuo, *i.*, c. de Quissac.
Fuyiès (*moulin de*), c. du Vigan.

# G

Gabach, *h.*, c. de Montbrun.
Gabales, *h.*, c. de Pinsac.
Gabanelle, *m. e.*, c. de Prendeignes.
Gabaudel, *h.*, c. Stᵉ-Croix.
Gabaudet, *h.*, c. d'Issendolus.
Gabelle, *h.*, c. de Pinsac.
Gabri (le), *i.*, c. de Francoulès.
Gachard, *m.*, c. de Montfaucon.
Gache (la) *h.*, c. du Vigan.
Gacherol, *h.*, c. de Sarrazac.
Gachou, *h.*, c. de Souillac.
Gaday, *h.*, c. de Goujounac.
Gadaspy, *h.*, c. de Sauliac.
Gaganel, *h.*, c. de Puy-l'Evêque.

**GAGNAC**, c., canton de Bretenoux, arr.
de Figeac. — ⊠ et Percept. de Bretenoux.
— ⚥ de Gagnac (1210 p.) et de Staal (600
p.). — Rec.-buraliste et bureau de tabac.
*Géographie* : Superf. 1943 hect. —
1590 hab. — Alt. moy. 264 ᵐ. — Terrains
primitifs et principalement des gneiss.
Principaux v. et h. : Gagnac (481
hab.) ; — Felzines et le Moulicou (117
hab.), à 1 k. 500 de Gagnac ; — Lateulière et Lavaur (194 hab.), à 3 k. ; —
Le Port et la Bénéchie (315 hab.), à 1 k.
500 ; — Staals, le Sol et Mialet (354 hab.),
à 4 k. 500.

Cours d'eau : La Cère (bac) et le ruisseau de Negreval ou de Teyssieu.

Voies de c°⁰ : Chem. vic. de g. c°⁰ n° 35, de Bretenoux dans le Cantal ; — chem. vic. d'int. com. n° 45, de Glanes à Gagnac ; — chem. vic. d'int. com. n° 76, de la route nat^le n° 140, dans la Corrèze ; — 4 chem. vic. ord.

Distances : au chef-l. de cant. 6 k. ; au chef-l. d'arr. 54 k. ; au chef-l. de départ. 83 k.

*Statistique :* 488 Electeurs. — 16 Cons. mun. — Sect. élect. de Gagnac (14 cons. mun) et de Staals (2 cons. mun.).

Principal des 4 cout. dir. 9343 fr.

Revenus de la commune, 175 fr.

Bureau de bienfaisance (revenu annuel 136 fr.).

*Instruction :* Ecole c^le laïque de garç. (50 élèves) ; — école c^le laïque de filles (31 élèves) ; — école c^le de h. à Staals (32 élèves) ; — école congrég. libre de garç. au chef-l. (34 élèves) ; — école congrég. libre de filles au chef-l. (28 élèves) ; — école libre de h. à Staals (23 élèves) ; — école libre de h. au Port (32 élèves).

*Produits agricoles :* Céréales, vin et pommes de terre.

*Commerce et Industries :* 6 moulins à farine sur la Cère ou sur le ruisseau de Negreval. — 2 auberges ; — 7 cabarets. — Foires les 2 janv. et 17 août. — Fête patr., le 16 août.

### Historique.

*Pendant la Révolution.* — C. du cant. de Bretenoux et du district de St-Céré.

*Avant la Révolution.* — C^té de la subdél. et de l'élection de Figeac. — Gagnac faisait partie de la vicomté de Turenne, était le siège d'une justice royale très-étendue et formait une paroisse sous l'invocation de St-Martin (2000 p.).

Cette localité était autrefois fortifiée et tomba plusieurs fois au pouvoir des Anglais, pendant la guerre de cent ans ; — les habitants adoptèrent la Réforme au XVI° siècle et en furent châtiés par le duc de Mayenne, qui prit leur ville en 1586.

*Anciennes mesures :* Aune = 1^m 188. — Canne carrée = 2 ^m. ^c. 638. — Sétérée = 23 ^ares 742 (la sétérée se subdivisait en 4 quartonées et la quartonée en 5 pugnères). — Setier = 69 ^litres 8 (le setier se subdivisait en 2 émines, l'émine en 2 quartes et la quarte en 5 pugnères). —

Baste = 47 ^litres 28 (la baste se subdivisait en 24 pintes, la pinte en 4 pauques).

GAGNEPA, *h.*, c. de Gourdon.

GAGNEPO, *h.*, c. de Cazals.

GAGNOLES (les), *h.*, c. des Arques.

GAILLAC, *v.*, c. de Cajarc.

GAILLARD, *h.*, c. de Baladou.

GAILLARD, *h.*, c. de Lacapelle-Cabanac.

GAILLARD, *h.*, c. de Sérignac.

GAILLARD, *h.*, c. de St-Médard (Catus).

GAILLARDOU, *h.*, c. de Cavagnac.

GAILLARDOUS, *h.*, c. de Montdoumerc.

GAILLARDY, *m. e.*, c. de Fons.

GAILLARDY, *h.*, c. de Figeac.

GAILLAUDENQUE (la), *h.*, c. de Sérignac.

GAILLOT, *h.*, c. de Faycelles.

GAL (le), *h.*, c. de Prayssac.

GAL (le), *i.*, c. de St-Cyprien.

GALAN, *h.*, c. d'Uzech.

GALANTERIE (la), *h.*, c. de Gignac.

GALDOU, *h.*, c. de St-Denis (Catus).

GALDUS, *i.*, c. de Belfort.

GALEGRI, *i.*, c. de Payrignac.

GALESSIE (bas et haut), *h.*, c. d'Arcambal.

GALET, *h.*, c. de Dégagnac.

GALINIÈRE, *i.*, c. d'Arcambal.

GALINIÈRE (la), *h.*, c. de Belfort.

GALOUBET, *h.*, c. de Beaumat.

GALTERIE (la), *h.*, c. de Prendeignes.

GALY, *h.*, c. de Mauroux.

GALY, *h.*, c. de Montfaucon.

GAMACIÈRES, *h.*, c. de Concorès.

GAMASSADES (les), *i.*, c. d'Arcambal.

GAMASSE, *i.*, c. de Lalbenque.

GAMASSE (la), *i.*, c. d'Esclauzels.

GAMBERT, *h.*, c. de Frontenac.

GAME, *h.*, c. de Limogne

GAMEAU, *h.*, c. de Cazals.

GAMEL, *h.*, c. de Lascabanes.

GAMIAC, *h.*, c. d'Aynac.

GAMIAC, *h.*, c. de Leyme.

GAMIAC, *h.*, c. de Marminiac.

GAMONE, *h.*, c. de Salviac.

GAMOT, *h.*, c. de Castelfranc.

GAMOT, *f.*, c. de Loubressac.

GAMOTHE, *h.*, c. de Ginouillac.

GAMOTHOU, *h.*, c. du Vigan.

GANDALY, *h.*, c. de Lavercantière.

GANDELY, *f.*, c. de Ste-Alauzie.

GANÉ (la), *f.*, c. de Lachapelle-Auzac.

GANIC, *v.*, c. de Castelnau.

GANICS, *h.*, c. de Mauroux.

GANIL, *i.*, c. de Belfort.

GANIL, *h.*, c. de Caniac.

GANIL, *m.*, c. de Crégols.

GANIL, *h.*, c. de St-Cirq-Lapopie.

GANILHOU, *h.*, c. de Marcillac.
GANIOLE, *h.*, c. de Thédirac.
GANNAS, *h.*, c. de Reyrevignes.
GANNE (la), *h.*, c. de Cavagnac.
GARAMIAS, *h.*, c. de Padirac.
GARAUD (Causse de), *f.*, c. de Lacave.
GARDELLE (la), *i.*, c. de Lhospitalet.
GARDELLE (la), *h.*, c. de Rocamadour.
GARDELLES (les), *h.*, c. de Linac.
GARDELOU, *m.*, c. des Junies.
GARDEMONT, *h.*, c. de Belmont (Lalbenq.)
GARDEPILLE, *h.*, c. de Mayrinhac-Lent.
GARDES, *h.*, c. de Cazals.
GARDES (les), *i.*, c. de Prayssac.
GARDETTE, *h.*, c. de Caniac.
GARDETTE (la), *i.*, c. de Lunan.
GARDOUNE, *i.*, c. de St-Laurent.
GARENNE, *i.*, c. du Roc.
GARENNE, *i.*, c. de St-Géry.
GARENNE, *h.*, c. de St-Sozy.
GARENNE (la), *i.*, c. des Junies.
GARENNE (la), *h.*, c. de Labastide-Murat.
GARENNE (la), *m. e.*, c. de Montfaucon.
GARENNE (la), *h.*, c. de St-Chamarand.
GARENNES (les), *i.*, c. de Sénaillac.
GARET, *h.*, c. de Pinsac.
GARI (le), *h.*, c. du Boulvé.
GARIAT, *i.*, c. de Cieurac.
GARICOURT, *h.*, c. de Promilhanes.
GARIETTE, *i.*, c. de St-Laurent.
GARINET, *i.*, c. du Boulvé.
GARIT, *i.*, c. de Valroufié.
GARLONNE, *h.*, c. de Catus.
GARNAUDIE (la), *h.*, c. de Cressensac.
GARNEL, *h.*, c. de Caniac.
GAROU, *i.*, c. de Lavercantière.
GAROUILLES (les), *h.*, c. de Sérignac.
GAROUTIÈRE (la), *h.*, c. de Beaumat.
GARRET, *h.*, c. de Pradines.
GARRET, *f.*, c. du Vigan.
GARRIC, *i.*, c. de Pern.
GARRIC-HAUT, *h.*, c. de St-Sozy.
GARRIGOU, *h.*, c. d'Albas.
GARRIGOU, *h.*, c. de Frayssinet.
GARRIGOU, *h.*, c. de Lebreil.
GARRIGOU, *h.*, c. de Montredon.
GARRIGOU, *i.*, c. du Vigan.
GARRIGUE (la), *h.*, c. d'Albas.
GARRIGUE (la), *h.*, c. de Maxou.
GARRIGUE (la), *h.*, c. de St-Pantaléon.
GARRIGUES, *h.*, c. de Mauroux.
GARRIGUES, *h.*, c. de Peyrilles.
GARRIGUES (les), *h.*, c. de Frayssinet.
GARRIGUES (les), *h.*, c. de Montredon.
GARRIGUES (les), *h.*, c. de Sénaillac.
GARRIGUES (les), *i.*, c. du Vigan.
GARRIGUES (les), *h.*, c. de Vire.

GARRIGUES-PEYROLES, *i.*, c. de Sénaillac [Lauzès].
GARRIOU (le), *h.*, c. de Frayssinet.
GARRISSOU, *h.*, c. de Gindou.
GARRISSOU, *h.*, c. de Labastide-Murat.
GARRISSOU, *h.*, c. de Peyrilles.
GARRIT, *h.*, c. de Pern.
GARRITOR, *h.*, c. de Peyrilles.
GARROU, *h.*, c. de Lavercantière.
GARROUSTE, *f.*, c. de Cabrerets.
GARROUSTE (la), *h.* c. de Ginouillac.
GARROUSTIER-PETIT (le), *i.*, c. de [Rocamadour].
GARRY, *h.*, c. d'Issendolus.
GARRY, *m. e.*, c. de St-Céré.
GARRY, *h.*, c. de St-Sozy.
GARRY (le), *h.*, c. de Miers.
GARRY-D'ARNAL, *i.*, c. de Teyssieu.
GARY, *i.*, c. des Arques.
GARY, *i.*, c. du Boulvé.
GARY (bas et haut), *i.*, c. de Belfort.
GARY-MAUREL, *i.*, c. de Lauzès.
GASCOU, *h.*, c. de Frayssinet.
GASCOU, *h.*, c. de Lalbenque.
GASPARDE, *i.*, c. de St-Laurent.
GASPAROU, *i.*, c. de Pinsac.
GASQUETY, *h.*, c. de Puy-l'Evêque.
GASTEPOT, *h.*, c. de Creysse.
GASTOU, *i.*, c. de Montcuq.
GATINOL, *h.*, c. de Lamothe-Fénelon.
GAUBERT, *h.*, c. de Prudhomat.
GAUBERT (Banc de), *h.*, c. de Floirac.
GAUBILLE, *i.*, c. de Belfort.
GAUDELJORDY, *f.*, c. du Bourg.
GAUDELLE, *h.*, c. de St-Sozy.
GAUDET, *h.*, c. de Thédirac.
GAUDOU, *h.*, c. de Puy-l'Evêque.
GAUDOU, *h.*, c. de Vire.
GAUDUSSON, *ch.*, c. de Soturac.
GAULES, *h.*, c. de Thégra.
GAULIACE, *i.*, c. de Lachapelle-Auzac.
GAULOU, *h.*, c. de Montcabrier.
GAULOUX, *h.*, c. de Miers.
GAUROU, *i.*, c. de Cremps.
GAURY, *h.*, c. de Dégagnac.
GAUSSEREX, *h.*, c. de Pern.
GAUSSÈRES, *h.*, c. de Labastide-Marnh.
GAUTHIER, *h.*, c. de Lascabanes.
GAUTHIER, *h.*, c. de Lebreil.
GAUTHIER, *h.*, c. de Montvalent.
GAUTHIÉ, *h.*, c. de Labathude.
GAUTOUL (le), *h.*, c. de Puy-l'Evêque.
GAUVIAC, *h.*, c. de Cassagnes.
GAUZAC, *h.*, c. de Peyrilles.
GAY (le), *h.*, c. de Terrou.
GAYDOU, *h.*, c. de Concorès.
GAYDOU, *h.*, c. de Dégagnac.

13

GAYFFIER, *i.*, c. de St-Jean-de-Laur.
GAYRAC, *h.* et *ch.*, c. de Montcuq.
GAYRAC, *h.*, c. de Roufflac.
GAYRAC, *h.*, c. du Boulvé.
GAYS, *h.*, c. de Concorès.
GAZ, *i.*, c. de Belmontet.
GAZELLES (les), *h.*, c. de Cassagnes.
GÉANT (le), *h.*, c. de Pontcirq.
GÉLAT, *ch.*, c. de Frayssinet-le-Gélat.
GENDARME, *m. e.*, c. Cras.
GENDRAT, *i.*, c. de Labastide-Murat.
GENDREAU (le), *i.*, c. de Fargues.
GENDRE, *h.*, c. de Reyrevignes.
GENDRE, *h.*, c. de Sauzet.
GENDROU, *h.*, c. d'Uzech.
GENDROU (le), *h.*, c. de Sabadel (Lauzès).
GÉNEBRÈDE, *ch.*, c. de Castelnau.
GENÈSE (la), *i.*, c. de Montcabrier.
GENESTES, *h.*, c. de Gignac.
GENESTIE (la), *h.*, c. de Gramat.
GÉNÉVRIÈRE (la), *h.*, c. de Montfaucon.
GÉNIBRADE (la), *i.*, c. de Labastide-M^st.
GÉNIBRÈDE, *i.*, c. du Boulvé.
GÉNIBRÈDE, *ch.*, c. de Castelnau.
GÉNIÈS, *h.*, c. d'Ussel.
GÉNIEZ, *ch.*, c. de Sauliac.
GÉNIÈVRES, *h.*, c. de Lavercantière.
GENNERADES, *h.*, c. de Masclat.
GENTILLADE (la), *i.*, c. de Trespoux.
GENTILLES, *h.*, c. de St-Jean-de-Laur.
GENTOU, *h.*, c. de Larnagol.
GÉRARD, *h.*, c. de Miers.
GERLES, *h.*, c. de Montgesty.
GERLES, *h.*, c. de Soulomès.
GERMILLAC, *h.*, c. de Montgesty.
GERRIS, *i.*, c. de Belmont.
GERVAIS, *f.*, c. de Pinsac.
GIBARDELLE, *h.*, c. de Fons.
GIBEAU, *h.*, c. de Payrignac.
GIBERT, *h.*, c. de Gramat.
GIBERT, *h.*, c. de Larnagol.
GIBERT, *i.*, c. de Montcuq.
GIBERT, *h.*, c. de Prayssac.
GIBERTHE (*moulin de la*), c. de Roufillac.
GIBERTIE (la), *ch.*, c. de Lagardelle.
GIBET, *h.*, c. de Goujounac.
GIBLOT, *h.*, c. de Castelnau.
GIBRAT, *h.*, c. de Lacapelle-Marival.
GIBRAT, *h.*, c. de St-Pierre-Toirac.
GIESSE, *i.*, c. de Belfort.
GIGEOT, *h.*, c. de Caniac.

**GIGNAC**, c., cant. de Souillac, arr. de Gourdon. — ⊠ de Cressensac. — Percept. de Souillac. — ☦ de Gignac (1025 p.) et de St-Bonnet (500 p.). — Débit de tabac. — Notaire.
*Géographie* : Superf. 4085 hect. — 1443 hab. — Alt. moy. 313 ^m. — Terrain jurassique moyen.

Principaux v. et h. : Gignac (200 hab.); — St-Bonnet (82 hab.), à 1 k. de Gignac.

Voies de c^on : Route nat^le n° 20, de Paris à Toulouse; — chem. vic. de g. c^on n° 23, de Gignac à Meyssac; — chem. vic. d'int. com. n° 74, de Gignac à Souillac; — 5 chem. vic. ord.

Distances : au chef-l. de cant. 15 k.; au chef-l. d'arr. 39 k.; au chef-l. de départ. 82 k.

*Statistique* : 446 électeurs. — 12 cons. mun.

Principal des 4 cont. dir. 9194 fr.

Revenus de la commune, 587 fr.

Bureau de bienfaisance (revenu annuel 220 fr.).

*Instruction* : Ecole c^le laïque de garç. (67 élèves); — école c^le congrég. de filles (37 élèves); — école congrég. de h. à St-Bonnet (28 élèves).

*Produits agricoles :* Céréales, truffes.

*Commerce et Industries :* Commerce de truffes et d'écorce de chêne. — 2 auberges; — café. — Foires les 3 janv., 25 juin et 12 novemb. — Halle aux grains. — Fête patr., le 24 juin.

Historique.

*Pendant la Révolution.* — Gignac formait 2 c. (Gignac et St-Bonnet), du cant. de Sarrazac et du district de St-Céré.

*Avant la Révolution.* — Gignac formait 2 c^tés (Gignac et St-Bonnet), de la subdél. de Souillac et de l'élection de Figeac. — Paroisses : de Gignac, sous l'invocation de St-Martin (1125 p.) et de St-Bonnet. — Gignac faisait partie de la vicomté de Turenne.

Le bourg de Gignac fut dévasté par les bandes anglaises et resta complétement désert durant une grande partie du XV^e siècle, à la suite de ces dévastations.

*Anciennes mesures :* Aune = 1^m 188. — Canne carrée = 2^m. ^c. 638. — Quartonée = 10 ^ares 552 (la quartonée se subdivisait en 5 pugnères). — Quarton = 22 ^litres (le quarton se subdivisait en 5 pugnères; 4 quartons formait le setier). — Pagelle = 62 ^litres 30 (la pagelle se subdivisait en demies et en quarts, elle était composée de 36 pintes).

*Antiquités :* On a découvert à Gignac, au XVII^e siècle, des tombeaux romains portant diverses inscriptions.

GIGNAL (le), *h.*, c. de Bélaye.

Gignéries, *h.*, c. de Gignac.
Gigous, *h.*, c. de Prayssac.

**GIGOUZAC**, c., cant. de Catus, arr. de Cahors. — ⊠ de Pélacoy. — Percept. de Maxou. — ♁ (520 p.). — Débit de tabac.

*Géographie :* Superf. 991 hect. — 490 hab. — Alt. moy. 319 m. — Terrain jurassique supérieur.

Principaux v. et h. : Gigouzac (205 hab.); — Mas de Bris et Lacrouzette (38 hab.), à 1 k. 500 de Gigouzac ; — Mas d'Escalmels et Grangié (50 hab.), à 2 k. ; — Mas de Guillaume (41 hab.), à 2 k. 500 ; — Salinié et Mas de Nadal (31 hab.), à 2 k.

Cours d'eau : Ruisseau du Vert et son affluent le ruisseau de Trèves. — Fontaine minérale intermittente.

Voies de con : Chem. vic. de g. con no 13, de Figeac à Cazals ; — chem. vic. d'int. com. no 36, de St-Chamarand à Gigouzac ; — chem. vic. d'int. com. no 60, de Gigouzac à la route natle no 20; — 4 chem. vic. ord.

Distances : au chef-l. de cant. 9 k. ; au chef-l. d'arr. et de départ. 22 k.

*Statistique :* 162 Électeurs. — 10 Cons. mun.

Principal des 4 cont. dir. 2976 fr.

Revenus de la commune, 349 fr.

*Instruction* : Ecole cle laïque de garç. (35 élèves) ; — école cle congrég. de filles.

*Produits agricoles :* Céréales, vin, pommes de terre, betteraves, légumes. — Champignons. — Bois.

*Commerce et industries :* 3 moulins à farine sur le ruisseau du Vert. — Cabaret. — Foires les 3 mai, 30 juin et 17 novemb. — Fête patr., le 15 septemb.

Historique.

*Pendant la Révolution.* — C. du cant. de Catus et du district de Cahors.

*Avant la Révolution.* — Cté de la subdél. de Gourdon et de l'élection de Cahors. — Paroisse sous l'invocation de St-Pierre ès liens. — Cette cté payait 3707 livres d'impositions ; ses charges locales ord. étaient de 109 livres.

*Anciennes mesures :* Les mesures de Gigouzac étaient celles de Cahors.

Gilet, *h.*, c. de Carlucet.
Gimbre (la), *i.*, c. de Payrignac.
Ginaillac, *h.*, c. des Arques.
Ginard, *h.*, c. de Peyrilles.

**GINDOU**, c., cant. de Cazals, arr. de Cahors. — ⊠ et Percept. de Cazals. — ♁ de Gindou (470 p.) et de Moussac (200 p.). — Débit de tabac.

*Géographie :* Superf. 1565 hect. — 770 hab. — Alt. moy. 271 m. — Cette c. est située sur un îlot de formation tertiaire miocène, qui s'étend depuis Gindou jusqu'à Montgesty et Uzech. — Cet îlot touche du côté du midi aux terrains crétacés et des autres côtés aux terrains jurassiques supérieurs.

Principaux v. et h. : Gindou ; — Braulès (39 hab.), à 4 k. de Gindou ; — Lapounelle (27 hab.), à 3 k. ; — Lareule (32 hab.), à 3 k. ; — Moussac (160 hab.), à 7 k. ; — Tournié 19 hab.), à 5 k.

Cours d'eau : Ruisseau de Lourajou.

Voies de con : Chem. vic. de g. con no 13, de Figeac à Cazals ; — chem. vic. d'int. com. no 58, du Piatgier à Villefranche ; — chem. vic. d'int. com. no 59, de Salviac à Gindou ; — 6 chem. vic. ord.

Distances : au chef-l. de cant. 3 k. ; au chef-l. d'arr. et de départ. 29 k.

Curiosités : On trouve à Moussac de belles dentrites ou pierres arborisées.

*Statistique* : 240 Electeurs. — 12 Cons. mun.

Principal des 4 cont. dir. 4951 fr.

Revenus de la commune, 185 fr.

Bureau de bienfaisance (revenu annuel 280 fr.).

*Instruction :* Ecole cle laïque de garç. (36 élèves); — école cle laïque de filles (30 élèves); — école mixte de h. à Moussac (34 élèves).

*Produits agricoles* : Céréales et vin. — Bois.

*Commerce et Industries :* 2 cafés. — Fête patr., le 24 août.

Historique.

*Pendant la Révolution* : Gindou formait 2 c. (Gindou et Moussac), du cant. de Cazals et du district de Gourdon.

*Avant la Révolution :* Gindou formait 2 ctés (Gindou et Moussac), de la subdél. et de l'élection de Gourdon.

La cté de Gindou payait 2141 livres d'impositions ; ses charges locales ord. étaient de 96 livres ; elle comprenait une paroisse sous l'invocation de St-Barthélemy.

La cté de Moussac payait 1240 livres d'impositions ; ses charges locales ord. étaient de 45 livres ; elle comprenait une paroisse sous l'invocation de St-Jean-Baptiste (184 p.).

Cette c. a été ravagée par les Anglais pendant la guerre de cent ans. Les croisés de Simon de Montfort détruisirent un fort assez important qui se trouvait à Moussac.

*Anciennes mesures* : Aune = 1 m 0286. — Quarte = 87 litres 75 (la quarte se subdivisait en 4 quartons, le quarton en 4 boisseaux, le boisseau en 16 onces). — Les autres mesures de Gindou étaient celles de Cahors.

GINDREAU, *h.*, c. de Grézels.
GINESTE, *h.*, c. de Condat.
GINESTE, *h.*, c. des Junies.
GINESTE, *i.*, c. de Pomarède.
GINESTE (la), *ch.*, c. de Duravel.
GINESTES (les), *h.*, c. de Condat.

**GINOUILLAC**, c., cant. de Labastide-Murat, arr. de Gourdon. — ⊠ de Montfaucon. — Percept. de Labastide-Mur. — � (577 p.). — Débit detabac.

*Géographie* : Superf. 912 hect. — 506 hab. — Alt. moy. 270 m. — Terrain jurassique moyen.

Principaux v. et h. : Ginouillac ; — La Garrouste, à 1 k. 100 de Ginouillac ; — Les Merlies, à 1 k. 200 ; — Marrou, à 0 k. 250 ; — Monet, à 0 k. 500 ; — Lavayssière, à 0 k. 800.

Voies de con : Route déple n° 1, de Mende à Sarlat ; — chem. vic. d'int. com. n° 92, de Ginouillac à la route natle n° 20 ; — 1 chem. vic. ord.

Distances : au chef-l. de cant. 11 k. ; au chef-l. d'arr. 14 k. ; au chef-l. de départ. 43 k.

Curiosités : Gouffre de Ginouillac ou abîme de Mouet.

*Statistique* : 157 Electeurs. — 12 Cons. mun.

Principal des 4 cont. dir. 2185 fr.
Revenus de la commune, 236 fr.

*Instruction* : Ecole cle laïque de garç. (30 élèves). — École cle congrég. de filles (32 élèves).

*Produits agricoles* : Céréales et vin.

*Commerce et Industries* : 3 cabarets. — Fête patr., le 3 août.

### Historique.

*Pendant la Révolution.* — C. du cant. de Carlucet et du district de Gourdon.

*Avant la Révolution.* — Cté de la sub-dél. de Gourdon et de l'élection de Figeac. — Paroisse sous l'invocation de St-Etienne

(600 p.). — Cette cté payait 3068 livres d'impositions ; ses charges locales ord. étaient de 82 livres. — Il existait dès les temps les plus reculés (il est mentionné en 627) un monastère dans lequel St-Cyprien, St-Aman et St-Sones prirent l'habit religieux.

*Anciennes mesures* : Quarton = 17 litres 5 (le quarton se subdivisait en 5 pugnères ; 4 quartons formaient l'émine, 2 émines formaient le sétier). — Barrique = 220 litres. — Les autres mesures de Ginouillac étaient celles de Gourdon.

*Antiquités* : Emplacement d'un ancien château ayant appartenu à la branche de la maison de Gourdon, qui donna le jour à Galiot de Ginouillac.

GINOUILLAC, *h.*, c. d'Espédaillac.

**GINTRAC**, c., canton de Bretenoux, arr. de Figeac. — ⊠ de Puybrun. — Percept. de Prudhomat. — � (204 p.). — Débit de tabac.

*Géographie* : Superf. 679 hect. — 342 hab. — Alt. moy. 304 m. — Terrain jurassique inférieur.

Principaux v. et h. : Gintrac (190 hab.) ; — Le Causse (36 hab.), à 2 k. de Gintrac ; — Puy-del-Claux (45 hab.), à 4 k. ; — Taillefer (24 hab.), à 1 k. ; — Trouilhé (44 hab.), à 1 k.

Cours d'eau : Rivière de la Dordogne.

Voies de con : Chem. vic. de g. cou n° 38, de Vayrac à St-Céré ; — 3 chem. vic. ord.

Distances : au chef-l. de cant. 8 k. ; au chef.-l. d'arr. 54 k. ; au chef-l. de départ. 75 k.

*Statistique* : 115 Electeurs. — 10 Cons. mun.

Principal des 4 cont. dir. 2317 fr.
Revenus de la commune, 347 fr.

*Instruction* : Ecole cle laïque de garç. (20 élèves).

*Produits agricoles* : Céréales, vin, chanvre, pommes de terre, noix.

*Commerce et industries* : Cabaret. — Fête patr., le 8 septembre.

### Historique.

*Pendant la Révolution.* — C. du cant. de Bretenoux et du district de St-Céré.

*Avant la Révolution.* — Cté de la sub-dél. et de l'élection de Figeac. — Paroisse sous l'invocation de St-Martin (475 p.). — Cette cté payait 3117 livres d'impositions ; ses charges locales ord. étaient de

35 livres. — Gintrac fut assiégé, au xiv<sup>e</sup> siècle, par les compagnies anglaises.

*Anciennes mesures :* Canne = 2<sup>m</sup> 057. — Canne carrée = 3<sup>m</sup>. <sup>c</sup>. 638. — Charge = 111 litres (la charge contenait 60 pintes ; elle se subdivisait en 2 comportes ou en 3 bastes). — Les mesures agraires et de grains de Gintrac étaient celles de Bretenoux.

*Antiquités :* Ruines du château de Taillefer.

GIPOULOU, *h.*, c. de Duravel.

**GIRAC**, c., cant. de Bretenoux, arr. de Figeac. — ⊠ et Percept. de Bretenoux. — ⚯ (330 p.).

*Géographie :* Superf. 440 hect. — 327 hab. — Alt. moy. 146 <sup>m</sup>. — Terrains primitifs composés surtout de gneiss.

Principaux v. et h. : Girac (88 hab.); — Bernadou (48 hab.), à 0 k. 200 de Girac; — Lasserre (116 hab.), à 2 k.; — Roudange (21 hab.), à 0 k. 200; — Tézels (57 hab.), à 3 k. 500.

Cours d'eau : Rivière de la Dordogne (bac à Lasserre).

Voies de c<sup>on</sup> : Route nat<sup>le</sup> n° 140, de Figeac à Montargis; — route dép<sup>le</sup> n° 3, de Sarlat à Aurillac; — chem. vic. d'int. com. n° 76, de la route dép<sup>le</sup> n° 3 dans la Corrèze; — 2 chem. vic. ord.

Distances : au chef-l. de cant. 3 k.; au chef-l. d'arr. 53 k.; au chef-l. de départ. 82 k.

*Statistique :* 112 Electeurs. — 10 cons. mun.

Principal des 4 cont. dir. 2212 fr.

Revenus de la commune, 80 fr.

*Instruction :* Ecole c<sup>le</sup> laïque de garç. (27 élèves); — école libre congrég. de filles (12 élèves).

*Produits agricoles :* Céréales, chanvre, betteraves, noix, fourrages.

*Commerce et Industries :* Fête patr., le 11 novemb.

### Historique.

*Pendant la Révolution.* — C. du cant. de Bretenoux et du district de St-Céré.

*Avant la Révolution.* — C<sup>té</sup> de la subdél. de Souillac et de l'élection de Figeac. — Paroisse sous l'invocation de St-Martin (400 p.). — Cette c<sup>té</sup> payait 4726 livres d'impositions ; ses charges locales ord. étaient de 132 livres.

*Anciennes mesures :* Les mesures de Girac étaient celles de Gagnac.

GIRARD, *i.*, c. du Boulvé.
GIRARD, *h.*, c. de Duravel.
GIRARD, *h.*, c. de Montcabrier.
GIRARDET, *i.*, c. de Duravel.
GIRAT, *h.*, c. du Boulvé.
GIRBAL, *i.*, c. de St-Cirq-Lapopie.
GIRGOULET, *h.*, c. de Rocamadour.
GIRONDE, *h.*, ch. et m. e., c. de Cours.
GIRONDE, *h.*, c. de Lacapelle-Cab.
GIROU, *h.*, c. de Beaumat.
GIROU, *i.*, c. de Fons.
GIROU, *i.*, c. de Mechmont.
GIROU, *h.*, c. de Montcabrier.
GIROU, *h.*, c. de St-Bressou.
GISCOU, *i.*, c. de Belfort.
GIZARD, *h.*, c. de Montgesty.
GIZOT, *h.*, c. de Caniac.
GLANAC (le), *h.* et m. e., c. de Sauliac.
GLANDIN (La Borie de), *i.*, c. de [Rocamadour].
CLANDINE, *h.*, c. de Bagnac.
GLANDY, *h.*, c. d'Uzech.

**GLANES**, c., cant. de Bretenoux, arr. de Figeac. — ⊠ de Bretenoux. — Percept. de Prudhomat. — ⚯ (203 p.). — Rec.-buraliste.

*Géographie :* Superf. 272 hect. — 300 hab. — Alt. moy. 261 <sup>m</sup>. — Terrains primitifs composés de gneiss et de granites proprement dits.

Principaux v. et h. : Glanes.

Cours d'eau : Rivière de la Cère sur la limite de la c.

Voies de c<sup>on</sup> : Chem. vic. de g. c<sup>on</sup> n° 35, de Bretenoux dans le Cantal; — chem. vic. d'int. com. n° 45, de la route nat<sup>le</sup> n° 140 au Port de Gagnac; — 1 chem. vic. ord.

Distances : au chef-l. de cant. 4 k.; au chef-l. d'arr. 52 k.; au chef-l. de départ. 81 k.

*Statistique :* 88 Electeurs. — 10 Cons. mun.

Principal des 4 cont. dir. 1964 fr.

Revenus de la commune, 51 fr.

*Instruction :* Ecole c<sup>le</sup> laïque de garç. (16 élèves); — école libre congrég. de filles (18 élèves).

*Produits agricoles :* Céréales et vin.

*Commerce et Industries :* 2 cafés. — Fête patr., le 10 août.

### Historique.

*Pendant la Révolution.* — C. du cant. de Bretenoux et du district de St-Céré.

*Avant la Révolution.* — C<sup>té</sup> de la subdél. et de l'élection de Figeac. — Paroisse sous l'invocation de St-Laurent

(225 p.). — Cette c^lé payait 2905 livres d'impositions ; ses charges locales ord. étaient de 156 livres.

*Anciennes mesures :* Canne = 2^m 003. — Canne carrée = 2 ^m. ^c. 638. — Sétérée = 23 ^ares 742 (la sétérée se subdivisait en 4 quartonées, la quartonée en 5 pugnères). — Setier = 80 ^litres 72 (le setier se subdivisait en 4 quartes, la quarte en 7 pugnères ou en 2 quartons. — Charge = 111 ^litres 15 (la charge se subdivisait en 2 comportes ou en 3 bastes).

GLÉDINE, *m. e.,* c. de Cornac.
GLÉDINES, *h.,* c. de Sousceyrac.
GLORIO (le), *i.,* c. de Sénaillac.
GLOUJOU, *h.,* c. de Sérignac.
GLOY, *h.,* c. de Soucirac.
GLUGES, *v.,* c. de Martel.
GONTAL, *h.,* c. de Mayrinhac-Lentour.
GORGORY, *h.,* c. de St-Projet.
GORLÉAN, *i.,* c. de Latronquière.
GORSE, *i.,* c. de Corn.

**GORSES,** c., cant. de Latronquière, arr. de Figeac. — ⊠ et Percept. de Latronquière. — ☊ (1225 p.). — Débit de tabac. — Notaire.

*Géographie :* Superf. 3560 hect. — 1283 hab. — Alt. moy. 625^m. — Terrains primitifs, composés principalement de granites dans lesquels on voit des filons de quartz et des cristaux de quartz pyramidal.

Principaux v. et h. : Gorses (120 hab.) ; — Cahuac (353 hab.), à 4 k. de Gorses ; — Campendu (362 hab.), à 1 k. 100 ; — Canet (233 hab.), à 2 k. ; — Lantuéjoul (215 hab.), à 3 k. 850.

Cours d'eau : Ruisseau de la Baye et quelques affluents.

Voies de c^on : Chem. vic. de g. c^on n° 3, de Figeac à Latronquière ; — chem. vic. de g. c^on n° 30, de St-Céré à Maurs ; — chem. vic. d'int. com. n° 50, de Latronquière à Gramat ; — 6 chem. vic. ord.

Distances : au chef-l. de cant. 5 k. ; au chef-l. d'arr. 29 k. ; au chef-l. de départ. 87 k.

*Statistique :* 375 Electeurs. — 12 Cons. mun.

Principal des 4 cont. dir. 5019 fr.
Revenus de la commune, 190 fr.

*Instruction :* Ecole c^le laïque de garç. (61 élèves) ; — école c^le laïque de filles (63 élèves).

*Produits agricoles :* Seigle, sarrasin, pommes de terre, châtaignes, chanvre.

*Commerce et Industries :* 6 moulins à farine sur les ruisseaux. — 5 cabarets. — Fête patr. le 15 août.

Historique.

*Pendant la Révolution.* — C. du cant. de Latronquière et du district de Figeac. — A été chef-l. de canton jusqu'en 1818.

*Avant la Révolution.* — C^té de la subdél. et de l'élection de Figeac.—Paroisse sous l'invocation de Notre-Dame (1579 p.). — Cette c^lé payait 9887 livres d'impositions ; ses charges locales ord. étaient de 201 livres ; — sa population comprenait 932 hab.

Cette localité est mentionnée dans la charte apocryphe de la fondation de l'abbaye de Figeac, par Pépin le Bref, en 755 ; ce qui est certain c'est que son église dépendait de cette abbaye en 1156. — En 1520 l'église de Gorses appartenait à la commanderie de Latronquière.

*Anciennes mesures :* Les mesures de Gorses étaient celles de Figeac.

*Antiquités :* Eglise du XV^e siècle. — Près du village de Lantuéjoul, et tout à côté d'une grotte artificielle, on voit de très anciennes ruines.

GOUBERT, *h.,* c. de Miers.
GOUBIE (la), *h.,* c. de Prendeignes.
GOUDAL (le), *i.,* c. de St-Hilaire.
GOUDOU, *h. et m. e.,* c. de Corn.
GOUDOU, *v.,* c. de Labastide-Murat.
GOUDOU, *h.,* c. de Montvalent.
GOUDOUNESQUE, *h.,* c. d'Albiac.
GOUDOUNET, *h.,* c. de Thégra.
GOUFFOU, *h.,* c. de Gindou.
GOUGNET, *h.,* c. de Concorès.

**GOUJOUNAC,** c., cant. de Cazals, arr. de Cahors. — ⊠ de Frayssinet-le-Gélat. — Percept. de Cazals. — ☊ (592 p.). — Rec.-buraliste.

*Géographie :* Superf. 1038 hect. — 557 hab. — Alt. moy. 254 ^m. — Cette c. repose sur le massif des terrains tertiaires de la formation miocène qui recouvre les formations crétacées entre Cazals et Pomarède.

Principaux v. et h. : Goujounac ; — Coy (29 hab.), à 1 k. 725 ; — Fargou et Lavalade (58 hab.), à 1 k. 250 ; — Magot (12 hab.), à 1 k. 980 ; — Poucatis et Fustié (28 hab.), à 1 k. 250 ; — Le Touron (24 hab.), 0 k. 850.

Cours d'eau : Ruisseau de la Masse.

Voies de c<sup>on</sup> : Route dép<sup>le</sup> n° 10, de Cahors à Villefranche ; — Chem. vic. de g. c<sup>on</sup> n° 15, de Cazals à Montcuq ; — 6 chem. vic. ord.

Distances : au chef-l. de cant. 10 k. ; au chef-l. d'arr. et de départ. 29 k.

*Statistique :* 179 Electeurs. — 12 Cons. mun.

Principal des 4 cont. dir. 2470 fr.

Revenus de la commune, 116 fr.

*Instruction :* Ecole c<sup>le</sup> laïque de garç. (30 élèves) ; — école c<sup>le</sup> congrég. de filles (30 élèves).

*Produits agricoles :* Céréales, vin, noix. — Bois.

*Commerce et Industries :* 2 moulins à farine et scierie sur le ruisseau de la Masse. — Four à chaux. — 2 cafés. — Fête patr., le 10 mai.

### Historique.

*Pendant la Révolution.* — C. du cant. de Catus et du district de Cahors.

*Avant la Révolution.* — C<sup>té</sup> de la subdél. de Prayssac et de l'élection de Cahors. — Paroisse sous l'invocation de St-Pierre ès liens (610 p.). — Cette c<sup>té</sup> payait 4132 livres d'impositions ; ses charges locales ord. étaient de 95 livres.

*Anciennes mesures :* Les mesures de Goujounac étaient celles de Cahors.

*Hommes célèbres :* Le théologien Jean Montaigne, de la congrégation de St-Sulpice (1759-1821).

GOULÈME, *h.*, c. de Concorès.

GOULEPDAU, *h.*, c. de Touzac.

GOULES, *h.*, c. de S<sup>te</sup>-Colombe.

GOULET, *h.*, c. de Carennac.

GOULET (le), *i.*, c. de Cornac.

GOULFIÉ, *i.*, c. de Fargues.

GOULPAT, *h.*, c. de Montdoumerc.

GOULZAT, *h.*, c. de Lamothe-Cassel.

GOUNARDEL, *i.*, c. de Lacapelle-B.

GOUNDOU, *h.*, c. de St-Maurice.

GOUNELLE, *i.*, c. de Lebreil.

GOUNET, *ch.*, c. de St-Caprais.

GOUNI, *i.*, c. de Soturac.

GOUNY, *h.*, c. du Vigan.

GOURDELIN, *i.*, c. de Lavercantière.

**GOURDON**, c., chef-l. de cant. et d'arr. — ⊠, ▥. — Sous-Préfecture ; Tribunal civil ; Rec.-particulière. — ☩ de St-Pierre (2000 p.), des Cordeliers ou de N.-D. (1175 p.), de St-Siméon (1050 p.), de Costeraste (250 p.), de Prouilhac (570 p.) et de St-Romain (520 p.).

*Géographie :* Superf. 4546 hect. — 5098 hab. — Alt. moy. 226 <sup>m</sup>. — Altitudes extrêmes : 126 <sup>m</sup>, 320 <sup>m</sup>. — Alt. de la ville de Gourdon (sol devant l'église St-Pierre) 258 <sup>m</sup>. — Coordonnées géographiques : Latitude N, 44° 44' 15" ; longitude O, de Paris, 0° 57' 13". — Terrain crétacé. — Mines de fer aux environs.

Principaux v. et h. : Gourdon (2890 hab.) ; — Costeraste (950 hab.), à 4 k. de Gourdon ; — Prouilhac (878 hab.), à 5 k. ; — St-Romain (620 hab.), à 5 k.

Cours d'eau : Ruisseaux du Céou, du Bléou, de Payrignac et de la Melve.

Voies de c<sup>on</sup> : Route dép<sup>le</sup> n° 1, de Mende à Sarlat ; — route dép<sup>le</sup> n° 4, de Cahors à Gourdon ; — chem. vic de g. c<sup>on</sup> n° 1, de Gourdon à Cahors ; — chem. vic. de g. c<sup>on</sup> n° 19, de Gourdon à Souillac ; — chem. vic. de g. c<sup>on</sup> n° 22, de Pont-de-Rode à l'Abbaye ; — chem. vic. d'int. com. n° 31, de Gourdon à Dégagnac ; — chem. vic. d'int. com. n° 73, de Millac à Gourdon ; — 9 chem. vic. ord.

Distance au chef-l. de départ. 43 k.

*Statistique :* 1585 Electeurs. — 23 Cons. mun.

Principal des 4 cont. dir. 33053 fr.

Revenus de la commune, 29080 fr.

Etablissements communaux : Octroi (produit net 18330 fr. ; — nombre d'agents 3) ; — Halle ; — Abattoir ; — Pompiers (25 hommes) ; — Fanfare.

Etablissements charitables : Hospice (3 sœurs de charité, — 91 lits, — 51 malades, — 15496 fr. de revenus) ; — Bureau de bienfaisance (revenu annuel 4461 fr.) ; — Société de Secours mutuels de S<sup>te</sup>-Anne (35 membres honoraires, 50 membres actifs, 682 fr. de revenus) ; — Société de Secours mutuels de St-Eloi (89 membres honoraires, 122 membres actifs, 3052 fr. de revenus).

Cercles : de l'Union, de la Concorde et Artistique.

Journaux : Le *Gourdonnais.*

*Instruction :* Ecole c<sup>le</sup> laïque de garç. (95 élèves) ; — école c<sup>le</sup> laïque de filles. — Ecoles laïques de h. à Costeraste, à Prouilhac (55 élèves) et à St-Romain. — 6 écoles libres de filles dont 3 laïques et 3 congréganistes.

*Produits agricoles :* Céréales, vin, pommes de terre, châtaignes, truffes.

*Commerce et Industries :* 2 usines à vapeur ; — pressoirs et moulins à farine sur les ruisseaux ; — tanneries. — 10 hôtels ou auberges ; 30 cabarets, — 23 cafés. — Foires les 7 et 29 janv., le 1er vendredi de carême, le samedi après la mi-carême, le mercredi après Pâques, le lendemain de l'Ascension, le samedi après la Pentecôte, le 30 juin, le 22 juil., le samedi après la St-Louis, le samedi après le 17 septemb., le 9 octob., le samedi après la Toussaint, le samedi après la Ste-Catherine et le 14 décemb. — Marchés les mercredi et samedi de chaque semaine. — Fête patr., le 24 luin.

### Historique.

L'époque de la fondation de Gourdon est inconnue ; le document le plus ancien relatif à cette ville date de 839 ; c'est une donation de l'église de Payrignac à l'abbaye de Sarlat, par Odolric, seigneur de Gourdon, seigneur dont la famille dût bientôt s'éteindre ou bien perdre ses droits à la suzeraineté de cette ville, car nous voyons que Raymond Ier, comte de Rouergue, par son testament du 6 sept. 961, fait donation de son château de Gourdon à un de ses vassaux, Aymeric qui fut la souche de cette famille de Gourdon, qui devint illustre par sa puissance et la renommée de quelques-uns de ces membres.

Jusqu'au milieu du XIIIe siècle, l'histoire ne s'occupe guère que des seigneurs de Gourdon et mentionne à peine la ville elle-même ; en 1244, l'octroi de coutumes et de franchises accordées à Gourdon par ses seigneurs Fortanier, Aymeric et Guillaume, fait sortir cette localité de son obscurité, en lui assurant une existence propre et indépendante.

Tombé au pouvoir des bandes anglaises, le château de Gourdon fut vendu, en 1481, par le comte de Thémines, aux comtes d'Armagnac, qui le retrocédèrent plus tard à la maison de Thémines.

Gourdon fut pris d'assaut, le 3 sept. 1562 par les Calvinistes, qui avaient à leur tête Duras.

En 1619, le comte de Thémines, alors seigneur de Gourdon, révolté contre Henri IV, se retrancha dans son château ; mais il y fut assiégé par les Gourdonnais, à l'instigation du duc de Mayenne et le château étant tombé en leur pouvoir fut rasé.

Avant la Révolution de 1789, Gourdon était le siège d'une sénéchaussée, la résidence d'un subdélégué de l'intendance et d'une brigade de maréchaussée.

— Le territoire actuel de cette c. formait les ctés de Gourdon, Costeraste, Lafontade, Prouilhac et St-Romain, qui dépendaient de l'élection de Cahors.

La cté de Gourdon payait 31794 livres d'impositions ; ses charges locales ord. étaient de 12,288 livres ; elle comprenait les paroisses de St-Pierre, de St-Siméon (142 p.) et du Mont St-Jean (37 p.).

La cté de Costeraste payait 1432 livres d'impositions ; ses charges locales ord. étaient de 38 livres.

La cté de Lafontade payait 2530 livres d'impositions ; ses charges locales ord. étaient de 74 livres.

La cté de Prouilhac payait 4382 livres ; ses charges locales ord. étaient de 139 livres ; elle formait une paroisse sous l'invocation de St-Pierre (520 p.).

La cté de St-Romain payait 2269 livres d'impositions ; ses charges locales ord. étaient de 107 livres ; elle formait une paroisse de 478 p.

Il y avait à Gourdon : une petite abbaye dite de la Nouvelle ou de N.-D. fondée en 1241 par Guillaume de Gourdon ; — 2 couvents de religieux (Cordeliers et Capucins) ; — un couvent de religieuses Clairistes ; — un hôpital.

Pendant la Révolution, Gourdon était chef-l. de cant. et de district et comprenait les c. de Gourdon, Lafontade, Costeraste, Prouilhac et Romanet (St-Romain).

*Anciennes mesures :* Aune = 1m 035. — Canne carrée = 3 m. c. 1919 — Quartonée = 19 ares 1519 (la quartonée se subdivisait en 4 pugnères, la pugnère en 4 coupes et la coupe en 16 onces). — Sac = 84 litres (le sac était composé de 3 quartons, le quarton se subdivisait en 16 coupes ou en 4 pugnères). — Baricot = 210 litres (le baricot se subdivisait en 128 pintes, la pinte en 2 pauques et la pauque en 2 dénades).

*Antiquités :* Eglise gothique de St-Pierre (mon. hist.). — Eglise des Capucins. — Eglise de N.-D. des Neiges. — Maisons anciennes parmi lesquelles l'Hôtel de Ville. — Riches archives communales remontant au XIIIe siècle.

*Hommes célèbres :* Bertrand de Gourdon, le héros du siége de Chalus en Limousin, d'après la légende (XIIe siècle). Le troubadour Guillaume Albuson (XIIe siècle). — Le cardinal G. Farinier, général de l'ordre des Cordeliers, mort en 1381. — Le jurisconsulte Pierre de Cazalou (xive siècle). — Le jurisconsulte Jean Albert (1609-1684). — François Marsis, lieutenant-général au sénéchal de Gourdon, mort en 1651. — Le capitaine Pierre de Palot (xviie siècle). — Le directeur général des Domaines, Louis Barrairon (1746-1820). — Le curé Bouygues, fondateur de la confrérie hospitalière des Pénitents blancs (xviiie siècle). — Jean-Baptiste Cavaignac, député à la Convention, membre du conseil des cinq-cents, père de Louis-Eugène Cavaignac, chef du Pouvoir exécutif en 1848. — Général Jacques-Marie Cavaignac, frère du précédent (1773-1855).

GOURDON, i., c. de L'Hospitalet.
GOURDON, h., c. de St-Sozy.
GOURDONNE (la), h., c. de Pradines.
GOURDOU, i., c. de St-Laurent (Montcuq).
GOURGOU, h., c. de Cahors.
GOURGUE (la), h., c. d'Assier.
GOURGUE (la), h., c. de Pradines.
GOURGUE (la), h., c. de Quissac.
GOURRY, i., c. de Lanzac.
GOURS, h., c. de Cuzac.
GOURSEZET, h., c. de Gorses.
GOUT, i., c. de Labastide-Marnhac.
GOUTEPEYROUSE, h., c. de Gorses.
GOUTEREDONDE, h., c. de Latronquière.
GOUTTERAFFE, h., c. de St-Maurice.
GOUZUTS, h., c. de Frayssinet-le-Gélat.
GOY, i., c. de Montfaucon.
GRABASSOU, i., c. de Vers.
GRABIAL, i., c. de L'Hospitalet.
GRABOU, m., c. de Promilhanes.
GRACÉLIÉ (la), h., c. de Bouyssou.
GRADDE, h., c. de Mauroux.
GRADENNES, u., c. de Catus.
GRAGNOULET, h., c. de St-Maurice.

**GRAMAT**, c., chef-l. de cant. de l'arr. de Gourdon. — ⊠, ▦, ▥ et Percept. — ⚕ de St-Pierre (1800 p.), de N.-D. (800 p.), de Prangères (250 p.), de Rignac (780 p.) et de St-Chignes (516 p.). — Rec.-buraliste; — 3 débits de tabac. — 3 notaires. — Brigade de gendarmerie à cheval. — Station d'étalons du dépôt de Villeneuve.

*Géographie* : Superf. 6660 hect. — 4056 hab. — Alt. moy. 345 m. — Cette c. se trouve sur les marnes supraliasiques et sur le jurassique inférieur qui forme la vallée de l'Alzou.

Principaux v. et h. : Gramat (1872 hab.); — Prangères (250 hab.), à 3 k. de Gramat; — Rignac (780 hab.), à 4 k. 800; — St-Chignes (516 hab.), à 3 k. 700.

Cours d'eau : Ruisseaux de l'Alzou et de Rignac. — Source minérale de Bonnet.

Voies de c̄on : Route déple no 1, de Mende à Sarlat; — route déple no 5, de Cahors à Clermont; — route déple no 14, de Gramat à Cressensac; — chem. vic. de g. c̄on no 20, de Gramat à Vayrac; — chem. vic. de g. c̄on no 42, de Cajarc à Gramat; — chem. vic. d'int. com. no 70, de Gourdon à Gramat; — 6 chem. vic. ord.

Distances : au chef-l. d'arr. 37 k.; au chef-l. de départ. 56 k.

Curiosités : Abîme de Bède et gouffre du Saut de la Pucelle, sur la limite des c. de Gramat et de Rocamadour, dans lequel disparait le ruisseau de Rignac.

*Statistique* : 942 Electeurs. — 23 Cons. mun. — Sect. élect. de Gramat (18 cons. mun.), de St-Chignes (4 cons. mun.) et de Prangères (1 cons. mun.)

Principal des 4 cont. dir. 31485 fr.

Revenus de la commune, 10988 fr.

Octroi (produit net 6600 fr.) — Halle aux grains.

Bureau de bienfaisance (revenu annuel 2152 fr.). — Société de Secours mutuels (261 membres, 271 fr. de revenus).

*Instruction* : Ecole cle laïque de garç. (122 élèves); — école cle congrég. de filles (134 élèves); — école laïque de h. à Rignac (56 élèves); — école libre congrég. de garç. (212 élèves); — école libre congrég. de filles (76 élèves); — école laïque libre de h. à Rignac (25 élèves); — école libre congrég. de h. à St-Chignes (23 élèves).

*Produits agricoles* : Céréales et fourrages. — Bois.

*Commerce et Industries* : 8 moulins à farine, 3 teintureries et une carderie sur l'Alzou. — 21 hôtels ou auberges; — 24 cabarets; — 25 cafés. — Foires le 20 janv., le mardi de la mi-carême, les 26 mars, 25 avril, 15 mai, 3 et 30 juin, 28 juillet, 20 août, 10 et 29 septemb., 31 octobre, 20 novembre, 6 et 31 décemb. — Marchés les mardi et vendredi de chaque semaine. — Fête patr., le 29 juin.

Historique.

*Pendant la Révolution.* — C., chef-l. de cant. du district de St-Céré.

*Avant la Révolution* — Cté de la subdél. et de l'élection de Figeac. — Paroissses : de Gramat, sous l'invocation de St-Pierre (2093 p.) ; — de Ségala, sous l'invocation de St-Laurent ; — de Pangères, sous l'invocation de St-Maurice (245 p.) ; — de Rignac, sous l'invocation de St-Germain (607 p.) ; — de St-Chignes, sous l'invocation de St-Agnan (486 p.). — Cette c<sup>té</sup> payait 28990 livres d'impositions ; ses charges locales ord. étaient de 2708 livres. — Gramat avait 8 foires, dont 3 très suivies ; — on exportait annuellement 2000 bêtes à laine de cette localité, qui approvisionnait encore la ville de Tulle de lainages.

En 1106 le Pape Pascal II assigna les revenus de l'église de Gramat à l'entretien des chanoines réguliers de Cahors. En 1287, cette localité fut hypothéquée aux Anglais qui s'en emparèrent sans coup férir en 1369 et y firent tant de ravages que vers la fin de la guerre de cent ans il ne restait plus à Gramat que 7 habitants. — Pendant les guerres de religion la ville de Gramat fut successivement occupée par les protestants et les catholiques. — En 1657 le baron de Gramat faisait partie des Etats du Quercy.

*Anciennes mesures :* Canne = 2<sup>m</sup> 057. — Canne carrée = 2<sup>m. c.</sup> 638. — Sétérée = 54<sup>ares</sup> 0265 (la sétérée se subdivisait en 2 émines ou éminades, l'émine en 4 quartons, le quarton en 5 pugnèrés). — Setier = 140 litres (le setier se subdivisait en 2 émines, l'émine en 4 quartons, le quarton en 5 pugnères). — Barrique = 200 litres (la barrique contenait 96 pintes et se subdivisait en 2 charges et la charge en 2 barils).

*Antiquités :* Dolmens et tumuli.

*Hommes célèbres :* L'abbé Raymond de Foulhiac, savant antiquaire (1622-1692). — L'historien Guillaume Lacoste, ancien proviseur du collége de Cahors (1755-1831). — Le chirurgien Antoine Dubois (1756-1837). — Julien Bessières, Pair de France (1777-1840).

GRAMBAL, *i.*, c. de Pern.
GRAMONT, *h.*, c. de Mauroux.
GRAMONT, *h.*, c. de St-Cirgues.
GRAND-BERNARD, *h.*, c. de Prudhomat.
GRAND-CHAMP, *h.*, c. de Cavagnac
GRAND-CHAMP, *h.*, c. de Laramière.
GRAND-CHEMIN (le), *i.*, c. du Montat.
GRAND-MAISON, *h.*, c. de Gignac.
GRAND-MAS, *h.*, c. de Blars.
GRANDOU, *h.*, c. de Dégagnac.
GRAND-PUY DE TOUR, *h.*, c. de St-Michel.

GRAND-ROQUE, *h.*, c. de Concorès.
GRANÉJOULS, *v.*, c. de Lhospitalet.
GRANEL, *h.*, c. de Cambayrac.
GRANGE, *h.*, c. de Carlucet.
GRANGE, *h.*, c. de Gindou.
GRANGEASSE (la), *i.*, c. d'Espédaillac.
GRANGE-BASSE, *h.*, c. de Cavagnac.
GRANGER (le), *ch.*, c. de Sarrazac.
GRANGE-RIVIÈRE, *i.*, c. de S<sup>te</sup>-Alauzie.
GRANGE-ROUGE, *f.*, c. d'Issepts.
GRANGES (les), *h.*, c. de Bélaye.
GRANGES (les), *h.*, c. de Calès.
GRANGES (les), *m.*, c. de Cénevières.
GRANGES (les), *h.*, c. d'Espère.
GRANGES (les), *h.*, c. de Francoulès.
GRANGES (les), *h.*, c. de Frayssinet-[le-Gélat].
GRANGES (les), *h.*, c. de Gindou.
GRANGES (les), *h.*, c. de Lamothe-Cas.
GRANGES (les), *i.*, c. de Lanzac.
GRANGES (les), *h.*, c. de Millac.
GRANGES (les), *h.*, c. de Montlauzun.
GRANGES (les), *h.*, c. de Nozac.
GRANGES (les), *h.*, c. de Roufflac.
GRANGES (les), *h.*, c. de St-Caprais.
GRANGES (les), *h.*, c. de St-Cernin.
GRANGES (les), *i.*, c. de St-Pantaléon.
GRANGES (les), *h.*, c. de Thédirac.
GRANGES (les), *h.*, c. de Touzac.
GRANGES DE ST-REMY, *h.*, c. de Labas-[tide-Marnhac].
GRANGES DE VEZELS, *h.*, c. de Vayrac.
GRANGES VIEILLES (les), *h.*, c. de Souillac.
GRANGETTES (les), *i.*, c. de Dégagnac.
GRANGETTES (les), *i.*, c. de Fontanes.
GRANGETTES (les), *h.*, c. de Lamothe-C.
GRANGETTES (les), *h.*, c. de St-Caprais.
GRANGE-VIEILLE, *h.*, c. de Souillac.
GRANGIÉ, *h.*, c. de Nozac.
GRANGIER, *i.*, c. de Pinsac.
GRANGUES, *m.*, c. du Montat.
GRANIER, *h.*, c. de Montdoumerc.
GRANOUILLAC, *h.*, c. de Calviac.
GRANOUILLAC, *f.*, c. de Rocamadour.
GRANOUX, *h.*, c. de Prudhomat.
GRANOUYROUX, *h.*, c. de Tauriac.
GRANNÉJOULS, *v.*, c. de Lhospitalet.
GRANSIL (le), *h.*, c. de Prayssac.
GRANVAL, *h.*, c. de Belmont (Bretenoux)
GRANVAL, *h.*, c. de St-Michel-Loubéj.
GRANVAL, *h.*, c. de Gorses.
GRAPAL-NÈGRE, *i.*, c. de St-Clair.
GRAPALOU, *i.*, c. de St-Pantaléon.
GRAREYROUX, *h.*, c. de Rueyres.
GRAS (le), *h.*, c. de Castelnau.
GRATE-GATINE, *m. v.*, c. de Sénaillac.
GRATTE-SAUVE, *h.*, c. de S<sup>te</sup>-Alauzie.
GRAUDENNES, *u.*, c. de Catus.

GRAULAT, *h.*, c. de Gramat.
GRAULE (basse et haute), *h.*, c. de [Carlucet].
GRAULIÉ (bas et haut), *h.*, c. de Dégagnac.
GRAULIÈRES, *m. e.*, c. de Frayssinet-[le-Gélat].
GRAULIÈRES, *h.*, c. de Nozac.
GRAUSAGNES, *f.* et *m. e.*, c. de Sousceyrac.
GRAVE (la), *i.*, c. d'Albas.
GRAVE (*moulin de*), *h.*, c. de Fons.
GRAVE (la), *h.*, c. de Montcabrier.
GRAVELINE, *h.*, c. de Lauzès.
GRAVENAS (le), *i.*, c. de Catus.
GRAVES, *i.*, c. de Frontenac.
GRAVES, *h.*, c. de Mayronne.
GRAVES, *h.*, c. de St-Pierre-Toirac.
GRAVES (les), *h.*, c. de Cahors.
GRAVES (les), *h.*, c. de Calamane.
GRAVES (les), *i.*, c. de Pradines.
GRAVES (les), *h.*, c. de Soucirac.
GRAVETTE, *i.*, c. de Bagat.
GRAVETTE (la), *h.*, c. de St-Sulpice.
GRAVETTES (les), *i.*, c. d'Arcambal.
GRAVEYROU, *h.*, c. de Tauriac.
GRAVIERS, *i.*, c. de Lanzac.
GRAVILLE (la), *h.*, c. de Faycelles.
GRÉ (le), *h.*, c. de Puy-l'Evêque.

**GRÉALOU**, c., cant. de Cajarc. — ⊠, ▥ et Percept. de Cajarc. — ⚭ (520 p.). — Débit de tabac. — Notaire.
*Géographie :* Superf. 1749 hect. — 542 hab. — Alt. moy. 354 ᵐ. — Terrain jurassique moyen. — Le sol est presque toujours calcaire, mais recouvert sur quelques points d'une terre sablonneuse et de galets quartzeux. — Gisements de phosphates de chaux.
Principaux v. et h. : Gréalou (76 hab.); — Cayré (127 hab.), à 4 k. de Gréalou; — Pégourié (92 hab.), à 4 k.; — Puy-Clavel (105 hab.), à 1 k. 500; — Védrune (84 hab.), à 1 k.
Voies de cᶜⁿ : Route dépᵗᵉ n° 7, de Figeac à Limogne; — Chem. vic. d'int. com. n° 89, d'Espédaillac à Villeneuve d'Aveyron; — 3 chem. vic. ord.
Distances : au chef-l. de cant. 8 k.;— au chef-l. d'arr. 17 k.; — au chef-l. de départ. 53 k.
*Statistique :* 157 Electeurs — 12 Cons. mun.
Principal des 4 cont. dir. 3183 fr.
Revenus de la commune, 234 fr.
*Instruction :* Ecole cˡᵉ laïque de garç. (50 élèves); — école cˡᵉ congrég. de filles (39 élèves).
*Produits agricoles :* Céréales et vin.

*Commerce et Industries :* Exploitation de phosphates de chaux. — 6 cabarets.— Foires les 14 mai, 2 juin et 14 novemb. — Fête patr., le 15 août.

Historique.

*Pendant la Révolution.* — c. du cant. de Cajarc et du district de Figeac.
*Avant la Révolution :* Cᵗᵉ de la subdél. et de l'élection de Figeac. — Paroisse sous l'invocation de l'Assomption (600 p.). — Cette cˡᵉ payait 6026 livres d'impositions; ses charges locales ord. étaient de 144 livres.
Cette localité fut prise, en 1342, par le capitaine anglais B. de Lebret et en 1380 par un autre capitaine, Bertrand de Bassoran.
Les habitants de Gréalou obtinrent, en 1293, de leur seigneur Arnaud de Barasc-Béduer, une charte de coutume.
*Anciennes mesures :* Les mesures de vin de Gréalou étaient celles de Cajarc ; ses autres mesures étaient celles de Figeac.
*Antiquités :* Dolmens. — Restes d'une tour très élevée et aux murs très épais.

GREFEL, *h.*, c. de Padirac.
GRÉGES-PÉGOURIÉ, *h.*, c. de Soucirac.
GREIL, *i.*, c. de Camboulit et Capdenac.
GRELARD, *i.*, c. d'Aujols.
GRÉLON, *i.*, c. du Boulvé.
GRÉNETIÉ, *i.*, c. de Fargues.
GRÉS (le), *h.*, c. de Marminiac.
GRÉS (bas et haut), *h.*, c. de Calvignac.
GRÉSAL, *i.*, c. de Pinsac.
GRÉSELADE, *h.*, c. de Lanzac.
GRESETTE (la), *ch.*, c. de Caillac.
GRESILLOUX, *h.*, c. de Lanzac.
GREZAL, *h.*, c. de Masclat.
GRÉZALS, *h.*, c. de Gignac.
GRÈZE, *h.*, c. de Lamothe-Fénelon.
GRÈZE (la), *h.*, c. de Puy-l'Evêque.
GRÈZE (la), *h.*, c. de St-Cernin.
GRÉZEL, *i.*, c. de Duravel.
GRÉZELADE, *h.*, c. de Lanzac.

**GRÉZELS**, c., cant. de Puy-l'Evêque, arr. de Cahors. — ⊠, ▥, ▤ et Percept. de Puy-l'Evêque. — ⚭ (646 p.). — Débit de tabac.
*Géographie :* Superf. 1079 hect. — 648 hab. — Alt. moy. 201 ᵐ. — Terrain jurassique supérieur. — Alluvions dans les vallées.
Principaux v. et h. : Grézels (398 hab.); — Le Bouge (10 hab.), à 2 k. 500 de Grézels; — Cournou (30 hab.), à

5 k.; — Courrech (28 hab.), à 4 k.; — Pech Estève (30 hab.), à 5 k.; — St-Jean (30 hab.), à 1 k.

Cours d'eau : Rivière du Lot (bac); — ruisseau de St-Matré et 2 petits affluents.

Voies de c°° : Chem. vic. de g. c°° n° 8, de Cahors à Touzac; — chem. vic. d'int. com. n° 28, de Lolmie à Villefranche; — 4 chem. vic. ord.

Distances : au chef-l. de cant. 5 k.; au chef-l. d'arr. et de départ. 38 k.

*Statistique* : 215 Electeurs. — 12 Cons. mun.

Principal des 4 cont. dir. 4663 fr.

Revenus de la commune, 414 fr.

Bureau de bienfaisance (revenu annuel 82 fr.).

*Instruction* : Ecole c<sup>le</sup> laïque de garç. (29 élèves); — école c<sup>le</sup> congrég. de filles (28 élèves).

*Produits agricoles* : Céréales, vin et tabac.

*Commerce et Industries* : 3 moulins à farine et 1 pressoir sur le ruisseau de St-Matré. — 3 cabarets. — Foires les 15 janv., fin fév., 29 mars, 29 avril, 29 mai, 29 juin, 29 juil., 31 août et 29 sept.

Historique.

*Pendant la Révolution.* — C. du cant. de Bélaye et du district de Lauzerte.

*Avant la Révolution.* — C<sup>lé</sup> de la subdél. de Prayssac et de l'élection de Cahors. — Paroisse sous l'invocation de St-Hilaire (700 p.). — Cette c<sup>lé</sup> payait 5865 livres d'impositions; ses charges locales ord. étaient de 144 livres.

*Anciennes mesures* : Quarte = 66<sup>litres</sup> 80 (la quarte contenait 4 quartons et le quarton 4 boisseaux). — Barrique = 220 litres. — Les autres mesures de Grézels étaient celles de Cahors.

*Antiquités* : Ancien château servant aujourd'hui à une exploitation rurale.

**GRÈZES**, c., cant. de Livernon, arr. de Figeac. — ⊠ de Livernon. — ☏ et ☰ d'Assier. — Percept. de Livernon. — ☉ (480 p.). — Débit de tabac.

*Géographie* : Superf. 1103 hect. — 408 hab. — Alt. moy. 311 m. — Cette c. se trouve sur un îlot du jurassique supérieur qui se trouve superposé au jurassique moyen entre Livernon et Espédaillac.

Principaux v. et h. : Grèzes (176 hab.); — Faure (20 hab.), à 1 k. de Grèzes; — Laborde (30 hab.), à 3 k.; — Laurensou (20 hab.), à 0 k. 500.

Voies de c°° : Route dép<sup>le</sup> n° 13, de Figeac à Cahors; — chem. vic. de g. c°° n° 16, de Cahors à Aurillac; — chem. vic. d'int. com. n° 18, de Cajarc à Livernon; — chem. vic. d'int. com. n° 19, de Grèzes à Labastide-Murat; — pas de chem. vic. ord.

Distances : au chef-l. de cant. 4 k.; au chef-l. d'arr. 20 k.; au chef-l. de départ. 52 k.

*Statistique* : 123 Electeurs. — 10 Cons. mun.

Principal des 4 cont. dir. 2299 fr.

Revenus de la commune, 92 fr.

*Instruction* : Ecole c<sup>le</sup> laïque de garç. (28 élèves). — Ecole congrég. libre de filles (16 élèves).

*Produits agricoles* : Céréales, tabac, pommes de terre. — Bois.

*Commerce et industries* : Commerce de fromages. — Auberge, 3 cabarets. — Foire le mercredi après Pâques. — Fête patr., le 25 juillet.

Historique.

*Pendant la Révolution.* — C. du cant. de Livernon et du district de Figeac.

*Avant la Révolution.* — C<sup>lé</sup> de la subdél. et de l'élection de Figeac. — Paroisse sous l'invocation de St-Jacques (384 p.). — Cette c<sup>lé</sup> payait 2542 livres d'impositions; ses charges locales ord. étaient de 72 livres.

En 1146 l'église de Grèzes appartenait à l'abbaye de Figeac; plus tard cette même église passa à la commanderie de Durbans.

*Anciennes mesures* : La principale mesure de vin, à Grèzes, était le poinçon valant 214 litres (le poinçon se subdivisait en 2 charges, la charge en 2 barils, le baril en 25 pintes). — Les autres mesures étaient celles de Figeac.

*Antiquités* : Dolmens.

GRÈZES, h., c. de Cambayrac.
GRÈZES, h., c. de Miers.
GRÈZES, h., c. de Frayssinet-le-Gélat.
GRÈZES (la), h., c. de Soucirac.
GRÈZES (les), v., c. de Montcuq.
GRÈZES (les), h., c. de Montfaucon.
GRÈZES-DE-FAJOLES, ch., c. de Fajoles.
GRÈZES-PÉGOURIE, h., c. de Soucirac.
GREZETTE (la), f., c. de Cabrerets.
GREZETTE (la), ch., c. de Caillac.
GREZETTE (la), m., c. de Lugagnac.
GRÉZIERS, h., c. de Cabrerets.
GRÉZILLOU, h., c. de Peyrilles.
GRÉZOULS, v., c. de Camboulit.

GRIFFEL, *i.*, c. de Cahus.
GRILLE (la), *h.*, c. de Labastide-Murat.
GRILLÈRES, *h.*, c. de Figeac.
GRILLES (les), *h.*, c. de Goujounac.
GRILLOU, *f.*, c. de Flaugnac.
GRILLOUX, *i.*, c. de St-Clair.
GRIMARD, *ch.*, c. de Duravel.
GRIMARD (*écluse de*), c. de Puy-l'Evêque
GRIMAUDENS, *h.*, c. de Fourmagnac.
GRIMOU, *i.*, c. de Fajoles.
GRIOLE, *h.*, c. de Masclat.
GRIZOU, *h.*, c. de Lascabanes.
GRO, *h.*, c. de Castelnau.
GRO, *h.*, c. de Ste-Alauzie.
GRODY, *i.*, c. de Valprionde.
GROFFET, *i.*, c. de Cézac.
GROS-CAMP, *f.*, c. Labastide-Murat.
GROS-CASSAN, *h.*, c. de St-Hilaire.
GROSSIE, *h.*, c. de Pontcirq.
GROUMARD, *i.*, c. de Belfort
GRUAT (le), *i.*, c. de Sabadel (Lauzès).
GRUFFIEL, *h.*, c. d'Issendolus.
GRUFFIEL, *h.*, c. de Thémines.
GRUGNAC, *ch.*, c. de Sousceyrac.
GUÉ-DU-SAY, *h.*, c. de St-Michel.
GUERRE, *h.*, c. de Beauregard.
GUES-DE-LAVERGNE, *i.*, c. de Brengues
GUIBERT, *h.*, c. de Soturac.
GUICHE, *m. e.*, c. de Boissières.
GUICHOT, *h.*, c. de Cabrerets.
GUIERLE (la), *h.*, c. de Vayrac.
GUILHOU-NÈGRE, *h.*, c. de Lherm.

GUILLASSE, *h.*, c. de Salviac.
GUILLASSOU, *i.*, c. de Belfort.
GUILLAUME, *h.*, c. de Berganty.
GUILLAUME (mas de), *i.*, c. de Gigouzac
GUILLELMIE (la), *h.*, c. de Cassagnes.
GUILLEMONT, *h.*, c. d'Uzech.
GUILLERIES (les), *h.*, c. de Martel.
GUILLET (bas et haut), *h.*, c. de Gindou
GUILLONET, *f.*, c. de St-Paul.
GUILLOT, *h.* et *m e.*, c. de Cabrerets.
GUILLOUNE (la), *m. e.*, c. d'Arcambal.
GUILLOUS, *h.*, c. de Concorès.
GUINET (mas de), *h.*, c. de Gigouzac.
GUINGAL, *h.*, c. de Grézels.
GUINGAT, *h.*, c. de Fargues.
GUINIES (les), *h.*, c. de Montcléra.
GUINOT, *h.*, c. de Labastide-Murat.
GUINOT, *m.*, c. de Montcléra.
GUINOUSTELS, *h.*, c. de Frayssinet-le-
[Gélat].
GUIRALE (la), *h.*, c. de Concorès.
GUIRALET, *m.*, c. de Beauregard.
GUIRANDE, *h.*, c. de Felzins.
GUIRAUDELLE, *h.*, c. de Montredon.
GUIRAUDOU, *h.*, c. du Vigan.
GUIROLETTE, *h.*, c. de Thédirac.
GUIROULET (le), *i.*, c. d'Esclauzels.
GUIRRADE, *i.*, c. de Reyrevignes.
GUITARDIE, *h.*, c. de Mayrinhac-Lent.
GUITOU, *h.*, c. de St-Denis (Catus).
GUIZAYRIES, *h.*, c. de Mayrinhac-Lent.
GURAL-L'HOMME, *h.*, c. de Pradines.

# H

HAUMONT, *ch.*, c. de St-Daunès.
HAUSSECAMBE, *h.*, c. de Mauroux.
HAUTASSES, *h.*, c. de Montcuq.
HAUTE-CASSAGNE, *h.*, c. de Lauresses.
HAUTEFAGE, *h.*, c. de Belmontet.
HAUTES-BORIES, *h.*, c. de Soturac.
HAUTESERRE, *m.*, c. de Catus.
HAUTESERRE, *ch.*, c. de Cieurac.
HAUTESERRE, *h.*, c. de Concorès.
HAYROU, *i.*, c. de Léobard.
HÉBRARD, *f.*, c. de Belfort.
HÉBRARD, *i.*, c. de Belmontet.
HÉBRARD-D'AUZAT, *h.*, c. de St-Projet.
HÉBRARD-DEL-PESQUIÉ, *h.*, c. de St-
[Projet].
HÉLIOS, *h.*, c. de Belfort.
HERBEMOL, *f.*, c. de Figeac.
HERBOUZE, *h.* et *m. e.*, c. de Sousceyrac
HERM (l'). — *Voir Lherm.*

HERMET, *h.*, c. de Montfaucon.
HERMIES, *m. e.*, c. de Cajarc.
HERMITAGE (l'), *ch.*, c. de Cahors.
HERMITAGE (l'), *m. e.*, c. Carennac.
HERMITAGE (l'), *i.*, c. Montfaucon.
HIBERNIES (les), *i.*, c. de Cambes.
HIGOLE (basse et haute), *h.*, c. d'Uzech.
HIGOUNET, *h.*, c. d'Issendolus.
HIGUES (les), *h.*, c. de Cabrerets.
HIGUES (les), *i.*, c. de Sonac.
HINGARIE, *m.*, c. de St-Paul.
HIRONDELLE (l'), *i.*, c. de Cassagnes.
HOMME-MORT (l'), *i.*, c. de Gorses.
HONS (les), *i.*, c. de Saux.
HÔPITAL (l'), *i.*, c. de Cajarc.
HÔPITAL, *h.*, c. d'Issendolus.
HÔPITAL (l'), *f. g.*, c. de Rocamadour.
HÔPITAL (l'), *h.*, c. de Sauzet.
HÔPITAL-St-JEAN, *v.*, c. de Sarrazac.

Hospitalet (l'). — *Voir l'Hospitalet.*
Hourtanel, *h.*, c. de Gintrac.
Huget (les), *h.*, c. de Frayssinet.
Hugorge, *h.*, c. de Bélaye.
Hugot, *i.*, c. de Belfort.

Hugot, *h.*, c. de Thédirac.
Hugoyes, *h.*, c. de Bélaye.
Huguet, *f.*, c. de Flaugnac.
Hust, *h.*, c. de Thédirac.
Hustes (les), *h.*, c. de Montgesty.

# I

Igues, *h.*, c. de Sonac.
Ille (l'), *i.*, c. de Fontanes.
Ille-haute (l'), *h.*, c. de Montdoumerc.
Illars (Bois d'), *m.*, c. de St-Projet.
Imbert (borie d'), *h.*, c. de Rocamadour.
Irissoux (les), *h.*, c. de Pradines.
Irrifonde, *h.*, c. de Floirac.
Issartou, *h.*, c. de Bétaille.
Issaudré, *m. e.*, c. d'Espère.

**ISSENDOLUS**, c., cant. de Lacapelle, arr. de Figeac — ⊠, ▨ et ▨ de Gramat. — Percept. de Thémines. — ⚭ (900 p.). — Débit de tabac.

*Géographie :* Superf. 1891 hect. — 844 hab. — Alt. moy. 338 $^m$. — Cette c. se trouve sur les marnes supra-liasiques.

Principaux v. et h. : Issendolus (58 hab.).

Cours d'eau : Ruisseau d'Issendolus. — Sources minérales.

Voies de c$^{on}$ : Route dép$^{le}$ n° 1, de Mende à Sarlat ; — 5 chem. vic. ord.

Distances : au chef-l. de cant. 15 k. ; au chef.-l. d'arr. 34 k. ; au chef-l. de départ. 62 k.

Curiosités : Près de la route dép$^{le}$ n° 1, le gouffre d'Issendolus, dans lequel se jette et disparaît le ruisseau de ce nom.

*Statistique :* 288 Electeurs. — 12 Cons. mun.

Principal des 4 cont. dir. 6189 fr.

Revenus de la commune, 115 fr.

Bureau de bienfaisance (revenu annuel 34 fr.).

*Instruction :* Ecole c$^{le}$ laïque de garç. (57 élèves). — Ecole c$^{le}$ congrég. de filles (62 élèves).

*Produits agricoles :* Céréales, vin, pommes de terre, noix, fourrages artificiels.

*Commerce et Industries :* 4 cabarets. — Foire le 5 mai. — Fête patr., le 28 août.

### Historique.

*Pendant la Révolution.* — C. du cant. d'Aynac et du district de Figeac.

*Avant la Révolution.* — C$^{té}$ de la sub-dél. et de l'élection de Figeac. — Paroisse sous l'invocation de St-Julien (1251 p.). — Cette c$^{té}$, d'une population de 800 hab., payait 6646 livres d'impositions ; ses charges locales ord. étaient de 157 livres.

Issendolus, appelé aussi l'Hôpital-Is-sendolus ou l'Hôpital-Beaulieu, avait un très riche monastère de religieuses de l'ordre de Malte, sous l'invocation de la S$^{te}$-Vierge et de St-Jean-Baptiste. — Ce monastère avait pour origine un hospice que les seigneurs de la maison de Thémines avaient fondé vers l'an 1220. — En 1726, la supérieure des hos-pitalières d'Issendolus était élue à vie et prenait le titre de grande-prieure ; avant la Révolution de 1789, le monas-tère renfermait 16 religieuses.

*Anciennes mesures :* Canne = 1$^m$ 624. — Les autres mesures d'Issendolus étaient celles de Figeac.

*Antiquités :* Restes d'une voie romaine désignée dans des actes sous le nom de *Comi roumiou.* — Restes des bâtiments de l'ancienne Abbaye de l'Hôpital-Beau-lieu.

Issendous, *h.*, c. de Cahors.

**ISSEPTS**, c., cant. de Livernon, arr. de Figeac. — ⊠, ▨, ▨ et Percept. d'Assier. — ⚭ d'Issepts (487 p.) et de St-Médard-Lagarinie (200 p.). — Débit de tabac.

*Géographie :* Superf. 915 hect. — 525 hab. — Alt. moy. 403$^m$. — Cette c. se trouve sur les marnes du supra-lias qui recouvrent la formation du trias des environs de Fons.

Principaux v. et h. : Issepts (110 hab.) ; — Mas de Bouzou (92 hab.), à 2 k. d'Issepts ; — Mas de Pestel (50 hab), à 1 k. ; — Pech d'Issepts (130 hab.), à 1 k.

Cours d'eau : Ruisseau de Fons.

Voies de c$^{on}$ : Route nat$^{le}$ n° 140, de

Mende à Sarlat; — Chem. vic. d'int. com. n° 80, de Pont Aubard au Bourg; — chem. vic. d'int. com. n° 96, de Lacapelle-Marival à Cajarc; — 3 chem. vic. ord.

Distances : au chef-l. de cant. 9 k.; au chef-l. d'arr. 14 k.; au chef-l. de départ. 64 k.

*Statistique :* 176 Electeurs. — 12 cons. mun.

Principal des 4 cont. dir. 4570 fr.

Revenus de la commune, 118 fr.

*Instruction :* Ecole c^le laïque de garc. (22 élèves); — école c^le laïque de filles (28 élèves).

*Produits agricoles :* Céréales, vin, pommes de terre.

*Commerce et Industries :* 3 moulins à farine sur le ruisseau. — 3 cabarets. — Foires les 13 mars, 5 juin, 18 août et 18 septembre. — Fête patr., le 10 août.

Historique.

*Pendant la Révolution.* — Issepts formait 2 c. (Issepts et St-Médard).

Issepts était du cant. de Fons et du district de Figeac; St-Médard faisait partie du cant. de Lacapelle et du district de Figeac.

*Avant la Révolution.* — Issepts formait 2 c^lés (Issepts et St-Médard) de la subdél. et de l'élection de Figeac. — La c^lé d'Issepts payait 7140 livres d'impositions; ses charges locales ord. étaient de 212 livres; elle formait une paroisse sous l'invocation de St-Laurent (560 p.).

La c^lé de St-Médard-Lagarinie payait 912 livres d'impositions; ses charges locales ord. étaient de 45 livres; elle formait une paroisse sous l'invocation de St-Médard (159 p.).

Les Anglais s'emparèrent du château d'Issepts; ils l'occupaient en 1380.

*Anciennes mesures :* La principale mesure de vin à Issepts portait le nom de charge et contenait 133 ^litres 76 (la charge se subdivisait en 2 comportes et la comporte en 32 pintes). — Les autres mesures d'Issepts étaient celles de Figeac.

*Antiquités :* A St-Médard, butte où existent encore les fondations d'une tour autrefois occupée par les compagnies anglaises.

ISSIARTOUX, *i.*, c de Girac.

ISSUDEL, *v.*, c. de Puy-l'Evêque.

# J

JACOUMAR, *h.*, c. de Figeac.

JACOUTES (les), *h.*, c. des Junies.

JACQUE (le), *h.*, c. d'Anglars.

JACQUES-BLANC, *h.*, c. de Baladou.

JACQUIÉ, *h.*, c. de Prendeignes.

JAILHAC (mas de), *h.*, c. de Francoulès.

JALENQUE (la), *h.*, c. de Linac.

JAMBLUSSE, *v.*, c. de Saillac.

JAMMENÈGRE, *h.*, c. de Lherm.

JAMMES, *h.*, c. de Cassagnes.

JAMOU, *h.*, c. de Promilhanes.

JANAGUE, *h.*, c. de Promilhanes.

JANAS, *m.*, c. de Promilhanes.

JANÈS, *h.*, c. de Mauroux.

JANÈS, *ch.*, c. de Montcuq.

JANICOTE, *h.*, c. de Salviac.

JANNAT, *h.*, c. de Reyrevignes.

JANTILLOU, *m.*, c. de Promilhanes.

JANUS, *i.*, c. de Millac.

JAQUE (le), *h.*, c. d'Anglars.

JARDEL (*moulin de*), c. de Payrignac.

JARDEL (bas et haut), *h.*, c. de Salviac.

JARDIN (le), *h.*, c. de Creysse.

JARDIN (le), *i.*, c. de St-Matré.

JARLAN, *m. e.*, c. de Maxou.

JARLAN, *i.*, c. de Vaylats.

JARRIGE (la), *h.*, c. de Cressensac.

JAUANNOUS, *m.*, c. de Loubressac.

JAURRET, *i.*, c. de Vaylats.

JAUZAC, *h.*, c. de Terrou.

JAYNES, *h.*, c. de Pomarède.

JAYRIQUÉ, *h.*, c. de Lalbenque.

JEAN-BLANC, *h.*, c. du Bastit.

JEAN-BLANC, *h.*, c. de Labastide-Murat.

JEAN-BLANC, *h.*, c. de Soturac.

JEAN-BONNE, *h.*, c. de Carlucet.

JEAN DE GUINOL, *h.*, c. de Gindou.

JEAN DOUTY, *h.*, c. de Miers.

JEAN-GRAND, *h.*, c. de Rassiels.

JEAN-MARIE, *i.*, c. de Figeac.

JEAN-MENU, *h.*, c. de Gramat.

JEAN-MENU, *f.*, c. de Rocamadour.

JEANNOUTOU, *h.*, c. de Gramat.

JEANTILLOU, *m.*, c. de Promilhanes.

JENDRE (mas de), *h.*, c. de Reyrevignes.

JÉNIGOULS, *h.*, c. de Rueyres.

JENTILLOT, *h.*, c. de Bio.

JENDARME, *m. e.*, c. de Cras.

JIRVAL, *i.*, c. de Berganty.
JOABOTH, *i.*, c. de Pradines.
JOANNÈS, *f.*, c. de Castelnau.
JOANNIS, *h.*, c. de Sarrazac.
JOIGNIS, *h.*, c. de Caniac.
JOINDANET, *h.*, c. de Lavercantière.
JOINEREY, *h.*, c. de Carennac.
JOINERY, *i.*, c. de Lavercantière.
JOINICOUX, *h.*, c. de Dégagnac.
JOINIES, *h.*, c. de Lachapelle-Auzac.
JOINIS, *h.*, c. de Caniac.
JOINIS, *h.*, c. de Lavercantière.
JOINIS, *h.*, c. de Montredon.
JOINLAVIT, *h.*, c. de Dégagnac.
JOINTE-LE-PASTRE, *h.*, c. de Carennac.
JOINTVALS (les), *i.*, c. de Souillac.
JOLIS, *h.*, c. de Sarrazac.
JONC-BLANC, *h.*, c. de Martel.
JONEQUASSES (les), *i.*, c. de Sénaillac.
JONQUIÈRES, *h.*, c. de Camburat.
JONQUIÈRES (les), *h.*, c. de Souillaguet.
JORDY, *h.*, c. de Gindou.
JORGIS, *h.*, c. du Vigan.
JOUAN, *h.*, c. de Bélaye.
JOUAN, *m.*, c. de Montcuq.
JOUANDELLE, *i.*, c. de Montcabrier.
JOUANDEMAYRE, *h.*, c. de Maxou.
JOUANDOU, *i.*, c. de St-Cirgues.
JOUANDOU, *h.*, c. de Thégra.
JOUANERI, *h.*, c. de Montfaucon.
JOUANERIE (mas de), *h.*, c. de Gigouzac.
JOUANERY, *h.*, c. de Lalbenque.
JOUANERY, *h.*, c. de Marminiac.
JOUANI, *h.*, c. de Montfaucon.
JOUANIQUE, *h.*, c. de Montfaucon.
JOUANNOU, *h.*, c. de Montcabrier.
JOUANOUTOUNE, *h.*, c. de Cazals.
JOUANY, *h.*, c. de Caniac.
JOUAS, *h.*, c. de Castelnau.
JOUCLARD, *h.*, c. de Dégagnac.
JOUGUES, *i.*, c. de Catus.
JOULIAN, *h.*, c. de Bélaye.
JOURDA, *h.*, c. de Lauzès.
JOURDANS, *i.*, c. de Figeac.
JOURDAS, *i.*, c. de Bélaye.
JOUYÉ, *i.*, c. de Rouffillac.
JUBERNIE (la), *h.*, c. de St-Michel-de-
[Banières].
JUDES, *i.*, c. de Capdenac.
JUGÉ, *f.*, c. de Fontanes.
JULIO, *h.*, c. de Belfort.

**JUNIES** (les), c., cant. de Catus, arr.
de Cahors. — ✉, ▮ et ▮ de Castelfranc.
— Percept. de Catus. — ☿ (700 p.). —
Rec.-buraliste. — Notaire.
*Géographie :* Superf. 1576 hect. — 716
hab. — Alt. moy. 205 ᵐ. — Terrain cré-

tacé recouvert au nord et au midi par
des lambeaux de terrain tertiaire.
Principaux v. et h. : Les Junies, Ca-
nourgues et la Masse.
Cours d'eau : Ruisseau de la Masse.
Voies de c^on : Route dép^le n° 10, de
Cahors à Villefranche de Périgord ; —
chemin vic. de g. c^on n° 15, de Cazals à
Montcuq ; — chem. vic. d'int. com. n° 33,
de Castelfranc aux forges des Arques ; —
7 chem. vic. ord.
Distances : au chef-l. de cant. 12 k. ;
au chef-l. d'arr. et de départ. 24 k.
*Statistique :* 251 Electeurs. — 12 Cons.
mun.
Principal des 4 cont. dir. 4645 fr.
Revenus de la commune, 169 fr.
Bureau de bienfaisance (revenu annuel
314 fr.).
*Instruction :* Ecole c^le laïque de garç.
(40 élèves) ; — école c^le congrég. de filles
(48 élèves).
*Produits agricoles :* Céréales, vin et
fourrages.
*Commerce et Industries :* Carderie. —
2 cafés. — Foires (ne se tiennent pas).
— Fête patr., le 1^er août.
Historique.
*Pendant la Révolution.* — Les Junies
formaient 2 c. (les Junies et la Masse) du
cant. de Catus et du district de Cahors.
*Avant la Révolution.* — Le Junies formaient 2 c^iés de la subdél. de Prayssac
et de l'élection de Cahors :
1° C^té des Junies : payait 4254 livres
d'impositions ; ses charges locales ord.
étaient de 101 livres ; elle formait une
paroisse, sous l'invocation de St-Pierre
ès liens (560 p.) ;
2° C^té de la Masse : payait 1591 livres
d'impositions ; ses charges locales ord.
étaient de 50 livres ; elle formait une
paroisse, sous l'invocation de St-Per-
dulphe (174 p.).
En 1214, l'évêque de Cahors, Géraud V
de Cardaillac, ayant cédé cette localité
à Bertrand de Jean, le nouveau seigneur
donna son nom à sa seigneurie qui, à
partir de ce moment, prit le nom de
Joanis et plus tard des Junies.
Il existait aux Junies un couvent de
religieuses de l'ordre de St-Dominique,
fondé par Gaucelin de Jean, cardinal et
évêque d'Albano. — Au moment de la
Révolution, ce couvent renfermait 8 religieuses.
*Anciennes mesures :* Canne = 1 ᵐ 786.

— Canne carrée = 4 <sup>m</sup>. •. 0127. — Les autres mesures des Junies étaient celles de Cahors.

*Antiquités :* Cromlek sur la montagne de Roquebert, en face de Prayssac (les blocs de grès qui forment ce monument se développent sur une ligne de plus de 800 <sup>m</sup> et présentent 4 groupes principaux). — Ruines d'un ancien château.

JUNIES (les), *h.*, c. de Cahors.

JUSSES (les), *i.*, c. de Labastide-Marnh.

# K

KAYROU, *h.*, c. de Léobard.

KROS, *h.*, c. de Dégagnac.

# L

LABADE, *i.*, c. de Fons.
LABADE, *h.*, c. de Peyrilles.
LABADIE, *h.*, c. de Figeac.
LABADRIE, *h.*, c. de Saignes.
LABAILLIE, *h.*, c. de Concorès.
LABAL, *i.*, c. de Crégols.
LABALATIE, *h.*, c. de Figeac.
LABALDINIE, *h.*, c. de Bagnac.
LABALME, *m.*, c. de Beauregard.
LABALME, *h.*, c. de Cambes.
LABALME, *h.*, c. d'Issendolus.
LABALME, *h.*, c. de Loubressac.
LABALME, *i.*, c. de Marcillac.
LABALME, *m.*, c. de Saillac.
LABARADIE, *i.*, c. de Montlauzun.
LABARDE, *h.*, c. Léobard.
LABARDIES, *h.*, c. de Thégra.
LABARDUIES, *h.*, c. de Rueyres.
LABOROULIE, *i.*, c. de Béduer.
LABARRADE, *h.*, c. du Bastit.
LABARRAQUE, *i.*, c. de Bagnac.
LABARRAQUE, *i.*, c. de Gourdon.
LABARRE, *h.*, c. de Montcabrier.
LABARRIE, *m. e.*, c. de Frayssinet.
LABARTHE, *h.*, c. de Belmont.
LABARTHE, *h.*, c. d'Espère.
LABARTHE, *i.*, c. de Figeac.
LABARTHE, *i.*, c. de Lamothe-Fénel.
LABARTHE, *m.*, c. de Laramière.
LABARTHE, *i.*, c. de Montcuq.
LABARTHE, *h.*, c. de St-Hilaire.
LABARTHE, *h.*, c. de Vidaillac.
LABARTHELE, *f.*, c. de Castelnau.
LABARTIOLE, *i.*, c. de St-Pantaléon.
LABASSE, *i.*, c. de Capdenac.
LABASSE, *h.*, c. de Promilhanes.

LABASTIDE, *h.*, *ch.* et *m. e.*, c. de [Frayssinet-le-Gélat].
LABASTIDE, *h.*, c. de Lacapelle-Cab.

**LABASTIDE-DU-HAUT-MONT, c.**, cant. de Latronquière, arr. de Figeac. — ⊠ de Latronquière. — Percept. de Sousceyrac. — ☿ (275 p.). — Rec.-buraliste.

*Géographie :* Superf. 1037 hect. — 246 hab. — Alt. moy. 721 <sup>m</sup>. — Le chef-l. de cette c., situé sur une montagne presque conique, à 781 <sup>m</sup> d'altitude, est le point le plus élevé du départ. — Terrains granitiques.

Principaux v. et h. : Labastide (75 hab.).

Voies de c<sup>on</sup> : Chem. vic. de g. c<sup>on</sup> n° 16, de Cahors à Aurillac ; — 5 chem. vic. ord.

Distances : au chef-l. de cant. 6 k. ; au chef-l. d'arr. 34 k. ; au chef-l. de départ. 97 k.

*Statistique :* 55 Electeurs. — 10 Cons. mun.

Principal des 4 cont. dir. 934 fr.
Revenus de la commune, 202 fr.

*Instruction :* Ecole c<sup>le</sup> laïque mixte (32 élèves).

*Produits agricoles :* Seigle, sarrasin et fourrages.

*Commerce et Industries :* 2 auberges ; — 3 cabarets. — Foires le 21 mars, le lendemain de l'Ascension, les 3 juin, 9 sept., 9 octob. et 4 décemb.

Historique.

*Pendant la Révolution.* — C. du cant.

de Latronquière et du district de Figeac.

*Avant la Révolution*. — C<sup>té</sup> de la subdél. et de l'élection de Figeac. — Paroisse sous l'invocation de l'Assomption (205 p.). — Cette c<sup>té</sup> payait 1185 livres d'impositions; ses charges locales ord. étaient de 56 livres.

Il y eut dès le XI<sup>e</sup> siècle, à Labastide-du-H.-M., un monastère dont les moines défrichèrent la contrée. — On trouve sur le territoire de cette c. de nombreux débris d'anciennes constructions et même des chapiteaux de colonnes gothiques. — Les six foires de Labastide avaient beaucoup de réputation avant 1789.

*Anciennes mesures* : La principale mesure de grains de cette c<sup>té</sup> était le setier (78 litres); le setier se subdivisait en 2 émines, l'émine en 2 quartes, la quarte en 5 pennes et la penne en 4 pennons; la capacité du pennon était d'environ 1 litre. — Les autres mesures de la c<sup>té</sup> étaient celles de Figeac.

**LABASTIDE-DU-VERT**, c., cant. de Catus, arr. de Cahors. — ✉, ⊞ et ⊡ de Castelfranc. — Percept. de Catus. — ♂ (722 p.). — Rec.-buraliste.

*Géographie* : Superf. 1045 hect. — 685 hab. — Alt. moy. 218 <sup>m</sup>. — Terrain jurassique supérieur. — Près du hameau de Sals existe un gisement de manganèse calcaire exploité depuis 1877.

Principaux v. et h. : Labastide (430 hab.); — Mas d'Ausse (18 hab.), à 0 k. 800 de Labastide; — Masnève (le) (15 hab.), à 1 k.; — Sals (102 hab.), à 1 k.

Cours d'eau : Ruisseau du Vert. — Fontaine minérale.

Voies de c<sup>on</sup> : Route nat<sup>le</sup> n° 111, de Millau à Tonneins; — 5 chem. vic. ord.

Distances : au chef-l. de cant. 10 k.; au chef-l. d'arr. et de départ. 21 k.

*Statistique* : 233 Electeurs. — 12 Cons. mun.

Principal des 4 cont. dir. 3994 fr.

Revenus de la commune, 232 fr.

Bureau de bienfaisance (revenu annuel 521 fr.).

*Instruction* : Ecole c<sup>le</sup> laïque de garç. (45 élèves); — école c<sup>le</sup> laïque de filles (33 élèves).

*Produits agricoles* : Céréales, vin, fourrages.

*Commerce et Industries* : 4 moulins dont 3 à farine et 1 à ciment sur le Vert. — 3 cafés. — Fête patr., le 1<sup>er</sup> août.

*Historique*.

*Pendant la Révolution*. — C. du cant. de Catus et du district de Cahors.

*Avant la Révolution*. — Labastide formait 2 c<sup>tés</sup> de la subdél. de Prayssac et de l'élection de Cahors :

1° C<sup>té</sup> de Labastide : payait 4118 livres d'impositions; ses charges locales ord. étaient de 107 livres. — Paroisse sous l'invocation de S<sup>te</sup>-Cayrouse (510 p.).

2° C<sup>té</sup> de Fages : payait 1994 livres d'impositions; ses charges locales ord. étaient de 40 livres. — Paroisse sous l'invocation de St-Pierre-ès liens (197 p.).

*Anciennes mesures* : Les mesures de ces deux c<sup>tés</sup> étaient celles de Cahors.

*Antiquités* : On retrouve dans cette c. les fondations d'une ancienne tour construite, dit-on, pour servir de fanal aux pélerins qui visitaient les oratoires de la province.

**LABASTIDE-BASSE**, h., c. de Gramat.

**LABASTIDE-MARNHAC**, c., cant. de Cahors (sud), arr. de Cahors. — ✉, ⊞ et ⊡ de Cahors. — Percept. de Pern. — ♂ de Labastide (310 p.), de Salgues (250 p.) et de St-Rémy (150 p.). — Rec.-buraliste.

*Géographie* : Superf. 2888 hect. — 855 hab. — Alt. moy. 284 <sup>m</sup>. — Terrain jurassique supérieur.

Principaux v. et h. : Labastide (298 hab.); — Le Cluzel (64 hab.), à 3 k. de Labastide; — Gausserès (79 hab.), à 4 k.; — Poudans (59 hab.), à 4 k.; — St-Rémy (66 hab.), à 2 k.; — Salgues (79 hab.), à 3 k.

Cours d'eau : Ruisseaux du Bartassec et du Merdenson.

Voies de c<sup>on</sup> : Chem. vic. de g. c<sup>on</sup> n° 7, de Cahors à Lauzerte; — chem. vic. de g. c<sup>on</sup> n° 49, de Cahors à Castelnau; — 7 chem. vic. ord.

Distances : au chef-l. de cant., d'arr. et de départ. 8 k.

*Statistique* : 300 Electeurs. — 12 Cons. mun.

Principal des 4 cont. dir. 6688 fr.

Revenus de la commune, 290 fr.

Bureau de bienfaisance (revenu annuel 212 fr.).

*Instruction* : Ecole c<sup>le</sup> laïque de garç. (44 élèves); — école c<sup>le</sup> laïque de filles (26 élèves); — école laïque mixte (27 élèves).

*Produits agricoles* : Blé, maïs, vin et pommes de terre.

*Commerce et Industries* : Café. — Fêtes patr., le 1er dimanche d'octob. à Labastide et le 1er dimanche de sept. à Salgues.

Historique.

*Pendant la Révolution.* — C. du cant. et du district de Cahors. — Labastide n'accepta pas volontiers l'établissement de la première République et les habitants de St-Rémy, notamment, maltraitèrent des gendarmes qui voulaient arrêter un prêtre réfractaire.

*Avant la Révolution.* — Clé de la subdél. et de l'élection de Cahors. — Paroisses de Labastide et St-Remy, sous l'invocation de St-Rémy (400 p.) et de Salgues, sous l'invocation de St-Pierre ès liens (300 p.). — Cette clé payait 8600 livres d'impositions ; ses charges locales ord. étaient de 232 livres.

Les seigneurs de Labastide avaient le titre de barons.

*Anciennes mesures* : Les mesures de Labastide étaient celles de Cahors.

*Antiquités* : Château.

**LABASTIDE-MURAT**, c., chef-l. de cant. de l'arr. de Gourdon. — ⊠ et ℡. — ST. de Gramat. — Percept. — ☩ de Labastide (1160 p.) et de Goudou (500 p.). — Rec.-buraliste ; — 2 débits de tabac. — Notaire. — Brigade de gendarmerie à cheval.

*Géographie* : Superf. 2675 hect. — 1671 hab. — Alt. moy. 395.m. — Terrain jurassique inférieur ; — une partie du sol de cette c. est sablonneuse, une autre partie est argileuse, le reste est calcaire ; — nombreux fossiles.

Principaux v. et h. : Labastide (902 hab.) ; — Bramarie (57 hab.), à 4 k. 500 de Labastide ; — Crouzaval (36 hab.), à 3 k. ; — Goudou (102 hab.), à 2 k. ; — Mas del Rey (50 hab.), à 4 k.

Voies de con : Route déple no 5, de Cahors à Clermont ; — chem. vic. de g. con no 17, de Labastide à Cajarc ; — chem. vic. d'int. com. no 2, de Vers à la route déple no 2 ; — chem. vic. d'int. com. no 17, de Labastide à Lacapelle-Marival ; — chem. vic. d'int. com. no 37, de Labastide à Gourdon ; — 3 chem. vic. ord.

Distances : au chef-l. d'arr. 23 k. ; au chef-l. de départ. 34 k.

*Statistique* : 525 Électeurs. — 16 Cons. mun. — Sect. élect. de Labastide (12 cons.) et de Goudou (4 cons.).

Principal des 4 cont. dir. 12432 fr.

Revenus de la commune, 3274 fr.

Bureau de bienfaisance (revenu annuel 914 francs). — Société de Secours mutuels (102 membres participants et 13 membres honoraires).

*Instruction* : École cle congrég. de garç. (155 élèves) ; — école cle congrég. de filles (57 élèves) ; — école congrég. de hameau de filles (55 élèves) ; — école libre congrég. de filles (54 élèves).

*Produits agricoles* : Froment, avoine, maïs, pommes de terre ; — quelques vignes.

*Commerce et Industries* : Briqueterie ; — fabrique de cierges ; — cloûteries. — 5 hôtels ou auberges ; — 12 cabarets ; — 16 cafés. — Foires les 4 fév., 5 et 25 mai, 10 juin et le second lundi de chaque mois. — Marchés hebdomadaires le lundi. — Halle aux grains. — Fêtes patr., le 3 août à Labastide et le 29 août à Goudou.

Historique.

*Pendant la Révolution.* — Labastide formait les c. de Labastide et de Goudou qui dépendaient du cant. de Montfaucon et du district de Gourdon.

*Avant la Révolution.* — Labastide formait 2 clés, comprises dans la subdél. de Gourdon et dans l'élection de Figeac :

1o Clé de Labastide-Fortunière ou plus exactement Fortanière : payait 9272 livres d'impositions ; ses charges locales ord. étaient de 220 livres. — Paroisse sous l'invocation de Ste-Catherine (800 p.). — Ancien hôpital.

2o Clé de Goudou : payait 7725 livres d'impositions ; ses charges locales ord. étaient de 113 livres. — Paroisse sous l'invocation de St-Jean (500 hab.). — Goudou avait une foire le jour de la fête de St-George.

Labastide-Fortanière doit son nom à Fortanier de Gourdon, qui la fonda au XIIIe siècle pour servir d'hospice aux pélerins qui allaient visiter l'oratoire de Rocamadour. — Quelques auteurs croient qu'une charte de coutume fut octroyée à Labastide, en 1292, par le sénéchal du Quercy, Elie de Caupene ; il paraît toutefois peu probable qu'un sénéchal ait eu a accorder des coutumes à une localité qui n'avait pas cessé d'être la propriété de la famille de son fondateur ; les *Olim* mentionnent, en effet, à la date de 1301, c'est-à-dire plus de 10 ans après la concession de cette charte, la vente de Labastide (*Bastida Fortanerii de Gordonio*) consentie par Fortanier, seigneur de

Gourdon, en faveur de Jacques Dejean, bourgeois de Cahors.

Les habitants de Labastide avaient de lourdes charges seigneuriales à supporter et les seigneurs avaient encore le droit, au XVIII<sup>e</sup> siècle, de faire choisir, dans les bois de leurs vassaux tous les arbres qui leur convenaient et de les faire couper et charrier chez eux par corvées.

La ferme de Régagnac était, au XII<sup>e</sup> siècle, un petit hameau doté d'une église; ce hameau était un fief noble, appartenant, au XVII<sup>e</sup> siècle, au jurisconsulte distingué Valet, qui fut professeur à l'Université de Cahors.

*Anciennes mesures :* Les mesures de Labastide étaient celles de Cahors.

*Hommes célèbres :* Le 5 mars 1768 naissait à Labastide le futur roi de Naples, Joachim Murat.

LABASTIDETTE, *h.*, c. de Frayssinet.
LABASTIDETTE, *ch.*, c. de Pontcirq.
LABASTINDE, *h.*, c. de Tauriac.
LABAT, *i.*, c. de Lentillac.
LABAT, *h.*, c. de St-Paul.

**LABATHUDE** ou Labatude, c., cant. de Lacapelle, arr. de Figeac. — ⊠, ▣ et Percept. de Lacapelle. — ▥ d'Assier. — ☗ (657 p.).

*Géographie :* Superf. 1005 hect. — 570 hab. — Alt. moy. 562 <sup>m</sup>. — Cette c. se trouve sur l'infra-lias bien caractérisé.

Principaux v. et h. : Labathude (69 hab.); — Fayfol (97 hab.), à 1 k. de Labathude; — Labernardie (72 hab.), à 4 k. ; — Nadal (130 hab.), à 1 k.

Cours d'eau : Quelques petits affluents de la Bave.

Voies de c<sup>on</sup> : Chem. vic. de g. c<sup>on</sup> n° 16, de Cahors à Aurillac; — chem. vic. d'int. com. n° 48, de Rouqueyroux à St-Céré; — 4 chem. vic. ord.

Distances : au chef-l. de cant. 10 k. ; au chef-l. d'arr. 23 k. ; au chef-l. de départ. 78 k.

*Statistique :* 156 Electeurs. — 12 Cons. mun. — Sect. élect. de Labathude (6 cons. mun.) et de Fayfol (6 cons. mun.).

Principal des 4 cont. dir. 3063 fr.
Revenus de la commune, 73 fr.

*Instruction :* Ecole c<sup>le</sup> laïque de garç. (17 élèves).

*Produits agricoles :* Blé, sarrasin, pommes de terre, châtaignes.

*Commerce et Industries :* Auberge; — 6 cabarets. — Foires à Rouqueyroux le 3 janv. et le 1<sup>er</sup> des autres mois. — Fête patr., le 15 août.

Historique.

*Pendant la Révolution.* — C. du cant. de Lacapelle et du district de Figeac.

*Avant la Révolution.* — C<sup>té</sup> de la subdél. et de l'élection de Figeac. — Paroisse sous l'invocation de la S<sup>te</sup>-Vierge (426 p.). — Cette c<sup>té</sup> payait 3079 livres d'impositions; ses charges locales ord. étaient de 92 livres.

*Anciennes mesures :* Les mesures de vin de Labathude étaient celles de Lacapelle-Marival. — Les autres mesures étaient celles de Figeac.

LABATUDE, *h.*, c. de Vidaillac.
LABAUME, *i.*, c. de Lunan.
LABAUTE, *i.*, c. de Vers.
LABÉCADE, *h.*, c. Caniac.
LABÉDIE, *h.*, c. de Bagnac.
LABEILLE, *h.*, c. de Bélaye.
LABÉNÉCHE, *i.*, c. de Fourmagnac.
LABÉRAUDIE, *v.*, c. de Pradines.
LABERNARDIE, *h.*, c. d'Autoire.
LABERNARDIE, *h.*, c. de Labathude.
LABERRIE, *m.*, c. de Catus.
LABESSE, *h.*, c. de Labastide-du-H.-M.
LABESSE, *i.*, c. de Teyssieu.
LABESSIÈRE, *h.*, c. de Marminiac.
LABESSIÈRE, *m. e.*, c. de St-Hilaire.
LABINADIE, *i.*, c. de Figeac.
LABIO, *h.*, c. de Gourdon.
LABIO, *h.*, c. de Rassiels.
LABLANCHIE, *h.*, c. de Bétaille.
LABLANCHIE, *m. e.*, c. de St-Denis (Martel).
LABLANQUE, *h.*, c. de Labathude.
LABLANQUERIE, *i.*, c. de Planioles.
LABLANQUIE, *h.*, c. de Marminiac.
LABOBIE, *h.*, c. de Montredon.
LABOISSE, *ch.*, c. de St-Laurent-les-T.
LABOISSIÈRE, *h.*, c. de Castelnau.
LABOISSIÈRE, *ch.*, c. de Frayssinet-le-[Gélat].
LABOISSIÈRE, *i.*, c. du St-Martin-Lab.
LABOISSIÈRE, *h.*, c. de St-Pantaléon.
LABORDE, *m. e.*, c. d'Autoire.
LABORDE, *h.*, c. de Grèzes.
LABORDE, *f.*, c. de Livernon.
LABORDE, *i.*, c. de Mauroux.
LABORDE, *m.*, c. de Pern.
LABORDE, *h.*, c. de Prendeignes.
LABORDE-NEUVE, *i.*, c. de St-Paul.
LABORDERIE, *i.*, c. de Flaugnac.
LABORDERIE, *h.*, c. de Lalbenque.
LABORDIQUE, *h.*, c. de Montcuq.

LABORGNE, *ch.*, c. de Cazillac.
LABORGNE, *h.*, c. de Strenquels.
LABORIE, *h.*, c. de Bagnac.
LABORIE, *h.*, c. de Pontcirq.
LABORIE, *h.*, c. du Prendeignes.
LABORIE, *h.*, c. de St-Chels.
LABORIE, *h.*, c. de Beauregard.
LABORIE, *h.*, c. de Lavercantière.
LABORIE, *i.*, c. de Belmontet.
LABORIE, *i.*, c. du Boulvé.
LABORIE, *h.*, c. de Cornac.
LABORIE, *h.*, c. de Craissac.
LABORIE, *h.*, c. de Cuzac.
LABORIE, *h.*, c. d'Espère.
LABORIE, *h.*, c. de Frayssinet-le-Gélat.
LABORIE, *h.*, c. de Frayssinhes.
LABORIE, *m. e.*, c. de Gagnac.
LABORIE, *m. e.*, c. de Gorses.
LABORIE, *h.*, c. de Laroque-Toirac.
LABORIE, *h.*, c. de Lauresses.
LABORIE, *h.*, c. de Lavergne.
LABORIE, *h.*, c. de Lherm.
LABORIE, *h.*, c. de Lissac.
LABORIE, *h.*, c. de Mayronne.
LABORIE, *h.*, c. de Montcléra.
LABORIE, *h.*, c. d'Orniac.
LABORIE, *i.*, c. de Reillaguet.
LABORIE, *i.*, c. de Salviac.
LABORIE, *h.*, c. de Soucirac.
LABORIE, *h.*, c. de St-Germain.
LABORIE, *h.*, c. de St-Chels.
LABORIE, *h.*, c. de St-Hilaire.
LABORIE, *h.*, c. de St-Médard-de-Presq.
LABORIE, *h.*, c. de St-Médard-Nicourby.
LABORIE, *f.*, c. de St-Perdoux.
LABORIE, *h.*, c. de St-Sulpice.
LABORIE, *h.*, c. de Thédirac.
LABORIE, *f.*, c. de Viazac.
LABORIE, *i.*, c. de Valprionde.
LA BORIE. — (*Voir Borie la*).
LABORIE (basse et haute), *i.*, c. de [Payrignac].
LABORIE (basse et haute), *i.*, c. du Vigan.
LABORIE (basse et haute), *h.*, c. de [Sauliac].
LABORIE-BASSE, *h.*, c. de Peyrilles.
LABORIE-de-FRÉJAVILLE, *h.*, c. de Salviac.
LABORIE-DE-LA-CAMOTE, *m.*, c. de Crégols.
LABORIE-DEL-PASTRÉ, *f.*, c. d'Albas.
LABORIE-DE-LALÉ, *h.*, c. Miers.
LABORIE-DES-RATS, *h.*, c. de Salviac.
LABORIE-DU-RISTOU, *i.*, c. de Lherm.
LABORIE-GRANDE, *h.*, c. d'Aynac.
LABORIE-GRANDE, *i.*, c. de Durbans.
LABORIE-GRANDE, *i.*, c. du Vigan.
LABORIE-MADONE, *h.*, c. de Salviac.
LABORIE-NEUVE, *h.*, c. d'Aynac.
LABORIE-PRADIÉ, *h.*, c. de Salviac.

LABORIE-ROUGE, *h.*, c. de Goujounac.
LABOTARIE, *i.*, c. de Lalbenque.
LABOUDIE, *h.*, c. de Cardaillac.
LABOUDIE, *h.*, c. de St-Cirgues.
LABOUDIE, *i.*, c. de Viazac.
LABOUDOUSQUE, *h.*, c. d'Anglars.
LABOUFFIE, *h.*, c. de St-Paul.
LABOULE, *m. e*, c. de Calviac.
LABOULE, *h.*, c. de St-Sulpice.
LABOULP, *i.*, c. de Lalbenque.
LABOULP, *i.*, c. de Montcuq.
LABOURDARIE (basse et haute), *h.*, c. de [Concorès].
LABOURDERIE, *h.*, c. de Castelnau.
LABOURDORIE, *i.*, c. de Comiac.
LABOURDORIE, *h.*, c. de Cornac.
LABOURELIE, *f.*, c. de Castelnau.
LABOURGADE, *h.*, c. de Cornac.
LABOURIETTE, *m.*, c. de Concots.
LABOURIETTE, *m.*, c. de Lugagnac.
LABOURIETTE, *i.*, c. de Flaugnac.
LABOURIETTE, *i.*, c. de Labastide-M^{at}.
LABOURIETTE, *i.*, c. de Lalbenque.
LABOURIETTE, *h.*, c. de Sauliac.
LABOUVAL, *i.*, c. de St-Cernin.
LABOUYGUES, *m. e.*, c. de Cahus.
LABOUYGUES, *i.*, c. de Mauroux.
LABOUYSSE, *i.*, c. de Lebreil.
LABOUYSSE, *m.*, c. de S^{te} Croix.
LABOUYSSE, *i.*, c. de St-Daunès.
LABOUYSSE, *i.*, c. de St-Vincent-r.-d'Olt
LABOUYSSETTE, *ch.*, c. d'Albas.
LABOUYSSETTE, *i.*, c. de Prayssac.
LABOYSSIÈRE, *i.*, c. de St-Martin-Lab.
LABRAINE, *i.*, c. de Calès.
LABRANCHE, *m. e.*, c. de Frayssinhes.
LABRANDE, *h.*, c. de Puy-l'Evêque.
LABRASSIÈRE, *h.*, c. d'Aynac.
LABRAUGES, *h.*, c. de Bagnac.
LABREUVOIR, *i.*, c. de Dégagnac.
LABRIE, *h.*, c. de Bélaye.
LABRO, *h.*, c. du Bourg.
LABRO, *h.*, c. de Camburat.
LABRO, *h.*, c. de Lauresses.
LABRO, *m. e.*, c. de Salviac.
LABRO, *h.*, c. de St-Hilaire.
LABRO, *f.*, c. de St-Maurice.
LABRO, *i.*, c. de St-Perdoux.
LABROC, *i.*, c. de Boussac.
LABROS, *h.*, c. de Bio.
LABROS, *i.*, c. de Fons.
LABROUSSE, *h.*, c. de Frayssinhes.
LABROUSSE, *h.*, c. de Gorses.
LABROUSSE, *i.*, c. de Montcléra.
LABROUSSE, *h.*, c. de Prayssac.
LABROUSSE, *h.*, c. d'Uzech.
LABRUGADE, *h.*, c. de Lebreil.
LABRUGADE, *h.*, c. de Montcuq.

Labrugue, *h.*, c. de Millac.
Labrugue, *h.*, c. de Rouillac.
Labrugue, *h.*, c. d'Uzech.
Labrugues, *h.*, c. de Pontcirq.
Labruguière, *h.*, c. de Rouffiac.
Labrunie, *i.*, c. de Camburat.
Labrunie, *h.*, c. de Sarrazac.
Labrunie, *i.*, c. de St-Perdoux.
Labrunie, *h.*, c. de St-Sozy.
Labrunie, *h.*, c. de Tauriac.
Labrunie, *h.*, c. de Thégra.
Labruyère, *h.*, c. de Calvignac.
Labruyère, *h.*, c. de Rouffiac.
Labruyère, *h.*, c. de St-Cyprien.

**LABURGADE**, c., cant. de Lalbenque, arr. de Cahors. — ⊠ et Percept. de Lalbenque. — ☿ (400 p.). — Débit de tabac. — Notaire.

*Géographie :* Superf. 1257 hect. — 404 hab. — Alt. moy. 346 ᵐ. — Terrain jurassique supérieur.

Principaux v. et h. : Laburgade ; — L'Escalier (45 hab.), à 1 k. 500 de Laburgade ; — le Pech (30 hab.), à 1 k. 500 ; — Rigal (30 hab.), à 1 k. 500.

Cours d'eau : Ruisseau du Tréboulou. — Fontaine de Combenègre.

Voies de cᵒⁿ : Chem. vic. d'int. com. nᵒ 5, de St-Géry à Montpezat ; — chem. vic. d'int. com. nᵒ 63, de Ventaillac à Vers ; — chem. vic. d'int. com. nᵒ 64, de Cahors à Caylus ; — 4 chem. vic. ord.

Distances : au chef-l. de cant. 6 k. ; au chef-l. d'arr. et de départ. 12 k.

*Statistique :* 134 Electeurs. — 10 Cons. mun.

Principal des 4 cont. dir. 2327 fr. Revenus de la commune, 71 fr.

*Instruction :* Ecole cˡᵉ laïque de garç. (20 élèves) ; — école libre congrég. de filles (19 élèves).

*Produits agricoles :* Céréales, vin et truffes.

*Commerce et Industries :* — Fête patr., le 16 août.

### Historique.

*Pendant la Révolution.* — C. du cant. de Lalbenque et du district de Cahors.

*Avant la Révolution.* — Cᵗᵉ de la subdél. et de l'élection de Cahors. — Cette cᵗᵉ, qui n'avait pas de paroisse et dépendait de la paroisse d'Aujols, payait 2741 livres d'impositions ; ses charges locales ord. étaient de 87 livres.

Laburgade fut au nombre des localités du Quercy qui furent hypothéquées aux Anglais, en 1287.

*Anciennes mesures :* Les mesures de Laburgade étaient celles de Cahors.

Lac, *h.*, c. de Reilhac.
Lac (le), *i.*, c. de Béduer.
Lac (le), *i.*, c. de Pinsac.
Lac (le), *m.*, c. de Prayssac.
Lac (le), *i.*, c. de Rouffiac.
Lac d'Abay, *m.*, c. de Goujounac.
Lac d'Aumières, *m.*, c. de Blars.
Lac de Blars, *h.*, c. de Sénaillac.
Lac de Cahors, *i.*, c. de Gindou.
Lac de Garet, *i.*, c. de Pinsac.
Lac de Labis, *h.*, c. de Comiac.
Lac de Laborie, *h.*, c. de Montcléra.
Lac de Lacaral, *h.*, c. d'Issendolus.
Lac de Lergne, *h.*, c. d'Arcambal.
Lac de Lubio, *h.*, c. de Caniac.
Lac des Auques, *i.*, c. de Cremps.
Lac des Chaupes, *i.*, c. de Lachapelle-Auzac.
Lac des Joncs, *i.*, c. de Lachapelle-Auzac.
Lac de Talibeau, *f.*, c. d'Orniac.
Lac de Vers, *h.*, c. d'Espédaillac.
Lac d'Oualge, *h.*, c. du Bastit.
Lac d'Oualgues, *h.*, c. de Labastide-Murat.
Lac de Touliyau, *h.*, c. de Lentillac.
Lacabane, *i.*, c. de Soulomès.
Lacabanne, *h.*, c. d'Uzech.
Lacabrette, *v.*, de Castelnau.
Lacagne, *h.*, c. de Baladou.
Lacalmette, *h.*, c. de Labathude.
Lacalprade, *h.*, c. de St-Cirq-Madel.
Lacam, *h.*, c. d'Anglars.
Lacam, *h.*, c. de Bagnac.
Lacam, *m. e.*, c. de Calviac.
Lacam, *h.*, c. de Lauresses.
Lacam, *h.*, c. de Linac.
Lacam, *h.*, c. de Loubressac.
Lacam, *m. e.*, c. de Payrignac.
Lacam, *h.*, c. de St-Germain.
Lacam, *h.*, c. de Thégra.
Lacambalonie, *i.*, c. de Fourmagnac.
Lacaminade, *i.*, c. de Laramière.
Lacan, *h.*, c. de Belmont.
Lacan, *h.*, c. d'Issepts.
Lacandourcet, *v.*, c. de Lentillac.
Lacanetié, *h.*, c. d'Issendolus.
Lacanvielles, *h.*, c. de Sousceyrac.
Lacapelle, *h.*, c. de Bagnac.
Lacapelle, *v.*, c. de Cahors.
Lacapelle, *h.*, c. de Cassagnes.
Lacapelle, *i.*, c. de Prayssac.

**LACAPELLE-CABANAC**, c., cant. de Puy-l'Evèque, arr. de Cahors. — ⊠ de Mauroux. — ▦ et ▤ de Puy-l'Evèque. — Percept. de Duravel. — ☿ (376 p.). — Débit de tabac.

*Géographie :* Superf. 804 hect. — 393 hab. — Alt. moy. 209ᵐ. — Terrain jurassique supérieur.

Principaux v. et h. : Lacapelle-C.; — Les Béraudies (41 hab.), à 3 k. de Lacapelle; — Courrech (25 hab.), à 2 k.; — Lacombe de Filhol (54 hab.), à 3 k.; — Laguière (59 hab.), à 4 k.; — Laporte (30 hab.), à 4 k.

Voies de cᵒⁿ : Chem. vic. de g. cᵒⁿ nᵒ 44, de Puy-l'Evêque à Tournon; — chem. vic. d'int. com. nᵒ 38, de Sérignac à Touzac; — 4 chem. vic. ord.

Distances : au chef-l. de cant. 9 k.; au chef-l. d'arr. et de départ. 42 k.

*Statistique :* 125 Electeurs. — 10 Cons. mun.

Principal des 4 cont. dir. 2730 fr.

Revenus de la commune, 137 fr.

Bureau de bienfaisance (revenu annuel 165 fr.).

*Instruction :* Ecole cˡᵉ laïque de garç. (24 élèves); — école libre congrég. de filles (24 élèves).

*Produits agricoles :* Blé, maïs, vin.

*Commerce et Industries :* Cabaret. — Fête patr., le 8 sept.

Historique.

*Pendant la Révolution.* — C. du cant. de Bélaye et du district de Lauzerte.

*Avant la Révolution.* — Cˡᵉ de la subdél. de Prayssac et de l'élection de Cahors. — Paroisse sous l'invocation de St-Avit (438 p.). — Cette cˡᵉ payait 3909 livres d'impositions; ses charges locales ord. étaient de 85 livres.

*Anciennes mesures :* Barrique = 192ˡⁱᵗʳᵉˢ 40 (la barrique se subdivisait en 120 pots et le pot en 2 pintes). — Les autres mesures de Lacapelle-Cabanac étaient celles de Cahors.

**LACAPELLE-MARIVAL**, c., chef-l. de cant. de l'arr. de Figeac. — ⊠ et ⒯⒠. — ⒮⒯ d'Assier. — Percept. — ☿ (1354 p.). — Rec.-buraliste. — Débit de tabac. — 2 notaires. — Brigade de gendarmerie à cheval.

*Géographie :* Superf. 1161 hect. — 1475 hab. — Alt. moy. 514ᵐ. — Cette c. est située sur les grès infraliasiques superposés au trias et aux terrains primitifs; basaltes dans une butte distante du bourg de 2 k.

Principaux v. et h. : Lacapelle-M. (746 hab.); — Bens (44 hab.); — Bétille (235 hab.); — Gibrat (105 hab.); — Lasfargues (38 hab.).

Cours d'eau : Ruisseau de Francès; — Fontaine minérale de Gibrat.

Voies de cᵒⁿ : Route natˡᵉ nᵒ 140, de Figeac à Montargis; — chem. vic. de g. cᵒⁿ nᵒ 16, de Cahors à Aurillac; — chem. vic. de g. cᵒⁿ nᵒ 48, de Lacapelle à St-Céré; — chem. vic. d'int. com. nᵒ 23, de Lacapelle à Cardaillac; — chem. vic. d'int. com. nᵒ 24, de Lacapelle à Lavergne; — 5 chem. vic. ord.

Distances : au chef-l. d'arr. 22 k.; au au chef-l. de départ. 68 k.

*Statistique :* 403 Electeurs — 12 Cons. mun.

Principal des 4 cont. dir. 7645 fr.

Revenus de la commune, 1595 fr.

Bureau de bienfaisance (revenu annuel 1700 fr.).

*Instruction :* Ecole cˡᵉ congrég. de garç. (115 élèves); — école cˡᵉ congrég. de filles (64 élèves); — école congrég. libre de filles (60 élèves).

*Produits agricoles :* Céréales, pommes de terre, châtaignes.

*Commerce et industries :* 10 hôtels ou auberges; — 14 cabarets; — 6 cafés. — Foires le 8 de chaque mois et le 25 juin. — Marchés les lundi et samedi de chaque semaine. — Halle aux grains. — Fête patr., le 15 août.

Historique.

*Pendant la Révolution.* — C., chef-l. de cant. du district de Figeac.

*Avant la Révolution.* — Cˡᵉ de la subdél. et de l'élection de Figeac. — Paroisse sous l'invocation de l'Assomption (970 p.). — Cette cˡᵉ payait 4823 livres d'impositions; ses charges locales ord. étaient de 159 livres.

La terre de Lacapelle avait titre de marquisat et appartenait à la puissante famille des Cardaillac, qui prélevait sur ses vasseaux des droits seigneuriaux exhorbitants et notamment les droits d'acapte et d'arrière acapte. Par le premier de ces droits, les habitants payaient 2 fois la rente, si le seigneur mourait dans l'année; par le second, ils payaient aussi 2 fois, si celui qui devait la rente décédait dans l'année. — Les foires et les marchés de Lacapelle avaient beaucoup de réputation avant 1789; il s'y faisait surtout un grand commerce de toile; on y vendait en effet annuellement jusqu'à 250,000 livres de ce tissu.

*Anciennes mesures :* La principale mesure de vin de Lacapelle portait le nom de *charge* et contenait 125 <sup>litres</sup> 52 (la charge se subdivisait en 2 comportes et la comporte en 30 pintes). — Les autres mesures de cette c<sup>té</sup> étaient celles de Figeac.

*Antiquités :* Château moitié gothique et moitié renaissance.

LACAPILLIÈRE, *h.*, c. de Cézac.
LACARBOLATE, *h.*, c. de Thémines.
LACARDONIE, *h.*, c. de Bio.
LACARRIÈRE, *i.*, c de Crégols.
LACARRIÈRE, *m.*, c. de Saillac.
LACAS (le), *i.*, c. de Fontanes.
LACASE, *i.*, c. d'Issepts.
LACASSAGNE, *f.*, c. de Montfaucon.
LACASSAGNE, *i.*, c. de St-Laurent.
LACASSAGNE, *i.*, c. de St-Pantaléon.
LACASSAGNOLE, *h.*, c. de Faycelles.
LACASSAGNOLE, *h.*, c. de Figeac.
LACATAROU, *h.*, c. Gramat.
LACATAROU, *h.*, c. de Miers.
LACAVALERIE, *h.*, c. d'Anglars.

**LACAVE,** c., cant. de Souillac, arr. de Gourdon. — ⊠, 🖳 et Percept. de Souillac. — 🚂 de Rocamadour. — ⚭ de Lacave (608 p.) et de Meyraguet (276 p.). — Meyraguet a été distrait tout récemment de la c. de Pinsac et compte encore pour la superficie et les impositions avec cette dernière c. — Débit de tabac.

*Géographie :* Superf. 1713 hect. (non compris Meyraguet). — (750 hab). — Alt. moy. 236 <sup>m</sup>. — C. située sur les marnes supraliasiques et sur le jurassique inférieur.

Principaux v. et h. : Lacave (41 hab.); — Belcastel (75 hab.), à 1 k. de Lacave; — le Bougayrou (280 hab.), à 2 k.; — Cantaloube (80 hab.), à 3 k.; — Meyraguet (216 hab.), à 3 k.

Cours d'eau : Rivière de la Dordogne; ruisseau de l'Ouysse (bac à Belcastel).

Voies de c<sup>on</sup> : Chem. vic. d'int. com. n° 41, de Creysse à la route nat<sup>le</sup> n° 20; — chem. vic. d'int. com. n° 42, de Souillac à Lacave; — 3 chem. vic. ord.

Distances au chef-l. de cant. 10 k.; au chef-l. d'arr. 28 k.; au chef-l. de départ. 60 k.

*Statistique :* 236 Electeurs. — 12 Cons. mun.

Principal des 4 cont. dir. 4125 fr. (non compris Meyraguet).

Revenus de la commune, 753 fr.

*Instruction :* Ecole c<sup>le</sup> laïque de garç. (43 élèves); — école c<sup>le</sup> laïque de filles (22 élèves); — école congrég. libre mixte de hameau (15 élèves).

*Produits agricoles :* Céréales, tabac, vin, pommes de terre.

*Commerce et Industries :* 2 moulins à farine sur l'Ouysse. — 5 cabarets. — Fête patr., le 1<sup>er</sup> août.

### Historique.

*Pendant la Révolution.* — Lacave formait 2 c. (Lacave et Meyraguet), du cant. de Souillac et du district de St-Céré.

*Avant la Révolution.* — Lacave formait 2 c<sup>tés</sup> (Belcastel et le Bougayrou) de la subdél. de Souillac et de l'élection de Figeac. — Paroisse de Lacave sous l'invocation de St-Pierre ès-liens (600 p.).

Le château de Lacave fut occupé par les Anglais au XIV<sup>e</sup> siècle.

*Anciennes mesures :* Aune = 1<sup>m</sup> 188. — Canne carrée = 2<sup>m</sup>. <sup>c</sup>. 638. — Les autres mesures de Lacave étaient celles de Souillac.

*Antiquités :* Ancien château.

LACAVE, *i*, c. de Belfort.
LACAYRÈDE, *h.*, c. de Lalbenque.
LACAYROUSE, *h.*, c. du Bouyssou.
LACAZE, *h.*, c. de Calviac.
LACAZE, *h.*, c. de Lentillac.
LACAZE, *h.*, c. de Lherm.
LACAZE, *h.*, c. de Montlauzun.
LACAZE, *h.*, c. de Peyrilles.
LACAZE, *h.*, c. de St-Médard.
LACAZE-BASSE, *h.*, c. de Montcabrier.
LACHAM, *i.*, c. de Masclat.
LACHAMBRE, *h.*, c. de Lacapelle-Caban.
LACHAMBRE, *h.*, c de Sarrazac.
LACHAPELLE, *h.*, c. de Cazillac.
LACHAPELLE, *h.*, c. de St-Sozy.

**LACHAPELLE-AUZAC.** c., cant. de Souillac, arr. de Gourdon. — ⊠, 🖳 et Percept. de Souillac. — ⚭ de Lachapelle (462 p.) et de Reyrevignes (265 p.). — Débit de tabac.

*Géographie :* Superf. 3134 hect. — 936 hab. — Alt. moy. 249 <sup>m</sup>. — Terrain jurassique moyen.

Principaux v. et h. : Lachapelle, Lamothe et Reyrevignes.

Cours d'eau : La Borrèze et le ruisseau du Blagour.

Voies de c<sup>on</sup> : Route nat<sup>le</sup> n° 20, de Paris à Toulouse; — chem. vic. de g. c<sup>on</sup> n° 32, de Souillac à St-Geniès; —chem. vic. d'int. com. n° 74, de Souillac à Gignac; — 5 chem. vic. ord.

Distances : au chef-l. de cant. 6 k.;

au chef-l. d'arr. 30 k. ; au chef-l. de départ. 73 k.

*Curiosités* : Sources intermittentes du Blagour et du Bouley.

*Statistique* : 317 Electeurs. — 12 Cons. mun.

Principal des 4 cont. dir. 5931 fr.

Revenus de la commune, 310 fr.

*Instruction* : Ecole c^le laïque de garç. (25 élèves) ; — école c^le laïque de filles à Reyrevignes (15 élèves).

*Produits agricoles* : Céréales, vin, chanvre, pommes de terre, tabac, truffes. — Bois.

*Commerce et Industries* : 2 pressoirs ; — 4 moulins à farine et mégisserie sur les ruisseaux. — 5 cabarets. — Fête patr., le 10 septembre.

### Historique.

*Pendant la Révolution.* — Lachapelle formait les 2 c. de Lachapelle-Auzac et de Reyrevignes, du cant. de Souillac et du district de St-Céré.

*Avant la Révolution.* — Lachapelle formait 2 c^tés de la subdél. de Souillac et de l'élection de Figeac : 1° c^té de Lachapelle-Auzac : payait 4033 livres d'impositions ; ses charges locales ord. étaient de 108 livres. — Paroisse sous l'invocation de St-Nicolas (565 p.).

2° C^té de Reyrevignes : faisait partie de la vicomté de Turenne et formait une paroisse sous l'invocation de S^te-Madeleine (160 p.).

*Anciennes mesures* : Les mesures de Lachapelle-Auzac étaient celles de Martel.

LACHASSAGNE, *ch.*, c. de Sarrazac.
LACHAVE, *i.*, c. de Cézac.
LACHIÈZE, *h.*, c. de St-Sozy.
LACISQUE, *h.*, c. de Cuzance.
LACLAUSADE, *i.*, c. de Gindou.
LACLAUSE, *i.*, c. de St-Michel-Loubéjou.
LACLAVERIE, *h.*, c. de Frayssinhes.
LACLE, *h.*, c. de Gorses.
LACLÈDE, *f. g.*, c. de St-Chamarand.
LACLOTTE, *i.*, c. du Boulvé.
LACOMBARADE, *m.*, c. de Castelnau.
LACOMBE DE FILHOL, *h.*, c. de Lacapelle-Cabanac.
LACOMBRADE, *h.*, commune de Sabadel Latronquière.
LACOMPOSTIE, *h.*, c. de S^te-Colombe.
LACOMTADE (basse et haute), *h.*, c. du Vigan.

LACONDAMINE, *h.*, c. de Teyssieu.
LACONQUE, *i.*, c. de Labastide-Murat.
LACONQUE, *h.*, c. de Lacave.
LACONTÉ, *h.*, c. de Carlucet.
LACONTIE, *h.*, c. de Lunan.
LACOSTE, *i.*, c. d'Arcambal.
LACOSTE, *h.*, c. d'Aynac.
LACOSTE, *i.*, c. de Bagnac.
LACOSTE, *h.*, c. de Boussac.
LACOSTE, *i.*, c. de Calvignac.
LACOSTE, *f.*, c. de Flaugnac.
LACOSTE, *h.*, c. de Frayssinhes.
LACOSTE, *h.*, c. d'Issendolus.
LACOSTE, *h.*, c. de Lacapelle-Marival.
LACOSTE, *i.*, c. de Lacave.
LACOSTE, *h.*, c. de Lascabanes.
LACOSTE, *m.*, c. de Lebreil.
LACOSTE, *h.*, c. de Léobard.
LACOSTE, *h.*, c. de Mayrinhac-Lentour.
LACOSTE, *h.*, c. de Montet et Bouxal.
LACOSTE, *h.*, c. de Padirac.
LACOSTE, *h.*, c. de Pern.
LACOSTE, *m. e.*, c. de St-Caprais.
LACOSTE, *h.*, c. de St-Clair.
LACOSTE, *h.*, c. de St-Daunès.
LACOSTE, *i.*, c. de Sauzet.
LACOTE, *m.*, c. du Boulvé.
LACOUDERQUIE, *h.*, c. de Laramière.
LACOUDONNIE, *i.*, c. de St-Pantaléon.
LACOURTIE, *h.*, c. de Soulomès.
LACOURTIOL, *h.*, c. de Cambes.
LACOUT, *h.*, c. de Calès.
LAC PENOT, *h.*, c. de Meyronne.
LACQUIGNOUX (le), *h.*, c. de Reilhac.
LAC REDON, *i.*, c. de St-Sozy.
LACRIT, *h.*, c. de Cambes.
LACROIX, *h.*, c. d'Alvignac.
LACROIX, *i.*, c. de Camboulit.
LACROIX, *m. e.*, c. de Carennac.
LACROIX, *i.*, c. de Girac.
LACROIX, *h.*, c. de Laramière.
LACROIX, *h.*, c. du Roc.
LACROIX, *h.*, c. de Vaillac.
LACROIX BLANCHE, *i.*, c. de St-Michel.
LACROIX D'USSEL, *i.*, c. de Teyssieu.
LACROSE, *i.*, c. de Crégols.
LACROUX, *m.*, c. de Castelnau.
LACROUX, *h.*, c. de Linac.
LACROZE (*écluse de*), c. de Touzac.
LAC BENENT, *h.*, c. de St-Sozy.
LAC-VERT, *i.*, c. de Gramat.
LACURIE, *h.*, c. d'Aynac.
LACURIE, *h.*, c. de Figeac.
LADENO, *h.*, c. de Saux.
LADEVEZE, *h.*, c. de Cours.
LADEVEZE, *h.*, c. de Labastide.

Ladeveze, *h.*, c. de Lamothe-Fénel.
Ladeveze, *h.*, c. de Marcillac.
Ladeveze, *i.*, c. de Montcuq.
Ladeveze, *h.*, c. de Montgesty.
Ladevie, *i.*, c. de Belmontet.
Ladignac, *h.*, c. de Durbans.
Ladirat (bas et haut), *h.*, c. de Terrou.
Ladoux, *m. e.*, c. des Arques.
Ladoux, *h.*, c. de Varaire.
Lafabrie, *i.*, c. de St-Perdoux.
Lafage, *i.*, c. de Bagat.
Lafage, *m. e.*, c. de Bagnac.
Lafage, *h.*, c. de Rocamadour.
Lafage, *h.*, c. de Roufflac.
Lafage, *h.*, c. de St-Denis (Catus).
Lafage, *h.*, c. de Ste-Alauzie.
Lafage, *h.*, c. de Terrou.
Lafaillère, *i.*, c. de Camburat.
Lafajoudaü, *h.*, c. d'Anglars.
Lafalconie, *h.*, c. de Souillaguet.
Lafanères, *h.*, c. de Thémines.
Lafargue, *h.*, c. de Calviac.
Lafargue, *h.*, c. de Touzac.
Lafargues, *m.*, c. de Bannes.
Lafargues, *h.*, c. de Montamel.
Lafargues, *h.*, c. de Prudhomat.
Lafargues, *h.*, c. de Ste-Alauzie.
Lafarguette, *h.*, c. de Leyme.
Lafauche, *m.*, c. de Cézac.
Lafaurie, *i.*, c. de Cénevières.
Lafaurie, *h.*, c. de Floressas.
Lafaurie, *h.*, c. de Puy-l'Evêque.
Lafaurie, *h.*, c. de Vire.
Lafayette, *h.*, c. de Prendeignes.
Lafayole, *h.*, c. de Montvalent.
Lafeydedie, *m.*, c. de Souillaguet.
Lafeyreyrie, *i.*, c. de Figeac.
Laflèche, *h.*, c. de Laroque-Toirac.
Lafon, *h.*, c. de Beauregard.
Lafon, *h.*, c. de Biars.
Lafon, *m. e.*, c. de Castelnau.
Lafon, *m. e.*, c. de Sarrazac.
Lafon, *i.*, c. de Sénaillac.
Lafon-del-Pal, *h.*, c. de St-Germain.
Lafond, *h.*, c. de St-Chamarand.
Lafond, *i.*, c. de St-Cirq-Lapopie.
Lafond-Lavade, *i.*, c. de St-Cirq-Lap.
Lafont, *h.*, c. de Goujounac.
Lafontade, *m.*, c. du Vigan.
Lafontaine, *h.*, c. de Frayssinet-le-
[Gélat].
Lafontaine, *h.*, c. de Léobard.
Lafontaine-Debans, *m. e.*, c. de Belmont.
Laforce, *h.*, c. de Bétaille.
Lafoulhade, *i.*, c. de Sousceyrac.
Lafouliade, *h.*, c. de Cressensac.
Lafounelle, *i.*, c. de Belmontet.
Lafoust, *h.*, c. d'Aynac.

Lagabinière, *h.*, c. de Peyrilles.
Lagacenie, *h.*, c. de Soulomès.
Lagache, *h.*, c. de Camboulit.
Lagacherie, *h.*, c. de Sarrazac.
Lagachonie, *h.*, c. de Soulomès.
Lagadet, *i.*, c. de Reilhac.
Lagaly, *m.*, c. de Ste-Croix.
Lagamassade, *m.*, c. de Beauregard.
Lagamasse, *h.*, c. de Carlucet.
Lagane, *i.*, c. de Planioles.
Lagar, *i.*, c. du Montat.
Lagard (basse et haute), *h.*, c. de
[Floressas].
Lagarde, *h.*, c. d'Aynac.
Lagarde, *h.*, c. de Bio.
Lagarde, *h.*, c. d'Escamps.
Lagarde, *h.*, c. de Flaugnac.
Lagarde, *i.*, c. de Lhospitalet.
Lagarde, *h.*, c. de Pern.
Lagarde, *h.*, c. de Sousceyrac.
Lagarde, *h.*, c. de Valroufié.
Lagarde-Haute, *h.*, c. de Cassagnes.

**LAGARDELLE**, c., cant. de Puy-l'Evêque, arr. de Cahors. — ⊠ et Percept. de Puy-l'Evêque. — ⊞ et ⛭ de Castelfranc. — ⚰ (330 p.). — Rec.-buraliste.

*Géographie* : Superf. 308 hect. — 271 hab. — Alt. moy. 125 ᵐ. — Terrain jurassique supérieur.

Principaux v. et h. : Lagardelle (237 hab.).

Cours d'eau : Rivière du Lot (bac de Meymes).

Voies de c⁰ⁿ : Chem. vic. de g. c⁰ⁿ n° 8, de Cahors à Touzac ; — 2 chem. vic. ord.

Distances : au chef-l. de cant. 5 k. ; au chef-l. d'arr. et de départ. 32 k.

*Statistique* : 90 Electeurs. — 10 Cons. mun.

Principal des 4 cont. dir. 2099 fr.

Revenus de la commune, 81 fr.

*Instruction* : Ecole cᵉ laïque de garç. (14 élèves) ; — école libre congrég. de filles.

*Produits agricoles* : Blé, vin, tabac.

*Commerce et Industries* : Fête patr., le 15 août.

Historique.

*Pendant la Révolution.* — C. du cant. de Puy-l'Evêque et du district de Cahors.

*Avant la Révolution.* — Lagardelle formait avec Pescadoires une seule cᵉ de la subdél. de Prayssac et de l'élection de Cahors. — Cette cᵉ payait 5397 livres d'impositions ; ses charges locales ord. étaient de 120 livres. — Paroisses : de Lagardelle sous l'invocation de l'Assomption (300 p.) ; de Pescadoires, sous l'invocation de St-Pierre ès-liens (200 p.).

*Anciennes mesures :* Aune = 1<sup>m</sup> 188. — Les mesures de grains de Lagardelle étaient celles de Puy-l'Evêque ; ses autres mesures étaient celles de Cahors.

LAGARDELLE, *h.*, c. de Nozac.
LAGARDELLE, *h.*, c. de Pomarède.
LAGARDELLE, *h.*, c. de Rocamadour.
LAGARDELLE, *i.*, c. de Saillac.
LAGARDELLE, *h.*, c. de Sénaillac.
LAGARDELLE, *h.*, c. de St-Bressou.
LAGARDELLE, *h.*, c. de S<sup>te</sup>-Croix.
LAGARDELLE, *h.*, c. du Vigan.
LAGARDELLE, *i.*, c. de Villesèque.
LAGARENIE, *h.*, c. du Bourg.
LAGARENIE, *i.*, c. de St-Cirgues.
LAGARNEDE, *h.*, c. de Soulomès.
LAGARNONE, *h.*, c. de St-Denis (Catus).
LAGARRIGUE, *h.*, c. d'Albas.
LAGARRIGUE, *i.*, c. de Bach.
LAGARRIGUE, *h.*, c. de Baladou,
LAGARRIGUE, *h.*, c. de Calvignac.
LAGARRIGUE, *h.*, c. de Cardaillac.
LAGARRIGUE, *h.*, c. de Cuzance.
LAGARRIGUE, *i.*, c. de Flaugnac.
LAGARRIGUE, *h.*, c. de Lhospitalet.
LAGARRIGUE, *h.*, c. de Meyronne.
LAGARRIGUE, *i.*, c. de Montdoumerc.
LAGARRIGUE, *h.*, c. de Montvalent.
LAGARRIGUE, *h.*, c. de St-Bressou.
LAGARRIGUES, *h.*, c. de Boissières.
LAGASQUIE, *h.*, c. de Felzins.
LAGASQUIE, *h.*, c. de Lacapelle-Cabanac
LAGATHOU, *f g.*, c. de Salviac.
LAGATINGUE, *h.*, c. d'Uzech.
LAGENESTIE, *h.*, c. de Gramat.
LAGENÈBRE, *i.*, c. de Prudhomat.
LAGÉNIBRE, *h.*, c. de Salviac.
LAGÉRIE, *i.*, c. de Puy-l'Evêque.
LAGIBERTHE (*moulin de*), c. de Nozac.
LAGINESTE, *h.*, c. de Berganty.
LAGINESTE, *h.*, c. de Duravel.
LAGINESTE, *h.*, c. de St-Médard.
LAGLE, *m.*, c. du Roc.
LAGLEVADE, *h.*, c. de Gourdon.
LAGNE, *h.*, c. de Sousceyrac.
LAGNEGRIE, *i.*, c. de Prudhomat.
LAGNÈS, *i.*, c. de Lascabanes.
LAGONDALIE, *h.*, c. de Dégagnac.
LAGORCE, *h.*, c. d'Alvignac.
LAGOUGNE, *m.*, c. de Montcuq.
LAGOURGATIO, *i.*, c. de St-Daunès.
LAGOURGUE, *h.*, c. de Soucirac.
LAGRACE, *h.*, c. de St-Germain.
LAGRAILLE, *h.*, c. de Cieurac.
LAGRANGE, *i.*, c. de Duravel.
LAGRANGE, *i.*, c. de Lebreil.
LAGRANGE, *h.*, c. de Strenquels.
LAGRANIE, *h.*, c. d'Anglars.
LAGRANIÉ, *i.*, c. de Camburat.
LAGRASSETIE, *h.*, c. du Bouyssou.
LAGRAVE, *m. e.*, c. de Fons.
LAGRAVE, *h.*, c. de Montcabrier.
LAGRAVE, *h.*, c. de St-Bressou,
LAGRAVE, *i.*, c. de St-Géry.
LAGRAVE, *h.*, c. de Terrou.
LAGRAVE, *h.*, c. de Vaillac.
LAGRAVELLE, *i.*, c. de Lascabanes.
LAGRAVETTE, *h.*, c. de St-Sulpice.
LAGRAVILLE, *h.*, c. de Faycelles.
LAGRÉNERIE, *ch.*, c. de Gagnac.
LAGRÈZE, *h.*, c. de Labastide-Murat.
LAGRÈZE, *h.*, c. de Bélaye.
LAGRÈZE, *m. v.*, c. de Frayssinet.
LAGRÈZE, *h.*, c. de Mayrinhac-Lentour.
LAGRÈZE, *i.*, c. de Mauroux.
LAGRÈZE, *h.*, c. du Roc.
LAGRÈZE, *m. e.*, c. de Vers.
LAGREZETTE, *ch.*, c. de Caillac.
LAGREZETTE, *i.*, c. de Rouffiac.
LAGREZOTTE, *i.*, c. de Rouffiac.
LAGRIMALDIE, *h.*, c. de St-Cirgues.
LAGSQUES, *h.*, c. de Thémines.
LAGUARINIE, *i.*, c. de St-Cyprien.
LAGUIÈRE, *h.*, c. de Lacapelle-Cab.
LAGUILLADE, *h.*, c. de St-Denis (Martel).
LAGUILLAL, *h.*, c. de St-Denis (Martel).
LAGUILLAUMIE, *h.*, c. de St-Michel-L.
LAGUILLE, *h.*, c. de Sérignac.
LAGUIRBE, *i.*, c. de Durbans.
LAGUIZAYRIE, *h.*, c. de Mayrinhac.
LAIRE, *i.*, c. de Cadrieu.
LAJASSE, *h.*, c. de Frayssinet-le-Gélat.
LAJASSE D'ALOP, *h.*, c. de Frayssinet-[le-Gélat].
LALANDE, *h.* et *m. e.*, c. de Bélaye.
LALANDE, *h.*, c. de Castelnau.
LALANDE, *h.*, c. de St-Martin.
LALANDE, *h.*, c. de St-Sozy.
*LALANDE DU CASTANET, h., c. de St-Sozy.*
LALANDE DU PIGEON, *i.*, c. de St-Sozy.
LALANDIECH, *h.*, c. de Sousceyrac.
LALAUBIE, *h.*, c. de St-Hilaire.
LALAURIE, *h.*, c. de Bagnac.
LALAURIE, *h.*, c. de Bélaye.
LALAURIÈRE, *h.*, c. de St-Vincent-rive-[d'Olt].
LALBA, *i.*, c. de St-Vincent (St-Céré).
LALBARÈDE, *m. e.*, c. de Frayssinet.
LALBATUT, *h.*, c. de Lacapelle-Cab.

LALBENQUE, *c.*, chef-l. de cant. de l'arr. de Cahors. — ⊠ et Percept. — ☿ de Lalbenque (950 p.), de Paillas (330 p.)

et de St-Hilaire (612 p.). — Rec.-buraliste. — Notaire. — Brigade de gendarmerie à pied.

*Géographie :* Superf. 5272 hect. — 2116 hab. — Alt. moy. 273 m. — C. située sur le terrain tertiaire de la formation éocène ; — calcaires très-blancs.

Principaux v. et h. : Lalbenque (624 hab.); — Paillas, Ramès et St-Hilaire.

Cours d'eau : Ruisseau de l'Emboulas.

Voies de c$^{on}$ : Chem. vic. de g. c$^{on}$ n$^o$ 6, de Cahors à Puylaroque; — chem. vic. de g. c$^{on}$ n$^o$ 12, de Castelnau à Limogne; — chem. vic. d'int. com. n$^o$ 5, de St-Géry à Montpezat; — chem. vic. d'int. com. n$^o$ 26, de Crégols à Lalbenque; — chem. vic. d'int. com. n$^o$ 27, de Lalbenque à Lafrançaise; — 5 chem. vic. ord.

Distances : au chef-l. d'arr. et de départ. 17 k.

*Statistique :* 603 Electeurs. — 16 Cons. mun. — Sect. élect. de Lalbenque (5 cons. mun.), de St-Hilaire (6 cons. mun.), de Paillas (2 cons. mun.) et de Ramès (3 cons. mun.).

Principal des 4 cont. dir. 13437 fr.

Revenus de la commune, 1171 fr.

Bureau de bienfaisance (revenu annuel 105 fr.).

*Instruction :* Ecole c$^{le}$ congrég. de garc. (90 élèves); — école c$^{le}$ congrég. de filles (75 élèves); — école de h. à St-Hilaire (40 élèves).

*Produits agricoles :* Céréales, vin, truffes. — Bois.

*Commerce et Industries :* Moulin à farine sur l'Emboulas. — Tresses de chapeaux de paille. — 2 auberges; — 5 cabarets; — 3 cafés. — Foires les 3 février, 18 mars, 3 mai, 29 juin, 5 septembre, 4 octobre, 6 et 24 décembre. — Marchés le mardi de chaque semaine. — Halle aux grains. — Fêtes patr., le 5 mai à Lalbenque et le 14 janvier à St-Hilaire.

Historique.

*Pendant la Révolution.* — Chef-l. de cant. du district de Cahors.

*Avant la Révolution.* — C$^{té}$ de la subdél. de Caussade et de l'élection de Montauban. — Paroisses de Lalbenque, sous l'invocation de St-Quirin (700 p.), de Paillas, sous l'invocation de S$^{te}$-Croix (450 p.) et de St-Hilaire sous l'invocation de St-Hilaire (620 p.). — Cette c$^{té}$ payait 15018 livres d'impositions ; ses charges locales ord. étaient de 470 livres.

Lalbenque a eu des seigneurs célèbres dans l'histoire du Quercy et lorsque, en 1369, par un admirable élan de patriotisme, les habitants de cette province se soulevèrent contre la domination anglaise, le duc d'Anjou envoya Gaucelm de Vayrols, seigneur de Lalbenque, avec 100 hommes d'armes, prendre le gouvernement du Quercy et du Périgord. — Le château de Lalbenque était une position des plus importantes. — L'église de cette localité dépendait du monastère de Marcillac.

*Anciennes mesures :* Canne = 2 m 003. — Barrique = 221 litres 10 (la barrique contenait 150 pintes). — Les autres mesures de Lalbenque étaient celles de Cahors.

LALBENQUE, h., c. de Gourdon.

LALBENQUE, h., c. de Marminiac.

LALBENQUE, i., c. de St-Pantaléon.

LALBINQUE, h., c. de Salviac.

LALE, h., c. de Caniac.

LALEUNE, i., c. de Lunan.

LALEVADE, h., c. de Parnac.

LALGUETTE, i., c. de Roufflac.

LALIE, h., c. de Lauresses.

LALIGNÉ, h., c. de Durbans.

LALIGNÉ, h., c. de Flaujac (Livernon).

LALIGNÉ, h., c. de St-Simon.

LALIS, h., c. de St-Cirq-Lapopie.

LALIZETTE, i., c. du Boulvé.

LALMADE, h., c. de Prayssac.

LALOGE, m., c. de Concots.

LALONGAGNE, h., c. de Valprionde.

LALORIETTE, i., c. de Saux.

LALOTE, i., c. de Crégols.

LALTALME, h., c. de Saillac.

LAMAGANIE, h., c. de Marminiac.

**LAMAGDELAINE,** (c. créée tout récemment au dépens de Laroque-des-Arcs).

C., canton de Cahors (nord), arr. de Cahors. — ⊠ de Cahors. — Percept. de Pradines. — ☖ (500 p.).—Rec.-buraliste.

*Géographie :* Superf. 1025 hect. — 550 hab. — Alt. moy. 210 m. — Les hauteurs de cette c. appartiennent au jurassique supérieur; les parties inférieures sont formées d'alluvions.

Principaux v. et h. : Lamagdelaine (172 hab.); — le Chantre (67 hab.), à 2 k. de Lamagdelaine; — Mels (57 hab.), à 2 k.; — Miralasse (63 hab.), à 5 k.; — Savanac (172 hab ), à 3 k.

Cours d'eau : Rivière du Lot (Bac à Savanac); — ruisseau de Nouaillac.

Voies de c$^{on}$ : Route dép$^{le}$ n$^o$ 13, de Cahors à Figeac; — 3 chem. vic. ord.

Distances : au chef-l. de cant., d'arr. et de départ. 7 k.

*Statistique :* 180 Electeurs. — 10 Cons. mun.

Principal des 4 cont. dir. 4284 fr.

Revenus de la commune, 61 fr.

*Instruction :* Ecole c<sup>le</sup> laïque de garç. (24 élèves) ; — école c<sup>le</sup> laïque de filles (28 élèves).

*Produits agricoles :* Blé, vin, tabac, légumes et fourrages verts.

*Commerce et Industries :* Moulin de Nouaillac. — Fête patr. le 22 juillet à Lamagdelaine et le 19 janv. à Savanac.

Historique.

*Pendant la Révolution.*—Lamagdelaine faisait partie de la c. de Laroque-des-Arcs.

*Avant la Révolution.* — Lamagdelaine faisait partie avec Laroque-des-Arcs de la c<sup>té</sup> de Cahors et formait une paroisse de 256 p.

Le village de Savanac était autrefois célèbre par ses vins clairets.

*Anciennes mesures :* Les mesures de Lamagdelaine étaient celles de Cahors.

*Antiquités :* A Savanac, vaste bâtiment, paraissant appartenir à la fin du XIII<sup>e</sup> siècle.

LAMAGDELAINE, *h.*, c. de Faycelles.

LAMAGEORIE, *h.*, c. de Latronquière.

LAMAISONNEUVE, *i.*, c. de Cahus.

LAMAJORIE, *h.*, c. de Carennac.

LAMALAUDIE, *i.*, c. de Fons.

LAMAN, *i.*, c. de Montfaucon.

LAMANILÈVE, *h.*, c. de Sabadel.

LAMARBRIÈRE, *h.*, c. de St-Médard-de-[Presque].

LAMARESQUE, *h.*, c. de Loubressac.

LAMARIE, *i.*, c. de Luzech.

LAMAROTHE, *h.* c. de Thédirac.

LAMARQUE, *h.*, c. de Gindou.

LAMARTILLE, *h.*, c. du Boulvé.

LAMARTINIE, *i.*, c. de Pern.

LAMASSE, *i.*, c. de St-Cyprien.

LAMAT, *h.*, c. de Crayssac.

LAMATHÈRE, *h.*, c. de Lacapelle-Caban.

LAMATIVIE, (c. créée en 1845).

C., cant. de Bretenoux, arr. de Figeac. — ⊠ et Percept. de Sousceyrac. — ⚭ (310 p.). — Débit de tabac.

*Géographie :* Superf. 1294 hect. — 290 hab. — Alt. moy. 593<sup>m</sup>. — Terrains granitiques.

Principaux v. et h. : Lamativie (51 hab.) ; — Maury (25 hab.), à 0 k. 900 de Lamativie ; — Mamoussou (23 hab.), à

1 k. 500 ; — Monfreu (14 hab.), à 0 k. 800 ; — Vièyre (40 hab.), à 1 k.

*Cours d'eau :* Rivière de la Cère et ruisseau d'Escaumels.

*Voies de c<sup>on</sup> :* Chem. vic. d'int. com. n<sup>o</sup> 47, de Sousceyrac à Lamativie ; — chem. vic. ord.

Distances : au chef-l. de cant. 28 k. ; au chef-l. d'arr. 51 k. ; au chef-l. de départ. 104 k.

*Statistique :* 73 Electeurs. — 10 Cons. mun.

Principal des 4 cont. dir. 1631 fr.

Revenus de la commune, 154 fr.

*Instruction :* Ecole c<sup>le</sup> laïque de garç. (15 élèves).

*Produits agricoles :* Seigle, blé noir, châtaignes, pommes de terre.

*Commerce et Industries :* 2 cabarets.

Historique.

Lamativie relevait au XVII<sup>e</sup> siècle de la baronnie de Castelnau et faisait partie de la c<sup>té</sup> de Comiac.

LAMATIVIE, *h.*, c. de Saignes.

LAMAURELLE, *h.*, c. de Gagnac.

LAMAURESQUE, *h.*, c. de Loubressac.

LAMAURINIE, *h.*, c. de Cahors.

LAMAYNADIE, *h.*, c. de Bagnac.

LAMBANIE, *h.*, c. d'Anglars.

LAMBOUILLÉ, *h.*, c. de Thédirac.

LAMBRIGOU, *h.*, c. de Caniac.

LAMÉJOULS, *h.*, c. de St-Michel-de-B.

LAMÉOLIE, *m. e.*, c. de Sauliac.

LAMÉRIGNE, *h.*, c. de Thédirac.

LAMERLIE, *h.*, c. de Sauliac.

LAMEYNADIE, *h.*, c. de Bagnac.

LAMIGUE, *h.*, c. de Rouffillac.

LAMOIME, *f.*, c. de Marcillac.

LAMOLAYRETTE, *v.* c. de Flaugnac.

LAMOLE, *m. e.*, c. de Cézac.

LAMOLE, *h.*, c. de St-Céré.

LAMOLIÈRE, *i.*, c. de Valprionde.

LAMOLIÈRE (basse et haute), *h.*, c. du [Vigan].

LAMONBERTHE, *h.*, c. de St-Laurent-[les-Tours].

LAMONT, *i.*, c. de Montdoumerc.

LAMONTAGNE, *i.*, c. de Villesèque.

LAMORÉTIE, *h.*, c. de Strenquels.

LAMORNE, *i.*, c. de Figeac.

LAMOSTONIE, *h.*, c. de Frayssinet.

LAMOTHE, *i.*, c. de Belfort.

LAMOTHE, *m.*, c. de Castelnau.

LAMOTHE, *h.*, c. de Cazillac.

LAMOTHE, *h.*, c. de Cézac.

LAMOTHE, *h.*, c. de Dégagnac.

LAMOTHE, *h.*, c. de Lachapelle-Auzac.

Lamothe, *i.*, c. de Montcuq.
Lamothe (basse et haute), *h.*, c. de [Miers].

**LAMOTHE-CASSEL**, c., cant. de St-Germain, arr. de Gourdon. — ⊠ de Frayssinet. — ▥ de Labastide-Murat. — Percept. de St-Germain. — ☥ de Lamothe (334 p.) et de Puycalvel (213 p.). — Débit de tabac.

*Géographie* : Superf. 1135 hect. — 524 hab). — Alt. moy. 406 ᵐ. — Cette c. se trouve sur la limite des terrains jurassiques supérieur et moyen.

Principaux v. et h. : Lamothe (223 hab.); — Puycalvel (187 hab.); — Murat (114 hab.).

Voies de cᵒⁿ : Route natˡᵉ nᵒ 20, de Paris à Toulouse; — route dépˡᵉ nᵒ 5, de Cahors à Clermont; — route dépˡᵉ nᵒ 12, de Lamothe à Castelfranc; — chem. vic. de g. cᵒⁿ nᵒ 13, de Figeac à Cazals; — chem. vic. d'int. com. nᵒ 60, de Gigouzac à la route natˡᵉ nᵒ 20; — 4 chem. vic. ord.

Distances : au chef-l. de cant. 8 k.; au chef-l. d'arr. 21 k.; au chef-l. de départ. 26 k.

Curiosités : Fontaine intermittente.

*Statistique* : 174 Electeurs. — 12 Cons. mun. — Sect. élect. de Lamothe (8 cons. mun.) et de Puycalvel (4 cons mun.).

Principal des 4 cont. dir. 3407 fr.

Revenus de la commune, 58 fr.

Bureau de bienfaisance (revenu annuel 68 fr.).

*Instruction* : Ecole cˡᵉ laïque de garç. (25 élèves); — école cˡᵉ laïque de filles (28 élèves); — école de h. de garç. à Puycalvel (22 élèves).

*Produits agricoles* : Blé, maïs, vin.

*Commerce et Industries* : Auberge. — Fête patr., le 15 août.

Historique.

*Pendant la Révolution*. — Lamothe et Puycalvel formaient 2 c. distinctes, du cant. de St-Germain et du district de Gourdon.

*Avant la Révolution*. — Lamothe formait 2 cˡᵉˢ de la subdél. de Gourdon et de l'élection de Cahors :

1º Cˡᵗᵉ de Lamothe : payait 4276 livres d'impositions; ses charges locales ord. étaient de 112 livres. — Paroisses de Lamothe, sous l'invocation de St-Georges (280 p.) et de Murat, sous l'invocation de l'Assomption;

2º Cˡᵗᵉ de Puycalvel : payait 1500 livres d'impositions; ses charges locales ord. étaient de 53 livres. — Paroisse sous l'invocation de St-Vit (200 p.).

*Anciennes mesures* : Les mesures de Lamothe-Cassel étaient celles de Cahors.

*Antiquités* : Ancienne église à Puycalvel.

**LAMOTHE-FÉNELON**, c., cant. de Payrac, arr. de Gourdon. — ⊠ et Percept. de Payrac. — ☥ (672 p.). — Rec.-buraliste.

*Géographie* : Superf. 1400 hect. — 695 hab. — Alt. moy. 223 ᵐ. — Terrain jurassique supérieur.

Principaux v. et h. : Lamothe-Fénelon (345 hab.).

Cours d'eau : Ruisseaux de Tournefeuille et des Ardaillous.

Voies de cᵒⁿ : Chem. vic. de g. cᵒⁿ nᵒ 19, de Gourdon à Souillac; — chem. vic. d'int. com. nᵒ 85, de Gourdon à Mareuil; — 5 chem. vic. ord.

Distances : au chef-l. de cant. 7 k.; au chef-l. d'arr. 12 k.; au chef-l. de départ. 54 k.

*Statistique* : 198 Electeurs — 12 Cons. mun.

Principal des 4 cont. dir. 4371 fr.

Revenus de la commune, 113 fr.

Bureau de bienfaisance (revenu annuel 96 fr.).

*Instruction* : Ecole cˡᵉ laïque de garç. (40 élèves); — école cˡᵒ congrég. de filles (51 élèves).

*Produits agricoles* : Céréales, vin, tabac, pommes de terre.

*Commerce et Industries* : 8 moulins à farine sur les ruisseaux. — Auberge; — cabaret; — café. — Foires le 18 janv., le 3ᵉ jeudi de carême, le jeudi après l'Ascension et après le 25 juillet, le 19 sept. et le jeudi après Stᵉ-Catherine. — Fête patr., le 6 août.

Historique.

*Pendant la Révolution*. — C. de Lamothe-Massaut, cant. de Payrac, district de Gourdon.

*Avant la Révolution*. — Cˡᵗᵉ de Lamothe-Massaut, de la subdél. de Souillac et de l'élection de Cahors. — Cette cˡᵗᵉ payait 5945 livres d'impositions; ses charges locales ord. étaient de 204 livres. — Paroisse sous l'invocation de St-Sixte (611 p.).

La terre de Lamothe appartenait à la famille de l'archevêque de Cambrai, mais cette localité n'a pas donné naissance à Fénelon.

*Anciennes mesures :* Les mesures de Lamothe étaient celles de Gourdon.

*Antiquités :* Château de Fénelon.

LAMOTHE-HAUTE, *f. g.*, c. de Lamothe-[Fénelon].

LAMOTHE DE MARCILLAC, *m.*, c. de [Cahors].

LAMOTHE-VIEILLE, *i.*, c. de Cézac.

LAMOTHÈTE, *h.*, c. de Frayssinet.

LAMOTHÈTE, *h.*, c. de Peyrilles.

LAMOULINE, *h.*, c. de Dégagnac.

LAMOULINE, *m. e.*, c. de Montcabrier.

LAMOULINE, *i.*, c. de St-Denis (Catus).

LAMOUNGIE, *h.*, c. de Cieurac.

LAMOUZIO, *h.*, c. de Montdoumerc.

LAMOUROUX, *h.*, c. de Lherm.

LAMOURRIÈRE, *h.*, c. de Rudelle.

LAMOUTHE, *h.*, c. de Cassagnes.

LAMOUTHE, *i.*, c. de St-Vincent-r.-d'Olt.

LANAUGE, *h.*, c. de Bélaye.

LANAUZE, *i.*, c. de Montcuq.

LANCATTE, *h.*, c. du Boulvé.

LANDES, *h.*, c. de Molière.

LANDES, *h.*, c. de Peyrilles.

LANDES (les), *h.*, c. de Baladou.

LANDIECH, *i.*, c. de Lacapelle-Cabanac.

LANDREVIE (basse et haute), *h.*, c. de [Bagnac].

LANDRIEU, *h.*, c. de St-Cirgues.

LANGELERIE, *h.*, c. de St-Michel-Loub.

LANGLADE, *i.*, c. de Labastide-Marnhac.

LANGLADE, *m. e.*, c. de Lavergne.

LANGLADE, *h.*, c. de Lissac.

LANGLADE, *h.*, c. de Salviac.

LANGLADE, *ch.*, c. de Strenquels.

LANGLE (*écluse*), c. de Caillac.

LANGLEZIE, *h.*, c. de St-Cernin.

LANGRAVE, *h.*, c. de Gramat.

LANIEL, *h.*, c. de Floressas.

LANIÈS, *i.*, c. de Montlauzun.

LANMAY, *h.*, c. de Cazals.

LANNAT, *h.*, c. de Trespoux.

LANOU, *i.*, c. de Montcabrier.

LANSUÈDE, *i.*, c. de St-Sozy.

LANTIS, *h.*, c. de Dégagnac.

LANTUÉJOUL, *h.*, c. de Gorses.

LANTUÉJOUL, *h.*, c. de St-Cirgues.

**LANZAC**, c., cant. de Souillac, arr. de Gourdon. — ⊠, ▥ et Percept. de Souillac. — ☖ de Lanzac (525 p.), et de Cieurac (192 p.). — Débit de tabac.

*Géographie :* Superf. 1458 hect. — 725 hab. — Alt. moy. 226 m. — Terrain jurassique moyen.

Principaux v. et h. : Lanzac (258 hab.); — Cieurac, à 4 k. de Lanzac; — la Durantie, à 1 k. 300; — Grézelade, à 4 k.

Cours d'eau : Rivière de la Dordogne (bac à Cieurac).

Voies de c⁰ⁿ : Route nat¹ᵉ n⁰ 20, de Paris à Toulouse; — chem. vic. d'int. com. n⁰ 40, de Mareuil à Lanzac; — 4 chem. vic. ord.

Distances : au chef-l. de cant. 3 k.; au chef-l. d'arr. 26 k.; au chef-l. de départ. 64 k.

*Statistique :* 230 Electeurs. — 12 Cons. mun. — Sect. élect. de Lanzac (9 cons. mun.) et de Cieurac (3 cons. mun.).

Principal des 4 cont. dir. 5653 fr.

Revenus de la commune, 196 fr.

*Instruction :* Ecole c¹ᵉ laïque de garç. (38 élèves); — école c¹ᵉ laïque de filles (34 élèves); — école laïque mixte de h. à Cieurac (17 élèves).

*Produits agricoles :* Céréales, vin, tabac, pommes de terre.

*Commerce et Industries :* 2 cabarets. — Fête patr., le 24 juin.

Historique.

*Pendant la Révolution.* — Lanzac formait 2 c. (Lanzac et Cieurac) du cant. de Souillac et du district de St-Céré.

*Avant la Révolution.* — Lanzac formait 2 c¹ᵉˢ de la subdél. de Souillac et de l'élection de Figeac :

1⁰ C¹ᵉ de Lanzac : payait 5723 livres d'impositions; ses charges locales ord. étaient de 121 livres. — Paroisse sous l'invocation de St-Jean-Baptiste (600 p.);

2⁰ C¹ᵉ de Cieurac : payait 1964 livres d'impositions; ses charges locales ord. étaient de 75 livres. — Paroisse sous l'invocation de St-Aubin (176 p.).

*Anciennes mesures :* Les mesures de ces deux c¹ᵉˢ étaient celles de Souillac.

LAPAILLE, *i.*, c. de St-Laurent (Montcuq).

LAPAILLOLE, *h.*, c. de Duravel.

LAPAILLOLE, *m.*, c. de Marminiac.

LAPANONIE, *v.* et *ch.*, c. de Couzou.

LAPARISSE, *i.*, c. de Figeac.

LAPARRA, *m.*, c. de Cahors.

LAPARRA, *i.*, c. de Sauzet.

LAPARRINE, *h.*, c. de Bagnac.

LAPARRO, *h.*, c. de Bio.

LAPARROT, *h.*, c. de Corn.

LAPASCALIE, *h.*, c. de St-Laurent.

LAPAYRADE, *i.*, c. de Labastide-Murat.

LAPAYRADE, *h.*, c. de St-Denis (Catus).

LAPÉGOURIÈRE, *i.*, c. de Catus.

LAPÉRADE, *i.*, c. de St-Paul.

LAPÈRE, *i.*, c. de Vers.

Lapergue, *m. e.*, c. d'Anglars.
Lapergue, *h.*, c. de Figeac.
Lapergue, *i.*, c. de St-Perdoux.
Lapérière, *i.*, c. de St-Pantaléon.
Lapérière, *i.*, c. de Valprionde.
Lapérière, *h.*, c. de Thédirac.
Laperre, *i.*, c. de Lalbenque.
Lapescalerie, *ch. et m.*, c. de Cabrerets.
Lapesse, *h.*, c. d'Uzech.
Lapeyre, *v.*, c. de Berganty.
Lapeyre, *i.*, c. de Gourdon.
Lapeyre, *h.*, c. de Lauresses.
Lapeyre, *h.*, c. de Varaire.
Lapeyronie, *h.*, c. de Viazac.
Lapeyrottes, *i.*, c. de Boissières.
Lapèze, *h.*, c. d'Albiac.
Lapèze, *m.*, c. de Montcuq.
Lapèze, *h.*, c. de Montgesty.
Lapialade, *h.*, c. de Montgesty.
Lapiale, *i.*, c. de Fons.
Lapille, *h.*, c. de Montcléra.
Lapiole, *i.*, c. de Lauresses.
Lapistoule, *i.*, c. de Luzech.
Laplace, *i.*, c. de Sauzet.
Laplace, *i.*, c. de St-Vincent-r.-d'Olt.
Laplace, *h. et m. e.*, c. de Sousceyrac.
Laplace-du-sol, *h.*, c. d'Espédaillac.
Laplacette, *h.*, c. d'Espédaillac.
Laplagne, *i.*, c. de Belmontet.
Laplagne, *h*, c. de Cajarc.
Laplagne, *h.*, c. de Cuzance.
Laplaine, *h.*, c. de Frayssinet.
Laplaine, *i.*, c. de Montcuq.
Laplaine, *h.*, c. de St-Denis (Catus).
Laplane, *i.*, c. de Planioles.
Laplane, *i.*, c. de Varaire.
Laplanque, *h.*, c. de Belmont.
Laplanquette, *h.*, c. de Bagnac.
Laplantade, *h.*, c. de Terrou.
Laplate, *i.*, c. de Cambes.
Laplaze, *h.*, c. de Cornac.
Lapoille, *m.*, c. de St-Cyprien.
Lapolagne, *h.*, c. de Goujounac.
Laponchie, *h.*, c. de Cahus.
Laporre, *h.*, c. de Cézac.
Laporte, *h.*, c. de Lacapelle-Cabanac.
Lapouge-del-four, *i.*, c. de Calès.
Lapoujade, *h.*, c. de Caillac.
Lapoujade, *h.*, c. de Concorès.
Lapoujade, *h.*, c. de Dégagnac.
Lapoujade, *i.*, c. de Gindou.
Lapoujade, *h.*, c. de Loubressac.
Lapoujade, *h.*, c. de Montet et Bouxal.
Lapoujade, *ch.*, c. de Montfaucon.
Lapoujade, *h.*, c. de Vidaillac.
Lapounelle, *h.*, c. de Gindou.
Lapoupoune, *h.*, c. de St-Vincent [St-Céré].

Lapox, *i.*, c. de Sousceyrac.
Laprade, *h.*, c. de Bagnac.
Laprade, *h.*, c. de Cressensac.
Laprade, *h.*, c. de Creysse.
Laprade, *i.*, c. de Douelle.
Laprade, *h.*, c. de Labathude.
Laprade, *h.*, c. de Lauresses.
Laprade, *h.*, c. de St-Jean-Lespinasse.
Laprade, *h.*, c. de St-Vincent (St-Céré).
Laprade, *h.*, c. d'Uzech.
Lapradelle, *h.*, c. de Cornac.
Lapradelle, *h.*, c. de Mayrinhac-[Lentour].
Laprière, *h.*, c. de Vers.
Laprune, *h.*, c. de Peyrilles.
Laquet, *h.*, c. de Duravel.
Laquet, *h.*, c. de Floressas.
Laquet (le), *h.*, c. de Carlucet.
Laquet (le), *i.*, c. de Sénaillac.
Laquetroux (le), *h.*, c. de Vaylats.
Laquillal, *h.*, c. de St-Denis (Martel).
Laquille, *h.*, c. de Loubressac.

**LARAMIÈRE**, c., cant. de Limogne, arr. de Cahors. — ⊠ et Percept. de Limogne. — ▭ de Villefranche-d'Aveyron. — ♂ de Laramière (675 p.) et de Vialars (115 p.). — La partie N.-E. de la c. forme une fraction de la paroisse de Fontaynous dans l'Aveyron. — Débit de tabac.

*Géographie :* Superf. 2209 hect. — 959 hab. — Alt. moy. 372 ᵐ. — Terrain jurassique moyen. — Gisements de phosphates de chaux.

Principaux v. et h. : Laramière (190 hab.); — Beaujat (93 hab.), à 2 k. de Laramière; — Laborie (67 hab.), à 2 k. ; — Loupiac (86 hab.), à 2 k. 500; — Vialars et La Caminade (68 hab.), à 2 k.

Voies de cᵒⁿ : Chem. vic. d'int. com. nᵒ 79, de Varaire à Villefranche-d'Aveyron ; — 2 chem. vic. ord.

Distances : au chef-l. de cant. 11 k.; au chef-l. d'arr. et de départ. 46 k.

*Statistique :* 312 Electeurs. — 12 Cons. mun.

Principal des 4 cont. dir. 6465 fr. Revenus de la commune, 118 fr.

*Instruction :* Ecole cˡᵉ laïque de garç. (36 élèves); — école cˡᵉ congrég. de filles (40 élèves).

*Produits agricoles :* Céréales, vin, pommes de terre, fourrages.

*Commerce et Industries :* — Cabaret. — Foires les 27 fév., 27 mai et 2 octob. — Fêtes patr., le 23 avril à Laramière et le 30 juin à Vialars.

Historique.

*Pendant la Révolution.* — C. de Laramière et Vialars, du cant. de Limogne et du district de Cahors.

*Avant la Révolution.* — Cté de la subdél. de Villefranche et de l'élection de Montauban. — Paroisse sous l'invocation de l'Assomption (611 p.). — Cette cté payait 9033 livres d'impositions; ses charges locales ord. étaient de 200 livres.

*Anciennes mesures* : Canne = 2ᵐ 003. — Canne carrée — 4ᵐ. ᶜ. 0127. — Sétérée = 61 ᵃʳᵉˢ 6353 (la sétérée se subdivisait en 8 quartonats, le quartonat en 6 pennes, la penne en 4 pennons). — Quarte = 24 ˡⁱᵗʳᵉˢ (la quarte se subdivisait en 4 pugnères). — Barrique = 212 ˡⁱᵗʳᵉˢ (la barrique se subdivisait en 5 setiers et le setier en 64 pauques).

*Antiquités* : Dolmens.

LARAMONDIE, *h.*, c. de Bagnac.
LARASPES, *h.*, c. de Gramat.
LARAUPHIE, *h.*, c. de Peyrilles.
LARAUSE, *i.*, c. de Planioles.
LARAUZE, *ch.*, c. du Bourg.
LARCHÉ, *h.*, c. de Montfaucon.
LARCHÉE, *h.*, c. de Labastide-Murat.
LARD (le), *i.*, c. du Montat.
LARDOY, *h.*, c. de Miers.
LARDY, *h.*, c. de St-Céré.
LAREMISE, *h.*, c. de Mayrinhac-Lent.
LARENTIE, *h.*, c. de Sᵗᵉ-Colombe.
LAREULE, *h.*, c. de Gindou.
LARGUILLIÉ, *h.*, c. de Terrou.
LARIAU, *m.*, c. de Sᵗᵉ-Croix.
LARIEUILE, *h.*, c. d'Alvignac.
LARIGALDIE, *h.*, c. de St-Cirgues.
LARIGAUDIE, *h.*, c. de Leyme.
LARIGNÉ, *h.*, c. de Lavercantière.
LARINGADE, *i.*, c. du Bouyssou.
LARIVIÈRE, *h.*, c. de Concorès.
LARIVIÈRE, *i.*, c. de Lacapelle-Caban.
LARIVIÈRE, *i.*, c. de Lalbenque.
LARIVIÈRE, *h.*, c. de Montvalent.
LARIVIÈRE, *m. e.*, c. Puy-l'Evêque.
LARIVIÈRE, *h.*, c. de Salviac.
LARIVIÈRE, *i.*, c. de Viazac.
LARIVIÉRETTE, *m.*, c. de Bagat.

**LARNAGOL**, c., cant. de Cajarc, arr. de Figeac. — ⊠, ▯ et Percep. de Cajarc. — ⊙ de Larnagol (607 p.), et de Seuzac (280 p.). — Débit de tabac. — Notaire.

*Géographie* : Superf. 2436 hect. — 791 hab. — Alt. moy. 279ᵐ. — Cette c. est située sur des marnes supraliasiques, sur les terrains jurassiques inférieur et moyen. — Importants gisements de phosphates de chaux exploités depuis 1872.

Principaux v. et h. : Larnagol (492 hab.); — Druilhes (62 hab.), à 4 k. de Larnagol; — Seuzac (113 hab.), à 5 k.

Cours d'eau : Rivière du Lot (bac). — Ruisseau de Treil.

Voies de cᵒⁿ : Chem. vic. de g. cᵒⁿ nᵒ 33, de Vers à Figeac; — chem. vic. d'int. com. nᵒ 25, de Limogne à Gramat; — 5 chem. vic. ord.

Distances : au chef-l. de cant. 9 k.; au chef-l. d'arr. 30 k.; au chef-l. de départ. 40 k.

*Statistique* : 252 Electeurs. — 12 Cons. mun. — Sect. élect. de Larnagol (9 cons.), et de Seuzac (3 cons.).

Principal des 4 cont. dir. 5465 fr.

Revenus de la commune, 582 fr.

Bureau de bienfaisance (revenu annuel 195 fr.).

*Instruction* : Ecole cˡᵉ laïque de garç. (23 élèves); — école cˡᵉ laïque de filles (18 élèves).

*Produits agricoles* : Céréales, vin, tabac.

*Commerce et industries* : Exploitation des phosphates de chaux. — 3 cabarets. — Foires les 3 mai et 25 novembre. — Fête patr., le 30 avril.

Historique.

*Pendant la Révolution* : C. du cant. de Cajarc et du district de Figeac.

*Avant la Révolution* : Cté de la subdél. et de l'élection de Figeac. — Paroisse sous l'invocation de St-Pierre èsliens (537 p.). — Cette cté payait 5565 livres d'impositions; ses charges locales ord. étaient de 139 livres.

Bertrand de Cardaillac fit hommage pour la terre de Larnagol à Simon de Montfort, en 1215. Cette terre passa ensuite dans la famille des Puicornet, dont un des membres contribua puissamment à défendre le Quercy contre les Anglais, à la fin du XIVᵉ siècle et fit fortifier le château de Larnagol; en 1670 ce château était habité par messire Félix de Laporte, baron de Larnagol.

*Anciennes mesures* : Les mesures de Larnagol étaient celles de Cajarc.

*Antiquités* : Ancien château.

LARNAGOL, (*écluse*), c. de Calvignac.
LARNAUDIE, *i.*, c. du Boulvé.
LARNAUDIE, *i.*, c. de Capdenac.
LAROBERTIE, *h.*, c. de Figeac.
LAROCHE, *i.*, c. de Labastide-Marnhac.
LARODE, *i.*, c. de St-Matré.
LAROMIGUIÈRE, *h.*, c. de Felzins.
LAROMIGUIÈRE, *h.*, c. de Marminiac.
LAROMIGUIÈRE, *f.*, c. de Pern.
LAROMIGUIÈRE, *ch.*, c. de St-Géry.
LAROQUE, *ch.*, c. de Caillac.
LAROQUE, *h.* et *ch.*, c. de Cassagnes.
LAROQUE, *h.*, c. de Loubressac.
LAROQUE, *h.*, c. de Montamel.
LAROQUE, *h.*, c. de Montvalent.
LAROQUE, *h.*, c. de Rueyres.
LAROQUE, *h.*, c. de St-Félix.
LAROQUE, *h.*, c. St-Simon.
LAROQUE, *i.*, c. de Souillac.

**LAROQUE-DES-ARCS**, c., cant. de Cahors
(nord), arr. de Cahors. — ☒, ☜, ☗ de
Cahors. — Percept. de Pradines. — ☗
(600 p.). — Rec.-buraliste.

*Géographie* : Superf. 483 hect. — 528
hab. — Alt. moy. 256ᵐ. — Les hauteurs
de cette c. sont formées par le terrain jurassique supérieur ; alluvions dans les
vallées.

Principaux v. et h. : Laroque ; —
Combe-Nègre (8 hab.), à 1 k. de Laroque ;
— Le Chai (11 hab.), à 1 k. ; — La Pas-
tissière (12 hab.), à 1 k. ; — Perrery-
Bernoly (30 hab.), à 3 k. ; — Sᵗᵉ-Marguerite
(8 hab.), à 2 k.

Cours d'eau : Rivière du Lot (bac).—
Ruisseau de Valrouflé ou de Bellefont.

Voies de cᵒⁿ : Route dépˡᵉ nᵒ 13, de
Cahors à Figeac ; — chem. vic. d'int. com.
nᵒ 52, de Laroque à St-Martin-de-Vers ;
— 5 chem. vic. ord.

Distances : au chef-l. de cant., d'arr.
et de départ. 5 k.

*Statistique* : 200 Electeurs. — 12 Cons.
mun.

Principal des 4 cont. dir. 2439 fr.

Revenus de la commune, 467 fr.

*Instruction* : Ecole cˡᵉ laïque de garç.
(40 élèves). — Ecole cˡᵉ congrég. de filles
(31 élèves).

*Produits agricoles* : Céréales, tabac,
vin, fourrages et pommes de terre.

Commerce et *Industries* : Moulin à farine sur le ruisseau de Bellefont. — Auberge, 2 cafés. — Fête patr. le 14 juillet.

Historique.

*Pendant la Révolution.* — C. du cant.
et du district de Cahors.

*Avant la Révolution.* — Laroque faisait
partie de la cᵗᵉ de Cahors et formait une
paroisse sous l'invocation de l'Assomption (500 p.). Il y avait dans cette localité
un couvent de Recollets, fondé au XVIIᵉ
siècle, sous l'invocation de St-François.
— Laroque-des-Arcs (*Rupes arcum*) est
ainsi surnommée à cause du pont à trois
rangs d'arcades qui servait à conduire
de St-Martin-de-Vers à Cahors, les eaux
d'un aqueduc romain ; ce pont fut dé-
moli en 1370, par les consuls de Cahors,
pour empêcher les Anglais de s'y retran-
cher. — Dans le bourg même et sur les
bords du Lot s'élève une vieille tour,
reste d'une construction qui barrait la
route de Vers à Cahors et permettait aux
anciens seigneurs de prélever un droit
de péage sur les voyageurs. Ce droit de
péage fut supprimé en 1305 au détriment
de B. de Gourdon, alors seigneur de
Laroque.

*Anciennes mesures* : Les mesures de
Laroque étaient celles de Cahors.

*Antiquités* : Traces de l'ancien aqueduc romain. — Ancien château de Laroque
(se trouve aujourd'hui sur le territoire
de la c. de Cahors). — Restes d'anciennes
constructions.

**LAROQUE-TOIRAC**, c., cant. de Cajarc,
arr. de Figeac. — ☒ de Cajarc. —
Percept. de Gréalou. — ☗ de Laroque
(372 p.) et de St-Affre (350 p.). — Débit
de tabac.

*Géographie* : Superf. 927 hect. — 351
hab. — Alt. moy. 308ᵐ. — Les hauteurs
de cette c. sont formées par des marnes
du lias et couronnées par des falaises,
formées de calcaire à eutroques.

Principaux v. et h. : Laroque et St-
Affre.

Cours d'eau : Rivière du Lot (bac). —
Fontaine minérale.

Voies de cᵒⁿ : Chem. vic. de g. cᵒⁿ nᵒ
33, de Vers à Figeac ; — chem. vic. d'int.
com. nᵒ 89, d'Espédaillac à Villeneuve ;
— 1 chem. vic. ord.

Distances : au chef-l. de cant. 13 k. ;
au chef-l. d'arr. 15 k. ; au chef-l. de
départ. 62 k.

*Statistique* : 113 Electeurs. — 10 Cons.
mun.

Principal des 4 cont. dir. 3778 fr.

Revenus de la commune, 264 fr.

*Instruction* : Ecole cˡᵉ laïque de garç.
(24 élèves) ; — école cˡᵉ libre de filles
(16 élèves).

*Produits agricoles* : Céréales, vin, chanvre.

*Commerce et Industries* : Cabaret. — Fête part., le 30 novembre.

Historique.

*Pendant la Révolution.* — C. du cant. de Cajarc et du district de Figeac.

*Avant la Révolution.* — C^te de la sub-dél. et de l'élection de Figeac. — Paroisse de St-Affre (201 p.). — Cette c^te payait 5239 livres d'impositions; ses charges locales ord. étaient de 136 livres.

Le château de Laroque, qui appartenait à la famille de Cardaillac, fut pris par les Anglais, en 1372. — En 1697, Joseph Dujols, écuyer, fit hommage au Roi pour la seigneurie de Larqoue-Toirac.

*Anciennes mesures* : La principale mesure de vin de Laroque était la *charge* contenant 133 ^litres 76 (la charge se subdivisait en 2 comportes, la comporte en 32 pintes). — Les autres mesures de Laroque étaient celles de Figeac.

*Antiquités* : Restes de l'ancien château.

Laroquette, *h.*, c. de Duravel.
Laroquette, *i.*, c. de Montcuq.
Laroquette, *h.*, c. de Strenquels.
Laroquette, *i.*, c. de St-Cyprien.
Larose, *i.*, c. de Dégagnac.
Larouchette, *h.*, c. de Cressensac.
Laroudetie, *m. e.*, c. de Mayrinhac-
[Lentour].
Laroudière, *i.*, c. de Frayssinet-le-G^at.
Larouffie, *h.*, c. de Lavergne.
Laroumet, *h.*, c. d'Aynac.
Larouquette, *h.*, c. de Beauregard.
Larouquette, *h.*, c. de Frayssinet-
[le-Gélat].
Larouquette, *i.*, c. de Montcuq.
Larouquette, *m.*, c. de Saux.
Larouquette, *i.*, c. de St-Cyprien.
Larouqueyrie, *h.*, c. de S^te-Colombe.
Larousilhe, *h.*, c. de Promilhanes.
Laroze, *i.*, c. de Trespoux.
Larozière, *v.*, c. de Cahors.
Larozière, *f.*, c. de Figeac.
Larozière, *h.*, c. de Salviac.
Larpinie, *i.*, c. de Prudhomat.
Larraufie, *h.*, c. de Gagnac.
Larraufie, *h.*, c. de Lentillac.
Larressegues, *h.*, c. de Calviac.
Larribe-haut, *h.*, c. de Gagnac.
Larrigaldies, *h.*, c. de Sousceyrac.
Larrigaut, *h.*, c. de Mauroux.
Larrive, *h.*, c. de Bagnac.

Larrive, *i.*, c. de Payrignac.
Larromiguière, *h.*, c. de Bélaye.
Larroque, *h.*, c. de Cassagnes.
Larroque, *h.*, c. de Loubressac.
Larroque, *ch.*, c. de Montamel.
Larroque, *h.*, c. de Trespoux.
Larroque, *h.*, c. de St-Cyprien.
Larroque, *i.*, c. de St-Pantaléon.
Larroque, *h.*, c. de St-Sulpice.
Larroque, *i.*, c. de Sonac.
Larroque, *h.*, c. de Valprionde.
Larroque, *h.*, c. du Vigan.
Larroque-Maynard, *h.*, c. d'Autoire.
Larroques, *ch.*, c. de Montamel.
Larroumiguière, *h.*, c. de Viazac.
Larrouquette, *h.*, c. de St-Michel-
[Loubejou].
Larrouquette, *h.*, c. de Sousceyrac.
Larroussilhes, *h.*, c. de Sousceyrac.
Lart, *h.*, c. de Flaugnac.
Larteil, *h.*, c. de Lebreil.
Lartigue, *h.*, c. de Belfort.
Lartigue, *h.*, c. de Castelnau.
Lartigue, *i.*, c. de Montcuq.
Lartigue, *h.*, c. de Montdoumerc.
Lartigue, *h.*, c. de Sérignac.
Lartigue, *i.*, c. de St-Pantaléon.
Lartillayré, *m. e.*, c. de Montcabrier.
Lartjé, *h.*, c. de Puyjourdes.
Larue, *ch.*, c. de Rocamadour.
Larue, *h.*, c. de Sarrazac.
Lary, *h.*, c. de Puy-l'Evêque.
Lasalle, *ch.*, c. de Durbans.
Lasaule, *f.*, c. du Bourg.
Lasaule, *i.*, c. de Fons.
Lasbarades, *i.*, c. de St-Matré.
Lasbareilles, *h.*, c. de Sénaillac.
Lasbelrade, *h.*, c. de Sauzet.
Lasbens, *i.*, c. de Mauroux.
Lasbessières, *h.*, c. de Gorses.
Lasbios, *h.*, c. de St-Maurice.
Lasbordes, *h.*, c. de Marminiac.
Lasbordes, *i.*, c. de Prudhomat.
Lasbordes, *h.*, c. de St-Paul.
Lasbordes, *h.*, c. de Sousceyrac.
Lasbordes, *i.*, c. de Valprionde.
Lasbories, *i.*, c. de Bach.
Lasbories, *m. e.*, c. de Lauresses.
Lasbories, *h.*, c. de Rueyres.
Lasbories, *h.*, c. de St-Maurice.
Lasboulvènes, *h.*, c. de Castelnau.
Lasbourines, *h.*, c. de Bannes.
Lasbouyes, *h.*, c. de Rampoux.
Lasbouygues, *h.*, c. d'Albiac.
Lasbouygues, *v.*, c. de Bagat.
Lasbouygues, *h.*, c. de Sauliac.
Lasbouygues, *h.*, c. de Terrou.
Lasbouyguettes, *h.*, c. de Sauliac.

LASBOUYSSETTES, *ch.*, c. de Duravel.
LASBRALDIES, *i.*, c. de St-Maurice.
LASBRANDELLES, *h.*, c. de Marminiac.
LASBROS, *h.*, c. de Bio.
LASBRUGUE, *h.*, c. des Arques.
LASBRUYÈRES, *h.*, c. de Gorses.
LASCABALIÈRES, *h.*, c. de Calviac.

**LASCABANES**, c., cant. de Montcuq, arr. de Cahors. — ⊠. ☷ et Percept. de Montcuq. — ☖ de Lascabanes (367 p.) et d'Escayrac (280 p.). — Rec.-buraliste.

*Géographie :* Superf. 1658 hect. — 651 hab. — Alt. moy. 270 $^m$. — Cette c. se trouve sur les calcaires blancs de la formation tertiaire (éocène) qui couvre la plus grande partie du canton de Montcuq.

Principaux v. et h. : Lascabanes (246 hab.); — Durant (57 hab.), à 2 k. de Lascabanes ; — Escayrac (188 hab.), à 3 k. 500; — Leygue (88 hab.), à 3 k. ; — Vignals (72 hab.), à 2 k. 500.

Cours d'eau : Ruisseaux de Merdanson et du Lindou.

Voies de c$^{on}$ : Chem. vic. de g. c$^{on}$ n° 7, de Cahors à Lauzerte ; — chem. vic. de g. c$^{on}$ n° 11, de Montpezat à Fumel ; — chem. vic. d'int. com. n° 7, de Castelnau à Castelfranc ; — 6 chem. vic. ord.

Distances : au chef-l. de cant. 12 k. ; au chef-l. d'arr. et de départ. 18 k.

*Statistique :* 222 Electeurs. — 12 Cons. mun. — Sect. élect. de Lascabanes (7 cons.) et d'Escayrac (5 cons.).

Principal des 4 cont. dir. 5232 fr.

Revenus de la commune, 249 fr.

*Instruction :* Ecole c$^{le}$ laïque de garç.; — école c$^{le}$ laïque de filles.

*Produits agricoles :* Céréales, tabac, vin.

*Commerce et Industries :* Moulins à farine sur les ruisseaux. — 2 cabarets ; — 2 cafés. — Foires les 10 janv., 15 mai, 15 juil. et 20 novemb. — Fête patr., le 9 sept. à Lascabanes et le 1$^{er}$ sept. à Escayrac.

### Historique.

*Pendant la Révolution.* — C. du cant. de Montcuq et du district de Lauzerte. — Escayrac formait une c. du même cant.

*Avant la Révolution.* — C$^{té}$ de la subdél. de Lauzerte et de l'élection de Cahors. — Paroisse sous l'invocation de St-Georges (410 p.). — Cette c$^{té}$ payait 5133 livres d'impositions ; ses charges locales ord. étaient de 374 livres. — Le petit bourg d'Escayrac formait une c$^{té}$ distincte, payant 3673 livres d'impositions et ayant 124 livres de charges locales ord. — Cette c$^{té}$ formait une paroisse sous l'invocation de St-André (392 p.).

Le territoire de Lascabanes fut plusieurs fois envahi par les compagnies anglaises.

*Anciennes mesures :* Les mesures de Lascabanes étaient celles de Montcuq.

*Antiquités :* Château d'Escayrac.

LASCABANES, *m.*, c. du Bouyssou.
LASCABANES, *i.*, c. de Calviac.
LASCABANES, *h.*, c. de Cassagnes.
LASCABANES, *i.*, c. de Cremps.
LASCABANES, *h.*, c. de Lauzès.
LASCABANES, *h.*, c. de Lavercantière.
LASCABANES, *h.*, c. de Montcabrier.
LASCABANES, *h.*, c. de Roufflac.
LASCABANNES, *i.*, c. de Floressas.
LASCABANNES, *h.*, c. de Frayssinhes.
LASCABANNES, *h.*, c. du Vigan.
LASCABESQUE, *h.*, c. de Lavercantière.
LASCABAYRIE, *h.*, c. de Bétaille.
LASCALCANES, *i.*, c. de Lalbenque.
LASCALPRADE, *h.*, c. de Millac.
LASCAMBALONIES, *i.*, c. de Fourmagnac.
LASCAMP, *i.*, c. de Béduer.
LASCAMPAGNES, *h.*, c. de Rocamadour.
LASCAPBERNARDES, *h.*, c. de Bélaye.
LASCAPELLES, *h.*, c. de Loupiac.
LASCARBONNIÈRE, *h.*, c. de Condat.
LASCARDONNIES, *h.*, c. d'Espeyroux.
LASCARDONNIES, *h.*, c. de St-Maurice.
LASCARONNES, *h.*, c. de Lauresses.
LASCARRALS, *h.*, c. de Ste-Eulalie.
LASCARRIÈRES, *h.*, c. de St-Cernin.
LASCARRIÈRES, *h.*, c. de Viazac.
LASCASSAYRES, *h.*, c. de Loupiac.
LASCATIES, *h.*, c. de St-Pantaléon.
LASCAUDURES, *h.*, c. de St-Daunès.
LASCAZE, *h.*, c. de Goujounac.
LASCAZELLES, *i.*, c. de Figeac.
LASCAZETTES, *h.*, c. de Marminiac.
LASCÉPÈDES, *h.*, c. de Terrou.
LASCHASSES, *i.*, c. de Valroufié.
LASCOMBARADE, *h.*, c. de Carennac.
LASCOMBE, *h.*, c. de Millac.
LASCOMBE, *h.*, c. de St-Martin-Lab.
LASCOMBELLES, *i.*, c. de Calviac.
LASCOMBELLES, *h.*, c. de Corn.
LASCOMBELLES, *h.*, c. de Flaugnac.
LASCOMBELLES, *i.*, c. de Lunan.
LASCOMBELLES, *h.*, c. de St-Cernin.
LASCOMBELLES, *h.*, c. de Ste-Colombe.

Lascombes, h., c. d'Albiac.
Lascombes, h., c. de Bio.
Lascombes, h., c. de Cabrerets.
Lascombes, h., c. de Figeac.
Lascombes, h., c. de Lamativie.
Lascombes, h., c. de Masclat.
Lascombes, h., c. de Pomarède.
Lascombes, h., c. de Peyrilles.
Lascombes, h., c. de St-Germain.
Lascombes, h., c. de St-Sulpice.
Lascombes-Loudie, h., c. de Mayrinhac-
    [Lentour].
Lascombettes, h., c. de Carennac.
Lascombettes, h., c. de Laroque-Toirac
Lascombettes, i., c. de Lhospitalet.
Lascombettes, h., c. de St-Cirgues.
Lascondamines, h., c. de Béduer.
Lasconteries, h., c. de Bagnac.
Lascostes, h., c. de Ginouillac.
Lascostes, h., c. de Lauresses.
Lascostes, h., c. d'Uzech.
Lascoux, h., c. de St-Sozy.
Lascoux, h., c. de Souillac.
Lascoux, m. e., c. de Strenquels.
Lascrottes, h., c. de Ste-Alauzie.
Lascroux, h., c. de Lauresses.
Lascroux, i., c. de Vaillac.
Lascroze, h., c. de St-Caprais.
Lascrozes, h., c. d'Alvignac.
Lasdescargues, h., c. de Terrou.
Laseguenie, h., c. de Payrac.
Laserp, h., c. de Frayssinet-le-Gélat.
Laservie, i., c. de Lavercantière.
Lasescures, h., c. de St-Cirgues.
Lasfaillières, h., c. de Montcléra.
Lasfargues, h., c. de Gindou.
Lasfargues, h., c. de Lacapelle-Mariv.
Lasfargues, h., c. de Montamel.
Lasfargues, i., c. de Planioles.
Lasfargues, ch., c. de Prendeignes.
Lasfargues, u., c. de St-Denis (Catus).
Lasfargues (basse et haute), h., c. de
    [St-Céré].
Lasfauries, h., c. de Bretenoux.
Lasfontanelles, h., c. de Ste-Alauzie.
Lasfourques, i., c. de Corn.
Lasgamasses, i., c. de St-Cyprien.
Lasgarrigues, h., c. de Gindou.
Lasgarrigues, h., c. de Lauresses.
Lasgarrigues, i., c. de Montcléra.
Lasgazalies, h., c. de Lauresses.
Lasgranges, i., c. de Lamothe-Fénelon.
Lasgranges, i., c. de Reilhaguet.
Lasgranges, i., c. de St-Daunès.
Lasgrèzes, i., c. de Montlauzun.
Lasguignes, h., c. de St-Daunès.
Lasjascounes, i., c. de Laroque-Toirac.
Lasmajones, i., c. d'Assier.

Lasmarie, i., c. de Sousceyrac.
Lasmartines, i., c. de Laramière.
Lasmartres, h., c. du Bourg.
Lasmay, f., c. de Cazals.
Lasmaysonnelles, i., c. de Montlauzun
Lasmourlanies, h., c. de Marminiac.
Lasorré, h., c. de Montcuq.
Laspanioles, h., c. de Goujounac.
Lasparoles, h., c. de Bagnac.
Laspauses, i., c. de Planioles.
Laspayrières, h., c. de Montamel.
Laspayronies, h., c. de Figeac.
Laspeinderies, i., c. de Montredon.
Laspelènes, m., c. de St-Cyprien.
Laspérières, h., c. de Belmontet.
Laspeyrières, i., c. de Belfort.
Laspierres, h., c. de Reyrevignes.
Lasplaces, h., c. de Gramat.
Lasplaces, i., c. de Lalbenque.
Lasplaces, h., c. de Miers.
Lasplages, i., c. de St-Matré.
Lasplaces, h., c. de St-Paul.
Laspoujade, h., c. du Bourg.
Laspradals, h., c. de Bagnac.
Lasprade, h., c. de Lacapelle-Mariv.
Laspradelle, h., c. de Cieurac.
Lasrivières, h., c. de St-Clair.
Lassac, i., c. de Faycelles.
Lassagne, h., c. de Lacapelle-Marival.
Lassagne, h., c. de St-Hilaire.
Lassagne, h., c. de Terrou.
Lassalesse, h., c. de Comiac.
Lassalle, h., c. de Villesèque.
Lassalles, m., c. de Montcuq.
Lassalles, i., c. de St-Laurent.
Lassalles, h., c. de St-Projet.
Lassarlavie, h., c. de Montvalent.
Lassaurie, h., c. de Mauroux.
Lassaurignie, i., c. de Gramat.
Lassègue, i., c. de St-Matré.
Lassènes, h., c. de Terrou.
Lasserre, h., c. de Bélaye.
Lasserre, h., c. de Girac.
Lasserre, h., c. de Gorses.
Lasserre, i., c. de St-Pantaléon.
Lasserre, h., c. de Valprionde.
Lassignenie, h., c. de Payrac.
Lassole, i., c. de Gagnac.
Lassole, m. e., c. de Teyssieu.
Lassoles, m. e., c. Lauresses.
Lastaillade, h., c. de Lavercantière.
Lastaillades, h., c. d'Assier.
Lastargonne, i., c. de Pomarède.
Lastargues, i., c. de Belfort.
Lastarouilles, h., c. de Lunan.
Lastayrie, i., c. de Viazac.
Lasternes, h., c. de Capdenac.
Lasteuillères, h., c. de Mayrinhac-L.

LASTEULIÈRES, h., c. de Capdenac.
LASTEULIÈRES, h. et m. e., c. de Gorsès.
LASTEULIÈRES, h., c. de St-Cirgues.
LASTOURS, h. et ch., c. de Ste-Croix.
LASTREMOULASSE, h., c. de Strenquels.
LASTRIBOULES, h., c. de Touzac.
LASTRINQUERIE, h., c. de Thégra.
LASTUILLÈRES, h., c. de Montamel,
LASTUILLÈRES, h., c. de Strenquels.
LASTUILLIÈRES, h., c. de Lamothe-Cas.
LASVAUX, v. et m. e., c. de Cazillac.
LASVIGNASSES, h., c. de Lamothe-Fén.
LASVIGNE, f., c. de Labathude.
LASVIGNES, h., c. de Miers.
LASVIGNES, h., c. de Terrou.
LASVITARELLES, h., c. du Vigan.
LATAILHADE, f., c. de Castelnau.
LATAPIE, h., c. de Cassagnes.
LATAPIE, f., c. de Castelnau.
LATAPIE, h., c. de Cuzac.
LATAPIE, h., c. de Thédirac.
LATAUCHE, i., c. de Cézac.
LATAYPY, h., c. de Dégagnac.
LATÉLIDE, h., c. de St-Cirgues.
LATENOUZIE, h., c. de St-Perdoux.
LATEULE, h., c. du Bourg.
LATEULIÈRE, i., c. de Bagat.
LATEULIÈRE, i., c. de Belmontet.
LATEULIÈRE, h., c. de Gagnac.
LATEULIÈRE, i., c. de Montlauzun.
LATEULIÈRE, i., c. de Rocamadour.
LATGE, h., c. de Salviac.
LATHÈZE, h., c. de Frayssinet-le-Gél.
LATILLE, h., c. de Fons.
LATILLE, m., c. de Prayssac.
LATJA, h., c. de Frontenac.
LATOUILLE, v., c. de Lentillac.
LATOUILLE, h., c. de Miers.
LATOUILLE, h., c. de St-Martin-Lab.
LATOULZANIE, h., c. de St-Martin-Lab.
LATOUR. v., c. de Bélaye.
LATOUR, h., c. de Calviac.
LATOUR (moulin de), c. de Dégagnac.
LATOUR, m., c. de Marcillac.
LATOUR, m., c. de Montcuq.
LATOURNERIE, h., c. de Terrou.
LATOURNERIE, h., c. de Vayrac.
LATRAPPE, h., c. de Rouffiac.
LATREILLE, m. e., c. de Calès.
LATREILLE, h., c. de Castelnau.
LATREILLE, h., c. de Lhospitalet.
LATREILLE, h., c. de Montbrun.
LATREILLE, h., c. de Padirac.
LATREILLE, h., c. de Ste-Colombe.
LATREVESSE, h., c. de Cieurac.
LATREYNE, h., c. de Pinsac.

**LATRONQUIÈRE**, c., chef-l. de cant. de l'arr. de Figeac. — ⊠ et Percept. — ☊ (598 p.). — Rec.-buraliste. — Notaire. — Brigade de gendarmerie à pied.

*Géographie :* Superf. 986 hect. — 563 hab. — Alt. moy. 675 m. — Terrain primitif. (On voit dans cette c. des granits, des porphyres, des micachistes ; — des trapps noirs et verdâtres percent la formation granitique et se montrent à la surface des plateaux).

Principaux v. et h. : Latronquière (252 hab.) ; — le Cayla (76 hab.), à 3 k. de Latronquière ; — le Fau (52 hab.), à 0 k. 500 ; — Gorléans (24 hab.), à 1 k. ; — Gouteredonde (40 hab.), à 3 k. ; — Sireyol (87 hab.), à 2 k.

Cours d'eau : Ruisseau de Tolermne.

Voies de cᵒⁿ : Chem. vic. de g. cᵒⁿ nᵒ 3, de Figeac à Latronquière ; — chem. vic. de g. cᵒⁿ nᵒ 16, de Cahors à Aurillac ; — chem. vic. de g. cᵒⁿ nᵒ 30, de St-Céré à Maurs ; — 5 chem. vic. ord.

Distances : au chef-l. d'arr. 28 k. ; au chef-l. de départ. 90 k.

*Statistique :* 140 Electeurs. — 10 Cons. mun.

Principal des 4 cont. dir. 2026 fr.

Revenus de la commune, 300 fr.

*Instruction :* Ecole cˡᵉ laïque de garç. (55 élèves) ; — école cˡᵉ laïque de filles (42 élèves).

*Produits agricoles :* Seigle, sarrasin, pommes de terre et châtaignes. — Bois de bouleaux et de hêtres.

*Commerce et Industries :* 3 moulins à farine sur le ruisseau de Tolermne. — Auberge, 6 cabarets. — Foires le 10 de chaque mois ; — marchés-foires les mardis. — Fête patr., le 24 juin.

Historique.

*Pendant la Révolution :* C. chef-l. de cant. du district de Figeac.

*Avant la Révolution :* Cᵗᵉ de la subdél. et de l'élection de Figeac. — Paroisse sous l'invocation de St-Jean-Baptiste. — Cette cˡᵉ payait 4915 livres d'impositions ; ses charges locales ord. étaient de 227 livres.

Une commanderie de l'Ordre de Malte existait autrefois à Latronquière. — Cette commanderie aurait été fondée dans cet endroit pour protéger les voyageurs et les pèlerins contre les brigands qui infestaient la contrée. — Sous le règne de Philippe-le-Bel, le grand maître de l'ordre, Guillaume de Villaret, convoqua à Latronquière les chevaliers des trois langues de France.

*Anciennes mesures :* Les mesures de Latronquière étaient celles de Figeac.

*Antiquités :* Traces de voie romaine. — Vestiges de l'ancien château où se réunirent, sous Philippe-le-Bel, les chevaliers de Malte des trois langues de France.

LATTES, *h.*, c. de Calamane.
LATUILERIE, *i.*, c. de Beauregard.
LATUILERIE, *h.*, c. de Caillac.
LATUILIÈRE, *h.*, c. de Terrou.
LATULLE, *m. e.*, c. de Strenquels.
LAUBAGE, *h.*, c. de Condat.
LAUBART, *i.*, c. de Planioles.
LAUBEC, *h.*, c. d'Aynac.
LAUBUGE, *m. e.*, c. de Condat.
LAUGLANE, *i.*, c. du Boulvé.
LAUJOU, *h.*, c. du Bourg.
LAULE, *h.*, c. de St-Cernin.
LAULE, *h.*, c. de St-Martin-de-Vers.
LAULEGONNE, *i.*, c. de Prayssac.
LAULERIE, *h.*, c. de Strenquels.
LAUMÈDE, *h.*, c. de Montlauzun.
LAUMÈDE, *h.*, c. de St-Sozy.
LAUMIDE, *i.*, c. de Cuzac.
LAUMIÈRES (basses et hautes), *h.*, c. de [Mayrinhac-Lentour].
LAUNARD, *h.*, c. de Montcuq.
LAURASSE, *h.*, c. de Thédirac.
LAURCHÉ, *h.*, c. de Berganty.
LAURENS, *ch.*, c. de Prayssac.
LAURENSOU, *f.*, c. de Figeac.
LAURENSOU, *h.*, c. de Grèzes.
LAURENT, *h.*, c. de Mayrinhac-Lent.

**LAURESSES**, c., cant. de Latronquière, arr. de Figeac. — ⊠ et Percept. de Latronquière. — ⊡ de Maurs. — ♂ (1100 p.). — Débit de tabac.

*Géographie :* Superf. 2373 hect. — 1038 hab. — Alt. moy. 649 ᵐ. — Terrain primitif qui arrive dans cette c. à l'altitude de 618ᵐ.

Principaux v. et h. : Lauresses (162 hab.) ; — Calméjane (84 hab.), à 3 k. 500 de Lauresses ; — Laborie (91 hab.), à 1 k. 500 ; — Mazarguil (107 hab.), à 2 k. ; — le Périé (138 hab.), à 2 k. ; — Puechuzal (49 hab.), à 6 k.

Cours d'eau : Ruisseaux de la Veyre, d'Ombre, de la Planquette et de la Garenne.

Voies de cᵒⁿ : Chem. vic. de g. cᵒⁿ nᵒ 16, de Cahors à Aurillac ; — chem. vic. de g. cᵒⁿ nᵒ 30, de St-Céré à Maurs ; — 7 chem. vic. ord.

Distances : au chef-l. de cant. 6 k. ; au chef-l. d'arr. 25 k. ; au chef-l. de départ. 92 k.

*Statistique :* 290 Electeurs. — 12 Cons. mun.

Principal des 4 cont. dir. 4308 fr.
Revenus de la commune, 244 fr.

*Instruction :* Ecole cˡᵉ laïque de garç. (71 élèves) ; — école cˡᵉ congrég. de filles (68 élèves).

*Produits agricoles :* Seigle, pommes de terre, châtaignes.

*Commerce et Industries :* 3 moulins à farine sur les ruisseaux. — 7 cabarets. — Fête patr., le 10 août.

Historique.

*Pendant la Révolution.* — C. du cant. de Latronquière et du district de Figeac.

*Avant la Révolution.* — Cᵗᵉ de la subdél. et de l'élection de Figeac. — Paroisse sous l'invocation de St-Laurent (918 p.). — Cette cᵗᵉ payait 9498 livres d'impositions ; ses charges locales ord. étaient de 187 livres.

*Anciennes mesures :* Les mesures de Lauresses étaient celles de Figeac.

*Hommes célèbres :* J.-B. Laborie, chef de bataillon au 29ᵒ de ligne en 1822, célèbre par sa bravoure et son audace.

LAURIALES, *h.*, c. de Puy-l'Evêque.
LAURINE, *i.*, c. de Belfort.
LAUSADIE, *i.*, c. de Pontcirq.
LAUSQUE, *h.*, c. de Cuzance.
LAUTARD, *m.*, c. de Castelnau.
LAUTARD, *h.*, c. de Marminiac.
LAUTINES, *h.*, c. de Lavergne.
LAUTO, *h.*, c. de Marminiac.
LAUTOUR, *h.*, c. de Mayrinhac-Lent.
LAUVETIVIE (la), *i.*, c. de Labastide-[du-Vert].
LAUZE (la), *i.*, c. de Cours.
LAUZELLES, *h.*, c. de Cassagnes.
LAUZERAL, *h.*, c. d'Autoire.
LAUZERAL, *h.*, c. de Bagnac.
LAUZERAL, *h.*, c. de Montcléra.
LAUZERAL, *h.*, c. de Soucirac.
LAUZERTE, *h.*, c. de Labastide-Murat.

**LAUZÈS**, c., chef-l. de cant. de l'arr. de Cahors. — ⊠ et Percept. — ♂ (450 p.). — Débit de tabac. — Notaire.

*Géographie :* Superf. 639 hect. — 428 hab. — Alt. moy. 303ᵐ. — Cette c. se trouve sur le jurassique moyen.

Principaux v. et h. : Lauzès (279 hab.) ; — Bourbou (34 hab.), à 1 k. 500 de Lauzès ; — Lascabanes (39 hab.), à 1 k. 200 ;

Malayrie (22 hab.), à 1 k. 100; — Le Pendant (34 hab.), à 0 k. 800.

Voies de c<sup>on</sup> : Route dépl<sup>e</sup> n° 13, de Cahors à Figeac; — chem. vic. de g. c<sup>on</sup> n° 10, de Labastide-Murat à St-Géry; — chem. vic. de g. c<sup>on</sup> n° 13, de Figeac à Cazals; — chem. vic. d'int. com. n° 2, de Vers à la route dépl<sup>e</sup> n° 1; — 5 chem. vic. ord.

Distances : au chef-l. d'arr. et de départ. 26 k.

*Statistique* : 139 Electeurs. — 10 Cons. mun.

Principal des 4 cont. dir. 2257 fr.

Revenus de la commune, 218 fr.

*Instruction* : Ecole c<sup>le</sup> laïque de garç. (32 élèves); — école c<sup>le</sup> laïque de filles (32 élèves).

*Produits agricoles* : Blé, maïs, vin, tabac.

*Commerce et Industries* : 2 auberges, 2 cabarets, 2 cafés. — Foires les 16 janv., 4 mars, 20 mai, 4 juillet, 18 sept. et 5 nov. — Fête patr., le 31 juillet.

Historique.

*Pendant la Révolution :* C. du cant. de Cabrerets et du district de Cahors.

*Avant la Révolution.* — Lauzès faisait partie de la c<sup>té</sup> de St-Martin-de-Vers.

LAUZOU, h., c. de Gramat.
LAVABRE, h., c. de Lauresses.
LAVAÏSSE, h., c. de Béduer.
LAVAL, h., c. de Condat.
LAVAL, h., c. de Lalbenque.
LAVAL, h., c. de Montcuq.
LAVAL, v. c. de Reilhaguet.
LAVAL, h., c. de St-Cirq-Lapopie.
LAVAL, i., c. de St-Perdoux.
LAVAL, m. e., c. de Terrou.
LAVAL, h., c. de Thémines.
LAVAL-DE-CÈRE, h., c. de Cahus.
LAVALADE, h., c. de Faycelles.
LAVALADE, h., c. de Frayssinhes.
LAVALADE, h., c. de Goujounac.
LAVALADE, i., c. de Lalbenque.
LAVALADE, h., c. de Miers.
LAVALADE, i., c. de Montcléra.
LAVALETTE, ch., c. du Boulvé.
LAVAUR, h., c. de Mayrinhac-Lentour.
LAVAUR, ch., c. de Soturac.
LAVAUR (basse et haute), h., c. de [Gagnac].
LAVAUR-DELBOS, h., c. de Cahus.
LAVAUR-VIEILLES, h., c. de Cahus.
LAVAYRIÈRE, h., c. de Lacapelle-Mariv.
LAVAYSSADE, i., c. de Laramière.
LAVAYSSE, h., c. de Bagnac.

LAVAYSSE, h., c. de Boussac.
LAVAYSSE, h., c. de Concorès.
LAVAYSSE, i., c. de Fons.
LAVAYSSE, h., c. de Gagnac.
LAVAYSSE, h., c. de Labastide-Murat.
LAVAYSSE, h., c. de Mauroux.
LAVAYSSE, h., c. de Montredon.
LAVAYSSE, h., c. de Soulomès.
LAVAYSSETTE, h., c. de Lauresses.
LAVAYSSIÈRE, i., c. de Beauregard.
LAVAYSSIÈRE, h., c. de Belmont.
LAVAYSSIÈRE, i., c. de Belmontet.
LAVAYSSIÈRE, h., c. de Castelnau.
LAVAYSSIÈRE, h., c. de Figeac.
LAVAYSSIÈRE, h., c. de Ginouillac.
LAVAYSSIÈRE, h., c. de Lavergne.
LAVAYSSIÈRE, h., c. de Nozac.
LAVAYSSIÈRE, h., c. du Vigan.
LAVAYSOLE, h., c. de Cahus.
LAVÊLE, h., c. de Montcléra.

**LAVERCANTIÈRE**, c., cant. de Salviac, arr. de Gourdon.— ⊠ et ▥ de Dégagnac. — Percept. de Salviac. — ♉ de Lavercantière (400 p.) et de St-Martin (255 p.). — Débit de tabac.

*Géographie :* Superf. 1499 hect. — 606 hab. — Alt. moy. 302 <sup>m</sup>. — Cette c. se trouve sur le jurassique supérieur à peu de distance du massif des terrains tertiaires qui s'étend de Gindou à Montgesty et à Uzech.

Principaux v. et h. : Lavercantière (268 hab.); — Loumenet (60 hab.), à 4 k. de Lavercantière; — Mayrat (75 hab.), à 4 k.; — Monsalvy (30 hab.), à 3 k.

Cours d'eau : Ruisseaux de Pont-Barrat et de Malemort, formant le ruisseau de Lourajou.

Voies de c<sup>on</sup> : Route dépl<sup>e</sup> n° 9, de Cahors à Domme; — chem. vic. d'int. com. n° 58, du Piatgier à Villefranche; — 6 chem. vic. ord.

Distances : au chef-l. de cant. 9 k.; au chef-l. d'arr. 15 k.; — au chef-l. de départ. 28 k.

*Statistique* : 194 Electeurs. — 12 Cons. mun.

Principal des 4 cont. dir. 3934 fr.

Revenus de la commune, 1892 fr.

*Instruction* : Ecole c<sup>le</sup> laïque de garç. (34 élèves); — école c<sup>le</sup> laïque de filles (24 élèves).

*Produits agricoles* : Céréales, vin, pommes de terre, fourrages.

*Commerce et Industries* : 3 moulins à farine sur les ruisseaux; — pressoir. — Auberge; — 2 cabarets. — Foire le 13 décembre. — Abattoir. — Fête patr., le 25 juin.

Historique.

*Pendant la Révolution.* — C. du cant. de Salviac et du district de Gourdon.

*Avant la Révolution.* — C^té de la subdél. de Gourdon et de l'élection de Cahors. — Paroisse sous l'invocation de St-Quirin (429 p.). — Cette c^té payait 5460 livres d'impositions ; ses charges locales ord. étaient de 146 livres.

Lavercantière avait, dans le XV^e siècle, une enceinte de murailles qui lui donnait alors quelque importance. — Les privilèges des habitants de cette localité accordés par le comte Alphonse, frère de St-Louis, furent confirmés, en 1368, par Aymeric de Gourdon, seigneur de Lavercantière.

*Anciennes mesures :* Les mesures de Lavercantière étaient celles de Cahors.

LAVERDIQUIÈRE, *i.,* c. de St-Cernin.
LAVERDONIE, *h.,* c. de Lacapelle-M.

**LAVERGNE,** (c. créée en 1836, aux dépens de la c. de Thégra).

C., cant. de Gramat, arr. de Gourdon. — ✉, ▦, ▦ et Percept. de Gramat. — ♂ (671 p.). — Débit de tabac.

*Géographie :* Superf. 855 hect. — 564 hab. — Alt. moy. 345 ^m. — Cette c. est située sur les marnes du lias (c'est entre Gramat, Calviac et Lavergne que les fossiles caractéristiques de cette formation sont les plus nombreux).

Principaux v. et h. : Lavergne (267 hab.) ; — Lavayssière (19 hab.), à 2 k. 300 de Lavergne ; — Mas de Bergues (34 hab.), à 1 k. 500 ; — Mespeil (30 hab.), à 1 k. 200 ; — Nouyé (24 hab.), à 2 k.

Cours d'eau : Ruisseaux de l'Alzou et de Thégra.

Voies de c^on : Route dép^le n° 5, de Cahors à Clermont ; — chem. vic. d'int. com. n° 3, de Bretenoux à Gramat ; — chem. vic. d'int. com. n° 24, de Lacapelle à Lavergne ; — 2 chem. vic. ord.

Distances : au chef-l. de cant. 4 k. ; au chef-l. d'arr. 41 k. ; au chef-l. de départ. 60 k.

*Statistique :* 194 Electeurs — 12 Cons. mun.

Principal des 4 cont. dir. 5540 fr.

Revenus de la commune, 69 fr.

*Instruction :* Ecole c^le laïque de garç.

(33 élèves) ; — école c^le laïque de filles (18 élèves).

*Produits agricoles :* Céréales, vin, fourrages.

*Commerce et Industries :* Moulins sur les ruisseaux. — 2 auberges ; — 4 cabarets. — Foires la veille des Rameaux et le 6 juin. — Fête patr., le 18 août.

Historique.

*Pendant la Révolution.* — C. du cant. de Gramat et du district de Gourdon.

*Avant la Révolution.* — C^té de la subdél. et de l'élection de Figeac. — Paroisse sous l'invocation de St-Blaise (736 p.). — Cette c^té payait 8001 livres d'impositions ; ses charges locales ord. étaient de 125 livres.

*Antiquités :* Eglise.

LAVERGNE, *m.,* c. de Concots.
LAVERGNE, *h.,* c. de Gorses.
LAVERGNE, *h.,* c. de St-Cirgues.
LAVERGNE, *h.,* c. de St-Denis (Martel).
LAVERGNE, *h.,* c. de St-Maurice.
LAVERGNE, *h.,* c. de St-Médard.
LAVERGNE, *h.,* c. de Strenquels.
LAVERGNE (basse et haute), *h.,* c. de [Lauresses].
LAVERGNES, *h.,* c. de Sousceyrac.
LAVERGNÈRE, *h.,* c. de Terrou.
LAVERGNOLE, *h.,* c. du Vigan.
LAVERNIÈRE, *h.,* c. de Carennac.
LAVERNIÈRES, *h.,* c. de Sousceyrac.
LAVERRIÈRE, *h.,* c. de Lavercantière.
LAVEYRIE, *h.,* c. de Peyrilles.
LAVEYSSIÈRES, *h.,* c. de Sousceyrac.
LAVIADALAN, *h.,* c. de Ginouillac.
LAVIALE, *i.,* c. de Planioles.
LAVIALOTE, *h.,* c. des Arques.
LAVIDALE, *h.,* c. de Fargues.
LAVIDISCLE, *h.,* c. de S^te-Alauzie.
LAVIE, *h.,* c. de Vaillac.
LAVIGAYRIE, *h.,* c. de Figeac.
LAVIGAYRIE, *h.,* c. de Montet et Bouxal
LAVIGERIE, *m.,* c. de Cressensac.
LAVIGNASSE, *i.,* c. de Lalbenque.
LAVIGNE, *i.,* c. de Camburat.
LAVIGOUROUX, *h.,* c. de St-Médard [Catus].
LAVIOLE, *i.,* c. de Belfort.
LAVIOLE, *h.,* c. de Dégagnac.
LAVIRADE, *h.,* c. de Calviac.
LAVISTE, *i.,* c. de Sauliac.
LAVISTE, *h.,* c. de Thédirac.
LAVIT, *m.,* c. du Boulvé.
LAVIT, *h.,* c. de St-Géry.

LAVIT, *h.*, c. de Vaillac.
LAVITALIE, *h.*, c. de Rocamadour.
LAVITARELLE, *h.*, c. de Cambes.
LAVITARELLE, *h.*, c. de Castelnau.
LAVITARELLE, *h.*, c. de Gramat.
LAVITARELLE, *h.*, c. de Montet-et-Bouxal
LAVITARELLE (basse et haute), *i.*, c.
[de Gagnac].
LAVITARELLE-COMBART, *h.*, c. de Gorses.
LAVITATERNE, *h.*, c. de Figeac.
LAVITATERNE, *h.*, c. de Lissac.
LAXOMBE, *i.*, c. de Cahors.
LAYGUE, *h.*, c. de Montcabrier.
LAYMOND, *h.*, c. de Cahus.
LAYONNE, *h.*, c. de Pomarède.
LAYRAC, *h.*, c. de Martel.
LAYRAC, *i.*, c. du Montat.
LAZIÈRES, *h.*, c. de Montamel.
LEBAS, *h.*, c. de Nozac.
LEBAT (le), *i.*, c. de St-Paul.
LEBORDE, *m. e.*, c. de Montcabrier.
LEBOS, *h.*, c. de Rouffillac.
LEBOURG, *h.*, c. de Laramière.
LEBOUSQUET, *h.*, c. de Payrignac.
LEBOUYSSOU, *i.*, c. du Vigan.
LEBRATIÈRES, *h.*, c. de Concots.

**LEBREIL**, c., cant. de Montcuq, arr. de
Cahors. — ⊠, ▥ et Percept. de Montcuq.
— ♂ de Lebreil (240 p.) et de Caminel
(219 p.). — Débit de tabac.
*Géographie* : Superf. 1020 hect. — 360
hab. — Alt. moy. 221 ᵐ. — Cette c. se
trouve sur les calcaires blancs de la for-
mation tertiaire (éocène).
Principaux v. et h. : Lebreil (56 hab.);
— Bouyssou (35 hab.); — Caminel (23
hab.); — Gauthier (34 hab.); — Monta-
gnac (35 hab.); — Nougayrède (35 hab.).
Cours d'eau : Ruisseau de la petite
Barguelonne.
Voies de cᵒⁿ : Route dépᵗˡ nᵒ 11, de
Cahors à Lauzerte; — 6 chem. vic. ord.
Distances : au chef-l. de cant. 5 k.;
au chef-l. d'arr. et de départ. 31 k.
*Statistique* : 139 Electeurs. — 10 Cons.
mun.
Principal des 4 cont. dir. 3766 fr.
Revenus de la commune, 103 fr.
Bureau de bienfaisance (revenu annuel
220 fr.).
*Instruction* : Ecole cˡᵉ laïque mixte
(29 élèves).
*Produits agricoles* : Blé, maïs, vin.
*Commerce et Industries* : Moulin à fa-
rine sur la Barguelonne. — 2 cafés. —
Fête patr., à Lebreil, le 8 août et à Cami-
nel, le 22 juillet.

*Historique.*
*Pendant la Révolution.* — C. du cant.
de Montcuq et du district de Lauzerte.
*Avant la Révolution.* — Cᵗᵉ de Lebreil
et Caminel, de la subdél. de Lauzerte et
de l'élection de Cahors. — Paroisses : de
St-Etienne; de Sᵗᵉ-Marie-Madeleine et
de St-Amans de Cabrémorte. — Cette cᵉ
payait 4902 livres d'impositions; ses
charges locales ord. étaient de 184 livres.
*Anciennes mesures* : Les mesures de
Lebreil étaient celles de Montcuq.

LEBREIL, *h.*, c. de Frayssinet.
LECAUSSE, *i.*, c. du Vigan.
LECLAU, *m.*, c. de Laramière.
LESCOUAL, *m.*, c. de Lugagnac.
LECOUTY, *i.*, c. de Millac.
LECURIE, *h.*, c. de St-Paul.
LECURIE, *h.*, c. d'Assier.
LECURRÉE, *h.*, c. de Miers.
LECUSTADE, *h.*, c. du Bourg.
LÉDRIER, *h.*, c. de Marminiac.
LEFAUROUX, *i.*, c. de Lebreil.
LEFLAU, *m.*, c. de Calvignac.
LEFOUSSAL, *i.*, c. de Luzech.
LEFOUSSAL, *h.*, c. de Pern.
LEMARROU, *h.*, c. de St-Clair.
LEMMAR, *h.*, c. de Ganiac.
LEMOUSIE, *h.*, c. de Luzech.
LENDENOUZE, *m. e.*, c. de Cadrieu.
LENDREVIE, *h.*, c. de Bagnac.
LENGOUNIOUS, *h.*, c. de Castelnau.
LENOYER, *i.*, c. de Payrignac.
LENPENTADIS, *h.*, c. des Arques.

**LENTILLAC du Causse**, c., cant. de Lauzès,
arr. de Cahors. — ⊠ et Percept. de Lauzès. — ♂ (543 p.). — Débit de tabac.
*Géographie* : Superf. 1368 hect. — 504
hab. — Alt. moy. 301ᵐ. — Terrain jurassique moyen.
Principaux v. et h. : Lentillac (116
hab.); — Aussou (40 hab.), à 2 k. 500 de
Lentillac; — Mas del Pech (62 hab.), à 1
k. 500; — les Masées (54 hab.), à 0 k.
300; — le Prieur (38 hab.), à 0 k. 200.
Cours d'eau : Ruisseau de Lassagne ou
de Sabadel.
Voies de cᵒⁿ : Route dépᵗˡ nᵒ 13, de
Cahors à Figeac; — chem. vic. d'int. com.
nᵒ 68, de Cabrerets à Lauzès; — 7 chem.
vic. ord.
Distances : au chef-l. de cant. 6 k.;
au chef-l. d'arr. et de départ. 31 k.
*Statistique* : 143 Electeurs. — 12 Cons.
mun.
Principal des 4 cont. dir. 4161 fr.

Revenus de la commune, 141 fr.

Bureau de bienfaisance (revenu annuel 219 fr.).

*Instruction :* Ecole c<sup>le</sup> laïque de garç. (32 élèves); — école c<sup>le</sup> laïque de filles (26 élèves).

*Produits agricoles :* Céréales, tabac, vin, truffes. — Bois.

*Commerce et Industries :* 3 moulins à farine sur le ruisseau de Lassagne. — Cabaret. — Foires les 1<sup>er</sup> avril, 4 mai et 20 décem. — Fête patr., le 1<sup>er</sup> août.

### Historique.

*Pendant la Révolution.* — C. du cant. de Cabrerets et du district de Cahors.

*Avant la Révolution.* — C<sup>té</sup> de la subdél. de Gourdon et de l'élection de Figeac. — Paroisse sous l'invocation de St-Pierre ès-liens (481 p.). — Cette c<sup>té</sup> payait 4179 livres d'impositions; ses charges locales ord. étaient de 152 livres.

*Anciennes mesures :* Les mesures de Lentillac étaient celles de Cahors.

*Antiquités :* Dolmens; — ruines d'un temple romain près de Dantonet.

**LENTILLAC,** près **Figeac,** c. cant. de Figeac (est), arr. de Figeac. — ⊠ de Figeac. — ▥ et ▤ de Capdenac. — Percept. de St-Félix. — ☦ (472 p.). — Rec.-buraliste.

*Géographie :* Superf. 575 hect. — 463 hab. — Alt. moy. 303 <sup>m</sup>. — Cette c. se trouve sur le terrain primitif, excepté le chef-l. qui a été construit sur une butte calcaire. — Mine de plomb.

Principaux v. et h. : Lacaze (89 hab.), à 1 k. 200 de Lentillac; — Polzes (50 hab.), à 0 k. 700; — Puech (42 hab.), à 0 k. 900.

Cours d'eau : Ruisseau de Dounazac.

Voies de c<sup>on</sup> : 4 chem. vic. ord.

Distances : au chef-l. de cant. et d'arr. 10 k. ; au chef-l. de départ. 81 k.

*Statistique :* 158 Electeurs. — 10 Cons. mun.

Principal des 4 cont. dir. 3009 fr.

Revenus de la commune, 78 fr.

*Instruction :* Ecole c<sup>le</sup> laïque de garc. (29 élèves); — école c<sup>le</sup> laïque de filles (29 élèves).

*Produits agricoles :* Céréales, vin, châtaignes, fourrages, noix.

*Commerce et Industries :* 3 cabarets. — Foires les 7 mars, 5 juil. et 5 nov. — Fête patr., le 15 août.

### Historique.

*Pendant la Révolution.* — C. du cant. et du district de Figeac.

*Avant la Révolution.* — C<sup>té</sup> de la subdél. et de l'élection de Figeac. — Paroisse sous l'invocation de St-Blaise (559 p.). — Cette c<sup>té</sup> payait 7847 livres d'impositions; ses charges locales ord. étaient de 184 livres.

En 1388, François de Lentillac se reconnut vassal de l'abbé de Figeac.

*Anciennes mesures :* Les mesures de Lentillac étaient celles de Figeac.

**LENTILLAC,** près **St-Céré,** c., cant. de St-Céré, arr. de Figeac. — ⊠ de St-Céré. — Percept. de Sousceyrac. — ☦ de Lentillac (250 p.), de Lacamdourcet (546 p.) et de Latouille (600 p.). — Débit de tabac.

*Géographie :* Superf. 2475 hect. — 1210 hab. — Alt. moy. 517 <sup>m</sup>. — Terrain primitif composé de granits et de micachistes.

Principaux v. et h. : Lentillac (103 hab.); — Bray (72 hab.), à 1 k. 500 de Lentillac; — Corn (100 hab.), à 4 k. ; — Courbou (63 hab.), à 1 k. ; — Estal (87 hab.), à 3 k. ; — Larraufie (77 hab.), à 6 k.

Cours d'eau : Ruisseaux de la Bave, de Tolerme et du Cayla.

Voies de c<sup>on</sup> : Chem. vic. de g. c<sup>on</sup> n° 30, de St-Céré à Maurs ; — 3 chem. vic. ord.

Distances : au chef-l. de cant. 12 k. ; au chef-l. d'arr. 47 k. ; au chef-l. de de départ. 88 k.

Curiosités : Cascades dites des *Grands Sauts,* dont une, de plus de 15 <sup>m</sup> de hauteur, formée par le ruisseau du Cayla.

*Statistique :* 368 Electeurs. — 12 Cons. mun:

Principal des 4 cont. dir. 4861 fr.

Revenus de la commune, 369 fr.

*Instruction :* Ecole c<sup>le</sup> laïque de garc. (38 élèves) ; — école laïque mixte (26 élèves); — école laïque de h. à Lacamdourcet (38 élèves); — école laïque libre de filles à Latouille (40 élèves).

*Produits agricoles :* Seigle, sarrasin, pommes de terre, châtaignes.

*Commerce et Industries :* 2 auberges; — 3 cabarets.

### Historique.

*Pendant la Révolution.* — C. du cant. et du district de St-Céré.

*Avant la Révolution* — C<sup>té</sup> de la subdél. et de l'élection de Figeac; — faisait partie de la vicomté de Turenne et formait une paroisse sous l'invocation de Notre-Dame (650 p.).

*Anciennes mesures :* Canne carrée = 2 m. c. 638. — Les autres mesures de Lentillac étaient celles de St-Céré.

*Antiquités :* Restes d'un oratoire dédié à la Vierge et traces d'un très ancien Ermitage, sur un énorme rocher placé au confluent des ruisseaux de la Bave et de Tolermne.

LENTUÉJOULS, *u.*, c. de St-Denis (Catus).

**LÉOBARD**, c., cant. de Salviac, arr. de Gourdon. — ⊠ et Percept. de Salviac. — ⚓ de Léobard (450 p.) et de l'Abbaye (227 p.). — Débit de tabac.

*Géographie :* Superf. 1030 hect. — 620 hab. — Alt. moy. 204 m. — Cette c. se trouve sur le terrain crétacé qui recouvre, dans cette partie du département, le jurassique supérieur. — Riches mines de fer.

Principaux v. et h. : Léobard (200 hab.); — l'Abbaye (167 hab.); — Pont-Carral (21 hab.); — Préveyries (129 hab.); — Vitarelles (92 hab.).

Cours d'eau : Ruisseau du Céou.

Voies de c°⁰ : Route dépl⁰ n° 8, de Payrac à Fumel; — route dépl⁰ n° 9, de Cahors à Domme; — chem. vic. de g. c°⁰ n° 22, de Pont-de-Rode à l'Abbaye; — chem. vic. d'int. com. n° 55, de Pont-Carral à la route dépl⁰ n° 1; — 6 chem. vic. ord.

Distances : au chef-l. de cant. 7 k.; au chef-l. d'arr. 9 k.; au chef-l. de départ. 40 k.

*Statistique :* 213 Electeurs. — 12 Cons. mun. — Sect. élect. de Léobard (8 cons. mun.), de l'Abbaye (4 cons. mun.).

Principal des 4 cont. dir. 3548 fr.

Revenus de la commune, 1951 fr.

*Instruction :* Ecole cl⁰ laïque de garç. (29 élèves); — école cl⁰ congrég. de filles (28 élèves); — école mixte de h. à l'Abbaye (16 élèves).

*Produits agricoles :* Seigle, maïs, vin, pommes de terre, tabac, truffes. — Bois.

*Commerce et Industries :* 2 moulins à farine sur le Céou. — Fête patr., le 24 août.

#### Historique.

*Pendant la Révolution.* — Léobard formait 2 c. (Léobard et l'Abbaye-Nouvelle ou la Nouvelle) du cant. de Salviac et du district de Gourdon.

*Avant la Révolution.* — Cté de l'Abbaye-Nouvelle, de la subdél. de Gourdon et de l'élection de Cahors. — Paroisse sous l'invocation de St-Antoine (312 p.). — Cette cté payait 994 livres d'impositions; ses charges locales ord. étaient de 57 livres.

Léobard devait appartenir à une branche de la famille de Durfort.

*Anciennes mesures :* Les mesures de Léobard étaient celles de Gourdon.

*Antiquités :* Restes de l'ancien monastère de l'Abbaye.

LERAT, *i.*, c. de Montlauzun.
LERET, *i.*, c. d'Albas.
LERISSOU, *h.*, c. des Arques.
LEROUX, *h.*, c. de Frayssinet-le-Gélat.
LEROY, *i.*, c. du Vigan.
LESCAUT, *h.*, c. de Soucirac.
LESCAZALS, *i.*, c. de Stᵗᵉ-Alauzie.
LESCLOUPIER, *h.*, c. de Laramière.
LESCOMBES, *h.*, c. de Caniac.
LESCOMPADOU, *i.*, c. de Duravel.
LESCUDAYRIE, *i.*, c. de Planioles.
LESCUDELOU, *i.*, c. de Trespoux.
LESCURE, *i.*, c. de Capdenac.
LESCURE, *h.*, c. de Montredon.
LESCURE-DELMAS, *h.*, c. de Laironquière.
LESER, *h.*, c. de St-Cirgues.
LESFONTANELLES, *i.*, c. de Bagat.
LESGACHES, *h.*, c. de Bagnac.
LESGAUTIERS, *i.*, c. de Nozac.
LESGRANGES, *i.*, c. de Bélaye.
LESGRANGES, *h.*, c. de Millac.
LESGRANGES, *h.*, c. de Nozac.
LESGRAVES, *h.*, c. de Soucirac.
LESHIBERNIES, *i.*, c. de Cambes.
LESLANDES, *h.*, c. de Millac.
LESLANDES, *i.*, c. de Nozac.
LESLANDES, *i.*, c. de Payrignac.
LESMIRANDE, *i.*, c. de Nozac.
LESPAGNOL, *m. e.*, c. de Terrou.
LESPEYROUSES, *i.*, c. de Millac.
LESPIGNÈRES, *i.*, c. de Souillaguet.
LESPIGOL, *m. e.*, c. de Cras.
LESPILET, *h.*, c. de St-Sozy.
LESPINASSE, *h.*, c. d'Anglars.
LESPINASSE, *h.*, c. de Quissac.
LESPINASSE, *h.*, c. de St-Cernin.
LESPINATS, *h.*, c. de St-Cirgues.
LESPINE, *h.*, c. de Saillac.
LESPITAL, *h.*, c. de Fargues.
LESPITALET, *h.*, c. de Faycelles.
LESPLACES, *h.*, c. de Caillac.
LESPLACES, *i.*, c. de Caniac.
LESPRADES, *h.*, c. de Millac.
LESQUIRAL, *h.*, c. de Boussac.
LESQUIROL, *h.*, c. des Arques.

LESROULES, *h.*, c. de Souillaguet.
LESSONDRES, *h.*, c. de Montdoumerc.
LESTAN, *i.*, c. de Camboulit.
LESTANDOUX, *h.*, c. de Gourdon.
LESTANG, *i.*, c. de Fons.
LESTANG, *i.*, c. de Masclat.
LESTANGE, *i.*, c. de Lissac.
LESTANTERIE, *h.*, c. de Pern.
LESTAUCHOUX, *h.*, c. de Millac.
LESTIADE, *h.*, c. de Bio.
LESTOUR, *h.*, c. des Arques.
LESTRADE, *h.*, c. de Bio.
LESTRADE, *h.*, c. du Bourg.
LESTRADE, *m.*, c. de Castelnau.
LESTRADE, *i.*, c. de Labastide.
LESTRADE, *i.*, c. de Lachapelle-Auz.
LESTRADE, *h.*, c. de St-Médard-Nic.
LESTRADE-DE-RICHOUL, *h.*, c. de St-
[Médard-Nicourby].
LESTRADES, *i.*, c. de Sousceyrac.
LESTROU, *h.*, c. de Lamothe-Cassel.
LESTROU, *m.*, c. du Vigan.
LESTUILERIES, *m.*, c. de Calvignac.
LESTUILERIES, *h.*, c. de Sauzet.
LES TUILLERIES. (*Voir Tuilleries*).
LÉTANG, *h.*, c. d'Issepts.
LETH, *h.*, c. de St-Cernin.
LETOURON, *m.*, c. de Calvignac.
LETROU, *h.*, c. d'Uzech.
LEURE, *i.*, c. de Belfort.
LEVAT, *i.*, c. de Fons.
LEVAT (le), *i.*, c. de St-Paul.
LEYDET, *m e.*, c. de Bannes.
LEYGONIE, *h.*, c. de Gignac.
LEYGUE, *h.*, c. de Lascabanes.
LEYGUE, *i.*, c. de Montcuq.
LEYGUE, *m. e.*, c. de Puy-l'Evêque.
LEYGUE, *m e.*, c. de Touzac.
LEYGUE, *i.*, c. de St-Simon.
LEYGUE, *i.*, c. de Ste-Alauzie.
LEYGUES, *m e.*, c. de Cazals.

**LEYME**, c., cant. de Lacapelle, arr. de Figeac.— ⊠ et ▥ de Lacapelle.—Percept. de Thémines. — ☿ (640 p.). — Débit de tabac.
*Géographie :* Superf. 886 hect. — 1140 hab. — Alt. moy. 543 m. — Terrains primitifs. — On trouve dans cette c. des filons de baryte sulfatée et des grenats répandus dans les roches, en cristaux dodécaédriques.
Principaux v. et h. : Leyme (43 hab.); — Courbou (102 hab.), à 1 k. de Leyme; — Gamiac (61 hab.) à 5 k.; — Larigaudie (55 hab.), à 3 k.; — Pech-Maurel (49 hab.), à 3 k.
Cours d'eau : Ruisseau de Vialque.

Voies de c<sup>on</sup> : Chem. vic. de g. c<sup>on</sup> n° 48, de Lacapelle à St-Céré ; — chem. vic. d'int. com. n° 50, de Latronquière à Gramat; — 1 chem. vic. ord.
Distances : au chef-l. de cant. 10 k. ; au chef.-l. d'arr. 32 k. ; au chef-l. de départ. 78 k.
*Statistique :* 194 Electeurs. — 12 Cons. mun.
Principal des 4 cont. dir. 3063 fr.
Revenus de la commune, 177 fr.
Important asile d'aliénés.
*Instruction :* Ecole c<sup>le</sup> laïque de garç. (41 élèves) ; — école c<sup>le</sup> congrég. de filles (33 élèves).
*Produits agricoles :* Céréales, pommes de terre, châtaignes, fourrages. — Bois.
*Commerce et Industries :* Moulins à farine. — Pressoir sur le ruisseau de Vialque. — 5 cabarets. — Fête patr., le 4 mai.

Historique.

*Pendant la Révolution.* — C. du cant. d'Aynac et du district de Figeac.
*Avant la Révolution.* — C<sup>té</sup> de la subdél. et de l'élection de Figeac : payait 1915 livres d'impositions; ses charges locales ord. étaient de 70 livres. — La c<sup>té</sup> de Leyme faisait partie de la paroisse de Molières.
Il existait à Leyme une riche abbaye de l'ordre de Citeaux, fondée en 1221, par Guillaume de Cardaillac, évêque de Cahors. — Quelques temps avant la Révolution cette abbaye renfermait 13 religieuses.
*Anciennes mesures :* La principale mesure de vin à Leyme était la charge valant 125 <sup>litres</sup> 52. — Les autres mesures étaient celles de Figeac.
*Antiquités :* Restes de l'ancienne Abbaye. — Eglise.

LEYME, *h.*, c. de Mayrinhac-Lentour.
LEYNET, *h.*, c. de St-Vincent (St-Céré).
LEYRET, *h.*, c. de Bannes.
LEYRISSOU, *h.*, c. des Arques.
LEYSSALE, *h.*, c. de Lavergne.
LEYSSEDIS, *i.*, c. de Sénaillac.

**LHERM**, c., cant. de Catus, arr. de Cahors. — ⊠ et Percept. de Catus. — ☿ de Lherm (620 p.) et de Vaysse (410 p.). — Rec.-buraliste.
*Géographie :* Superf. 935 hect. — 790 hab. — Alt. moy. 210 m. — Terrain crétacé recouvert au Nord et au Sud par les

dépôts tertiaires. — Mines de fer semblables à celles de Gourdon et de Léobard.

Principaux v. et h. : Lamouroux à 1 k. de Lherm; — Mas-Sarrat à 2 k.; — Péchaurié à 3 k.; — Vaysse à 3 k.

Cours d'eau : Ruisseau de la Masse.

Voies de c^on : Chem. vic. de g. c^on n^o 15, de Cazals à Montcuq; — chem. vic. d'int. com. n^o 33, de Castelfranc aux forges des Arques; — 3 chem. vic. ord.

Distances : au chef-l. de cant. 9 k.; au chef-l. d'arr. et de départ. 25 k.

*Statistique* : 283 Electeurs. — 12 Cons. mun.

Principal des 4 cont. dir. 3728 fr.

Revenus de la commune, 142 fr.

*Instruction* : Ecole c^lo laïque de garç. (45 élèves); — école c^lo congrég. de filles (35 élèves); — école mixte de hameau à Péchaurié (20 élèves).

*Produits agricoles* : Céréales, vin, fourrages.

*Commerce et Industries* : Forges de Péchaurié. — Moulins à farine sur le ruisseau de la Masse. — Auberge, 4 cabarets, 2 cafés. — Foires les 6 janv. et 10 décembre. — Fête patr., le 18 septembre.

### Historique.

*Pendant la Révolution.* — C. du cant. de Catus et du district de Cahors.

*Avant la Révolution.* — C^lé de la subdél. de Prayssac et de l'élection de Cahors. — Paroisse sous l'invocation de N.-Dame. — Cette c^lé payait 2572 livres d'impositions; ses charges locales ord. étaient de 110 livres.

Lherm eut à subir les dévastations des compagnies anglaises au commencement du XV^e siècle.

*Anciennes mesures* : Les mesures de Lherm étaient celles de Cahors.

LHERM, *h.*, c. de Calviac.

L'HOMME-MORT, *i.*, c. de Gorses.

**LHOSPITALET**, *c.*, cant. de Castelnau, arr. de Cahors. — ✉, ▦ et ▥ de Cahors. — Percept. de Pern. — ⚭ de Lhospitalet (500 p.) et de Granéjouls (242 p.). — Débit de tabac.

*Géographie* : Superf. 1465 hect. — 609 hab. — Alt. moy. 285 ^m. — C. située sur la ligne de contact du jurassique supérieur recouvert par la formation tertiaire (éocène) d'eau douce.

Principaux v. et h. : Lhospitalet (228 hab.) et Granéjouls (58 hab.).

Cours d'eau : Ruisseau du Lendou.

Voies de c^on : Chem. vic. de g. c^on n^o 47, de Cahors à Ventaillac; — chem. vic. de g. c^on n^o 49, de Cahors à Castelnau; — chem. vic. d'int. com. n^o 65, de la vieille route nat^le n^o 20 au chem. vic. de g. c^on n^o 7; — 3 chem. vic. ord.

Distances : au chef-l. de cant. 12 k.; au chef-l. d'arr. et de départ. 11 k.

*Statistique* : 197 Electeurs. — 12 Cons. mun.

Principal des 4 cont. dir. 3984 fr.

Revenus de la commune, 121 fr.

*Instruction* : Ecole c^lo laïque de garç. (41 élèves); — école congrég. de filles (41 élèves).

*Produits agricoles* : Blé, maïs, vin, pommes de terre.

*Commerce et Industries* : 2 auberges. — Foires les 2 janvier, 14 avril, 14 mai et 8 novembre. — Fêtes patr., le 8 septembre à Lhospitalet et le 15 août à Granéjouls.

### Historique.

*Pendant la Révolution.* — Lhospitalet formait les 2 c. de Lhospitalet et de Granéjouls, du cant. de Castelnau et du district de Cahors.

*Avant la Révolution.* — Lhospitalet formait 2 c^lés de la subdél. et de l'élection de Cahors :

1° La c^lé de Lhospitalet payait 2503 livres d'impositions; ses charges locales ord. étaient de 89 livres; elle formait une paroisse sous l'invocation de la Nativité de la S^te-Vierge (500 p.);

2° La c^lé de Granéjouls payait 2494 livres d'impositions; ses charges locales ord. étaient de 87 livres; elle formait une paroisse sous l'invocation de l'Assomption (246 p.).

Lhospitalet est ainsi appelé d'un petit hôpital qu'Hélène, fille d'un seigneur de Castelnau, y fonda vers le XII^e siècle et dont elle fut la première supérieure. — A Granéjouls existait encore, en 1790, une commanderie de l'Ordre des chevaliers de Malte.

*Anciennes mesures* : Les mesures de Lhospitalet étaient celles de Cahors.

L'HOSTE, *m. e.*, c. de Flaugnac.

L'HOSTE, *h.*, c. de Montet et Bouxal.

LIAUZU, *h.*, c. d'Orniac.

LIBRES, *h.*, c. de Salviac.

LIFERNET, *m. e.*, c. d'Esclauzels.

LIFERNET, *h.*, c. de Gorses.

LIFERNET, *h.*, c. de Lunan,

LIFERNET, *h.*, c. de Viazac.
LIFON, *i.*, c. de Boissières.
LIGOLE, *i.*, c. de St-Cernin.
LIGONIE, *h.*, c. de Montredon.
LIGOUNENQ, *h.*, c. de Sauzet.
LIGOUSSOU, *i.*, c. de Grèzes.
LIGUE, *i.*, c. de Crégols.
LIGUES, *h.*, c. de Prendeignes.
LILETTE, *i.*, c. du Boulvé.
LILLE, *h.*, c. de St-Cirq-Lapopie.
LILLE, *h.*, c. de St-Paul.
LIMBARD, *h.*, c. du Vigan.
LIMENET, *i.*, c. de Fons.

**LIMOGNE**, c., chef-l. de cant. de l'arr. de Cahors. — ⊠ et Percept. — ♁ (1404 p.). — Rec.-buraliste. — Notaire. — Brigade de gendarmerie à cheval.

*Géographie* : Superf. 3216 hect. — 1408 hab. — Alt. moy. 321 m. — Terrain jurassique moyen.—Marnes et traces de phosphates de chaux.

Principaux v. et h. : Limogne (640 hab.); — Bachou, Litré et Estripau (290 hab.), à 1 k. 500 de Limogne ; — Cayrou-Gros (41 hab.), à 5 k. ; — Couderc et Agranel (150 hab.), à 3 k. ; — Ferrières (140 hab.), à 3 k. 150 ; — Palat, Contal et Dalat (139 hab.), à 3 k.

Voies de con : Route natle no 111, de Millau à Tonneins ; — route déple no 7, de Figeac à Limogne ; — route déple no 19, de Figeac à Caussade ; — chem. vic. d'int. com. no 4, de St-Martin à Puylagarde ; — chem. vic. d'int. com. no 25, de Limogne à Gramat ; — chem. vic. d'int. com. no 62, de Crégols à Limogne ; — 4 chem. vic. ord.

Distances : au chef-l. d'arr. et de départ. 36 k.

*Statistique* : 410 Electeurs. — 12 Cons. mun.

Principal des 4 cont. dir. 8692 fr.

Revenus de la commune, 6607 fr.

Bureau de bienfaisance (revenu annuel 1188 fr.).

*Instruction* : Ecole cle congrég. de garç. (150 élèves); — école cle congrég. de filles (86 élèves).

*Produits agricoles* : Céréales, vin, tabac, pommes de terre, truffes, noix.

*Commerce et Industries* : Moulins à vent. — 3 hôtels ou auberges ; — 7 cabarets ; — 7 cafés. — Foires le 1er janv., le lundi-gras, la veille des Rameaux, les 1er juin, 13 août et 6 nov. — Marchés le vendredi de chaque semaine. — Halle **aux grains. — Fête patr., le 15 août.**

Historique.

*Pendant la Révolution.* — C. de Limogne et de Ferrières-Petit, du cant. de Limogne et du district de Cahors.

*Avant la Révolution.* — Cté de la subdél. de Caussade et de l'élection de Montauban. — Paroisse sous l'invocation de St-Blaise (1480 p.). — Cette cté payait 8975 livres d'impositions ; ses charges locales ord. étaient de 150 livres.

Avant la Révolution, Limogne avait trois foires qui étaient très suivies.

*Anciennes mesures* : Canne = 2m 003. — Canne carrée = 4m. c. 0127. — Quarterée = 41 ares 09 (la quarterée se subdivisait en 4 quartonats, le quartonat en 4 boisselats et le boisselat en 16 onces). — Quarte = 24 litres 028 (la quarte se subdivisait en 4 pugnères et la pugnère en 4 pauques.) — Barrique = 204 litres (la barrique contenait 340 pauques).

*Antiquités* : Nombreux dolmens.

LIMON, *h.*, c. de Meyronne.
LIMOUSIE, *h.*, c. de Luzech.
LIMOUZY, *h.*, c. du Montat.

**LINAC**, c., cant. de Figeac (est), arr. de Figeac. — ⊠, ⊞, ⊟ et Percept. de Bagnac. — ♁ (825 p.). — Débit de tabac.

*Géographie* : Superf. 1230 hect. — 736 hab. — Alt. moy. 405 m. — Terrain primitif.

Principaux v. et h. : Linac (99 hab.) ; — Capmeil (98 hab.), à 4 k. de Linac ; — Cayla (73 hab.), à 2 k. ; — Mazer (102 hab.), à 4 k. ; — Rouzet (89 hab.), à 3 k. ; — Verdié (60 hab.), à 3 k.

Cours d'eau : Le Célé et les ruisseaux de la Veyre et du Berbezou.

Voies de con : Route natle no 122, de Toulouse à Clermont ; — chem. vic. de g. con no 3, de Figeac à Latronquière ; — 5 chem. vic. ord.

Distances : au chef-l. de cant. et d'arr. 11 k. ; au chef-l. de départ. 83 k.

*Statistique* : 215 Electeurs. — 12 Cons. mun.

Principal des 4 cont. dir. 3397 fr.

Revenus de la commune, 49 fr.

*Instruction* : Ecole cle laïque de garç. (33 élèves) ; — école cle laïque de filles (42 élèves).

*Produits agricoles* : Blé, sarrasin, vin, pommes de terre, châtaignes, fourrages.

*Commerce et Industries* : **3 moulins à**

farine sur les ruisseaux. — 5 cabarets.
— Fête patr., le 1ᵉʳ juin.
Historique.

*Pendant la Révolution.* — C. du cant. et du district de Figeac.

*Avant la Révolution.* — Cᵗᵉ de la subdél. et de l'élection de Figeac. — Paroisse sous l'invocation de St-George (813 p.). — Cette cᵗᵉ payait 7573 livres d'impositions; ses charges locales ord. étaient de 168 livres.

*Anciennes mesures :* La principale mesure de vin de Linac était la charge contenant 133 ˡⁱᵗʳᵉˢ 76 (la charge se subdivisait en 2 comportes et la comporte en 32 pintes). — Les autres mesures étaient celles de Figeac.

*Antiquités :* Château de Puy-Launay.

LINARS, v., c. de Concorès.
LINAS, m., c. de Cahors.
LINCLIO, h., c. de Mauroux.
LINIÈRES, i., c. de Duravel.
LINIMES, i., c. de Fons.
LINON (le noble), h., c. de St-Paul.
LINOUTET, h., c. de St-Paul.
LIOUNET, i., c. de Luzech.
LIOUVART, h., c. de Gorses.

**LISSAC et MOURET**, c., cant. de Figeac (Ouest), arr. de Figeac. — ⊠, ⊺ᴱ et ⊡ de Figeac. — Percept. de Camburat. — ☗ (1000 p.). — Débit de tabac. — Notaire.

*Géographie :* Superf. 1555 hect. — 1033 hab. — Alt. moy. 314 ᵐ. — Cette c. est située sur le lias moyen.

Principaux v. et h. : Lissac (145 hab.); —Claviès (176 hab.), à 2 k. 500 de Lissac; — Druilles (66 hab.), à 3 k.; — Fraysse (100 hab.), à 1 k. 500; — Mouret (138 hab.), à 2 k.; — St.-Denis (101 hab.), à 1 k.

Cours d'eau : Ruisseaux du Drauzou et de Vermène.

Voies de cᵒⁿ : Chem. vic. de g. cᵒⁿ nᵒ 2, de Gourdon à Figeac et à Décazeville; 5 chem. vic. ord.

Distances : Au chef-l. de cant. et d'arr. 5 k. ; au chef-l. de départ. 66 k.

*Statistique :* 350 Electeurs. — 12 Cons. mun.

Principal des 4 cont. dir. 9869 fr.
Revenus de la commune, 531 fr.

*Instruction :* Ecole cˡᵉ laïque de garç. (35 élèves) ;—école cˡᵉ congrég. de filles (35 élèves).

*Produits agricoles :* Céréales, vin, noix, fourrages.

*Commerce et Industries :* 4 moulins à farine sur les ruisseaux. — 4 cabarets. — Foires les 10 mars et 2 mai. — Fête patr., le 9 octobre.
Historique.

*Pendant la Révolution.* — Lissac formait les 2 c. de Lissac et de Mouret du cant. de Fons et du district de Figeac.

*Avant la Révolution.* — Lissac formait 2 cᵗᵉˢ de la subdél. et de l'élection de Figeac :

1ᵒ La cᵗᵉ de Lissac payait 15096 livres d'impositions; ses charges locales ord. étaient de 38 livres; elle formait les 2 paroisses de Lissac et de St-Denis;

2ᵒ La cᵗᵉ de Mouret payait 1750 livres d'impositions; ses charges locales ord. étaient de 96 livres.

Lissac avait jadis un couvent de femmes, dit Prieuré de Lissac, de l'ordre de Cîteaux, sous l'invocation de la Sᵗᵉ-Vierge. Ce prieuré fut fondé en 1286, par Dieudonné Barasc de Béduer, lequel réserva à sa famille plusieurs droits sur ce monastère et notamment celui de nommer la Prieure; ce couvent renfermait 8 religieuses au moment de la Révolution de 1789.

*Anciennes mesures :* Les mesures de vin de Lissac étaient la charge contenant 133 ˡⁱᵗʳᵉˢ 76. — Les autres mesures étaient celles de Figeac.

LISSARLES, h., c. de Sousceyrac.
LISSEVIÈRES, h., c. de Sousceyrac.
LISSOULIÉ, h., c. de Calviac.
LITOU, i., c. de St-Cirq-Lapopie.
LITRÉ, m., c. de Limogne.

**LIVERNON**, c., chef-l. de cant. de l'arr. de Figeac. — ⊠ et Percept. — ⊺ᴱ et ⊡ d'Assier. — ☗ (930 p.). — Rec.-buraliste. — Notaire.

*Géographie :* Superf. 2586 hect. — 814 hab. — Alt. moy. 326 ᵐ. — Cette c. est située sur la limite des terrains jurassiques inférieur et moyen.

Principaux v. et h. : Livernon (194 hab.); — Belinac (79 hab.), à 3 k. de Livernon; — Mas de Girbay (45 hab.), à 0 k. 500; — Mas de Charles (66 hab.), à 0 k. 600; — Viazac (55 hab.), à 3 k.

Cours d'eau : Fontaine minérale.

Voies de cᵒⁿ : Route dépˡᵉ nᵒ 13, de Cahors à Figeac; — Chem. vic. de g. cᵒⁿ nᵒ 2, de Gourdon à Figeac; — chem. vic. de g. cᵒⁿ nᵒ 16, de Cahors à Aurillac; —

chem. vic. d'int. com. nº 16, de Corn à Rueyres; — 6 chem. vic. ord.

Distances : au chef-l. d'arr. 18 k. ; au chef-l. de départ. 55 k.

Curiosités : Belles grottes dont la plus remarquable porte le nom de *Finau*.

*Statistique :* 247 Electeurs. — 12 Cons. mun.

Principal des 4 cont. dir. 5668 fr.

Revenus de la commune, 448 fr.

*Instruction :* Ecole cle laïque de garç. (49 élèves); — école cle congrég. de filles (42 élèves).

*Produits agricoles :* Céréales. — Bois.

*Commerce et Industries :* Briqueterie. — 4 auberges ; — 4 cafés. — Foires le 1er mardi de chaque mois. — Fête patr., le 15 août.

### Historique.

*Pendant la Révolution.* — Chef-l. de cant. du district de Figeac.

*Avant la Révolution.* — Cté de la sub-dél. et de l'élection de Figeac. — Paroisse sous l'invocation de St-Remy et St-Namphaise (869 p.). — Cette cté payait 8934 livres d'impositions; ses charges locales ord. étaient de 233 livres.

En 1379, les Anglais occupèrent Livernon. — Cette localité obtint une charte de coutumes de son seigneur Béral de Cessac.

*Anciennes mesures :* La principale mesure de vin de Livernon était le poinçon contenant 214 litres (le poinçon se subdivisait en 2 charges, la charge en 2 barils, le baril en 25 pintes). — Les autres mesures étaient celles de Figeac.

*Antiquités :* Tumuli. — Grand dolmen connu sous le nom de *Pierre Martine* à 2 k. de Livernon. — Béthel, près du village de Bélinac, formé par une dalle de 15 pieds de haut. — Eglise fortifiée.

*Hommes célèbres :* Delpon, auteur de la Statistique du Lot (1778-1833).

LOBIES (les), *h.*, c. de Puy-l'Evêque.
LOCRES (les), *h.*, c. de Goujounac.
LOFFENSE, *h.*, c. d'Ornjac.
LOFFICIAL, *f.* c. de Castelnau.
LOGERAL, *h.*, c. de Cuzance.
LOLIBOUNE, *i.*, c. de Prayssac.
LOLM, *i.*, c. de Cahus.
LOLMADE, *h.*, c. de Prayssac.
LOLMÈDE, *h.*, c. de Montlauzun.
LOLMÈDE, *i.*, c. de Soulomès.
LOLMEL, *f.*, c. de Castelnau.

LOLMIE, *v.*, c. de St-Laurent.
LOLMIÈRE, *h.*, c. de St-Jean.
LOMBARD, *h.*, c. de Montvalent.
LOMBARDES (les), *i.*, c. de Labastide-[du-Vert].
LON, *h.*, c. de Lachapelle-Auzac.
LONDIEU, *f.*, c. de Figeac.
LONGAYROU, *h.*, c. de Cahus.
LONGBOS, *i.*, c. de Lalbenque.
LONGEGORSE, *h.*, c. de Cazillac.
LONGUE-COSTE, *h.*, c. de Montet-et-[Bouxal].
LONGUET, *i.*, c. de Figeac.
LOPITAL, *h.*, c. de Sauzet.
LORDEGAL, *h.*, c. de Carayac.
LORLIE, *i.*, c. de Fourmagnac.
LORTEIL, *h.*, c. de Lebreil.
LORY (le), *h.*, c. d'Ussel.
LOSTANGE, *i.*, c. de Lissac.
LOSTANGES, *h.*, c. de Béduer.
LOUBATIÈRE (la), *i.*, c. de Duravel.
LOUBÉJAC, *ch.*, c. de Belfort.
LOUBÉJAC, *i.*, c. de St-Laurent.
LOUBIÈRE, *h.*, c. de Cambes.

**LOUBRESSAC**, c., canton de St-Céré, arr. de Figeac. — ⊠ de Bretenoux. — Percept. d'Autoire. — ♂ (578 p.). — Débit de tabac.

*Géographie :* Superf. 2950 hect. — 1193 hab. — Alt. moy. 341 m. — Cette ç. se trouve sur les marnes du supra-lias et sur le calcaire appartenant à cette formation. — Carrières de marbres rouge, olive et jaunâtre susceptibles de recevoir un beau poli.

Principaux v. et h. : Loubressac (328 hab.); — Lacam (96 hab.), à 2 k. 500 de Loubressac; — Lapoujade (83 hab.), à 1 k. 700 ; — Py (49 hab.), à 3 k.; — Ratier (65 hab.), à 4 k. 500; — Ségonzac (108 hab.), à 3 k.

Voies de con : Chem. vic. de g. con nº 38, de Vayrac à St-Céré; — chem. vic. d'int. com. nº 3, de Bretenoux à Gramat; — 7 chem. vic. ord.

Distances : au chef-l. de cant. 8 k.; au chef-l. d'arr. 44 k.; au chef-l. de départ. 70 k.

*Statistique :* 415 Electeurs. — 12 Cons. mun.

Principal des 4 cont. dir. 10176 fr.

Revenus de la commune, 966 fr.

Bureau de bienfaisance (revenu annuel 481 fr.).

*Instruction :* Ecole cle laïque de garç.

19

(45 élèves); — école c^le congrég. de filles (24 élèves); — école congrég. de hameau à Lacam (20 élèves).

*Produits agricoles :* Céréales, vin, tabac, fruits.

*Commerce et Industries :* 2 moulins à farine. — 4 cabarets.—Foire le 25 janv., le lundi de Quasimodo, les 6 mai, 4 et 16 juin. — Fête patr., le 24 juin.

Historique.

*Pendant la Révolution.* — C. du cant. et du district de St-Céré.

*Avant la Révolution.* — C^le de la subdél. et de l'élection de Figeac. — Paroisse sous l'invocation de St-Jean-Baptiste (550 p.). — Cette c^le payait 18152 livres d'impositions ; ses charges locales ord. étaient de 366 livres. — Loubressac appartenait à la famille d'Aigrefeuille qui était aussi suzeraine de Gramat, Carennac, Miers, etc. On croit que cette famille dota, dans le XI^e siècle, l'abbaye de Carennac. — Loubressac fut occupé par les Anglais durant la guerre de cent ans. — La terre de Loubressac avait titre de baronnie.

*Anciennes mesures :* Les mesures de Loubressac étaient celles de St-Céré.

*Antiquités :* Nombreux dolmens ou pierres levées. — Ancien château gothique.

LOUCARDE, *h.*, c. de Sérignac.
LOUDES, *h.*, c. de Lauresses.
LOUDOUR, *h.*, c. de Creysse.
LOUGAYE, *h.*, c. de Gramat.
LOUILLÉ, *h.*, c. de St-Denis (Martel).
LOULIÉ, *i.*, c. de Bretenoux.
LOUMENET, *h.*, c. de Lavercantière.
LOUPCHAPT, *v.*, c. de Martel.
LOUPENDUT, *h.*, c. de Varaire.

**LOUPIAC**, c., cant. de Payrac, arr. de Gourdon. — ⊠, 🚃 et Percept. de Payrac. — ⚰ (650 p.). — Débit de tabac.

*Géographie :* Superf. 1493 hect. — 576 hab. — Alt. moy. 247^m. — C. située sur le jurassique supérieur.

*Principaux v. et h. :* Loupiac (148 hab.).

*Cours d'eau :* 2 sources abondantes, mais dont les eaux se perdent dans le sol après un parcours peu étendu.

*Voies de c^on :* Route nat^le n^o 20, de Paris à Toulouse ; — 4 chem. vic. ord.

*Distances :* au chef-l. de cant. 4 k. ; au chef-l. d'arr. 16 k. ; au chef-l. de départ. 54 k.

*Statistique :* 198 Electeurs. — 12 Consmun.

Principal des 4 cont. dir. 3442 fr.
Revenus de la commune, 59 fr.

*Instruction :* Ecole c^le laïque de garç. (26 élèves); — école c^le laïque de filles (26 élèves).

*Produits agricoles :* Céréales, vin, tabac. — Bois.

*Commerce et Industries :* 3 briqueteries importantes; — 2 moulins à farine. — 2 cabarets; — 2 cafés. — Fête patr., le 8 sept.

Historique.

*Pendant la Révolution.* — C. du cant. de Payrac et du district de Gourdon.

*Avant la Révolution.* — C^le de la subdél. de Prayssac et de l'élection de Cahors. — Paroisse sous l'invocation de l'Assomption (287 p.). — Cette c^le payait 1891 livres d'impositions; ses charges locales ord. étaient de 76 livres.

*Anciennes mesures :* Les mesures de Loupiac étaient celles de Gourdon.

LOUPIAC, *h.*, c. de Laramière.
LOUPIAC, *v.*, c. de Puy-l'Evêque.
LOURADOUR (haut et bas), *m. c.*, c. de [Sarrazac].
LOURENS, *h.*, c. de Prayssac.
LOURMET, *h.*, c. de Peru.
LOURTOU, *i.*, c. de St-Perdoux.
LOURZA, *h.*, c. de Floirac.
LOUSPRATS, *i.*, c. de Bagat.
LOUSTALET, *i.*, c. de Flaugnac.
LOUSTALET, *i.*, c. de St-Daunès.
LOUSTAL-NÈBE, *h.*, c. de Castelnau.
LOUSTAL-NÈBE, *h.*, c. de St^e-Alauzie.
LOUSTALOU, *h.*, c. de Gramat.
LOUSTALOU, *h.*, c. de Labathude.
LOUSTALOU, *h.*, c. de Montcléra.
LOUSTALOU, *h.*, c. de Thédirac.
LOUSTANIOU, *h.*, c. de Marminiac.
LOUVET, *f.*, c. de Durbans.
LOUVIÈRES, *h.*, c. de Cambes.
LEYGUE, *h.*, c. de Beauregard.
LUCET, *h.*, c. de Vers.
LUEYGUES, *h.*, c. de Puy-l'Evêque.

**LUGAGNAC**, c., cant. de Limogne, arr. de Cahors. — ⊠ et Percept. de Limogne.— ⚰ (502 p.). — Débit de tabac.

*Géographie :* Superf. 1581 hect. — 415 hab. — Alt. moy. 293^m. —Cette c. se trouve sur le jurassique moyen. — Traces de phosphates de chaux.

*Principaux v. et h. :* Lugagnac (239

hab.); — Bénech (34 hab.), à 2 k. de Lugagnac.

Cours d'eau : Ruisseau de Font d'Erbies.

Voies de c^on : Route nat^le n° 111, de Millau à Tonneins; — chem. vic. d'int. com. n° 82, de Grégols à Limogne; — 2 chem. vic. ord.

Distances : au chef-l. de cant. 3 k.; au chef-l. d'arr. et de départ. 35 k.

*Statistique* : 104 Electeurs. — 10 Cons. mun.

Principal des 4 cont. dir. 2247 fr.

Revenus de la commune, 1752 fr.

Bureau de bienfaisance (revenu annuel 159 fr.).

*Instruction* : Ecole c^le laïque de garç. (25 élèves); — école congrég. libre de filles (28 élèves).

*Produits agricoles* : Céréales, vin, pommes de terre, truffes. — Bois et pacages.

*Commerce et Industries* : Cabaret. — Foires les 7 janvier, 7 mai et 8 décembre. — Fête patr., le 1^er août.

Historique.

*Pendant la Révolution.* — C. du cant. de Limogne et du district de Cahors.

*Avant la Révolution.* — C^té de la subdél. et de l'élection de Cahors. — Paroisse sous l'invocation de St-Pierre ès-liens (320 p.). — Cette c^té payait 1515 livres d'impositions; ses charges locales ord. étaient de 47 livres.

*Anciennes mesures* : Aune = 1 m 035. — Canne carrée = 3 m. c. 1910. — Barrique = 212 litres (la barrique se subdivisait en 5 setiers et le setier en 64 pauques). — Les autres mesures de Lugagnac étaient celles de Limogne.

*Antiquités* : Ruines d'une ancienne église. — Château.

**LUGAN**, h., c. de Bagnac.

**LUMEL**, l., c. de Mauroux.

**LUNAN**, c., cant. de Figeac (est), arr. de Figeac. — ⊠, ▣ et ▣ de Figeac. — Percept. de St-Félix. — ⚕ (600 p.) — Débit de tabac.

*Géographie* : Superf. 615 hect. — 598 hab. — Alt. moy. 350 m. — Le chef-l. de cette c. et une partie de son territoire occupent une vallée qui aboutit au Lot et qui est formée par des montagnes calcaires; ce sont les premiers dépôts secondaires qui se sont formés sur les granits; ces formations appartiennent, selon quelques géologues au *Permien* et selon les autres au *trias*.

Principaux v. et h. : Lunan (244 hab.).

Cours d'eau : Ruisseaux de Dounazac et de Lunan.

Voies de c^on : Chem. vic. de g^de c^on n° 2, de Gourdon à Figeac et à Decazeville; — 6 chem. vic. ord.

Distances : au chef-l. de cant. et d'arr. 5 k.; au chef-l. de départ. 77 k.

*Statistique* : 193 Electeurs. — 12 cons. mun.

Principal des 4 cont. dir. 2264 fr.

Revenus de la commune, 87 fr.

*Instruction* : Ecole c^le laïque de garç. (29 élèves); — école c^le laïque de filles (20 élèves); — école congrég. libre de filles.

*Produits agricoles* : Céréales, vin, pommes de terre, betteraves, châtaignes.

*Commerce et Industries* : Moulin à farine sur le ruisseau de Lunan. — Cabaret. — Fête patr., le 11 novembre.

Historique.

*Pendant la Révolution.* — C. du cant. et du district de Figeac.

*Avant la Révolution.* — C^té de la subdél. et de l'élection de Figeac. — Paroisse sous l'invocation de St-Martin (710 p.). — Cette c^té payait 3442 livres d'impositions; ses charges locales ord. étaient de 71 livres.

On croit que c'est sur le territoire de Lunan que Clovis fonda un monastère, dont les moines furent ensuite transférés à Figeac.

*Anciennes mesures* : La principale mesure de vin de Lunan était la charge valant 133 litres 76 (la charge se subdivisait en 2 comportes, la comporte en 32 pintes et la pinte en 4 pauques). — Les autres mesures de cette localité étaient celles de Figeac.

**LUNEGARDE**, c., c. de Fontanes-Luneg.

**LUZECH**, c., chef-l. de cant. de l'arr. de Cahors. — ⊠, ▣, ▣ et Percept. — ⚕ de Luzech (1148 p.), de Camy (330 p.), de Caix (300 p.) et de Fages (140 p.). — Rec.-buraliste. — Notaire. — Brigade de gendarmerie à cheval.

*Géographie* : Superf. 2338 hect. — 1961 hab. — Alt. moy. 193 m. — Les parties élevées de cette c. appartiennent à la formation jurassique supérieure; les parties basses sont formées par les alluvions du Lot.

Principaux v. et h. : Luzech (990 hab.); — Caïx à 1 k. 500 de Luzech; — Camy à 2 k.; — Fages à 4 k.

Cours d'eau : Rivière du Lot (canal de dérivation; — 2 ponts suspendus).

Voies de c<sup>on</sup> : Route nat<sup>le</sup> n° 111, de Millau à Tonneins; — chem. vic. de g. c<sup>on</sup> n° 8, de Cahors à Touzac; — chem. vic. de g. c<sup>on</sup> n° 9, de Cahors à Castelfranc; — chem. vic. de g. c<sup>on</sup> n° 14, de Catus à Montcuq; — 10 chem. vic. ord.

Distances : au chef-l. d'arr. et de départ. 18 k.

*Statistique* : 669 Electeurs. — 16 Cons. mun.

Principal des 4 cont. dir. 14536 fr.

Revenus de la commune, 2436 fr.

Hospice (1 sœur de charité, 4 lits, 470 fr. de revenus).

Bureau de bienfaisance (revenu annuel 613 fr.).

*Instruction* : Ecole c<sup>le</sup> laïque de garç. (108 élèves); — école c<sup>le</sup> congrég. de filles (108 élèves).

*Produits agricoles* : Vin, tabac, blé, fourrages.

*Commerce et Industries* : 2 minoteries sur le Lot. — 2 auberges; — 2 cabarets; — 4 cafés. — Foires le dernier mardi de chaque mois. — Marchés tous les mardis. — Halle aux grains. — Fêtes patr., à Luzech le 8 sept., à Caïx le 11 nov.

Historique.

*Pendant la Révolution*. — Chef-l. de cant. du district de Cahors.

*Avant la Révolution*. — C<sup>té</sup> de la subdél. de Prayssac et de l'élection de Cahors.—

Paroisses : de Luzech, sous l'invocation de St-Pierre, apôtre (2000 p.); — de Fages, sous l'invocation de St-Martin (120 p.); — de Caïx, sous l'invocation de St-Martin (250 p.); — de Camy, sous l'invocation de l'Assomption (230 p.). — Cette c<sup>té</sup> payait 16050 livres d'impositions; ses charges locales ord. étaient de 1071 livres.

Vers l'an 1226, Guillaume de Cardaillac, évêque de Cahors, s'empara de Luzech, dont le seigneur Amalcuin ou Amalvin, d'origine visigothe, était soupçonné d'avoir favorisé les Albigeois. — Luzech est appelé *Castrum de Lusechio*, dans un acte passé entre Alphonse, comte de Poitiers et Barthélemy de Roux, évêque de Cahors. — Ce fut une des localités que Philippe-le-Bel engagea aux Anglais en 1287. — L'évêque Barthélemy de Roux octroya des coutumes aux habitants de Luzech en 1270. — Quelques historiens croient encore que Luzech était l'Uxellodunum de l'invasion romaine. — La terre de Luzech avait titre de baronnie.

*Anciennes mesures* : Les mesures de Luzech étaient celles de Cahors.

*Antiquités* : Restes d'anciens retranchements (l'Impernal). — Tombeaux celtiques. — Ruines d'un ancien château (XII° siècle). — Château de Caïx.

*Hommes célèbres* : Joseph Bessières (1795-1874).

LUZETTE (la), h., c. de Sousceyrac.

LUZIECH (bas et haut), h., c. de Salviac.

LUZIÈS, h., c. de Salviac.

# M

Mac de Reilhié, h., c. de Douelle.

Machassi, h., c. de Bélaye.

Machi, h., c. de Montcabrier.

Machi-Cayren, h., c. de Bélaye.

Madaillé (le), h., c. de Fons.

Madelbas, h., c. de Loupiac.

Madeleine (la), *écluse*, c. de Faycelles.

Madelpuech, h., c. de Lauresses.

Madène, h., c. de Douelle.

Madirat, i., c. de Lamothe-Cassel.

Maffre, f., c. de Castelnau.

Magat, h., c. de Goujounac.

Magdelaine (la). — *Voir Lamagdelaine*

Mages, h., c. de Payrac.

Magès, h., c. de Rocamadour.

Magiol, h. et u., c. de Lamativie.

Magnac, h., c. de Montcabrier.

Magnac, i., c. de Montcuq.

Magné, h., c. de Salviac.

Magneus, i., c. de Fontanes.

Magnol, h., c. de Tauriac.

Magnol, h., c. de Teyssieu.

Magnone, h., c. de Lavercantière.

Magogues (les), h., c. de Montgesty.

Magrange, h., c. de Gignac.

Maillac (le), h., c. de Sonac.

Maillargues, h., c. de St-Sauveur.

Maillet, i., c. de Boissières.

MAILLET, *h.*, c. de Dégagnac.
MAILLET, *h.*, c. de Puy-l'Evêque.
MAILLET, *h.*, c. de Sauzet.
MAILLOL, *h.*, c. de Carennac.
MAILLOL, *f.*, c. de Castelnau.
MAILLOL, *h.*, c. de Gourdon.
MAILLOL, *h.*, c. de Strenquels.
MAINT, *h.*, c. de St-Projet.
MAINTINES, *h.*, c. de Fontanes.
MAISON DE PESTIEL, *h.*, c. de Bannes.
MAISON-NEUVE, *h.*, c. de Blars.
MAISON-NEUVE, *i.*, c. du Boulvé.
MAISON-NEUVE, *i.*, c. de Fontanes.
MAISON-NEUVE, *h.*, c. de Grèzes.
MAISON-NEUVE, *i.*, c. de Luzech.
MAISON-NEUVE, *h.*, c. de Miers.
MAISON-NEUVE, *f.*, c. Rocamadour.
MAISON-NEUVE, *i.*, c. de Saux.
MAISON-NEUVE, *h.*, c. de St-Médard.
MAISON-NEUVE ((la), *i.*, c. de Gignac.
MAISON-NEUVE (la), *h.*, c. de l'hospitalet.
MAISON-NEUVE (la), *i.*, c. de Planioles.
MAISON-NEUVE (la), *i.*, c. de Viazac.
MAISON-ROUGE, *h.*, c. de Douelle.
MAISON-ROUGE, *h.*, c. de St-Médard-
 [de-Presque].
MAISONS-ROUGES, *h.*, c. de Gignac.
MAISONS-ROUGES, *h.*, c. de Lachapelle-
 [Auzac].
MAJET (le), *i.*, c. de St-Perdoux.
MAJOULIN, *h.*, c. de St-Hilaire.
MAJOURAL, *h.*, c. de Cajarc.
MAJUCALS (les), *h.*, c. de Durbans.
MALABET, *h.*, c. de Loubressac.
MALABROUT, *h.*, c. de Lachapelle-Cab.
MALACROIX, *h.*, c. de Pinsac.
MALAGARE, *h.*, c. de Floressas.
MALAGORSES, *h.*, c. de Camburat.
MALAISE, *h.*, c. d'Albas.
MALAPÈRE, *h.*, c. de Bagnac.
MALARET, *h.*, c. de Bagnac.
MALARET, *i.*, c. de Figeac.
MALASTRÈGES, *h.*, c. de Cuzance.
MALAUDE, *i.*, c. de St-Jean-de-Laur.
MALAUSE, *h.*, c. d'Esclauzels.
MALAVIOLE, *h.*, c. de Lauresses.
MALAYRIE, *h.*, c. de Lauzès.
MALAYRIE (la), *h.*, c. de Lunan.
MALBASTIT, *i.*, c. de Dégagnac.
MALBECH, *i.*, c. de Prudhomat.
MALBÉE, *m.*, c. de Cazals.
MALBÉE, *h.*, c. de Montcléra.
MALBERNAC, *h.*, c. de Montvalent.
MALBERNAT, *h.*, c. de Frayssinet-le-
 [Gélat].
MALBOUYSSAC, *i.*, c. de Bélaye.
MALBOUYSSOU, *h.*, c. de St Denis-Martel)
MALBOUYSSOU, *i.*, c. de St-Pantaléon.

MALCOSTE, *h.*, c. de Cazillac.
MALDAPECH, *h.*, c. de Bio.
MALDEPECH, *h.*, c. de St-Caprais.
MALDÈS, *h.*, c. de Lauresses.
MALECOSTE, *h.* c. de Cazillac.
MALECOSTE, *m. e.*, c. de Sarrazac.
MALEFARGE, *h.*, c. de Cazillac.
MALEFOND, *h.*, c. de Cazillac.
MALEGORSE, *h.*, c. de Cuzance.
MALEGORSE, *h.*, c. de Sabadel (Lauzès).
MALEMAS, *h.*, c. de Cuzance.
MALEMOUSQUE, *h.*, c. de Castelnau.
MALÈS, *i.*, c. de Corn.
MALESTRÈZES, *h.*, c. de Cuzance.
MALETERRE, *f.*, c. de Cabrerets.
MALEVILLE, *h.*, c. de Cazals.
MALEYRIE, *h.*, c. de Lauzès.
MALEZES, *h.*, c. d'Albas.
MALHERBES, *i.*, c. de Lachapelle-Auz.
MALHOL (le), *h.*, c. de Sonac.
MALIRAT, *h.*, c. de Capdenac.
MALMARTEL, *ch.*, c. de Bétaille.
MALMINO, *i.*, c. de Belfort.
MALMONT, *h.*, c. de Belfort.
MALMONT, *h.*, c. de Montvalent.
MALMONT, *i.*, c. de Planioles.
MALMOUCHÉ, *i.*, c. de Pradines.
MALPAS, *i.*, c. de Béduer.
MALPAS, *i.*, c. de Reillaguet.
MALPAS, *i.*, c. de St-Matré.
MALPAS (le), *h.*, c. de St-Sozy.
MALPECH, *h.*, c. de Cardaillac.
MALPECH, *h.*, c. de Lentillac.
MALPEYRE, *h.*, c. de St-Cernin.
MALPIAL, *h.*, c. d'Issendolus.
MALSACLET, *m.*, c. de Luzech.
MALVY, *h.*, c. de St-Céré.
MAMBRIE, *h.*, c. de Luzech.
MAMET, *h.*, c. de Thégra.
MAMOUL, *h.*, c. de Comiac.
MAMOUSSOU, *h.*, c. de Lamativie.
MANAUGE, *h.*, c. de Prayssac.
MANAVAL, *h.*, c. de Teyssieu.
MANDENS, *h.*, c. de Boussac.
MANDENS, *h.*, c. de Corn.
MANDOU, *h.*, c. de Gourdon.
MANDRAUX, *h.*, c. de Frayssinet-le-G<sup>at</sup>.
MANÉDON, *h.*, c. de Gignac.
MANET, *h.*, c. de Gignac.
MANIAGUES, *v.*, c. de Carennac.
MANIAT, *h.*, c. de Lavercantière.
MANIERES, *h.*, c. de Gramat.
MANIOLS (les), *h.*, c. de Latronquière.
MANIOT, *h.*, c. de Montgesty.
MANISSERRE, *h.*, c. de Bélaye.
MANISSERRE, *h.*, c. de Prayssac.
MANSE, *i.*, c. d'Esclauzels.
MANSERGUE, *h.*, c. de Carennac.

MAQUEFAVE, *m. e.*, c. de Cras.
MARADÈNES, *i.*, c. de Marminiac.
MARAIS, *h.*, c. de Castelnau.
MARAL, *i.*, c. de St-Jean-de-Laur.
MARAT, *i.*, c. de Dégagnac.
MARAUDINES, *h.*, c. du Vigan.
MARAVAL, *ch.*, c. de Belfort.
MARAVAL, *h.*, c. de Puy-l'Evêque.
MARBAL, *h.*, c. de St-Germain.
MARBOT, *h.*, c. de St-Denis (Martel).
MARBOT, *u.*, c. de Strenquels.
MARC, *i.*, c. de Duravel.
MARCAIRAT, *h.*, c. de Sauzet.
MARCASSAGNE, *h.*, c. de S¹ᵉ-Alauzie.
MARCAYOU, *h.*, c. de Rocamadour.
MARCEAU, *h.*, c. de Gorses.
MARCEL, *h.*, c. de Lacapelle-Marival.
MARCENAC, *h.*, c. de Lalbenque.
MARCHAND, *h.*, c. de Sarrazac.
MARCHANDE (la), *h.*, c. de Cahors.
MARCHANDOU, *h.*, c. de Lavercantière.
MARCHE, *h.*, c. d'Issendolus.
MARCIL, *h.*, c. de Lacapelle-Marival.

**MARCILLAC ou Marcilhac**, c., cant. de Cajarc, arr., de Figeac. — ⊠. — Percept. de Cajarc. — ⚷ (862 p.). — Rec.-buraliste. — Notaire.

*Géographie* : Superf. 2667 hect. — 855 hab. — Alt. moy. 282 ᵐ. — Le jurassique moyen forme les hauteurs et les plateaux qui dominent le bourg ; les parties basses qui avoisinent la rivière du Célé sont formées par les marnes du supralias et les alluvions.

Principaux v. et h. : Marcillac (469 hab.) ; — Barbes (75 hab.), à 3 k. de Marcillac ; — Cazals (24 hab.), à 3 k. ; — Monteils (122 hab.), à 3 k. 500 ; — Paillès (50 hab.), à 1 k. 500.

Cours d'eau : Le Célé (Pont).

Voies de cᵒⁿ : Chem. vic. de g. cᵒⁿ nᵒ 17, de Cajarc à Labastide-Murat ; — chem. vic. de g. cᵒⁿ nᵒ 41, de Figeac à Cahors ; — chem. vic. de g. cᵒⁿ nᵒ 42, de Cajarc à Gramat ; — chem. vic. d'int. com. nᵒ 91, de Gréalou à Cabrerets ; — chem. vic. ord.

Distances : au chef-l. de cant. 14 k. ; au chef-l. d'arr. 32 k. ; au chef-l. de départ. 46 k.

Curiosités : Grotte dite de Marcillac (*voir Blars*) ; — grottes des Anglais, du rocher de la science, etc.

*Statistique* : 262 Electeurs. — 12 Cons. mun.

Principal des 4 cont. dir. 4785 fr.
Revenus de la commune, 1329 fr.

Bureau de bienfaisance (revenu annuel 297 fr.).

*Instruction :* Ecole cˡᵉ laïque de garç. (64 élèves) ; — école cˡᵉ congrég. de filles (49 élèves).

*Produits agricoles :* Céréales, vin, tabac.

*Commerce et Industries :* Moulin à farine sur le Célé. — 3 hôtels ou auberges, 1 cabaret, 2 cafés. — Foires suivies les 6 mai, 16 août, 3 novembre et 27 décemb. (les foires des 20 février, 20 mars, 20 juin et 20 septembre ne sont pas suivies). — Fête patr., le 15 août.

Historique.

*Pendant la Révolution.* — C. du cant. de Cajarc et du district de Figeac.

*Avant la Révolution.* — Cᵗᵉ de la subdél. et de l'élection de Figeac. — Paroisse sous l'invocation de la Sᵗᵉ-Vierge (847 p.). — Cette cᵗᵉ payait 7599 livres d'impositions ; ses charges locales ord. étaient de 180 livres. — Le territoire de Marcillac fut donné, vers le milieu du VIIᵉ siècle, par St-Didier, évêque de Cahors au couvent de St-Géry que venait de fonder cet évêque. — D'après certains auteurs, le monastère de Marcillac remonterait à la plus haute antiquité ; Palladius, évêque de Bourges, persécuté par les Ariens, se serait réfugié dans ce couvent au vᵉ siècle. Successivement dévasté par les Visigoths et les Arabes, ce monastère aurait été rebati par Charlemagne et doté par Raymond 1ᵉʳ comte de Rouergue. Delpon croit qu'il est plus vraisemblable d'attribuer à Pépin d'Aquitaine la fondation de cette abbaye qui possédait en 1785, 25000 livres de revenus et renfermait 9 religieux.

Les abbés de Marcillac ont joué un rôle important dans l'histoire du Quercy.

*Anciennes mesures :* La principale mesure de vin de Marcillac était le poinçon contenant 214 ˡⁱᵗʳᵉˢ (le poinçon se subdivisait en 2 charges, la charge en 2 barils et le baril en 25 pintes.) — Les autres mesures étaient celles de Figeac.

*Antiquités :* Dolmens et Tumuli. — Belle église, autrefois église abbatiale (XIIᵉ et XVᵉ siècles).

*Hommes célèbres :* Docteur Falret (1794-1871).

MARCILLAC, *h.*, c. d'Aynac.
MARCILLAC, *h.*, c. de Lamothe-Fénel.

MARCILLAC, *h.*, c. de St-Cyprien.
MARCOU, *f.*, c. de Martel.
MARCY, *h.*, c. de Cardaillac.
MARENS, *h.*, c. de Carayac.
MAREUIL, *h.*, c. du Roc.
MAREYRAC, *h.*, c. de Floressas.
MARFAU, *h.*, c. de Lalbenque.
MARGAUDETTES, *i.*, c. de Fontanès.
MARGOU, *i.*, c. d'Albas.
MARGUE (longue), *h.*, c. de Fajoles.
MARGUERIT, *h.*, c. de Gindou.
MARGUIL LE JEUNE, *h.*, c. de Sousceyrac.
MARGUIL LE VIEUX, *h.*, c. de Sousceyrac.
MARIEU, *i.*, c. de Luzech.
MARINESQUE, *h.*, c. de Dégagnac.
MARINIE, *i.*, c. de Flaugnac.
MARION, *m.*, c. de Vidaillac.
MARIOS, *i.*, c. de Lalbenque.
MARIOT, *h.*, c. d'Autoire.
MARIOTTES, *h.*, c. de Lachapelle-Auz.
MARJAUDES, *h.*, c. de Souillac.
MARLIAC, *h.*, c. de Bélaye.

**MARMINIAC**, c., cant. de Cazals, arr. de Cahors. — ✉ et Percept. de Cazals. — ✝ de Marminiac (970 p.), de Boissiérettes (200 p.). — Débit de tabac. — Notaire.
*Géographie :* Superf. 2286 hect. — 1110 hab. — Alt. moy. 281 ᵐ. — Terrain crétacé et lambeaux de terrains tertiaires renfermant des mines de fer.
Principaux v. et h. : Marminiac (753 hab.) et Boissiérettes (30 hab.).
Cours d'eau : Ruisseau de la Masse.
Voies de cᵒⁿ : Chem. vic. de g. cᵒⁿ nᵒ 13, de Figeac à Cazals ; — chem. vic. d'int. com. nᵒ 22, de Salviac à Villefranche ; — 8 chem. vic. ord.
Distances : au chef-l. de cant. 4 k. ; au chef.-l. d'arr. et de départ. 36 k.
*Statistique :* 380 Electeurs. — 12 Cons. mun.
Principal des 4 cont. dir. 5980 fr.
Revenus de la commune, 357 fr.
Bureau de bienfaisance (revenu annuel 50 fr.).
*Instruction :* Ecole cᶦᵉ laïque de garç. (56 élèves) ; — école cᶦᵉ laïque de filles (44 élèves).
*Produits agricoles :* Céréales, pommes de terre, vin, noix, châtaignes, fourrages, truffes.
*Commerce et Industries :* 3 moulins à farine sur la Masse. — 4 cabarets ; — 2 cafés. — Foires le 7 de chaque mois. — Fête patr., à Marminiac le 30 mai et à Boissiérettes le 1ᵉʳ août.

Historique.
*Pendant la Révolution.* — C. du cant. de Cazals et du district de Gourdon.
*Avant la Révolution.* — Cᵗᵉ de la subdél. de Gourdon et de l'élection de Cahors. — Paroisse sous l'invocation de St-Vincent (906 p.). — Cette cᵗᵉ payait 5534 livres d'impositions ; ses charges locales ord. étaient de 158 livres. — Marminiac était jadis une des stations de la voie romaine, qui allait de Cahors à Périgueux ; cette localité fut prise plusieurs fois pendant la guerre de cent ans ; elle fut hypothéquée aux Anglais, en 1287, par Philippe-le-Bel.
*Anciennes mesures :* Aune = 1 ᵐ 082. — Quarte = 84 ˡⁱᵗʳᵉˢ (la quarte se subdivisait en 4 quartons, le quarton en 4 pugnères, la pugnère en 4 coups.) — Les autres mesures de Marminiac étaient celles de Cahors.
*Antiquités :* Traces de voie romaine. — Cercueils en grès et poteries romaines. — Restes de l'ancien château-fort. — Eglise fortifiée.

MARMONT, *h.*, c. de Floressas.
MARNIÉ, *h.*, c. de Pomarède.
MAROT, *i.*, c. de Belfort.
MAROT, *i.*, c. de Lascabanes.
MAROT (bas et haut), *h.*, c. de St-Jean-[Lespinasse].
MAROUTY, *f.*, c. de Montfaucon.
MARQUES (les), *h.*, c. de Thédirac.
MARQUEYROL, *ch.*, c. de Labastide-du-[Vert].
MARQUIZAT, *i.*, c. de Puy-l'Evêque.
MARQUIZAT, *h.*, c. de St-Sozy.
MARLY, *f.*, c. de St-Céré.
MARRE, *i.*, c. de St-Caprais.
MARRIVE, *h.*, c. de Thédirac.
MARROU, *h.*, c. de Ginouillac.
MARROU, *i.*, c. de Maxou.
MARROU (le), *h.*, c. de St-Clair.
MARROUFIN, *h.*, c. de Lentillac.
MARROUX, *h.*, c. de Montredon.
MARROUX, *i.*, c. de Reillaguet.
MARSA, *h.*, c. de Beauregard.
MARSAL, *i.*, c. de Prudhomat.
MARSAL, *h.*, c. de Sousceyrac.
MARTABRIOL, *h.*, c. de Gorses.

**MARTEL**, c., chef-l. de cant. de l'arr. de Gourdon — ✉, ▣ et Percept. — ▣ de St-Denis p. Martel. — ✝ de Martel (2385 p.), de Gluges (250 p.), de Loupchapt (350 p.) et de Murel (415 p.). — Rec.-bu-

raliste, 3 débits de tabac. — 2 notaires. —
Brigade de gendarmerie à cheval.

*Géographie* : Superf. 3889 hect. — 2703
hab. — Alt. moy. 253ᵐ. — Cette c. se
trouve sur le jurassique moyen.

Principaux v. et h. : Martel (1860 hab.);
— Gluges (261 hab.), à 5 k. de Martel; —
Loupchapt (322 hab.), à 2 k.; — Murel (260
hab.), à 4 k.

Cours d'eau : Dordogne (Pont suspendu à Gluges et bac à Copeyre).

Voies de cᵒⁿ : Route déplᵉ nᵒ 3, de
Sarlat à Aurillac; — route déplᵉ nᵒ 14,
de Gramat à Cressensac; — route déplᵉ
nᵒ 18, de Martel à Meyssac; — chem.
vic. de g. cᵒⁿ nᵒ 26, de Vayrac à Gluges;
— chem. vic. d'int com. nᵒ 14, à la route
déplᵉ nᵒ 15 à Turenne; — 7 chem. vic.
ord.

Distances : au chef-l. d'arr. 38 k.;
au chef-l. de départ. 80 k.

*Statistique* : 840 Electeurs. — 21 Cons.
mun.

Principal des 4 cont. dir. 20781 fr.
Revenus de la commune, 5256 fr.
Octroi (produit net 2750 fr.).

Hospice (4 sœurs de charité; — 34 lits;
— 4500 fr. de revenus). — Bureau de
bienfaisance (revenu annuel 364 fr.). —
2 Sociétés de secours mutuels (220 et 80
membres).

*Instruction* : Ecole cˡᵉ congrég. de garç.
(167 élèves); — école cˡᵉ congrég. de filles
(84 élèves); — école libre congrég. de
filles (50 élèves); — école congrég. de
hameau à Gluges (29 élèves).

*Produits agricoles* : Céréales, vin, pommes de terre, noix, truffes.

*Commerce et Industries* : Distillerie,
vers à soie. — 12 hôtels ou auberges, 3
cabarets, 14 cafés, 2 cercles. — Foires le
1ᵉʳ samedi de chaque mois, le 16 janvier,
le 1ᵉʳ et le dernier jour de carême, le 1ᵉʳ
samedi après la mi-carême, le 1ᵉʳ lundi
après l'Ascension, les 23 juin, 2 et 26
août, 3 novembre, 4 et 24 décembre. —
Marchés tous les samedis et mercredis. —
Halle aux grains. — Fêtes patr., à Martel,
le 1ᵉʳ dimanche après le 15 août, à Gluges le 1ᵉʳ août, à Loupchapt le 11 novembre et à Murel le 15 août.

### Historique.

*Pendant la Révolution.* — Martel formait les 3 c. de Martel, de Murel et de
Gluges; c'était un chef-l. de cant. du
district de St-Céré.

*Avant la Révolution.* — Martel formait

2 cˡᵉˢ (Martel et Murel) de la subdél. de
Gourdon et de l'élection de Figeac. — Ces
2 cˡᵉˢ faisaient partie de la vicomté de
Turenne et comprenaient les paroisses
de Martel sous l'invocation de St-Maur
(2190 p.) et de Murel sous l'invocation de
l'Assomption (293 p.). — Cette ville était
le siège d'une sénéchaussée.

Martel était une des principales villes
de la vicomté de Turenne; elle devrait
son origine à Charles-Martel qui, reve-
nant de son expédition contre les Sarrasins en Aquitaine, fit bâtir une église
dans l'endroit où la ville s'élève aujour-
d'hui. L'histoire politique de cette cᵗᵉ est
intimement liée à celle de la vicomté de
Turenne, dont l'existence remonte au IXᵉ
siècle; cette vicomté releva d'abord des
ducs de Guyenne; en 1350 elle passa entre les mains de Guillaume Roger de
Beaufort et en 1444 elle fut acquise à la
maison de la Tour-d'Auvergne, par le mariage d'Anne de Beaufort, vicomtesse et
héritière de Turenne, avec Agne de la
Tour-d'Auvergne; elle resta indépendante jusqu'en 1738. Ce fut à cette époque que Louis XV acheta cette vicomté
aux ducs de Bouillon et la réunit à la
France. — On prétend que c'est à Martel
que mourut en 1183, le fils du roi d'Angleterre, Henri au court-mantel, qui s'é-
tait révolté contre son père. Par un traité
du 22 avril 1263, Henri III, roi d'Angleterre, se réserva de faire tenir les assises
par son sénéchal, dans la ville de Martel.
Par ses lettres patentes d'avril 1280,
Philippe le Hardi, confirmant les privilèges de la vicomté de Turenne, se réserva
également les assises de Martel; enfin le
roi Jean en fit de même en 1350 et il y
eut à Martel un lieutenant par commission jusqu'en 1587. — Martel possédait
de nombreux privilèges concédés les uns
par les rois de France, les autres par les
vicomtes de Turenne, en récompense de
sa vigoureuse résistance contre l'invasion anglaise.

*Anciennes mesures* : Aune = 1ᵐ 188.
— Canne carrée = 2ᵐ·ᶜ· 638 — Quartonée = 10 ªʳᵉˢ 552 (la quartonée se subdivisait en 5 pugnères). — Setier = 88 ˡⁱᵗʳᵉˢ
(le setier se subdivisait en 4 quartons,
le quarton en 5 pugnères). — Pagelle
= 62 ˡⁱᵗʳᵉˢ 30 (la pagelle se subdivisait en
36 pintes, la pinte en 2 bouteilles, la
bouteille en 2 pauques).

*Antiquités* : Tumuli. — Belle église
de St-Maur. — Hôtel de Ville avec bef-

froi. — Ruines d'une commanderie des Templiers. — Maison où mourut, dit-on, Henri au court-mantel. — Grottes fortifiées à Gluges. — Château de Mirandol. — Archives intéressantes déposées à la Préfecture du Lot.

*Hommes célèbres* : Boria, orateur sacré du XVII⁰ siècle. — Le prêtre Guillaume Rouziès (1743-1805).

MARTEL, h., c. de Bio.
MARTEL, h., c. de Lavercantière.
MARTERIN (le), h., c. de Linars.
MARTIGNAC, h., c. de Belmont.
MARTIGNAC, h., c. de Cressensac.
MARTIGNAC, v., c. de Puy-l'Evêque.
MARTIGNE, m., c. de Béduer.
MARTINET, i., c. de Frayssinhes.
MARTINET, u., c. des Junies.
MARTINET, h., c. de Salviac.
MARTINET (le), h., c. des Arques.
MARTINET (le), u., c. de St-Céré.
MARTINET (le), u., c. de St-Médard.
MARTINETS, h., c. de Fontanes.
MARTINIE (la), h., c. de Floirac.
MARTINOU, h., c. de Gourdon.
MARTORY, h., c. de Trespoux.
MARTOULET, h., c. de Salviac.
MARTY, h., c. de Bélaye.
MARTY, h., c. de Cressensac.
MARTY, h., c. de Montcléra.
MARTY, h., c. de St-Géry.
MARUC, h., c. de Théminettes.
MARVAL, h., c. de Vayrac.
MARZELLE, h., c. de Sarrazac.
MAS (le), h., c. de Cassagnes.
MAS (le), h., c. de Castelnau.
MAS (le), m., c. de Cénevières.
MAS (le), h., c. de Dégagnac.
MAS (le), i., c. de Gourdon.
MAS (le), h., c. de Gramat.
MAS (le), i., c. de Lamothe-Cassel.
MAS (le), h., c. de Loupiac.
MAS (le), i., c. de St-Cyprien.
MAS (le), h., c. de St-Germain.
MAS (le), f. g., c. de St-Géry.
MAS (le), h., c. de St-Jean-Lespinasse.
MAS (le), h., c. de Ste-Alauzie.
MAS (le), h., c. de Saux.
MAS (le), h., c. de Sénaillac.
MASAGE-DE-DELPHINE, h., c. de Bach.
MAS-BATUT, h., c. de Gourdon.
MAS-BLANC (le), h., c. de Dégagnac.
MAS-BLANC (le), h., c. de Lamothe-C.
MAS-BLANC (le), h., c. de Peyrilles.
MAS-BLANC (le), i., c. de Soucirac.

MAS-BLANC (le), h., c. de Vaillac.
MAS-BLANQUET, h., c. de Linas.
MASBOU, h., c. de Fontanes.
MASCASCABEL, h., c. de St-Cirq-Lap.
MASCAUT (le), h., c. de Thégra.
MASCAYROLLES, v., c. de Fargues.

**MASCLAT**, c., cant. de Payrac, arr. de Gourdon. — ⊠, ▥ et Percept. de Payrac. — ☿ (620 p.). — Débit de tabac.

*Géographie* : Superf. 1272 hect. — 666 hab. — Alt. moy. 168 ᵐ. — Cette c. se trouve sur le jurassique supérieur recouvert, dans cette partie du département, du côté du Sud-Ouest, par le terrain crétacé.

Principaux v. et h. : Masclat (176 hab.); — Barracayre (41 hab.), à 1 k. 500 de Masclat; — Fonvielle (62 hab.), à 0 k. 600; — Grézal (86 hab.), à 0 k. 300; — Mas-de-Couderc (57 hab.), à 0 k. 800; — Mercadiol (46 hab.), à 4 k.

Cours d'eau : Ruisseau de Riveyronne.

Voies de cᵒⁿ : Chem. vic. d'int. com. nᵒ 85, de Gourdon à Mareuil par Masclat; — 4 chem. vic. ord.

Distances : au chef-l. de cant. 9 k.; au chef-l. d'arr. 13 k.; au chef-l. de départ. 56 k.

Curiosités : Fontaine intermittente à sec pendant la pluie et très abondante à la suite de quelques jours de chaleur.

*Statistique* : 222 Electeurs. — 12 Cons. mun.

Principal des 4 cont. dir. 2779 fr. Revenus de la commune, 35 fr.

*Instruction* : Ecole cˡᵉ laïque de garç. (27 élèves); — école cˡᵉ laïque de filles (18 élèves).

*Produits agricoles* : Céréales; noix, châtaignes, pommes de terre.

*Commerce et Industries* : Moulin à farine sur la Riveyronne. — 2 cabarets. — Foire le 1ᵉʳ janv. — Fête patr., le 8 septembre.

### Historique.

*Pendant la Révolution*. — C. du cant. de Payrac et du district de Gourdon.

*Avant la Révolution*. — Cˡᵉ de la subdél. de Gourdon et l'élection de Cahors. — Paroisse sous l'invocation de St-Hilaire (500 p.). — Cette cˡᵉ payait 4486 livres d'impositions; ses charges locales ord. étaient de 92 livres.

Il est question de l'église de St-Hilaire de Masclat dans un diplôme de l'année

**1143.** — En 1559, Jean de Blanchefort était seigneur de Masclat ; sa fille épousa Jean de Fontanges qui, par ce mariage, devint à son tour seigneur de Masclat.

*Anciennes mesures* : Les mesures de Masclat étaient celles de Gourdon.

Mascourt, *h.*, c. de Sousceyrac.
Mas-Cubert, *h.*, c. de St-Denis (Catus).
Mas-d'Agié, *h.*, c. d'Issendolus.
Mas-d'Aille, *h.*, c. de Fons.
Mas-d'Albenque, *h.*, c. de Cremps.
Mas-Dalet (le), *h.*, c. de Souillaguet.
Mas-d'Amour, *h.*, c. de Montcabrier.
Mas-d'Andral, *f.*, c. de Mechmont.
Mas-d'Argeac, *h.*, c. de Cabrerets.
Mas-Daspech, *h.*, c. de Belmont.
Mas-d'Auguié, *h.*, c. de Planioles.
Mas-Dausse, *h.*, c. de Labastide-du-Vert
Mas-Dausse, *h.*, c. de Pontcirq.
Mas-Davet, *h.*, c. de Miers.
Mas-de-Badelat, *h.*, c. de Théminettes.
Mas-de-Baffol, *h.*, c. de St-Chamarand
Mas-de-Bajoulet, *h.*, c. d'Assier.
Mas-de-Balestié, *h.*, c. de Béduer.
Mas-de-Barrade, *h.*, c. de Gigouzac.
Mas-de-Barrie, *h.*, c. de Béduer.
Mas-de-Barry, *i.*, c. d'Issepts.
Mas-de-Barthe, *h.*, c. d'Arcambal.
Mas-de-Barthe, *h.*, c. de St-Martin-
[de-Vers].
Mas-de-Barthe, *h.*, c. de Vaylats.
Mas-de-Barthes, *h.*, c. de St-Denis
(Catus).
Mas-de-Bastide, *h.*, c. de Crayssac.
Mas-de-Bayle, *h.*, c. du Bourg.
Mas-de-Beaumettou, *h.*, c. de Livernon
Mas-de-Bécade, *h.*, c. de Livernon.
Mas-de-Bédé, *m. c.*, c. d'Assier.
Mas-de-Bédel, *h.*, c. de St-Simon.
Mas-de-Bédorques, *h.*, c. de Béduer.
Mas-de-Béral, *h.*, c. d'Espédaillac.
Mas de-Béral, *f.*, c. de Rudelle.
Mas-de-Bergues, *h.*, c. de Lavergne.
Mas-de-Bert, *h.*, c. de Cremps.
Mas-de-Bertot, *h.*, c. de Calamane.
Mas-de-Bertrand, *h.*, c. d'Alvignac.
Mas-de-Bertrandy, *h.*, c. de Livernon.
Mas-de-Blazy, *h.*, c. de St-Projet.
Mas-de-Bories, *h.*, c. de Puybrun.
Mas-de-Bories, *h.*, c. de Tauriac.
Mas-de-Boulanger, *i.*, c. de Brengues.
Mas-de-Bourdiquet, *h.*, c. de Lentillac.
Mas-de-Bourrat, *h.*, c. de Sabadel.
Mas-de-Bourry, *h.*, c. de Crayssac.
Mas-de-Bousquet, *h.*, c. de Crayssac.
Mas-de-Bouy, *h.*, c. de Grèzes.
Mas-de-Bouyé, *h.*, c. de St-Germain.

Mas-de-Bouyguet, *h.*, c. d'Assier.
Mas-de-Bouyssou, *h.*, c. de Gigouzac.
Mas-de-Bouyssou, *i.*, c. de St-Sozy.
Mas-de-Bouyssounet, *h.*, c. d'Assier.
Mas-de-Bouzou, *h.*, c. d'Issepts.
Mas-de-Boy, *h.*, c. de Vaylats.
Mas-de-Boyonnet, *h.*, c. de Calamane.
Mas-de-Bras, *h.*, c. de Crayssac.
Mas-de-Bras, *h.*, c. de Lentillac.
Mas-de-Brel, *h.*, c. de St-Sulpice.
Mas-de-Bremet, *h.*, c. d'Alvignac.
Mas-de-Brézat, *h.*, c. de Béduer.
Mas-de-Brézat, *h.*, c. de Boussac.
Mas-de-Bringou, *h.*, c. de Cras.
Mas-de-Bris, *h.*, c. de Gigouzac.
Mas-de-Brive, *h.*, c. de Gigouzac.
Mas-de-Bro, *h.*, c. de St-Médard (Catus)
Mas-de-Bruges, *h.*, c. de Catus.
Mas-de-Bruniou, *h.*, c. de Crayssac.
Mas-de-Budre, *i.*, c. d'Issepts.
Mas-de-Bugelle, *m.*, c. de St-Sulpice.
Mas-de-Bunie, *h.*, c. d'Alvignac.
Mas-de-Calet, *h.*, c. du Bourg.
Mas-de-Calvet, *h.*, c. d'Albas.
Mas-de-Calvy, *f.*, c. de Francoulès.
Mas-de-Cambou, *h.*, c. de St-Sulpice.
Mas-de-Camp, *h.*, c. de Boissières.
Mas-de-Cantarel, *h.*, c. de Crayssac.
Mas-de-Capelle, *f.*, c. de Blars.
Mas-de-Capus, *h.*, c. de Béduer.
Mas-de-Carlès, *h.*, c. de Concots.
Mas-de-Carrigues, *h.*, c. de Souillaguet.
Mas-de-Carrié, *h.*, c. de Béduer.
Mas-de-Cascabel, *h.*, c. de St-Cirq-Lap.
Mas-de-Cassagnol, *h.*, c. de Saint-
[Chamarand].
Mas-de-Catus, *h.*, c. de Lavercantière.
Mas-de-Causse, *h.*, c. de St-Projet.
Mas-de-Causse, *h.*, c. de Thémines.
Mas-de-Cavalié, *h.*, c. d'Alvignac.
Mas-de-Cavalier, *i.*, c. de Sénaillac.
Mas-de-Cavalier, *f.*, c. de Théminettes
Mas-de-Cavanié, *h.*, c. de Béduer.
Mas-de-Caze, *h.*, c. de Fourmagnac.
Mas-de-Charles, *h.*, c. de Livernon.
Mas-de-Charlot, *m.*, c. de Vidaillac.
Mas-de-Charrat, *f. g.*, c. de Saint-
[Chamarand].
Mas-de-Chonoute, *h.*, c. de Camboulit.
Mas-de-Cibal, *h.*, c. de Sauliac.
Mas-de-Cinq, *h.*, c. de Camburat.
Mas-de-Claude, *h.*, c. de St-Sulpice.
Mas-de-Combes, *h.*, c. de Reilhaguet.
Mas-de-Conty, *m.*, c. de Calvignac.
Mas-de-Costes, *h.*, c. de Crayssac.
Mas-de-Couderc, *h.*, c. de Dégagnac.
Mas-de-Couderc, *h.*, c. de Masclat.
Mas-de-Couderc, *h.*, c. de Maxou.

Mas-de-Couderc, *h.*, c. de St-Jean-
[de-Laur].
Mas-de-Dauphy, *i.*, c. de Livernon.
Mas-de-Daynac, *h.*, c. de Béduer.
Mas-de-Daynac, *h.*, c. de Fourmagnac.
Mas-de-Dominique, *h.*, c. d'Assier.
Mas-de-Doucet, *h.*, c. de Brengues.
Mas-de-Doudoui, *h.*, c. d'Ussel.
Mas-de-Douze, *h.*, c. de Rocamadour.
Mas-de-Duc, *m.*, c. de Calvignac.
Mas-de-Ferrant, *h.*, c. de Nuzéjouls.
Mas-de-Figeac, *h.*, c. de Mercuès.
Mas-de-Figeac, *h.*, c. de Miers.
Mas-de-Figel, *h.*, c. de Blars.
Mas-de-Fioule, *h.*, c. Cras.
Mas-de-Fraysse, *h.*, c. de Gourdon.
Mas-de-Gabat, *h.*, c. Brengues.
Mas-de-Gafalut, *h.*, c. de Reillac.
Mas-de-Gaillard, *h.*, c. de Cardaillac.
Mas-de-Galeye, *h.*, c. d'Assier.
Mas-de-Gamot, *h.*, c. de St-Chamarand
Mas-de-Ganil, *m.*, c. de Blars.
Mas-de-Garach, *h.*, c. du Bourg.
Mas-de-Gardien, *h.*, c. de Saint-
[Chamarand].
Mas-de-Gari, *i.*, c. de Sauzet.
Mas-de-Garre, *i.*, c. d'Espédaillac.
Mas-de-Garre, *f.*, c. de Théminettes.
Mas-de-Garrey, *h.*, c. de Crayssac.
Mas-de-Garrigues, *h.*, c. de Lauzès.
Mas-de-Gauly, *h.*, c. de Sonac.
Mas-de-Gazol, *h.*, c. Livernon.
Mas-de-Gits, *m.*, c. de Cénevières.
Mas-de-Gindou, *h.*, c. de Crayssac.
Mas-de-Giparre, *h.*, c. de Béduer.
Mas-de-Girbay, *h.*, c. de Livernon.
Mas-de-Girous, *h.*, c d'Issepts.
Mas-de-Glandas, *h.*, c. de Sauliac.
Mas-de-Glandin, *f.*, c. de Sauliac.
Mas-de-Gourry, *h.*, c. de Crayssac.
Mas-de-Gramary, *h.*, c. de Béduer.
Mas-de-Gramat, *h.*, c. de Payrac.
Mas-de-Gratias, *h.*, c. de Planioles.
Mas-de-Grel, *h.*, c. de Brengues.
Mas-de-Grimal, *h.*, c. de Montfaucon.
Mas-de-Gubert, *f.*, c. de Grèzes.
Mas-de-Guiral, *i.*, c. de Brengues.
Mas-de-Guiral, *h.*, c. de Thédirac.
Mas-de-Guiralet, *h.*, c. de Saint-
[Chamarand].
Mas-de-Huc, *h.*, c. de Concots.
Mas-de-Jaillet, *h.*, c. de Francoulès.
Mas-de-Janduret, *h.*, c. de Livernon.
Mas-de-Jaupet, *i.*, c. d'Espédaillac.
Mas-de-Jean-Blanc, *f.*, c. de Rudelle.
Mas-de-Jean-Blanc, *h.*, c. de Saint-
[Sulpice].
Mas-de-Jordy, *h.*, c. de St-Sulpice.

Mas-de-Jordy, *m.*, c. de Théminettes.
Mas-de-Juge, *h.*, c. de Corn.
Mas-de-Juge, *h.*, c. de Vaylats.
Mas-de-la-Balnié, *i.*, c. d'Assier.
Mas-de-Labiscle, *i.*, c. de Livernon.
Mas-de-Laborie, *h.*, c. de Montgesty.
Mas-de-Labouysse, *h.*, c. de Crayssac.
Mas-de-Lacombe, *h.*, c. de Figeac.
Mas-de-Lacombe, *h.*, c. de Maxou.
Mas-de-Lacombe, *h.*, c. de Lissac.
Mas-de-Lacoste, *h.*, c. de Livernon.
Mas-de-Lacroix, *h.*, c. de Béduer.
Mas-de-Lacroix, *h.*, c. de Figeac.
Mas-de-la-Débite, *h.*, c. de Cambes.
Mas-de-la-Faresse, *h.*, c. d'Assier.
Mas-de-la-Fède, *h.*, c. de Crayssac.
Mas-de-Lafon, *h.*, c. de Figeac.
Mas-de-Lafon, *h.*, c. Salviac.
Mas-de-Lagard, *h.*, c. de Lentillac.
Mas-de-Lagord, *h.*, c. de Pontcirq.
Mas-de-Laire, *h.*, c. de Gréalou.
Mas-de-la-Lauresse, *h.*, c. d'Assier.
Mas-de-Lamas, *h.*, c. de Crayssac.
Mas-de-Lameyrigues, *h.*, c. d'Espédaillac.
Mas-de-la-Rivière, *h.*, c. de Sarrazac
Mas-de-Laroque, *h.*, c. de Caillac.
Mas-de-Lartillou, *f.*, c. d'Espédaillac.
Mas-de-Lary, *h.*, c. de Miers.
Mas-de-la-Sourde, *h.*, c. de Crayssac.
Mas-de-Lasvignes, *h.*, c. d'Alvignac.
Mas-de-la-Tapoune, *h.*, c. de Livernon.
Mas-de-la-Tige, *h.*, c. de Cremps.
Mas-de-Latour, *h.*, c. de Catus.
Mas-de-Laur, *h.*, c. de Cahors.
Mas-de-Laur, *h.*, c. de Sénaillac.
Mas-de-Laurent, *i.*, c. de Crayssac.
Mas-de-Lauzeral, *h.*, c. de Saint-
[Chamarand].
Mas-de-Lavie, *h.*, c. de St-Simon.
Mas-del-Blat, *h.*, c. de Ste-Colombe.
Mas-del-Bos, *h.*, c. du Bouyssou.
Mas-del-Bos, *h.*, c. de Cressensac.
Mas-del-Bos, *h.*, c. de Labathude.
Mas-del-Bos, *h.*, c. de Peyrilles.
Mas-del-Bos, *h.*, c. de St-Perdoux.
Mas-del-Bos, *f.*, c. de Sousceyrac.
Mas-del-Camp, *h.*, c. d'Issendolus.
Mas-del-Cloup, *i.*, c. de St.-Martin-
[de-Vers].
Mas-de-l'Eglise, *h.*, c. de Latronquière
Mas-de-Leytou, *i.*, c. d'Assier.
Mas-del-Four, *h.*, c. de Lauzès.
Mas-de-Lherm, *i.*, c. de Frayssinet-le-
[Gélat].
Mas-de-l'Homme, *h.*, c. de Saint-
[Chamarand].
Mas-d'Elleux, *h.*, c. de Calamane.
Mas-del-Merle, *h.*, c. de Sonac.

Mas-de-Long, *h.*, c. de Mechmont.
Mas-de-Long, *h.*, c. de Sabadel.
Mas-de-Lor, *h.*, c. de Gindou.
Mas-de-Lort, *h.*, c. de St-Perdoux.
Mas-de-Lozet, *h.*, c. de Masclat.
Mas-del-Pastré, *h.*, c. de Vaylats.
Mas-del-Pech, *h.*, c. de Concorès.
Mas-del-Pech, *h.*, c. de Gignac.
Mas-del-Pech, *h.*, c. de Lentillac [Lauzès].
Mas-del-Pech, *h.*, c. de St-Jean-de-Laur
Mas-del-Prat, *h.*, c. de Montet-et- [Bouxal].
Mas-del-Prat, *h.*, c. de Thégra.
Mas-del-Rasclé, *h.*, c. de Sauliac.
Mas-del-Rey, *h.*, c. de Labastide-Murat
Mas-del-Rey, *h.*, c. de Sauliac.
Mas-del-Roy, *h.*, c. de Labastide-Mur.
Mas-del-Saltré, *h.*, c. de Sabadel [Lauzès].
Mas-del-Sol, *h.*, c. de Figeac.
Mas-del-Sol, *h.*, c. d'Uzech.
Mas-del-Sols, *h.*, c. de Francoulès.
Mas-del-Treil, *i.*, c. de Lachapelle- [Auzac].
Mas-de-Lugan, *h.*, c. de Vaylats.
Mas-del-Vit, *h.*, c. de St-Simon.
Mas-de-Martel, *h.*, c. de Bio.
Mas-de-Mativet, *h.*, c. de Cras.
Mas-de-Mayo, *h.*, c. de Brengues.
Mas-de-Mayrou, *i.*, c. d'Espédaillac.
Mas-de-Mérigout, *h.*, c. d'Assier.
Mas-de-Mérigue, *h.*, c. d'Espédaillac.
Mas-de-Merle, *h.*, c. de Sonac.
Mas-de-Miral, *h.*, c. de Crayssac.
Mas-de-Mole, *h.*, c. de Nuzéjouls.
Mas-de-Monsio, *h.*, c. de Maxou.
Mas-de-Moulières, *h.*, c. de Saint- [Chamarand].
Mas-de-Moulinié, *h.*, c. d'Assier.
Mas-de-Moureau, *h.*, c. de Béduer.
Mas-de-Mourèze, *i.*, c. de Gintrac.
Mas-de-Nadal, *h.*, c. de Sauliac.
Mas-de-Naussat, *h.*, c. de Maxou.
Mas-de-Not, *h.*, c. de Cremps.
Mas-de-Noyer, *v.*, c. de Faycelles.
Mas-Densou, *h.*, c. de Gramat.
Mas-de-Pagès, *m.*, c. de Marcillac.
Mas-de-Pagès, *h.*, c. de Sonac.
Mas-de-Paillé, *h.*, c. de Ste-Eulalie.
Mas-de-Parra, *m.* c. de Crégols.
Mas-de-Patri, *h.*, c. de Boussac.
Mas-de-Pech, *h.*, c. de Pinsac.
Mas-de-Pegourdi, *h.*, c. de Crayssac.
Mas-de-Perry, *h.*, c. de Cahors.
Mas-de-Pestel, *i.*, c. d'Issepts.
Mas-de-Peyre, *h.*, c. de Gindou.
Mas-de-Peyrillou, *h.*, c. de Crayssac

Mas-de-Peyrou, *h.*, c. de Catus.
Mas-de-Pierre, *h.*, c. de Miers.
Mas-de-Pilote, *i.*, c. de St-Clair.
Mas-de-Pinquié, *h.*, c. de Durbans.
Mas-de-Plagnol, *h.*, c. de Reyrevignes.
Mas-de-Ponsot, *h.*, c. de Nuzéjouls.
Mas-de-Pouchou, *h.*, c. de Sabadel.
Mas-de-Poutague, *i.*, c. de Sonac.
Mas-de-Poux, *h.*, c. de Maxou.
Mas-de-Pouzat, *h.*, c. de Crayssac.
Mas-de-Rajoulet, *h.*, c. d'Assier.
Mas-de-Rélhié, *h.*, c. de Douelle.
Mas-de-Rélier, *h.*, c. de Montamel.
Mas-de-Rieux, *h.*, c. de Dégagnac.
Mas-de-Rieux, *h.*, c. de Montgesty.
Mas-de-Rigal, *h.*, c. de Lentillac [Lauzès].
Mas-de-Roselle, *h.*, c. de Sauliac.
Mas-de-Rouby, *h.*, c. de Rocamadour.
Mas-de-Rupy, *h.*, c. de Montfaucon.
Mas-de-Sabrié, *h.*, c. de Laburgade.
Mas-de-Saint-Sol, *h.*, c. de St-Sozy.
Mas-de-Salgues, *h.*, c. de Sauliac.
Mas-de-Salgou, *i.*, c. de Sénaillac.
Mas-de-Sartré, *h.*, c. de Crayssac.
Mas-de-Savy, *h.*, c. de St-Projet.
Mas-de-Sécat, *h.*, c. de Rudelle.
Mas-de-Serre, *h.*, c. de Nuzéjouls.
Mas-de-Serres, *h.*, c. de Catus.
Mas-de-Sers, *h.*, c. de Francoulès.
Mas-des-Granges, *h.*, c. de Pradines.
Mas-de-Simon, *h.*, c. de Mechmont.
Mas-de-Simon, *h.*, c. de Sauliac.
Mas-de-Sol, *f.*, c. de St-Sozy.
Mas-de-Soulier, *h.*, c. de Cremps.
Mas-de-Sounat, *h.*, c. de Craissac.
Mas-de-Souyris, *i.*, c. de Francoulès.
Mas-de-Soynat, *h.*, c. de Crayssac.
Mas-d'Estieu, *h.*, c. de St-Projet.
Mas-des-Vignes, *h.*, c. d'Alvignac.
Mas-de-Teulat, *h.*, c. de Dégagnac.
Mas-de-Thomas, *h.*, c. d'Assier.
Mas-de-Thomas, *h.*, c. de St-Sulpice.
Mas-de-Troy, *h.*, c. d'Alvignac.
Mas-de-Valade, *h.*, c. de Faycelles.
Mas-de-Vals, *h.*, c. de Reyrevignes.
Mas-de-Vaurs, *h.*, c. de Faycelles.
Mas-de-Vergnes, *h.*, c. de Pontcirq.
Mas-de-Vergnes, *h.*, c. de Reyrevignes
Mas-de-Vergnes, *h.*, c. de Sauliac.
Mas-de-Vergon, *h.*, c. de Concots.
Mas-de-Vertot, *h.*, c. de Calamane.
Mas-de-Vinayrou, *h.*, c. de Concots.
Mas-de-Vincent, *h.*, c. de Grèzes.
Mas-de-Vinel, *h.*, c. de Cremps.
Mas-de-Vinges, *h.*, c. de Sauliac.
Mas-de-Vourdary, *i.*, c. de Nuzéjouls
Mas-d'Ary, *i.*, c. de Nuzéjouls.

MAS-D'IRENNES, *h.*, c. de Béduer.
MAS-D'OLUS, *h.*, c. de Théminettes.
MAS-D'ORLIAC, *h.*, c. de Bio.
MAS-D'OURGNAGUEL, *h.*, c. d'Espédaillac
MAS-DU-CAUSSE, *h.*, c. de Thémines.
MAS-DU-COUDER, *f.*, c. de Théminettes
MAS-DU-VENT, *h.*, c. de St-Denis (Catus)
MASÉES (les), *h.*, c. de Lentillac (Lauzès)
MAS-HAUT, *h.*, c. de Peyrilles.
MAS-MERLIN, *h.*, c. de Larnagol.
MAS-NÈVE, *h.*, c. de Labastide-du-
[Vert].
MAS-NÈVE, *h.*, c de Lherm.
MAS-NIAU, *h.*, c. de Laramière.
MASPIN, *h.*, c. de St-Caprais.
MASPONCHET, *h.*, c. de Sarrazac.
MASPOULIÉ, *h.*, c. de Sousceyrac.
MAS-REDON, *h.*, c. de Boissières.
MAS-REMBERT, *h.*, c. de St-Sozy.
MAS-ROUGE, *i.*, c. de Dégagnac.
MASSABIAU, *h.*, c. de Laroque-Toirac.
MASSABIE, *h.*, c. de Parnac.
MASSAC, *h.*, c. de Duravel.
MASSANGUIRAL, *h.*, c. de Lauresses.
MAS-SARRAT, *h.*, c. de Lherm.
MASSE (la), *h.*, c. des Junies.
MASSEBAQUE, *h.*, c. de Planioles.
MASSEILLE, *h.*, c. de St-Daunès.
MASSERIES, *h.*, c. de Cambayrac.
MASSERIES (les), *h.*, c. de Sauzet.
MASSERIES hautes et basses (les), *v.*, c.
[de St-Géry].
MASSES, *i.*, c. de St-Cyprien.
MASSIP, *h.*, c. de Castelnau.
MASSIP, *i.*, c. de Cremps.
MASSIP, *i.*, c. de Puyjourdes.
MASSOUBROT, *h.*, c. de Lachapelle-A.
MASTAT, *h.*, c. de Maxou.
MASTAYROL, *m. e.*, c. de Calamane.
MAS-VERNIÈRES, *h.*, c. de Mayrinhac-
[Lentour].
MAS-VERT, *h.*, c. de Montfaucon.
MAS-VIEL, *h.*, c. de Caillac.
MAS-VIEL, *h.*, c. de Frayssinhes.
MAS-VIEL, *i.*, c. de St-Simon.
MAS-VIEL, *h.*, c. de Vaylats.
MAS-VIEL, *h.*, c. de Vidaillac.
MATÈRE, *h.*, c. de Floressas.
MATHAU, *h.*, c. de Gagnac.
MATHIEU, *h.*, c. de Padirac.
MATHIEU, *i.*, c. de Sabadel.
MATHIEU (le), *h.*, c. de St-Denis (Martel)
MATHIEUX (les), *h.*, c. de Cahors.
MATHIEUX (les), *h.*, c. de Labastide-
[Marnhac].
MATINES, *h.*, c. de St-Germain.
MATIVIE (la). — *Voir Lamativie.*
MATUREL, *m.*, c. de Crégols.

MAU, *h.*, c. de Castelnau.
MAUDRAUX, *h.*, c. de Frayssinet-le-
[Gélat].
MAULIAC, *h.*, c. de Camboulit.
MAURANCOU, *i.*, c. de Cazillac.
MAURE, *h.*, c. de Lachapelle-Auzac.
MAUREILLE, *i.*, c. de Montdoumerc.
MAUREL, *h.*, c. de Peyrilles.
MAUREL, *h.*, c. de Rampoux.
MAUREL, *h.*, c. de Ste-Colombe.
MAURELLE, *h.*, c. d'Anglars.
MAURI-BAS, *i.*, c. de Montamel.
MAURIAC, *h.*, c. de Carennac.
MAURIAC, *h.*, c. de Fourmagnac.
MAURIAC, *h.*, c. de St-Perdoux.
MAURIFOND, *f.*, c. de Payrac.
MAURIOLE, *h.*, c. de Cazillac.

**MAUROUX**, c., cant. de Puy-l'Evêque,
arr. de Cahors. — ✉, 🕾 et ⚇ de
Soturac. — Percept. de Duravel. — ⚓
de Mauroux (568 p.) et de Cabanac (235
p.). — Rec.-buraliste.
*Géographie* : Superf. 1620 hect. —
795 hab. — Alt. moy. 213 $^m$. — Cette c.
se trouve sur le jurassique supérieur
qui domine toute la vallée du Lot depuis Cahors jusqu'à Duravel.
Principaux v. et h. : Mauroux (157
hab.) ; — Dordé et Paillargues (53 hab.),
à 1 k. de Mauroux ; — Esgonie et Raust
(50 hab.), à 2 k. ; — Gaby et Lenclio
(96 hab.), à 4 k. ; — Garrigues et Mor-
tayroux (116 hab.), à 2 k. ; — Gramont
et Saby (67 hab.), à 1 k. ; — Janès (69
hab.), à 2 k. ; — Lavaysse et Poncy (36
hab.), à 2 k. ; — Ouilh-Bas et Combecave (47 hab.), à 2 k. ; — Pechaussou et
Laborie (47 hab.), à 3 k. ; — Vergnes
(57 hab.), à 3 k.
Cours d'eau : Rivière du Lot (bac
d'Orgueil). — Fontaine de Bouyssac.
Voies de c$^{on}$ : Chem. vic. de g. c$^{on}$ n°
11, de Montpezat à Fumel ; — chem.
vic. de g. c$^{on}$ n° 44, de Puy-l'Evêque à
Tournon ; — 7 chem. vic. ord.
Distances : au chef l. de cant. 12 k. ;
au chef-l. d'arr. et de départ. 45 k.
*Statistique :* 256 Electeurs. — 12 Cons.
mun. — Sect. élect. de Mauroux (8 cons.
mun.) et de Cabanac (4 cons. mun.).
Principal des 4 cont. dir. 7704 fr.
Revenus de la commune, 750 fr.
Bureau de bienfaisance (revenu annuel
314 fr.).
*Instruction :* Ecole c$^{le}$ laïque de garç.
(47 élèves) ; — école c$^{le}$ congrég. de filles
(64 élèves).

*Produits agricoles* : Blé, vin, maïs, prunes, truffes.

*Commerce et Industries* : 3 hôtels ou auberges; — cabaret; — 4 cafés. — Foires le 22 mai, le 20 juillet et le 9 des autres mois. — Fête locale le 3ᵉ dimanche de mai.

### Historique.

*Pendant la Révolution*. — C. de Cabanac, du cant. de Bélaye et du district de Lauzerte.

*Avant la Révolution*. — Cᵗᵉ de Cabanac et Mauroux, de la subdél. de Prayssac et de l'élection de Cahors. — Paroisse sous l'invocation de St-Martin (1060 p.). — Cette cᵗᵉ payait 6692 livres d'impositions; ses charges locales ord. étaient de 156 livres. — Pendant la guerre de cent ans, le seigneur d'Orgueil ayant fait cause commune avec les Anglais, en leur facilitant la prise de la ville de Puy-l'Évêque, le vicomte de Cessac, qui parvint à reprendre Puy-l'Évêque, fit trancher la tête à ce seigneur félon et raser son repaire d'Orgueil (*reparium de Orgolhio*).

*Anciennes mesures* : Canne = 1ᵐ 786. — Canne carrée = 3ᵐ. ᶜ. 2568. — Quarterée = 39 ᵃʳᵉˢ 57 (la quarterée se subdivisait en 4 quartonats et le quartonat en 4 boisselats). — Quarte = 78 ˡⁱᵗʳᵉˢ (la quarte se subdivisait en 4 quartons, le quarton en 4 boisseaux et le boisseau en 16 onces). — Barrique = 192 ˡⁱᵗʳᵉˢ 40 (la barrique se subdivisait en 120 pots et le pot en 2 pintes).

*Antiquités* : Ruines de la ville d'Orgueil. — Découverte, en 1877, de diverses poteries conservées à la mairie.

MAURY, *i.*, c. de Comiac.
MAURY, *h.*, c. de Lamativie.
MAURY, *h.*, c. de St-Hilaire.
MAURY, *h.*, c. de Thégra.
MAUX, *i.*, c. de Dégagnac.
MAUX, *h.*, c. de Peyrilles.
MAUX, *h.*, c. de Saux.
MAVIEL, *h.*, c. de Fraysinhes.
MAVIEL, *h.*, c. de Parnac.

**MAXOU**, c., cant. de Catus, arr. de Cahors. — ⊠ de Pélacoy. — ▨ de Mercuès. — Percept. — ⚭ de Maxou (285 p.), de Brouelles (338 p.) et de St-Pierre-Lafeuille (318 p.). — Rec.-buraliste.

*Géographie* : Superf. 2111 hèct. — 871 hab. — Alt. moy. 294 ᵐ. — Le territoire de cette c. s'étend sur un plateau calcaire appartenant à la formation du jurassique supérieur.

Principaux v. et h. : Maxou (202 hab.); — Brouelles (287 hab.), à 3 k. de Maxou; — Mas de Lacombe (101 hab.), à 2 k.; — Mastat (98 hab.), à 0 k. 500; — St-Pierre-Lafeuille (183 hab.), à 2 k.

Cours d'eau : Ruisseaux de Brouelles et de Maxou.

Voies de cᵒⁿ : Route natˡᵉ nᵒ 20, de Paris à Toulouse; — chem. vic. d'int. com. nᵒ 10, de Luzech à Pélacoy; — chem. vic. d'int. com. nᵒ 35, de Catus à St-Pierre-Lafeuille; — 6 chem. vic. ord.

Distances : au chef-l. de cant. 12 k.; au chef-l. d'arr. et de départ. 13 k.

*Statistique* : 295 Electeurs. — 12 Cons. mun.

Principal des 4 cont. dir. 5229 fr.

Revenus de la commune, 84 fr.

*Instruction* : Ecole cˡᵉ laïque de garç. (32 élèves); — école cˡᵉ laïque de filles à St-Pierre (32 élèves); — école mixte de hameau à Brouelles (29 élèves).

*Produits agricoles* : Céréales, vin, noix, truffes.

*Commerce et Industries* : 2 moulins à farine. — Fête patr., le 16 août.

### Historique.

*Pendant la Révolution*. — Maxou formait 3 c. (Maxou, Brouelles et St-Pierre-Lafeuille), du cant. de Catus et du district de Cahors.

*Pendant la Révolution*. — Maxou formait 3 cᵗᵉˢ de la subdél. et de l'élection de Cahors :

1º Cᵗᵉ de Maxou : payait 3300 livres d'impositions; ses charges locales ord. étaient de 56 livres. — Paroisse sous l'invocation de l'Assomption (296 p.);

2º Cᵗᵉ de Brouelles : payait 3597 livres d'impositions; ses charges locales ord. étaient de 68 livres. — Paroisse sous l'invocation de St-Pierre (358 p.);

3º Cᵗᵉ de St-Pierre-Lafeuille : payait 1978 livres d'impositions; ses charges locales ord. étaient de 49 livres. — Paroisse sous l'invocation de St-Pierre ès-liens (262 p.).

*Anciennes mesures* : Les mesures de Maxou, de Brouelles et de St-Pierre étaient celles de Cahors.

*Antiquités* : Ruines du château de Roussillon qui appartenait à la famille des Gontaud-Biron. — A Brouelles, restes d'une tour qui résista longtemps aux Anglais, durant la guerre de cent ans.

MAYLARGUES, *h.*, c. de St-Sauveur.
MAYNAGUE, *i.*, c. de Mauroux.
MAYNARD, *h.*, c. de Loubressac.
MAYNARDOU, *i.*, c. de Cazals.
MAYNÉ, *h.*, c. de Duravel.
MAYNÉ, *i.*, c. de St-Sozy.
MAYNÉ (le), *h.*, c. d'Albas.
MAYONNES, *i.*, c. de Fons.
MAYRAC, *v.*, c. de St-Sozy.
MAYRAGUET, *v.*, c. de Pinsac.
MAYRAT, *h.*, c. de Lavercantière.

**MAYRINHAC ou Mayrignac-Lentour**, c., cant. de St-Céré, arr. de Figeac. — ⊠, ▩ et ▩ de Gramat. — Percept. d'Autoire. — ♂ (965 p.). — Débit de tabac. — Notaire.

*Géographie* : Superf. 1551 hect. — 969 hab. — Alt. moy. 388ᵐ. — Cette c. est située sur les marnes du supra-lias.

Principaux v. et h. : Mayrinhac (274 hab.); — Gontal (43 hab.), à 1 k. 100 de Mayrinhac; — Lacoste (48 hab.), à 1 k.; — Laguizayrie (47 hab.), à 1 k.; — Laumières (54 hab.), à 1 k. 200; — Pech-Castan (35 hab.), à 1 k. 500.

Cours d'eau : Ruisseau de l'Alzou.

Voies de cᵒⁿ : Route dépˡᵉ nᵒ 5, de Cahors à Clermont; — chem. vic. d'int. com. nᵒ 43, de Lacapelle à Martel; — chem. vic. d'int. com. nᵒ 94, de Bonneviole à Mayrinhac; — 1 chem. vic. ord.

Distances : au chef-l. de cant. 12 k.; au chef-l. d'arr. 38 k.; au chef-l. de départ. 65 k.

*Statistique* : 309 Electeurs. — 12 Cons. mun.

Principal des 4 cont. dir. 5862 fr.

Revenus de la commune, 74 fr.

Bureau de bienfaisance (revenu annuel 375 fr.).

*Instruction* : Ecole cˡᵉ laïque de garç. (63 élèves); — école congrég. libre de filles (80 élèves).

*Produits agricoles* : Céréales, vin, pommes de terre et fourrages.

*Commerce et Industries* : 6 moulins à farine sur l'Alzou. — 2 cabarets. — Foire le 12 août. — Fête patr., le 1ᵉʳ dimanche après le 9 mai.

Historique.

*Pendant la Révolution.* — C. du cant. d'Aynac et du district de Figeac.

*Avant la Révolution* — Cᵗᵉ de la subdél. et de l'élection de Figeac. — Paroisse sous l'invocation de St-Pierre ès-liens (815 p.). — Cette cᵗᵉ payait 7111 livres d'impositions; ses charges locales ord. étaient de 150 livres.

La terre de Mayrinhac fut donnée, vers la fin du ixᵉ siècle, par Adhemar, vicomte de Turenne, à un de ses enfants naturels. Quelques temps après, Mayrinhac passa entre les mains de Raymond, comte de Toulouse et du Quercy.

*Anciennes mesures* : Les mesures de Mayrinhac étaient celles de St-Céré.

*Antiquités* : Restes d'un château ayant appartenu à la famille de Noailles.

MAYRINHAC-LE-FRANCAL, *v.*, c. de [Rocamadour].
MAYRINS (les), *i.*, c. de Cahors.
MAYRONNE. — (*Voir Meyronne*).
MAZAC, *h.*, c. de Duravel.
MAZARGUIL, *h.*, c. de Lauresses.
MAZAT, *f.*, c. de Calès.
MAZAYRAC, *h.*, c. de Comiac.
MAZAYRAC, *h.*, c. de Lauresses.
MAZEAU, *h.*, c. de Montfaucon.
MAZEL (le), *i.*, c. de Gagnac.
MAZEMBERT, *h.*, c. de Sousceyrac.
MAZER, *h.*, c. de Linac.
MAZERAT, *h.*, c. de Dégagnac.
MAZET, *h.*, c. de Calviac.
MAZET, *i.*, c. de Cras.
MAZET, *h.*, c. de Cuzance.
MAZET, *h.*, c. d'Esclauzels.
MAZET, *i.*, c. de Lamothe-Cassel.
MAZET, *h.*, c. de Laroque-Toirac.
MAZET, *f.*, c. de Rocamadour.
MAZET, *h.*, c. de St-Jean-Lespinasse.
MAZET, *h.*, c. de Terrou.
MAZETTES (les), *h.*, c. de St-Chamarand.
MAZEYRAC, *h.*, c. d'Alvignac.
MAZEYROLES, *h.*, c. de Teyssieu.
MAZEYROLLE, *h.*, c. de Bétaille.
MAZICOU (le), *i.*, c. de St-Perdoux.
MAZIÈRES, *h.*, c. de Cornac.
MAZIÈRES, *v.*, c. de Montcabrier.
MAZIOLS, *h.*, c. de Lamativie.
MAZOU, *i.*, c. de Dégagnac.
MAZOU, *h.*, c. de Salviac.
MAZOU (le), *i.*, c. de St-Michel-Loubéjou.
MAZUQUE, *h.*, c. de Dégagnac.
MAZURES (les), *h.*, c. de Gramat.
MAZUT, *h.*, c. de Lauresses.
MAZUT (le), *h.*, c. de Calès.
MAZUT (le), *h.*, c. de Gramat.
MAZUT (le), *h.*, c. de Labastide.
MAZUT (le), *h.*, c. de St-Chamarand.
MAZUTS (les), *h.*, c. de d'Arcambal.
MEAUX, *h.*, c. de Puy-l'Évêque.
MEAUX, *h.*, c. de Saux.

**MECHMONT**, c., cant. de Catus, arr. de Cahors. — ⊠ de Pélacoy. — Percept. de Maxou. — ♉ (340 p.).

*Géographie :* Superf. 671 hect. — 356 hab. — Alt. moy. 341ᵐ. — Cette c. se trouve sur le jurassique supérieur ; îlots de terrain tertiaire.

Principaux v. et h. : Falgayras (23 hab.), à 2 k. 500 de Mechmont ; — Mas de l'Holm (29 hab.), à 2 k. ; — Mas de Simon (43 hab.), à 3 k. ; — Teyssié (44 hab.), à 1 k. 200.

Cours d'eau : Ruisseau du Vert.

Voies de cᵒⁿ : Route natˡᵉ nᵒ 20, de Paris à Toulouse ; — chem. vic. de g. cᵒⁿ nᵒ 13, de Figeac à Cazals ; — chem. vic. d'int. com. nᵒ 60, de Gigouzac à la route dépˡᵉ nᵒ 20 ; — 4 chem. vic. ord.

Distances : au chef-l. de cant. 11 k. ; au chef-l. d'arr. et de départ. 21 k.

*Statistique :* 109 Electeurs. — 10 Cons. mun.

Principal des 4 cont. dir. 3740 fr.

Revenus de la commune, 43 fr.

*Instruction :* Ecole cˡᵉ laïque de garç. (28 élèves).

*Produits agricoles :* Céréales, vin, chanvre, pommes de terre, châtaignes, fourrages.

*Commerce et Industries :* 3 moulins à farine sur le Vert. — Fête patr., le 20 octobre.

Historique.

*Pendant la Révolution.* — C. du cant. de Catus et du district de Cahors.

*Avant la Révolution.* — Cˡᵉ de la sub-dél. de Gourdon et de l'élection de Cahors. — Paroisse sous l'invocation de St-Caprais (460 p.). — Cette cˡᵉ payait 2584 livres d'impositions ; ses charges locales ord. étaient de 70 livres.

Cette localité fut le théâtre, pendant les guerres de Religion, de nombreux combats entre les catholiques et les huguenots, d'où le surnom de *guerre* que l'on ajoute quelquefois à son nom.

*Anciennes mesures :* Les mesures de Mechmont étaient celles de Cahors.

*Antiquités :* Vestiges d'un Agger ou Poste militaire romain.

MÉGE, *h.*, c. de Boissières.
MÉGE, *i.*, c. de Figeac.
MÉGET, *h.*, c. de Boissières.
MEILLAC (le), *h.*, c. de Sonac.
MÉJA, *m.*, c. de Varaire.
MÉJANASSÈRE, *h.*, c. de Cornac.

MÉJAS (les), *h.* et *m. e.*, c. de Latronquière.
MÉJOUL, *h.*, c. de St-Michel-de-Ban.
MÉLERY, *h.*, c. d'Albas.
MÉLET, *h.*, c. de Sauzet.
MÉLET, *h.*, c. de Stᵉ-Alauzie.
MÉLINES, *h.*, c. de St-Cirq-Lapopie.
MÉLINES, *m.*, c. de St-Martin-Lab.
MELS, *h.*, c. de Lamagdelaine.
MÉLY, *h.*, c. de Gindou.
MÉNANERY, *h.*, c. de St-Germain.
MENDIGOT, *i.*, c. de Frayssinet.
MENDIGOU, *i.*, c. de Frayssinet.
MENEVIOLE, *h.*, c. de Labastide-du-[Haut-Mont].
MENET, *f.*, c. de Castelnau.
MÉNOIRE, *h.*, c. de Bétaille.
MENOU, *i.*, c. du Boulvé.
MENTIE (le), *m.*, c. du Montat.
MENUISIER, *i.*, c. de Faycelles.
MENUISIER, *i.*, c. de Flaugnac.
MÉOURE, *i.*, c. de Puy-l'Evêque.
MÉRAC (le), *m. e.*, c. de Thégra.
MERCADAL, *i.*, c. de Valroufié.
MERCADEL (le), *h.*, c. de Marminiac.
MERCADIER, *h.*, c. de Lalbenque.
MERCADIOL, *h.*, c. d'Alvignac.
MERCADIOL, *h.*, c. de Masclat.
MERCOURT, *h.*, c. de St-Martin-Lab.

**MERCUÈS**, c., cant. de Cahors (nord) ; arr. de Cahors. — ⊠, 🖃 et 🖳. — Percept. de Pradines. — ♉ (600 p.). — Débit de tabac.

*Géographie :* Superf. 774 hect. — 634 hab. — Alt. moy. 205ᵐ. — La plus grande partie des terres cultivées de cette c. et le bourg s'étendent sur les alluvions du Lot ; les montagnes appartiennent à la formation jurassique supérieure.

Cours d'eau : Rivière du Lot.

Principaux v. et h. : Mercuès.

Voies de cᵒⁿ : Route natˡᵉ nᵒ 111, de Millau à Tonneins ; — chem. vic de g. cᵒⁿ nᵒ 9, de Cahors à Castelfranc ; — chem. vic. d'int. com. nᵒ 34, de Mercuès à Montcuq ; — 3 chem. vic. ord.

Distances : au chef-l. de cant., d'arr. et de départ. 8 k.

*Statistique :* 216 Electeurs — 12 Cons. mun.

Principal des 4 cont. dir. 5497 fr.

Revenus de la commune, 795 fr.

Bureau de bienfaisance (revenu annuel 1170 fr.).

*Instruction :* Ecole cˡᵉ laïque de garç. (56 élèves) ; — école cˡᵉ congrég. de filles (55 élèves).

*Produits agricoles :* Céréales, vin, tabac, pommes de terre, fourrages.

*Commerce et Industries :* Moulin à farine sur le Lot. — Auberge et cabaret. — Fête patr., le 31 juillet.

### Historique.

*Pendant la Révolution.* — C. du cant. et du district de Cahors.

*Avant la Révolution.* — C¹ᵉ de la subdél. et de l'élection de Cahors. — Paroisse sous l'invocation de St-Germain (580 p.). — Cette c¹ᵉ payait 4159 livres d'impositions; ses charges locales ord. étaient de 70 livres.

Un fort construit par les Romains et dédié à Mercure (*Castrum Mercurii*) a donné son nom à cette commune. — Le château de Mercuès fut pris par les Anglais en 1426 et racheté, deux ans après, par les Consuls de Cahors, au prix d'une pièce de damas et de 16000 moutons d'or (19200 francs). — Le chef calviniste Duras s'empara du même château en 1562 et fit prisonnier l'évêque Pierre Bertrandi. — Au commencement du XVIIᵉ siècle, et pendant que la peste et la famine désolaient Cahors, l'évêque Habert réunit, sur la colline de Mercuès, 7 à 800 cadurciens et les occupa à tracer les routes et à créer les jardins qui ornent aujourd'hui la résidence épiscopale.

*Anciennes mesures :* Les mesures de Mercuès étaient celles de Cahors.

*Antiquités :* Château construit sur l'emplacement de l'ancien fort romain et qui, depuis le XIIIᵉ siècle, n'a presque pas cessé d'être l'habitation favorite des Evêques de Cahors. Cette demeure, entièrement restaurée par l'évêque actuel, renferme une précieuse collection de portraits des prélats du diocèse et quelques vieux meubles.

*Hommes célèbres :* Agar, comte de Mosbourg, ancien ministre des finances du roi Murat; son corps repose dans une chapelle de l'église de Mercuès.

MERGNES, *i.,* c. de Camboulit.
MERGOULIAC, *m. e.,* c. de Gorses.
MÉRIC (le), *h.,* c. de Montdoumerc.
MÉRIC (le), *h.,* c. de Promilhanes.
MÉRIES, *h.,* c. de Puy-l'Evêque.
MÉRIGNES, *h.,* c. de Reyrevignes.
MÉRIGOU, *h.,* c. de Montcabrier.
MÉRIGUE (Mas de), *h.,* c. d'Espédaillac.
MÉRILLAC, *i.,* c. de Puy-l'Evêque.

MERLAN, *h.,* c. de Cabrerets.
MERLANCOU, *m. e.,* c. de Figeac.
MERLANES, *i.,* c. de Belfort.
MERLANES, *i.,* c. de St-Paul.
MERLE, *h.,* c. de Bagnac.
MERLE, *m. v.,* c. de Beaumat.
MERLE, *h.,* c. de Cahors.
MERLE, *h.,* c. de Loubressac.
MERLE, *f.,* c. de Rocamadour.
MERLE-CASTEL, *h.,* c. de Valrouflé.
MERLES, *h.,* c. du Bastit.
MERLET, *h.,* c. d'Autoire.
MERLET, *h.,* c. de Brengues.
MERLIE (la), *h.,* c. de Sauliac.
MERLIES (les), *h.,* c. de Ginouillac.
MERLIN, *h.,* c. de Salviac.
MERLIS, *h.,* c. des Junies.
MERQUEY, *h.,* c. de Montvalent.
MESCALPRÈS, *h.,* c. de Duravel.
MESPEIL, *h.,* c. de Lavergne.
MESPOULE, *h.,* c. de St-Caprais.
MESPOULET, *h.,* c. de Cahus.
MESPOULIÉ, *h.,* c. de Frayssinet-le-Gél.
MESPOULIÉ, *h.,* c. de Sousceyrac.
MESURES, *i.,* c. de St-Paul.
MÉTAIRIE (la), *i.,* c. d'Albas.
MÉTAIRIE-BASSE (et haute), *m.,* c. de [Catus].
MÉTAIRIE-BASSE, *f.,* c. de Cieurac.
MÉTAIRIE-BASSE, *f.,* c. de Corn.
MÉTAIRIE-BASSE (et haute), *m.* c. de [Planioles].
MÉTAIRIE-BASSE, *i.,* c. de Prayssac.
MÉTAIRIE-BASSE (et haute), *h.,* c. de [Sauliac].
MÉTAIRIE-GRANDE, *i.,* c. de Prayssac.
MÉTAIRIE-HAUTE, *f.,* c. de Flaujac [Cahors].
MÉTAIRIE-HAUTE, *m.,* c. de St-Médard [Catus].
MÉTAIRIE-NEUVE, *i.,* c. de Labastide- [Marnhac].
MÉTAIRIE-PETITE, *f.,* c. de Cieurac.
MÉTAIRIE-ROUGE, *m.,* c. de Crégols.
MÉTAIRIE-ROUGE, *i.,* c. de Prayssac.
MEURE, *h.,* c. de Puy-l'Evêque.
MEYME, *h.,* c. de Prayssac.
MEYMES, *h.,* c. de Pescadoire.
MEYNADES, *h.,* c. de Baladou.
MEYNADIER, *i.,* c. de Flaugnac.
MEYNARD, *m.,* c. de Loubressac.
MEYNARDIE (la), *h.,* c. de St-Céré.
MEYNE, *h.,* c. de Puy-l'Evêque.
MEYRAGUET, *h.,* c. de Lacave.
MEYRIGNAC, *h.,* c. de Cressensac.
MEYRISSOU, *h.,* c. de Lherm.

**MEYRONNE**, (c. créée en 1845), c., cant. de Souillac, arr. de Gourdon. — ⊠ et Percept. de Souillac. — ⛟ de Rocamadour. — ⚲ (471 p.). — Rec.-buraliste.

*Géographie* : Superf. 809 hect. — 479 hab. — Alt. moy. 182 $^m$. — Le territoire de cette c. s'étend sur les marnes du supra-lias qui y sont couronnées par des falaises de calcaire à eutroques ou d'oolithe inférieur.

Principaux v. et h. : Meyronne (167 hab.); — Laborie (44 hab.), à 1 k. de Meyronne; — Limon et Graves (163 hab.), à 1 k. 500; — St-Clou et St-Léger (45 hab.), à 0 k. 800.

Cours d'eau : Dordogne (pont suspendu). — Ruisseau du Limon.

Voies de c$^{on}$ : Route dép$^{le}$ n° 15, de Gramat à Souillac; — chem. vic. d'int. com. n° 13, de Carennac à la route dép$^{le}$ n° 15.

Distances : au chef-l. de cant. 12 k.; au chef-l. d'arr. 34 k.; au chef-l. de départ. 65 k.

Curiosités : Gouffre d'où sort le ruisseau du Limon.

*Statistique* : 165 Electeurs. — 10 Cons. mun.

Principal des 4 cont. dir. 3173 fr.

Revenus de la commune, 100 fr.

Bureau de bienfaisance (revenu annuel 183 fr.).

*Instruction* : Ecole c$^{le}$ laïque de garç. (37 élèves); — école c$^{le}$ congrég. de filles (40 élèves).

*Produits agricoles* : Froment, tabac, chanvre, pommes de terre.

*Commerce et Industries* : 2 briqueteries. — 2 auberges; — cabaret. — Foires les 6 fév., 6 mars, 6 avril, 6 mai et 6 juin.

Historique.

*Pendant la Révolution*. — C. du cant. de Martel et du district de St-Céré.

*Avant la Révolution*. — C$^{té}$ de la subdél. de Gourdon et de l'élection de Figeac. — Paroisse sous l'invocation de St-Sulpice. — Cette c$^{té}$ payait 5085 livres d'impositions; ses charges locales ord. étaient de 124 livres. — Cette localité est mentionnée dans une donation faite par le vicomte Flotard, en 940, au monastère d'Aurillac.

*Anciennes mesures* : Les mesures de Meyronne étaient celles de Souillac.

MEYRONNE, *h.*, c. de Léobard.
MEZANÈS, *i.*, c. de Sousceyrac.
MÉZAYRAC, *h.*, c. de Lauresses.

MEZELS, *v.*, c. de Vayrac.
MIALARET, *h.*, c. de Ste-Colombe.
MIALET, *h.*, c. de Gagnac.
MIALET, *h.*, c. de Montet et Bouxal.
MIALET, *v.*, c. de St-Bressou.
MIARMONT, *i.*, c. de Camburat.
MIAUMART, *h.*, c. de Terrou.
MICHAUBAS, *h.*, c. de Martel.
MICHAUBAS, *i.*, c. de Meyronne.
MICINE, *i.*, c. de Belfort.
MI-CÔTE-DU-VERN, *m. e.*, c. de St-Céré.

**MIERS**, c., cant. de Gramat, arr. de Gourdon. — ⊠ et Percept. de Gramat. — ⛟ de Rocamadour. — ⚲ (1300 p.). — Débit de tabac. — Notaire.

*Géographie* : Superf. 2517 hect. — 1076 hab. — Alt. moy. 316 $^m$. — Cette c. s'étend sur les marnes supra-liasiques. — Le sol argilo-calcaire de Miers est d'une grande fertilité.

Principaux v. et h. : Miers (640 hab.); — Carrières et Goubert (45 hab.), à 2 k. de Miers; — Fialy et Bouyrissac (68 hab.), à 3 k.; — Lamothe (84 hab.), à 1 k.; — Mas-Davet (44 hab.), à 2 k.; — Mas-de-Figeac (86 hab.), à 1 k.

Cours d'eau : Ruisseau de Gaule ou de Cazelle. — Sources minérales très-fréquentées.

Voies de c$^{on}$ : Chem. vic. de g. c$^{on}$ n° 20, de Vayrac à Gramat; — chem. vic. d'int. com. n° 43, de Lacapelle à Martel; — 5 chem. vic. ord.

Distances : au chef-l. de cant. 11 k.; au chef-l. d'arr. 43 k.; au chef-l. de départ. 67 k.

*Statistique* : 338 Electeurs. — 12 Cons. mun.

Principal des 4 cont. dir. 9699 fr.

Revenus de la commune, 1132 fr.

Bureau de bienfaisance (revenu annuel 472 fr.).

*Instruction* : Ecole c$^{le}$ laïque de garç. (56 élèves); — école c$^{le}$ congrég. de filles (53 élèves); — école laïque libre de garç. (12 élèves).

*Produits agricoles* : Céréales, vin, pommes de terre, fourrages.

*Commerce et Industries* : 4 moulins à farine sur le ruisseau de Cazelle. — 3 hôtels ou auberges; — 4 cabarets; — 3 cafés. — Foires le lundi avant le lundi gras, le 2 mai et le 12 novembre. — Fête patr., le 10 août.

Historique.

*Pendant la Révolution*. — C. du cant. de Gramat et du district de St-Céré.

*Avant la Révolution.* — C^te de la subdél. de Gourdon et de l'élection de Figeac. —Paroisse sous l'invocation de St-Martin (1000 p.). — La terre de Miers avait titre de baronnie.

*Anciennes mesures :* Canne = 2^m 057. — Canne carrée = 2 m. c. 638 — Sétérée = 46 ares 5345 (la sétérée se subdivisait en 4 quartes, la quarte en 2 quartons et le quarton en 3 pugnères). — Emine = 70 litres (l'émine se subdivisait en 4 quartons et le quarton en 5 pugnères ; — 2 émines formaient le setier). — Baste = 55 litres 20 (la baste se subdivisait en 20 pintes et la pinte en 4 pauques).

*Antiquités :* Dolmens.

MIGNALET, i., c. de Masclat.
MIGNIAL, h., c. de Lavergne.
MIGNOT, m. e., c. de Montcabrier.
MILET, i., c. de Sauzet.
MILHOU, h., c. de Mayrinhac-Lent.

**MILLAC ou Milhac**, c., cant. et arr. de Gourdon. — ⊠ et ▥ de Gourdon. — Percept. du Vigan. — ☿ (550 p.). — Débit de tabac. — Notaire.

*Géograpie :* Superf. 542 hect. — 424 hab. — Alt. moy. 157^m. — Terrain crétacé.

Principaux v. et h. : Millac.

Cours d'eau : Ruisseaux de Nozac et de la Melve.

Voies de c^on : Chem. vic. d'int. com. n° 73, de Millac à Gourdon ; — chem. vic. d'int. com. n° 85, de Gourdon à Mareuil ; — 4 chem. vic. ord.

Distances : au chef-l. de cant. et d'arr. 8 k. ; au chef-l. de départ. 51 k.

*Statistique :* 136 Electeurs. — 10 Cons. mun.

Principal des 4 cont. dir. 1722 fr.

Revenus de la commune, 94 fr.

Bureau de bienfaisance (revenu annuel 156 fr.).

*Instruction :* Ecole c^le laïque de garç. (26 élèves) ; — école laïque libre de filles (16 élèves).

*Produits agricoles :* Seigle, maïs, noix, châtaignes, fourrages. — Bois.

*Commerce et Industries :* 4 cabarets ; — café. — Foires le jeudi avant le jeudi gras, le jeudi avant l'Ascension, le lendemain de la St-Louis et le jeudi avant la S^te-Catherine. — Fête patr., le 29 août.

Historique.

*Pendant la Révolution.* — C. du cant. et du district de Gourdon.

*Avant la Révolution.* — Millac faisait partie, avec St-Cirq-Madelon, de la c^te de Payrignac. — Millac était la capitale d'une contrée formée par la partie nord du canton actuel de Gourdon et qui portait le nom de la *Bourianne*. — Millac fut longtemps la résidence du seigneur de Thémines.

*Anciennes mesures :* Les mesures de Millac étaient celles de Gourdon.

*Antiquités :* Restes d'un château-fort remarquable, détruit pendant la Révolution.

MILLAC, h., c. de Lavercantière.
MILLET, h., c. de Cabrerets.
MILLET, h., c. de Miers.
MILLORD, i., c. de Lebreil.
MINCONTIÉ, m. e., c. de Sénaillac.
MINDIGOUS, h., c. de Montredon.
MINI, h., c. de Lebreil.
MINI-HAUT, h., c. de Cremps.
MIQUEL, h., c. de Lhospitalet.
MIQUIAL, h., c. de Catus.
MIQUIOL, f., c. de Corn.
MIRABEL, h., c. de Fargues.
MIRABEL, h., c. de Lavergne.
MIRABEL, m., c. de Montlauzun.
MIRALASSE, h., c. de Lamagdelaine.
MIRAMON, m., c. de Loubressac.
MIRAMON, i., c. de Pinsac.
MIRAMONT, h., c. de Bretenoux.
MIRAN, h., c. de Luzech.
MIRANDE, h., c. de Carennac.
MIRANDOL, i., c. d'Albas.
MIRANDOL, ch., c. de Martel.
MIRANDOL, h., c. de Roufflac.
MIRAVAL, ch., c. de St-Matré.
MIROU, i., c. de Lebreil.
MISÈRE, h., c. de Luzech.
MISSOUNET, i., c. de Belfort.
MOGRANJOU, h., c. de Gignac.
MOLDEBAS, h., c. de Cavagnac.
MOLÈRE (la), i., c. de Prayssac.
MOLES, h., c. de Bétaille.
MOLES, h., c. de Sabadel.

**MOLIÈRES**, c., cant. de Lacapelle, arr. de Figeac. — ⊠ et Percept. de Lacapelle. — ☿ (1000 p.). — Débit de tabac. — Notaire.

*Géographie :* Superf. 1193 hect. — 952 hab. — Alt. moy. 489^m. — Terrain primitif composé principalement de gneiss.

Principaux v. et h. : Molières.

Cours d'eau : Ruisseau de Vialques.

Voies de c^on : Chem. vic. d'int. com. n° 48, de Rouqueyroux à St-Céré ; —

chem. vic. d'int. com. n° 50, de Latronquière à Gramat ; — 2 chem. vic. ord.

Distances : au chef-l. de cant. 11 k. ;
au chef-l. d'arr. 33 k. ; au chef-l. de
départ. 79 k.

*Statistique* : 254 Electeurs. — 12 cons.
mun.

Principal des 4 cont. dir. 5109 fr.

Revenus de la commune, 100 fr.

Bureau de bienfaisance (revenu annuel
378 fr.).

*Instruction* : Ecole c<sup>le</sup> laïque de garç.
(57 élèves) ; — école c<sup>le</sup> congrég. de filles
(82 élèves).

*Produits agricoles* : Blé, châtaignes,
fourrages.

*Commerce et Industries* : Moulins à farine sur la Vialques. — 3 cabarets. —
Foires les 3 février et 31 mai. — Fête
patr., le 29 juin.

Historique.

*Pendant la Révolution*. — C. du cant.
d'Aynac et du district de Figeac.

*Avant la Révolution*. — C<sup>té</sup> de la subdél. et de l'élection de Figeac. — Paroisse sous l'invocation de St-Pierre
(1022 p.). — Cette c<sup>té</sup> payait 7469 livres
d'impositions ; ses charges locales ord.
étaient de 155 livres.

*Anciennes mesures* : La principale mesure de vin de Molières était la charge
contenant 125 <sup>litres</sup> 52. — Les autres mesures étaient celles de Figeac.

*Antiquités* : Vastes souterrains qui
semblent avoir été creusés par la main
de l'homme. — Eglise fortifiée.

MOLIÈRES, h., c. de Gourdon.
MOLIÈRES, h., c. de Gramat.
MOLINIE (la), u., c. de Saux.
MOLINIÉ, h., c. de Prudhomat.
MOLINIÉ, h., c. de Thédirac.
MOMBEROU, i., c. de Saux.
MONBAZIN, h., c. de Roufflac.
MONBET, f., c. de Castelnau.
MONBILLET, h., c. de Thégra.
MONBERT, h., c. de Duravel.
MONCET, h., c. de Salviac.
MONCLÉRA (*Voir Montcléra*).
MONCOUTIÉ, h., c. de Valroufié.
MONCUQ (*Voir Montcuq*).
MONDENARD, f., c. de Flaugnac.
MONDIÈS, h., c. d'Arcambal.
MONDISSOU, h., c. de Concorès.
MONDOU, h., c. d'Issendolus.
MONDOUMERC (*Voir Montdoumerc*).
MONDOUNET, i., c. de Montdoumerc.
MONDOUNET, h., c. de Rouffillac.

MONDOUX, h., c. de Loupiac.
MONET, h., c. de Ginouillac.
MONFELIN, h., c. de Valroufié.
MONFREN, h., c. de Lamativie.
MONGE, i., c. de Touzac.
MONGE, h., c. d'Uzech.
MONGES, h., c. de St-Sozy.
MONGESTY (*Voir Montgesty*).
MONIN, h., c. de Floirac.
MONJATOU, i., c. de Bretenoux.
MONJOUAL, h., c. de Lachapelle-Auzac.
MONTJOUVE, h., c. de St-Clair.
MONPLAISIR, h., c. de Catus.
MONPLAISIR, m. e., c. de Cazals.
MONPLAISIR, i., c. de Lacapelle-Caban.
MONPLAISIR, i., c. de Saux.
MONPLAISIR, i., c. de Sauzet.
MONPLAISIR, h., c. de Thédirac.
MONPLAISIR (*Voir Montplaisir*).
MONS, h., c. d'Assier.
MONSAGUÈZE, h., c. de Thédirac.
MONSALVY, h., c. de Dégagnac.
MONSALVY, h., c. de Lavercantière.
MONSIEUR (*moulin de*), u., c. de St-Denis
(Catus).
MONSTANT, h., c. de St-Matré.
MONTAGEL, h., c. de Rueyres.
MONTAGNAC, h., c. de Cavagnac.
MONTAGNAC, h., c. de Figeac.
MONTAGNAC, h., c. de Gignac.
MONTAGNAC, h., c. de Lebreil.
MONTAGNAC, h., c. de Sauliac.
MONTAGNETTE (la), i., c. de Faycelles.
MONTAIGUT, ch., c. de Flaugnac.
MONTAILLES, i., c. de Cuzac.
MONTAL, ch., c. de St-Jean-Lespinasse.
MONTALÈS h., c. de Loubressac.

**MONTAMEL**, c., cant. de St-Germain, arr.
de Gourdon. — ⊠ de Frayssinet. — Percept. de St-Germain. — ♂ (360 p.).

*Géographie* : Superf. 962 hect. — 362
hab. — Alt. moy. 375<sup>m</sup>. — Cette c. se
trouve sur un lambeau de terrain tertiaire superposé au jurassique supérieur.
— Dépôts d'argile blanche et presque
pulvérulente.

Principaux v. et h. : Montamel ; —
Bourdarie (47 hab.), à 3 k. 500 de Montamel ; — Laroque (28 hab.), à 1 k. ; —
Lasfargues (36 hab.), à 4 k. ; — Le Piatgié (27 hab.), à 1 k.

Cours d'eau : Ruisseaux de Montamel
et de Boundou. — Fontaine intermittente.

Voies de c<sup>on</sup> : Route dép<sup>le</sup> n° 12, de
Lamothe-Cassel à Castelfranc ; — 2
chem. vic. ord.

Distances : au chef-l. de cant. 6 k. ; au chef-l. d'arr. 22 k. ; au chef-l. de départ. 23 k.

*Statistique* : 107 Electeurs. — 10 Cons. mun.

Principal des 4 cont. dir. 2276 fr.

Revenus de la commune, 48 fr.

*Instruction* : Ecole c^le laïque de garç. (21 élèves); — école laïque libre de filles (20 élèves).

*Produits agricoles* : Maïs, blé, pommes de terre, vin, fourrages.

*Commerce et Industries* : Cabaret. — Fête patr., le 15 août.

Historique.

*Pendant la Révolution.* — C. du cant. de St-Germain et du district de Gourdon.

*Avant la Révolution.* — C^té de la subdél. de Gourdon et de l'élection de Cahors. — Paroisse sous l'invocation de la Vierge (464 p.). — Cette c^té payait 3178 livres d'impositions; ses charges locales ord. étaient de 87 livres.

La terre de Montamel fut donnée, vers l'an 1272, par Barthélemy, évêque de Cahors, au monastère de Lauzières, que ce prélat venait de fonder. — En 1287, Guillaume de Guerre, homme d'armes, possédait la haute et basse justice à Montamel. — En 1693, noble Jean de Gironde fit hommage au Roi pour la seigneurie de Montamel.

*Anciennes mesures* : Les mesures de Montamel étaient celles de Cahors.

Montanié, *i.*, c. de Faycelles.
Montanty, *h.*, c. de Gramat.

**MONTAT** (le), c., cant. de Cahors (sud), arr. de Cahors. — ⊠ et ⓈⓉ de Cahors. — Percept. de Pern. — ☖ (600 p.). — Rec.-buraliste.

*Géographie* : Superf. 2254 hect. — 715 hab. — Alt. moy. 271 ^m. — Cette c. s'étend sur le jurassique supérieur.

Principaux v. et h. : Le Montat (154 hab.); — Oustalous, Trois-Mulets et Layrac (85 hab.), à 0 k. 500 du Montat; — Pouzergues et les Poujoux (70 hab.), à 2 k. 500; — La Tuillerie, Boussuge et les Bories (100 hab.), à 2 k.

Cours d'eau : Ruisseau de Quercy.

Voies de c^on : Route nat^le n° 20, de Paris à Toulouse; — chem. vic. de g. c^on n° 47, de Cahors à Ventaillac; — 6 chem. vic. ord.

Distances : au chef-l. de cant., d'arr. et de départ. 9 k.

*Statistique* : 223 Electeurs. — 12 Cons. mun.

Principal des 4 cont. dir. 4131 fr.

Revenus de la commune, 220 fr.

*Instruction* : Ecole c^le laïque de garç. (32 élèves); — école c^le laïque de filles (35 élèves).

*Produits agricoles* : Céréales, vin, tabac, pommes de terre, betteraves. — Ferme-Ecole.

*Commerce et Industries* : Cabaret et café. — Fête patr., le 24 août.

Historique.

*Pendant la Révolution.* — C. du cant. et du district de Cahors.

*Avant la Révolution.* — C^té de la subdél. et de l'élection de Cahors. — Paroisse sous l'invocation de St-Barthélemy (575 p.). — Cette c^té payait 5864 livres d'impositions; ses charges locales ord. étaient de 109 livres. — En 1096, Géraud II, évêque de Cahors, affecta à l'entretien des chanoines de la cathédrale l'église de St-Pierre du Montat (*Sancti Petri de Montato*).

*Anciennes mesures* : Les mesures du Montat étaient celles de Cahors.

*Antiquités* : Eglise romane du XII^e siècle (mon. hist.). — Restes d'un ancien bâtiment ayant appartenu aux Templiers.

Montat (le), *ch.*, c. de Prayssac.
Montaudié, *h.*, c. de Pern.
Montaudou, *h.*, c. de Castelnau.
Montbillet, *h.*, c. de Thégra.

**MONTBRUN**, c., cant. de Cajarc, arr. de Figeac. — ⊠ et ⓉⒺ de Cajarc. — Percept. de Gréalou. — ☖ (315 p.). — Débit de tabac.

*Géographie* : Superf. 843 hect. — 363 hab. — Alt. moy. 274 ^m. — Les parties basses de cette c. sont composées des détritus des montagnes voisines et d'alluvions; les parties élevées sont formées par les marnes supra-liasiques couronnées de calcaire de la formation jurassique inférieure. — Le minerai de fer, très abondant aux environs de Montbrun, appartient à la formation tertiaire.

Principaux v. et h. : Montbrun (137 hab.); — Caillac (48 hab.), à 1 k. de Montbrun; — Doucet (55 hab.), à 1 k.

Cours d'eau : Rivière du Lot. (Dérivation souterraine de 300 ^m; — bacs à Montbrun et à Doucet).

Voies de c<sup>on</sup> : Chem. vic. de g. c<sup>on</sup> n° 33, de Vers à Figeac ; — 2 chem. vic. ord.

Distances : au chef-l. de cant. 7 k. ; au chef-l. d'arr. 21 k. ; au chef-l. de départ. 55 k.

*Statistique* : 101 Electeurs — 10 Cons. mun.

Principal des 4 cont. dir. 2211 fr.

Revenus de la commune, 39 fr.

*Instruction* : Ecole c<sup>le</sup> laïque de garç. (18 élèves) ; — école laïque libre de filles (16 élèves).

*Produits agricoles* : Vin, blé, tabac.

*Commerce et Industries* : 2 cabarets. — Fête patr., le 3 février.

Historique.

*Pendant la Révolution.* — C. de Montbrun et Saujac du cant. de Cajarc et du district de Figeac.

*Avant la Révolution.* — C<sup>té</sup> de Montbrun et Saujac de la subdél. et de l'élection de Figeac. — Paroisse de Montbrun sous l'invocation de St-Blaise et de Saujac sous l'invocation de St-Jean-Baptiste. — (Saujac fait aujourd'hui partie du département de l'Aveyron). — Cette c<sup>té</sup> qui avait 800 hab., payait 6390 livres d'impositions ; ses charges locales ord. étaient de 135 livres.

En 1223, la terre de Montbrun fut donnée par le seigneur de Gourdon à Dorde Barrasc ; plus tard cette terre fut vendue au Pape Jean XXII qui la céda à son frère ; Montbrun passa ensuite entre les mains des Cardaillac-Brengues, par le mariage de l'un des membres de cette famille avec la nièce du Pape Jean XXII.

*Anciennes mesures* : La principale mesures de vin de Montbrun était la barrique contenant 207 <sup>litres</sup> 54. — Les autres mesures étaient celles de Figeac.

*Antiquités* : Restes d'un ancien château-fort.

**MONTBRUN**, *h.*, c. de Lhospitalet.

**MONTCABRIER**, c., cant. de Puy-l'Evêque, arr. de Cahors. — ✉, ☎, 🚉 et Percept. de Duravel. — ⚭ de Montcabrier (426 p.), de Mazières (250 p.) et de Pestillac (416 p.). — Débit de tabac.

*Géographie* : Superf. 2175 hect. — 914 hab. — Alt. moy. 241 <sup>m</sup>. — Cette c. se trouve sur le terrain crétacé inférieur. — Traces de l'homme préhistorique.

Principaux v. et h. : Montcabrier (964 hab.) ; — Bezès (46 hab.), à 2 k. de Montcabrier ; — Frayssé (43 hab.), à 3 k. ; — Lagrave et Gaulou (43 hab.), à 3 k.

Cours d'eau : Ruisseau de la Thèze.

Voies de c<sup>on</sup> : Route dép<sup>le</sup> n° 8, de Payrac à Fumel ; — chem. vic. d'int. com. n° 9, de Floressas à Villefranche ; — 6 chem. vic. ord.

Distances : au chef-l. de cant. 10 k. ; au chef-l. d'arr. et de départ. 43 k.

*Statistique* : 309 Electeurs. — 12 Cons. mun.

Principal des 4 cont. dir. 6363 fr.

Revenus de la commune, 482 fr.

Bureau de bienfaisance (revenu annuel 178 fr.).

*Instruction* : Ecole c<sup>le</sup> laïque de garç. (58 élèves) ; — école c<sup>le</sup> laïque de filles (41 élèves).

*Produits agricoles* : Céréales, vin, pommes de terre, noix, châtaignes, fourrages.

*Commerce et Industries* : Carderie et moulins à farine sur le ruisseau de la Thèze. — 2 cabarets ; — 7 cafés. — Foires le 14 de chaque mois de janv. à juillet, les 17 et 26 août, 11 sept., 17 octob., 24 novemb. et 14 décemb. — Halle aux grains. — Fêtes patr., à Montcabrier le 25 août, à Mazières le 11 novemb. et à Pestillac, le 24 juin.

Historique.

*Avant la Révolution.* — Montcabrier faisait partie de la c<sup>té</sup> de Duravel (voir ce mot). — Montcabrier et Duravel étaient le siége à tour de rôle d'une juridiction relevant directement du Parlement et qui s'intitulait pompeusement *Cour royale de Montcabrier et Duravel.* — Une croisée du XIV<sup>e</sup> siècle, dont le cadre et les branches sont élégamment sculptés, indique, sur un des coins de la place de Montcabrier, l'ancienne salle d'audience de cette Cour. — Montcabrier était ce qu'on appelle une *bastide* construite, vers la fin du XIII<sup>e</sup> siècle, par Guy de Cabrier, sénéchal du Quercy en 1297, afin de tenir tête aux postes anglo-gascons de Pestillac, de Bonaguil, de Villefranche et de Cazals. — En 1307, Philippe le Bel octroya une charte de coutumes aux habitants de Montcabrier.

Pestillac, inféodé dès le XII<sup>e</sup> siècle aux évêques de Cahors, fut longtemps occupé par les bandes anglaises ; après la guerre de cent ans, ce petit bourg devint le siège d'un archiprêtré, comprenant 18 paroisses, parmi lesquelles Duravel, Touzac, Soturac, Puy-l'Evêque, Cazals, etc.

*Antiquités* : Eglise, dédiée à St-Louis avec beau portail gothique; — restes des anciennes fortifications. — A Pestillac, ruines d'un château-fort et vestiges de chapelle romane.

MONTCANY, *h.*, c. de Labastide-Murat.
MONTCANY, *l.*, c. de Montfaucon.
MONTCLARC, *h.*, c. de Cabrerets.

**MONTCLÉRA**, c., cant. de Cazals, arr. de Cahors. — ⊠ et Percept. de Cazals. — ♁ (1020 p.). — Débit de tabac.

*Géographie* : Superf. 2091 hect. — 868 hab. — Alt. moy. 251 m. — Cette c. s'étend sur le terrain crétacé appartenant au grand lambeau de cette formation, qui s'étend depuis les environs de la Rochelle jusqu'à Gourdon. — Le sol de cette c. renferme de riches mines de fer.

Principaux v. et h. : Montcléra ; — Estrade (74 hab.), à 2 k. 500 de Montcléra ; — les Gunies (113 hab.), à 3 k. 250 ; — Lauzeral (45 hab.), à 3 k. 120 ; — Pech-Quizel (42 hab.), à 5 k. ; — Ressegayre (46 hab.), à 3 k. 820.

Cours d'eau : Ruisseau de la Masse.

Voies de con : Route dépl. no 8, de Payrac à Fumel ; — chem. vic. de g. con no 15, de Cazals à Montcuq par Castelfranc ; — chem. vic. d'int. com. no 21, de la route dépl. no 12, à Villefranche ; — chem. vic. d'int. com. no 58, du Piatgier à Villefranche ; — 5 chem. vic. ord.

Distances : au chef-l. de cant. 3 k. ; au chef-l. d'arr. et de départ. 32 k.

*Statistique* : 277 Electeurs. — 12 Cons. mun.

Principal des 4 cont. dir. 3965 fr.

Revenus de la commune, 175 fr.

*Instruction* : Ecole cle laïque de garç. (76 élèves) ; — école cle congrég. de filles (48 élèves).

*Produits agricoles* : Céréales, pommes de terre, châtaignes. — Bois.

*Commerce et Industries* : Scierie sur la Masse. — 2 cabarets. — Fête patr., le 27 juin.

Historique.

*Pendant la Révolution.* — C. du cant. de Cazals et du district de Gourdon.

*Avant la Révolution.* — Cté de la subdél. de Prayssac et de l'élection de Cahors. — Paroisse sous l'invocation de St-Pierre (645 p.). — Cette cté payait 3365 livres d'impositions ; ses charges locales ord. étaient de 189 livres.

*Anciennes mesures* : Les mesures de Montcléra étaient celles de Cahors.

MONTCOUTIÉ, *h.*, c. de Valroufié.

**MONTCUQ**, c., chef-l. de cant. de l'arr. de Cahors. — ⊠, ☎ et Percept. — ♁ de St-Hilaire (1075 p.), de St-Privat (450 p.), de Rouillac (240 p.), de St-Geniez (327 p.) et de St-Sernin (163 p.). — Rec.-buraliste. — Débit de tabac. — 2 notaires. — Brigade de gendarmerie à cheval.

*Géographie* : Superf. 3224 hect. — 2111 hab. — Alt. moy. 224 m. — Montcuq est situé sur le terrain tertiaire (éocène) d'eau douce qui occupe toute la partie sud-est du département.

Principaux v. et h. : Montcuq (1429 hab.) ; — Couvinens (30 hab.), à 2 k. de Montcuq ; — Fontauda (25 hab.), à 2 k. 500 ; — Labrugade (30 hab.), à 3 k. 500 ; — Rouillac (25 hab.), à 3 k. ; — St-Geniez (50 hab.), à 3 k.

Cours d'eau : Ruisseaux de la Grande Barguelonne et du Tartuquier.

Voies de con : Route dépl. no 11, de Cahors à Lauzerte ; — chem. vic. de g. con no 4, de Cazals à Montcuq ; — chem. vic. de g. con no 11, de Montpezat à Fumel ; — chem. vic. de g. con no 15, de Cazals à Montcuq ; — chem. vic. de g. con no 27, de Montcuq à Montaigu ; — chem. vic. d'int. com. no 6, de Sauzet à Belvèze ; — chem. vic. d'int. com. no 28, de Lolmie à Villefranche ; — chem. vic. d'int. com. no 69, de Montcuq au chem. de g. con no 7 ; — chem. vic. d'int. com. no 86, de Montcuq à Lafrançaise ; — 12 chem. vic. ord.

Distances : au chef-l. d'arr. et de départ. 26 k.

*Statistique* : 679 Electeurs. — 16 Cons. mun.

Principal des 4 cont. dir. 17801 fr.

Revenus de la commune, 5910 fr.

Etablissements communaux : Octroi (revenu net 2505 fr.). — Halle aux grains. — Fanfare.

Etablissements charitables : Hospice (2 sœurs de charité ; — 6 lits ; — 5 malades ; — 2564 fr. de revenus).

Bureau de bienfaisance (revenu annuel 1569 fr.).

Société de secours mutuels (110 membres ; — 1000 fr. de revenus).

*Instruction :* Ecole c^le laïque primaire supérieure de garç. (95 élèves) ; — école c^le congrég. de filles (98 élèves) ; — école congrég. libre de garç. (35 élèves).

*Produits agricoles :* Céréales, vin, fourrages.

*Commerce et Industries :* Teinturerie et moulins à farine sur les ruisseaux. — 5 hôtels ou auberges ; — 13 cabarets ; — 8 cafés. — Foires les 25 janv., 14 fév., 3 et 22 mars, 25 avril, 28 mai, 17 juin, 14 juil., 1^er août, 7 et 26 sept., 18 octob. 14 novemb., 4 et 31 décemb. — Marché hebdomadaire le samedi. — Fête locale à Montcuq le 22 sept. ; — Fête patr., à Montcuq le 14 janv. (St-Hilaire) et le 21 août (St-Privat) ; à St-Geniez, le 25 août ; à Rouillac, le 29 juin.

Historique.

*Pendant la Révolution.* — Montcuq était chef-l. de canton du district de Lauzerte ; la c. actuelle en formait 3 qui étaient Montcuq, Privat et Geniez.

*Avant la Révolution.* — Montcuq formait 2 c^tés de la subdél. de Lauzerte et de l'élection de Cahors : 1° c^té de Montcuq : payait 22280 livres d'impositions ; ses charges locales ord. étaient de 2744 livres ; ses charges locales extraordinaires étaient de 1262 livres ; elle formait les paroisses de St-Hilaire (900 p.) et de Rouillac sous l'invocation de St-Pierre (227 p.) ;

2° La c^té de St-Privat : payait 2109 livres d'impositions ; ses charges locales ord. étaient de 129 livres ; elle formait une paroisse spéciale.

Il y avait à Montcuq un couvent de Cordeliers.

La petite ville de Montcuq (*Mons cugnus* probablement de *Mons cuneus* c'est-à-dire mont en forme de coin) fut le théâtre de luttes sanglantes durant la croisade des Albigeois ; cette localité fut donnée par Simon de Montfort au comte Baudoin, frère du comte de Toulouse, pour le récompenser d'avoir trahi ce dernier. En 1269, Montcuq était le chef-l. d'un des douze baillages du Quercy. En 1306, Philippe-le-Bel défendit aux consuls de Montcuq de troubler la juridiction de ceux de Cahors. En 1342, Montcuq paya, pour les frais de la guerre qui venait de commencer contre les Anglais, la somme de 1000 livres, c'est-à-dire le tiers de ce que paya la ville de Cahors. Montcuq refusa, sous Charles v, de suivre l'exemple des autres villes du Quercy qui secouèrent le joug des Anglais ; elle en fut punie par la perte de la juridiction de ses consuls que l'on donna à ceux de Cahors. Le 30 novembre 1463, Louis xi confirma la charte communale qu'un des comtes de Toulouse, probablement Raymond vii, avait jadis accordée à la ville de Montcuq. — A l'époque du siège de Montauban par Louis xiii, ce monarque s'empara de la place de Montcuq qui était alors occupée par les Calvinistes.

Les fortifications de Montcuq étaient si importantes au moyen-âge, qu'il fut stipulé, dans le traité de Meaux, que le comte Raymond, le vaincu de la croisade, les ferait raser.

*Anciennes mesures :* Canne = 1^m 678. — Canne carrée = 3^m. ^c. 2568. — Quarterée = 30 ^ares 57 (la quarterée se subdivisait en 4 quartonats et le quartonat en 4 boisselats). — Quarte = 71 ^litres 90 (la quarte se subdivisait en 4 quartons et le quarton en 4 boisseaux. — Barrique = 205 ^litres 33 (la barrique contenait 184 pots).

*Antiquités :* Donjon carré haut de 30^m, reste de l'ancien château. — Vestiges des anciennes fortifications de la ville.

*Hommes célèbres :* Le troubadour Bernard-Arnaud de Montcuq (xii^e siècle). — Laurent de Charry, maître de camp des Gardes françaises, mort en 1558. — Le littérateur Lavayssière, mort en 1811. — L'historien Caïx (1795-1858). — L'ingénieur Combes (1799-1872).

Montcuq, h., c. de Peyrilles.
Montcuq, h., c. de St-Sauveur.

**MONTDOUMERC**, c., cant. de Lalbenque, arr. de Cahors. — ⊠ et Percept. de Lalbenque. — ☍ (610 p.). — Débit de tabac.

*Géographie :* Superf. 1359 hect. — 777 hab. — Alt. moy. 235^m. — Terrain jurassique moyen.

Principaux v. et h. : Montdoumerc (278 hab.) ; — Aillet et Bouysset (89 hab.), à 2 k. 300 de Montdoumerc ; — Fraysse, Roubert et Lamourio (128 hab.), à 3 k. 300 ; — Périer et l'Ille-Haute (112 hab.), à 3 k. 500.

Cours d'eau : Ruisseaux de l'Emboulas, de l'Eoure et du Boulou.

Voies de c<sup>on</sup> : Route nat<sup>le</sup> n° 20, de Paris à Toulouse ; — chem. vic. d'int. com. n° 5, de St-Géry à Montpezat ; — chem. vic. d'int. com. n° 97, de Ventaillac à Lapenche ; — 3 chem. vic. ord.

Distances : au chef-l. de cant. 7 k. ; au chef-l. d'arr. et de départ. 24 k.

*Statistique* : 263 Electeurs. — 12 Cons. mun.

Principal des 4 cont. dir. 7467 fr.

Revenus de la commune, 234 fr.

Bureau de bienfaisance (revenu annuel 705 fr.).

*Instruction* : Ecole c<sup>le</sup> laïque de garç. (48 élèves) ; — école c<sup>le</sup> congrég. de filles (43 élèves).

*Produits agricoles* : Céréales, vin, fourrages.

*Commerce et Industries* : Moulins à farine sur les ruisseaux. — Fabrique de tresses pour chapeaux de paille. — 3 auberges ; — cabaret ; — 2 cafés. — Foires les 13 mars, 17 mai, 11 août et 21 nov. — Fête patr., le 10 août.

### Historique.

*Pendant la Révolution.* — C. du cant. de Lalbenque et du district de Cahors.

*Avant la Révolution.* — C<sup>té</sup> de la subdél. de Caussade et de l'élection de Montauban. — Paroisse sous l'invocation de St-Laurent (450 p.). — Cette c<sup>té</sup> payait 8948 livres d'impositions ; ses charges locales ord. étaient de 247 livres.

En 1108, le pape Pascal II assigna les revenus de l'église de *Mons Dominicus* (Mont du Seigneur), aujourd'hui Montdoumerc, à l'entretien des chanoines de Cahors.

*Anciennes mesures :* La principale mesure de vin de Montdoumerc était la barrique contenant 221 <sup>litres</sup> (la barrique se subdivisait en 150 pintes, la pinte en 2 pouchous et le pouchou en 2 uchaux). — Les autres mesures étaient celles de Cahors.

*Antiquités :* Vaste souterrain creusé de main d'homme. — Des tombeaux remontant au v<sup>e</sup> siècle et de nombreuses médailles romaines ont été trouvés à Montdoumerc.

MONTDOUNET, *h.*, c. de Fargues.

MONTEIL, *h.*, c. de Marcillac.

MONTEILS, *h.*, c. de Cuzac.

MONTEILS, *h.*, c. de Sousceyrac.

MONTEL, *m.*, c. de Boussac.

**MONTET et BOUXAL**, c., cant. de Latronquière, arr. de Figeac. — ⊠ et Percept. de Latronquière. — ☿ du Montet (320 p.) et de Bouxal (230 p.). — Débit de tabac.

*Géographie :* Superf. 1151 hect. — 535 hab. — Alt. moy. 603 <sup>m</sup>. — Terrain granitique.

Principaux v. et h. : Montet ; — Bouxal, à 3 k. 500 du Montet.

Cours d'eau : Ruisseaux de Bervezou et de Longuecôte.

Voies de c<sup>on</sup> : Chem. vic. de g. c<sup>on</sup> n° 16, de Cahors à Aurillac ; — chem. vic. d'int. com. n° 49, de Rouqueyroux à Maurs ; — chem. vic. d'int. com. n° 84, de Rouqueyroux au Colombié ; — 6 chem. vic. ord.

Distances : au chef-l. de cant. 10 k. ; au chef-l. d'arr. 24 k. ; au chef-l. de départ. 82 k.

*Statistique :* 118 Electeurs. — 12 Cons. mun. — Sect. élect. du Montet (6 cons. mun.) et de Bouxal (6 cons. mun.).

Principal des 4 cont. dir. 1872 fr.

Revenus de la commune, 26 fr.

*Instruction :* Ecole c<sup>le</sup> laïque de garç. (25 élèves) ; — école c<sup>le</sup> laïque de filles (48 élèves).

*Produits agricoles :* Châtaignes, pommes de terre, seigle, sarrasin et fourrages.

*Commerce et Industries :* 2 moulins à farine sur le ruisseau de Longuecôte. — 2 auberges ; — 2 cabarets. — Fête patr., le 28 août.

### Historique.

*Pendant la Révolution.* — Montet et Bouxal formaient 2 c. distinctes du cant. de Latronquière et du district de Figeac.

*Avant la Révolution.* — Montet et Bouxal formaient 2 c<sup>tés</sup> de la subdél. et de l'élection de Figeac :

1° La c<sup>té</sup> du Montet payait 1093 livres d'impositions ; ses charges locales ord. étaient de 46 livres ; elle formait une paroisse sous l'invocation de St-Julien (148 p.) ;

2° La c<sup>té</sup> de Bouxal payait 1451 livres d'impositions ; ses charges locales ord. étaient de 57 livres ; elle formait une paroisse sous l'invocation de S<sup>te</sup>-Radegonde (240 p.). — L'église paroissiale de Bouxal

22

dépendait de la commanderie de Latronquière.

*Anciennes mesures* : Les mesures de Montet et de Bouxal étaient celles de Figeac.

*Antiquités* : Souterrains creusés par la main de l'homme.

Montet (le), h., c. de Terrou.
Montez, h., c. d'Uzech.

**MONTFAUCON**, c., cant. de Labastide-Murat, arr. de Gourdon. — ⊠. — ▥ et Percept. de Labastide. — ⚭ de Montfaucon (1204 p.) et de Séniergues (625 p.). — 2 débits de tabac dont un à Séniergues. — Notaire.

*Géographie* : Superf. 4447 hect. —1765 hab. — Alt. moy. 343 ᵐ. — Terrain jurassique moyen et îlot assez considérable de terrain tertiaire d'eau douce à l'Est.

Principaux v. et h. : Montfaucon (630 hab.); — Galy et Bourdarie (45 hab.), à 3 k. de Montfaucon; — Jouani et Roques (80 hab.), à 4 k.; — Marouty (82 hab.), à 1 k. 800; — Rassiols (20 hab.), à 3 k; — Séniergues (84 hab.), à 1 k. 800.

Cours d'eau : Ruisseau du Céou.

Voies de cᵒⁿ : Route dépᵗᵉ nᵒ 1, de Mende à Sarlat; — chem. vic de g. cᵒⁿ nᵒ 2, de Gourdon à Figeac; — chem. vic. d'int. com. nᵒ 2, de Vers à la route dépᵗᵉ nᵒ 1; — 6 chem. vic. ord.

Distances : au chef-l. de cant. 5 k.; au chef-l. d'arr. 19 k.; au chef-l. de départ. 39 k.

*Statistique* : 518 Electeurs. — 16 Cons. mun.

Principal des 4 cont. dir. 9950 fr.
Revenus de la commune, 307 fr.
Bureau de bienfaisance (revenu annuel 461 fr.).

*Instruction* : Ecole cˡᵉ laïque de garç. (110 élèves); — école cˡᵉ congrég. de filles (105 élèves). — Petit Séminaire fondé en 1816.

*Produits agricoles* : Céréales.

*Commerce et Industries* : 4 hôtels ou auberges; — cabaret et café. — Foires les 10 et 28 mai, 26 nov. et 11 déc. — Fêtes patr., à Montfaucon, le 24 août et à Séniergues, le 15 août.

### Historique.

*Pendant la Révolution.* — C. chef-l. de cant. du district de Gourdon.

*Avant la Révolution.* — Cᵗᵉ de la subdél. de Gourdon et de l'élection de Cahors. — Paroisses de Montfaucon, sous l'invocation de St-Barthélemy et de Séniergues, sous l'invocation de St-Martin. — Cette cᵗᵉ payait 12213 livres d'impositions; ses charges locales ord. étaient de 747 livres.

Montfaucon devrait son origine à des constructions élevées par les officiers de justice d'Edouard iii, roi d'Angleterre, pour y tenir leurs assises. En 1441, vers la fin de la guerre de cent ans, cette localité fut prise par les Français sur les Anglais qui la détenaient encore.

*Anciennes mesures* : Quarte = 45 ᵃʳᵉˢ 9647 (la quarte se subdivisait en 2 quartons et demi, le quarton en 6 boisseaux, le boisseau en 2 saliers et le salier en 16 onces). — Barrique = 220 ˡⁱᵗʳᵉˢ. — Les autres mesures de Montfaucon étaient celles de Gourdon.

*Antiquités* : Restes des anciennes fortifications. — Eglise à Séniergues.

*Hommes célèbres* : L'avocat Paul Lavaur (1763-1794) est né à Séniergues.

**MONTGESTY**, (c. créée en 1835), c., cant. de Catus, arr. de Cahors. — ⊠, ▥ et Percept. de Catus. — ⚭ (800 p.). — Rec.-buraliste.

*Géographie* : Superf. 1188 hect. — 776 hab. — Alt. moy. 291 ᵐ. — Cette c. s'étend sur le terrain tertiaire qui recouvre dans cette partie du département le jurassique supérieur.

Principaux v. et h. : Montgesty (370 hab.); — Cascavel et Maniot (56 hab.), à 1 k. 500 de Montgesty; — Gizard (32 hab.), à 1 k.; — Lapèze (60 hab.), à 3 k.; — Mas de Rieux (67 hab.), à 2 k. 500; — Le Puech et Germillac (54 hab.), à 3 k.

Voies de cᵒⁿ : Chem. vic. de g. cᵒⁿ nᵒ 13, de Figeac à Cazals; — chem. vic. d'int. com. nᵒ 21, de la route dépᵗᵉ nᵒ 12 à Villefranche; — 6 chem. vic. ord.

Distances : au chef-l. de cant. 5 k.; au chef-l. d'arr. et de départ. 22 k.

*Statistique* : 217 Electeurs. — 12 Cons. mun.

Principal des 4 cont. dir. 3456 fr.
Revenus de la commune, 480 fr.

*Instruction* : Ecole cˡᵉ laïque de garç. (60 élèves); — école cˡᵉ congrég. de filles (58 élèves).

*Produits agricoles* : Blé, maïs, vin, pommes de terre, truffes.

*Commerce et Industries* : 2 cabarets. — Foires les 8 janv., 8 mars, 8 juin et 8 sept. — Fête patr., le 15 août.

### Historique.

*Pendant la Révolution.* — C. du cant. de Salviac et du district de Gourdon.

*Avant la Révolution.* — C^le de la subdél. de Gourdon et de l'élection de Cahors. — Paroisse sous l'invocation de l'Assomption (640 p.). — Cette c^le payait 3761 livres d'impositions; ses charges locales ord. étaient de 124 livres. — En sept. 1330, le Pape Jean XXII, unit l'église de Montgesty à la Chartreuse de Cahors.

*Anciennes mesures :* Les mesures de Montgesty étaient celles de Cahors.

MONTGIRON, h., c. de St-Perdoux.
MONTGRELOU, h., c. de Soulomès.
MONTIAL, m. e., c. de Strenquels.
MONTIGNAC, h., c. de Martel.
MONTIGNAC, h., c. de Pern.
MONTIGNES, h., c. de Laramière.
MONTIJOL (le), h., c. de Payrignac.
MONTILE (le), i., c. du Vigan.
MONTIN, h., c. d'Issendolus.
MONTIROT, h., c. de Rouffillac.

**MONTLAUZUN**, c., cant. de Montcuq, arr. de Cahors. — ☒, ▥ et Percept. de Montcuq. — ☖ (250 p.).

*Géographie :* Superf. 648 hect. — 228 hab. — Alt. moy. 191 ᵐ — Terrain tertiaire d'eau douce.

*Principaux v. et h. :* Montlauzun (30 hab.) — Borredon (18 hab.), à 2 k. de Montlauzun; — les Granges (12 hab.), à 0 k. 500; — Lacaze (10 hab.), à 2 k.; — Laumède (15 hab.), à 1 k. 500.

*Cours d'eau :* Ruisseaux du Lendou et du Tartuquier.

*Voies de c^on :* Chem. vic. de g. c^on n° 7, de Cahors à Lauzerte; — chem. vic. d'int. com. n° 86, de Montcuq à Lafrançaise; — 8 chem. vic. ord.

*Distances :* au chef-l. de cant. 7 k.; au chef-l. d'arr. et de départ. 31 k.

*Statistique :* 81 Electeurs. — 10 Cons. mun.

Principal des 4 cont. dir. 2815 fr.

Revenus de la commune, 84 fr.

*Instruction :* Ecole c^le laïque mixte (25 élèves).

*Produits agricoles :* Blé, maïs, vin, légumes, fourrages.

*Commerce et Industries :* Fête patr., le 1ᵉʳ juin.

### Historique.

*Pendant la Révolution.* — C. du cant. de Montcuq et du district de Lauzerte.

*Avant la Révolution.* — C^le de la subdél. de Lauzerte et de l'élection de Cahors. — Paroisses de Montlauzun ou Montliauzun sous l'invocation de St-Jean évangéliste (308 p.) et de St-Laurent (260 p.). — Cette c^le payait 6557 livres d'impositions; ses charges locales ord. étaient de 220 livres.

*Anciennes mesures :* Les mesures de Montlauzun étaient celles de Montcuq.

MONTLUC, h., c. de Linac.
MONTMAGE, i., c. de Vaylats.
MONTMAURY, h., c. de St-Martin-de-Vers
MONTMERLE, h., c. de St-Michel-de-Ban.
MONTOUSSAINT, h., c. de Lebreil.
MONTPLAISIR, h., c. de Bagnac.
MONTPLAISIR, h., c. de Bannes.
MONTPLAISIR, h., c. de Cassagnes.
MONTPLAISIR, f., c. de Frayssinhes.
MONTPLAISIR, i., c. de Saux.
MONTPLAISIR, f., c. de St-Laurent-les-T.
MONTPLAISIR, i., c. de S^te-Croix.
MONTPLAISIR (*Voir Monplaisir*).
MONTPLAN, i., c. de Valprionde.

**MONTREDON**, c., cant. de Figeac (est), arr. de Figeac. — ☒, ▥ et Percept. de Bagnac. — ☖ (1000 p.). — Rec.-buraliste.

*Géographie :* Superf. 1181 hect. — 697 hab. — Alt. moy. 395 ᵐ. — Cette c. s'étend sur les granits appartenant au grand massif des terrains primitifs du centre de la France. — Près de Montredon le quartrite vitreux blanc ou gris se présente, en filons puissants, au milieu des granits et des micachistes; on y voit aussi des amas de tourmaline, l'amphibole *hornblende* fibreuse ou granulaire et des cristaux de quartz pyramidal.

*Principaux v. et h. :* Montredon (156 hab.).

*Cours d'eau :* Ruisseaux de Guirande.

*Voies de c^on :* Chem. vic. de g. c^on n° 2, de Gourdon à Figeac; — chem. vic. de g. c^on n° 45, de St-Céré à Décazeville; — 8 chem. vic. ord.

*Distances :* au chef-l. de cant. et d'arr. 15 k.; au chef-l. de départ. 86 k.

*Statistique :* 177 Electeurs. — 12 Cons. mun.

Principal des 4 cont. dir. 3161 fr.

Revenus de la commune, 160 fr.

*Instruction :* Ecole c^le laïque de garç. (35 élèves); — école c^le congrég. de filles (45 élèves).

*Produits agricoles :* Céréales, vin, châtaignes, fourrages.

*Commerce et Industries :* 6 cabarets.

— Foires les 19 avril et 22 novemb. — Fête patr., le 29 septemb.

Historique.

*Pendant la Révolution.* — C. du cant. et du district de Figeac.

*Avant la Révolution.* — C^té de la subdél. et de l'élection de Figeac. — Paroisses de Montredon, sous l'invocation de St-Michel (473 p.) et de Poustans, sous l'invocation de S^te-Madeleine (187 p.). — Cette c^té payait 6986 livres d'impositions; ses charges locales ord. étaient de 179 livres.

*Anciennes mesures* : La principale mesure de vin de Montredon était la charge contenant 133 ^litres 76 (la charge se subdivisait en 2 comportes, la comporte en 32 pintes et la pinte en 4 pauques). — Les autres mesures étaient celles de Figeac.

MONTREDON, *m.*, c. de Marcillac.
MONTUSSAC, *h.*, c. de Lauresses.

**MONTVALENT**, c., canton de Martel, arr. de Gourdon. — ✉ de Martel. — ☎ et ⌁. — Percept. de Martel. — ☖ (1000 p.). — Débit de tabac.

*Géographie* : Superf. 2754 hect. — 806 hab. — Alt. moy. 219 ^m. — Cette c. s'étend sur les marnes du lias, dans lesquelles est creusé, dans cet endroit, le lit de la Dordogne.

Principaux v. et h. : Montvalent (285 hab.); — Barrade (54 hab.), à 5 k. 500 de Montvalent; — Pouillou (26 hab.), à 4 k.; — Vayssou (63 hab.), à 5 k.

Cours d'eau : Dordogne (bac). — Ruisseau de Cazelle ou de Miers.

Voies de c^on : Route dép^le n° 14, de Gramat à Cressensac; — route dép^le n° 15, de Gramat à Souillac; — chem. vic. d'int. com. n° 12, de Carennac à la route dép^le n° 15; — chem. vic. d'int. com. n° 43, de Lacapelle à Martel; — 3 chem. vic. ord.

Distances : au chef-l. de cant. 9 k.; au chef-l. d'arr. 37 k.; au chef-l. de départ. 69 k.

Curiosités : Gouffre dit *Roque de Cor* qui reçoit le ruisseau de Miers. — Fontaine abondante sortant avec une telle impétuosité qu'elle soutient à sa surface les pierres plates que l'on y jette. — Grotte, comblée en partie, faisant communiquer des retranchements avec la Dordogne.

*Statistique* : 240 Electeurs. — 12 Cons. mun.

Principal des 4 cont. dir. 5251 fr.
Revenus de la commune, 129 fr.
Bureau de bienfaisance (revenu annuel 539 fr.).

*Instruction* : Ecole c^le laïque de garç. (43 élèves); — école congrég. libre de filles (51 élèves).

*Produits agricoles* : Céréales, vin, noix, fourrages, fruits.

*Commerce et Industries* : Moulins à farine; — pressoirs. — 2 auberges; — 2 cabarets; — café. — Foires les 20 mai et 25 septemb. — Fête patr., le 25 juillet.

Historique.

*Pendant la Révolution.* — C. du cant. de Martel et du district de St-Céré.

*Avant la Révolution.* — C^té de la subdél. de Gourdon et de l'élection de Figeac. — Cette c^té, qui faisait partie de la vicomté de Turenne, formait une paroisse, sous l'invocation de St-Christophe. — En 1190, Raymond, vicomte de Turenne, rendit hommage à l'évêque de Cahors pour les terres de Brassac et de Montvalent. — Le château de Montvalent était une des résidences des vicomtes de Turenne et c'est là que le vicomte Anne de Latour fut admis, en 1483, à rendre foi et hommage au roi Charles VIII. — Par un traité, signé le 1^er février 1588, le seigneur de Lasarladie restitua au vicomte de Turenne le château de Montvalent, dont il s'était emparé durant les guerres de religion. — La terre de Montvalent avait titre de châtellenie.

*Anciennes mesures* : Aune = 1 ^m 188. — Canne carrée = 2 ^m. ^c. 638. — Quartonée = 10 ^ares 552 (la quartonée se subdivisait en 5 pugnères). — Les mesures de grains et de vin de Montvalent étaient celles de Martel.

*Antiquités* : Dans la vallée de Montvalent, ruines d'un édifice que l'on suppose avoir été un des premiers temples élevés, dans le Quercy, au christianisme. — Château de Laroque, sur un rocher à pic, au bord de la Dordogne. — Grottes fortifiées.

MONVILLE, *h.*, c. de Bélaye.
MORAMOU, *h.*, c. de Cazillac.
MORASTE, *h.*, c. de Loubressac.
MORDAGNES, *h.*, c. de Duravel.
MORDESSON, *ch.*, c. de Gramat.
MORELLES, *i.*, c. de Cajarc.
MORIOLE, *h.*, c. de Cazillac.
MORIS (les), *h.*, c. de Montamel.
MORTEFON, *h.*, c. de Vayrac.

MORTEYROUN, *h.*, c. de Mauroux.
MOSTCUBAT, *h.*, c. de Dégagnac.
MOSTONIE (la), *ch.*, c. de Frayssinet.
MOTHE (la). — *Voir Lamothe.*
MOTHES, *m. e.*, c. de Castelnau.
MOTHRÉ, *ch.*, c. de Douelle.
MOUET, *h.*, c. de Frayssinet.
MOUFREN, *h.*, c. de Lamativie.
MOULENAC, *h.*, c. de Figeac.
MOULÈS, *h.*, c. d'Uzech.
MOULET, *h.*, c. de Prudhomat.
MOULICOU (le), *h.*, c. de Gagnac.
MOULIÈRE, *i.*, c. de Duravel.
MOULIÈRES, *i.*, c. de Fons.
MOULINAL, *h.*, c. de Bélaye.
MOULIN-BAS, *h.*, c. de Rouffiac.
MOULIN-BERNARD, *i.*, c. de St-Pantaléon
MOULIN-BESSOU, *h.*, c. de Valprionde.
MOULIN-BLANC, *i.*, c. de Rampoux.
MOULIN-DE-LOYS, *m. e.*, c. de St-Cyprien
MOULIN-DES-TROIS, *m. e.*, c. de Peyrilles
MOULIN-DU-LOT, *m. e.*, c. de Puy-l'Evêq.
MOULIN-DU-SAUT, *m. e.*, c. de Gramat.
MOULINE (la), *forge*, c. des Arques.
MOULINE (la), *h.*, c. de Concorès.
MOULINES (les), *i.*, c. de Labastide-
[Marnhac].
MOULINES (les), *m.*, c. de Labastide-du-
[Vert].
MOULINET (le), *i.*, c. de Belfort.
MOULINIOU, *h.*, c. de Lherm.
MOULINOUX, *m. e.*, c. de St-Chamarand.
MOULINS (les), *h.*, c. de Bach.
MOULINS (les), *h.*, c. de Lamothe-Cassel
MOULIN-VIEUX, *i.*, c. de Varaire.
MOURCAN, *h.*, c. de Floressas.
MOURDANT, *h.*, c. de Frayssinet-le-
[Gélat].
MOUREAU, *h.*, c. de St-Germain.
MOURÈRE, *h.*, c. de Comiac.

MOURET, *h.*, c. de Lissac.
MOURET, *h.*, c. de St-Maurice.
MOURET, *h.*, c. de Sérignac.
MOURÈZE, *i.*, c. de Comiac.
MOURÈZE, *h.*, c. de Cornac.
MOURGUES, *h.*, c. de Bagat.
MOURLABÉE, *h.*, c. de Marminiac.
MOURLANES, *h.*, c. de Marminiac.
MOURLIOUX, *h.*, c. de Nozac.
MOURTEYROL, *h.*, c. de Cabrerets.
MOURTIÉ (le), *h.*, c. de Montfaucon.
MOURTIÈS, *i.*, c. de Belmont.
MOUSQUIÉ, *i.*, c. de Sonac.
MOUSSAC, *v.*, c. de Gindou.
MOUSSAT, *i.*, c. de Payrignac.
MOUSSIÉ (bas et haut), *h.*, c. de Miers.
MOUSSOROUNIÈRE (la), *h.*, c. de Cras.
MOUSSOT, *i.*, c. de Masclat.
MOUSSUR, *i.*, c. de Castelnau.
MOUTAÏ, *h.*, c. du Bourg.
MOUTHÈLE (la), *f.*, c. de Castelnau.
MOUTHES, *h.*, c. de Frayssinet-le-Gél.
MOUTOU, *h.*, c. de Bétaille.
MOUYLAC, *h.*, c. de St-Martin-Lab.
MOUYRAL, *ch.*, c. de Pradines.
MOUYSSET, *h.*, c. de St-Jean-de-Laur.
MOYNES (les), *h.*, c. de St-Simon.
MURAQUE, *h.*, c. de Floressas.
MURAT, *h.*, c. de Cazillac.
MURAT, *h.*, c. de Durbans.
MURAT, *h.*, c. de Labastide-Marnh.
MURAT, *h.*, c. de Lamothe-Cassel.
MURAT, *i.*, c. de Lascabanes.
MUREL, *m. e.*, c. de Cazillac.
MUREL, *h.*, c. de Martel.
MURITS, *h.*, c. de Lamothe-Cassel.
MURSCEINT ou MURSENS, *h.*, c. de Cras
MUT (le), *i.*, c. de Souillac.
MUZAC, *h.*, c. de Sarrazac.
MUZET, *h.*, c. de Gignac.

# N

NABINAL, *i.*, c. de Planioles.
NADAILLAC, *h.*, c. de Payrignac.
NADAILLAC, *v.* et *m. e.*, c. du Roc.
NADAILLAC, *h.*, c. de Ste-Alauzie.
NADAL, *h.*, c. du Boulvé.
NADAL, *h.* et *m. e.*, c. de Labathude.
NADAL, *i.*, c. de Lalbenque.

**NADILLAC**, c., cant. de Lauzès, arr. de Cahors. — ⊠ de Pélacoy. — Percept. de Lauzès. — ♂ (250 p.).

*Géographie* : Superf. 721 hect. — 241 hab. — Alt. moy. 361 ᵐ. — Terrain jurassique moyen.

Principaux v. et h. : Nadillac (178 hab.).

Voies de cᵒⁿ : 4 chem. vic. ord.

Distances : au chef-l. de cant. 10 k.; au chef-l. d'arr. et de départ. 20 k.

*Statistique* : 83 Electeurs. — 10 Cons. mun.

Principal des 4 cont. dir. 1767 fr.

Revenus de la commune, 24 fr.

*Instruction* : Ecole c^le laïque de garç. (20 élèves); — école c^le laïque de filles (13 élèves).

*Produits agricoles* : Céréales, vin, noix.

*Commerce et Industries* : 2 cabarets. — Fête patr., le 11 novembre.

Historique.

*Pendant la Révolution.* — C. de Nadillac-Sec, du cant. de Cabrerets et du district de Cahors.

*Avant la Révolution.* — C^té de Nadillac-Sec, de la subdél. et de l'élection de Cahors. — Paroisse sous l'invocation de St-Martin (125 p.). — Cette c^té payait 2934 livres d'impositions ; ses charges locales ord. étaient de 53 livres.

*Anciennes mesures* : Canne = 2^m.057. — Les autres mesures étaient celles de Cahors.

NADOU, *h.*, c. de Luzech.
NARBONNÈS, *ch.*, c. de St-Céré.
NAUBAL, *h.*, c. de Salviac.
NAUDI, *i.*, c. de Belfort.
NAUDILS, *i.*, c. de Cours.
NAUDONNET, *i.*, c. de Lalbenque.
NAUDOU, *h.*, c. de Caniac.
NAUDY, *h.*, c. de Cajarc.
NAUGES, *h.*, c. de Pomarède.
NAUVIOLE, *h.*, c. de Comiac.
NAUZIÈRES, *f.*, c. de Sénaillac.
NAVARRE, *h.*, c. de Fourmagnac.
NAYRAC, *f.*, c. de Figeac.
NEGELLE, *h.*, c. de Cuzance.
NÉGRAL, *h.*, c. de St-Vincent (St-Céré)
NÈGRE, *m. e.*, c. de Castelnau.
NEGREFEUILLE, *h.*, c. du Vigan.
NEGREMONT, *h.*, c. d'Esclauzels.
NEGRET, *h.*, c. de St-Cirq.
NÉGRIÉ, *f.*, c. de St-Céré.
NÉGRIÉ, *f.* et *m. e.*, c. de St-Cernin.
NEGUEBOUT, *i.*, c. de Lalbenque.
NEGUEBOUT, *h.*, c. de St-Projet.
NEULES, *h.*, c. de Larnagol.
NEUVAL, *i.*, c. de Lavercantière.
NEUVILLE, *i.*, c. de S^te-Croix.
NEUVILLE, *h.*, c. de S^te-Eulalie.
NEYRAGUES, *h.*, c. de Cressensac.
NEZOU, *i.*, c. de St-Géry.
NIAUDOU, *h.*, c. de Prayssac.
NICOLES, *h.*, c. de Prudhomat.
NICOTS, *i.*, c. de Belfort.
NICOU, *i.*, c. de Souillaguet.
NICOULE, *h.*, c. d'Albiac.
NICOULOU, *i.*, c. de Capdenac.
NICOUNAU, *m. e.*, c. de Souillac.

NICOURBY, *h.*, c. de St-Médard.
NISTE (la), *i.*, c. de Fons.
NIZETTE (la), *h.*, c. de Fons.
NOGES, *h.*, c. de Castelnau.
NOTIS, *h.*, c. de Belfort.
NOTRE-DAME, *m. e.*, c. de Lavergne.
NOTRE-DAME-DES-NEIGES, *h.*, c. de [Gourdon].
NOUAILLAC, *m. e.*, c. de Lamagdelaine.
NOUALS, *h.*, c. de Cénevières.
NOUAYROL, *h.*, c. de Thégra.
NOUDIÈRE, *m.*, c. de Cressensac.
NOUELLE, *i.*, c. d'Escamps.
NOUELLES, *h.*, c. de Prayssac.
NOUGARÈDE, *h.*, c. de St-Germain.
NOUGAYRAC, *h.*, c. de St-Martin-Labouv.
NOUGAYRAT, *f.*, c. de Fontanes.
NOUGAYRÈDE, *h.*, c. de Lebreil.
NOUGAYRIE, *h.*, c. de Gramat.
NOUGAYROL, *i.*, c. de Lhospitalet.
NOUGAYROL, *h.*, c. de Soulomès.
NOUGAYROLS, *h.*, c. de Cahus.
NOUGIÈS, *h.*, c. de Lachapelle-Auzac.
NOUTARI, *h.*, c. de Carennac.
NOUVARÈDE, *h.*, c. de Masclat.
NOUYÉ, *h.*, c. de Lavergne.
NOUZES (les), *i.*, c. de Lebreil.
NOUZIÈS, *h.*, c. de Figeac.
NOVIOLE, *h.*, c. de St-Hilaire.
NOYER (le), *i.*, c. de Payrignac.

**NOZAC**, c., cant. et arr. de Gourdon. — ⊠ de Gourdon. —Percept. du Vigan. — ☿ (582 p.). — 2 Débits de tabac.

*Géographie* : Superf. 933 hect. — 588 hab. — Alt. moy. 189^m. — Cette c. s'étend en partie sur le terrain crétacé du massif de Gourdon et en partie sur le jurassique supérieur.

Principaux v. et h. : Nozac (50 hab.); — Auniac (100 hab.), à 1 k. 200 de Nozac; — Lagardelle (188 hab.), à 1 k.; — Lavayssière (170 hab.), à 2 k.; — Vayssac (80 hab.), à 1 k. 500.

Cours d'eau : Ruisseau de Nozac ou de Relinquière.

Voies de c^on : Chem. vic. de g. c^on n° 19, de Gourdon à Souillac; — 5 chem. vic. ord.

Distances : au chef-l. de cant. et d'arr. 7 k.; au chef.-l. de départ. 49 k.

*Statistique* : 175 Electeurs. — 12 Cons. mun.

Principal des 4 cont. dir. 2969 fr.

Revenus de la commune, 152 fr.

*Instruction* : Ecole c^le laïque de garç. (29 élèves); — école c^le congrég. de filles (33 élèves).

*Produits agricoles :* Céréales, vin, châtaignes, tabac, fourrages.

*Commerce et Industries :* auberge ; — cabaret. — Fête patr., le 14 mai.

Historique.

*Pendant la Révolution.* — C. du cant. et du district de Gourdon.

*Avant la Révolution.* — C^té de la subdél. de Gourdon et de l'élection de Cahors. —Paroisse sous l'invocation de St-Pantaléon (557 p.). — Cette c^té payait 4689 livres d'impositions ; ses charges locales ord. étaient de 134 livres.

*Anciennes mesures :* Les mesures de Nozac étaient celles de Gourdon.

Nozac, *h.,* c. de St-Sulpice.
Nozier, *h.,* c. de Lauresses.
Nozières, *h.,* c. de Terrou.
Nozières, *h.,* c. de Vire.
Nuc, *h.,* c. de Concots.
Nuéjouls, *i.,* c. de Camburat.

**Nuzéjouls,** c., cant. de Catus, arr. de Cahors. — ✉ et 🕾 de Mercuès. — ⌗ de Catus.—Percept. de Maxou.— ⚷ (520 p.).

*Géographie :* Superf. 474 hect. — 387 hab. — Alt moy. 293 ᵐ. — Nuzéjouls s'étend sur le jurassique supérieur recouvert, en certains endroits, par des dépôts tertiaires, dans lesquels se trouvent des bancs d'argiles propres à la confection des creusets de verrerie.

Principaux v. et h. : Nuzéjouls (201 hab.).

Cours d'eau : Ruisseau de Calamane.

Voies de c^on : Chem. vic. d'int. com. n° 10, de Luzech à Pélacoy ; — chem. vic. d'int. com. n° 35, de Catus à St-Pierre-Lafeuille ; — chem. vic. ord.

Distances : au chef-l. de cant. 5 k. ; au chef-l. d'arr. et de départ. 14 k.

*Statistique :* 115 Electeurs. — 10 Cons. mun.

Principal des 4 cont. dir. 1917 fr.

Revenus de la commune, 21 fr.

*Instruction :* Ecole c^le laïque de garç. (37 élèves) ; — école libre congrég. de filles (26 élèves).

*Produits agricoles :* Céréales, vin, tabac, châtaignes, truffes. — Bois.

*Commerce et Industries :* Fabrique de poteries et de creusets. — Fête patr., le 25 septembre.

Historique.

*Pendant la Révolution.* — C. du cant. de Catus et du district de Cahors.

*Avant la Révolution.* — C^té de la subdél. et de l'élection de Cahors. — Paroisse sous l'invocation de St-Martin (500 p.). — Cette c^té payait 3221 livres d'impositions ; ses charges locales ord. étaient de 117 livres.

*Anciennes mesures :* Les mesures de Nuzéjouls étaient celles de Cahors.

O

Offense (l'), *h.,* c. d'Orniac.
Official (l'), *f.,* c. de Castelnau.
Ogeral (l'), *h.,* c. de Cuzance.
Olive, *i.,* c. de Belfort.
Olives, *h.,* c. de Boussac.
Olmie (l'), *v.,* c. de St-Laurent.
Ondredieu, *m.,* c. de Cazals.
Ons, *i.,* c. de Duravel.
Ons (les), *h.,* c. de Rouffiac.
Oratoire (l') *i.,* c. de Sérignac.
Orcombel, *m.,* c. de Blars.
Orgueil (*écluse d'*), *i.,* c. de Soturac.
Orgues, *h.,* c. de Cahus.
Oriol, *h.,* c. de Cavagnac.

**Orniac ou Ornhac,** c., cant. de Lauzès, arr. de Cahors. — ✉ et Percept. de Cabrerets. — ⚷ (350 p.). — Débit de tabac.

*Géographie :* Superf. 1679 hect. — 384 hab. — Alt. moy. 293 ᵐ. — Terrain jurassique supérieur.

Principaux v. et h. : Orniac (103 hab.) et Liauzu (40 hab.).

Cours d'eau : Le Célé.

Voies de c^on : Route dép^le n° 13, de Cahors à Figeac (tunnel de la Pescalerie) ; — 7 chem. vic. ord.

Distances : au chef-l. de cant., 8 k. ; au chef-l. d'arr. et de départ. 34 k.

*Statistique :* 106 Electeurs. — 10 Cons. mun.

Principal des 4 cont. dir. 2255 fr.

Revenus de la commune, 188 fr.

Bureau de bienfaisance (revenu annuel 93 fr.).

*Instruction :* Ecole c^le laïque de garç.

(24 élèves) ; — école laïque libre de filles (15 élèves).

*Produits agricoles :* Céréales, vin, pommes de terre. — Bois.

*Commerce et Industries :* Moulin à farine. — Cabaret. — Fête patr., le 15 août.

Historique.

*Pendant la Révolution.* — Orniac formait les c. d'Orniac et de Liauzu du cant. de Cabrerets et du district de Cahors.

*Avant la Révolution.* — Orniac formait 2 c<sup>tés</sup> de la subdél. et de l'élection de Figeac et une paroisse sous l'invocation de l'Assomption (402 p.). — La c<sup>té</sup> d'Orniac payait 3192 livres d'impositions ; ses charges locales ord. étaient de 64 livres. — La c<sup>té</sup> de Liauzu payait 1125 livres d'impositions ; ses charges locales ord. était de 38 livres. — Orniac paraît avoir été une des dernières localités du Quercy occupée par les Anglais durant la guerre de cent ans.

*Anciennes mesures :* Aune = 1 <sup>m</sup> 188.— Les autres mesures des c<sup>tés</sup> d'Orniac et de Liauzu étaient celles de Cahors.

*Antiquités :* Tout près du village de Liauzu, grottes fortifiées ayant servi de retraite aux Anglais pendant la guerre de cent ans.

ORTEIL (l'), *h.*, c. de Lebreil.
OUILH-BAS, *h.*, c. de Mauroux.
OULES (les), *i.*, c. de Puy-l'Evêque.
OULIÈRES, *h.*, c. de Pomarède.
OURGNAGUEL (Mas d'), *h.*, c. d'Espédaillac.
OURNES, *v.*, c. de Capdenac.
OURSAT, *h.*, c. des Junies.
OURTOUX, *h.*, c. de Cardaillac.
OUSTAL-BIEL, *h.*, c. de Castelnau.
OUSTALETS, *i.*, c. de Mauroux.
OUSTAL-NÈBE, *m.*, c. de Castelnau.
OUSTALOUS (les), *h.*, c. du Montat.

# P

**PADIRAC**, c., cant. de Gramat, arr. de Gourdon. — ⊠, ⊞, ⊡ et Percept. de Gramat. — ☉ (600 p.). — Débit de tabac.

*Géographie :* Superf. 598 hect. — 313 hab. — Alt. moy. 380<sup>m</sup>. — Cette c. se trouve sur le lias qui s'élève brusquement, sous la forme de collines, dont la base composée de couches de marne repose sur des bancs calcaires.—Nombreux fossiles, parmi lesquels : le pecten aquivalvis, l'ostrea cymbium, la terebratula punctata.

Principaux v. et h. : Padirac (114 hab.);—Bagout et Bascoul (20 hab.), à 1 k. 500 de Padirac ; — Lacoste (23 hab.), à 1 k. ; — Mathieu (38 hab.), à 1 k. 800 ; — Penot (25 hab.) à 1 k. 500.

Voies de c<sup>on</sup> : chem. vic. d'int. com. n° 30, de Rocamadour à St-Céré ; — 4 chem. vic. ord.

Distances : au chef-l. de cant. 10 k. ; au chef-l. d'arr. 45 k. ; au chef-l. de départ. 66 k.

Curiosités : Gouffre de 54 mètres de profondeur et de 100 mètres de circonférence, connu sous le nom de *Puits de Padirac.*

*Statistique :* 105 Electeurs. — 10 Cons. mun.

Principal des 4 cont. dir. 2359 fr. Revenus de la commune, 86 fr.

*Instruction :* Ecole c<sup>le</sup> laïque de garç. (10 élèves) ; — école c<sup>le</sup> congrég. de filles (14 élèves).

*Produits agricoles :* Céréales, fourrages.

*Commerce et Industries :* 3 cabarets. — Fête patr., le 28 août.

Historique.

*Pendant la Révolution.*—C. du cant. de Gramat et du district de St-Céré.

*Avant la Révolution.* — C<sup>té</sup> de la subdél. et de l'élection de Figeac. — Paroisse sous l'invocation de St-Julien (530 p.). — Cette c<sup>té</sup> payait 3997 livres d'impositions ; ses charges locales ord. étaient de 104 livres.

Padirac fut hypothéqué aux Anglais, en 1287.

*Anciennes mesures :* Les mesures de Padirac étaient celles de Miers.

PADONY, *h.*, c. de St-Médard (Catus).
PAGANIE (la), *h.*, c. de Puy-l'Evêque.
PAGEL, *h.*, c. de Catus.
PAGÈS, *i.*, c. de Belfort.
PAGÈS, *h.*, c. de Corn.
PAGÈS, *h.*, c. de St-Sozy.

PAGOU, *i.*, c. de Lhospitalet.
PAÏJONGRAND, *i.*, c. de St-Cirq-Lap.
PAILHÈS, *h.*, c. de Frayssinhes.
PAILLARGUES, *h.*, c. de Mauroux.
PAILLARGUES, *h.* et *m. e.*, c. de Teyssieu.
PAILLAS, *h.*, c. de Floressas.
PAILLAS, *v.*, c. de Lalbenque.
PAILLAS, *h.*, c. de Valprionde.
PAILLE (la), *i.*, c. de Lunan.
PAILLE (la), *h.*, c. de Souillac.
PAILLÉ, *h.*, c. de Marcillac.
PAILLÉ, *i.*, c. de Sénaillac.
PAILLE (la), *h.*, c. de Souillac.
PAILLÉ (le), *h.*, c. de Latronquière.
PAILLÈS, *h.*, c. de Frayssinhes.
PAILLÈS, *i.*, c. de Labastide-Marnh.
PAILLÈS, *h.*, c. de Marcillac.
PAILLET, *i.*, c. de Rocamadour.
PAILLOLE, *i.*, c. de Montlauzun.
PAILLOLES, *h.*, c. de St-Caprais.
PAILLOT, *i.*, c. de St-Jean-de-Laur.
PAINTÈNE, *h.*, c. de Montbrun.
PAJOT, *m.*, c. de Limogne.
PALARET, *h.*, c. de Bio.
PALAT, *m.*, c. de Limogne.
PALAT, *h.*, c. de Thémines.
PALEZI, *m.*, c. de Castelnau.
PALLIOLE (la), *h.*, c. de Duravel.
PALMES, *f.*, c. de Martel.
PALMEYSSOU, *h.*, c. de Sarrazac.
PALOQUE, *h.*, c. de Calès.
PALOT, *i.*, c. du Boulvé.
PALOT, *i.*, c. de Meyronne.
PALOUGNÉ, *i.*, c. de Prudhomat.
PANACÉ, *h.*, c. de Figeac.
PANCHOT, *h.*, c. de Catus.
PANECART, *h.*, c. de Lunan.
PANISSAL (la), *h.*, c. de Terrou.
PANNONIE (la), *v.* et *ch.*, c. de Couzou.
PANSIA, *h.*, c. de Puyjourdes.
PANSOTTE, *m.*, c. de Promilhanes.
PAPETIE, *h.*, c. de Sauliac.
PAPETERIE (la), *u.*, c. de Vers.
PAQUET, *i.*, c. de Larnagol.
PARADIS, *h.*, c. d'Albas.
PARADIS, *h.*, c. de Meyronne.
PARADOU, *h.*, c. d'Autoire.
PARADOU, *h.*, c. de Montdoumerc.
PARAIRE, *i.*, c. de St-Daunès.
PARAM, *f.*, c. de St-Céré.
PARAMELLE, *h.*, c. du Bourg.
PARAMELLE, *m. e.*, c. de St-Cirgues.
PARATS (bas et haut), *i.*, c. de Dégagnac.
PARBELS, *i.*, c. de Pradines.
PARC (le), *i.*, c. d'Assier.
PARC, *i.*, c. de Calvignac.

PARGUES (les), *h.*, c. de Montamel.
PARIS, *h.*, c. de Vaillac.
PARIZOT, *h.*, c. de Lauresses.

**PARNAC**, c., cant. de Luzech, arr. de Cahors. — ⊠ et Percept. de Luzech. — ⊤⊑ et ⊆⊤. — ☿ de Parnac (360 p.) et de Cels (185 p.). — Débit de tabac.

*Géographie :* Superf. 603 hect. — 555 hab. — Alt. moy. 182 ᵐ. — Les hauteurs de cette c. appartiennent à la formation jurassique supérieure ; les parties basses sont formées par les alluvions du Lot.

Principaux v. et h. : Parnac (213 hab.); — Caunezil (43 hab.), à 2 k. de Parnac ; — Cels (88 hab.), à 2 k. 500 ; — Mas de Penne (47 hab. à 1 k. ; — Massabie (92 hab.), à 1 k. 500 ; — Port de l'Angle (72 hab.), à 0 k. 800.

Cours d'eau : Rivière du Lot.

Voies de cᵒⁿ : Chem. vic. de g. cᵒⁿ n° 8, de Cahors à Touzac ; — chem. vic. de g. cᵒⁿ n° 14, de Catus à Montcuq ; — 6 chem. vic. ord.

Distances : au chef-l. de cant. 5 k. ; au chef-l. d'arr. et de départ. 16 k.

*Statistique :* 198 Electeurs — 12 Cons. mun.

Principal des 4 cont. dir. 5099 fr.

Revenus de la commune, 110 fr.

Bureau de bienfaisance (revenu annuel 485 fr.).

*Instruction :* Ecole cˡᵉ laïque de garç. (34 élèves); — école cˡᵉ laïque de filles (29 élèves).

*Produits agricoles :* Vin, blé, tabac, fourrages.

*Commerce et Industries :* Fêtes patr., à Parnac, le 1ᵉʳ septemb. et à Cels, le 11 novemb.

Historique.

*Pendant la Révolution.* — C. du cant. de Luzech et du district de Cahors.

*Avant la Révolution.* — Cᵗᵉ de la subdél. et de l'élection de Cahors. — Paroisse sous l'invocation de St-Saturnin (321 p.). — Cette cᵗᵉ payait 2306 livres d'impositions ; ses charges locales ord. étaient de 74 livres.

*Anciennes mesures :* Les mesures de Parnac étaient celles de Cahors.

PAROCHE, *h.*, c. de St-Jean-de-Laur.
PARON, *i.*, c. de Dégagnac.
PAROUTY, *h.*, c. du Bouyssou.
PARRADES (les), *i.*, c. de Rocamadour.

PARRAU (bas et haut), *i.*, c. de Cahus.
PARRAYNE, *i.*, c. d'Arcambal.
PARRICAL, *h.*, c. de Creysse.
PARRICHE, *h.*, c. de St-Denis (Martel).
PARRICOU, *f.*, c. de Figeac.
PARRO (la), *h.*, c. de St-Jean-Lespin.
PARROS, *i.*, c. de Berganty.
PARROSIÉ, *h.*, c. de Montvalent.
PARROTS (les), *h.*, c. d'Arcambal.
PARTET (le), *i.*, c. de Lalbenque.
PARTISSOU, *i.*, c. de Cieurac.
PARTIT (le), *i.*, c. de Lalbenque.
PARTIT (le), *h.*, c. de St-Hilaire.
PASCALIE (le), *h.*, c. de St-Germain.
PASCALLES (les), *h.*, c. de St-Chamarand.
PASCALOT, *m. e.*, c. de Montdoumerc.
PAS-DE-LA-CLÈDE, *h.*, c. de St-Simon.
PAS-DEL-GAS, *i.*, c. de Calvignac.
PAS-DE-VIVIÉ, *h.*, c. de Cassagnes.
PASQUIE (la), *h.*, c. de Carennac.
PASSE-LOUP, *m. e.*, c. de Peyrilles.
PASSE-TEMPS, *h.*, c. de Dégagnac.
PASSEYROLLES, *h.*, c. de Cahus.
PASTA, *i.*, c. de St-Daunès.
PASTISSIÈRE (la), *h.*, c. de Laroque-
[des-Arcs].
PASTROU, *h.*, c. de Montfaucon.
PASTURAT, *v.*, c. d'Arcambal.
PASTURE, *h.*, c. de Lalbenque.
PATARRIS, *h.*, c. de Frayssinet-le-
[Gélat].
PATAS, *h.*, c. de Meyronne.
PATERNERIE (la), *h.*, c. de Cressensac.
PATRAQUE, *h.*, c. de Bélaye.
PATRAS, *h.*, c. de Vidaillac.
PAUCHIS, *h.*, c. du Vigan.
PAUCOU, *h.*, c. de Crégols.
PAULIAC, *h.*, c. de Cieurac.
PAULIAC, *v.*, c. de Prudhomat.
PAULIE, *h.*, c. du Vigan.
PAULINE (la), *h.*, c. de Puy-l'Evêque.
PAULY, *h.*, c. de St-Bressou.
PAUMETTES, *m. e.*, c. de Cazals.
PAUMEYROL, *h.*, c. de Salviac.
PAUNAC, *v.*, c. de Cazillac.
PAURAC, *i.*, c. de Lalbenque.
PAX *i.*, c. de Belfort.
PAX, *h.*, c. de Montlauzun.
PAXOU, *h.*, c. de Montlauzun.
PAY (le), *h.*, c. de Vaillac.

**PAYRAC**, c., chef-l. de cant. de l'arr. de Gourdon. — ✉, ▥ et Percept. — ♦ de Payrac (836 p.) et de Camy (210 p.). — Rec.-buraliste et débit de tabac à Camy. — Notaire. — Brigade de gendarmerie à cheval.

*Géographie :* Superf. 1721 hect. — 1222 hab. — Alt. moy. 274 m. — Cette c. est située sur un lambeau de terrain tertiaire, placé sur le terrain jurassique supérieur qui s'étend entre St-Germain et Gourdon.

Principaux v. et h. : Payrac (814 hab.) et Camy (210 hab.), à 3 k. de Payrac.

Cours d'eau : Ruisseaux de Tournefeuille et des Ardaillous.

Voies de cᵒⁿ : Route natˡᵉ n° 20, de Paris à Toulouse; — route dépˡᵉ n° 8, de Payrac à Fumel; — chem. vic. de g. cᵒⁿ n° 21, de Gramat à Payrac; — 8 chem. vic. ord.

Distances : au chef-l. d'arr. 13 k.; au chef-l. de départ. 51 k.

*Statistique :* 419 Electeurs. — 12 Cons mun.

Principal des 4 cont. dir. 7540 fr.

Revenus de la commune, 485 fr.

Bureau de bienfaisance (revenu annuel 1000 fr.).

*Instruction :* Ecole cˡᵒ laïque de garç. (60 élèves); — école cˡᵒ congrég. de filles (48 élèves). — Salle d'asile.

*Produits agricoles :* Céréales, vin, tabac, fourrages, noix et châtaignes.

*Commerce et Industries :* 2 moulins à farine sur les ruisseaux. — 6 hôtels ou auberges; — 3 cabarets; — 2 cafés. — Foires les premiers jeudis d'avril, de juil., d'août, de novemb. et de décemb., le 2ᵉ lundi de carême, le 8 mai, le 9 juin et le lundi après le 29 août. — Marché le jeudi de chaque semaine. — A Camy, foires les 3 fév., 23 avril et 17 août. — Halle aux grains. — Fêtes patr., à Payrac, le 29 août et à Camy, le 15 août.

Historique.

*Pendant la Révolution.* — Payrac formait les 2 c. de Payrac et de Camy, du cant. de Payrac et du district de Gourdon.

*Avant la Révolution.* — Payrac formait 2 cᵗᵉˢ de la subdél. de Gourdon et de l'élection de Figeac. — La cᵗᵉ de Payrac payait 6592 livres d'impositions; ses charges locales ord. étaient de 135 livres; sa population de 1095 hab.; elle formait une paroisse sous l'invocation de St-Pierre.

La cᵗᵉ de Camy payait 1400 livres d'impositions; ses charges locales ord. étaient de 39 livres; elle formait une paroisse sous l'invocation de la Stᵉ-Vierge (294 p.).

Adhémar, comte du Quercy, mort vers 927, laissa à son fils naturel les terres de Payrac et de Mayrinhac.

En 1530, Gratien de Vernoilh était seigneur de Payrac.

*Anciennes mesures :* Les mesures de Payrac étaient celles de Gourdon.

PAYRAT (le), *h.*, c. de Cahors.
PAYRAT (le), *h.*, c. du Montat.
PAYRE (la), *m. e.*, c. de Calès.
PAYRI, *h.*, c. de Cabrerets.

**PAYRIGNAC**, ou Payrinhac ou Peyrinhac, c., cant. et arr. de Gourdon. — ⊠ et ☎ de Gourdon. — Percept. du Vigan. — ♂ (1100 p.). — Débit de tabac.

*Géographie :* Superf. 2164 hect. — 989 hab. — Alt. moy. 177 m. — Terrain crétacé sur lequel on trouve des lambeaux de terrain tertiaire. — Nombreux coquillages fossiles.

Principaux v. et h. : Payrignac (143 hab.) ; — Cougnac (243 hab.), à 2 k. de Payrignac ; — Cournazac (118 hab.), à 2 k. 500 ; — Nadaillac (110 hab.), à 4 k.; — Roquedeval (69 hab.), à 3 k.

Cours d'eau : Ruisseaux de la Melve, de Payrignac et de Marcillande.

Voies de c<sup>on</sup> : Route dép<sup>le</sup> n° 1, de Mende à Sarlat ; — chem. vic. d'int. com. n° 55, de Pont-Carral à la route dép<sup>le</sup> n° 1 ; — chem. vic. d'int. com. n° 73, de Millac à Gourdon ; — 6 chem. vic. ord.

Distances : au chef-l. de cant. et d'arr. 4 k. ; au chef-l. de départ. 46 k.

*Statistique :* 295 Electeurs. — 12 Cons. mun.

Principal des 4 cont. dir. 4948 fr.

Revenus de la commune, 511 fr.

Bureau de bienfaisance (revenu annuel 493 fr.):

*Instruction :* Ecole c<sup>le</sup> laïque de garç. (58 élèves); — école c<sup>le</sup> laïque de filles (37 élèves).

*Produits agricoles :* Céréales, tabac, vin, noix, châtaignes, fourrages.—Bois.

*Commerce et Industries :* 5 moulins à farine sur les ruisseaux. — Café. — Foires le 1<sup>er</sup> août et le 31 décembre. — Fête patr., le 15 août.

### Historique.

*Pendant la Révolution.* — C. du cant. et du district de Gourdon.

*Avant la Révolution.* — Payrignac formait 2 c<sup>tés</sup> de la subdél. de Gourdon et de l'élection de Cahors.

La c<sup>té</sup> de Payrignac et St-Cirq payait 9796 livres d'impositions; ses charges locales ord. étaient de 137 livres. — Paroisse sous l'invocation de St-Agapit (910 p.).

La c<sup>té</sup> de Nadaillac payait 2934 livres; ses charges locales ord. étaient de 53 livres. — Paroisse sous l'invocation de St-Pierre, apôtre (340 p.).

L'église de Payrignac fut donnée, l'an 836, à l'abbé de Sarlat, par Odolric, seigneur de Gourdon; elle passa plus tard aux chanoines réguliers de Cahors.

*Anciennes mesures :* Les mesures de Payrignac étaient celles de Gourdon.

*Hommes célèbres :* Le lieutenant-général François-Louis du Pouget, comte de Nadaillac (XVIII<sup>e</sup> siècle).

PAYROLIS, *h.*, c. de Cahors.
PAYRET, *h.*, c. de Loubressac.
PAYROUSSETES (les), *h.*, c. de Labastide-[Marnhac].
PAYS (le), *h.*, c. de Vaillac.
PÉAGE, *h.*, c. de Thédirac.
PÉBÉROU, *h.*, c. de Labastide-Murat.
PÉBOULÈDE, *h.*, c. de Lalbenque.
PÉCALVEL, *h.*, c. des Arques.
PÉCALVEL, *h.*, c. de Cazals.
PÉCANOT, *m.*, c. de Varaire.
PECH, *i.*, c. de Béduer.
PECH, *h.*, c. de Belmontet.
PECH, *i.*, c. de Boissières.
PECH, *h.*, c. de Couzou.
PECH, *i.*, c. de Flaugnac.
PECH, *h.*, c. de Gindou.
PECH, *i.*, c. de Lunan.
PECH, *i.*, c. de Maxou.
PECH, *h.*, c. de Payrignac.
PECH, *h.*, c. de Pern.
PECH, *i.*, c. de Pinsac.
PECH, *h.*, c. de St-Jean-de-Laur.
PECH, *i.*, c. de St-Perdoux.
PECH, *i.*, c. de Saux.
PECH, *h.*, c. de Thégra.
PECH (le), *i.*, c. d'Arcambal.
PECH (le), *h.*, c. de Cardaillac.
PECH (le), *m. e.*, c. de Flaugnac.
PECH (le), *i.*, c. de Fons.
PECH (le), *h.*, c. de Laburgade.
PECH (le), *h.*, c. de Loubressac.
PECH (le), *i.*, c. de Masclat.
PECH (le), *i.*, c. du Montat.
PECH (le), *h.*, c. de Rassiels.
PECH (le), *h.*, c. de St-Céré.
PECH (le), *h.*, c. de Vaillac.
PÉCHAGAL, *h.*, c. de Cahors.
PÉCHAGRAT, *i.*, c. de Lamothe-Fénel.

Pechahu, *h.*, c. de Salviac.
Pechalard, *h.*, c. de St-Clair.
Péchalgras, *i.*, c. d'Aujols.
Pecharmié, *h.*, c. des Arques.
Pechastru, *h.*, c. de Floressas.
Péchaud, *h.*, c. du Bastit.
Péchaud, *f.*, c. de Marcillac.
Pechauléza, *h.*, c. de Peyrilles.
Pechaurié, *ch.* et *u.*, c. de Lherm.
Pechauriol, *i.*, c. des Junies.
Pechaussou *h.*, c. de Mauroux.
Pechautou, *h.*, c. de Mayrinhac-Lent.
Pech-Beynat, *h.*, c. de Cressensac.
Pech-Biale, *i.*, c. de Masclat.
Pech-Blanc, *h.*, c. de Calvignac.
Pech-Blanc, *i.*, c. de St-Perdoux.
Pech-Blanc (le), *h.*, c. de Lhospitalet.
Pech-Boube, *h.*, c. de St-Denis (Catus).
Pech-Boudrès, *i.*, c. de St-Martin-L.
Pech-Boulou, *h.*, c. de St-Denis (Catus).
Pech-Bouysset, *h.*, c. de Cassagnes.
Pech-Bufat, *h.*, c. de Varaire.
Pech-Cabrier, *h.*, c. de St-Germain.
Pech-Calvel, *h.*, c. de Cazals.
Pech-Cardou, *h.*, c. de Dégagnac.
Pech-Castan, *h.*, c. de Mayrinhac-L.
Pech-Caussel, *i.*, c. de St-Pantaléon.
Pech-Cendrié, *h.*, c. de St-Cernin.
Pech-Cour, *h.*, c. de Beaumat.
Pech-Curet, *h.*, c. de Salviac.
Pech-d'Acout, *i.*, c. de Fons.
Pech-d'Alan, *h.*, c. de Thémines.
Pech-d'Alba, *h.*, c. de Thégra.
Pech-Damier, *h.*, c. de Lavercantière.
Pech-Damon, *h.*, c. d'Assier.
Pech-Dantur, *i.*, c. de Maxou.
Pech-d'Artix, *h.*, c. de Sénaillac.
Pech-d'Auconières, *m.*, c. de Varaire.
Pech-d'Aucou, *i.*, c. de Montcuq.
Pech-d'Aux, *h.*, c. de Bélaye.
Pech-d'Aymare, *h.*, c. de St-Clair.
Pech-d'Ayne, *h.*, c. d'Aynac.
Pech-de-Belot, *i.*, c. de Comiac.
Pech-de-Bétaille, *f.*, c. de Cabrerets
Pech-de-Bras, *h.*, c. de Catus.
Pech-de-Briant, *h.*, c. de Sarrazac.
Pech-de-Caors, *h.*, c. de Belfort.
Pech-de-Capi, *h.*, c. de Labastide-
[Marnhac].
Pech-de-Carriol, *h.*, c. de Pradines.
Pech-de-Cassé, *i.*, c. du Boulvé.
Pech-de-Cayroux, *h.*, c. de Sénaillac.
Pech-de-Chambon, *i.*, c. de Flaugnac.
Pech-de-Cluzel, *h.*, c. de Sauliac.
Pech-de-Compassi, *i.*, c. de Masclat.
Pech-de-Cor, *h.*, c. de Bétaille.
Pech-de-Feite, *f.*, c. de Nuzéjouls.
Pech-de-Fos, *h.*, c. de Cieurac.

Pech-de-Fourque, *h.*, c. de Montfaucon
Pech-de-Froubert, *h.*, c. de Castelnau.
Pech-de-Galessie, *h.*, c. d'Arcambal.
Pech-de-Labadie, *i.*, c. de Figeac.
Pech-de-la-Barre, *f.*, c. de Cabrerets.
Pech-de-la-Barse, *f.*, c. de Cabrerets.
Pech-de-Laborie, *h.*, c. de Bétaille.
Pech-de-Laborie, *h.*, c. de Cras.
Pech-de-la-Devèze, *f.*, c. de Cabrerets
Pech-de-la-Garde, *h.*, c. de Ste-Alauzie
Pech-de-la-Garde, *i.*, c. de St-Pantaléon.
Pech-de-la-Grange, *i.*, c. de St-Pantaléon.
Pech-de-la-Parde, *i.*, c. de Lentillac
[Lauzès].
Pech-de-Lapeyrade, *h.*, c. du Bourg.
Pech-de-la-Presse, *i.*, c. de Belmont.
Pech-de-Lasbouygues, *i.*, c. de St-
[Pantaléon].
Pech-de-Las-Vignes, *i.*, c. de Cras.
Pech-del-Bos, *h.*, c. de Carennac.
Pech-del-Cayré, *i.*, c. de Ste-Croix.
Pech-de-l'Église, *h.*, c. de Cieurac.
Pech-del-Fauret, *h.*, c. de Reyrevignes
Pech-de-l'Hoste, *h.*, c. de Laburgade.
Pech-Delluc, *h.*, c. de St-Cernin.
Pech-del-Mas, *h.*, c. de St-Cernin.
Pech-de-Loste, *h.*, c. de St-Matré.
Pech-de-l'Ousse, *i.*, c. du Vigan.
Pech-del-Rey, *h.*, c. de Castelnau.
Pech-del-Saut, *h.*, c de Vaillac.
Pech-del-Sol, *h.*, c. de Fons.
Pech-de-Marty, *i.*, c. de Fontanes.
Pech-de-Maux, *h.*, c. de Ste-Croix.
Pech-de-Miers, *h.*, c. de Gindou.
Pech-de-Miez, *i.*, c. de St-Martin-de-V.
Pech-de-Mio, *i.*, c. de St-Cernin.
Pech-de-Moles, *h.*, c. de Sabadel.
Pech-de-Mont, *h.*, c. de Frayssinet.
Pech-de-Moussu, *i.*, c. de Sénaillac.
Pech-de-Naudi, *h.*, c. de Lauzès.
Pech-de-Naudi, *h.*, c. de Sabadel.
Pech-de-Penilac, *h.*, c. de Goujounac.
Pech-de-Roques, *h.*, c. de Lamothe-
[Cassel].
Pech-Dersou, *f.*, c. de Corn.
Pech-des-Agars, *h.*, c. de Corn.
Pech-des-Corps, *h.*, c. de Sarrazac.
Pech-d'Escut, *h.*, c. de Frayssinet-le-
[Gélat].
Pech-de-Serels, *i.*, c. de Cahors.
Pech-des-Huiles, *h.*, c. de Gignac.
Pech-de-Tandou, *i.*, c. de Ste-Croix.
Pech-de-Turès, *i.*, c. de St-Clair.
Pech-d'Izabeau, *h.*, c. de Vaylats.
Pech-d'Issaure, *i.*, c. de Lamothe-
[Cassel].
Pech-d'Issepts, *h.*, c. d'Issepts.
Pech-d'Issolu, *montagne*, c. de Vayrac

PECH-DODÉ, *i.*, c. de Crégols.
PECH-DU-SOL, *i.*, c. de St-Michel-[Loubéjou].
PECHEBRY, *i.*, c. de Corn.
PECHELBRAS, *h.*, c. de Catus.
PECHERAT, *i.*, c. de Nozac.
PECHERET, *h.*, c. de Béduer.
PECHERET, *h.*, c. de Livernon.
PECHERET, *h.*, c. de Reyrevignes.
PECHERET, *i.*, c. de St-Jean-de-Laur.
PECHERNAL (bas et haut), *h.*, c. de Fons
PECHESQUIÈRE, *h.*, c. de Ste-Colombe.
PECH-ESTÈRE, *h.*, c. de Crégols.
PECHET, *i.*, c. de Belfort.
PECH-FALCOU, *i.*, c. de Mauroux.
PECH-FARGUET, *h.*, c. de Carennac.
PECH-FERRAT, *h.*, c. de Gramat.
PECH-FOURÈS, *i.*, c. de Belfort.
PECH-FOURQUE, *h.*, c. de Salviac.
PECH-FUMAT, *ch.*, c. de Frayssinet-le-[Gélat].
PECH-FUMAT, *h.*, c. de Loubressac.
PECH-FUMAT, *h.*, c. de Marminiac.
PECH-GAILLARD, *h.*, c. de Salviac.
PECH-GARRIGOU, *m. v.*, c. d'Esclauzels.
PECH-GAUMARD, *h.*, c. de Ginouillac.
PECH-GAUTHIER, *i.*, c. de Frayssinet-[le-Gélat].
PECH-GRAND, *i.*, c. de Belfort.
PECH-GRAND, *i.*, c. de Frayssinet-le-[Gélat].
PECH-GREZIER, *h.*, c. de St-Germain.
PECH-GRILLÉ, *i.*, c. de Calvignac.
PECH-GRIS, *h.*, c. de Prayssac.
PECH-GRISOU, *h.*, c. de Lacave.
PECH-GUILHEM, *h.*, c. de Labastide-[Murat].
PECHIBRE, *h.*, c. de Boissières.
PECHIMBAL, *h.*, c. de Marminiac.
PECH-JUZERAT, *h.*, c. de Villesèque.
PECH-JUZY, *h.*, c. de Carennac.
PECH-LABUFFÉ, *i.*, c. de St-Martin-[Labouval].
PECH-LACASSAGNE, *h.*, c. de Gignac.
PECH-LACOMBE, *i.*, c. de St-Michel-[Loubéjou].
PECH-LADEVÈZE, *i.*, c. de Cabrerets.
PECH-LAGARDE, *h.*, c. de Labastide-[Murat].
PECH-LAMAC, *h.*, c. de Berganty.
PECH-LARIVE, *i.*, c. de Bouziès.
PECH-LA-RODE, *h.*, c. de Calviac.
PECH-LAS-MARTRES, *h.*, c. du Bourg.
PECH-LAURENT, *m. v.*, c. de Soucirac.
PECH-LAURIE, *h.*, c. de Montfaucon.
PECH-LONG, *h.*, c. de St-Paul.
PECH-LONG, *i.*, c. de Souillac.
PECH-L'HOSTE, *i.*, c. de St-Matré.

PECH-MARTY, *i.*, c. de Frayssinet.
PECH-MARTY, *h.*, c. de Lachapelle-[Auzac].
PECH-MAMENT, *h.*, c. de Salviac.
PECH-MAUREL, *h.*, c. de Leyme.
PECH-MAUREL, *h.*, c. de Montcléra.
PECH-MAURY, *i.*, c. de St-Sozy.
PECH-MAYRE, *h.*, c. de Dégagnac.
PÉCH-MAYRIT, *h.*, c. de Cabrerets.
PECH-MÉGÉ, *i.*, c. d'Aujols.
PECH-MÉJA, *m.*, c. de Cénevières.
PECH-MÉJA, *i.*, c. de Lissac.
PECH-MÉJA, *h.*, c. de Montcuq.
PECH-MÉJA, *h.*, c. de Peyrilles.
PECH-MERLU, *h.*, c. de Marcillac.
PECH-MEZOT, *h.*, c. de St-Chamarand.
PECH-MIEL, *m.*, c. de Cénevières.
PECH-MOREL, *h.*, c. de Leyme.
PECH-MORIOL, *h.*, c. du Bastit.
PECH-MOUDOU, *h.*, c. de Labathude.
PECH-MOURET, *i.*, c. de Loupiac.
PECH-MOURGAL, *i.*, c. de St-Laurent.
PECH-MURIVE, *h.*, c. de Thédirac.
PECH-NAL, *h.*, c. de St-Denis (Catus).
PECH-NEGRE, *i.*, c. de Soulomès.
PECHOUDOU, *i.*, c. de Soulomès.
PECH-OULIÉ, *h.*, c. de Brengues.
PECHOULLARD, *h.*, c. de Bannes.
PECH-PETIT, *h.*, c. de Cremps.
PECH-PETROU, *h.*, c. d'Arcambal.
PECHPEYROU, *h.*, c. de Lalbenque.
PECHPEYROU, *h.*, c. du Vigan.
PECHPEYROUX, *v.*, c. de Cézac.
PECH-PICOU, *h.*, c. de Vers.
PECH-PIQUERAL (le), *m.*, c. de Lhospitalet.
PECH-PITROU, *i.*, c. d'Arcambal.
PECH-PLAZENS, *h.*, c. de Rudelle.
PECH-PRUNES, *i.*, c. de Belfort.
PECH-PYGUEIRAL, *m.*, c. de Castelnau.
PECH-QUIZEL, *h.*, c. de Montcléra.
PECH-RAYNAL, *i.*, c. de Laroque-Toir.
PECH-REDON, *h.*, c. de Gignac.
PECH-RIGAL, *h.*, c. de St-Clair.
PECH-ROUGE, *h.*, c. de Cassagnes.
PECH-ROUGIÉ, *h.*, c. de Saignes.
PECH-ROUSSY, *h.*, c. de St-Germain.
PECHS, *h.*, c. de St-Martin-de-Vers.
PECH-SAHUT, *h.*, c. de Bannes.
PECH-SALAT, *h.*, c. de Lacapelle-Mar.
PECH-SALVY, *h.*, c. du Payrignac.
PECH-SARRAT, *h.*, c. de Puy-l'Evêque.
PECH-SEC, *i.*, c. de Vaylats.
PECH-SIBADOU, *i.*, c. de Durbans.
PECH-SIQUAT, *i.*, c. de St-Martin-Lab.
PECH-SISSOUS, *h.*, c. de Castelnau.
PECH-SURECH, *h.*, c. de Grézels.
PECH-St-MAURS, *h.*, c. dé Lachapelle-[Auzac].

PECH-TENDOU, *h.*, c. de Thédirac.
PECH-TENLOU, *f.*, c. de Rocamadour.
PECH-TOULOUMEAU, *h.*, c. de St-Sozy.
PECH-UGAN, *h.*, c. de Grézels.
PECH-UQUET, *i.*, c. de St-Pierre-Toir.
PECH-VIGOUROUX, *h.*, c. de Puy-l'Évêque.
PECH-VILLAT, *i.*, c. de Varaire.
PECH-ZACHARIAS, *h.*, c. de Crégols.
PÉCOLÈBRE, *i.*, c. de St-Daunès.
PÉCOUL, *h.*, c. de Rampoux.
PÉCOULS, *m. e.*, c. de Peyrilles.
PÉCOURT, *h.*, c. de Boissières.
PECTARAL, *h.*, c. de S<sup>te</sup>-Colombe.
PÉDAGUDE, *h.*, c. de Floirac.
PÉDAUQUE, *f.*, c. de St-Vincent-de-B.
PÉGOURIÉ, *h.*, c. de Catus.
PÉGOURIÉ, *h.*, c. de Corn.
PÉGOURIÉ, *h.*, c. de Gréalou.
PEINS, *h.*, c. de Montet et Bouxal.
PÉLACOY, *v.*, c. de Francoulès.
PÉLAPRAT, *h.*, c. de Couzou.
PÉLÉGAILLE, *h.*, c. d'Escamps.
PÉLÉGRI, *h.*, c. de Lissac.
PÉLÉGRIS, *h.*, c. de Reyrevignes.
PÉLÈNES, *i.*, c. de Montlauzun.
PÉLISSIÉ, *h.*, c. de Labastide-Murat.
PÉLISSIÉ, *h.*, c. de Lebreil.
PÉLISSIÉ, *h.*, c. de Pern.
PÉLISSIER, *h.*, c. de Frayssinet.
PÉLISSIER, *f.*, c. de Lacave.
PÉLISSIER, *h.*, c. de Lalbenque.
PÉLISSIER, *i.*, c. de Lamothe-Cassel.
PÉLIT, *i.*, c. de Luzech.
PELLAGUILLE, *h.*, c. de St-Denis (Martel)
PELLATOU, *h.*, c. de Sérignac.
PELLISSIÈRE (la), *h.*, c. de Villesèque.
PELVEYRAT, *h.*, c. de Lavercantière.
PENAT, *i.*, c. de Dégagnac.
PENCHANERIE, *h.*, c. de Prayssac.
PENCHINIER, *h.*, c. de Belfort.
PENCHINIER, *h.*, c. de Belfort.
PENDANT (le), *h.*, c. de Lauzès.
PÉNÉLET, *i.*, c. de Castelnau.
PENNE, *h.*, c. de Lebreil.
PENNE, *m.*, c. de Montcuq.
PENOT, *h.*, c. d'Alvignac.
PENOT, *h.*, c. de Padirac.
PENOT, *h.*, c. de Salviac.
PEPELOT, *h.*, c. d'Escamps.
PEPEYROU, *h.*, c. de Carennac.
PEPY, *h.*, c. de Salviac.
PERALAT, *h.*, c. de St-Cernin.
PÉRATEL (le), *h.*, c. de St-Cirgues.
PERCURAYRE (le), *h.*, c. du Bastit.
PERDIGOUX, *h.*, c. d'Albas.
PERET, *h.*, c. de Lissac.
PÉRIÉ, *h.*, c. de Gramat.
PÉRIÉ, *h.*, c. de Lauresses.

PÉRIÉ, *h.*, c. de Marminiac.
PÉRIÉ, *m.*, c. de Montcléra.
PÉRIÉ, *h.*, c. de Payrac.
PÉRIÉ, *m. e.*, c. de St-Cirgues.
PÉRIÉ, *h.*, c. de Sénaillac.
PÉRIÉ, *i.*, c. de Valroufié.
PÉRIER (le), *h.*, c. de Montdoumerc.
PÉRIER (le), *i.*, c. de Pern.
PÉRIERS, *h.*, c. de Lachapelle-Auzac.
PÉRINET, *i.*, c. de Belfort.
PÉRIS, *h.*, c. de Cavagnac.
PERMILLAC, *h.*, c. de Montlauzun.

**PERN**, c., cant. de Castelnau, arr. de Cahors. — ✉ et 🖅 de Castelnau. — Percept.— ☞ de Pern (700 p.) et de Terry (217 p.). — Rec.-buraliste à Ventaillac et débit de tabac à Pern.

*Géographie* : Superf. 2565 hect. — 813 hab. — Alt. moy. 279 <sup>m</sup>. — Cette c. s'étend sur les calcaires blancs tertiaires qui occupent une grande partie du canton de Castelnau.

Principaux v. et h. : Garrit, Bédrines et Ferre (117 hab.), à 2 k. de Pern; — Lagarde et Lourmet (90 hab.), à 1 k. 500; — Montignac et Lacoste (128 hab.), à 4 k.; — Pouzal, Pélissié, Pech et Montaudié (98 hab.), à 2 k.; — Ventaillac et Roches (98 hab.), à 6 k.

Cours d'eau : Ruisseau de la petite Barguelonne.

Voies de c<sup>on</sup> : Route nat<sup>le</sup> n° 20, de Paris à Toulouse; — chem. vic. de g. c<sup>on</sup> n° 47, de Cahors à Ventaillac; — chem. vic. de g. c<sup>on</sup> n° 49, de Cahors à Castelnau; — chem. vic. d'int. com. n° 65, de la vieille route nat<sup>le</sup> n° 20, au chem. de g. c<sup>on</sup> n° 7; — chem. vic. d'int. com. n° 67, de Ventaillac au chem. de g. c<sup>on</sup> n° 7; — 4 chem. vic. ord.

Distances : au chef-l. de cant. 9 k.; au chef-l. d'arr. et de départ. 15 k.

*Statistique* : 276 Électeurs. — 12 Cons. mun. — Sect. élect. de Pern (10 cons. mun.) et de Terry (2 cons. mun).

Principal des 4 cont. dir. 6128 fr. Revenus de la commune, 188 fr.

*Instruction* : Ecole c<sup>le</sup> laïque de garç. (45 élèves); — école c<sup>le</sup> congrég. de filles (45 élèves).

*Produits agricoles* : Céréales, vin, pommes de terre, noix.

*Commerce et Industries* : Auberge; — 2 cabarets. — Fêtes patr., à Pern, le 29 juin; à Terry, le 24 août.

Historique.

*Pendant la Révolution.* — C. du cant.

de Castelnau et du district de Cahors.

*Avant la Révolution.* — C<sup>té</sup> de la subdél. et de l'élection de Cahors. — Paroisses : de Pern, sous l'invocation de St-Pierre ; de Terry, sous l'invocation de St-Barthélemy (600 p.). — Cette c<sup>té</sup> payait 8479 livres d'impositions ; ses charges locales ord. étaient de 315 livres. — Les revenus des églises de Pern et de Frayssinet-le-Gélat furent affectés, en 1473, au collége St-Michel, de Cahors.

*Anciennes mesures :* Canne = 2 m 003. — Canne carrée = 3 m. c. 2568 — Sétérée = 260 ares 544 (la sétérée se subdivisait en 4 quarterées, la quarterée en 4 quartons, le quarton en 4 boisseaux et le boisseau en 16 onces). — Quarte = 71 litres 9 (la quarte se subdivisait en 4 quartons et le quarton en 4 boisseaux). — Barrique = 205 litres (la barrique contenait 184 pots).

*Antiquités :* La pierre dite de *Luctérius*, déposée à la Préfecture, a été trouvée à Pern.

PERPIGNES, *h.*, c. de Lauresses.
PERRELLE, *i.*, c. de Belfort.
PERRERY-BERNOLY, *h.*, c. de Laroque-[des-Arcs].
PERRET, *h.*, c. de Lissac.
PERRIAL, *i.*, c. de Camboulit.
PERRIAL, *i.*, c. de Lissac.
PERRICAUD, *h.*, c. de Montdoumerc.
PERRIÈRES, *i.*, c. de Prudhomat.
PERROUFIÉ (bas et haut), *f.*, c. de [Montfaucon].
PERROUX, *h.*, c. d'Albas.

**PESCADOIRES**, c., cant. de Puy-l'Evêque, arr. de Cahors. — ⊠, ▱, ▱ et Percept. de Puy-l'Evêque. — ⚓ (200 p.).
*Géographie :* Superf. 210 hect. — 192 hab. — Alt. moy. 98 m. — La plus grande partie de cette c. s'étend sur les alluvions formés par le Lot ; les calcaires des montagnes appartiennent à la formation jurassique supérieure.
Principaux v. et h. : Pescadoires.
Cours d'eau : Rivière du Lot (bac).
Voies de c<sup>on</sup> : Chem. vic. ord.
Distances : au chef-l. de cant. 3 k. ; au chef-l. d'arr. et de départ. 32 k.
*Statistique :* 76 Electeurs. — 10 Cons. mun.
Principal des 4 cont. dir. 1527 fr.
Revenus de la commune, 98 fr.

Bureau de bienfaisance (revenu annuel 49 fr.).
*Instruction :* Ecole c<sup>le</sup> laïque mixte (12 élèves).
*Produits agricoles :* Vin, blé, tabac, fourrages.
*Commerce et Industries :* Fête patr., le 1er août.

Historique.

*Pendant la Révolution.* — C. du cant. de Puy-l'Evêque et du district de Cahors.
*Avant la Révolution.* — Pescadoires formait avec Lagardelle une seule c<sup>té</sup>. (*Voir Lagardelle*).

PESCALERIE (la), *ch.*, c. de Cabrerets.
PESQUIÉ (le), *h.*, c. de Frayssinet.
PESSARAL, *h.*, c. de Montfaucon.
PESSOTTES (les), *i.*, c. de Cras.
PESTEIL, *h.*, c. de St-Vincent-de-B.
PESTILLAC, *v.*, c. de Montcabrier.
PÉTALOU, *h.*, c. de Fons.
PÉTARELLES (les), *i.*, c. de Belfort.
PÉTASSE, *h.*, c. de Montvalent.
PÉTAVIT, *h.*, c. de Ginouillac.
PETCHALA, *h.*, c. d'Uzech.
PETEBI, *i.*, c. de Beauregard.
PETILLE, *h.*, c. de Labastide-Murat.
PETINIOT, *h.*, c. de Catus.
PETIT, *h.*, c. de St-Jean-de-Laur.
PETITEL, *h.*, c. de St-Chamarand.
PETIT-MOULIN (le), *m. e.*, c. de Bétaille
PETIT-SAILLAC, *i.*, c. de Fontanes.
PETIT-VERSAILLES, *h.*, c. de Frayssinet.
PET-LONG, *i.*, c. de Viazac.
PETRAL, *h.*, c. d'Esclauzels.
PET-ROUGIÉ, *i.*, c. de Béduer.
PEUCHANERIE, *h.*, c. de Prayssac.
PEXHERNAL, *i.*, c. de Fons.
PEY, *i.*, c. de Maxou.
PEYRANAUD, *i.*, c. de Lherm.
PEYRAS, *h.*, c. de St-Jean-de-Laur.
PEYRATEL (le), *h.*, c. de Bétaille.
PEYRATET, *m. e.*, c. de Lamativie.
PEYRAULIÉ, *h.*, c. de Soturac.
PEYRÉ, *h.*, c. du Vigan.
PEYRE (la), *m. e.*, c. de Calès.
PEYREBOS, *h.*, c. de Prayssac.
PEYREBRU, *h.*, c. de Miers.
PEYREBRU, *h.*, c. de St-Chamarand.
PEYREBRUNE, *i.*, c. de Dégagnac.
PEYREBRUNE, *h.*, c. de St-Chamarand.
PEYREFIC, *i.*, c. de Cieurac.
PEYREFIC, *i.*, c. d'Escamps.
PEYREFIC, *h.*, c. d'Esclauzels.
PEYREFICHE, *h.*, c. de Gindou.
PEYREFICHE, *h.*, c. de St-Sozy.

PEYREGALIÈRE, *i.*, c. de Duravel.
PEYRE-GAXÈS, *m.*, c. de Calvignac.
PEYRE-GROS, *h.*, c. de Soturac.
PEYRELAVE, *h.*, c. de Cressensac.
PEYRE-LEVADE, *h.*, c. de Calvignac.
PEYRE-LONGUE, *f.*, c. de Corn.
PEYRE-MARCHAND, *h.*, c. de Frayssinet-
[le-Gélat].
PEYRE-MENUDE, *h.*, c. de Puy-l'Evêque
PEYRE-POULZINIÈRE, *i.*, c. de Lebreil.
PEYRE-QUILLADE, *i.*, c. de Cahors.
PEYRE-QUILLADE, *i.*, c. de Flaujac
[Cahors].
PEYRE-QUILLADE, *i.*, c. du Montat.
PEYRE-TROCADE, *h.*, c. de Pomarède.
PEYRETTE, *i.*, c. de Montdoumerc.
PEYRETTES, *h.*, c. de Castelnau.
PEYRI (le), *h.*, c. de St-Cirq-Lapopie.
PEYRIÉ, *i.*, c. d'Assier.
PEYRIÉ, *i.*, c. de Frontenac.
PEYRIÉ, *h.*, c. de Soturac.
PEYRIÈRE (la), *i.*, c. de St.-Simon.
PEYRIÈRES, *h.*, c. de Sérignac.
PEYRIÈRES (les), *i.*, c. d'Espédaillac.
PEYRILLAC, *h.*, c. de Lavercantière.

**PEYRILLES**, c., cant. de St-Germain, arr. de Gourdon. — ⊠ et Percept. de St-Germain. — ⚕ de Peyrilles (840 p.) et de Dégagnazès (300 p.). — Débit de tabac. — Notaire.

*Géographie :* Superf. 2841 hect. — 1203 hab. — Alt. moy. 331 ᵐ. — La c. de Peyrilles est située sur un lambeau de terrain tertiaire qui s'étend à l'Est de St-Germain, entre ce bourg et Uzech.

Principaux v. et h. : Peyrilles (198 hab.); — Bonnet (212 hab.), à 1 k. 200 de Peyrilles ; — Cabréries (260 hab.), à 3 k. 300 ; — Dégagnazès (310 hab.), à 4 k. 800 ; — Laprune (228 hab.) à 2 k. 100.

Cours d'eau : Ruisseaux de Peyrilles et de Rivalès.

Voies de cᵒⁿ : Route dépˡᵉ nᵒ 12, de Lamothe-Cassel à Castelfranc; — chem. vic. de g. cᵒⁿ nᵒ 1, de Cahors à Gourdon; — chem. vic. d'int. com. nᵒ 36, de St-Chamarand à Gigouzac; — chem. vic. d'int. com. nᵒ 58, du Piatgier à Villefranche ; — 4 chem. vic. ord.

Distances : au chef-l. de cant. 6 k. ; au chef-l. d'arr. 18 k. ; au chef-l. de départ. 25 k.

*Statistique :* 357 Electeurs. — 12 Cons. mun.

Principal des 4 cont. dir. 6047 fr.
Revenus de la commune, 276 fr.

*Instruction :* Ecole cˡᵉ laïque de garç.
(60 élèves) ; — école cˡᵉ congrég. de filles (52 élèves). — Ecole mixte de hameau à Dégagnazès (15 élèves).

*Produits agricoles :* Céréales, pommes de terre, chataignes.

*Commerce et Industries :* 9 moulins à farine sur le ruisseau de Peyrilles. — 2 cabarets, café. — Foire le 29 déc. — Fête patr., le 1ᵉʳ août.

Historique.

*Pendant la Révolution.* — Peyrilles formait 2 c., l'une, Peyrilles, du cant. de St-Germain et du district de Gourdon; l'autre, Dégagnazès, du cant. de Salviac et du district de Gourdon.

*Avant la Révolution.* — Peyrilles formait 2 cᵗᵉˢ de la subdél. de Gourdon et de l'élection de Cahors.

La cᵗᵉ de Peyrilles payait 8782 livres d'impositions ; ses charges locales ord. étaient de 363 livres. — Paroisse sous l'invocation de St-Pierre (1350 p.).

La cᵗᵉ de Dégagnazès payait 307 livres d'impositions; ses charges locales ord. étaient de 14 livres.

La terre de Peyrilles appartenait, au moyen-âge, à la puissante famille de Gourdon. Il est fait mention du château de Peyrilles dans le traité conclu à Issoudun, entre Philippe-Auguste et Richard-Cœur-de-Lion, vers la fin du XIIᵉ siècle; celui-ci se réserva la propriété de ce château, de là la lutte qu'il eut à soutenir contre Bertrand de Gourdon et dans laquelle, d'après la légende, il perdit la vie au milieu de circonstances romanesques. — En 1642, Jean Punhiet, écuyer et aide-de-camp du roi Louis XIII était seigneur de Peyrilles.

*Anciennes mesures :* Les mesures de Peyrilles étaient celles de Cahors.

*Antiquités :* Ruines d'un château du XIIᵉ siècle.

PEYRISSAC, *h.*, c. de Thémines.
PEYROLES, *i.*, c. de Cahors.
PEYROLES, *i.*, c. de Comiac.
PEYROLES, *h.*, c. de Lamativie.
PEYROTS, *h.*, c. de Floressas.
PEYROU, *h.*, c. d'Issepts.
PEYROU, *i.*, c. de Montbrun.
PEYROU, *h.*, c. de Rudelle.
PEYROU (le), *i.*, c. de Masclat.
PEYROULIÉ, *h.*, c. de Vaillac.
PEYROUTEL, *i.*, c. de Belfort.
PEYROUX, *h.*, c. de Bagnac.
PEYROUX, *m. e.*, c. de Concorès.

**Left column:**

PEYRUGE, *h.*, c. de St-Sozy.
PEYRUGNE (la), *h.*, c. de Cassagnes.
PEYRUGNES (les), *h.*, c. de Vayrac.
PEYRY, *h.*, c. de Cabrerets.
PEYSSIÈRES (les), *h.*, c. de St-Hilaire.
PEYTAVIT, *h.*, c. de Cornac.
PEZET, *i.*, c. de Lhospitalet.
PEZET, *i.*, c. de St-Chels.
PHILIBOUG, *h.*, c. de Ginouillac.
PHILIPIS (les), *h.*, c. de Prayssac.
PHILIPOT, *h.*, c. de Goujounac.
PHILIPOU, *h.*, c. de St-Clair.
PIAGE (le), *i.*, c. de Masclat.
PIALAPRAT, *h.*, c. de Couzou.
PIALES, *i.*, c. Planioles.
PIATGIÉ (le), *h.*, c. de Montamel.
PIBOULÈDE, *h.*, c. de Lalbenque.
PIC (le), *h.*, c. de Cazillac.
PIC (le), *h.*, c. de Lalbenque.
PIC (le), *ch.*, c. de Marcillac.
PIC (le), *u.*, c. de St-Denis (Catus).
PIC (le), *h.*, c. de St-Sozy.
PIC (le), *m. e.*, c. de Strenquels.
PICARD, *i.*, c. de Bagat.
PICAREL, *f.* et *m. e.*, c. de Gramat.
PICAROU, *h.*, c. de Lavercantière.
PICASSOU, *i.*, c. d'Albas.
PICATOU, *i.*, c. de Gagnac.
PICHAROU, *h.*, c. de St-Michel-de-Ban.
PICHATEL, *h.*, c. de St-Céré.
PICHAUCOU, *h.*, c. de Castelnau.
PICHÉ, *i.*, c. de Larnagol.
PICHERIE, *h.*, c. de Touzac.
PICHERRERIE, *h.*, c. de Gignac.
PICHOT, *h.*, c. de Bagat.
PICOMIL, *i.*, c. de St-Cirq-Lapopie.
PICOU, *h.*, c. de Prayssac.
PIE, *h.*, c. de Cazillac.
PIÈCE-LONGUE, *m.*, c. de St-Céré.
PIÈCES-GRANDES, *i.*, c. de St-Matré.
PIÉ-COURT, *h.*, c. de Sauzet.
PIED-BALAT, *i.*, c. de Roufflac.
PIED-BLONDE, *h.*, c. de Montvalent.
PIED-DE-LA-CROIX, *h.*, c. de Baladou.
PIED-D'ESCARD, *m. v.*, c. de Quissac.
PIERRASSE, *i.*, c. de Montcuq.
PIERRE-LEVÉE, *i.*, c. de Figeac.
PIERRE-LEVÉE, *i*, c. de Lalbenque.
PIERRE-LEVÉE, *i.*, c. de Lunan.
PIERRE-LONGUE (la), *i.*, c. d'Espédaillac.
PIERRE-PLANTÉE, *i.*, c. de Souillac.
PIERRES-BRUNES, *f.*, c. de Soucirac.
PIERS, *h.*, c. de Fons.
PIGANIOL, *h.*, c. de Sousceyrac.
PIGEON, *h.*, c. de Lachapelle-Auzac.
PIGEON, *h.*, c. de Souillac.

**Right column:**

PIGEONNIER, *i.*, c. de Puybrun.
PIGEONNIER, *i.*, c. de Puy-l'Evêque.
PIGEONNIER, *h.*, c. de St-Céré.
PIGEONNIER, *h.*, c. de St-Laurent-
[les-Tours].
PIGNÉ (le), *h.*, c. de Douelle.
PIGOU (le), *h.*, c. de Baladou.
PILET (le), *h.*, c. de St-Sozy.
PILOU (le), *h.*, c. de St-Michel-de-Ban.
PILOU (le), *h.*, c. de St-Vincent (St-Céré).
PILOU (le), *m. e.*, c. de Souillac.
PIMONT, *h.*, c. de Carennac.
PIMPEU, *h.*, c. de Bagnac.
PIMPEYRE, *h.*, c. de Lachapelle-Auz.
PIN (le), *h.*, c. de Cressensac.
PIN (le), *i.*, c. de St-Matré.
PINCAIRIE, *h.*, c. de Montredon.
PINEPE, *h.*, c. de Miers.
PINQUATS (les), *h.*, c. de Payrignac.
PINQUE (la), *i.*, c. de St-Matré.
PINQUIÉ, *h.*, c. de Camburat.

**PINSAC**, c., cant. de Souillac, arr. de Gourdon. — ⊠, ▨ et Percept. de Souillac. — ▨ de Rocamadour. — ⚓ de Pinsac (550 p.) et de Blanzaguet (304 p.). — Rec.-buraliste.
*Géographie :* Superf. 2603 hect. — 1045 hab. — Alt. moy. 206 m. — Le Jurassique moyen et inférieur forme les hauteurs de cette c. ; les parties basses sont recouvertes par les détritus de ces roches et par les alluvions de la Dordogne.
Principaux v. et h. : Pinsac (363 hab.) ; — Bastit (90 hab.), à 1 k. de Pinsac ; — Blanzaguet (91 hab.), à 6 k. ; — Malacroix (34 hab.), à 5 k. ; — Pomarède (34 hab.), à 4 k. ; — Terregaye (114 hab.), à 1 k.
Cours d'eau : Rivière de la Dordogne (bac).
Voies de c$^{on}$ : Chem. vic. d'int. com. n° 42, de Souillac à Lacave ; — 5 chem. vic. ord.
Distances : au chef-l. de cant., 6 k. ; au chef-l. d'arr. 29 k. ; au chef-l. de départ. 61 k.
*Statistique :* 281 Electeurs. — 12 Cons. mun. — Sect. élect. de Pinsac (9 cons. mun.) et de Blanzaguet (3 cons. mun.).
Principal des 4 cont. dir. 6718 fr.
Revenus de la commune, 1377 fr.
*Instruction :* Ecole c$^{le}$ laïque de garç. (30 élèves) ; — école c$^{le}$ congrég. de filles (39 élèves).

24

*Produits agricoles* : Blé, seigle, pommes de terre.

*Commerce et Industries* : 2 cabarets. — Fête patr., le 29 juin.

Historique.

*Pendant la Révolution.* — Pinsac formait les 2 c. de Pinsac et de Blanzaguet, du cant. de Souillac et du district de St-Céré.

*Avant la Révolution.* — Pinsac formait 2 c<sup>tés</sup> de la subdél. de Souillac et de l'élection de Figeac.

La c<sup>té</sup> de Pinsac payait 5369 livres d'impositions ; ses charges locales ord. étaient de 125 livres ; elle renfermait 600 hab. — Terregaye était une paroisse annexe de celle de Pinsac, sous l'invocation de S<sup>te</sup>-Madeleine (172 p.).

La c<sup>té</sup> de Blanzaguet faisait partie de la vicomté de Turenne et formait une paroisse sous l'invocation de St-Germain (217 p.).

Pinsac fut longtemps occupé par les compagnies anglaises.

*Anciennes mesures* : Les mesures de Pinsac étaient celles de Souillac.

*Antiquités* : Ruines d'anciennes constructions que la tradition attribue à une commanderie des Templiers.

PENTOU, *h.*, c. de Cassagnes.
PEINTRE (la), *f.*, c. de Figeac.
PIOT, *i.*, c. de Trespoux.
PIPY, *h.*, c. de Capdenac.
PIQUE (la), *h.*, c. de Douelle.
PIQUESTIALE, *i.*, c. de Meyronne.
PIQUET, *h.*, c. de Miers.
PIRLE, *i.*, c. de Mauroux.
PIS (le haut et le bas), *h.*, c. de Vire.
PISSALOUP, *i.*, c. de Gorses.
PISSE-BAS, *h.*, c. de Gramat.
PISSEBIT, *h.*, c. de Douelle.
PISSELÈBRE, *h.*, c. de Calviac.
PISSEPOURCEL, *h.*, c. de Flaujac (Cahors)
PISSERATE (la), *h.*, c. de Frayssinet.
PISSOBI, *h.*, c. de St-Paul.
PISTOULE (la), *i.*, c. de Luzech.
PIT (le), *h.*, c. de Marminiac.
PITOU, *m. c.*, c. du Vigan.
PLACE (la), *i.*, c. de St-Sozy.
PLACE-DU-CASSE, *h.*, c. de Thédirac.
PLACE-RONDE, *f.*, c. de Cabrerets.
PLACES, *h.*, c. de Sérignac.
PLACES (les), *h.*, c. des Arques.
PLACES (les), *h.*, c. de Blars.
PLACES (les), *h.*, c. de Calès.
PLACES (les), *h.*, c. de Cuzance.

PLACES (les), *i.*, c. de Pradines.
PLACES-DU-LAC, *h.*, c. de Montfaucon.
PLACETTES (les), *h.*, c. d'Escamps.
PLACETTES (les), *h.*, c. de Payrignac.
PLAÇOU (le), *h.*, c. de Terrou.
PLAFAISANT, *i.*, c. de Trespoux.
PLAGNE, *h.*, c. de Bétaille.
PLAGNE, *h.*, c. de Gourdon.
PLAGNES, *h.*, c. de Terrou.
PLAGUEBENS, *h.*, c. de Durbans.
PLAINE (la), *i.*, c. des Junies.
PLAINE (la), *h.*, c. de Souillac.
PLAINE-DE-CAYROL, *h.*, c. de Cassagnes.
PLAINE-DE-SABY, *i.*, c. de Mauroux.
PLAINE-DE-TOURZA, *i.*, c. de Douelle.
PLAISIR, *i.*, c. de Duravel.
PLAISIR-DE-LA-GAZELLE, *h.*, c. de [Cassagnes].
PLANAVERGNE, *h. et m. c.*, c. de Teyssieu
PLANCAT, *h.*, c. de Montredon.
PLANCHE (la), *h.*, c. de Vayrac.
PLANE, *i.*, c. d'Albas.
PLANE (la), *h.*, c. de Ginouillac.
PLANES (les), *h.*, c. de St-Chamarand.
PLANÈZE, *h.*, c. de St-Laurent.
PLANIOL, *h.*, c. de Reyrevignes.
PLANIOL, *i.*, c. de Vers.
PLANIOL ou PLANIOLES (*écluse de*), *i.*, [c. d'Arcambal].

**PLANIOLES**, c., cant. de Figeac (ouest), arr. de Figeac. — ✉, ☎, ⌑ et Percept. de Figeac. — ⚭ (376 p.).

*Géographie* : Superf. 585 hect. — 329 hab. — Alt. moy. 360 <sup>m</sup>. — Les couches inférieures des terrains de cette c. sont formées par des phorphyres altérés ; au-dessus se présentent des psammites, des arkoses ; plus haut des calcaires ferrugineux et oolithiques. — Traces de terrain houiller et parcelles de *galène* ou sulfure de plomb-argentifère.

*Principaux v. et h.* : Planioles (158 hab.) ; — Belcastel (30 hab.), à 2 k. de Planioles ; — Lescudayrie (30 hab.), à 1 k. 400 ; — Nabinal (13 hab.), à 0 k. 500 ; — le Ver (30 hab.), à 1 k. 500.

*Cours d'eau* : Ruisseau de Planioles.

*Voies de c<sup>on</sup>* : Route nat<sup>le</sup> n° 120, de Figeac à Montargis ; — chem. vic. de g. c<sup>on</sup> n° 29, de Figeac à Rouqueyroux ; — chem. vic. d'int. com. n° 51, de Rouqueyroux à Figeac ; — 2 chem. vic. ord.

*Distances* : au chef-l. de cant. et d'arr. 4 k. ; au chef-l. de départ. 76 k.

*Statistique* : 94 Electeurs. — 10 Cons. mun.

Principal des 4 cont. dir. 1636 fr.

Revenus de la commune, 60 fr.

*Instruction :* Ecole c^le^ laïque mixte (24 élèves).

*Produits agricoles :* Blé, vin, pommes de terre, châtaignes, fourrages.

*Commerce et Industries :* Fête patr., le 29 juin.

### Historique.

*Pendant la Révolution.* — C. du cant. et du district de Figeac.

*Avant la Révolution.* — C^té^ de la subdél. et de l'élection de Figeac. — Paroisse sous l'invocation de St-Pierre (206 p.). — Cette c^té^ payait 2383 livres d'impositions; ses charges locales ord. étaient de 76 livres.

*Anciennes mesures :* Les mesures de Planioles étaient celles de Figeac.

PLANQUES, *i.*, c. de Fontanes.

PLANQUETTE (la), *i.*, c. de Béduer.

PLANTADE (la), *f.*, c. de Pinsac.

PLANTADE (la), *h.*, c. de Prayssac.

PLANTADE (la), *h.*, c. de St-Médard-N.

PLANTES, *i.*, c. de Frayssinet-le-Gél.

PLAS, *ch.*, c. de St-Michel-de-Ban.

PLASSALOU, *m. v.*, c. d'Esclauzels.

PLASSES (les), *h.*, c. d'Ussel.

PLAUS (les), *m.*, c. de Calès.

PLAYGOULET, *h.*, c. d'Uzech.

PLAYSSOU, *h.*, c. de Bélaye.

PLÉGAT (le), *h.*, c. de Frayssinet.

PLÉGAVENT, *m. v.*, c. de Montamel.

PLEIN-CHAMP, *h.*, c. de Cazillac.

PLEINE-SELVE, *h.*, c. de Concorès.

PLEYSSE, *ch.*, c. de Montcuq.

PLIEUX, *h.*, c. de St-Laurent-les-T.

PLOIRAC, *h.*, c. de Calviac.

PLONES-PONT-DE-RODES (la), *i.*, c. de [Frayssinet].

PLUMEGAL, *h.*, c. de Creysse.

PLUMET, *m.*, c. de Montamel.

POCHIS, *h.*, c. de Marminiac.

POINCHOUNET, *h.*, c. de Sérignac.

POLZES, *h.*, c. de Lentillac.

**POMARÈDE**, c., cant. de Cazals, arr. de Cahors. — ⊠ de Frayssinet. — Percept. de Cazals. — ⚹ (310 p.). — Débit de tabac.

*Géographie :* Superf. 807 hect. — 305 hab. — Alt. moy. 231 ^m^. — Terrain crétacé.

Principaux v. et h. : Pomarède (215 hab.); — Balières (11 hab.), à 0 k. 500 de Pomarède; — Bourriettes (12 hab.), à 1 k. 500; — Four-Bas (23 hab.), à 1 k.; — Trotteligotte (23 hab.), à 3 k.

Voies de c^on^ : Chem. vic. de g. c^on^ n° 4, de Cazals à Montcuq; — chem. vic. de g. c^on^ n° 43, du chem. de g. c^on^ n° 4 au chem. de g. c^on^ n° 8; — 4 chem. vic. ord.

Distances : au chef-l. de cant. 12 k.; au chef-l. d'arr. et de départ. 32 k.

*Statistique :* 113 Electeurs. — 10 Cons. mun.

Principal des 4 cont. dir. 2786 fr.

Revenus de la commune, 215 fr.

*Instruction :* Ecole c^le^ laïque de garç. (26 élèves).

*Produits agricoles :* Céréales, vin, châtaignes. — Bois.

*Commerce et Industries :* Foires les 12 nov. et 20 décembre. — Fête patr., le 22 juillet.

### Historique.

*Pendant la Révolution.* — C. du cant. de Puy-l'Evêque et du district de Cahors.

*Avant la Révolution.* — C^té^ de la subdél. de Prayssac et de l'élection de Cahors. — Paroisse sous l'invocation de St-Jacques (234 p.). — Cette c^té^ payait 1984 livres d'impositions; ses charges locales ord. étaient de 71 livres.

*Anciennes mesures :* Les mesures linéaires, de superficie et de vin étaient celles de Cahors. — Les mesures agraires et de grains étaient celles de Puy-l'Evêque.

POMARÈDE, *h.*, c. de Pinsac.

POMARÈS, *h.*, c. de Lentillac.

POMAS, *h.*, c. de Cuzac.

POMAYROL, *h.*, c. de Salviac.

POMMIÉ, *h.*, c. de Cambes.

POMMIER, *h.*, c. de Puy-l'Evêque.

POMMIER, *f.*, c. de St-Céré.

POMMIERS, *h.*, c. de Baladou.

POMMIERS, *h.*, c. de Lissac.

POMMIERS (les), *h.*, c. de Gorses.

POMPÉE, *i.*, c. de Faycelles.

POMPIDOU, *h.*, c. de Soturac.

PONATUS, *h.*, c. de Gramat.

PONCIS (les), *i.*, c. de Fontanes.

PONCYR, *h.*, c. de Mauroux.

PONDAUX, *h.*, c. de Labastide-Marnhac.

PONDOULLAN, *u.*, c. de Souillac.

PONS, *h.*, c. de Ste-Croix.

PONS, *i.*, c. de St-Matré.

PONSAOUME, *h.*, c. de St-Cernin.

PONS DE MOL, *i.*, c. de Fons.

PONT, *h.*, c. de Carennac.

PONT, *i.*, c. de Dégagnac.

PONT, *h.*, c. de Gramat.

PONT, *h.*, c. de Sabadel.

Pont, *m. e.*, c. de St-Martin-de-Vers.
Pont, *h.*, c. de Salviac.
Pont, *i.*, c. de Souillac.
Pont, *m. e.*, c. du Vigan.
Pont (le), *h.*, c. d'Uzech.
Pontane (la), *i.*, c. de Mercuès.
Pontanel, *i.*, c. de Calamane.
Pontanel, *m. e.*, c. de Millac.
Pontanel, *i.*, c. de Tauriac.
Pontanié, *h.*, c. de Bagat.
Pontaubar, *i.*, c. de Fons.
Pontaubar, *h.*, c. de Fourmagnac.
Pontay, *h.*, c. de St-Simon.
Pont Carral, *h.*, c. de Léobard.
Pont Carral, *h.*, c. de Salviac.

**PONTCIRQ**, c., cant. de Catus, arr. de Cahors. — ⊠ et Percept. de Catus. — ⚏ de Castelfranc. — ⚭ (503 p.). — Rec.-buraliste.

*Géographie :* Superf. 1034 hect. — 531 hab. — Alt. moy. 275 m. — La c. de Pontcirq s'étend sur le terrain tertiaire, contenant un dépôt ferrugineux qui couvre, dans cet endroit, les bancs du jurassique supérieur. — Minerai de fer de bonne qualité.

Principaux v. et h. : Pontcirq (174 hab.) ; — Cluzel (149 hab.), à 2 k. 500 de Pontcirq ; — Rostassac (74 hab.), à 3 k. ; — Tourniac (134 hab.), à 2 k. 400.

Voies de c^on : Chem. vic. de g. c^on n° 10, de Cahors à Villefranche ; — 8 chem. vic. ord.

Distances : au chef-l. de cant. 7 k. ; au chef-l. d'arr. et de départ. 22 k.

*Statistique :* 170 Electeurs. — 12 Cons. mun.

Principal des 4 cont. dir. 2990 fr.

Revenus de la commune, 179 fr.

Bureau de bienfaisance (revenu annuel 84 fr.).

*Instruction :* Ecole c^le laïque de garç. (34 élèves) ; — école c^le congrég. de filles (36 élèves).

*Produits agricoles :* vin, blé, maïs.

*Commerce et Industries :* Fête patr., le 1^er août.

### Historique.

*Pendant la Révolution.* — C. du cant. de Catus et du district de Cahors.

*Avant la Révolution.* — C^té de Pontcirq, Tourniac et le Cluzel, de la subdél. de Prayssac et de l'élection de Cahors. — Paroisse sous l'invocation de St-Pierre (455 p.). — Cette c^té payait 2870 livres d'impositions ; ses charges locales ord. étaient de 111 livres. — Amalvin de Pestillac, Philippe Dejean, seigneur de Salviac et des Junies et Raymond de Durfort-Boissières se saisirent, en 1340, de Cazals, des Arques, de *Pontcirq* et de Castelfranc. Ils laissèrent, dit la chronique, de petites garnisons dans les églises de ces divers lieux. — En 1385, le capitaine Noli Barbe occupait, avec ses troupes, la localité de Pontcirq. — En tant que paroisse, Pontcirq fut d'abord une annexe de Catus et devint ensuite un prieuré isolé et pourvu, comme tous ceux de la contrée, d'une dotation en immeubles qu'on appelait *leyage* en langue vulgaire.

*Anciennes mesures :* Les mesures de Pontcirq étaient celles de Cahors.

Pont-de-Capdenac, *h.*, c. de Capdenac.
Pont-de-Fraysse, *h.*, c. de Lissac.
Pont-de-Lafon, *h.*, c. de St-Denis (Martel).
Pont-de-la-Sélède, *h.*, c. de Loubressac
Pont-de-Lauque, *i.*, c. de Bretenoux.
Pont-de-Maduy *h.*, c. de Loubressac.
Pont-de-Meyronne, *h.*, c. de Meyronne.
Pont-de-Rodes, *h.*, c. de Calviac.
Pont-de-Rodes, *h.*, c. de Frayssinet.
Pont-de-Rodes, *h.*, c. de St-Chamarand
Pont-des-Chanoines, *i.*, c. du Vigan.
Pont-du-Noyer, *m. e.*, c. de Gramat.
Pont-du-Ruisseau, *h.*, c. d'Assier.
Pontenat, *h.*, c. d'Anglars.
Pontet, *h.*, c. de Boussac.
Pontet, *h.*, c. de Corn.
Pontette, *h.*, c. de St-Simon.
Pont-Girondel, *i.*, c. du Vigan.
Pont-Gourdonnais, *m.*, c. du Vigan.
Ponthéry, *h.*, c. de Lavercantière.
Ponties (les), *i.*, c. de Laroque-des-Arcs
Pont-Neuf, *h.*, c. d'Aujols.
Pont-Neuf, *h.* et *m. e.*, c. de Condat.
Pontou, *h.*, c. de St-Denis (Martel).
Pont-Roux, *h.*, c. de St-Denis (Martel)
Ponts (les), *m. e.*, c. de Condat.
Pontus, *h.*, c. de St-Céré.
Pont-Valet, *h.*, c. de Vaillac.
Pont-Verny, *v.*, c. de Calviac.
Porgazon, *m.*, c. de Beauregard.
Port (le), *h.*, c. d'Albas.
Port (le), *i.*, c. de Lalbenque.
Port (le), *i.*, c. de Pinsac.
Port (le), *h.*, c. de St-Cirq-Lapopie.
Port (le), *u.*, c. de Souillac.
Port (le), *h.*, c. de Thémines.
Portallerie (la), *i.*, c. de Labastide-[Murat].

Port-de-Capdenac, h., c. de Capdenac
Port-de-Cieurac, h., c. de Lanzac.
Port-de-Creysse, h., c. de Creysse.
Port-de-Gagnac, h., c. de Gagnac.
Port-de-Grézels, (port), c. de Grézels
Port-de-Lacaze, h., c. de Biars.
Port-de-Langle, h., c. de Parnac.
Port-de-la-Roumée, i., c. de Lanzac.
Port-de-la-Vayssière, i., c. de Lacave
Port-de-l'Ouysse, i., c. de Lacave.
Port-de-Puy-l'Evêque (port), c. de
[Puy-l'Evêque].
Port-de-St-Sozy, i., c. de St-Sozy.
Port-de-Sol, i., c. de Tauriac.
Port-de-Vire, h., c. de Duravel.
Porteroque, i., c. de St-Cirq-Lapopie.
Portlátique, i., c. de Bouziès.
Port-Marcou, i., c. de Bouziès.
Porviel, i., c. de Douelle.
Poteaux (les), h., c. de Lanzac.
Potier (le), f., c. de Cardaillac.
Potou, h., c. de Miers.
Poublanc, h., c. de Cremps.
Poucatis, i., c. de Goujounac.
Pouch, m., c. de Montcuq.
Pouchou, h., c. de Cuzance.
Poudans, h., c. de Labastide-Marnhac
Poudens, m. e., c. de Concorès.
Poudens, h., c. de Dégagnac.
Poudurac, h., c. de Couzou.
Pougade, h., c. de Labastide-Murat.
Pouge (la), i., c. de Lachapelle-Auzac.
Pougens (les), h., c. de Maxou.
Pouget, f. et m. e., c. de Castelnau.
Pouget, i., c. de St-Denis (Catus).
Pouget (le), h., c. de St-Germain.
Pouget (le), h., c. du Vigan.
Pouguagnes, h., c. de Labathude.
Pouillou, h., c. de Montvalent.
Poujade, h., c. de Caniac.
Poujade, i., c. de Grézels.
Poujade, ch., c. de Montfaucon.
Poujade (la), h., c. de St-Denis (Martel)
Poujades, h., c. de Pradines.
Poujalmarty, f., c. de Castelnau.
Poujard, h., c. d'Espère.
Poujat (le), h., c. de Cavagnac.
Poujatel, h., c. de Lacapelle-Marival.
Poujergues, i., c. de Lascabanes.
Poujillous, i., c. de St-Pantaléon.
Poujol, h., c. de Soucirac.
Poujol, i., c. de Souillac.
Poujol (le), h., c. de Pradines.
Poujola, i., c. de St-Pantaléon.
Poujols, i., c. du Boulvé.
Poujols, h., c. de Fargues.
Poujols, v., c. de Flaujac (Cahors).

Poujols, h., c. de Vire.
Poujols (les), i., c. de Villesèque.
Poujoulat, i., c. d'Arcambal.
Poujoulat, h., c. de Carayac.
Poujoulat, ch., c. de Castelnau.
Poujoulat, h., c. de St-Hilaire.
Poujouli, h., c. du Bastit.
Poujoulou, h., c. de Puy-l'Evêque.
Poujoux, h., c. du Montat.
Poulard, h., c. de St-Jean-de-Laur.
Poule (la), i., c. de Lentillac (Lauzès).
Poulette (la), h., c. de Rocamadour.
Poullaillé (le), i., c. de Belfort.
Poulou, h., c. de Saillac.
Poulou (la), i., c. de Cuzac.
Poulou (la), h., c. de Thégra.
Pouloula (la), i., c. de Camburat.
Poumat, h., c. de Bélaye.
Poumié, h., c. de Cambes.
Poumier, m. e., c. de Cazillac.
Poumiez, f., c. de Montdoumerc.
Pounhaut, h., c. de Souillac.
Pounissou, h., c. de Couzou.
Pounou, h., c. de Rocamadour.
Pourcille (la), i., c. de St-Perdoux.
Pournel (le), h., c. de Cambes.
Pourquatier, i., c. de Brengues.
Pourquiès, h., c. de Puy-l'Evêque.
Pourtaille, i., c. de Belfort.
Pourtalié (le), i., c. de Camboulit.
Pourtanel, h., c. de Tauriac.
Pousal-Haut, i., c. de St-Pantaléon.
Pousarangue, i., c. d'Esclauzels.
Poussard, i., c. de Faycelles.
Poussau, h., c. de Beauregard.
Poussible, h., c. de Montfaucon.
Poussillou, h., c. de Lavercantière.
Poustaus, h., c. de Montredon.
Poustel (le), h., c. de Caniac.
Pout (le), h., c. de Cavagnac.
Poutiac, h., c. de Lacapelle-Marival.
Poutiac, h. et m. e., c. de Gorses.
Poutille, i., c. de Belfort.
Poutissal, h., c. de St-Sozy.
Poutissard, h., c. de St-Sozy.
Poutisses, h., c. de Figeac.
Poux, h., c. de Felzins.
Poux (les), i., c. de Lhospitalet.
Poux-Delmas, h., c. de Carayac.
Poux-Laborie, i., c. de Tauriac.
Pouxoï, h., c. de Lalbenque.
Pouzade, h., c. de Comiac.
Pouzade (la), h., c. de Prayssac.
Pouzadou, h., c. de St-Sozy.
Pouzal, h., c. de Pern.
Pouzalbas, h., c. de St-Clair.
Pouzalgues, h., c. de Ginouillac.

Pouzalgues, *h.*, c. de Thégra.
Pouzal-Haut, *h.*, c. de St-Clair.
Pouzat, *i.*, c. de Livernon.
Pouzat (le), *h.*, c. d'Ussel.
Pouzatel, *h.*, c. de Mauroux.
Pouzats (les), *h.*, c. du Vigan.
Pouze (le), *i.*, c. de Vaylats.
Pouzeraques, *i.*, c. de Cremps.
Pouzergues, *h.*, c. de Cremps.
Pouzergues, *i.*, c. de Labastide-M<sup>lloo</sup>.
Pouzergues, *i.*, c. du Montat.
Pouzet, *h.*, c. d'Espédaillac.
Pouzet, *f.*, c. de St-Céré.
Pouzet (le), *i.*, c. d'Arcambal.
Pouzots, *h.*, c. de Maxou.
Poylas, *i.*, c. de Vidaillac.
Pradal, *h.*, c. de Gramat.
Pradal, *h.*, c. de Puy-l'Evêque.
Pradal, *i.*, c. de Trespoux.
Pradal, *h.*, c. de Soturac.
Prade (la), *h.*, c. de Puy-l'Evêque.
Pradellac, *h.*, c. de Gourdon.
Pradelle, *h.*, c. de Creysse.
Pradelle (la), *h.*, c. de Cornac.
Pradelles, *h.*, c. des Arques.
Pradelles, *h.*, c. de Camburat.
Pradelles, *h.*, c. de Durbans.
Prades, *i.*, c. de Lalbenque.
Prades (les), *h.*, c. des Junies.
Prades (les), *h.*, c. de St-Laurent.
Pradié, *i.*, c. de Quissac.

**PRADINES**, c., cant. de Cahors (nord), arr. de Cahors. — ✉, ▨ et ▨ de Cahors. — Percept. — ♂ de Pradines (600 p.), de Labéraudie (350 p.), de Flottes (160 p.) et de Flaynac (115 p.). — Rec.-buraliste.

*Géographie* : Superf. 1649 hect. — 1120 hab. — Alt. moy. 196 ᵐ. — Terrain jurassique supérieur; alluvions dans la vallée.

Principaux v. et h. : Pradines (492 hab.); — Cazes (43 hab.), à 6 k. de Pradines; — Flaynac (90 hab.), à 3 k.; — Fottes (130 hab.), à 7 k. 500; — Labéraudie (285 hab.), à 2 k.; — Salopissou (34 hab.), à 2 k.

Cours d'eau : Rivière du Lot.

Voies de c<sup>on</sup> : Chem. vic. de g. c<sup>on</sup> n° 8, de Cahors à Touzac; — 10 chem. vic. ord.

Distances : au chef-l. de cant., d'arr. et de départ. 6 k.

*Statistique* : 393 Electeurs. — 12 Cons. mun.

Principal des 4 cont. dir. 7287 fr.
Revenus de la commune, 204 fr.

*Instruction :* Ecole c<sup>le</sup> laïque de garç. (39 élèves) ; — école c<sup>le</sup> laïque de filles ; — école laïque mixte de h. à Flottes.

*Produits agricoles :* Vin, tabac, blé.

*Commerce et Industries :* Fête patr., à Pradines, le 3 juillet, à Labéraudie, le 14 septemb., à Flaynac, le 18 septemb. et à Flottes, le 3 février.

Historique.

*Pendant la Révolution.* — C. du cant. et du district de Cahors.

*Avant la Révolution.* — C<sup>té</sup> de la subdél. et de l'élection de Cahors. — Paroisse sous l'invocation de St-Martial (1000 p.). — Cette c<sup>té</sup> payait 8627 livres d'impositions ; ses charges locales ord. étaient de 184 livres. — Cette localité est mentionnée dans le testament d'Adhémar, comte du Quercy (960). — En 1288, l'évêque de Cahors, Raymond Pauchelli, détacha l'église St-Martial de Pradines de l'Ecolatrerie et l'unit à la mense épiscopale. — Il est question de la paroisse de Flaynac dans une bulle du pape Urbain V, ratifiant des libéralités faites au collége Pélegry de Cahors, en 1367.

*Anciennes mesures :* Les mesures de Pradines étaient celles de Cahors.

*Antiquités :* Restes d'un château construit par les Anglais, durant la guerre de cent ans. — On a trouvé sur le territoire de cette c. de nombreuses médailles romaines.

Pradines, *i.*, c. de Figeac.
Pradines, *h.*, c. de Roufflac.
Pradines, *i.*, c. de St-Cirq-Lapopie.
Pradlong, *i.*, c. de Lalbenque.
Pragnac, *h.*, c. de St-Pantaléon.
Prangères, *v.*, c. de Gramat.
Prat, *h.*, c. de Salviac.
Prat-d'Alliot, *i.*, c. de Mauroux.
Pratjoux, *h.*, c. de Cajarc.
Pratmarty, *h.*, c. d'Aynac.
Pratoucy, *h.*, c. de Sénaillac.
Prats, *h.* et *m. e.*, c. de Gorses.
Prats (les), *i.*, c. de Bagat.
Prats Viels (les), *i.*, c. de Pontcirq.

**PRAYSSAC**, c., cant. de Puy-l'Evêque, arr. de Cahors. — ✉. — ▨ et ▨ de Castelfranc. — Percept. de Puy-l'Evêque. — ♂ (2275 p.). — Rec.-buraliste. — Notaire.

*Géographie* : Superf. 2405 hect.—1920 hab. — Alt. moy. 180 ᵐ. — Les hauteurs de la c. appartiennent au jurassique supérieur ; alluvions dans les vallées.

Principaux v. et h. : Prayssac, Calvayrac, Escambous, Niaudou, le Théron.

Cours d'eau : Rivière du Lot; ruisseaux de Niaudou et de Font-Cuberte.

Voies de c⁰ⁿ : Route natˡᵉ n° 111, de Millau à Tonneins; — chem. vic. de g. c⁰ⁿ n° 43, au chem. de g. c⁰ⁿ n° 4, au chem. de g. c⁰ⁿ n° 8; — 7 chem. vic. ord.

Distances : au chef-l. de cant. 5 k.; — au chef-l. d'arr. et de départ. 28 k.

*Statistique :* 708 Electeurs. — 16 Cons. mun.

Principal des 4 cont. dir. 14663 fr.

Revenus de la commune, 2752 fr.

Hospice (3 sœurs de charité; — 25 lits; 3326 fr. de revenus). — Bureau de bienfaisance (revenu annuel, 687 fr.).

*Instruction* : Etablissement libre d'instruction secondaire pour garç. (134 élèves). — école cˡᵉ congrég. de filles (84 élèves).

*Produits agricoles :* Céréales, vin, tabac, noix, fourrages.

*Commerce et Industries :* Moulin à farine. — 4 hôtels au auberges, — 4 cabarets; — 8 cafés. — Foires le 16 de chaque mois excepté janvier où elle se tient le 22 et août où elle se tient le 24. — Marché hebdomadaire le vendredi. — Fête patr., le 24 août.

### Historique.

*Pendant la Révolution.* — Prayssac formait les 4 c. de Prayssac, Calvayrac, Niaudou et le Théron, du cant. de Puy-l'Evêque et du district de Cahors.

*Avant la Révolution.* — Prayssac était le chef-l. d'une subdél. et appartenait à l'élection de Cahors; — la c. actuelle formait les 3 cˡᵉˢ de Prayssac, de Calvayrac et de Niaudou et une paroisse, sous l'invocation de St-Barthélemy (1800 p.).

La cˡᵉ de Prayssac payait 8185 livres d'impositions; ses charges locales ord. étaient de 33 livres.

La cˡᵉ de Calvayrac payait 1398 livres d'impositions; ses charges locales ord. étaient de 57 livres.

La cˡᵉ de Niaudou payait 1082 livres d'impositions; ses charges locales ord. étaient de 63 livres.

L'armée de Simon de Montfort ravagea les demeures seigneuriales de Prayssac pour punir les propriétaires accusés d'avoir favorisé les Albigeois. — En 1370 Arnaud Béral, seigneur de Cessac, donna son fief de Prayssac au collége Pélégry. — Les seigneurs de Cessac avaient accordé à Prayssac des coutumes et des franchises et notamment les foires qui s'y tiennent encore et dont l'importance traditionnelle remonte à cinq cents ans.

*Anciennes mesures :* Les mesures de Prayssac étaient celles de Cahors.

*Antiquités :* Châteaux du Thouron et de Calvayrac.

*Hommes célèbres :* Maréchal Bessières, duc d'Istrie (1768-1813). — Général Bertrand Bessières, frère du précédent (1777-1840).

PRÉ-DE-GRAUZEL, i., c. de Souillac.
PRÉ-DE-SIRIÈS, i., c. de Faycelles.
PRÉ-GRAND, m., c. de Blars.

**PRENDEIGNES**, c., canton de Figeac (est), arr. de Figeac. — ✉, 🕾, 🕿 et Percept. de Bagnac. — ♂ (1050 p.). — Débit de tabac.

*Géographie* : Superf. 1576 hect. — 951 hab. — Alt. moy. 506 ᵐ. — Partie de la c. se trouve sur les terrains primitifs et partie sur les grès du trias. — Bassin houiller.

Principaux v. et h. : Prendeignes (169 hab.).

Cours d'eau : Ruisseaux du Bervezou, de Burlande et de Sibergues.

Voies de c⁰ⁿ : Chem. vic. d'int. com. n° 84, de Rouqueyroux au Colombié, par Prendeignes; — 7 chem. vic. ord.

Distances : au chef-l. de cant. et d'arr. 14 k.; au chef-l. de départ. 85 k.

*Statistique :* 264 Electeurs. — 12 Cons. mun.

Principal des 4 cont. dir. 4300 fr.

Revenus de la commune, 48 fr.

*Instruction :* Ecole cˡᵉ laïque de garç. (56 élèves); — école cˡᵉ congrég. de filles (59 élèves).

*Produits agricoles :* Céréales, vin, pommes de terre, châtaignes.

*Commerce et Industries :* 3 moulins à farine sur les ruisseaux. — Exploitation de houille. — 5 cabarets. — Fête patr., le 30 avril.

### Historique.

*Pendant la Révolution.* — C. du cant. et du district de Figeac.

*Avant la Révolution.* — Cˡᵉ de la subdél. et de l'élection de Figeac. — Paroisse sous l'invocation de l'Assomption (1061 p.). — Cette cˡᵉ payait 7039 livres d'impositions; ses charges locales ord. étaient de 177 livres.

*Anciennes mesures :* La principale mesure de vin de Prendeignes était la charge contenant 133 $^{litres}$ 76 (la charge se subdivisait en 2 comportes, la comporte en 32 pintes, la pinte en 4 pauqués). — Les autres mesures étaient celles de Figeac.

PRENTEGARDE, *i.*, c. de Livernon.
PRENTEGARDE, *i.*, c. de Montfaucon.
PRENTEGARDE, *h.*, c. de S$^{te}$-Eulalie.
PRENTEGARDE, *h.*, c. de Sousceyrac.
PRÉSIGNAC, *h.*, c. de Souillac.
PRESSOUYRE, *h.*, c. de Gorses.
PRESSOYRES, *h.*, c. de Sousceyrac.
PREVEYRIES, *h.*, c. de Salviac.
PRIEUR (le), *h.*, c. de Lentillac.
PRIEURÉ, *h.*, c. de St-Germain
PRIMES, *m.*, c. de Montcuq.
PRINCONNERIE (la), *h.*, c. de Gignac.
PROFARENT, *h.*, c. des Arques.

**PROMILHANES**, c., cant. de Limogne, arr. de Cahors. — ⊠ et Percept. de Limogne. — ♂ (815 p.). — Débit de tabac.

*Géographie* : Superf. 1453 hect. — 746 hab. — Alt. moy. 364 $^{m}$. — Terrain jurassique moyen. — Gisements peu importants de phosphates de chaux.

Principaux v. et h. : Promilhanes (245 hab.); — Janaynes (130 hab.), à 0 k. 600 de Promilhanes; —Jamou (56 hab.), à 1 k.; — Labasse (115 hab.), à 1 k. 200; — Méric (60 hab.), à 0 k. 150.

Voies de c$^{on}$ : Route nat$^{le}$ n° 111, de Millau à Tonneins; — chem. vic. d'int. com. n° 32, de St-Jean-de-Laur à Jamblusse; — 3 chem. vic. ord.

Distances : au chef-l. de cant. 5 k.; au chef-l. d'arr. et de départ. 40 k.

*Statistique* : 214 Electeurs. — 12 Cons. mun.

Principal des 4 cont. dir. 4003 fr.

Revenus de la commune, 3576 fr.

*Instruction* : Ecole c$^{le}$ laïque de garç. (50 élèves); — école c$^{le}$ laïque de filles (35 élèves).

*Produits agricoles* : Céréales, vin, pommes de terre.

*Commerce et Industries* : Cabaret et café. — Foires le lundi de Quasimodo, les 30 juin, 20 sept. et 15 novembre. — Fête patr., le 29 juin.

Historique.

*Pendant la Révolution.* — C. du cant. de Limogne et du district de Cahors.

*Avant la Révolution.* — C$^{té}$ de la subdél. de Villefranche et de l'élection de Montauban. — Paroisse sous l'invocation de St-Saturnin (987 p.). — Cette c$^{té}$ payait 7321 livres d'impositions; ses charges locales ord. étaient de 367 livres.

*Antiquités* : Dolmens.

PROUGIÉ, *h.*, c. de Thégra.
PROUILLAC, *v.*, c. de Gourdon.
PROUPECH, *h.*, c. de Comiac.
PROUPO, *i.*, c. de Vers.
PROUZAYROL, *h.*, c. de Thégra.

**PRUDHOMAT**, c., cant. de Bretenoux, arr. de Figeac. — ⊠ de Bretenoux. — Percept. — ♂ de Bonneviole (288 p.), de Castelnau (300 p.), de Pauliac (350 p.) et de St-Martin (160 p.). — Débit de tabac. — Notaire.

*Géographie* : Superf. 1239 hect. — 808 hab. — Alt. moy. 170 $^{m}$. — Terrain primitif composé principalement de gneiss formant la bordure du plateau central de la France.

Principaux v. et h. : Prudhomat (117 hab.); — Caillou et Nicoles (42 hab.), à 0 k. 900 de Prudhomat; — Lafargues et Astorgues (60 hab.), à 1 k. 700; — Molinié et Vayssières (31 hab.), à 0 k. 600; — Reingues et Granoux (39 hab.), à 3 k.

Cours d'eau : Rivière de la Dordogne (bac de Barrié-Pétayrols); — ruisseaux de la Bave et de Mamoul. — Source minérale de Barrié.

Voies de c$^{on}$ : chem. vic d'int. com. n° 3, de Bretenoux à Gramat; — chem. vic. d'int. com. n° 72, de Bonneviole à St-Céré; — 6 chem. vic. ord.

Distances : au chef-l. de cant. 3 k.; au chef-l. d'arr. 51 k.; au chef-l. de départ. 78 k.

*Statistique* : 251 Electeurs. — 12 Cons. mun.

Principal des 4 cont. dir. 9303 fr.

Revenus de la commune, 266 fr.

Bureau de bienfaisance (revenu annuel 1030 fr.).

*Instruction* : Ecole c$^{le}$ laïque de garç. (60 élèves); — école libre congrég. de filles à Bonneviole (35 élèves); — école libre congrég. de filles à Castelnau (18 élèves).

*Produits agricoles* : Céréales, tabac, chanvre, fourrages.

*Commerce et Industries* : Auberge. — Foire les 26 et 27 juillet. — Fête patr., le 25 juillet.

Historique.

*Pendant la Révolution.* — C. du cant.

de Bretenoux et du district de Saint-Céré.

*Avant la Révolution.* — C^te de la subdél. et de l'élection de Figeac. — Paroisses : de Bonneviole sous l'invocation de St-Giles (198 p.) ; — de St-Martin, sous l'invocation de St-Martin (300 p.) ; — de Pauliac, sous l'invocation de St-Julien (595 p.) — Cette c^te, qui faisait partie de l'ancienne baronnie de Bretenoux, payait 11348 livres d'impositions ; ses charges locales ord. étaient de 213 livres.

La famille des seigneurs de Castelnau, dont le château ruiné, mais important encore, existe dans la c. de Prudhomat, était une des plus puissantes du moyen-âge ; ces seigneurs avaient même la prétention d'être les seconds barons chrétiens du Royaume. Les Castelnau ont donné plusieurs évêques au Rouergue et au Quercy.

*Anciennes mesures* : Canne = 2^m 057. — Canne carrée = 2^m. ^c. 638. — Sétérée = 23 ^ares 7421 (la sétérée se subdivisait en 4 quartonées, la quartonée en 5 pugnères). — Setier = 80 ^litres 72 (le setier se subdivisait en 4 quartes, la quarte en 7 pugnères ou en 2 quartons). — Baste = 47 ^litres 28 (la baste se subdivisait en 24 pintes et la pinte en 4 pauques).

*Antiquités :* Ruines du château féodal de Castelnau-Bretenoux. — Eglise du XIV^e siècle.

PRUNE (la), *i.*, c. des Junies.
PRUNELLE, *i.*, c. de Cahors.
PRUNET, *h.*, c. de Sénaillac.
PRUNIÉ, *h.*, c. de Duravel.
PRUSOUS (mine de), *h.*, c. de Cajarc.
PUDIE (la), *h.*, c. d'Espédaillac.
PUECH, *h.*, c. de Lentillac.
PUECH (le), *h.*, c. de Montgesty.
PUECHAL, *h.*, c. de Labastide-du-H.-M.
PUECHAL, *h.*, c. de Lamativie.
PUECHBOURDIOLS, *h.*, c. de Prendeignes
PUECH-DE-SABADEL, *i.*, c. de Sousceyrac
PUECHERVIÉ, *h.*, c. de Latronquière.
PUECH-LAVERGNE, *h.*, c. de St-Cirgues
PUECH-PAYROU, *h.*, c. de St-Cirgues.
PUECHUZAL, *h.*, c. de Lauresses.
PUEPLAT, *i.*, c. de St-Perdoux.
PUET (le), *h.*, c. de St-Maurice.
PUITS-NEUF, *i.*, c. de Lacapelle-Cab.
PUNAT (bas et haut), *h.*, c. de Sarrazac.

PUOCHAT, *h.*, c. de Lamativie.
PUTZAT, *h.*, c. de Cajarc.
PUY (le), *h.*, c. de Grèzes.
PUYBLANC, *h.*, c. de Cambes.

**PUYBRUN**, c., cant. de Bretenoux, arr. de Figeac. — Percept. de Prudhomat. — ☿ (895 p.). — Rec.-buraliste. — Notaire.

*Géographie :* Superf. 436 hect. — 874 hab. — Alt. moy. 155 ^m. — Terrain primitif composé principalement de gneiss et de micachistes.

Principaux v. et h. : Puybrun (796 hab.) ; — Mas de Bories (18 hab.), à 1 k. de Puybrun ; — Suc (22 hab.), à 1 k. 200.

Cours d'eau : La Dordogne (Pont suspendu).

Voies de ^con : Route dép^le n° 3, de Sarlat à Aurillac ; — chem. vic. de g. c^on n° 31, de Gramat à Beaulieu ; — 2 chem. vic. ord.

Distances : au chef-l. de cant. 5 k. ; au chef-l. d'arr. 58 k. ; au chef-l. de départ. 78 k.

*Statistique :* 284 Electeurs. — 12 Cons. mun.

Principal des 4 cont. dir. 5183 fr.
Revenus de la commune, 399 fr.
Bureau de bienfaisance (revenu annuel 302 fr.).

*Instruction :* Ecole c^le laïque de garç. (48 élèves) ; — école c^le congrég. de filles (33 élèves) ; — école libre congrég. de filles (20 élèves).

*Produits agricoles :* Céréales, vin, noix, chanvre.

*Commerce et Industries :* 2 auberges, 5 cabarets, 2 cafés. — Foires les 27 janv., fév., mars, avril, mai, juin, novemb., décembre et les 10 avril et mai. — Fête patr., le 18 août.

Historique.

*Pendant la Révolution.* — C. du cant. de Bretenoux et du district de St-Céré.

*Avant la Révolution.* — C^te de la subdél. de Souillac et de l'élection de Figeac. —Paroisse sous l'invocation de St-Blaise (1100 p.). — Cette c^te payait 9309 livres d'impositions ; ses charges locales ord. étaient de 215 livres. — L'histoire du Quercy mentionne Puybrun à la date de 1310. — En 1657 c'était une des dix-huit villes basses de la province. — Cette localité appelée aussi *Pechbru* avait 4 foires très suivies avant la Révolution.

*Anciennes mesures :* Aune = 1^m 188.

— Canne carrée = 2 <sup>m. c.</sup> 638. — Sétérée = 23 <sup>ares</sup> 7421 (la sétérée se subdivisait en 4 quartonées et la quartonée en 5 pugnères). — Setier = 69 <sup>litres</sup> 8 (le setier se subdivisait en 2 émines, l'émine en 2 quartes, la quarte en 5 pugnères). — Baste = 47 <sup>litres</sup> 28 (la baste se subdivisait en 24 pintes et la pinte en 4 pauques).

PUY-BUZY, h., c. de Bétaille.
PUY-CALVEL, v., c. de Lamothe-Cassel.
PUY-CLAVEL, h., c. de Gréalou.
PUY-D'ALOU, h., c. de Souillac.
PUY-D'AVAL, i., c. de Fontanes.
PUY-DE-CORN, h., c. de Figeac.
PUY-DE-LABORIE, i., c. de Tauriac.
PUY-DEL-CLAUX, h., c. de Gintrac.
PUY-DE-TOUR, h., c. de St-Michel-de-B.
PUY-D'ISSOLUD, h., c. de Vayrac.
PUY-DU-MONT, h., c. de Vayrac.

**PUYJOURDES**, c., cant. de Cajarc, arr. de Figeac. — ⊠ et Percept. de Cajarc. — ☦ (309 p.).
*Géographie* : Superf. 774 hect. — 296 hab. — Alt. moy. 366 <sup>m</sup>. — Terrain jurassique moyen. — Traces de phosphates de chaux.
Principaux v. et h. : Puyjourdes (151 hab.) et Souliers (41 hab.), à 0 k. 500 de Puyjourdes.
Voies de c<sup>on</sup> : Chem. vic. d'int. com. n° 20, de la route dép<sup>le</sup> n° 7 à la route nat<sup>le</sup> n° 111 ; — 2 chem. vic. ord.
Distances : au chef-l. de cant. 13 k. ; au chef-l. d'arr. 38 k. ; au chef-l. de départ. 45 k.
*Statistique* : 90 Electeurs. — 10 Cons. mun.
Principal des 4 cont. dir. 2023 fr.
Revenus de la commune, 71 fr.
*Instruction* : Ecole c<sup>le</sup> congrég. mixte (32 élèves).
*Produits agricoles* : Blé, maïs, vin.
*Commerce et Industries* : Cabaret. — Fête patr., le 1<sup>er</sup> août.

Historique.

*Pendant la Révolution.* — C. de Pechourde, cant. de Cajarc, district de Figeac.
*Avant la Révolution.* — La c. de Puyjourdes qui, avant la Révolution, n'était ni c<sup>le</sup> ni paroisse, fut plusieurs fois dévastée par les compagnies anglaises.

PUY-LAGARDE, h., c. de Thémines.
PUY-LAMBERT, h., c. de Gignac.

**PUY-L'ÉVÊQUE**, c., chef-l. de cant. de l'arr. de Cahors. — ⊠, ▨, ▩ et Percept. — ☦ de Puy-l'Evêque (1300 p.), de Courbenac (200 p.), de Cazes (408 p.), d'Issudel (240 p.), de Martignac (315 p.) et de Loupiac (458 p.). — Rec.-buraliste et bureau de tabac. — 2 notaires. — Brigade de gendarmerie à cheval.
*Géographie* : Superf. 2663 hect. — 2482 hab. — Alt. moy. 193 <sup>m</sup>. — Les hauteurs de la c. appartiennent à la formation jurassique supérieure ; alluvions dans les parties basses.
Principaux v. et h. : Puy-l'Evêque (1500 hab.) ; — Courbenac, Issudel, Loupiac et Martignac.
Cours d'eau : Rivière du Lot (pont suspendu à Puy-l'Evêque et bac d'Escafignoux). — Ruisseaux de Cledelles et de Cazes.
Voies de c<sup>on</sup> : Route nat<sup>le</sup> n° 111, de Millau à Tonneins ; — chem. vic. de g. c<sup>on</sup> n° 4, de Cazals à Montcuq ; — chem. vic. de g. c<sup>on</sup> n° 8, de Cahors à Touzac ; — chem. vic. de g. c<sup>on</sup> n° 44, de Puy-l'Evêque à Tournon ; — chem. vic. d'int. com. n° 28, de Lolmie à Villefranche ; — 12 chem. vic. ord.
Distances : au chef-l. d'arr. et de départ. 33 k.
*Statistique* : 748 Electeurs. — 16 Cons. mun.
Principal des 4 cont. dir. 19505 fr.
Revenus de la commune, 4608 fr. Octroi.
Bureau de bienfaisance (revenu annuel 2696 fr.).
*Instruction* : Ecole c<sup>le</sup> congrég. de garç. (232 élèves) ; — école c<sup>le</sup> congrég. de filles (108 élèves).
*Produits agricoles* : Vin et céréales.
*Commerce et Industries* : Moulin à farine. — 4 hôtels ou auberges ; — 6 cabarets ; — 9 cafés. — Foires le premier mercredi de chaque mois. — Marché hebdomadaire le mercredi. — Halle aux grains. — Fêtes patr., le 2<sup>e</sup> dimanche d'août à Puy-l'Evêque, le 1<sup>er</sup> août à Issudel, le 29 juillet à Courbenac, le 15 août à Loupiac, le 1<sup>er</sup> août à Martignac, le 25 novembre à Cazes.

Historique.

*Pendant la Révolution.* — Puy-l'Evêque, qui avait pris le nom de Puylibre, formait 3 c. (Puylibre, Loupiac et Martignac) du cant. de Puylibre et du district de Cahors.

*Avant la Révolution.* — Puy-l'Evêque formait 3 c^lés de la subdél. de Prayssac et de l'élection de Cahors :

1° La c^lé de Puy-l'Evêque payait 10869 livres d'impositions; ses charges locales ord. étaient de 747 livres; elle comprenait les paroisses de Puy-l'Evêque, sous l'invocation de St-Sauveur (1002 p.), de Courbenac, sous l'invocation de St-Sulpice (113 p.) et d'Issudel, sous l'invocation de St-Pierre ès-liens (232 p.). — Un couvent de capucins existait à Puy-l'Evêque;

2° La c^té de Cazes payait 1220 livres d'impositions; ses charges locales ord. étaient de 56 livres; elle comprenait une paroisse sous l'invocation de St-Sernin (378 p.);

3° La c^té de Martignac payait 1458 livres d'impositions; ses charges locales ord. étaient de 68 livres; elle comprenait une paroisse sous l'invocation de St-Pierre ès-liens (256 p.).

Puy-l'Evêque porta le nom de *Puy* jusqu'en 1227; cette ville, ayant embrassé la cause du comte de Toulouse pendant la guerre des Albigeois, fut prise de vive force par l'évêque de Cahors, Guillaume de Cardaillac, qui la réunit à son évêché; dès lors elle ajouta à son nom celui de son nouveau seigneur. — En 1247 l'évêque de Cahors fût obligé d'hypothéquer Puy-l'Evêque à ses créanciers; en 1271, il accorda aux habitants de cette ville le droit d'élire des consuls. En 1346, au moment où de forts détachements des troupes anglo-gascones du comte de Derby, qui faisait construire pour les loger le fort château de Bonaguil, faisaient des incursions dans le *plat pays*, Noir de Lezergues, seigneur d'Orgueil, leur livra traîtreusement le fort de Puy-l'Evêque qu'il commandait au nom du prélat, alors occupant le siège. Peu de temps après il en fut puni par le seigneur Beraldi de Cessac, lieutenant et co-seigneur de l'évêque Bertrand de Cardaillac, qui lui même résidait à Albas, d'où il reprit en personne sur les Anglais, Bélaye et Montcuq. Fait prisonnier dans un combat livré sur le plateau de Pomarède, Lezergues fut décapité en punition de sa félonie (1349). Mais Puy-l'Evêque ne tarda pas a retomber aux mains des Anglais qui l'occupèrent en 1428.

Il résulte d'un titre du 13 mai 1601 que quelques années auparavant, ceux de la prétendue religion réformée avaient dévasté les possessions de la maison de Guiscard qui s'étendaient alors jusqu'à Puy-l'Evêque. Le jour de l'Ascension 1590, rapporte Dominicy, 140 coups de canon furent tirés contre l'église, qui en porte visiblement la trace, par Caumon-Laforce, l'un des lieutenants d'Henri, roi de Navarre ; ce dernier, malgré cette démonstration, ne put réduire la ville, occupée sans doute par les Ligueurs, alors en armes dans la contrée.

*Anciennes mesures :* Canne = 2 ^m 03. —Canne carrée = 3 ^m. ^c. 2568—Quarterée = 31 ^ares 6561 (la quarterée se subdivisait en 4 quartonats, le quartonat en 4 boisselats, le boisselat en 16 onces). —Quarte = 66 ^litres 80 (la quarte se subdivisait en 4 quartons, le quarton en 4 boisseaux). — Barrique = 200 ^litres.

*Antiquités :* Eglise des XIV^e et XV^e siècles. — Maison dite *Lychairie* du XIII^e siècle, pavillon renaissance attenant. — Donjon seigneurial du XIII^e siècle, quadrangulaire, avec contre-forts plats aux angles, reste de courtines, portes et barbacane, (appareil très soigné de la tour et des autres constructions). Armes anglaises de Puy-l'Evêque servant aujourd'hui de dessus de porte à la maison, rue Bobila. *(Puy-l'Evêque et ses environs,* par C. Deloncle, 1866).

*Hommes célèbres :* Georges de Guiscard, comte de Labourlie, sous-gouverneur de Louis XIV, lieutenant général et gouverneur de Sédan, né en 1606. — Louis de Guiscard, lieutenant-général, fils du précédent aussi lieutenant-général, qui mourut de chagrin, faussement accusé des manœuvres maladroites qui, ordonnées par Villeroi avaient fait perdre la bataille de Ramillies (1706).

PUYLAUNAY, *h.* et *ch.*, c. de Lissac.
PUY-MERLE, *h.*, c. de Vidaillac.
PUYMEULE, *h.*, c. de St-Michel-Loub.
PY, *h.*, c de Loubressac.
PY-SEC, *h.*, c. de Lissac.

# Q

QUAISSINES (les), *f. g.*, c. de Cahors.
QUATRE, *h.*, c. de St-Daunès.
QUATRE-CHATAIGNERS (les), *h.*, c. de [Lanzac].
QUATRE-CHEMINS, *h.*, c. de Vaillac.
QUATRE-FONTS (les), *i.*, c. du Montat.
QUATRE-PIERRES (les), *i.*, c. du Vigan.
QUATRE-ROUTES, *h.*, c. de Cazillac.
QUATRE-SOLS (les), *i.*, c. de Rouffillac.
QUATRE-VENTS, *m. e.*, c. de Souillac.
QUAYROUSE (la), *m.* c. de Fontanes.
QUERCI, *i.*, c. de Labastide-Marnhac.
QUERCY, *i.*, c. de Belfort.
QUERCY (*moulin*), c. du Montat.
QUERCY, *h.*, c. de St-Paul.
QUETTIE, *h.*, c. des Junies.
QUETTY, *h.*, c. de Cassagnes.
QUEZAC, *h.*, c. de Vaylats.
QUIERS (le), *h.*, c. d'Aynac.
QUILLES, *i.*, c. de Laroque-'Toirac.
QUINSOU, *h.*, c. de Condat.
QUINTARDE (la), *i.*, c. de Flaujac (Cahors)
QUINTOU, *i.*, c. de Montcléra.

**QUISSAC**, c., cant. de Livernon, arr. de Figeac. — ⊠ et Percept. de Livernon. — ♂ (440 p.). — Débit de tabac.
*Géographie :* Superf. 2488 hect. — 452 hab. — Alt. moy. 353ᵐ. — Terrain jurassique moyen.
Principaux v. et h. : Quissac (235 hab.).
Voies de cᵒⁿ : Chem. vic. d'int. com. nᵒ 19, de Grèzes à Labastide-Murat ; — 5 chem. vic. ord.

Distances : au chef-l. de cant. 10 k. : au chef-l. d'arr. 28 k. ; au chef-l. de départ. 47 k.
*Statistique :* 125 Electeurs. — 10 Cons. mun.
Principal des 4 cont. dir. 2543 fr.
Revenus de la commune, 96 fr.
*Instruction :* Ecole cˡᵉ laïque de garç. (30 élèves) ; — école congrég. libre de filles (43 élèves).
*Produits agricoles :* Blé, orge, avoine. — Bois.
*Commerce et Industries :* Moulins à vent. — 3 cabarets. — Fête patr., le 1ᵉʳ septembre.

Historique.

*Pendant la Révolution.* — C. du cant. de Livernon et du district de Figeac.
*Avant la Révolution.* — Cᵗᵉ de la subdél. et de l'élection de Figeac. — Paroisse sous l'invocation de St-Giles (221 p.). — Cette cᵗᵉ payait 3636 livres d'impositions ; ses charges locales ord. étaient de 117 livres. — En 1347, les Anglais s'emparèrent de Quissac et s'y fortifièrent.
*Anciennes mesures :* Les mesures de vin de Quissac étaient celles de Livernon. — Les autres mesures étaient celles de Figeac.

QUONQUE (la), *i.*, c. de St-Cirq- [Lapopie].

# R

RABANÈDE, *i.*, c. de St-Sozy.
RABANEL, *h.*, c. de St-Bressou.
RABANIE (la), *h.*, c. de Vayrac.
RABASTIDE, *i.*, c. de St-Sozy.
RABETOU, *h.*, c. de Laroque-Toirac.
RABETOU, *h.*, c. de St-Pierre-Toirac.
RABOUYAT, *h.*, c. de Labastide-Murat.
RAFFORD, *h.*, c. de Caniac.
RAGNES, *i.*, c. de St-Daunès.
RAIL (le), *h.*, c. de St-Chamarand.

RAILLES, *i.*, c. de Mauroux.
RAILLETTE, *h.*, c. d'Alvignac.
RAJOL (le), *i.*, c. de Planioles.
RAMADE-BASSE (la), *h.*, c. de Sénaillac
RAMADES, *i.*, c. de Cremps.
RAMAILLES, *h.*, c. de Cabrerets.
RAMASSOLY, *i.*, c. d'Esclauzels.
RAMAUDIE, *i.*, c. de Montfaucon.
RAMELS, *i.*, c. de Vidaillac.
RAMES, *h.*, c. de Lalbenque.

RAMES, *i.*, c. de Reyrevignes.
RAMET, *i.*, c. de Bretenoux.
RAMIÉ, *i.*, c. de St-Jean-de-Laur.
RAMONDE (la), *h.*, c. de St-Germain.
RAMONDIÉ, *i.*, c. de Fons.
RAMONET *h.*, c. de Castelnau.
RAMONETS (les), *h.*, c. de Cahors.
RAMOUNICHAUX, *h.*, c. de Floressas.
RAMPEL, *h.*, c. de Vayrac.

**RAMPOUX**, c., cant. de Salviac, arr. de Gourdon. — ⊠ et ▥ de Dégagnac. — ⚭ (200 p.).

*Géographie :* Superf. 583 hect. — 226 hab. — Alt. moy. 252 ᵐ. — Terrain jurassique supérieur.

Principaux v. et h. : Rampoux (99 hab.); — Bouscailloux (35 hab.), à 0 k. 300 de Rampoux ; — Colombier (27 hab.), à 2 k. ; — Salaper (45 hab.), à 2 k. 300.

Cours d'eau : Ruisseau de Lourajou.

Voies de cᵒⁿ : Route dépᵗˡᵉ nᵒ 9, de Cahors à Domme; — chem. vic. d'int. com. nᵒ 58, du Piatgier à Villefranche; — 3 chem. vic. ord.

Distances : au chef-l. de cant. 9 k.; au chef-l. d'arr. 15 k.; au chef-l. de départ. 29 k.

*Statistique :* 74 Electeurs. — 10 Cons. mun.

Principal des 4 cont. dir. 1743 fr.

Revenus de la commune, 702 fr.

*Instruction :* Ecole cˡᵉ laïque de garç. (27 élèves); — école cˡᵉ laïque de filles (21 élèves).

*Produits agricoles :* Céréales, vin, tabac, noix, fourrages.

*Commerce et Industries :* Moulins à farine. — Fête patr., le premier dimanche d'août.

Historique.

*Pendant la Révolution.* — C. du cant. de Salviac et du district de Gourdon.

*Avant la Révolution.* — Cᵗᵉ de la subdél. de Gourdon et de l'élection de Cahors. — Paroisse sous l'invocation de St-Pierre ès-liens (299 p.). — Cette cᵗᵉ payait 2522 livres d'impositions; ses charges locales ord. étaient de 94 livres.

*Anciennes mesures :* Les mesures de Rampoux étaient celles de Cahors.

RAMPS, *ch.*, c. de Sᵗᵉ-Alauzie.
RANDE (la), *h.*, c. de St-Cirgues.
RANDIER, *h.*, c. de Fontanes.
RAOUSSOU, *h.*, c. de Marminiac.
RASCALOU, *i.*, c. de Laroque-Toirac.

RASCOUAILLE, *i.*, c. de Sauzet.
RASSIELS, *v.* — *Voir Trespoux.*
RASSIOLS, *h.*, c. de Montfaucon.
RASTOUILLET, *m.*, c. de Cénevières.
RASTOUL, *h.*, c. de Teyssieu.
RAT, *i.*, c. de Montfaucon.
RAT (le), *f.*, c. de Cabrerets.
RAT (le), *h.*, c. de Lavercantière.
RAT (le), *m.*, c. de St-Sulpice.
RATABOU, *h.*, c. de Souillaguet.
RATAPOL, *h.*, c. de Padirac.
RATEAU, *i.*, c. de St-Pantaléon.
RATIÉ, *h.*, c. des Arques.
RATIER, *h.*, c. de Loubressac.
RAU, *i.*, c. de St-Chels.
RAUBERT, *h.*, c. des Junies.
RAULET, *i.*, c. de Cambes.
RAUNEL, *i.*, c. de Vayrac.
RAUSAS, *i.*, c. de Belfort.
RAUST, *h.*, c. de Mauroux.
RAUX, *h.*, c. de Labatide-Marnhac.
RAUZE, (la), *ch.*, c. de Lacapelle-Mar.
RAVANEL, *h.*, c. de Prendeignes.
RAVISSOU, *h.*, c. de Montfaucon.
RAYNAL, *h.*, c. de Beauregard.
RAYNAUD, *i.*, c. de Valprionde.
RAYSSE (le), *i.*, c. de Pinsac.
RAZARD, *h.*, c. de Prudhomat.
RÉALS (le), *m. e.*, c. de Mayrinhac-[Lentour].
RÉARAVES, *h.*, c. de Miers.
REBEDESQUE, *h.*, c. de Vaillac.
REBELAT, *m.*, c. de Beauregard.
RÉBILLOU, *h.*, c. de Loubressac.
REBOULARIE, *i.*, c. de Fons.
REBOUNBIE, *i.*, c. d'Issepts.
REBOUQUET, *h.*, c. de Beauregard.
REBULY, *h.*, c. de Carlucet.
RÉCÉGAT (le), *h.*, c. de St-Maurice.
RÉCÈS, *h.*, c. de Floressas.
RECHÈZE (la), *i.*, c. de Souillac.
RECOLETS, *v.*, c. de St-Céré.
RECOUFOUGES, *i.*, c. de Calviac.
RECURAT, *h.*, c. de Vaillac.
RÉDAT (le), *h.*, c. de Lavergne.
REDON, *h.*, c. de Castelnau.
REDON, *h.*, c. de St-Germain.
REDONDET, *m. e.*, c. de Camboulit.
REDOULÈS, *h.*, c. de Maxou.
REDOULIÉ (le), *h.*, c. de Labastide-du-[Haut-Mont].
REDOUX, *i.*, c. de Puy-l'Evêque.
REGADE, *h.*, c. de Masclat.
REGAGNAC, *f.*, c. de Labastide-Murat.
REGAGNAC, *i.*, c. de Lamagdelaine.
REGAMUS, *i.*, c. de Cahors.
REGANIAC, *m. c.*, c. de Cézac.
RÉGARDET, *m. e.*, c. de Gramat.

Regès, *h.*, c. de Laramière.
Regis, *i.*, c. de Flaugnac.
Regourd, *h.*, c. de Cahors.
Regouty, *f.*, c. de Livernon.
Regue (la), *h.*, c. de Touzac.
Reijal, *h.*, c. de Cressensac.

**REILHAC ou Rilhac**, c., cant. de Livernon, arr. de Figeac. — ⊠ de Livernon. — [ST] de Gramat. — Percept. d'Assier. — ♂ (390 p.). — Débit de tabac.

*Géographie* : Superf. 1298 hect. — 347 hab. — Alt. moy. 352 m. — Terrains primitifs dans lesquels on voit quelques bancs de calcaire blanc, compacte et très dur.

Principaux v. et h. : Reilhac (183 hab.).

Voies de c^on : Chem. vic. de g. c^on n° 42, de Cajarc à Gramat; — chem. vic. d'int. com. n° 17, de Labastide-Murat à Lacapelle-Marival; — 5 chem. vic. ord.

Distances : au chef-l. de cant. 13 k.; au chef-l. d'arr. 31 k.; au chef-l. de départ. 56 k.

*Statistique* : 106 Electeurs. — 10 Cons. mun.

Principal des 4 cont. dir. 2343 fr.

Revenus de la commune, 25 fr.

*Instruction* : Ecole c^le laïque de garç. (25 élèves); — école laïque libre de filles (24 élèves).

*Produits agricoles* : Céréales, pommes de terre. — Bois.

*Commerce et Industries* : Moulins à vent. — 3 cabarets. — Fête patr., le dimanche avant le 15 août.

Historique.

*Pendant la Révolution.* — C. du cant. de Livernon et du district de Figeac.

*Avant la Révolution.* — Reilhac formait 2 c^tés de la subdél. et de l'élection de Figeac :

La c^té de Reilhac payait 4518 livres d'impositions; ses charges locales ord. étaient de 117 livres; elle formait une paroisse sous l'invocation de St-Hilaire (367 p.);

La c^té de Cornouillé payait 584 livres d'impositions; ses charges locales ord. étaient de 28 livres; elle formait la paroisse de Scelles (aujourd'hui dans la c. de Flaujac), sous l'invocation de la Chandeleur (119 p.).

*Anciennes mesures* : Les mesures de grains étaient celles de Gramat; les mesures de vin étaient celles de Livernon. — Les autres mesures étaient celles de Figeac.

*Antiquités* : Tumuli. — Restes d'anciens retranchements. — Caverne fortifiée.

**REILHAGUET**, c., cant. de Payrac, arr. de Gourdon. — ⊠, [TE] et Percept. de Payrac. — ♂ de Reilhaguet (400 p.) et de Laval (380 p.). — Rec.-buraliste.

*Géographie* : Superf. 1596 hect. — 639 hab. — Alt. moy. 258 m. — Terrain jurassique moyen.

Principaux v. et h. : Reilhaguet (390 hab.); — Laval (234 hab.), à 2 k. de Reilhaguet.

Voies de c^on : Route nat^le n° 20, de Paris à Toulouse; — chem. vic. d'int. com. n° 41, de Creysse à la route nat^le n° 20; — 4 chem. vic. ord.

Distances : au chef-l. de cant. 6 k.; au chef-l. d'arr. 12 k.; au chef-l. de départ. 47 k.

*Statistique* : 216 Electeurs. — 12 Cons. mun.—Sect. élect. de Reilhaguet (8 cons.) et de Laval (4 cons.).

Principal des 4 cont. dir. 3293 fr.

Revenus de la commune, 170 fr.

Bureau de bienfaisance (revenu annuel 206 fr.).

*Instruction* : Ecole c^le laïque de garç. (43 élèves); — école c^le congrég. de filles (26 élèves).

*Produits agricoles* : Céréales, vin, pommes de terre. — Bois.

*Commerce et Industries* : Auberge et café. — Fêtes patr., à Reilhaguet le 15 août, à Laval le 24 juin.

Historique.

*Pendant la Révolution.* — Reilhaguet formait 2 c. (Reilhaguet et Laval) du cant. de Payrac et du district de Gourdon.

*Avant la Révolution.* — Reilhaguet formait 2 c^tés de la subdél. de Gourdon et de l'élection de Figeac :

La c^té de Reilhaguet payait 2194 livres d'impositions; ses charges locales ord. étaient de 76 livres; sa population était de 230 hab.; —elle formait une paroisse sous l'invocation de l'Assomption;

La c^té de Laval faisait partie de la vicomté de Turenne et formait une paroisse sous l'invocation de St-Jean-Baptiste (240 p.).

En 1315 Bertrand de Gourdon vendit à perpétuité Reilhaguet, Boussac et Lunegarde à son beau-frère Maffred de Salignac, pour la somme de 1500 livres.

*Anciennes mesures* : Les mesures de Reilhaguet et de Laval étaient celles de Gourdon.

REINGUES, *h.*, c. de Prudhomat.
RELLIER, *h.*, c. de Luzech.
REMÉDI, *f.*, c. de Boussac.
RÉMÉDIE, *h.*, c. de Martel.
RÉMÉDY, *h.*, c. de Dégagnac.
RÉMIGOUX, *i.*, c. de Puy-l'Evêque.
RÉMÉSIO, *h.*, c. de Montdoumerc.
REMISE (la), *h.*, c. de Bagnac.
REMISE (la), *h.*, c. du Bourg.
REMISE (la), *h.*, c. de Labathude.
REMISE (la), *i.*, c. de Linac.
REMISE (la), *h.*, c. d'Uzech.
RENAC, *h.*, c. de Gorses.
RENAUDET, *h.*, c. de Cuzance.
RENARDIE (la), *i.*, c. de Lachapelle-[Auzac].
RENDAULET, *i.*, c. de Luzech.
REPAIRE, *h.*, c. de Rampoux.
REPAIRE, *h.*, c. de Thédirac.
REPECH, *i.*, c. de Fourmagnac.
RESCALAT, *h.*, c. de Cahus.
RESCOUSSIO, *h.*, c. de Montdoumerc.
RESOULÈS, *i.*, c. de Payrignac.
RESSEGAYRE, *h.*, c. de Montcléra.
RESSEGUE (la), *h.*, c. de Molières.
RESSEGUE (la), *h.*, c. de St-Céré.
RESSÉGUIER, *h.*, c. de Ste-Alauzie.
RESSIER, *i.*, c. de St-Cyprien.
RESSIGEAC, *i.*, c. de St-Pantaléon.
RESSIGUIER, *i.*, c. de St-Cyprien.
RÉTAL, *h.*, c. de Salviac.
REULE (la), *h.*, c. de Cazals.
REUTEYROL, *h.*, c. de Loubressac.
REVEILLON, *h.*, c. d'Alvignac.
REVEL, *h.*, c. de Reyrevignes.
REVERS, *h.*, c. du Vigan.
REVETS, *h.* et *m. e.*, c. de Maxou.
REY, *i.*, c. de Cuzac.
REY, *h.*, c. de Gindou.
REY, *m. e.*, c. de Puy-l'Evêque.
REY, *i.*, c. de St-Jean-de-Laur.
REY, *m. e.*, c. de St-Paul.
REY (le), *h.*, c. de Floressas.
REYNAL, *h.*, c. de Cavagnac.

**REYREVIGNES**, c., cant. de Livernon, arr. de Figeac. — ⊠, ▥, ▦ et Percept. d'Assier. — ♂ (680 p.). — Débit de tabac.

*Géographie* : Superf. 1244 hect. — 530 hab. — Alt. moy. 342 m. — Terrain jurassique inférieur.

Principaux v. et h. : Reyrevignes (187 hab.); — Courbou et Rustand (43 hab.), à 2 k. 500 de Reyrevignes; — Falguière (42 hab.), à 2 k.; — Mas de Vergne (89 hab.), à 1 k.; — Planiol et la Rougelle (108 hab.), à 1 k. 500.

Cours d'eau : Ruisseau qui disparaît dans le sol. — Sources minérales.

Voies de c^on : Chem. vic. de g. c^on n° 2, de Gourdon à Figeac; — chem. vic. d'int. com. n° 96, de Lacapelle à Cajarc; — 4 chem. vic. ord.

Distances : au chef-l. de cant., 6 k.; au chef-l. d'arr. 12 k.; au chef-l. de départ. 62 k.

*Statistique* : 178 Electeurs. — 12 Cons. mun.

Principal des 4 cont. dir. 5516 fr.

Revenus de la commune, 117 fr.

*Instruction* : Ecole c^le laïque de garç. (20 élèves); — école c^le congrég. de filles (41 élèves).

*Produits agricoles* : Céréales, vin. — Bois.

*Commerce et Industries* : Briqueteries. — 4 cabarets. — Fête patr., le 10 août.

### Historique.

*Pendant la Révolution.* — C. du cant. de Fons et du district de Figeac..

*Avant la Révolution.* — C^té de la subdél. et de l'élection de Figeac. — Paroisse sous l'invocation de St-Laurent (514 p.). — Cette c^té payait 7951 livres d'impositions; ses charges locales ord. étaient de 179 livres. — Il est fait mention du château-fort de Reyrevignes, dans une transaction de 1558, passée entre Hébrard de St-Sulpice, seigneur de Reyrevignes et les habitants de cette c^té d'une part, la dame et les habitants d'Assier d'autre part, par laquelle il est mis fin à une longue guerre qui s'était élevée entre les deux localités au sujet de leurs limites respectives.

*Anciennes mesures* : La principale mesure de vin de Reyrevignes était la charge contenant 133 ^litres 76 (la charge se subdivisait en 2 comportes, la comporte en 32 pintes et la pinte en 4 pauques. — Les autres mesures étaient celles de Figeac.

REYREVIGNES, *v.*, c. de Lachapelle-[Auzac].
REYSSAC, *h.*, c. de Mayrinhac-Lentour
REYZADE, *i.*, c. de St-Sozy.
RHODE (la), *h.*, c. de St-Martin-de-V.
RHODES (les), *h.*, c. d'Albas.

RIAL (le), *h.*, c. de Camboulit.
RIAL (le), *h.*, c. de Linac.
RIALES (la), *h.*, c. de Bagnac.
RIALS, (le) *u.*, *c.*, du Boulvé.
RIBAYROLES, *h.*, c. de Payrac.
RIBAYROLS *i.*, c. de Lalbenque.
RIBELLON, *h.*, c. d'Autoire.
RIBEYROLES, *h.*, c. de Sousceyrac.
RIBOT (bas et haut), *m.*, c. de Cénevières
RICART, *m.*, c. de Promilhanes.
RICHARD, *i.*, c. de Vaylats.
RICHARD, *h.*, c. d'Uzech.
RICHOU, *i.*, c. de Prudhomat.
RICHOUL, *h.*, c. de St-Médard-Nicourby
RIEL (le), *h.*, c. de Bétaille.
RIEU (le), *h.*, c. de Gagnac.
RIEU, *h.*, c. de St-Cirgues.
RIEU DE TOUR, *i.*, c. de Luzech.
RIEUX, *h.*, c. de Vire.
RIEUZAL, *h.*, c. de Loubressac.
RIEUZAL, *h.*, c. d'Ussel.
RIFFAT, *h.*, c. de Thédirac.
RIFFES, *h.*, c. de St-Denis (Catus).
RIGAL, *ch.*, c. de Castelnau.
RIGAL, *h.*, c. de Flaujac.
RIGAL, *h.*, c. de Gindou.
RIGAL, *h.*, c. de Laburgade.
RIGAL, *h.*, c. du Montat.
RIGAL, *h.*, c. de Padirac.
RIGAL (bas et haut), *h.*, c. de Prudhomat
RIGAL, *i.*, c. de Vers.
RIGALDIE, (la) *h.*, c. de Sousceyrac.
RIGALDIE, (la) *h.*, c. de St-Cirgues.
RIGALOU, *h.*, c. du Bastit.
RIGALS (les), *h.*, c. de Marminiac.
RIGAMBERT, *i.*, c. de Pradines.
RIGAUDEL, *i.*, c. de Belmontet.
RIGNAC, *v.*, c. de Cuzance.
RIGNAC, *v.*, c. de Gramat.
RIGNAGOUX, *i.*, c. de Souillac.
RIGNAC, *h.*, c. de St-Cernin.
RIGOU, *i.*, c. du Montat.
RIGOU, *h.*, c. de Payrignac.
RIGOU, *h.*, c. de St-Projet.
RILHAC. — *Voir Reilhac.*
RILLAC, *h.*, c. de Ste-Colombe.
RILLOU (le), *m. e.*, c. de Padirac.
RIMADE (la), *i.*, c. de Pradines.
RIMADEL, *h.*, c. d'Uzech.
RIMAT, *h.*, c. d'Uzech.
RINGUET, *m.*, c. de Beauregard.
RINHAC, *h.*, c. de St-Chels.
RIOLS, *h.*, c. d'Alvignac.
RIOLS, *m. e.*, c. de St-Céré.
RIOM, *h.*, c. de Corn.
RIOM, *h.*, c. de Ste-Eulalie.
RIPANE, *h.*, c. de Strenquels.
RIPIOLOU, *h.*, c. de St-Médard.

RITAL (le), *h.*, c. de Castelnau.
RIVALS, *h.*, c. de Puy-l'Evêque.
RIVE (la), *h.*, c. de Bagnac.
RIVE (la), *h.*, c. de Touzac.
RIVET, *h.*, c. de Laroque-Toirac.
RIVIÈRE, *f.*, c. de Soturac.
RIVIÈRE, *h.*, c. de Ste-Eulalie.
RIVIÈRE (la), *i.*, c. de Fons.
RIVIÈRE (la), *h.*, c. d'Issepts.
RIVIÈRE (la), *m.*, c. de Montfaucon.
RIVIÈRE (la), *h.*, c. de Montvalent.
RIVIÈRE (la), *h.*, c. de St-Médard-Nic.
RIVIÈRE (la), *h.*, c. de Tauriac.
RIVIÈRE-BASSE, *h.*, c. de Peyrilles.
RIVIÈRE (basse et haute), *h.*, c. d'Albas.
RIVIÈRE DE CARENNAC, *h.*, c. de Carennac.
RIVIÈRES, *i.*, c. de Lascabanes.
RIXOUL, *h.*, c. de St-Médard-Nicourby.
ROBERT, *m. e.*, c. de Cézac.
ROBERT, *i.*, c. de Lascabanes.
ROBERT, *h.*, c. de St-Germain.

**ROC** (le), c., cant. de Payrac, arr. de Gourdon. — ⊠ et Percept. de Payrac.— ☉ du Roc (500 p.), et de Nadaillac (301 p.). — Rec.-buraliste et débit de tabac à Mareuil.

*Géographie* : Superf. 1467 hect. — 800 hab. — Alt. moy. 198 m. — Terrain jurassique inférieur ; alluvions dans les vallées.

Principaux v. et h. : le Roc (362 hab.) ; — Andreuilles (28 hab.), à 4 k. du Roc ; — Espioles (73 hab.), à 3 k. ; — Mareuil (141 hab.), à 2 k. ; — Nadaillac (157 hab.), à 3 k.

Cours d'eau : Dordogne (bac de Mareuil). — Ruisseau de Tournefeuille.

Voies de c<sup>on</sup> : Route nat<sup>le</sup> n° 20, de Paris à Toulouse ; — chem. vic. de g. c<sup>on</sup> n° 19, de Gourdon à Souillac ; — chem. vic. d'int. com. n° 40, de Mareuil à Souillac ; — 5 chem. vic. ord.

Distances : au chef-l. de cant. 10 k. ; au chef-l. d'arr. 17 k. ; au chef-l. de départ. 61 k.

*Statistique* : 285 Electeurs. — 12 Cons. mun. — Sect. élect. du Roc (7 cons. mun.) et de Nadaillac (5 cons. mun.).

Principal des 4 cont. dir. 5073 fr. Revenus de la commune, 371 fr.

*Instruction* : Ecole c<sup>le</sup> laïque de garç. (28 élèves) ; — école c<sup>le</sup> congrég. de filles (15 élèves) ; — école mixte de hameau (26 élèves).

*Produits agricoles* : Céréales, vin, tabac, pommes de terre, fourrages.

*Commerce et Industries* : 2 moulins à

farine sur le ruisseau de Tournefeuille. — 5 cabarets ; — café. — Foires à Nadaillac, le 1er jeudi de carême et les 19 novemb. et 28 décemb. — Fêtes patr., au Roc, le 16 août et à Nadaillac, le 29 juin.

Historique.

*Pendant la Révolution.* — Le Roc formait 2 c. (Roc-Mareuil et Nadaillac-de-Rouge), du cant. de Payrac et du district de Gourdon.

*Avant la Révolution.* — Le Roc formait 2 ctés de la subdél. de Souillac et de l'élection de Cahors :

La cté de Ste-Mondane et du Roc-de-Rouge payait 3185 livres d'impositions ; ses charges locales ord. étaient de 82 livres. — Paroisse de Mareuil sous l'invocation de St-Saturnin (518 p.).

La cté de Nadaillac-de-Rouge payait 2797 livres d'impositions ; ses charges locales ord. étaient de 124 livres.

En 1586, le duc de Mayenne, chef de l'armée de la Ligue en Guyenne, prit le Roc, ainsi que Gagnac et Comiac, sans éprouver une grande résistance de la part des Calvinistes qui défendaient ces places.

*Anciennes mesures :* Les mesures du Roc étaient celles de Gourdon.

Roc (le), *i.*, c. du Boulvé.
Roc (le), *m.*, e. de Cazals.
Roc (le), *ch.*, c. de Fons.
Roc (le), *h.*, c. de Gorses.
Roc (le), *h.*, c. de Loubressac.
Roc (le), *i.*, c. de Montfaucon.
Roc (le), *f.*, c. de St-Bressou.
Roc (le), *h.*, c. de St-Céré.
Roc (le), *h.*, c. de St-Maurice.
Roc (le), *i.*, c. de Vers.
ROCABILLIÈRES, *h.*, c. de Carlucet.
ROCAL (le), *h.*, c. de Mauroux.
ROCALBOUYX, *i.*, c. de St-Cyprien.

**ROCAMADOUR**, c., cant. de Gramat, arr. de Gourdon. — ⊠, ▣, ▣. — Percept. de Gramat. — ⚕ de Rocamadour (1100 p.) et de Mayrinhac-le-Francal (277 p.). — Rec.-buraliste.

*Géographie :* Superf. 4927 hect. — 1607 hab. — Alt. moy. 267 m. — Cette c. s'étend en partie sur les marnes du lias qui forment la vallée de l'Alzou et partie sur le jurassique inférieur qui constitue les sommets des montagnes et les falaises qui dominent le bourg.

Principaux v. et h. : Rocamadour (386 hab.) ; — Les Alix (82 hab.), à 2 k. de Rocamadour ; — Blanat (181 hab.), à 5 k. ; — Lafage (66 hab.), à 2 k. — Lagardelle (85 hab.), à 3 k. ; — Lavitalie (47 hab.), à 5 k.

Cours d'eau : Ruisseau de l'Alzou.

Voies de con : Route dépl no 14, de Gramat à Cressensac ; — route dépl no 15, de Gramat à Souillac ; — chem. vic. de g. con no 21, de Gramat à Payrac ; — chem. vic. d'int. com. no 29, de Rocamadour à la route dépl no 1 ; — 3 chem. vic. ord.

Distances : au chef-l. de cant. 11 k. ; au chef-l. d'arr. 33 k. ; au chef-l. de départ. 58 k.

Curiosités : Gouffre du *Saut de la Pucelle*, sur les limites des c. de Rocamadour et de Gramat et tout près de la route dépl no 14 ; — dans ce gouffre se jette et disparaît le ruisseau de Rignac. — Cascades formées par l'Alzou ; une de ces cascades alimente un moulin suspendu en quelque sorte dans les rochers et désigné sous le nom de *Moulin du Saut.*

*Statistique :* 498 Electeurs. — 16 Cons. mun.

Principal des 4 cont. dir. 8149 fr.

Revenus de la commune, 819 fr.

Bureau de bienfaisance (revenu annuel 2367 fr.).

*Instruction :* Ecole cle congrég. de garç. (68 élèves) ; — école cle congrég. de filles (65 élèves) ; — école laïque mixte de hameau à Mayrinhac (25 élèves).

*Produits agricoles :* Céréales, vin, noix, truffes. — Bois.

*Commerce et Industries :* 4 moulins à farine sur l'Alzou. — Commerce de petits fromages. — 8 hôtels ou auberges ; — 9 cabarets ; — café. — Foires les 4 mai, 25 novemb. et 16 décemb. — Fête patr., le 15 août.

Historique.

*Pendant la Révolution.* — Rocamadour formait les 2 c. de Rocamadour et de Mayrinhac-le-Francal, du cant. de Gramat et du district de St-Céré.

*Avant la Révolution.* — Rocamadour formait 2 ctés de la subdél. de Gourdon et de l'élection de Cahors.

La cté de Rocamadour payait 12743 livres d'impositions ; ses charges locales ord. étaient de 484 livres; sa population de 1070 hab. — Paroisses de St-Amadour (1000 p.) et des Alix, sous l'invocation de St-Etienne (76 p.). — Chapitre composé de 13 chanoines.—Abbaye, unie à l'évêché de Tulle, valant 8000 livres de revenus.

La c<sup>té</sup> de Mayrinhac payait 2037 livres d'impositions; ses charges locales ord. étaient de 70 livres; sa population de 285 hab.

La légende et un grand nombre d'auteurs anciens attribuent à Zachée, plus connu sous le nom de St-Amadour serviteur de la Vierge Marie, la fondation du célèbre oratoire de Rocamadour et font, par suite, remonter cette fondation aux temps apostoliques; s'il est impossible d'admettre cette version, il est du moins incontestable que Rocamadour existait dès la plus haute antiquité.

En partant pour son expédition d'Espagne, en 778, Roland, le neveu de Charlemagne, visita l'église de Rocamadour et donna à cette église une somme d'argent dont le poids égalait celui de sa fameuse épée *Durandal*; cette épée fut, dit-on, déposée dans l'église après la mort de Roland; mais elle aurait été enlevée depuis et remplacée par une espèce de barre de fer.

En 968, l'évêque de Cahors, Frotaire, donna l'église de Rocamadour à l'abbé de Tulle; les droits de l'abbé de Tulle passèrent plus tard à l'évêque de cette ville.

En 1193, l'abbé de Marcillac céda à l'évêque de Tulle certains droits particuliers qu'il prétendait avoir sur l'église de Rocamadour.

En 1159, Henri II, roi d'Angleterre, se rendit à Rocamadour, avec toute son armée, et s'agenouilla devant le corps de St-Amadour que l'on venait de retrouver, enterré sur le seuil de la chapelle; en se retirant, le monarque anglais ordonna de bâtir un oratoire et de recouvrir le corps de St-Amadour de lames d'argent. Quelques années plus tard, en 1183, le fils de ce même roi, Henri au court-mantel, pilla les trésors de l'oratoire. On a prétendu que ce jeune prince qui s'était révolté contre son père, se serait fait couronner à Rocamadour. Le P. Odo de Gissey rapporte, qu'en 1562 les Huguenots enlevèrent de Rocamadour 1500 quintaux d'or ou d'argent. Duras s'empara à cette époque de l'oratoire, où le capitaine Bes-

sonias prit les châsses, ornements, calices, vases précieux et fit briser le corps de St-Amadour avec un marteau de forgeron.

*Anciennes mesures* : Canne = 2<sup>m</sup> 057. — Canne carrée = 4<sup>m</sup> <sup>c</sup>. 2325. — Sétérée = 48 <sup>ares</sup> 7589 (la sétérée se subdivisait en 8 quartons et le quarton en 3 pugnères). — Quarton = 17 <sup>litres</sup> 5 (4 quartons formaient l'émine, 2 émines formaient le setier). — Baste = 55 <sup>litres</sup> 20 (la baste se subdivisait en 20 pintes et la pinte en 4 pauques).

*Antiquités* : Chapelle de Rocamadour (mon. hist.) formée de plusieurs édifices situés sur la partie la plus élevée du bourg et qui forme le but de nombreux pèlerinages. — Restes d'un ancien château-fort, d'un hôpital et du palais des évêques de Tulle. — Maisons du XV<sup>e</sup> siècle.

ROCAMADOUR, *h.*, c. de Terrou.
ROC-COULON, *i.*, c. de Pinsac.
ROC-DE-CASCADEL, *m. v.*, c. de St-[Cirq-Lapopie].
ROC-DE-CIEURAC, *i.*, c. de Lanzac.
ROC-DE-FÉRIÉ, *i.*, c. de Puy-l'Evêque.
ROC-DE-GAZEAU, *i.*, c. de Cuzac.
ROC-DE-L'AGASSE (le), *i.*, c. du Montat
ROC-DE-MONGE, *h.*, c. de St-Sozy.
ROC-DU-FAURE, *h.*, c. de Cardaillac.
ROCH (le), *h.*, c. de Cazals.
ROCHE, *i.*, c. de Prayssac.
ROCHELLE (la), *f.*, c. de St-Sozy.
ROCHES, *h.*, c. de Pern.
ROCH-TROUÉ, *f.*, c. de Sauliac.
RODE (la), *i.*, c. de Saux.
RODES, *h.*, c. de Calviac.
RODES, *m. e.*, c. de Vayrac.
RODHIER, *m.*, c. de Castelnau.
ROGIÈS (les), *h.*, c. de Bélaye.
ROGNE (la), *i.*, c. de Belfort.
ROLLAND, *ch.*, c. de Montcuq.
ROMADES (les), *i.*, c. de Flaujac (Cahors)
ROMANEL, *i.*, c. de Capdenac.
ROQUE (la), *ch.*, c. de Gluges.
ROQUE (la), *f. g.*, c. de Lacapelle-M<sup>al</sup>.
ROQUEBAUDY, *h.*, c. de Bélaye.
ROQUEBRUNE, *h.*, c. de Salviac.
ROQUECAVE, *h.*, c. de Cénevières.
ROQUECAVE, *i.*, c. de Luzech.
ROQUECAVE, *h.*, c. de Marminiac.
ROQUECAYRE, *i.*, c. de Marminiac.
ROQUE-DES-ARCS (la). — *Voir Laroque.*
ROQUEDÉVAL, *h.*, c. de Payrignac.
ROQUEDURE, *h.*, c. de Montfaucon.
ROQUEDURE, *h.*, c. de Nozac.

ROQUE (basse et haute), *i.*, c. de
[Cassagnes].
ROQUEFAUX, *f.*, c. de Castelnau.
ROQUEFORT, *ch.* et *m. e.*, c. de Corn.
ROQUEFRAICHE, *f. g.*, c. de Rocamadour
ROQUEFUS, *h.*, c. de Ste-Alauzie.
ROQUE-LAMPEYRE, *i.*, c. de Montcuq.
ROQUEPIN, *h.*, c. de St-Denis (Martel).
ROQUES, *i.*, c. de Belfort.
ROQUES, *h.*, c. de Camburat.
ROQUES, *h.*, c. de Gramat.
ROQUES, *h.*, c. de Lherm.
ROQUES, *h.*, c. de Montfaucon.
ROQUES, *h.*, c. de Peyrilles.
ROQUES (les), *h.*, c. de Prayssac.
ROQUES (les), *v.*, c. de St-Vincent-
[Rive-d'Olt].
ROQUES (les), *h.*, c. de Trespoux.
ROQUESAVIGNAC, *h.*, c. de Castelnau.
ROQUESCLADE, *i.*, c. de Gorses.
ROQUESUDE, *h.*, c. de St-Sauveur.
ROQUET, *h.*, c. de Peyrilles.
ROQUETTE, *i.*, c. de Mauroux.
ROQUETTE (la), *h.*, c. de Strenquels.
ROQUETTE (la), *i.*, c. de Saux.
ROQUEVAYSSIÈRE, *i.*, c. de Ste-Alauzie.
ROSIÈRE (la), *v.*, c. de Cahors.
ROSIÈRE (la), *i.*, c. d'Escamps.
ROSSIGNOL, *i.*, c. d'Esclauzels.
ROSSIGNOL, *m. e.*, c. de Rocamadour.
ROSSIGNOLE, *h.*, c. de Pomarède.
ROSSUGUE, *h.*, c. de Marminiac.
ROSTASSAC, *h.*, c. de Pontcirq.
ROSTOSSAC, *h.*, c. de St-Médard (Catus).
ROSTOSSAC, *h.*, c. de Duravel.
ROTUI (le), *h.*, c. de Loubressac.
ROUAS (la), *h*, c. de Vire.
ROUBEJOLE, *h.*, c. de Vayrac.
ROUBERT, *h.*, c. de Lherm.
ROUBERT, *h.*, c. de Lalbenque.
ROUBERT, *h.*, c. de Montdoumerc.
ROUBERT, *h.*, c. de Puy-l'Evêque.
ROUBI, *h.*, c. de Carennac.
ROUBIGNIOL, *h.*, c. de Luzech.
ROUBILLAC, *i.*, c. de St-Matré.
ROUBINET, *h.*, c. de Frayssinet.
ROUBY, *h.*, c. de Boissières.
ROUBY, *i.*, c. de Planioles.
ROUBY, *h.*, c. de St-Hilaire.
ROUBY, *h.*, c. de Sauzet.
ROUCAILLOU, *h.*, c. d'Uzech.
ROUCAL, *h.*, c. de Lamothe-Fénelon.
ROUCATEL (le), *i.*, c. d'Arcambal.
ROUCAYROU, *h.*, c. de Labathude.
ROUCH (*bois de*), *i.*, c. de Mauroux.
ROUCHEL, *i.*, c. de St-Matré.
ROUCHETTE (la), *h.*, c. de Cressensac.
ROUCOULOU, *i.*, c. de Pinsac.

ROUCOUS (le), *h.*, c. de St-Simon.
ROUDANGE, *h.*, c. de Girac.
ROUDAYRÈS (le), *m. e.*, c. de St-Martin-
[de-Vers].
ROUDELLES, *i.*, c. de Capdenac.
ROUDERGUES, *h.*, c. de St-Cirgues.
ROUDIÉ, *h.*, c. de Corn.
ROUERGOU, *i.*, c. de St-Médard (Catus)
ROUERGUE (le), *h.*, c. de Mechmont.
ROUFFET, *h.*, c. de Frayssinet.

**ROUFFIAC** ou **Carnac-Rouffiac**, *c.*, cant. de
Luzech, arr. de Cahors. — ⊠ d'Albas.
— Percept. de Sauzet. — ♂ de Rouffiac
(250 p.) et de Carnac (540 p.). — Rec.-
buraliste à Rouffiac. — Débit de tabac
à Carnac.
*Géographie* : Superf. 1356 hect. —
695 hab. — Alt. moy. 263 m. — Terrain
jurassique supérieur. — Carrières de
pierre blanche très estimée, connue sous
le nom de *pierre de Carnac*.
Principaux v. et h. : Carnac (234
hab.) ; — Rouffiac (135 hab.), à 3 k. de
Carnac ; — Lascabanes (89 hab.), à 0 k.
400 ; — Pradines (53 hab.), à 2 k. 100 ;
— Vert (184 hab.), à 1 k.
Cours d'eau : Un affluent du ruisseau
de Latour.
Voies de c<sup>on</sup> : Chem. vic. de g. c<sup>on</sup> n°
15, de Cazals à Montcuq ; — 6 chem.
vic. ord.
Distances : au chef-l. de cant. 16 k. ;
au chef-l. d'arr. et de départ. 27 k.
*Statistique* : 259 Electeurs. — 12 Cons.
mun. — Sect. élect. de Carnac (9 cons.
mun.) et de Rouffiac (3 cons. mun).
Principal des 4 cont. dir. 3889 fr.
Revenus de la commune, 225 fr.
*Instruction* : Ecole c<sup>le</sup> laïque de garç.
(42 élèves) ; — école c<sup>le</sup> congrég. de filles
(25 élèves) ; — école libre mixte à Rouffiac (42 élèves).
*Produits agricoles* : Céréales, vin.
*Commerce et Industries* : Moulin à
farine sur le ruisseau. — Cabaret. —
Fête patr., à Rouffiac, le 28 octobre et à
Carnac, le 15 août.

Historique.

*Pendant la Révolution.* — Carnac-
Rouffiac formait les 2 c. de Carnac et
de Rouffiac, du cant. de Luzech et du
district de Cahors.
*Avant la Révolution.* — Carnac-Rouf-
fiac formait 2 c<sup>és</sup> de la subdél. de Lauzerte et de l'élection de Cahors.
1° La c<sup>té</sup> de Carnac payait 4552 livres

d'impositions ; ses charges locales ord. étaient de 117 livres. — Paroisse sous l'invocation de l'Assomption (578 p.) ;

2° La c^ie de Roufflac payait 2110 livres d'impositions ; ses charges locales ord. étaient de 78 livres. — Paroisse sous l'invocation de St-Simon et Jude (203 p.).

*Anciennes mesures :* Les mesures de Carnac-Roufflac étaient celles de Cahors.

**ROUFFIAC**, *h.*, c. de Duravel.
**ROUFFIGNAC**, *h.*, c. de Montvalent.
**ROUFIAC**, *h.*, c. de Millac.

**ROUFFILLAC ou Rouffilhac**, (c. créée par décret du 10 décemb. 1875), cant. et arr. de Gourdon. — ⊠ et ▦ de Gourdon. — Percept. du Vigan. — ♂ (450 p.). — Rec.-buraliste.

*Géographie :* Superf. 698 hect. — 520 hab. — Alt. moy. 243^m. — Terrain crétacé.

Principaux v. et h. : Rouffillac (75 hab.) ; — Lamigue (84 hab.), à 2 k. de Rouffillac ; — Lebos (50 hab.), à 1 k. ; — Salles (50 hab.), à 3 k. ; — Tuileries et Mondounet (101 hab.), à 2 k. 500 ; — Vidal (47 hab.), à 2 k. 500.

Cours d'eau : Ruisseaux de Tournefeuille et de Relinquière.

Voies de c^on : Chem. vic. de g. c^on n° 19, de Gourdon à Souillac ; — 4 chem. vic. ord.

Distances : au chef-l. de cant. et d'arr. 8 k. ; au chef-l. de départ. 51 k.

Curiosités : Du sommet de la butte de Puy-Pentas, on découvre 12 clochers sans changer de position.

*Statistique :* 150 Electeurs. — 12 Cons. mun.

Principal des 4 cont. dir. 2297 fr.

Revenus de la commune, 243 fr.

*Instruction :* Ecole c^le laïque de garç. (35 élèves) ; — école c^le laïque de filles (28 élèves).

*Produits agricoles :* Céréales, tabac, vin, noix et châtaignes.

*Commerce et Industries :* 7 moulins à farine sur les ruisseaux. — Briqueterie. — 2 cabarets. — Fête patr., le 1^er août.

#### Historique.

*Pendant la Révolution.* — C. du cant. et du district de Gourdon.

*Avant la Révolution.* — C^té de la subdél. de Gourdon et de l'élection de Cahors. — Paroisse sous l'invocation de

St-Pierre ès-liens (587 p.). — Cette c^té payait 5501 livres d'impositions ; ses charges locales ord. étaient de 201 livres.

*Anciennes mesures :* Les mesures de Rouffillac étaient celles de Gourdon.

**ROUGE** (la), *h.*, c. de Grézels.
**ROUGELLE** (la), *h.*, c. de Reyrevignes.
**ROUGEOLÈS**, *i.*, c. de Lalbenque.
**ROUGES**, *h.*, c. de Lacapelle-Marival.
**ROUGES**, *i.*, c. de Lascabanes.
**ROUGET**, *i.*, c. de Puy-l'Evêque.
**ROUGIÉ**, *h.*, c. de Frayssinhes.
**ROUGIÉ**, *f.*, c. de Livernon.
**ROUGIÉ**, *h.*, c. de St-Germain.
**ROUGIÉ**, *h.*, c. de St-Médard-de-Presq.
**ROUGIÈRES**, *f.*, c. de Grèzes.
**ROUILLAC**, *v.*, c. de Montcuq.
**ROUILLAC**, *i.*, c. de St-Clair.
**ROUILLES**, *h.*, c. de Sauliac.
**ROUJOU**, *h.*, c. de Vayrac.
**ROULÈS**, *ch.*, et *m. e.*, c. d'Espère.
**ROULEY**, *h.*, c. de St-Jean-de-Laur.
**ROUMAL**, *h.*, c. de Duravel.
**ROUMEGAS** (le), *m. e.*, c. de St-Martin-de- [Vers].
**ROUMEGAS**, *i.*, c. de St-Matré.
**ROUMEGOUS**, *i.*, c. de Planioles.
**ROUMEGOUSE**, *i.*, c. d'Arcambal.
**ROUMEGOUSE**, *h.*, c. de Gramat.
**ROUMEGOUSSE**, *h.*, c. de Lentillac [Lauzès].
**ROUMEGOUX**, *i.*, c. de St-Chamarand.
**ROUMEGOUX**, *h.*, c. de Théminettes.
**ROUMETTE**, *i.*, c. de Montdoumerc.
**ROUQUEYROUX**, *h.*, c. de Labathude.
**ROUQUE-DE-MONPLAISIR**, *h.*, c. de [Bétaille].
**ROUQUE-DE-PRALONG**, *h.*, c. de Sérignac.
**ROUQUET**, *i.*, c. de Belmontet.
**ROUQUET**, *h.*, c. de Creysse.
**ROUQUET**, *h.*, c. de St-Simon.
**ROUQUET**, *h.*, c. de Sauzet.
**ROUQUET** (le), *h.*, c. de Loubressac.
**ROUQUETS**, *i.*, c. de St-Matré.
**ROUQUETTE**, *h.*, c. de Cazals.
**ROUQUETTE**, *h.*, c. de Duravel.
**ROUQUETTE**, *h.*, c. de Montcabrier.
**ROUQUETTE**, *f.*, c. de Montfaucon.
**ROUQUETTE**, *i.*, c. du Boulvé.
**ROUQUETTES**, *h.*, c. de St-Cirgues.
**ROUQUIAL**, *i.*, c. de Puy-l'Evêque.
**ROUQUIÉ**, *i.*, c. de Saux.
**ROUQUIÉ** (le), *h.*, c. de St-Simon.
**ROUS**, *h.*, c. de Pern.
**ROUSIÉ**, *h.*, c. de Pinsac.
**ROUSSE** (la), *h.*, c. de Lentillac (Lauzès)
**ROUSSEL**, *h.*, c. de Cabrerets.

Roussel, *h.*, c. de Frayssinet.
Roussel (le), *h.*, c. de Belfort.
Roussel (le), *h.*, c. de Gramat.
Roussel (le), *f.*, c. du Montat.
Rousset, *i.*, c. de Lalbenque.
Rousset, *h.*, c. de Larnagol.
Roussié (la), *h.*, c. de Lissac.
Roussières, *h.*, c. de Gramat.
Roussille (la), *ch.* et *i.*, c. de Pradines
Roussilles, *h.*, c. de Figeac.
Roussillon, *ch.*, c. de Maxou.
Roussy, *h.*, c. de St-Céré.
Rousties (les), *h.*, c. de St-Hilaire.
Roux, *h.*, c. de Montcuq.
Roux, *h.*, c. de Rocamadour.
Roux, *h.*, c. de Sérignac.
Roux (le), *h.*, c. du Bastit.
Rouzet, *h.*, c. de Linac.
Rouzet, *h.*, c. de Prayssac.
Rouzet, *ch.*, c. de Valprionde.
Rouzières, *i.*, c. d'Issepts.
Rouziès, *h.*, c. de Grézels.
Rouziès, *h.*, c. de St-Cernin.
Roy (le), *h.*, c. de Maxou.
Rozière (la), *m.*, c. de Salviac.
Rozière (la), *h.*, c. de Vayrac.
Rozières, *h.*, c. de Cuzac.
Rozières (la), *i.*, c. de Prayssac.
Rozouls, *m.*, c. de Calvignac.
Rubu, *m. e.*, c. de Lamothe-Fénelon.

**RUDELLE**, c., cant. de Lacapelle, arr.
de Figeac. — ⊠ et ▒ de Lacapelle. —
▒ d'Assier. — Percept. de Thémines.
— ⚭ (460 p.). — Débit de tabac.
*Géographie* : Superf. 684 hect. — 478
hab. — Alt. moy. 386 ᵐ. — La plus
grande partie du territoire de cette c.
forme une plaine fertile composée de
bancs marneux du lias.
Principaux v. et h. : Rudelle (260
hab.) ; — Mas de Sécat (70 hab.), à
0 k. 400 de Rudelle ; — Peyrou et Pech-
Plazens (56 hab.), à 1 k. 300.
Cours d'eau : Ruisseau de l'Ouysse
qui se jette dans le gouffre de Thémines.
Voies de cᵒⁿ : Route dépˡᵉ nᵒ 1, de
Mende à Sarlat ; — 4 chem. vic. ord.
Distances : au chef-l. de cant. 6 k. ;
au chef-l. d'arr. 21 k. ; au chef-l. de
départ. 65 k.
*Statistique* : 140 Electeurs. — 10 Cons.
mun.
Principal des 4 cont. dir. 3087 fr.
Revenus de la commune, 155 fr.
*Instruction* : Ecole cˡᵉ laïque de garç.
(32 élèves) ; — école cˡᵉ congrég. de filles
(27 élèves) ; — école libre congrég. de
filles (12 élèves).
*Produits agricoles :* Blé, vin, maïs,
pommes de terre, châtaignes, prunes.
*Commerce et Industries :* Moulins à
farine sur le ruisseau de l'Ouysse. —
Cabaret. — Halle aux grains. — Foire
le 29 octobre. — Fête patr., le 24 juin.

Historique.

*Pendant la Révolution.* — C. du cant.
de Lacapelle et du district de Figeac.
*Avant la Révolution.* — Cᵗᵉ de la subdél. et de l'élection de Figeac. — Paroisse sous l'invocation de St-Martial
(539 p.). — Cette cᵗᵉ payait 4386 livres
d'impositions ; ses charges locales ord.
étaient de 164 livres.
Cette localité fut possédée par les Anglais au commencement du xvᵉ siècle ;
dès le xivᵉ siècle le seigneur de Lacapelle-M. avait permis aux officiers d'E-
douard iii de tenir des assises à Rudelle.
*Anciennes mesures :* Les mesures de
vin de Rudelle étaient celles de Lacapelle.
— Les autres mesures étaient celles
de Figeac.
*Antiquités :* Ancienne église ayant
l'aspect d'un château-fort.

Rudou, *m. e.*, c. de Montcléra.
Rue (la), *ch.*, c. de Couzou.
Ruéjoul, *i.*, c. d'Espédaillac.
Rueuil, *h.*, c. de Floirac.

**RUEYRES**, c., cant. de Lacapelle, arr. de
Figeac. — ⊠ et ▒ de Lacapelle. — Percept. de Thémines. — ⚭ (600 p.). —
Débit de tabac.
*Géographie* : Superf. 931 hect. — 613
hab. — Alt. moy. 382 ᵐ. — Cette c. s'é-
tend partie sur le terrain primitif, composé de granits et de chistes, partie sur
le lias. — Carrières de meules à aiguiser.
Principaux v. et h. : Rueyres (85 hab.) ;
— Cambou (45 hab.), à 0 k. 800 de Rueyres ; — Freyssefonds (80 hab.), à 2 k. ;
Lasbories (120 hab.), à 0 k. 500 ; — Montagel (60 hab.), à 3 k. ; — Terral (50 hab.),
à 2 k. 500.
Cours d'eau : Ruisseau d'Aynac et de
l'Ouysse. — Fontaine minérale de Palat.
Voies de cᵒⁿ : Route dépˡᵉ nᵒ 1, de
Mende à Sarlat ; — chem. vic. de g. cᵒⁿ
nᵒ 40, d'Aynac à la route dépˡᵉ nᵒ 13 ; —
chem. vic. d'int. com. nᵒ 16, de Cœrn à
Rueyres ; — chem. vic. d'int. com. nᵒ
24, de Lacapelle à Lavergne ; — pas de
chem. vic. ord.

*Statistique :* 189 Electeurs. — 12 Cons. mun.

Principal des 4 cont. dir. 3080 fr.

Revenus de la commune, 109 fr.

*Instruction :* Ecole c<sup>le</sup> laïque de garç. (35 élèves) ; — école c<sup>le</sup> laïque de filles (28 élèves).

*Produits agricoles :* Froment, maïs, pommes de terre, avoine et fourrages.

*Commerce et Industries :* Minoterie et 5 moulins à farine sur les ruisseaux. — 5 cabarets. — Fête patr., le 15 août.

Historique.

*Pendant la Révolution.* — C. du cant. d'Aynac et du district de Figeac.

*Avant la Révolution.* — C<sup>té</sup> de la sub-dél. et de l'élection de Figeac. — Paroisse sous l'invocation de l'Assomption (518 p.). — Cette c<sup>té</sup> payait 2922 livres d'impositions ; ses charges locales ord. étaient de 99 livres.

*Anciennes mesures :* Les mesures de Rueyres étaient celles de Figeac.

RUFEL, i., c. de Boissières.
RUFFATEL, h., c. de Prayssac.
RUINCLOZE, h., c. de St-Médard-de-Presque.
RUSSAC, v., c. de Castelnau.
RUSTAU, i., c. de Laroque-Tolrac.
RUSTAU, i., c. de St-Pierre-Toirac.
RUSTAUD, h., c. de Cambes.
RUSTAUD, h., c. de Reyrevignes.

SABADAT, h. et m. e., c. de St-Hilaire.

**SABADEL** (p. Latronquière), c., cant. de Latronquière, arr. de Figeac. — ✉ et Percept. de Latronquière. — ⚭ (500 p.). — Débit de tabac.

*Géographie :* Superf. 1229 hect. — 458 hab. — Alt. moy. 568 <sup>m</sup>. — Terrain granitique qui occupe tout le canton de Latronquière.

Principaux v. et h. : Sabadel (29 hab.) ; — Lacombrade (45 hab.), à 3 k. de Sabadel ; — Lamanilève (53 hab.), à 3 k. ; — Salès (80 hab.), à 4 k.

Cours d'eau : Ruisseaux de Bervezou et Siberguos.

Voies de c<sup>on</sup> : Chem. vic d'int. com. n° 84, de Rouqueyroux au Colombié ; — 4 chem. vic. ord.

Distances : au chef-l. de cant. 12 k. ; au chef-l. d'arr. 24 k. ; au chef-l. de départ. 83 k.

*Statistique :* 131 Electeurs. — 10 Cons. mun.

Principal des 4 cont. dir. 2307 fr.

Revenus de la commune, 57 fr.

*Instruction :* Ecole c<sup>le</sup> laïque de garç. (30 élèves).

*Produits agricoles :* Céréales, fourrages.

*Commerce et Industries :* Moulin à farine sur le Bervezou. — 2 cabarets. — Fête patr., le 30 juin.

Historique.

*Pendant la Révolution.* — C. du cant. de Latronquière et du district de Figeac.

*Avant la Révolution.* — C<sup>té</sup> de la sub-dél. et de l'élection de Figeac. — Paroisse sous l'invocation de St-Martial (503 p.). — Cette c<sup>té</sup> payait 4616 livres d'impositions ; ses charges locales ord. étaient de 94 livres.

En 1146, l'église de Sabadel appartenait à l'abbaye de Figeac ; le bourg fut occupé et fortifié au xiv<sup>e</sup> siècle, par les compagnies anglaises.

*Anciennes mesures :* Les mesures de Sabadel étaient celles de Figeac.

*Antiquités :* Restes d'un ancien château-fort et d'une maladrerie.

**SABADEL** (p. Lauzès), c., cant. de Lauzès, arr. de Cahors. — ✉ et Percept. de Lauzès. — ⚭ (545 p.). — Débit de tabac. — Brigade de gendarmerie à pied.

*Géographie :* Superf. 879 hect. — 569 hab. — Alt. moy. 310 <sup>m</sup>. — Terrain jurassique moyen ; — îlot de terrain tertiaire lacustre (éocène).

Principaux v. et h. : Sabadel (138 hab.) ; — Lacapelette (80 hab.), à 2 k. de Sabadel ; — Mas de Long (26 hab.), à 2 k. ; — Mas del Saltré (50 hab.), à 0 k. 500 ; — Mas de Pouchou (26 hab.), à 2 k. ; — Valadié (22 hab.), à 3 k.

Cours d'eau : Ruisseau de Lassagne.

Voies de c<sup>on</sup> : Route dép<sup>le</sup> n° 13, de Cahors à Figeac ; — chem. vic. de g. c<sup>on</sup> n° 13, de Figeac à Cazals et à Belvez ; —

chem. vic. d'int. com. nᵒ 68, de Cabrerets à Lauzès; — 3 chem. vic. ord.

Distances : au chef-l. de cant. 2 k.; au chef-l. d'arr. et de départ. 28 k.

*Statistique :* 168 Electeurs. — 12 Cons. mun.

Principal des 4 cont. dir. 2368 fr.

Revenus de la commune, 192 fr.

Bureau de bienfaisance (revenu annuel 108 fr.).

*Instruction :* Ecole cᵗᵉ laïque de garç. (45 élèves); — école cᵗᵉ congrég. de filles (26 élèves).

*Produits agricoles :* Blé, maïs, seigle, noix, vin, fourrages.

*Commerce et Industries :* 2 Moulins à farine sur le ruisseau de Lassagne. — Auberge et cabaret. — Fête patr., le 29 août.

Historique.

*Pendant la Révolution.* — C. du cant. de Cabrerets et du district de Cahors.

*Avant la Révolution.* — Cᵗᵉ de la subdél. et de l'élection de Cahors.—Paroisse sous l'invocation de la décollation de St-Jean-Baptiste (474 p.). — Cette cᵗᵉ payait 4444 livres d'impositions; ses charges locales ord. étaient de 84 livres.

*Anciennes mesures :* Les mesures de Sabadel étaient celles de Cahors.

*Antiquités :* Tumulus de la Balmette.

SABADEL, *h.*, c. de Miers.

SABADEL, *h.*, c. de St-Bressou.

SABADELLE, *h.*, c. de St-Germain.

SABATIÉ, *m.*, c. de Lascabanes.

SABATIER, *h.*, c. de Cressensac.

SABIN, *m.*, c. de Béduer.

SABOT, *h.*, c. de Vers.

SABRÈZE, *h.*, c. de Puy-l'Evêque.

SABRIÉ, *h.*, c. de Cremps.

SABY, *h.*, c. de Mauroux.

SAC, *h.*, c. de Salviac.

SACHAGNOLLE, *h.*, c. de Cressensac.

SADOUILLÉ, *h.*, c. de Flaujac (Livernon)

SADOUL, *h.*, c. de Castelnau.

SADRA, *h.*, c. de Fargues.

SAFFRANIÉ, *i.*, c. de Valprionde.

SAGNASSES (les), *i.*, c. du Montat.

SAGNES, *h.*, c. de Boissières.

SAGNES, *h.*, c. de St-Laurent-les-Tours

SAGNES (les), *h.*, c. de Vaillac.

SAGNETTES, *h.*, c. des Junies.

SAHUT, *h.*, c. de Sabadel.

**SAIGNES**, c., cant. de St-Céré, arr. de Figeac. — ☒, ▥ et ▧ de Gramat. — Percept. d'Autoire. — ☩ (200 p.).

*Géographie :* Superf. 216 hect. — 186 hab. — Alt. moy. 407 ᵐ. — C. située sur les marnes supraliasiques.

Principaux v. et h. : Saignes; — Pech-Rougié (12 hab.), à 1 k. de Saignes; — Sauvegarde (7 hab.), à 1 k. 500.

Cours d'eau : Ruisseau de l'Alzou.

Voies de cᵒⁿ : Chem. vic. d'int. com. nᵒ 50, de Latronquière à Gramat; — 3 chem. vic. ord.

Distances : au chef-l. de cant. 14 k.; au chef-l. d'arr. 36 k.; au chef-l. de départ. 65 k.

*Statistique :* 72 Electeurs. — 10 Cons. mun.

Principal des 4 cont. dir. 1302 fr.

Revenus de la commune, 120 fr.

*Instruction :* Ecole cᵗᵉ mixte congrég.

*Produits agricoles :* Blé, maïs, avoine, pommes de terre, châtaignes.

*Commerce et Industries :* 2 cabarets. — Fête patr., le dimanche après le 23 juillet.

Historique.

*Pendant la Révolution.* — C. du cant. d'Aynac et du district de Figeac.

*Avant la Révolution.* — Cᵗᵉ de la subdél. et de l'élection de Figeac. — Paroisse sous l'invocation de St-François (221 p.). — Cette cᵗᵉ payait 1611 livres d'impositions; ses charges locales ord. étaient de 52 livres. — Le château de Saignes appartenait à une des branches de la famille de Lagarde, une des plus illustres du Limousin. En 1503, Barthélemy de Lagarde était seigneur de Saignes, de Lunegarde et de Lavergne.

*Anciennes mesures :* Les mesures linéaires de Saignes étaient celles de St-Céré. — Les autres mesures étaient celles de Gramat.

*Antiquités :* Ruines du château de Saignes.

*Hommes célèbres :* Pierre de Lagarde, mort en 1566, ambassadeur en Ecosse et plus tard Président au Parlement de Bordeaux; il rendit de grands services au roi François Iᵉʳ, par ses négociations habiles.

SAIGNES (les), *h.*, c. de Vaillac.

SAIGNETTES, *h.*, c. de Pern.

**SAILLAC**, c., cant. de Limogne, arr. de Cahors. — ☒ de Limogne. — Percept. de Bach. — ☩ de Saillac (404 p.) et de Jamblusse (380 p.). — 2 débits de tabac, dont un à Jamblusse.

*Géographie :* Superf. 1625 hect. — 692 hab. — Alt. moy. 355 m. — Terrain jurassique moyen ; îlots de terrain tertiaire. — Gisements de phosphates de chaux.

Principaux v. et h. : Saillac (301 hab.) ; — Jamblusse (245 hab.), à 4 k. de Saillac ; — Laltalme (54 hab.), à 2 k. ; — Recurat (47 hab.), à 2 k.

Cours d'eau : Ruisseau peu important s'engouffrant tout près du chem. vic. de g. c<sup>on</sup> n° 46.

Voies de c<sup>on</sup> : Chem. vic. de g. c<sup>on</sup> n° 46, de St-Projet à la route nat<sup>le</sup> n° 111 ; — chem. vic. d'int. com. n° 32, de St-Jean-de-Laur à Jamblusse ; — chem. vic. d'int. com. n° 64, de Cahors à Caylus ; — 2 chem. vic. ord.

Distances : au chef-l. de cant. 10 k. ; au chef-l. d'arr. et de départ. 35 k.

*Statistique :* 218 Electeurs. — 12 Cons. mun. — Sect. élect. de Saillac (7 cons. mun.) et de Jamblusse (5 cons. mun.)

Principal des 4 cont. dir. 4191 fr.

Revenus de la commune, 119 fr.

*Instruction :* Ecole c<sup>le</sup> laïque de garç. (39 élèves) ; — école c<sup>le</sup> laïque de filles ; — école laïque mixte de hameau à Jamblusse.

*Produits agricoles :* Céréales, vin, fourrages. — Bois.

*Commerce et Industries :* Moulins à farine à eau et à vent. — Pressoir. — 3 cabarets ; — café. — Foires les 16 avril, 16 septemb. et 16 décemb. — Fêtes patr., à Saillac, le 11 novemb. et à Jamblusse, le 22 juillet.

### Historique.

*Pendant la Révolution.* — Saillac formait les c. de Saillac et de Jamblusse, du cant. de Limogne et du district de Cahors.

*Avant la Révolution.* — Saillac formait une c<sup>té</sup> de la subdél. de Caussade et de l'élection de Montauban et une paroisse sous l'invocation de St-Martin (395 p.). Cette c<sup>té</sup> payait 5014 livres d'impositions ; ses charges locales ord. étaient de 322 livres. — Jamblusse dépendait de la c<sup>té</sup> de Caylus et formait une paroisse sous l'invocation de S<sup>te</sup>-Madeleine (309 p.).

*Anciennes mesures :* Canne = 2 m 003. — Canne carrée = 4 m. c. 0127. — Barrique = 212 litres 35 (la barrique se subdivisait en 5 setiers, le setier en 64 pauques). — Les autres mesures de Saillac étaient celles de Limogne.

SAILLAC, *i.*, c. de Fontanes.
SAILLAC, *h.*, c. de Peyrilles.
SALABEL, *i.*, c. de Montlauzun.
SALABERT, *h.*, c. de Bagnac.
SALABERT, *h.*, c. de Floressas.
SALABERT, *i.*, c. de St-Perdoux.
SALABET, *h.*, c. de Goujounac.
SALABIAU, *h.*, c. de S<sup>te</sup>-Eulalie.
SALACROUPS, *h.*, c. de Gorses.
SALAPER, *h.*, c. de Rampoux.
SALEBIRBET, *m.*, c. de Laramière.
SALEILLE, *i.*, c. de Fons.
SALÈME, *i.*, c. de Larnagol.
SALERS, *h.*, c. de Théminettes.
SALÈS, *h.*, c. de Blars.
SALES, *h.*, c. de Fajoles.
SALÈS, *h.*, c. de Sabadel (Latronquiè:e).
SALES, *h.*, c. de St-Cernin.
SALES, *h.*, c. de S<sup>te</sup>-Colombe.
SALÈS (le), *h.*, c. de Gorses.
SALESSE, *h.*, c. du Vigan.
SALESSE (la), *h.*, c. de Comiac.
SALET, *i.*, c. de St-Caprais.
SALET (le), *h.*, c. de S<sup>te</sup>-Colombe.
SALGUE, *h.*, c. de Bétaille.
SALGUES, *h. et m. e.*, c. d'Alvignac.
SALGUES, *i.*, c. de Capdenac.
SALGUES, *v.*, c. de Labastide-Marnhac
SALINIÉ, *h.*, c. de Gigouzac.
SALINIER, *f.*, c. de Fontanes.
SALLE, *h.*, c. de St-Michel-de-Ban.
SALLE (la), *h.*, c. de Durbans.
SALLES, *h.*, c. de Rouffillac.
SALLES (les), *h.*, c. de Cabrerets.
SALMONIE, *f.*, c. de Livernon.
SALOMON, *h.*, c. de Sérignac.
SALOPISSOU, *h.*, c. de Pradines.
SALS, *i.*, c. du Boulvé.
SALS, *h.*, c. de Labastide-du-Vert.
SALSAS-SOUS-ROUBI, *h.*, c. de Carennac.
SALTRÉ, *i.*, c. de Belfort.
SALTRÉ (le), *h.* c. de S<sup>te</sup>-Alauzie.
SALVAGE, *h.*, c. de Padirac.
SALVAGIE, *h.*, c. de Labastide-Murat.
SALVAGIE, *f. g.*, c. de Lacapelle-[Marival].

SALVAGNAC, *h.*, c. de Cavagnac.
SALVAGNAC, *m.*, c. de Lugagnac.
SALVATE (la), *m.*, c. de Couzou.
SALVEZOU, *v.*, c. de Catus.

**SALVIAC**, c., chef-l. de cant. de l'arr. de Gourdon. — ⊠, ▦ et Percept. — ♂ (2320 p.). — Rec.-buraliste. — Notaire. — Brigade de gendarmerie à cheval.

*Géographie :* Superf. 2961 hect. — 2159 hab. — Alt. moy. 221 m. — Terrain jurassique supérieur.

Principaux v. et h. : Salviac (1280 hab.).

Cours d'eau : Ruisseau de Lourajou et ses 2 affluents, les ruisseaux de Palazet et de Paques ou de Luziès.

Voies de c⁰ⁿ : Routes dépˡᵉˢ nº 8, de Payrac à Fumel et nº 9, de Cahors à Domme ; — chem. vic. de g. c⁰ⁿ nº 39, de Salviac à la route dépˡᵉ nº 9 ; — chem. vic. d'int. com. nº 22, de Salviac à Villefranche ; — 9 chem. vic. ord.

Distances : au chef-l. d'arr. 14 k. ; au chef-l. de départ. 37 k.

*Statistique* : 688 Electeurs. — 16 Cons. mun.

Principal des 4 cont. dir. 14352 fr.

Revenus de la commune, 5753 fr.

Hospice (1 sœur de charité ; — 3 lits ; — 855 francs de revenu). — Bureau de bienfaisance (revenu annuel 1330 fr.).

*Instruction* : Ecole cˡᵉ laïque de garç. (133 élèves) ; — école cˡᵉ congrég. de filles (127 élèves).

*Produits agricoles* : Céréales, vin, tabac, fourrages, truffes. — Bois.

*Commerce et Industries* : Tanneries.— Moulins à farine sur les ruisseaux. — 6 hôtels ou auberges, 5 cabarets, 7 cafés.— Foires le 20 de chaque mois. — Marché le vendredi de chaque semaine. — Halle aux grains. — Fête patr., le 25 juillet.

Historique.

*Pendant la Révolution.* — C. de Salviac et de Luziès du cant. de Salviac et du district de Gourdon.

*Avant la Révolution.* — Salviac formait 2 cᵗᵉˢ de la subdél. de Gourdon et de l'élection de Cahors :

1º Cᵗᵉ de Salviac : payait 14001 livres d'impositions ; ses charges locales ord. étaient de 379 livres ; formait une paroisse sous l'invocation de St-Jacques (1843 p.) ;

2º Cᵗᵉ de Luziès : payait 2991 livres d'impositions ; ses charges locales ord. étaient de 131 livres.

L'église de Salviac fut fondée par Gaucelin de Jean, évêque d'Albe, dès le commencement du xivᵉ siècle. — En 1241, Guillaume de Gourdon de Salviac se reconnut vassal de Raymond vii, comte de Toulouse, pour tout ce qu'il possédait dans les diocèses de Cahors et de Périgueux. — Durant la guerre de cent ans, les grandes compagnies s'emparèrent plusieurs fois de Salviac, qui

était une place fortifiée. — Cette localité fut hypothéquée aux Anglais, en 1287, par Philippe le Bel.

*Anciennes mesures* : Aune = 1 ᵐ 035. — Canne carrée = 3 ᵐ. ᶜ. 1919. — Quarterée = 51 ᵃʳᵉˢ 0719 (la quarterée se subdivisait en 4 quartonats, le quartonat en 4 boisselats, le boisselat en 16 onces). — Quarte = 84 ˡⁱᵗʳᵉˢ (la quarte se subdivisait en 4 quartons, le quarton en 4 pugnères, la pugnère en 4 coups). — Baricot = 210 ˡⁱᵗʳᵉˢ (le baricot contenait 128 pintes).

*Antiquités* : Eglise du xivᵉ siècle, ornée de vitraux représentant le procès et l'exécution d'Hugues Géraldi, évêque de Cahors.

*Hommes célèbres* : Le traducteur François Vernassal (xviᵉ siècle). — Le curé Brugié, poète patois, mort en 1790. — Jean-Baptiste de Gransault-Fontenilles (1735-1824).

SAMONTEIL, *h.*, c. de St-Céré.

SANAYRÉ, *h.*, c. de Saux.

SANCE, *h.*, c. de Lissac.

SANDOULIÈRE, *h.*, c. de St-Vincent [St-Céré].

SANGOU (haut et bas), *h.*, c. de Sirenquels.

SARABEL, *i.*, c. de St-Laurent.

SARAGOUSSES, *i.*, c. de St-Sozy.

SARAILLÉ, *i.*, c. de St-Matré.

SARDINES, *h.*, c. de Lherm.

SARGUES, *i.*, c. de Dégagnac.

SARGUES (les), *h.*, c. de St-Cernin.

SARLAT, *h.*, c. de Puy-l'Evêque.

SARNAT, *f.*, c. de Marcillac.

SARNES, *h.*, c. de Masclat.

SARRADES (les), *i.*, c. de Marminiac.

SARRADES (les), *h.*, c. de St-Sozy.

SARRAGOSSE (Vitarelle de), *h.*, c. de [Sousceyrac].

SARRAZAC, c., cant. de Martel, arr. de Gourdon. — ⊠ des Quatre-Routes. — 🕭 et 🕭 de Turenne. — Percept. de Martel. — ♀ de Sarrazac (457 p.), de l'Hôpital-St-Jean (550 p.) et de Valayrac (253 p.). — Rec.-buraliste. — Notaire.

*Géographie* : Superf. 2198 hect.—1146 hab. — Alt. moy. 278 ᵐ. — Cette c. s'étend sur le jurassique inférieur et les marnes du supra-lias.

Principaux v. et h. : Sarrazac (170 hab.) ; — Bories de Bayle, à 2 k. 800 de Sarrazac ; — Cartassac, à 2 k. 300 ; —

La Babourie, à 3 k. 600 ; — l'Hôpital-St-Jean, à 2 k. 500 ; — Valayrac, à 1 k. 800.

Cours d'eau : Ruisseaux de la Tourmente, de Merlettes et du Rionnet.

Voies de c⁰ⁿ : Chem. vic. de g. c⁰ⁿ n⁰ 5, de Vayrac à Turenne ; — chem. vic. de g. c⁰ⁿ n⁰ 23, de Gignac à Meyssac ; — chem. vic. d'int. com. n⁰ 14, de la route dépⁱᵉ n⁰ 15 à Turenne ; — chem. vic. d'int. com. n⁰ 90, de la Borgne à la station de Turenne ; — 4 chem. vic. ord.

Distances : au chef-l. de cant. 11 k. ; au chef-l. d'arr. 44 k. ; au chef-l. de départ. 86 k.

*Statistique* : 375 Electeurs. — 12 Cons. mun. — Sect. élect. de Sarrazac (5 cons. mun.), de l'Hôpital (5 cons. mun.) et de Valayrac (2 cons. mun.).

Principal des 4 cont. dir. 7778 fr.

Revenus de la commune, 348 fr.

Bureau de bienfaisance (revenu annuel 374 fr.).

*Instruction* : Ecole cˡᵉ congrég. de garç. (30 élèves) ; — école cˡᵉ congrég. de filles (35 élèves) ; — école congrég. libre de garç. à l'Hôpital-St-Jean (43 élèves) ; — école congrég. libre de filles à l'Hôpital-St-Jean (42 élèves).

*Produits agricoles* : Céréales, noix, fourrages ; truffes.

*Commerce et Industries* : 7 moulins à farine sur les ruisseaux. — Auberge ; — 6 cabarets. — Foires à l'Hôpital-St-Jean la mi-carême, le lundi de Quasimodo, les 22 mai, 29 août, 22 sept., 11 octob., 18 novemb., 22 décemb. — Fêtes patr., à Sarrazac, le 10 août, à l'Hôpital-St-Jean, le 24 juin, à Valayrac, le 29 novembre.

Historique.

*Pendant la Révolution.* — C. de Sarrazac et Valayrac, du cant. de Sarrazac et du district de St-Céré.

*Avant la Révolution.* — Sarrazac formait les cᵗᵉˢ de Sarrazac et de Valayrac, de la subdél. de Souillac et de l'élection de Figeac. — Ces cᵗᵉˢ appartenaient à la vicomté de Turenne et comprenaient les paroisses de Sarrazac, sous l'invocation de St-Geniez (1100 p.) et de Valayrac, sous l'invocation de St-Saturnin (206 p.).

Un des premiers vicomtes de Turenne, Rodolphe, qui vivait sous le règne de Louis le Débonnaire, fut enterré à Sarrazac, dans une église dont il ne reste plus que l'emplacement ; la veuve de ce seigneur et son fils, Raoul, archevêque de Bourges, fondèrent dans cette loca-lité un monastère, qui fut plus tard reuni à l'abbaye de Beaulieu. — Un autre vicomte de Turenne, mort en 843, fut également enterré à Sarrazac où sa veuve Aygue et sa fille Immène, fondèrent un monastère de bénédictines, dont Aygue fut la première abbesse. — Le bourg de l'Hôpital-St-Jean possédait au moyen-âge un hospice pour les pèlerins ; il y avait dans cette localité des foires importantes qui avaient été établies par les vicomtes de Turenne.

*Anciennes mesures* : Les mesures de Sarrazac étaient celles de Martel.

*Antiquités* : A l'Hôpital-St-Jean, restes d'édifice paraissant avoir été un hospice et une chapelle ; — vestiges d'un château ayant appartenu aux Templiers.

Sᴀʀʀᴀᴢᴀᴄ, *h. et ch.*, c. de St-Michel-[de-Bannières].

Sᴀʀʀᴇᴍᴇᴢᴀɴᴇ, *h.*, c. de Belmont.

Sᴀʀʀᴏᴜ, *h.*, c. de Loubressac.

Sᴀʀʀᴏᴜɪʟ, *h.*, c. de Loubressac.

Sᴀʀʀᴜᴛꜱ (les), *h.*, c. de Cahors.

Sᴀʀᴛɪᴇ, *i.*, c. de St-Jean-de-Laur.

Sᴀʀᴛʀᴇ (la), *i.*, c. de Belfort.

Sᴀꜱᴍᴀʏᴏᴜ, *h.*, c. de Terrou.

Sᴀᴜʟᴇ, *h.*, c. de Villesèque.

Sᴀᴜʟᴇ (la), *i.*, c. de St-Géry.

Sᴀᴜʟᴇꜱ (les), *i.*, c. de Pinsac.

Sᴀᴜʟᴇᴛᴛᴇ (la), *m. e.*, c. de Souillac.

**Sᴀᴜʟɪᴀᴄ**, *c.*, cant. de Lauzès, arr. de Cahors. — ⊠ et Percept. de Cabrerets. — ☩ (684 p.). — Débit de tabac.

*Géographie* : Superf. 2513 hect. — 595 hab. — Alt. moy. 288 ᵐ. — Terrain jurassique moyen ; — alluvions dans les vallées.

Principaux v. et h. : Sauliac (308 hab.) ; — Cuzals (71 hab.), à 3 k. de Sauliac ; — Laborie (59 hab.), à 4 k. ; — Mas del Rey (25 hab.), à 2 k. ; — La Merlie (63 hab.), à 2 k. ; — Montagnac (69 hab.), à 3 k.

Cours d'eau : Le Célé (Pont).

Voies de c⁰ⁿ : chem. vic. de g. c⁰ⁿ n⁰ 41, de Figeac à Cahors ; — 5 chem. vic. ord.

Distances : au chef-l. de cant. 14 k. ; au chef-l. d'arr. et de départ. 40 k.

Curiosités : Le chef-l. de cette c. est bâti sur les saillies d'un rocher qui s'élève à pic à une hauteur de plus de 150 ᵐ ; les maisons de ce bourg sont presque toutes de simples cavités ou grottes fermées sur le devant par des murailles.

*Statistique* : 195 Electeurs. — 12 Cons. mun.

Principal des 4 cont. dir. 3238 fr.

Revenus de la commune, 612 fr.

Bureau de bienfaisance (revenu annuel 201 fr.).

*Instruction* : Ecole c^le laïque de garç. (34 élèves); — école-c^le congrég. de filles (28 élèves).

*Produits agricoles* : Céréales, vin, tabac. — Bois.

*Commerce et Industries* : Auberge; — 2 cabarets. — Fête patr., le 11 novembre et Fête locale le 8 septembre.

Historique.

*Pendant la Révolution.* — C. du cant. de Cabrerets et du district de Cahors.

*Avant la Révolution.* — C^té de la subdél. et de l'élection de Figeac. — Paroisse sous l'invocation de St-Martin (500 p.). — Cette c^té payait 3576 livres d'impositions; ses charges locales ord. étaient de 104 livres.

D'après l'abbé de Foulhiac, les nombreuses grottes de cette localité servaient de refuge aux habitant du Quercy durant la guerre de Pépin le Bref contre le duc Waïffre. — En 1380, Sauliac était occupé par les Anglais.

*Anciennes mesures* : Canne = 2^m 057. — Canne carrée = 4^m. ^c. 0127. — Quartonat = 7^ares 7044. — Sac = 82^litres 50 (le sac se subdivisait en 5 quartons, le quarton en 6 pennes, la penne en 6 pennons.) — Charge = 130 litres. (La charge se subdivisait en 2 comportes, la comporte en 40 pintes, la pinte en 4 pauques).

*Antiquités* : Cavernes fortifiées par la main de l'homme. — Château du xvi^e siècle. — Maisons anciennes.

SAULIÈRE, *h.*, c. de Soulomès.

SAULIÈRES, *i.*, c. de Reyrevignes.

SAULIÈS, *h.*, c. de Vers.

SAULOU (le), *h.*, c. de Baladou.

SAURY, *h.*, c. de Lavergne.

SAUT (le), *m. e.*, c. de Gramat.

SAUTEL, *m. e.*, c. de Montdoumerc.

SAUTE-PERDRIX, *i.*, c. du Boulvé.

SAUTOU, *m. e.*, c. de St-Céré.

SAUTOUL, *i.*, c. de Puy-l'Evêque.

SAUVAT, *m. e.*, c. de Cazillac.

SAUVEGARDE, *i.*, c. de Béduer.

SAUVEGARDE, *h.*, c. de Saignes.

**SAUX**, c., cant. de Montcuq, arr. de Cahors. — ⊠ de Montcuq. — Percept.

de St-Matré. — ♂ (330 p.). — Rec.-buraliste. — Notaire.

*Géographie* : Superf. 831 hect. — 335 hab. — Alt. moy. 256^m. — Terrain éocène d'eau douce.

Principaux v. et h. : Saux, Maux et Tourniac.

Cours d'eau : Ruisseau de Boudouyssou.

Voies de c^on : Route dép^le n° 17, de Villesèque à Agen; — chem. vic. d'int. com. n° 8, de Puy-l'Evêque à Montaigu; — 4 chem. vic. ord.

Distances : au chef-l. de cant. 15 k.; au chef-l. d'arr. et de départ. 36 k.

*Statistique* : 106 Electeurs. — 10 Cons. mun.

Principal des 4 cont. dir. 2606 fr.

Revenus de la commune, 295 fr.

*Instruction* : Ecole c^le laïque de garç. — Ecole libre laïque de filles.

*Produits agricoles* : Blé, vin, maïs, prunes, fourrages.

*Commerce et Industries* : Fête patr., le 1^er dimanche de septemb.

Historique.

*Pendant la Révolution.* — C. de Saux et Tourniac, du cant. de Montcuq et du district de Lauzerte.

*Avant la Révolution.* — C^té de Saux et Tourniac, de la subdél. de Lauzerte et de l'élection de Cahors. — Paroisses de Saux, sous l'invocation de St-André (400 p.) et de Tourniac, sous l'invocation de St-Hilaire (107 p.). — Cette c^té payait 3616 livres d'impositions; ses charges locales ord. étaient de 107 livres. — Cette c. eut à subir les dévastations de l'armée de Simon de Montfort, qui y démolit deux châteaux.

*Anciennes mesures* : Canne = 1^m 786. — Canne carrée = 3^m. ^c. 2568. — Quarterée = 48^ares 8521 (la quarterée se subdivisait en 4 quartonats, le quartonat en 4 boisselats, le boisselat en 16 onces). — Les mesures de grains et de vin de Saux étaient celles de Montcuq.

SAUX, *h.*, c. de Lascabanes.

**SAUZET**, c., cant. de Luzech, arr. de Cahors. — ⊠, TE et ST de Luzech. — Percept. — ♂ (700 p.). — Rec.-buraliste. — Notaire.

*Géographie* : Superf. 1109 hect. — 731 hab. — Alt. moy. 293^m. — La c. de Sauzet se trouve sur la limite des terrains jurassiques supérieurs, recouverts à l'est par les formations tertiaires.

Principaux v. et h. : Sauzet (347 hab.); — Ligounenq (117 hab.), à 2 k. 300 de Sauzet; — Maillet et Pié-Court (161 hab.), à 2 k. 500; — Melet et Gendre (86 hab.), à 1 k. 200; — Rouby (68 hab.), à 0 k. 600.

Voies de c<sup>on</sup> : Route dép<sup>le</sup> n° 17, de Villesèque à Agen; — chem. vic. de g. c<sup>on</sup> n° 14, de Catus à Montcuq; — chem. vic. d'int. com. n° 7, de Castelnau à Castelfranc; — 5 chem. vic. ord.

Distances : au chef-l. de cant. 11 k.; au chef-l. d'arr. et de départ. 20 k.

*Statistique* : 250 Electeurs. — 12 Cons. mun.

Principal des 4 cont. dir. 5477 fr.

Revenus de la commune, 1195 fr.

*Instruction* : Ecole c<sup>le</sup> laïque de garç. (51 élèves); — école c<sup>le</sup> congrég. de filles (50 élèves).

*Produits agricoles* : Blé, vin, maïs, pommes de terre, truffes.

*Commerce et Industries* : Auberge; — 3 cabarets; — 2 cafés. — Foires le 2<sup>e</sup> jeudi de chaque mois. — Marché hebdomadaire le jeudi. — Halle aux grains. — Fête patr., le 29 septembre.

Historique.

*Pendant la Révolution.* — C. du cant. de Luzech et du district de Cahors.

*Avant la Révolution.* — C<sup>té</sup> de la subdél. de Lauzerte et de l'élection de Cahors. —Paroisse sous l'invocation de St-Michel (623 p.). — Cette c<sup>té</sup> payait 5148 livres d'impositions; ses charges locales ord. étaient de 161 livres.

*Anciennes mesures* : Les mesures de Sauzet étaient celles de Cahors.

SAUZET, *h.*, c. de Cajarc.
SAVANAC, *v.*, c. de Lamagdelaine.
SAVARINE, *i.*, c. de Trespoux.
SAVIGNAC, *ch.*, c. de Belfort.
SAYNADE, *h.*, c. de St-Germain.
SCAMAUX, *h.*, c. de Floirac.
SCAPADE, *h.*, c. de Floirac.
SCAPVALS, *h.*, c. de Sonac.
SCEAUX, *h.*, c. de Sousceyrac.
SCELLES OU SCHELLES, *v.*, c. de Flaujac
[Livernon.]
SCOURTIL, *h.*, c. de Carennac.
SCOURTILS, *h.*, c. de St-Denis (Martel).
SÉCADE, *h.*, c. de Floirac.
SÉCADOU (le), *i.*, c. de Planioles.
SÉGADEMUS, *m. e.*, c. de Soturac.
SÉGAL, *h.*, c. de Beaumat.
SÉGALA, *h.*, c. de Bélaye.
SÉGALA, *i.*, c. de Cazals.

SÉGALA, *h.*, c. de Cazillac.
SÉGALA, *h.*, c. de Gramat.
SÉGALA, *h.*, c. de Loubressac.
SÉGALA, *h.*, c. de Puy-l'Evêque.
SÉGALA (le), *i.*, c. de Sabadel.
SÉGALAT, *h.*, c. de Fourmagnac.
SÉGALAT, *h.*, c. des Junies.
SÉGALAT (bas et haut), *h.*, c. de Bétaille
SÉGALAT DE VALOTTE, *h.*, c. de Bétaille
SÉGERIE, *h.*, c. de Sousceyrac.
SÉGNE (la), *i.*, c. de St-Matré.
SÉGONZAC, *h.*, c. de Loubressac.
SÉGOS, *v.*, c. du Boulvé.
SÉGUE (la), *h.*, c. de Mauroux.
SÉGUELA, *i.*, c. de Fargues.
SÉGUI, *h.*, c. de Flaugnac.
SÉGUI, *h.*, c. de Lascabanes.
SÉGUINIÉ (la), *h.*, c. de Payrac.
SELLAC, *i.*, c. de Rampoux.
SELVES (basse et haute), *h.*, c. de Puy-
[l'Evêque].
SEMELLE, *i.*, c. de Cahors.
SÉMÉLOU, *i.*, c. de Cremps.

**SÉNAILLAC** (Latronquière), c., cant. de Latronquière, arr. de Figeac. — ⊠ de Latronquière. — Percept. de Sousceyrac. — ☉ (850 p.). — Débit de tabac.

*Géographie* : Superf. 1126 hect. — 537 hab. — Alt. moy. 638 <sup>m</sup>. — Terrains primitifs; — on trouve souvent dans les marnes granitiques de cette c. des filons de quartz.

Principaux v. et h. : Sénaillac (117 hab.); — Asfaux (158 hab.), à 5 k. de Sénaillac; — Cassagnouse (85 hab.), à 1 k.; — Pratoucy et le Fabre (93 hab.), à 2 k.

Cours d'eau : Ruisseaux de Tolermne et de la Luzette et nombreux affluents de peu d'importance.

Voies de c<sup>on</sup> : Chem. vic. de g. c<sup>on</sup> n° 3, de Figeac à Latronquière et à Sousceyrac; — 5 chem. vic. ord.

Distances : au chef-l. de cant. 4 k.; au chef-l. d'arr. 32 k.; au chef-l. de départ. 93 k.

*Statistique* : 127 Electeurs. — 12 Cons. mun.

Principal des 4 cont. dir. 2052 fr.

Revenus de la commune, 156 fr.

*Instruction* : Ecole c<sup>le</sup> laïque de garç. (50 élèves); — école c<sup>le</sup> laïque de filles (41 élèves).

*Produits agricoles* : Seigle, sarrasin, pommes de terre, châtaignes, fourrages. — Bois.

*Commerce et Industries* : Carderie et

2 moulins à farine sur les ruisseaux. — 2 cabarets. — Fête patr., le 1er dimanche après la Fête-Dieu.

Historique.

*Pendant la Révolution.* — C. du cant. de Latronquière et du district de Figeac.

*Avant la Révolution.* — Cté de la subdél. et de l'élection de Figeac. — Paroisse sous l'invocation de Ste-Cécile (776 p.). — Cette cté payait 5335 livres d'impositions; ses charges locales ord. étaient de 110 livres.

En 1146, l'église de Sénaillac appartenait à l'Abbaye de Figeac.

*Anciennes mesures* : Les mesures de Sénaillac étaient celles de St-Céré.

*Antiquités* : Vestiges de souterrains correspondant aux habitations.

**SÉNAILLAC-DU-CAUSSE**, c., cant. de Lauzès, arr. de Cahors. — ⊠ et Percept. de Lauzès. — ♁ de Sénaillac (615 p.) et d'Artix (260 p.). — Débit de tabac.

*Géographie* : Superf. 2578 hect. — 984 hab. — Alt. moy. 361 m. — Terrain jurassique moyen.

Principaux v. et h. : Sénaillac (593 hab.); — Artix, à 3 k. de Sénaillac; — Classeines (32 hab.), à 0 k. 500; — Domenac, à 5 k.

Voies de con : Chem. vic. de g. con no 17, de Cajarc à Labastide-Murat; — 8 chem. vic. ord.

Distances : au chef-l. de cant. 9 k.; au chef-l. d'arr. et de départ. 34 k.

*Statistique* : 287 Electeurs. — 12 Cons. mun. — Sect. élect. de Sénaillac (9 cons. mun.) et d'Artix (3 cons. mun.).

Principal des 4 cont. dir. 4873 fr.

Revenus de la commune, 188 fr.

Bureau de bienfaisance (revenu annuel 166 fr.).

*Instruction* : Ecole cle laïque de garç. (52 élèves); — école cle congrég. de filles (40 élèves); — école congrég. mixte à Artix (30 élèves).

*Produits agricoles* : Céréales, vin, pommes de terre, tabac. — Bois.

*Commerce et Industries* : Moulins à vent. — Confection de tresses pour chapeaux de paille. — Auberge; — 2 cabarets. — Foires les 29 mars, 6 juin, 6 septemb. et 4 décemb. — Fêtes patr., à Sénaillac, le 23 octob.; à Artix, le 15 août. — Fête locale à Sénaillac, le 15 août.

Historique.

*Pendant la Révolution.* — Sénaillac formait les c. de Sénaillac et d'Artix, du cant. de Cabrerets et du district de Cahors.

*Avant la Révolution.* — Sénaillac formait 2 ctés de la subdél. et de l'élection de Figeac :

1o Cté de Sénaillac : payait 4293 livres d'impositions; ses charges locales ord. étaient de 84 livres. — Paroisses de Sénaillac sous l'invocation de St-Séverin (636 p.) et de Domenac, sous l'invocation de St-Vincent (72 p.);

2o Cté d'Artix : payait 3502 livres d'imd'impositions; ses charges locales ord. étaient de 110 livres. — Paroisse sous l'invocation de Notre-Dame.

En 1387 les compagnies anglaises s'emparèrent du château de Sénaillac et de là, dévastèrent le haut Quercy. — Ce château appartenait à la famille de Lostange-St-Alvaire.

*Anciennes mesures* : Les mesures de Sénaillac étaient celles de Cahors.

*Antiquités* : Château ruiné.

SÉNAILLAC, *ch.*, c. des Arques.
SÉNAILLAC, *h.*, c. de Bach.
SÉNAL, *h.*, c. de Cazals.
SENÈS, *i.*, c. de St-Caprais.
SENIERGUES, ou SINIERGUES, *v.*, c. de [Montfaucon].
SENNEGAL, *i.*, c. de St-Denis (Catus).
SEOURTIL, *h.*, c. de St-Denis (Martel).
SÉPÈDE (haute et basse), *h.*, c. de [Condat].
SEPTAT, *i.*, c. de Vaillac.
SEPT-FONTS, *h.*, c. de St-Germain.
SEPT-PONTS, *i.*, c. du Montat.
SEPVAL, *h.*, c. de Cahors.
SÉQUEPEYRE, *h.*, c. de Castelnau.
SER (le), *i.*, c. de Viazac.
SERBAT, *m.*, c. de Belmontet.
SERGENTE, *i.*, c. d'Aujols.
SERIE (la), *h.*, c. de Montfaucon.

**SÉRIGNAC**, c., cant. de Puy-l'Evêque, arr. de Cahors. — ⊠, TE, ST et Percept. de Puy-l'Evêque. — ♁ de Sérignac (469 p.) et de Ferrières (205 p.). — Débit de tabac. — Notaire.

*Géographie* : Superf. 1844 hect. — 634 hab. — Alt. moy. 247 m. — Terrain jurassique supérieur.

Principaux v. et h. : Sérignac et Ferrières à 2 k. 500 de Sérignac.

Voies de con : chem. vic. de g. con no 4, de Cazals à Montcuq; — chem. vic. de g. con no 11, de Montpezat à Fumel; —

chem. vic. d'int. com. n° 8, de Puy-l'Evêque à Montaigu ; — chem. vic. d'int. com. n° 38 de Sérignac à Touzac ; — 6 chem. vic. ord.

Distances : au chef-l. de cant. 11 k. ; au chef-l. d'arr. et de départ. 39 k.

*Statistique* : 208 Electeurs. — 12 Cons. mun.

Principal des 4 cont. dir. 5926 fr.

Revenus de la commune, 248 fr.

*Instruction* : Ecole c^le laïque de garç. (31 élèves) ; — école c^le congrég. de filles (26 élèves).

*Produits agricoles :* Vin, blé, maïs.

*Commerce et Industries* : Cabaret. — Fête patr., le 30 avril (n'est pas renvoyée au dimanche suivant).

Historique.

*Pendant la Révolution.* — Sérignac formait les c. de Sérignac et de Ferrières-le-Grand, du cant. de Bélaye et du district de Lauzerte.

*Avant la Révolution.* — Sérignac formait 3 c^tés de la subdél. de Prayssac et de l'élection de Cahors :

1° C^té de Sérignac : payait 3714 livres d'impositions ; ses charges locales ord. étaient de 190 livres. — Paroisse sous l'invocation de St-Jean-Baptiste ;

2° C^té de Ferrières-le-Grand : payait 1924 livres d'impositions ; ses charges locales ord. étaient de 73 livres ;

3° C^té de Ferrières-le-Petit : payait 477 livres d'impositions ; ses charges locales ord. étaient de 60 livres.

Ces deux dernières c^tés formaient une paroisse sous l'invocation de S^te-Marie-Madeleine.

*Anciennes mesures* : Canne = 1^m 786. — Canne carrée = 3^m. ^c. 2568. — Quarterée = 48 ^ares 8521 (la quarterée se subdivisait en 4 quartonats, le quartonat en 4 boisselats, le boisselat en 16 onces). — Quarte = 78 ^litres (la quarte se subdivisait en 4 quartons, le quarton en 4 boisseaux, le boisseau en 16 onces). — Barrique = 205 ^litres 33 (la barrique contenait 184 pots, le pot 2 pouchoux, le pouchou 2 uchaux).

*Hommes célèbres :* Charles-Nicolas de Bécave, grand archidiacre de la cathédrale et vicaire général du diocèse de Cahors, né en 1731.

SERMET, *i.,* c. de Montcuq.
SERMIAC, *h.,* c. de St-Paul.
SERP (la), *h.,* c. de Frayssinet-le-Gélat.
SERPOUL, *h.,* c. de Cabrerets.

SERRE, *m.,* c. de St-Matré.
SERRES, *h.,* c. de Bagnac.
SERRES, *h.,* c. de Payrac.
SERRES, *h.,* c. de Soulomès.
SERRES, *h.,* c. de St-Matré.
SERS, *h.,* c. de St-Cirgues.
SERVES, *i.,* c. d'Esclauzels.
SERVIAL, *h.,* c. de Cressensac.
SERVIE, (haute et basse), *h.,* c. de [Belfort].
SERVIÈRES, *h.,* c. de Gorses.
SESQUIÈRES, *f.,* c. de Frayssinet.
SETY, *h.,* c. de Dégagnac.
SEUFELET, *h.,* c. de Laroque-Toirac.
SEUZAC, *v.,* c. de Larnagol.
SÉVIGNAC, *h.,* c. de Lunan.
SEXALIO, *h.,* c. de Belfort.
SEYGANE, *i.,* c. de Labastide-Murat.
SEYGUET, *h.,* c. de Gramat.
SEYSSAC, *h.,* c. de Loubressac.
SIAT, *h.,* c. de St-Projet.
SIBADIE (la), *h.,* c. de Montfaucon.
SICARDIN, *h.,* c. de Belfort.
SIEURAC, *ch.,* c. de Duravel.
SIFFRAY, *h.,* c. de Catus.
SILEGELES, *i.,* c. de Puy-l'Evêque.
SIMON, *h.,* c. d'Anglars.
SIMON, *h.,* c. de Bétaille.
SIMON, *h.,* c. de Duravel.
SIMON, *h.,* et *m. e.,* c. de Sousceyrac.
SIMONET, *h.,* c. de Bétaille.
SIMONET, *h.,* c. de Vigan.
SINDIC, *h.,* c. de Payrignac.
SINDIC, *m.,* c. de Saillac.
SINDOU, *h.,* c. de Vaylats.
SINGLES (les), *h.,* c. de Puy-l'Evêque.
SINIERGUES, *v.,* c. de Montfaucon.
SINZELLE, *h.,* c. de Gagnac.
SIRAN, *h.,* c. de Loubressac.
SIRAN, *h.,* et *m. e.,* c. de Montet et [Bouxal].
SIREJOL, *h.,* c. de Cézac.
SIREYOL (le), *h.,* c. de Latronquière.
SIREYZOL, *h.,* c. de Gignac.
SIREY, *h.,* c. de Frayssinet-le-Gélat.
SIREY (le), *i.,* c. de Mongesty.
SIREYZOL, *h.,* c. de Cahus.
SIRIEPS, *h.,* c. de Prendeignes.
SIRIEY *h.,* c. de St-Maurice.
SIRIEYS, (bas et haut), *h.,* c. de St-Jean-[Lespinasse].
SIRIEYS-LA-LOUDE, *h.,* c. de St-Jean-[Lespinasse].
SIROGNES, *m. e.,* c. de Rocamadour.
SIVADAL (le) *i.,* c. de St-Cernin.
SOGRIS, *h.,* c. de Labastide-Murat.
SOIRIS, *f.,* c. de Labastide-Murat.
SOL (le), *i.,* c. de Frontenac.

Sol (le), *h.*, c. de Gagnac.
Sol (le), *h.*, c. de Roufflac.
Sol-de-Fraysse, *m.*, c. de Limogne.
Sol-de-Gary, *i.*, c. de Béduer.
Sol-de-la-Balme, *h.*, c. de de Cambes.
Sol-del-Deyme, *h.*, c. de Caniac.
Sol-de-Loupiac, *h.*, c. de Puy-[l'Evêque].
Sol-del-Pech, *h.*, c, de Carlucet.
Sol-del-Rey *i.*, c. de Roufflac.
Sol-del-Martignac, *h.*, c. de Puy-[l'Evêque].
Sol-de-Roques, *h.*, c. de Labastide-[Murat].
Sol-de-Salgues, *i.*, c. de Béduer.
Sol-de-Touzac, *h.*, c. de Touzac.
Sol-d'Izac, *ch.*, c. de Livernon.
Sol-du-Deyme, *h.*, c. de Miers.
Sol-Haut, *f.*, c. de Labastide-Murat.
Solleilla, *i.*, c. de Lebreil.
Solles (les), *h.*, c. de Fontanes.
Sol-Petio, *h.*, c. de Mayrinhac-Lentour
Solvate (la), *m.*, c. de Couzou.

**SONAC**, c. cant. de Livernon, arr. de Figeac. — ✉, 🖷, 🖳 et Percept. d'Assier. — ⚓ (234 p.).

*Géographie* : Superf. 734 hect. — 235 hab. — Alt. moy. 337 ᵐ. — Cette c. s'étend sur les terrains appartenant à la formation du supra-lias. — Amas de coquilles fossiles.

Principaux v. et h. : Sonac (162 hab.); — les Igues (26 hab.), à 0 k. 700 de Sonac; — Malhol (32 hab.), à 0 k. 650.

Cours d'eau : Ruisseau du Bourg ou de Francès.

Voies de cᵒⁿ : Chem. vic. d'int. com. nᵒ 17, de Labastide-Murat à Lacapelle-Marival; — chem. vic. d'int. com. nᵒ 93, d'Assier à St-Simon; — 3 chem. vic. ord.

Distances : au chef-l. de cant. 6 k.; au chef-l. d'arr. 23 k.; au chef-l. de départ. 61 k.

*Statistique* : 70 Electeurs. — 10 Cons. mun.

Principal des 4 cont. dir. 3303 fr.

Revenus de la commune, 52 fr.

*Instruction* : Ecole cˡᵉ laïque de garç. (19 élèves).

*Produits agricoles* : Céréales, vin, tabac, fourrages.

*Commerce et Industries* : Moulin à farine sur le ruisseau du Bourg. — Briqueterie. — 2 cabarets. — Foires les 5 février, 9 mai, 4 août et 11 novembre.— Fête patr., le 3 août.

Historique.

*Pendant la Révolution.* — C. du cant. de Livernon et du district de Figeac.

*Avant la Révolution.* — Cˡᵉ de la subdél. et de l'élection de Figeac. — Paroisse sous l'invocation de St-Etienne (290 p.). — Cette cˡᵉ payait 4550 livres d'impositions; ses charges locales ord. étaient de 93 livres. — Le château de Sonac fut occupé par les Protestants et repris sur eux par le seigneur de Roquefort.

*Anciennes mesures :* Les mesures de vin de Sonac étaient celles de Livernon. — Les autres mesures étaient celles de Figeac.

*Antiquités :* Eglise d'une construction très-soignée.

*Hommes célèbres :* Guillaume de Sonac, grand-maître des Chevaliers du Temple de 1247 à 1250, qui prit part à la désastreuse expédition de St-Louis en Egypte.

Sonayroles, *h.*, c. de Bagnac.
Sorgues, *h.*, c. de Faycelles.
Sotoul, *h.*, c. de Boissières.
Sotoul, *h.*, c. de Soturac.

**SOTURAC**, c., cant. de Puy-l'Evêque, arr. de Cahors. — ✉ de Fumel. — 🖷 et 🖳. — Percept. de Duravel. — ⚓ de Soturac (420 p.), d'Aglan (250 p.), de Cavagnac (260 p.), de Couvert (300 p.). — Rec.-buraliste.

*Géographie* : Superf. 1955 hect. — 1012 hab. — Alt. moy. 175 ᵐ. — Cette c. renferme le point le plus bas du départ.; c'est celui où le Lot arrive à la limite des départ. du Lot et de Lot-et-Garonne. — L'altitude de ce point est 60 ᵐ. — Terrain jurassique supérieur.

Principaux v. et h. : Soturac; — Aglan, à 3 k. de Soturac; — Boussac, à 6 k.; — Cavagnac, à 4 k.; — Couvert, à 10 k.

Cours d'eau : Rivière du Lot (bac du Moulinet); — plusieurs ruisseaux, parmi lequel celui de la Thèze.

Voies de cᵒⁿ : Route natˡᵉ nᵒ 111, de Millau à Tonneins; — route dépˡᵉ nᵒ 8, de Payrac à Fumel; — 8 chem. vic. ord.

Distances : au chef-l. de cant. 12 k.; au chef-l. d'arr. et de départ. 47 k.

*Statistique* : 339 Electeurs.— 12 Cons. mun. — Sect. élect. de Soturac (7 cons. mun.), de Couvert (2 cons. mun.), de Boussac (1 cons. mun.), d'Aglan (1 cons. mun.) et de Cavagnac (1 cons. mun).

Principal des 4 cont. dir. 8208 fr.

Revenus de la commune, 114 fr.

*Instruction :* Ecole c^le laïque de garç. (49 élèves) ; — école c^lo congrég. de filles (55 élèves).

*Produits agricoles :* Céréales, vin, fourrages.

*Commerce et Industries :* 2 moulins à farine sur les ruisseaux. — Cabaret. — Foires les 28 janv., 29 mars, 28 avril, 28 mai, 28 juin, 28 juillet, 28 août et 28 octobre. — Fêtes patr., à Soturac, le 29 juin, à Cavagnac, le 1^er août, à Couvert, le 8 septembre et à Aglan, le 1^er octobre.

Historique.

*Pendant et avant la Révolution.* — Soturac faisait partie de Duravel. (*Voir Duravel*).

Sotte (la), *h.,* c. de Gignac.
Soubilliou, *h.,* c. de Thédirac.
Soubirous, *h.,* c. de Labastide-Murat.
Soubranes, *h.,* c. de Corn.
Soubrié, *h.,* c. de Gramat.
Soubrié-de-Bèdes, *h.,* c. de Gramat.
Souc (le), *i.,* c. de Lavercantière.
Souc (le), *h.,* c. de S^te-Alauzie.
Souci (le), *h.,* c. de Rocamadour.

**SOUCIRAC**, c., cant. de St-Germain, arr. de Gourdon. — ⊠ de Frayssinet. — Percept. de St-Germain. — ♨ (500 p.). — Débit de tabac.

*Géographie :* Superf. 1130 hect. — 480 hab. — Alt. moy. 353^m. — Terrain jurassique supérieur.

Principaux v. et h. : Soucirac (267 hab.) ; — La Grèzes et Bouyssounasse (87 hab), à 1 k. 200 de Soucirac ; — Lescaut, Pech-Laurent et Laborie (30 hab.), à 0 k. 300 ; — Le Mas, Poujol et Lagourgue (70 hab.), à 2 k. 300 ; — Vitarel, Campagnat et Lauzeral (20 hab.), à 1 k. 500.

Cours d'eau : Ruisseau du Ret.

Voies de c^on : Route nat^le n° 20, de Paris à Toulouse ; — route dép^le n° 1, de Mende à Sarlat ; — 3 chem. vic. ord.

Distances : au chef-l. de cant. 10 k. ; au chef-l. d'arr. 15 k. ; au chef-l. de départ. 37 k.

*Statistique :* 135 Electeurs. — 10 Cons. mun.

Principal des 4 cont. dir. 2430 fr.

Revenus de la commune, 126 fr.

Bureau de bienfaisance (revenu annuel 74 fr.).

*Instruction :* Ecole c^le laïque de garç. (50 élèves) ; — école c^lo congrég. de filles (39 élèves).

*Produits agricoles :* Céréales, pommes de terre, vin, truffes, fourrages.

*Commerce et Industries :* Moulins à eau et à vent. — 2 cabarets. — Foires les 16 mai et 24 septembre. — Fête patr., le 15 août.

Historique.

*Pendant la Révolution.* — C. du cant. de Montfaucon et du district de Gourdon.

*Avant la Révolution.* — C^té de la subdél. de Gourdon et de l'élection de Cahors. — Paroisse sous l'invocation de l'Assomption (433 p.), — Cette c^té payait 5226 livres d'impositions ; ses charges locales ord. étaient de 189 livres.

*Anciennes mesures :* Les mesures de Soucirac étaient celles de Gourdon.

Soudier, *h.,* c. d'Escamps.
Souilhol, *h.,* c. de Cornac.
Souilhol, *h.,* c. de St-Céré.

**SOUILLAC**, c., chef-l. de cant. de l'arr. de Gourdon. — ⊠, ▣ et Percept. — ▣ de St-Denis p. Martel. — ♨ de Souillac (2978 p.), de Bourzóles (200 p.) et de St-Etienne (257 p.). — Rec.-buraliste et 4 Débits de tabac. — 2 Notaires. — Brigade de gendarmerie à cheval. — Sous-Direction des Contributions indirectes.

*Géographie :* Superf. 2592 hect. — 3110 hab. — Alt. moy. 209^m. — La c. de Souillac s'étend sur les terrains jurassiques inférieur et moyen. — Dépôts de tourbe.

Principaux v. et h. : Souillac (2367 hab.) ; — Bourzoles (94 hab.), à 6 k. de Souillac ; — Les Cuisines (104 hab.), à 3 k. ; — Présignac et Puy-d'Alon (200 hab.), à 2 k. ; — St-Etienne (67 hab.), à 6 k.

Cours d'eau : La Dordogne (pont) et la Borrèze.

Voies de c^on : Route nat^le n° 20, de Paris à Toulouse ; — route dép^le n° 3, Sarlat à Aurillac ; — chem. vic. de g. c^on n° 32, de Souillac à St-Geniès ; — 8 chem. vic. ord.

Distances : au chef-l. d'arr. 24 k. ; au chef-l. de départ. 67 k.

*Statistique :* 981 Electeurs. — 21 Cons. mun.

Principal des 4 cont. dir. 23987 fr.

Revenus de la commune, 12730 fr.

Octroi (revenu annuel 6400 fr.). — Sapeurs-pompiers au nombre de 26.

Bureau de bienfaisance (revenu annuel 2963 fr.).

Société de secours mutuels (206 membres, 1900 fr. de revenus). — Société de secours mutuels des anciens militaires (91 membres, 756 fr. de revenus).

*Instruction* : Ecole c<sup>le</sup> laïque de garç. (146 élèves) ; — école c<sup>le</sup> laïque de filles (130 élèves) ; — école congrég. libre de garç. (125 élèves) ; — école congrég. libre de filles (138 élèves).

*Produits agricoles* : Céréales, vin, pommes de terre, tabac, betterave, jardinage, fourrages. — Bois.

*Commerce et Industries* : Entrepôt de tabacs en feuilles. — Minoterie ; — 8 moulins à farine ; — 8 tanneries ; — mégisserie ; — scierie à vapeur ; — carderies et filatures ; — brasserie ; — teintureries ; — fabriques de tapis, de dentelles et de conserves alimentaires. — 16 hôtels ou auberges ; — 19 cabarets ; — 15 cafés ; — cercle. — Foires le 13 janv., le mardi avant le mardi-gras, le 1<sup>er</sup> lundi de carême, le vendredi après la mi-carême, le dernier lundi de carême, les 30 avril, 16 mai, 1<sup>er</sup> juin, 16 juin, 4 juillet, 25 juillet, 16 août, 9 septembre, 7 octobre, 6 novembre et 13 décembre. — Marchés le lundi et le vendredi de chaque semaine. — Halle aux grains. — Fête patr., le 11 novemb.

Historique.

*Pendant la Révolution*. — Souillac formait les 2 c. de Souillac et de Bourzoles, du cant. de Souillac et du district de St-Céré.

*Avant la Révolution*. — Souillac était le chef-l. d'une subdél. ; cette localité dépendait de l'élection de Figeac et formait 2 c<sup>tés</sup> :

1° C<sup>té</sup> de Souillac : payait 15566 livres d'impositions ; ses charges locales ord. étaient de 1299 livres ; elle renfermait les paroisses de Souillac, sous l'invocation de St-Martin (2000 p.), de Lacombe, sous l'invocation de St-Etienne et de Présignac, sous l'invocation de St-Julien (152 p.) ;

2° C<sup>té</sup> de Bourzoles : dépendait de la vicomté de Turenne et formait une paroisse, sous l'invocation de St-Projet (120 p.).

L'église de Souillac fut fondée par St-Eloi, évêque de Noyon, ministre du roi Dagobert (628-638) ; les Sarrasins, ayant pillé et détruit cette église, elle fut rétablie par le roi Louis le Débonnaire et enrichie par Raymond I<sup>er</sup>, comte de Rouergue et du Quercy. — En 930, le vicomte de Turenne céda la terre de Souillac au monastère d'Aurillac. — En 962, Hugues de St-Céré, abbé d'Aurillac, fonda un monastère sur les terres qui avaient été données à ses prédécesseurs ; ce monastère, devenu plus tard Abbaye, renfermait, au moment de la Révolution de 1789, 6 religieux et valait 3400 livres de revenus.

La ville de Souillac fut prise et pillée par les Anglais, en 1352 et par les Protestants, en 1562.

Au XVIII<sup>e</sup> siècle, Souillac avait 10 foires très-importantes et faisait un grand commerce de cuirs, de toiles, de merrain, de sel, de bestiaux et de volailles truffées (ce dernier commerce seul produisait annuellement plus de 50000 livres).

*Anciennes mesures* : Aune = 1<sup>m</sup> 188. — Canne carrée = 2<sup>m</sup>·<sup>c</sup> 638. — Quartonée = 8<sup>ares</sup> 5471 (la quartonée se subdivisait en 4 pugnères). — Sac = 87<sup>litres</sup> 50 (le sac se subdivisait en 5 quartons et le quarton en 4 pugnères). — Barrique = 205<sup>litres</sup> 59 (la barrique se subdivisait en 5 bastes, la baste en 22 pintes, la pinte en 2 bouteilles, la bouteille en 2 pauques).

*Antiquités* : Eglise du XII<sup>e</sup> siècle (mon. hist.). — Maison du XIV<sup>e</sup> siècle.

*Hommes célèbres* : Le bénédictin Joseph Doussot (XVII<sup>e</sup> siècle). — Jean de Verninac (1690-1748). — Le colonel de Laprade (1726-1797). — Le médecin Martin Bordes (1730-1826). — Le jurisconsulte Jean Denucé, né en 1745. — Raymond de Verninac St-Maur (1761-1822). — Le général Dufour (1765-1832). — Le contre-amiral Verninac St-Maur (1794-1873). — Le député Deltheil (1795-1871).

**SOUILLAGUET**, c., cant. et arr. de Gourdon. — ⊠, ▦ et Percept. de Gourdon. — ⚕ de Souillaguet (230 p.) et de St-Cirq-Belalbre (278 p.). — Débit de tabac.

*Géographie* : Superf. 854 hect. — 440 hab. — Alt. moy. 341<sup>m</sup>. — Terrain jurassique supérieur.

Principaux v. et h. : Souillaguet et St-Cirq de Belalbre à 7 k. de Souillaguet.

Cours d'eau : Ruisseau de St-Clair.

Voies de c<sup>on</sup> : Route dép<sup>le</sup> n° 4, de Cahors à Gourdon ; — chem. vic. d'int. com. n° 56, de la Roquette à St-Chamarand ; — 4 chem. vic. ord.

Distances : au chef-l. de cant. et d'arr. 8 k. ; au chef-l. de départ. 40 k.

*Statistique :* 136 Electeurs. — 10 Cons. mun.

Principal des 4 cont. dir. 2087 fr.

Revenus de la commune, 125 fr.

Bureau de bienfaisance (revenu annuel 47 fr.).

*Instruction :* Ecole c<sup>le</sup> laïque de garç. (23 élèves) ; — école c<sup>le</sup> laïque de filles (17 élèves), à St-Cirq.

*Produits agricoles :* Céréales, vin.

*Commerce et Industries :* Briqueterie. — 2 cabarets. — Fête patr., le 24 août.

Historique.

*Pendant la Révolution.* — Souillaguet formait les c. de Souillaguet et de Belalbre, du cant. et du district de Gourdon.

*Avant la Révolution.* — Souillaguet formait 2 c<sup>tés</sup> de la subdél. de Gourdon et de l'élection de Cahors :

1° C<sup>té</sup> de Souillaguet : payait 1982 livres d'impositions ; ses charges locales ord. étaient de 108 livres. — Paroisse sous l'invocation de St-Pierre ès-liens (204 p.) ;

2° C<sup>té</sup> de St-Cirq-de-Belalbre : payait 1979 livres d'impositions ; ses charges locales ord. étaient de 66 livres. — Paroisse sous l'invocation de S<sup>te</sup>-Juliette (271 p.).

*Anciennes mesures :* Les mesures de Souillaguet étaient celles de Gourdon.

SOUILHOL, u., c. de St-Céré.

SOUILLOC, h., c. de Sauliac.

SOUILLOL, h., c. de Sauliac.

SOUILLOUNE, f., c. de Sauliac.

SOULAGE, h., c. de Lachapelle-Auzac.

SOULBAT, i., c. de Faycelles.

SOULÈGE, h., c. de Salviac.

SOULEILLA, h., c. de Lebreil.

SOULEILLAC (le), h., c. d'Albas.

SOULEILLOU, h., c. de Montcléra.

SOULÉRY, i., c. de Fons.

SOULÉRY, i., c. de Fourmagnac.

SOULESTRAINS, h., c. d'Issendolus.

SOULEYLOU (le), h., c. de Pontcirq.

SOULHIOL, h., c. d'Issendolus.

SOULIAC, h., c. de Floressas.

SOULIANE (la), i., c. de St-Perdoux.

SOULIÉ (bas et haut), h., c. de Bélaye.

SOULIÉ, h., c. d'Escamps.

SOULIÉ, h., c. de Gramat.

SOULIE (le), h., c. de Camburat.

SOULIÉ (le), forge, c. de Capdenac.

SOULIÉ (le), i., c. de St-Perdoux.

SOULIÈRES (les), h., c. de Reyrevignes.

SOULIÈRES (les), i., c. de Soulomès.

SOULIERS, h., c. de Puyjourdes.

**SOULOMÈS**, c., cant. de Labastide, arr. de Gourdon. — ⊠, ▥ et Percept. de Labastide. — ♂ (550 p.). — Débit de tabac.

*Géographie :* Superf. 779 hect. — 470 hab. — Alt. moy. 398 <sup>m</sup>. — Terrain jurassique moyen.

Principaux v. et h. : Lagarnède (35 hab.), à 3 k. de Soulomès ; — Nougayrol (66 hab.), à 3 k. ; — Serres (77 hab.), à 2 k.

Voies de c<sup>on</sup> : Chem. vic. de g. c<sup>on</sup> n° 10, de Labastide à St-Géry et n° 17, de Cajarc à Labastide ; — 2 chem. vic. ord.

Distances : au chef-l. de cant. 3 k. ; au chef-l. d'arr. 26 k. ; au chef-l. de départ. 34 k.

*Statistique :* 150 Electeurs. — 10 Cons. mun.

Principal des 4 cont. dir. 2629 fr.

Revenus de la commune, 138 fr.

*Instruction :* Ecole c<sup>le</sup> laïque de garç. (40 élèves) ; — école libre de filles (37 élèves).

*Produits agricoles :* Céréales, vin, pommes de terre.

*Commerce et Industries :* 2 moulins à vent. — 3 cabarets et café. — Fête patr., le 22 juillet.

Historique.

*Pendant la Révolution.* — C. du cant. de Montfaucon et du district de Gourdon.

*Avant la Révolution.* — C<sup>té</sup> de Soulomès et Nougayrol de la subdél. de Gourdon et de l'élection de Figeac. — Paroisse sous l'invocation de S<sup>te</sup>-Madeleine. — Cette c<sup>té</sup> payait 4572 livres d'impositions ; ses charges locales ord. étaient de 162 livres. — Soulomès était autrefois le chef-l. d'une commanderie de l'ordre de Malte.

*Anciennes mesures :* Les mesures de Soulomès étaient celles de Cahors.

SOULT, h., c. de Cornac.

SOULT, h., c. de Floirac.

SOUPETTE, h., c. de Bretenoux.

SOUQ, h., c. d'Issendolus.

SOUQUE (la), i., c. de Trespoux.

SOUQUES, h., c. de Belfort.

Sourbié, *m.*, c. de Montlauzun.
Sourbier, *i.*, c. de Lalbenque.
Sourdeilles, *i.*, c. de Capdenac.
Sourgeoc, *i.*, c. de Masclat.
Sournac, *h.*, c. de Montredon.
Sourragoux, *f.*, c. de St-Sozy.

**Sousceyrac**, c., cant. de Latronquière, arr. de Figeac. — ⊠ et Percept. — ☼ (1320 p.). — Rec.-buraliste. — Notaire. — Brigade de gendarmerie à pied.

*Géographie :* Superf. 5891 hect.— 1922 hab. — Alt. moy. 607 ᵐ. — Cette c. s'étend sur les terrains primitifs composés de granits et de micachistes et qui appartiennent au massif du plateau central de la France.

Principaux v. et h. : Sousceyrac (563 hab.); — Cassan (320 hab.), à 4 k. de Sousceyrac; — Fréjac (338 hab.), à 4 k.; —Mespoulié (344 hab.), à 5 k. ; —Sceaux (357 hab.), à 4 k. 500.

Cours d'eau : Ruisseaux du Mamoul, du Cayla, de la Luzette et affluents.

Voies de cᵒⁿ : Route dépᵗ⁵ nᵒ 5, de Cahors à Clermont; — chem. vic. de g. cᵒⁿ nᵒ 3, de Figeac à Latronquière ; — chem. vic. de g. cᵒⁿ nᵒ 25, de Sousceyrac à St-Mamet; —chem. vic. de g. cᵒⁿ nᵒ 35, de Bretenoux dans le Cantal; — chem. vic. d'int. com. nᵒ 46, de Sousceyrac à Cahus par Teyssieu; — 6 chem. vic. ord.

Distances : au chef-l. de cant. 11 k. ; au chef-l. d'arr. 39 k.; au chef-l. de départ. 92 k.

*Statistique :* 492 Electeurs. — 16 Cons. mun.

Principal des 4 cont. dir. 9418 fr.

Revenus de la commune, 1260 fr.

Hospice (2 sœurs de charité; — 60 malades soignés en 1879).

Bureau de bienfaisance (revenu annuel 734 fr.).

*Instruction :* Ecole cᵗᵉ laïque de garç. (80 élèves); — école laïque de hameau de filles (20 élèves).

*Produits agricoles :* Seigle, sarrasin, pommes de terre, châtaignes, fourrages. — Bois.

*Commerce et Industries. :* Scierie mécanique et 7 moulins à farine sur les ruisseaux. — 4 auberges; — 7 cabarets. — Foires le 1ᵉʳ jour de carême, le 1ᵉʳ mercredi de Pâques, les 4 des mois de janvier, février, mars, avril, mai, juin, juillet, août, septemb., octob., le 17 mai, le 12 novemb. et le 7 décemb. — Fête patr., le 1ᵉʳ dimanche de mai.

*Historique.*

*Pendant la Révolution.* — C. du cant. de Latronquière et du district de Figeac.

*Avant la Révolution.* — Cᵗᵉ de la subdél. et de l'élection de Figeac. — Paroisse sous l'invocation de St-Martin (1000 p.). — Cette cᵗᵉ payait 17737 livres d'impositions; ses charges locales ord. étaient de 329 livres ; sa population de 1600 hab. — Sousceyrac paraît avoir été habité du temps des Romains, ainsi que l'attestent les monnaies romaines que l'on y trouve et des fragments de sculptures; mais cette localité devint déserte vers la fin de l'Empire romain, sans doute à la suite de l'invasion des Barbares et son territoire fut de nouveau défriché par des moines venus de Maurs en Auvergne. — Vers la fin du XIᵉ siècle, sous le règne de Lothaire, Sousceyrac fut donné par l'abbé de Figeac au seigneur de Caumon, qui paraît être la tige des seigneurs de Castelnau ; quelques temps après cette donation, ces derniers seigneurs étaient, dans tous les cas, co-seigneurs de Sousceyrac, avec les vicomtes de Turenne.

Sousceyrac fut plusieurs fois dévasté au XIIIᵉ et au XIVᵉ siècle par les Anglais. Les habitants de cette localité embrassèrent avec ardeur la réforme de Calvin : — commandés par leur compatriote Bessonias, ils prirent et saccagèrent St-Céré, Carnac, Rocamadour, Gourdon et d'autres bourgs encore.

Le château de Vérdale était occupé par les compagnies anglaises; au bas de la montagne où était ce château coule un petit ruisseau désigné encore sous le nom de *Riou des Onglès.*

*Anciennes mesures :* Les mesures de vin de Sousceyrac étaient celles de Figeac; les autres mesures étaient celles de St-Céré.

*Antiquités :* Ruines de l'ancien château. — Eglise.

*Hommes célèbres :* Le chef calviniste Jean Bessonias, né à Sousceyrac en 1530.

Sous-Malvy, *h.*, c. de St-Céré.
Sous-Roque, *h.*, c. de Vayrac.
Soustres (les), *h.*, c. de Cavagnac.
Souton, *h.*, c. de Thédirac.
Souysses, *h.*, c. de Grèzes.
Sozunéjou, *ch.*, c. de Cressensac.
Spargeloux, *h.*, c. de Martel.
Sparentou, *f.*, c. de Rocamadour.

Spenels, *h.*, c. de Creysse.
Sperdigous (les), *h.*, c d'Albas.
Speyrouty, *h.*, c. d'Uzech.
Spioles, *h.*, c. du Roc.
Staal ou Staals, *v.*, c. de Gagnac.
Stayssous, *h.*, c. de Lamothe-Fénelon
Stillot (les), *h.*, c. de Montet et Bouxal

**STRENQUELS**, c., cant. de Vayrac, arr. de Gourdon. — ⊠, 🕾 et 🖂 des Quatre-Routes. — Percept. de Vayrac. — ⚲ de Strenquels (780 p.) et de Beyssac (243 p.). — Débit de tabac. — Notaire.

*Géographie :* Superf. 1006 hect. — 1027 hab. — Alt. moy. 217 ᵐ. — Cette c. se trouve sur les marnes supraliasiques.

Principaux v. et h. : Strenquels (620 hab.) ; — Beyssac à 1 k. 500 de Strenquels ; — Bonnarde à 2 k. 500 ; — Coste-billé à 2 k. ; — Friat à 2 k. ; — Laroquett à 1 k. ; — Ripanes à 2 k. 500.

Cours d'eau : Ruisseaux de la Tourmente et de Murlat ou de Ladour.

Voies de c⁰ⁿ : Route dépˡᵉ n° 18, de Martel à Meyssac ; — chem. vic. d'int. com. n° 11, de la route dépˡᵉ n° 14, à la route dépˡᵉ n° 18 et n° 90 de la Borgne à la station de Turenne ; — 5 chem. vic. ord.

Distances : au chef-l. de cant. 9 k. ; — au chef-l. d'arr. 46 k. ; au chef-l. de départ. 88 k.

*Statistique :* 330 Electeurs. — 12 Cons. mun.

Principal des 4 cont. dir. 6990 fr.

Revenus de la commune, 116 fr.

Bureau de bienfaisance (revenu annuel 37 francs).

*Instruction :* Ecole cˡᵉ laïque de garç. (50 élèves) ; — école cˡᵉ congrég. de filles (52 élèves).

*Produits agricoles :* Céréales, vin, noix, fourrages, truffes.

*Commerce et Industries :* Moulins à farine sur les ruisseaux ; — briqueteries ; — pressoirs à huile ; — fours à chaux. — Auberge et 3 cabarets. — Fête patr., le 29 juin.

### Historique.

*Pendant la Révolution.* — Strenquels formait les 2 c. de Strenquels ou d'Es-trenquels et de Beyssac, du cant. de Martel et du district de St-Céré.

*Avant la Révolution.* — Strenquels for-mait les cᵗᵉˢ de Strenquels et de Beyssac :

1° La cᵗᵉ de Strenquels (subdél. de Souillac et élection de Figeac) payait 3460 livres d'impositions ; ses charges lo-cales ord. étaient de 103 livres ; paroisse sous l'invocation de St-Blaise (372 p.).

2° La cᵗᵈ de Beyssac (subdél. de Gour-don et élection de Figeac) appartenait à la vicomté de Turenne. — Paroisse sous l'invocation de St-Martial (465 p.).

Au commencement du XIIᵉ siècle un évêque de Cahors donna aux abbayes de Beaulieu et de Souillac plusieurs terres situées à Strenquels et à Paunac. — Sous le régime féodal, un seigneur de Cazillac tua dans l'église de Beyssac, un seigneur de Castelnau, qui s'y était réfugié, après avoir été vaincu dans une surprise.

*Anciennes mesures :* Les mesures de Strenquels étaient celles de Martel.

Struel, *h.*, c. de Prendeignes.
Sturgous, *h.*, c. de Miers.
Suard, *h.*, c. de Puy-l'Evêque.
Suc, *h.*, c. de Laroque-Toirac.
Suc, *h.*, c. de Prendeignes.
Suc, *h.*, c. de Puybrun.
Suc (le), *i.*, c. de Cuzac.
Suc (le), *i.*, c. de Figeac.
Suc (le), *h.*, c. de St-Hilaire.
Sudou (le), *h.*, c. de Marminiac.
Sudra, *h.*, c. de St-Matré.
Sudre, *i.*, c. de Camboulit.
Sudrie, *h.*, c. de Cavagnac.
Suguet, *h.*, c. de Gignac.
Sullet, *h.*, c. d'Espédaillac.
Suquals, *h.*, c. des Junies.
Suquet, *h.*, c. de Corn.
Suquet, *h.*, c. de Dégagnac.
Suquet, *i.*, c. de Duravel.
Suquet, *h.*, c. d'Issendolus.
Suquet, *i.*, c. de Meyronne.
Suquet, *h.*, c. de Sᵗᵉ-Colombe.
Suquet *h.*, c. de St-Maurice.
Suquet (le), *i.*, c. de Lentillac (Figeac).
Surgens, *m. e.*, c. de Figeac.
Surges, *h.*, c. de Thédirac.
Surgues, *i.*, c. de Béduer.
Surron, *m.*, c. de Marcillac.
Sut (le), *h.*, c. d'Anglars.
St-Affre, *v.*, c. de Laroque-Toirac.
St-Agnan, *h.*, c. de Valprionde.

**Sᵗᵉ-ALAUZIE**, c., cant. de Castelnau, arr. de Cahors. — ⊠, 🕾 et Percept. de Castelnau. — ⚲ (420 p.). — Débit de tabac.

*Géographie :* Superf. 1222 hect. — 519 hab. — Alt. moy. 250 ᵐ. — Cette c. se trouve sur les calcaires blancs de la formation tertiaire.

Principaux v. et h. : Sᵗᵉ-Alauzie (55

hab.); — Blayou (38 hab.), à 1 k. 500 de Sᵗᵉ-Alauzie; — Combe-Prionde (42 hab.), à 0 k. 500; — Lafages (42 hab.), à 2 k.; — Lascrottes (52 hab.), à 5 k.

Cours d'eau : Ruisseaux du Lindou et de Ramel.

Voies de cᵒⁿ : chem. vic. de g. cᵒⁿ nᵒ 7, de Cahors à Lauzerte; — chem. vic. de g. cᵒⁿ nᵒ 11, de Montpezat à Fumel; chem. vic. d'int. com. nᵒ 67, de Ventaillac au chem. de g. cᵒⁿ nᵒ 7; — 6 chem. vic. ord.

Distances : au chef-l. de cant. 8 k.; au chef-l. d'arr. et de départ. 23 k.

*Statistique* : 173 Electeurs. — 12 Cons. mun.

Principal des 4 cont. dir. 4099 fr.

Revenus de la commune, 177 fr.

*Instruction* : Ecole cˡᵉ laïque de garç. (20 élèves); — école cˡᵉ laïque de filles (10 élèves).

*Produits agricoles :* Céréales, vin, tabac, fourrages.

*Commerce et Industries* : 2 moulins à eau; — 2 moulins à vent. — Briqueterie. — Fête patr., le 10 août.

Historique.

*Pendant la Révolution.* — C. du cant. de Castelnau et du district de Cahors.

*Avant la Révolution.* — Cᵗᵉ de la subdél. de Lauzerte et de l'élection de Cahors. — Paroisse sous l'invocation de Sᵗᵉ-Eulalie (506 p.). — Cette cᵗᵉ payait 5847 livres d'impositions; ses charges locales ord. étaient de 208 livres.

*Anciennes mesures :* Les mesures de Sᵗᵉ-Alauzie, à l'exception des mesures linéaires, étaient celles de Castelnau. — La principale mesure linéaire était la canne valant 1 ᵐ 84.

St-AMANS, *m.*, c. de Lebreil.
St-AMBROISE, *ch.*, c. de Cahors.
St-ANDRÉ, *h.*, c. des Arques.
St-ANTHET, *h.*, c. de Castelnau.
St-AUREIL, *v.*, c. de Castelnau.
St-AVIT, *h.*, c. de Dégagnac.
St-BARTHÉLEMY, *h.*, c. de Pern.
St-BENOÎT, *h.*, c. de Grézels.
St-BERO, *h.*, c. de Cajarc.
St-BONNET, *v.*, c. de Gignac.

**St-BRESSOU**, c., cant. de Lacapelle-Marival, arr. de Figeac. — ⊠, ▨ et Percept. de Lacapelle. — ▤ d'Assier. — ⚲ de St-Bressou (280 p.) et de Mialet (140 p.). — Débit de tabac.

*Géographie :* Superf. 1003 hect. — 392 hab. — Alt. moy. 475 ᵐ. — Pic de St-Bressou, 617 ᵐ d'altitude. — Terrain primitif composé de granits, de porphyres, de trapps et de pouddingues.

Principaux v. et h. : St-Bressou (65 hab.); — Arles (45 hab.), à 2 k. de St-Bressou; — Cayla (42 hab.), à 0 k. 600; — Combel (29 hab.), à 1 k.; — Girou (25 hab.), à 0 k. 500; — Mialet, à 2 k.; — Sabadel (16 hab.), à 0 k. 500.

Cours d'eau : Ruisseaux du Drauzou et du Pont de Mol.

Voies de cᵒⁿ : Chem. vic. d'int. com. nᵒ 23, de Lacapelle à Cardaillac; — 4 chem. vic. ord.

Distances : au chef-l. de cant. 5 k.; au chef-l. d'arr. 18 k.; au chef-l. de départ. 73 k.

*Statistique* : 122 Electeurs. — 10 Cons. mun.

Principal des 4 cont. dir. 2830 fr.

Revenus de la commune, 86 fr.

*Instruction* : Ecole cˡᵉ laïque de garç. (30 élèves).

*Produits agricoles* : Blé, seigle, sarrasin, châtaignes, fourrages.

*Commerce et Industries :* 3 cabarets. — Fête patr., le 13 novembre.

Historique.

*Pendant la Révolution.* — St-Bressou formait 2 c. du district de Figeac : la première, St-Bressou, appartenait au cant. de Lacapelle; la seconde, Mialet, faisait partie du cant. de Fons.

*Avant la Révolution.* — St-Bressou formait 2 cᵗᵉˢ de la subdél. et de l'élection de Figeac :

1ᵒ Cᵗᵉ de St-Bressou : payait 2127 livres d'impositions; ses charges locales ord. étaient de 72 livres. — Paroisse sous l'invocation de St-Brice (150 p.);

2ᵒ Cᵗᵉ de Mialet : payait 1811 livres d'impositions; ses charges locales ord. étaient de 76 livres. — Paroisse sous l'invocation de St-Martial.

*Anciennes mesures* : Les mesures de vin de St-Bressou étaient celles de Lacapelle-Marival. — Les autres mesures étaient celles de Figeac.

**St-CAPRAIS**, (c. créée en 1850, au dépens des c. de Pomarède, de Frayssinet et de Montcléra), c., cant. de Cazals, arr. de Cahors. — ⊠ de Frayssinet. — Percept. de Cazals. — ⚲ (370 p.). — Débit de tabac.

*Géographie :* Superf. 885 hect. — 303 hab. — Alt. moy. 277 ᵐ. — St-Caprais se trouve sur un massif de terrains tertiaires superposés aux terrains crétacés, qui s'étendent entre Cazals, Frayssinet-le-Gélat et Pomarède.

Principaux v. et h. : St-Caprais (125 hab.); — Cabanes (28 hab.), à 2 k. de St-Caprais; — Gounet (12 hab.). à 0 k. 500; — Mespoules et Pailloles (48 hab.), à 1 k. 500; — Trinque (16 hab.), à 2 k. 500.

Cours d'eau : Ruisseau de la Thèze.

Voies de c<sup>on</sup> : Route dépl<sup>e</sup> n° 10, de Cahors à Villefranche; — chem. vic. d'int. com. n° 21, de la route dépl<sup>e</sup> n° 12, à Villefranche; — chem. vic. ord.

Distances : au chef-l. de cant. 8 k.; au chef-l. d'arr. et de départ. 35 k.

*Statistique* : 97 Electeurs. — 10 Cons. mun.

Principal des 4 cont. dir. 3537 fr.

Revenus de la commune, 67 fr.

*Instruction* : Ecole c<sup>le</sup> laïque de garç. (15 élèves).

*Produits agricoles* : Maïs, seigle, pommes de terre, châtaignes, fourrages. — Bois.

*Commerce et Industries* : Moulins à farine sur la Thèze. — Charbons de bois et écorces de chênes. — 5 cabarets; — café. — Foires le 18 de chaque mois. — Fête patr., le 22 octobre.

Historique.

*Pendant la Révolution.* — St-Caprais portait le nom de Bruyère et faisait partie du cant. de Cazals et du district de Gourdon.

*Avant la Révolution.* — St-Caprais appartenait à la subdél. de Prayssac et à l'élection de Cahors et formait une paroisse sous l'invocation de St-Caprais (324 p.).

S<sup>te</sup>-CATHERINE, *m.*, c. de Creysse.
S<sup>te</sup>-CATHERINE, *h.*, c. de St-Germain.

**St-CÉRÉ**, c., chef-l. de cant. de l'arr. de Figeac. — ⊠, 🕮 et Percept. — ☩ de S<sup>te</sup>-Espérie (3000 p.), des Récolets (800 p.) et de St-Paul-de-Vern (556 p.). — 5 débits de tabac. — 3 notaires. — Brigade de gendarmerie à cheval.

*Géographie* : Superf. 2340 hect. — 4027 hab. — Alt. moy. 360 <sup>m</sup>. — Cette c. se trouve sur la ligne de séparation des terrains primitifs et secondaires. — Carrières de serpentine à Estival, à Malvy et à Trémouillète. — Indices de mines de plomb argentifère.

Principaux v. et h. : St-Céré et le Vern à 6 k. de St-Céré.

Cours d'eau : Ruisseaux de la Bave, de Mellac et de Béalque.

Voies de c<sup>on</sup> : Route nat<sup>le</sup> n° 140, de Figeac à Montargis; — route dépl<sup>e</sup> n° 5, de Cahors à Clermont; — chem. vic. de g. c<sup>on</sup> n° 30, de St-Céré à Maurs; — chem. vic. de g. c<sup>on</sup> n° 38, de Vayrac à St-Céré et chem. vic. de g. c<sup>on</sup> n° 48, de Lacapelle-Marival à St-Céré; — chem. vic. d'int. com. n° 15, de St-Céré à Comiac et chem. vic. d'int. com. n° 48, de Rouqueyroux à St-Céré; — 8 chem. vic. ord.

Distances : au chef-l. d'arr. 43 k.; au chef-l. de départ. 76 k.

*Statistique* : 1049 Electeurs. — 20 Cons. mun. — Sect. élect. de St-Céré (17 cons. mun.) et de Vern (3 cons. mun.).

Principal des 4 cont. dir. 27289 fr.

Revenus de la commune, 10731 fr.

Octroi en ferme. — Compagnie de sapeurs-pompiers (25 hommes).

Hospice. — Bureau de bienfaisance (revenu annuel 9316 fr.). — Sœurs garde-malades.

*Instruction* : Ecole c<sup>le</sup> congrég. de garç. (237 élèves); — école de hameau de garç. (30 élèves); — écoles libres de garç. et de filles à St-Céré; — école libre de hameau.

*Produits agricoles* : Céréales, vin, tabac, chanvre, fourrages, fruits.

*Commerce et Industries* : Fabrique de draps, filature, 2 scieries, 2 carderies, brasserie, moulins à farine. — 20 hôtels ou auberges, 27 cabarets, 18 cafés, cercle. — Foires le 6 et le 22 de chaque mois. — Marchés les lundi et jeudi. — Halle aux grains. — Fête patr., le 12 octobre.

Historique.

*Pendant la Révolution.* — St-Céré qui portait le nom de Franc-Céré ou de Seu Céré était chef-l. de cant. et de district.

*Avant la Révolution.* — St-Céré formait une c<sup>té</sup> de la subdél. et de l'élection de Figeac et appartenait à la vicomté de Turenne, dont elle était une des places les plus importantes. — Paroisses de St-Céré sous l'invocation de S<sup>te</sup>-Espérie (3553 p.) et de Vern sous l'invocation de St-Paul (346 p.).

St-Céré doit son origine à une chapelle où les reliques de S<sup>te</sup>-Espérie (VII<sup>e</sup> siècle) furent déposées; cette localité ne prit même le nom de St-Céré que lorsque le castel voisin dit de Saint-Serenus (c. de St-Laurent les Tours), eut été abandonné par les officiers de la vicomté de Turenne qui vinrent se fixer dans la nouvelle ville connue jusqu'alors sous le nom de Ste-Espérie. — L'église de Ste-Espérie fut cédée en 1074 au monastère de Carennac. Deux chartes des vicomtes de Turenne, citées par Justel, l'une de 1278, l'autre de 1296, donnent à St-Céré le nom de ville.

En 1562 le capitaine Bessonias s'empara de St-Céré, à la tête d'une troupe de calvinistes. — En 1642, le duc de Bouillon, vicomte de Turenne, permit aux habitants de St-Céré, jusqu'alors administrés par des syndics, d'élire des consuls et leur accorda divers privilèges dont l'ensemble peut être considéré comme une véritable charte de coutumes.

L'hospice de St-Céré avait été fondé en 1440; — cette ville possédait un couvent de Recollets, de l'ordre de St-François et un couvent de Visitandines renfermant, au moment de la Révolution de 1789, le premier 13 religieux, le second 31 religieuses.

*Anciennes mesures* : Canne = 2 m 057. — Canne carrée = 4 m. c. 2325. — Sétérée = 33 ares 1831 (la sétérée se subdivisait en 4 quarterées, la quarterée en 7 pugnères ou en deux quartonées). — Charge = 111 litres 15 (la charge se subdivisait en 2 comportes fermées, de 30 pintes chacune ou en 3 bastes de 20 pintes chacune; la pinte contenait 4 pauques).

*Antiquités* : Ancien château. — Maison à tourelles du XVe siècle.

*Personnages célèbres*: Ste-Espérie, vierge martyre (VIIIe siècle). — L'orateur Jean de Labarrière (XVIe siècle). — Le conseiller au Parlement, Géraud de Maynard, né en 1539 et son fils François de Maynard, poète distingué. — Le mécanicien Lauricesque de Lagarouste (1644-1710). — Le jurisconsulte et poète Guillaume de Lavaur (1653-1731).—L'écrivain et orateur sacré Charles Bellet (1702-1775). — Le général J.-J. Ambert (1768-1855).

**St-Céré**, *h.*, c. de Meyronne.

**St-CERNIN ou St-Sernin**, *c.*, cant. de Lauzès, arr. de Cahors. — ⊠ et Percept. de Lauzès. — ⚓ (850 p.). — Débit de tabac. — Notaire.

*Géographie* : Superf. 1627 hect. — 786 hab. — Alt. moy. 373 m. — Terrain jurassique moyen.

Principaux v. et h. : St-Cernin (120 hab.); — Bardet et Lespinasse (111 hab.), à 5 k. de St-Cernin; — Le Cayré à 4 k.; — Langlézie et Lacarrière (92 hab.), à 2 k.; — Lascombelles, Négrié et Alguières (120 hab.), à 3 k.; — Leth, Bariat et Fontanges (98 hab.), à 4 k.; — Malpeyre, Péralat et Rougié (115 hab.), à 4 k.

Voies de con : Chem. vic. de g. con no 10, de Labastide-Murat à St-Géry; — chem. vic. d'int. com. no 2, de Vers à la route déple no 1; — 6 chem. vic. ord.

Distances : au chef-l. de cant. 3 k.; au chef-l. d'arr. et de départ. 29 k.

*Statistique* : 163 Electeurs.—12 Cons. mun.

Principal des 4 cont. dir. 5334 fr.

Revenus de la commune, 145 fr.

*Instruction* : Ecole cle laïque de garç. (45 élèves); — école cle congrég. de filles (35 élèves); — école mixte de hameau (45 élèves).

*Produits agricoles* : Blé, vin, maïs, fourrages.

*Commerce et Industries* : Auberge; — 2 cabarets. — Foires le 23 avril, 27 mai, 4 octobre et 28 novemb. — Fête patr., le 29 novemb. — Fête locale, le 2 octob.

Historique.

*Pendant la Révolution.* — St-Cernin formait les 2 c. de St-Cernin et du Cayré, du cant. de Cabrerets et du district de Cahors.

*Avant la Révolution.* — St-Cernin formait 2 ctés de l'élection de Cahors :

1o Cté de St-Cernin : payait 7707 livres d'impositions; ses charges locales ord. étaient de 134 livres. — Paroisse sous l'invocation de St-Sernin;

2o Cté du Cayré : payait 1683 livres d'impositions; ses charges locales ord. étaient de 55 livres. — Paroisse sous l'invocation de Notre-Dame.

Le lieu de St-Cernin remonte à une très-haute antiquité; son église existait dès le IVe siècle de notre Ere. — On a trouvé dans cette c. des haches en porphyres et des médailles de l'empereur Claude.

*Anciennes mesures* : Les mesures de St-Cernin étaient celles de Cahors.

**St-CERNIN**, *v.*, c. de Montcuq.

**St-CHAMARAND**, *c.*, cant. de St-Germain, arr. de Gourdon. — ⊠ de Frayssinet. — Percept. de St-Germain. — ⚓ (740 p.). — Débit de tabac.

*Géographie :* Superf. 1309 hect. — 766 hab. — Alt. moy. 334 m. — Terrain jurassique supérieur.

Principaux v. et h. : St-Chamarand (303 hab.); — Les Auriols (30 hab), à 3 k. 500 de St-Chamarand; — Cantaloube et Estampes (49 hab.), à 3 k.; — Pont de Rode (42 hab.), à 1 k. 600.

Cours d'eau : Ruisseaux du Céou, du Ret et de St-Chamarand.

Voies de c^on : Route nat^le n° 20, de Paris à Toulouse; — route dép^le n° 4, de Cahors à Gourdon; — chem. vic. de g. c^on n° 22, de Pont de Rode à l'Abbaye; — chem. vic. d'int. com. n° 36, de St-Chamarand à Gigouzac; — chem. vic. d'int. com. n° 56, de la Roquette à St-Chamarand; — 2 chem. vic. ord.

Distances : au chef-l. de cant. 4 k.; au chef-l. d'arr. 11 k.; au chef-l. de départ. 35 k.

*Statistique :* 235 Electeurs. — 12 Cons. mun.

Principal des 4 cont. dir. 4071 fr.

Revenus de la commune, 170 fr.

*Instruction :* Ecole c^le laïque de garç. (44 élèves); — école c^le congrég. de filles (48 élèves).

*Produits agricoles :* Céréales, vin, tabac, pommes de terre, fourrages.

*Commerce et Industries :* 3 moulins à farine sur le Céou. — Tannerie. — 3 cabarets. — Foires les 10 mars et 28 sept. — Fête patr., le 27 sept.

Historique.

*Pendant la Révolution.* — St-Chamarand portait le nom de Beauchamp et appartenait au cant. de St-Germain, district de Gourdon.

*Avant la Révolution.* — C^té de la subdél. de Gourdon et de l'élection de Cahors. — Paroisse sous l'invocation de St-Amarand. — Cette c^té payait 6387 livres d'impositions; ses charges locales ord. étaient de 158 livres.

Le 16 mars 1253, l'évêque de Cahors accorda une charte de privilèges aux habitants de St-Chamarand. — En 1295, la seigneurie de St-Chamarand appartenait au chevalier Raymond d'Auriolle. — En 1410, cette seigneurie était devenue la propriété de la famille de Peyronenc.

*Anciennes mesures :* Les mesures de St-Chamarand étaient celles de Gourdon.

*Antiquités :* Château à Calvimont.

St-Chamarand, *t.*, c. du Roc.

**St-CHELS**, c., cant. de Cajarc, arr. de Figeac. — ⊠, ▥ et Percept. de Cajarc. — ♁ (450 p.). — Débit de tabac.

*Géographie :* Superf. 727 hect. — 530 hab. — Alt. moy. 342 m. — Les hauteurs de cette c., située sur le plateau qui sépare les vallées du Lot et du Célé, appartiennent au jurassique moyen. — Gisements de phosphates de chaux présentant une coloration bleue très-prononcée, coloration attribuée à la présence du phosphate de fer.

Principaux v. et h. : St-Chels.

Cours d'eau : Ruisseau de Treil.

Voies de c^on : Chem. vic. de g. c^on n° 19, de Cajarc à Labastide-Murat; — chem. vic. d'int. com. n° 91, de Gréalou à Cabrerets; — 2 chem. vic. ord.

Distances : au chef-l. de cant. 8 k.; au chef-l. d'arr. 25 k.; au chef-l. de départ. 44 k.

*Statistique :* 156 Electeurs. — 12 Cons. mun.

Principal des 4 cont. dir. 2305 fr.

Revenus de la commune, 158 fr.

*Instruction :* Ecole c^le congrég. de garç. (42 élèves); — école c^le congrég. de filles (30 élèves).

*Produits agricoles :* Céréales, vin, pommes de terre, tabac, truffes. — Bois.

*Commerce et Industries :* Phosphates de chaux. — 3 cabarets. — Fête patr., le 8 septembre.

Historique.

*Pendant la Révolution.* — C. du cant. de Cajarc et du district de Figeac.

*Avant la Révolution.* — C^té de la subdél. et de l'élection de Figeac. — Paroisse sous l'invocation de St-Cels (347 p.). — Cette c^té payait 1835 livres d'impositions; ses charges locales ord. étaient de 57 livres.

Les compagnies anglaises s'emparèrent plusieurs fois de St-Chels pour surprendre, de là, la ville de Cajarc; ces mêmes compagnies y construisirent des fortifications.

*Anciennes mesures :* Les mesures de St-Chels étaient celles de Cajarc.

St-Chignes, *v.*, c. de Gramat.

St-Chignes, *h.*, c. de Saignes.

St-Chignes-du-Deversous, *h.*, c. de [Gramat].

**St-CIRGUES**, c., cant. de Latronquière, arr. de Figeac. — ⊠ et Percept. de Latronquière. — ▥ de Maurs, dans le

Cantal. — ☙ (1500 p.). — Débit de tabac. — Notaire.

*Géographie* : Superf. 3249 hect.— 1400 hab. — Alt. moy. 559 ᵐ. — Terrains primitifs.

Principaux v. et h. : St-Cirgues (112 hab.); — le reste de la c. se compose de 90 hameaux ayant une très faible population.

Cours d'eau : Ruissaux de la Veyre, du Bervezou, de Planquette et de la Garenne (les deux derniers affluents de la Veyre).

Voies de cᵒⁿ : chem. vic. de g. cᵒⁿ nᵒ 3, de Figeac à Latronquière ; — chem. vic. d'int. com. nᵒ 49, de Rouqueyroux à Maurs ; — 10 chem. vic. ord.

Distances : au chef-l. de cant. 10 k.; au chef-l. d'arr. 21 k.; au chef-l. de départ. 90 k.

*Statistique* : 410 Electeurs. — 12 Cons. mun.

Principal des 4 cont. dir. 6203 fr.

Revenus de la commune, 149 fr.

*Instruction* : Ecole cˡᵉ laïque de garç. (68 élèves); — école cˡᵉ laïque de filles (60 élèves); — école laïque de h. à Sers (45 élèves); — école libre congrég. de filles (12 élèves); — école libre laïque de h. à Sers (30 élèves).

*Produits agricoles* : Blé, seigle, sarrasin, pommes de terre, châtaignes, fourrages. — Bois.

*Commerce et Industries* : 4 moulins à farine sur les ruisseaux. — 7 cabarets. — Fête patr., le 8 septembre.

Historique.

*Pendant la Révolution*. — C. du cant. de Latronquière et du district de Figeac.

*Avant la Révolution*. — Cˡᵉ de la subdél. et de l'élection de Figeac. — Paroisse sous l'invocation de la nativité de la Sᵗᵉ-Vierge (1506 p.). — Cette cˡᵉ payait 14224 livres d'impositions ; ses charges locales ord. étaient de 290 livres.

St-Cirgues était le centre des possessions que St-Géraud, comte d'Aurillac, avait dans cette partie du Quercy. — La terre de St-Cirgues avait titre de châtellenie.

*Anciennes mesures* : Les mesures de St-Cirgues étaient celles de Figeac.

*Antiquités* : Ruines du château où mourut St-Géraud, comte d'Auvergne.

*Hommes célèbres* : D'après M. Chaudruc de Crazanes, le pape Sylvestre ii, connu d'abord sous le nom de Gerbert, serait né à St-Cirgues et non à Aurillac.

St-Cirgues, *h.*, c. de Figeac.
St-Cirice, *v.*, c. de Cahors.
St-Cirq-de-Belalbre, *v.*, c. de Souillaguet.

**St-Cirq-Lapopie**, c. cant. de St-Géry, arr. de Cahors. — ⊠ et Percept. de St-Géry. — ☙ de St-Cirq (780 p.) et de Tour-de-Faure (512 p.). — Rec.-buraliste. — Notaire.

*Géographie* : Superf. 2666 hect. — 1440 hab. — Alt. moy. 300 ᵐ. — Cette c. se trouve sur les marnes du supra-lias et sur les jurassiques inférieur et moyen; les parties basses sont formées par des alluvions du Lot.

Principaux v. et h. : St-Cirq (690 hab.); — Bories hautes et basses (105 hab.), à 6 k. 500 de St-Cirq; — Castan et Laval (43 hab.), à 3 k.; — Tour-de-Faure (350 hab.), à 3 k. 500.

Cours d'eau : Rivière du Lot (bac).

Voies de cᵒⁿ : Chem. vic. de g. cᵒⁿ nᵒ 33, de Vers à Figeac (tunnel des Coudoulous); — chem. vic. d'int. com. nᵒ 61, de St-Cirq à Vaylats; — chem. vic. d'int. com. nᵒ 81, de St-Cirq à Arcambal; — 6 chem. vic. ord.

Distances : au chef-l. de cant. 13 k.; au chef-l. d'arr. et de départ. 26 k.

*Statistique* : 444 Electeurs. — 12 Cons. mun. — Sect. élect. de St-Cirq (7 cons. mun.) et de Tour-de-Faure (5 cons. mun.).

Principal des 4 cont. dir. 8547 fr.

Revenus de la commune, 789 fr.

Bureaux de bienfaisance à St-Cirq et à Tour-de-Faure (revenus annuels 1680 fr.).

*Instruction* : Ecole cˡᵉ laïque de garç. (44 élèves); — école cˡᵉ congrég. de filles (29 élèves; — école laïque de h. de garç. (46 élèves); — école congrég. de h. de filles (43 élèves).

*Produits agricoles* : Céréales, vin, tabac. — Bois.

*Commerce et Industries* : Moulins à farine. — Briqueteries. — Fabriques de robinets et de moules de boutons. — Auberge; — 5 cabarets. — Foires le jeudi gras, les 20 avril, 6 septemb. et 14 novemb. — Fêtes patr., à St-Cirq, le 16 juin et à Tour-de-Faure, le 3 août.

Historique.

*Pendant la Révolution*. — C. du cant.

de Saint-Géry et du district de Cahors.

*Avant la Révolution.* — C<sup>té</sup> de la subdél. et de l'élection de Cahors. — Paroisse sous l'invocation de St-Cirq et S<sup>te</sup>-Juliette (457 p.). — Cette c<sup>té</sup> payait 17313 livres d'impositions ; ses charges locales ord. étaient de 292 livres.

St-Cirq-Lapopie a été habité dès les premiers jours du christianisme et appartenait, au moyen-âge, à la puissante famille des Cardaillac-St-Cirq. — Des coutumes furent octroyées aux habitants de St-Cirq par leurs seigneurs. — L'église de St-Cirq était un archiprêtré.

*Anciennes mesures* : Canne = 2 <sup>m</sup> 003. — Canne carrée = 3<sup>m</sup>. <sup>c</sup>. 2568. — Quarterée = 41 <sup>ares</sup> 09 (la quarterée se subdivisait en 4 quartonats, le quartonat en 4 boisselats, le boisselat en 16 onces). — Quarte = 62 <sup>litres</sup> 4 (la quarte se subdivisait en 4 quartons, le quarton en 4 boisseaux, le boisseau en 16 onces). — Barrique = 220 <sup>litres</sup>.

*Antiquités* : Restes d'un château du XIII<sup>e</sup> siècle où Henri IV fut reçu après la prise de Cahors. — Eglise. — Maisons anciennes.

**St-CIRQ-MADELON**, (c. créée par décret du 22 juin 1872), c., cant. et arr. de Gourdon. — ✉ de Gourdon. — Percept. du Vigan. — ☥ (340 p.).

*Géographie* : Superf. 748 hect. — 323 hab. — Alt. moy. 132 <sup>m</sup>. — Terrain jurassique moyen.

Principaux v. et h. : St-Cirq ; — Lacalprade (37 hab.), à 2 k. de St-Cirq ; — Rouflac (44 hab.), à 1 k. 500.

Cours d'eau : Ruisseaux de Payrignac et de la Melve.

Voies de c<sup>on</sup> : Route dép<sup>le</sup> n° 1, de Mende à Sarlat ; — 3 chem. vic. ord.

Distances : au chef-l. de cant. et d'arr. 9 k. ; au chef-l. de départ. 52 k.

Curiosités : Grotte profonde.

*Statistique* : 103 Electeurs. — 10 Cons. mun.

Principal des 4 cont. dir. 1940 fr.

Revenus de la commune, 94 fr.

Bureau de bienfaisance (revenu annuel 144 fr.).

*Instruction* : Ecole c<sup>le</sup> mixte (28 élèves).

*Produits agricoles* : Seigle, noix, châtaignes, fourrages. — Bois.

*Commerce et Industries* : Filature de laine et 3 moulins à farine sur les ruisseaux. — Cabaret. — Fête patr., le 23 avril.

Historique.

*Pendant la Révolution.* — C. du cant. et du district de Gourdon.

*Avant la Révolution.* — St-Cirq-Madelon faisait partie, avec Millac, de la c<sup>té</sup> de Payrignac. (*Voir ce nom*).

**St-CLAIR**, c., cant. et arr. de Gourdon. — ✉ et ⬚ de Gourdon. — Percept. du Vigan. — ☥ (555 p.). — Débit de tabac.

*Géographie* : Superf. 1100 hect. — 507 hab. — Alt. moy. 273 <sup>m</sup>. — Terrain jurassique supérieur.

Principaux v. et h. : St-Clair (337 hab.).

Cours d'eau : Ruisseau de St-Clair.

Voies de c<sup>on</sup> : Chem. vic. d'int. com. n° 56, de la Roquette à St-Chamarand ; — 3 chem. vic. ord.

Distances : au chef-l. de cant. et d'arr. 7 k. ; au chef-l. de départ. 36 k.

*Statistique* : 154 Electeurs. — 12 Cons. mun.

Principal des 4 cont. dir. 2971 fr.

Revenus de la commune, 157 fr.

*Instruction* : Ecole c<sup>le</sup> laïque de garç. (34 élèves) ; — école c<sup>le</sup> laïque de filles (20 élèves).

*Produits agricoles* : Blé, maïs, pommes de terre, vin, fourrages. — Bois.

*Commerce et Industries* : Moulin à farine sur le ruisseau de St-Clair. — 2 cabarets. — Foires le lendemain de Quasimodo et les 2 juin, 14 septembre et 9 décembre (ne sont pas suivies). — Fête patr., le 1<sup>er</sup> juin.

Historique.

*Pendant la Révolution.* — St-Clair portait le nom de Belle-Rivière et formait une c. du cant. et du district de Gourdon.

*Avant la Révolution.* — C<sup>té</sup> de la subdél. de Gourdon et de l'élection de Cahors. — Paroisse sous l'invocation de St-Clair.

*Anciennes mesures* : Les mesures de St-Clair étaient celles de Gourdon.

**St-CLAIR**, *h.* ; c. de Cénevières.
**St-CLÉMENT**, *h.*, c. de Cézac.
**St-CLOU**, *h.*, c. de Meyronne.

**S<sup>te</sup>-COLOMBE**, c., cant. de Lacapelle, arr. de Figeac. — ✉ et Percept. de Lacapelle. — ☥ (637 p.).

*Géographie :* Superf. 1135 hect. — 568 hab. — Alt. moy. 555 <sup>m</sup>. — Terrains granitiques.

Principaux v. et h. : S<sup>te</sup>-Colombe ; — Besse et Maurel (68 hab.), à 4 k. de S<sup>te</sup>-Colombe ; — Doumergues, Lacompostie et Latreille (67 hab.), à 3 k. 600 ; — Larouqueyrie et Arcambal (66 hab.), à 1 k. 300 ; — Lascombelles, Aride et Suquet (133 hab.), à 2 k. 500 ; — Mialaret (39 hab.), à 1 k. 500.

Cours d'eau : Ruisseaux de Burgalières et de S<sup>te</sup>-Colombe.

Voies de c<sup>on</sup> : chem. vic. de g. c<sup>on</sup> n° 29, de Figeac à Rouqueyroux ; — 4 chem. vic. ord.

Distances : au chef-l. de cant. 11 k. ; au chef-l. d'arr. 18 k. ; au chef-l. de départ. 79 k.

*Statistique :* 167 Electeurs. — 12 Cons. mun.

Principal des 4 cont. dir. 3293 fr.

Revenus de la commune, 102 fr.

*Instruction :* Ecole c<sup>le</sup> laïque de garç. (45 élèves) ; — école c<sup>le</sup> congrég. de filles (59 élèves).

*Produits agricoles :* Blé, seigle, sarrasin, pommes de terre, châtaignes et fourrages.

*Commerce et Industries :* Moulins à farine sur les ruisseaux. — 5 cabarets. — Fête patr., le 24 juin.

### Historique.

*Pendant la Révolution.* — C. du cant. de Lacapelle et du district de Figeac.

*Avant la Révolution.* — C<sup>té</sup> de la subdél. et de l'élection de Figeac. — Paroisse sous l'invocation de St-Jean-Baptiste (385 p.). — Cette c<sup>té</sup> payait 2973 livres d'impositions ; ses charges locales ord. étaient de 96 livres.

*Anciennes mesures :* Les mesures de vin de S<sup>te</sup>-Colombe étaient celles de Lacapelle-Marival. — Les autres mesures étaient celles de Figeac.

St-Crépin, *h.*, c. de Vers.
St-Cristau, *f.*, c. de Castelnau.

**S<sup>te</sup>-CROIX**, c., cant. de Montcuq, arr. de Cahors. — ✉, 🕾 et Percept. de Montcuq. — ☗ (413 p.). — Débit de tabac.

*Géographie :* Superf. 777 hect. — 300 hab. — Alt. moy. 257 <sup>m</sup>. — Terrain tertiaire.

Principaux v. et h. : S<sup>te</sup>-Croix (74 hab.).

Cours d'eau : Cinq petits affluents des ruisseaux de la Barguelonne et de la Séoune.

Voies de c<sup>on</sup> : Chem. vic. de g. c<sup>on</sup> n° 27, de Montcuq à Montaigu ; — 3 chem. vic. ord.

Distances : au chef-l. de cant. 5 k. ; au chef-l. d'arr. et de départ. 31 k.

*Statistique :* 104 Electeurs. — 10 Cons. mun.

Principal des 4 cont. dir. 1979 fr.

Revenus de la commune, 104 fr.

Bureau de bienfaisance (revenu annuel 674 fr.).

*Instruction :* Ecole c<sup>le</sup> laïque mixte (24 élèves).

*Produits agricoles :* Céréales, vin, pommes de terre, fourrages.

*Commerce et Industries :* Moulins à farine sur les ruisseaux. — Fête patr., le 14 septembre.

### Historique.

*Pendant la Révolution.* — C. de Croix, du cant. de Montcuq et du district de Lauzerte.

*Avant la Révolution.* — C<sup>té</sup> de S<sup>te</sup>-Croix-de-Vaux et Belmontet, de la subdél. de Lauzerte et de l'élection de Cahors. — Paroisses de S<sup>te</sup>-Croix (350 p.) et de Belmontet (604 p.). — Cette c<sup>té</sup> payait 8617 livres d'impositions ; ses charges locales ord. étaient de 211 livres.

D'après R. de Fouillac, un capitaine anglais qui occupait Corn en 1389, percevait une contribution de guerre dans le bourg de S<sup>te</sup>-Croix. — Ce même village était occupé, l'année suivante, par un autre chef anglais du nom d'Antimarches.

*Anciennes mesures :* Les mesures de S<sup>te</sup>-Croix étaient celles de Montcuq.

**St-CYPRIEN**, c., cant. de Montcuq, arr. de Cahors. — ✉, 🕾 et Percept. de Montcuq. — ☗ (648 p.). — Débit de tabac. — Notaire.

*Géographie :* Superf. 1506 hect. — 607 hab. — Alt. moy. 222 <sup>m</sup>. — Terrains tertiaires.

Principaux v. et h. : St-Cyprien (54 hab.) ; — Lamasse (83 hab.) ; — Larroque et Bouyssou (147 hab.) ; — Marcillac (213 hab.) ; — Ressiguier (70 hab.).

Cours d'eau : Ruisseau du Lindou.

Voies de c<sup>on</sup> : Chem. vic. de g. c<sup>on</sup> n° 7, de Cahors à Lauzerte ; — chem. vic. d'int. com. n° 28, de Lolmie à Villefranche ; — chem. vic. d'int. com. n° 69, de Montcuq au chem. vic. de g. c<sup>on</sup> n<sup>o</sup> 7 ; — 6 chem. vic. ord.

Distances : au chef-l. de cant. 5 k. ; au chef-l. d'arr. et de départ. 31 k.

*Statistique :* 210 Electeurs. — 12 Cons. mun.

Principal des 4 cont. dir. 5629 fr.

Revenus de la commune, 463 fr.

*Instruction :* Ecole c<sup>le</sup> laïque de garç. (46 élèves) ; — école c<sup>le</sup> congrég. de filles (40 élèves).

*Produits agricoles :* Blé, maïs, avoine, vin, fourrages, légumes.

*Commerce et Industries :* Moulin à farine sur le Lindou. — Foire le 10 octob. — Fête patr., le 16 septembre.

Historique.

*Pendant la Révolution.* — C. de Cyprien, du cant. de Montcuq et du district de Lauzerte.

*Avant la Révolution.* — St-Cyprien dépendait des c<sup>tés</sup> de Sauveterre et de St-Abria, aujourd'hui dans le Tarn-et-Garonne. — Paroisse sous l'invocation de St-Cyprien (700 p.).

St-CYPRIEN, *h.,* c. de Cazillac.
St-CYRISE, *i.,* c. de Flaujac (Cahors).
St-DAU, *v.,* c. de Figeac.

**St-DAUNÈS**, c., cant. de Montcuq, arr. de Cahors. — ⊠, ▥ et Percept. de Montcuq — ⚭ (500 p.). — Rec.-buraliste.

*Géographie :* Superf. 1011 hect. — 480 hab. — Alt. moy. 238 <sup>m</sup>. — Terrains tertiaires.

Principaux v. et h. : St-Daunès ; — Bouet et Lacoste (43 hab.), à 2 k. 200 de St-Daunès ; — Carbonnier (50 hab.), à 0 k. 900 ; — Coustal (51 hab.), à 1 k. 200 ; — Masseille (39 hab.), à 3 k. 100.

Cours d'eau : Ruisseau de la Barguelonne.

Voies de c<sup>on</sup> : Route dép<sup>le</sup> n<sup>o</sup> 11, de Cahors à Lauzerte ; — chem. vic. de g. c<sup>on</sup> n<sup>o</sup> 15, de Cazals à Montcuq ; — 4 chem. vic. ord.

Distances : au chef-l. de cant. 3 k. ; au chef-l. d'arr. et de départ. 23 k.

*Statistique :* 166 Electeurs. — 10 Cons. mun.

Principal des 4 cont. dir. 4075 fr.

Revenus de la commune, 106 fr.

*Instruction :* Ecole c<sup>le</sup> laïque de garç. (36 élèves) ; — école libre congrég. de filles (28 élèves).

*Produits agricoles :* Blé, maïs, vin, fourrages.

*Commerce et Industries :* Moulins à farine sur la Barguelonne. — Auberge et café. — Fête patr., le 9 octobre.

Historique.

*Pendant la Révolution.* — C. du cant. de Montcuq et du district de Lauzerte.

*Avant la Révolution.* — C<sup>té</sup> de la subdél. de Lauzerte et de l'élection de Cahors. — Paroisse sous l'invocation de St-Denis (600 p.). — Cette c<sup>té</sup> payait 6386 livres d'impositions ; ses charges locales ord. étaient de 45 livres.

*Anciennes mesures :* Les mesures de St-Daunès étaient celles de Montcuq.

St-DÉLIS, *i.,* c. d'Ussel.
St-DENIS, *h.,* c. de Lissac.

**St-DENIS, près Catus,** c., cant. de Catus, arr. de Cahors. — ⊠ et ▥ de Catus. — Percept. de Maxou. — ⚭ (400 p.). — Débit de tabac. — Notaire.

*Géographie :* Superf. 1078 hect. — 443 hab. — Alt. moy. 266 <sup>m</sup>. — Terrain jurassique supérieur ; lambeau de terrains tertiaires.

Principaux v. et h. : St-Denis (177 hab.) ; — Lafage, Lantuéjoul et Pouget (53 hab.), à 3 k. de St-Denis ; — Lapeyrade et Guitou (64 p.), à 3 k. ; — Lasfargues, Mas de Barthes et Riffes (19 hab.), à 2 k.

Cours d'eau : Ruisseau du Vert et quelques petits affluents.

Voies de c<sup>on</sup> : chem. vic. de g. c<sup>on</sup> n<sup>o</sup> 1, de Cahors à Gourdon et n<sup>o</sup> 13, de Villefranche à Figeac ; — 6 chem. vic. ord.

Distances : au chef-l. de cant. 5 k. ; au chef-l. d'arr. et de départ. 18 k.

*Statistique :* 136 Electeurs. — 10 Cons. mun.

Principal des 4 cont. dir. 2868 fr.

Revenus de la commune, 91 fr.

*Instruction :* Ecole c<sup>le</sup> laïque de garç. (24 élèves) ; — école c<sup>le</sup> laïque de filles (16 élèves).

*Produits agricoles :* Blé, maïs, vin, châtaignes et fourrages. — Bois.

*Commerce et Industries :* Moulins à farine sur les ruisseaux. — 2 auberges. — — Fête patr., le 9 novembre.

Historique.

*Pendant la Révolution.* — C. du cant. de Catus et du district de Cahors.

*Avant la Révolution.* — C<sup>té</sup> de la subdél. de Gourdon et de l'élection de Cahors. — Paroisse sous l'invocation de St-Denis (425 p.).

*Anciennes mesures :* Les mesures de St-Denis étaient celles de Cahors.

**St-DENIS, près Martel, c.,** cant. de Martel, arr. de Gourdon. — ⊠ de Martel. — ▯ et ▯. — Percept. de Martel. — ☏ (724 p.). — Débit de tabac.

*Géographie :* Superf. 805 hect. — 747 hab. — Alt. moy. 224 ᵐ. — Cette c. s'étend sur les marnes du supra-lias.

Principaux v. et h.*: St-Denis (165 hab.); — Laquillal (37 hab.), à 1 k. de St-Denis; — Louillé (35 hab.), à 1 k. 500; — Pont-de-Lafon (65 hab.), 1 k.; — Scourtils (79 hab.), à 2 k.

Cours d'eau : La Dordogne, la Tourmente et la Sourdoire.

Voies de cᵒⁿ : Route dépᵗˡᵉ nᵒ 3, de Sarlat à Aurillac; — chem. vic. de g. cᵒⁿ nᵒ 26, de Vayrac à Gluges; — chem. vic. d'int. com. nᵒ 11, de la route dépᵗˡᵉ nᵒ 14, à la route dépᵗˡᵉ nᵒ 18; — 3 chem. vic. ord.

Distances : au chef-l. de cant. 7 k.; au chef-l. d'arr. 43 k.; au chef-l. de départ. 76 k.

Curiosités : Cascade et abîme d'une grande profondeur.

*Statistique :* 234 Electeurs. — 12 Cons. mun.

Principal des 4 cont. dir. 5330 fr.

Revenus de la commune, 217 fr.

Bureau de bienfaisance (revenu annuel 286 fr.).

*Instruction :* Ecole cˡᵉ laïque de garç. (58 élèves); — école libre de filles (60 élèves).

*Produits agricoles :* Céréales, vin, tabac, noix, chanvre, fourrages.

*Commerce et Industries :* Moulins à farine sur la Tourmente. — 6 hôtels ou auberges; — cabaret; — café. — Fête patr., le 9 octobre.

Historique.

*Pendant la Révolution.* — C. de Seu-Denis, du cant. de Martel et du district de St-Céré.

*Avant la Révolution.* — Cᵗᵉ de la subdél. de Gourdon et de l'élection de Figeac. — Cette cᵗᵉ qui appartenait à la vicomté de Turenne formait une paroisse sous l'invocation de St-Denis (606 p.).

*Anciennes mesures :* Les mesures de St-Denis étaient celles de Martel.

St-Etienne, *h.,* c. de Béduer.
St-Etienne, *h.,* c. de Flaugnac.
St-Etienne, *h.,* c. de St-Caprais.
St-Etienne, *v.,* c. de St-Paul-Labouffie

St-Etienne-de-Montagnac, *h.,* c. de [St-Cirq-Lapopie].
St-Etienne-Lacombe, *v.* c. de Souillac.

**S<sup>te</sup>-EULALIE, c.,** cant. de Livernon, arr. de Figeac. — ⊠ et Percept. de Livernon. — ▯ du Pournel. — ☏ de S<sup>te</sup>-Eulalie (119 p.) et d'Espagnac (250 p.). — Débit de tabac.

*Géographie :* Superf. 975 hect. — 379 hab. — Alt. moy. 315 ᵐ. — Cette c. s'étend sur les marnes du supra-lias et sur le jurassique inférieur.

Principaux v. et h. : S<sup>te</sup>-Eulalie (46 hab.); — Causse d'Espagnac (44 hab.), à 2 k. de S<sup>te</sup>-Eulalie; — Espagnac (123 hab.), à 2 k.; — Riom (38 hab.), à 0 k. 500; — Salabiau (26 hab.), à 1 k.; — Vieilles-Vignes (16 hab.), à 2 k. 300.

Cours d'eau : Rivière du Célé.

Voies de cᵒⁿ : Chem. vic. de g. cᵒⁿ nᵒ 41, de Figeac à Cahors, par Marcillac; — 4 chem. vic. ord.

Distances : au chef-l. de cant. 12 k.; au chef-l. d'arr. 17 k.; au chef-l. de départ. 61 k.

*Statistique :* 120 Electeurs. — 10 Cons. mun. — Sect. élect. de S<sup>te</sup>-Eulalie (3 cons. mun.) et d'Espagnac (7 cons. mun.).

Principal des 4 cont. dir. 2846 fr.

Revenus de la commune, 237 fr.

*Instruction :* Ecole cˡᵉ laïque de garç. à Espagnac (28 élèves); — école libre laïque de filles à Espagnac (22 élèves).

*Produits agricoles :* Blé, seigle, vin, tabac, pommes de terre.

*Commerce et Industries :* 2 moulins à farine sur le Célé. — 2 cabarets. — Fête patr., le 10 décembre.

Historique.

*Pendant la Révolution.* — C. d'Espagnac S<sup>te</sup>-Eulalie, du cant. de Livernon et du district de Figeac.

*Avant la Révolution.* — Cᵗᵉ de S<sup>te</sup>-Eulalie d'Espagnac, de la subdél. et de l'élection de Figeac. — Paroisse sous l'invocation de S<sup>te</sup>-Eulalie (435 p.) — Cette cᵗᵉ payait 2742 livres d'impositions; ses charges locales ord. étaient de 72 livres.

Le village de S<sup>te</sup>-Eulalie fut hypothéqué aux Anglais, en 1287. — Espagnac avait jadis un couvent important de chanoinesses régulières de St-Augustin, fondé au XIII<sup>e</sup> siècle, par Aymeric d'Hébrard de St-Sulpice, évêque de Coïmbre en Portugal. — Ce monastère, connu sous le nom de *Val de Paradis* d'Espagnac, renfermait, quelques années avant la Révolution de 1789, 22 religieuses qui se livraient à l'éducation des jeunes filles de la contrée.

*Anciennes mesures :* La principale mesure de vin de St<sup>e</sup>-Eulalie était la charge contenant 133 <sup>litres</sup> 76. — Les autres mesures étaient celles de Figeac.

*Antiquités :* Ancien couvent des Augustines dont a formé aujourd'hui l'église, le presbytère, la maison commune et 3 habitations particulières. — L'église renferme les tombeaux de Bertrand de Cardaillac, évêque de Cahors, et de son frère Marquès de Cardaillac, connus tous deux par l'énergique résistance qu'ils opposèrent aux Anglais, pendant la guerre de cent ans.

**St-Eyssau**, h., c. du Roc.

**St-FÉLIX**, c., cant. de Figeac (est). — ⊠, 🕾 et 🖃 de Figeac. — Percept. — ♂ de St-Félix (600 p.) et de St-Jean-Mirabel (510 p.). — Débit de tabac.

*Géographie :* Superf. 1693 hect. — 1039 hab. — Alt. moy. 332 <sup>m</sup>. — Cette c. se trouve sur la ligne de séparation des terrains primitifs ou granitiques et des terrains secondaires.

Principaux v. et h. : St-Félix (49 hab.); — Laroque (210 hab.), à 4 k. de St-Félix; — St-Rames (197 hab ), à 5 k.; — St-Jean-Mirabel (29 hab.), à 3 k. — (St-Jean-Mirabel a été pendant longtemps une c. distincte).

Cours d'eau : Ruisseau de Guirande et affluents; — Le Célé borne la c. au nord.

Voies de c<sup>on</sup> : Chem. vic. de g. c<sup>on</sup> n° 2, de Gourdon à Figeac; — chem. vic. d'int. com. n° 53, de Bouillac au Colombié; — chem. vic. d'int com. n° 75, de Bagnac au chem. de g. c<sup>on</sup> n° 2; — 6 chem. vic. ord.

Distances : au chef-l. de cant. et d'arr. 8 k.; au chef-l. de départ. 79 k.

*Statistique :* 356 Electeurs. — 12 Cons. mun. — Sect. élect. de St-Félix (7 cons. mun.) et de St-Jean (5 cons. mun.).

Principal des 4 cont. dir. 6090 fr.

Revenus de la commune, 284 fr.

*Instruction :* Ecole c<sup>le</sup> laïque de garç. (44 élèves); — école c<sup>le</sup> laïque de filles (39 élèves); — école de hameau (30 élèves).

*Produits agricoles :* Céréales, vin, fourrages.

*Commerce et Industries :* 4 cabarets. — Fête patr., le 13 août à St-Félix et le 24 juin à St-Jean.

Historique.

*Pendant la Révolution.* — St-Félix formait les c. de St-Félix et de St-Jean-Mirabel du cant. et du district de Figeac.

*Avant la Révolution.* — C<sup>té</sup> de la subdél. et de l'élection de Figeac. — Paroisse sous l'invocation de St<sup>e</sup>-Radegonde (832 p.). — Cette c<sup>té</sup> payait 10285 livres d'impositions; ses charges locales ord. étaient de 223 livres.

L'église de St-Félix fut donnée aux chanoines réguliers de Cahors par le Pape Pascal II en 1106. — En 1146 cette même église appartenait à l'abbaye de Figeac. — St-Félix est une des communes du haut Quercy où le calvinisme se maintint le plus longtemps.

*Anciennes mesures :* La principale mesure de vin de St-Félix était la charge contenant 97 <sup>litres</sup> 63. — Les autres mesures étaient celles de Figeac.

**St-Félix**, h., c. de Condat.
**St-Félix**, h., c. de St-Michel-de-Ban.
**St-Félix**, v., c. de Valprionde.
**St-Félix-en-Serre**, h., c. de Valprionde.
**St-Fleurien**, v., c. de Belfort.
**St<sup>e</sup>-Foy**, h., c. de Belmont.
**St<sup>e</sup>-Frie**, h., c. de St<sup>e</sup>-Colombe.
**St-Geniès**, v., c. de Belfort.
**St-Geniès**, v., c. de Montcuq.
**St-Genty**, i., c. de Grèzels.
**St-George**, f. g., c. de Cahors.
**St-George**, h., c. de Figeac.
**St-George**, h., c. de Montvalent.

**St-GERMAIN-de-Bel-Air**, c., chef-l. de cant. de l'arr. de Gourdon. — ⊠ et Percept. — ♂ (1250 p.). — Rec.-buraliste. — Notaire.

*Géographie :* Superf. 2147 hect. — 1115 hab. — Alt. moy. 327 <sup>m</sup>. — Terrain jurassique supérieur.

Principaux v. et h. : St-Germain (532 hab.).

Cours d'eau : Ruisseau du Céou.

Voies de c<sup>on</sup> : Chem. vic. de g. c<sup>on</sup> n° 22, de Pont-de-Rode à l'Abbaye; — chem. vic. d'int. com. n° 36, de St-Chamarand à Gigouzac; — 6 chem. vic. ord.

Distances : au chef-l. d'arr. 16 k.; au chef-l. de départ. 30 k.

*Statistique :* 365 Electeurs. — 12 Cons. mun.

Principal des 4 cont. dir. 7261 fr.

Revenus de la commune, 1124 fr.

Bureau de bienfaisance (revenu annuel 56 fr.).

*Instruction* : Ecole c<sup>le</sup> laïque de garç. (67 élèves) ; — école libre congrég. de filles (70 élèves).

*Produits agricoles* : Céréales, vin, tabac, pommes de terre, fourrages.

*Commerce et Industries* : Moulins à farine sur le Céou. — 3 hôtels ou auberges ; — 6 cabarets ; — 7 cafés. — Foires le 22 de chaque mois, exceptés juillet, septemb. et octob. — Halle aux grains. — Fête patr., le 29 juillet.

Historique.

*Pendant la Révolution.* — St-Germain portait le nom de Belle-Plaine et était un chef-l. de cant. du district de Gourdon.

*Avant la Révolution.* — C<sup>té</sup> de la subdél. de Gourdon et de l'élection de Cahors. — Paroisse sous l'invocation de St-Germain (1400 p.). — Cette c<sup>té</sup> payait 12456 livres d'impositions ; ses charges locales ord. étaient de 239 livres.

En l'année 1200, Pierre de St-Pierre se reconnut vassal de l'évêque de Cahors, pour les dîmes des églises de St-Germain et de St-Nazaire-le-Vieux ; il promit d'accompagner son suzerain à la guerre contre les Albigeois et de bannir de ses terres tous ceux qui seraient entachés d'hérésie.

*Anciennes mesures :* Les mesures de St-Germain étaient celles de Gourdon.

*Antiquités :* On a trouvé à St-Germain divers objets de l'époque Mérovingienne et notamment un grand nombre de vases.

*Hommes célèbres :* Jean-Louis Penchenat, abbé de la Chancellade (1715-1793). — Le lieutenant-général Louis, comte de Durfort-Boissières (1753-1823).

St-Gervais, *m.*, c. de Castelnau.

St-Gervais, *m.*, c. de St-Paul.

**St-Géry**, *c.*, chef-l. de cant. de l'arr. de Cahors. — ⊠ et Percept. — ☿ de St-Géry (440 p.), de Bouziès-Bas (180 p.) et des Masseries (300 p.). — Rec.-buraliste et Débit de tabac. — Notaire. — Brigade de gendarmerie à pied.

*Géographie :* Superf. 1358 hect. — 803 hab. — Alt. moy. 213<sup>m</sup>. — Cette c. se trouve sur la ligne de séparation du terrain jurassique moyen et supérieur.

Principaux v. et h. : St-Géry (201 hab.) et le Mas (130 hab.) ; — Bouziès-Bas (152 hab.), à 5 k. de St-Géry ; — les Masseries (253 hab.), à 3 k.

Cours d'eau : Rivière du Lot (bacs à St-Géry et aux Masseries).

Voies de c<sup>on</sup> : Chem. vic. de g. c<sup>on</sup> n° 10, de Labastide à St-Géry ; — chem. vic. de g. c<sup>on</sup> n° 33, de Vers à Figeac ; — chem. vic. d'int. com. n° 5, de St-Géry à Montpezat ; — 6 chem. vic. ord.

Distances : au chef-l. d'arr. et de départ. 19 k.

*Statistique :* 277 Electeurs. — 10 Cons. mun. — Sect. élect. de St-Géry (5 cons. mun.) et des Masseries (5 cons. mun.).

Principal des 4 cont. dir. 6015 fr.

Revenus de la commune, 779 fr.

Bureau de bienfaisance (revenu annuel 115 fr.).

*Instruction :* Ecole c<sup>le</sup> laïque de garç. ; — école c<sup>le</sup> congrég. de filles ; — écoles congrég. de h. à Bouziès et aux Masseries.

*Produits agricoles :* Céréales, vin, tabac. — Bois.

*Commerce et Industries :* 5 briqueteries. — Auberge ; — 5 cabarets ; — 2 cafés. — Foires les 26 avril et 9 novemb. — Fêtes patr., à St-Géry, le 24 août, à Bouziès, le 11 novemb. et aux Masseries, le 8 septembre.

Historique.

*Pendant la Révolution.* — Chef-l. de cant. du district de Cahors.

*Avant la Révolution.* — C<sup>té</sup> de la subdél. et de l'élection de Cahors. — Paroisse sous l'invocation de St-George (622 p.). — Cette c<sup>té</sup> payait 5848 livres d'impositions ; ses charges locales ord. étaient de 163 livres.

*Anciennes mesures :* Les mesures de St-Géry étaient celles de Cahors.

*Antiquités :* Tumulus. — Souterrains fortifiés par la main de l'homme.

St-Géry, *m.*, c. de Lascabanes.

St-Henry, *v.*, c. de Cahors.

St-Hilaire, *m. e.*, c. de Cabrerets.

St-Hilaire, *v.*, c. de Lalbenque.

St-Hilaire, *h.*, c. de Montfaucon.

**St-Hilaire-des-Bessonies**, c., cant. de Latronquière, arr. de Figeac. — ⊠ et Percept. de Latronquière. — ⊠ de Maurs. — ☿ de St-Hilaire (340 p.) et de Bessonies (320 p.). — Débits de tabac à St-Hilaire et à Bessonies.

*Géographie* : Superf. 1534 hect. — 658 hab. — Alt. moy. 571 ᵐ. — Terrain primitif ou granitique.

Principaux v. et h. : St-Hilaire (29 hab.) et Bessonies (57 hab.), à 3 k. 500 de St-Hilaire.

Cours d'eau : Ruisseaux de Veyre, d'Ombre et de Veyrol.

Voies de cᵒⁿ : Chem. vic. de g. cᵒⁿ n° 16, de Cahors à Aurillac ; — 5 chem. vic. ord.

Distances : au chef-l. de cant. 9 k. ; au chef-l. d'arr. 29 k. ; au chef-l. de départ. 96 k.

*Statistique* : 166 Electeurs. — 12 Cons. mun.

Principal des 4 cont. dir. 3296 fr.

Revenus de la commune, 71 fr.

*Instruction* : Ecole cˡᵉ laïque de garç. (31 élèves). — Ecole cˡᵉ laïque de filles.

*Produits agricoles* : seigle, sarrasin, pommes de terre, châtaignes, fourrages.

*Commerce et Industries* : 5 moulins à farine sur les ruisseaux. — 6 cabarets. — Fêtes patr., à St-Hilaire le 1ᵉʳ dimanche de mai ; à Bessonies le 8 septembre.

### Historique.

*Pendant la Révolution.* — C. de Saint-Hilaire-Bessonies, du cant. de Latronquière et du district de Figeac.

*Avant la Révolution.* — Cᵗᵉ de St-Hilaire et Bessonies, de la subdél. et de l'élection de Figeac. — Paroisses de St-Hilaire, sous l'invocation de St-Hilaire, et de Bessonies, sous l'invocation de la Sᵗᵉ-Vierge. — Cette cᵗᵉ qui comptait 650 habitants payait 10632 livres d'impositions ; ses charges locales ord. étaient de 213 livres.

*Anciennes mesures* : Setier = 78 ˡⁱᵗʳᵉˢ (le setier se subdivisait en 2 émines, l'émine en 2 quartes, la quarte en 5 pennes, la penne en 4 pennons). — Les autres mesures de St-Hilaire étaient celles de Figeac.

*Antiquités* : Château de Bessonies où fut arrêté le maréchal Ney.

**St-Jean**, *h.*, c. de Montcuq.

**St-Jean-de-Grézels**, *h.*, c. de Grézels.

**St-Jean-de-Laur**, c., cant. de Cajarc, arr. de Figeac. — ⊠, ▥ et Percept. de Cajarc. — ☗ (788 p.). — Débit de tabac. — Notaire.

*Géographie* : Superf. 2157 hect. — 687 hab. — Alt. moy. 330 ᵐ. — Terrain jurassique moyen. — Importants gisements de phosphates de chaux d'une grande blancheur.

Principaux v. et h. : St-Jean-de-Laur (234 hab.) ; — Mas de Couderc (22 hab.), à 3 k. 500 de St-Jean ; — Mas del Pech (63 hab.), à 1 k. 500.

Cours d'eau : Ruisseau de Lantouï. — La rivière du Lot limite la c. au nord.

Voies de cᵒⁿ : Route dépˡᵉ n° 7, de Figeac à Limogne ; — chem. vic. d'int. com. n° 20, de la route dépˡᵉ n° 7, à la route natˡᵉ n° 111 ; — chem. vic. d'int. com. n° 32, de St-Jean-de-Laur à Jamblusse ; — 4 chem. vic. ord.

Distances : au chef-l. de cant. 11 k. ; au chef-l. d'arr. 36 k. ; au chef-l. de départ. 44 k.

Curiosités : Gouffres de Loule et Lantouï. — Du gouffre de Lantouï qui mesure environ 45 mètres de circonférence, sort un ruisseau de 6 mètres de large assez abondant pour faire marcher constamment plusieurs moulins à farine. — Grotte ou caverne de Gueiffler ou Waïffler.

*Statistique* : 212 Electeurs. — 12 Cons. mun.

Principal des 4 cont. dir. 3361 fr.

Revenus de la commune, 316 fr.

Bureau de bienfaisance (revenu annuel 103 fr.).

*Instruction* : Ecole cˡᵉ laïque de garç. (37 élèves) ; — école cˡᵉ congrég. de filles (41 élèves).

*Produits agricoles* : Blé, maïs, vin, avoine, truffes. — Bois.

*Commerce et Industries* : Extraction de phosphates de chaux. — Moulins à farine. — 3 cabarets. — Foires le mercredi de Pâques, les 22 juin, 14 septembre et 20 novembre. — Halle aux grains. — Fête patr., le 24 juin.

### Historique.

*Pendant la Révolution.* — C. du cant. de Cajarc et du district de Figeac.

*Avant la Révolution.* — Cᵗᵉ de la subdél. de Villefranche et de l'élection de Montauban. — Paroisse sous l'invocation de St-Jean évangéliste (785 p.). — Cette cᵗᵉ payait 7025 livres d'impositions ; ses charges locales ord. étaient de 173 livres. — St-Jean-de-Laur eut beaucoup à souffrir de la guerre de cent ans ; cette localité fut occupée plusieurs fois par les Anglais.

*Anciennes mesures* : Les mesures de St-Jean-de-Laur étaient celles de Cajarc.

*Antiquités :* Dolmens. — Grotte de Waïffier, signalée plus haut, et dont l'entrée conserve des restes de fortifications ; la tradition fait réfugier dans cette grotte le duc Waïffre poursuivi par les troupes de Pépin le Bref. — On a trouvé sur le plateau situé au-dessus de cette caverne des cercueils renfermant chacun 2 squelettes entiers ; — sur ce même emplacement on voit les vestiges d'un fort très-important, qui, au XIIᵉ siècle, était le chef-lieu d'une baronnie. — A peu de distance de ces retranchements, et sur le flanc même du côteau qui domine le gouffre de Lantoui, on remarque les ruines d'un ancien monastère de femmes fondé, dit-on, par Charlemagne.

Sᵗ-Jean-de-Mirabel, *v.*, c. de St-Félix.
Sᵗ-Jean-des-Arades, *v.*, c. de Belfort.
Sᵗ-Jean-Lagineste, *v.*, c. de Bannes.

**Sᵗ-Jean-Lespinasse**, c., cant. de St-Céré, arr. de Figeac. — ⊠, 🖷 et Percept. de St-Céré. — ⚕ (450 p.). — Débit de tabac.
*Géographie :* Superf. 739 hect. — 517 hab. — Alt. moy. 295 ᵐ. — Cette c. se trouve sur les marnes irisées et les grès du trias. — Carrières de marbre de diverses couleurs.
Principaux v. et h. : St-Jean (123 hab.).
Cours d'eau : La Bave et les ruisseaux de Revéry et de Mundine.
Voies de cᵒⁿ : Route natˡᵉ nᵒ 140, de Montargis à Figeac ; — route dépˡᵉ nᵒ 5, de Cahors à Clermont ; — chem. vic. de g. cᵒⁿ nᵒ 38, de Vayrac à St-Céré ; — chem. vic. d'int. com. nᵒ 72, de Bonneviole à St-Céré ; — 3 chem. vic. ord.
Distances : au chef-l. de cant. 3 k. ; au chef-l. d'arr. 42 k. ; au chef-l. de départ. 73 k.
Curiosités : Ruisseau disparaissant dans une caverne et reparaissant 2 k. plus loin dans une autre grotte.
*Statistique :* 152 Electeurs. — 12 Cons. mun.
Principal des 4 cont. dir. 4170 fr.
Revenus de la commune, 144 fr.
Bureau de bienfaisance (revenu annuel 104 fr.).
*Instruction :* Ecole cˡᵉ laïque de garç. (25 élèves) ; — école cˡᵉ laïque de filles (25 élèves).
*Produits agricoles :* Céréales, vin, légumes, fourrages, fruits.

*Commerce et Industries :* 3 moulins à farine sur les ruisseaux. — 2 briqueteries ; — pressoir à huile ; — tannerie. — 2 cabarets. — Fête patr., le 24 juin.

Historique.

*Pendant la Révolution.* — C. du cant. et du district de St-Céré.
*Avant la Révolution.* — Cᵗᵉ de la subdél. et de l'élection de Figeac ; appartenait à la vicomté de Turenne et formait une paroisse sous l'invocation de St-Jean-Baptiste (487 p.).
*Anciennes mesures :* Les mesures de St-Jean étaient celles de St-Céré.
*Antiquités :* Camp des Césarines (*Castra Cesaris*). — Restes du château de Montal (Renaissance) construit en 1534 ; — ce château qui existait encore en entier à la fin de l'année 1880 vient d'être entièrement dévasté ; toutes les sculptures et inscriptions ont été enlevées et transportées à Paris pour être vendues. — Au XIIIᵉ siècle le lieu de Montal appartenait aux seigneurs de Miers et portait le nom de Repaire de St-Pierre. En 1489, Bertrand de Miers y fonda une chapellenie ; il passa dans la suite dans la maison de Montal qui lui donna son nom et fit construire le château célèbre par la poétique légende de Rose de Montal. — Au moment de la Révolution de 1789, le château de Montal appartenait à M. le comte de Tanes, député de la noblesse du Quercy, aux Etats généraux.

Sᵗ-Julien, *h.*, c. de Cazillac.
Sᵗ-Julien, *m. e.* et *i.*, c. de Cras.

**Sᵗ-Laurent**, c., cant. de Montcuq, arr. de Cahors. — ⊠, 🖷 et Percept. de Montcuq. — ⚕ de St-Laurent (300 p.) et de Lolmie (316 p.). — Rec.-buraliste.
*Géographie :* Superf. 1081 hect. — 495 hab. — Alt. moy. 214 ᵐ. — Terrains tertiaires.
Principaux v. et h. : St-Laurent et Lolmie à 1 k. 500 de St-Laurent.
Cours d'eau : Ruisseau du Lendou.
Voies de cᵒⁿ : Chem. vic. de g. cᵒⁿ nᵒ 7, de Cahors à Lauzerte ; — chem. vic. d'int. com. nᵒ 28, de Lolmie à Villefranche ; — 3 chem. vic. ord.
Distances : au chef-l. de cant. 6 k. ; au chef-l. d'arr. et de départ. 28 k.
*Statistique :* 187 Electeurs. — 10 Cons. mun. — Sect. élect. de St-Laurent (4

cons. mun.) et de Lolmie (6 cons. mun.).

Principal des 4 cont. dir. 5028 fr.

Revenus de la commune, 124 fr.

*Instruction* : Ecole c<sup>le</sup> laïque de garç. (40 élèves) ; — école libre laïque de filles à Lolmie (12 élèves).

*Produits agricoles* : Blé, vin, maïs, fourrages.

*Commerce et Industries* : 2 moulins à farine sur le Lendou. — Café. — Fêtes patr., à St-Laurent, le 10 août et à Lolmie, le 25 novembre.

Historique.

*Pendant la Révolution.* — St-Laurent formait les c. de St-Laurent et de Lolmie, du cant. de Montcuq et du district de Lauzerte.

*Avant la Révolution.* — St-Laurent dépendait de la c<sup>té</sup> de Montlauzun et formait une paroisse sous l'invocation de St-Laurent. — Lolmie était une c<sup>té</sup> de la subdél. de Lauzerte et de l'élection de Cahors. — Cette c<sup>té</sup> payait 3083 livres d'impositions ; ses charges locales ord. étaient de 135 livres. — Paroisses de Lolmie, sous l'invocation de S<sup>te</sup>-Catherine (170 p.) et de St-Martin-d'Ern, sous l'invocation de St-Martin (218 p.).

Le château de Lolmie, appartenait au XIII<sup>e</sup> siècle, à un seigneur qui avait prêté serment de fidélité à Simon de Montfort et qui livra le comte Baudouin, frère et ennemi du comte de Toulouse, à Ratier de Castelnau.

*Anciennes mesures* : Les mesures de St-Laurent étaient celles de Montcuq.

*Antiquités* : Souterrains creusés par la main de l'homme et qui, d'après la tradition locale servaient de refuge aux habitants de la contrée pendant la guerre de cent ans. — Restes de l'ancien château de Lolmie.

St-LAURENT, v., c. de Beauregard.
St-LAURENT, h., c. de Corn.
St-LAURENT, i., c. de Reyrevignes.

**St-LAURENT-LES-TOURS**, c., cant. de St-Céré, arr. de Figeac. — ⊠, ⌖ et Percept. de St-Céré. — ⚕ de St-Laurent (315 p.) et de Crayssac (344 p.).

*Géographie* : Superf. 1055 hect. — 516 hab. — Alt. moy. 301 <sup>m</sup>. — Terrain du lias ; — les bancs de calcaire de cette formation renferment beaucoup d'ammonites.

Principaux v. et h. : St-Laurent (89

hab.) ; — Lapascalie (29 hab.), à 0 k. 950 de St-Laurent ; — Planèze (16 hab.), à 3 k. ; — Plieux (60 hab.), à 0 k. 800.

Voies de c<sup>on</sup> : Route nat<sup>le</sup> n° 140, de Figeac à Montargis ; — chem. vic. d'int. com. n° 15, de St-Céré à Comiac ; — 8 chem. vic. ord.

Distances : au chef-l. de cant. 1 k. ; au chef-l. d'arr. 44 k. ; au chef-l. de départ. 77 k.

*Statistique* : 158 Electeurs. — 12 Cons. mun.

Principal des 4 cont. dir. 3848 fr.

Revenus de la commune, 20 fr.

Bureau de bienfaisance (revenu annuel 211 fr.).

*Instruction* : Ecole c<sup>le</sup> laïque de garç. (17 élèves) ; — école laïque de h. de filles (58 élèves).

*Produits agricoles* : Céréales, vin. — Bois.

*Commerce et Industries* : Fête patr., le 10 août.

Historique.

*Pendant la Révolution.* — C. de St-Laurent, du cant. et du district de St-Céré.

*Avant la Révolution.* — C<sup>té</sup> de la subdél. et de l'élection de Figeac. — Paroisse sous l'invocation de St-Laurent (575 p.).

*Anciennes mesures* : Les mesures de St-Laurent étaient celles de St-Céré.

*Antiquités* : Tours de St-Laurent (mon. hist.). — Ces deux tours sont à peu près tout ce qui reste de l'ancien château de St-Séré ou *Sérénus*, qui appartenait, dit-on, à la famille de S<sup>te</sup>-Espérie et fut longtemps occupé, au moyen-âge, par les officiers des vicomtes de Turenne.

St-LÉGER, h., c. de Meyronne.
St-MARC, i., c. de Luzech.
S<sup>te</sup>-MARGUERITE, h., c. de Laroque-des-Arcs.
S<sup>te</sup>-MARIE, m., c. de Calès.
St-MARTIAL, v., c. de St-Pantaléon.
St-MARTIN (*écluse*), c. de Crégols.
St-MARTIN, h., c. de Lavercantière.
St-MARTIN, i., c. de Lunan.

**St-MARTIN-DE-VERS**, c., cant. de Lauzès, arr. de Cahors. — ⊠ et Percept. de Lauzès. — ⚕ de St-Martin (395 p.) et de Fages (226 p.). — Rec.-buraliste.

*Géographie* : Superf. 992 hect. — 608 hab. — Alt. moy. 345 <sup>m</sup>. — Terrain jurassique moyen.

Principaux v. et h. : St-Martin (241

hab.); — Fages (228 hab.), à 3 k. 500 de St-Martin; — Verliès (34 hab.), à 2 k.

Cours d'eau : Ruisseau de Vers. — Fontaine minérale.

Voies de c<sup>on</sup> : Chem. vic. de g. c<sup>on</sup> n° 13, de Figeac à Cazals et à Belvez; — chem. vic. d'int. com. n° 2, de Vers à la route dép<sup>le</sup> n° 1; — chem. vic. d'int. com. n° 52, de St-Martin-de-Vers à Laroque-des-Arcs; — 4 chem. vic. ord.

Distances : au chef-l. de cant. 4 k.; au chef-l. d'arr. et de départ. 27 k.

*Statistique* : 195 Electeurs. — 12 Cons. mun. — Sect. élect. de St-Martin (8 cons. mun.) et de Fages (4 cons. mun.).

Principal des 4 cont. dir. 3868 fr.

Revenus de la commune 345 fr.

Bureau de bienfaisance (revenu annuel 340 fr.).

*Instruction* : Ecole c<sup>le</sup> laïque de garç. (44 élèves); — école c<sup>le</sup> congrég. de filles (24 élèves); — école congrég. de hameau de filles à Fages (29 élèves).

*Produits agricoles* : Céréales, vin, tabac, chanvre, fourrages. — Bois.

*Commerce et Industries* : 12 moulins à farine sur le ruisseau de Vers. — Tissage du chanvre. — Auberge. — Foires les 3 février, 6 mars, 12 sept., 12 et 28 nov.— Fête patr., le 11 novembre.

Historique.

*Pendant la Révolution.* — St-Martin formait les 2 c. de St-Martin-de-Vers et de Fages, du cant. de Cabrerets et du district de Cahors.

*Avant la Révolution.* — C<sup>té</sup> de la subdél. de Gourdon et de l'élection de Cahors. —Paroisse sous l'invocation de St-Martin (445 p.).

*Anciennes mesures* : Les mesures de St-Martin étaient celles de Cahors.

*Antiquités* : Ruines d'un ancien couvent de Templiers.

**St-MARTIN-LABOUVAL**, c., cant. de Limogne, arr. de Cahors. — ⊠ de Limogne. — Percept. de Cabrerets. — ☗ (675 p.). — Débit de tabac.

*Géographie* : Superf. 1349 hect. — 621 hab. — Alt. moy. 278<sup>m</sup>. — Terrain jurassique moyen. — Gisements de phosphates de chaux.

Principaux v. et h. : St-Martin (261 hab.); — Latoulzanie à 2 k. 500 de St-Martin; — Nougayrac à 3 k. 500.

Cours d'eau : Rivière du Lot (pont).

Voies de c<sup>on</sup> : Chem. vic. de g. c<sup>on</sup> n°

33, de Vers à Figeac; — chem. d'int. com. n° 4, de St-Martin à Puylagarde; — 4 chem. vic. ord.

Distances : au chef-l. de cant. 11 k.; au chef-l. d'arr. et de départ. 35 k.

*Statistique* : 206 Electeurs. — 12 Cons. mun.

Principal des 4 cont. dir. 4719 fr.

Revenus de la commune, 266 fr.

Bureau de bienfaisance (revenu annuel 213 fr.).

*Instruction* : Ecole c<sup>le</sup> laïque de garç. (34 élèves); — école c<sup>le</sup> congrég. de filles (28 élèves).

*Produits agricoles* : Céréales, tabac, vin.

*Commerce et Industries* : Filature et scierie mécanique. — 3 cabarets; — 2 cafés. — Foires les 27 avril et 12 novembre. — Fête patr., le 11 novembre.

Historique.

*Pendant la Révolution.* — St-Martin formait les c. de St-Martin et de Latoulzanie, du district de Cahors; la première de ces c. appartenait au cant. de St-Géry; la seconde au cant. de Cabrerets.

*Avant la Révolution.* — St-Martin formait 2 c<sup>tés</sup> de la subdél. et de l'élection de Cahors :

1° C<sup>té</sup> de St-Martin : payait 2558 livres d'impositions; ses charges locales ord. éiaient de 67 livres; paroisse sous l'invocation de St-Martin (1400 p.);

2° C<sup>té</sup> de Latoulzanie : payait 2604 livres d'impositions; ses charges locales ord. étaient de 49 livres.

*Anciennes mesures* : Canne = 2<sup>m</sup> 003. — Canne carrée = 4<sup>m. c.</sup> 0127. — Quarterée = 41<sup>ares</sup> 0902 (la quarterée se subdivisait en 4 quartonats, le quartonat en 4 boisselats, le boisselat en 16 onces). — Quarte = 24<sup>litres</sup> 028 (la quarte se subdivisait en 4 pugnères). — Barrique = 212<sup>litres</sup> 35 (la barrique se subdivisait en 5 setiers et le setier en 64 pauques).

*Antiquités* : Dolmen de Nougayrac.

St-Martin-des-Bois, v., c. de Prudhomat.

St-Martin-d'Hermy, h., c. de St-Laurent. (Montcuq).

St-Martin-le-Désarnat, v., c. de [Lavercantière].

St-Martin-le-Redon, v., c. de Duravel.

**St-MATRÉ**, c., cant. de Montcuq, arr. de Cahors. — ⊠ et Percept. — ☗ (460 p.). — Rec.-buraliste.

*Géographie :* Superf. 641 hect. — 323 hab. — Alt. moy. 237 <sup>m</sup>. — Terrain tertiaire.

Principaux v. et h. : St-Matré ; — Coulourgues à 2 k. de St-Matré et Serre à 2 k.

Cours d'eau : Ruisseau de St-Matré.

Voies de c<sup>on</sup> : Route dép<sup>le</sup> n° 17, de Villesèque à Agen ; — chem. vic. de g. c<sup>on</sup> n° 4, de Cazals à Montcuq ; — chem. vic. d'int. com. n° 8, de Puy-l'Evêque à Montaigu ; — chem. vic. d'int. com. n° 66, de St-Matré au chem. de g. c<sup>on</sup> n° 8 ; — 1 chem. vic. ord.

Distances : au chef-l. de cant. 12 k. ; au chef-l. d'arr. et de départ. 34 k.

*Statistique :* 95 Electeurs. — 10 Cons. mun.

Principal des 4 cont. dir. 2315 fr.

Revenus de la commune, 272 fr.

*Instruction :* Ecole c<sup>le</sup> laïque de garç. (18 élèves) ; — école libre congrég. de filles (30 élèves).

*Produits agricoles :* Céréales, vin, fourrages.

*Commerce et Industries :* 3 moulins à farine sur le ruisseau. — Auberge et cabaret. — Foires les 20 janv., 17 mars, 30 août et 20 septemb. — Marché le 1<sup>er</sup> et le 3<sup>e</sup> vendredi de chaque mois. — Fête patr., le 1<sup>er</sup> juin.

Historique.

*Pendant la Révolution.* — C. de Matré, du cant. de Montcuq et du district de Lauzerte.

*Avant la Révolution.* — C<sup>té</sup> de St-Matré-du-Crucifix, de la subdél. de Lauzerte et de l'élection de Cahors. — Paroisse sous l'invocation de l'Assomption (300 p.). — Cette c<sup>té</sup> payait 2240 livres d'impositions ; ses charges locales ord. étaient de 77 livres.

*Anciennes mesures :* Canne = 1<sup>m</sup> 786. — Quarterée = 48 <sup>arcs</sup> 8521 (la quarterée se subdivisait en 4 quartonats, le quartonat en 4 boisselats, le boisselat en 16 onces). — Les autres mesures de St-Matré étaient celles de Montcuq.

**St-MAURICE**, c., cant. de Lacapelle, arr. de Figeac. — ⊠, ▨ et Percept. de Lacapelle. — ⚭ (700 p.). — Débit de tabac.

*Géographie :* Superf. 1457 hect. — 627 hab. — Alt. moy. 567 <sup>m</sup>. — Terrain primitif.

Principaux v. et h. : St-Maurice (41 hab.) et Suquet (10 hab.), à 0 k. 500 de St-Maurice.

Cours d'eau : Ruisseau de Francès et nombreux petits cours d'eau.

Voies de c<sup>on</sup> : Chem. vic. de g. c<sup>on</sup> n° 16, de Cahors à Aurillac — 5 chem. vic. ord.

Distances : au chef-l. de cant. 3 k. ; au chef-l. d'arr. 24 k. ; au chef-l. de départ. 70 k.

*Statistique :* 163 Electeurs. — 12 Cons. mun.

Principal des 4 cont. dir. 3834 fr.

Revenus de la commune, 282 fr.

Bureau de bienfaisance (revenu annuel 113 fr.).

*Instruction :* Ecole c<sup>le</sup> laïque de garç. (56 élèves) ; — école c<sup>le</sup> congrég. de filles (50 élèves).

*Produits agricoles :* Blé, seigle, sarrasin, pommes de terre, châtaignes, fourrages.

*Commerce et Industries :* 2 cabarets. — Fête patr., le 22 septemb.

Historique.

*Pendant la Révolution.* — C. du cant. de Lacapelle et du district de Figeac.

*Avant la Révolution.* — C<sup>té</sup> de la subdél. et de l'élection de Figeac. — Paroisse sous l'invocation de St-Maurice (1009 p.) — Cette c<sup>té</sup> payait 7255 livres d'impositions ; ses charges locales ord. étaient de 1800 livres.

En 1386, Géraud de Cardaillac, seigneur de St-Maurice, accorda une charte de coutumes aux habitants de cette localité.

*Anciennes mesures :* Les mesures de vin de St-Maurice étaient celles de Lacapelle-Marival. — Les autres mesures étaient celles de Figeac.

*Antiquités :* Galeries souterraines semblables à celles de Molières.

**St-MÉDARD**, c., cant. de Catus, arr. de Cahors. — ⊠, ▨ et Percept. de Catus. — ⚭ (500 p.). — Débit de tabac.

*Géographie :* Superf. 1178 hect. — 505 hab. — Alt. moy. 255 <sup>m</sup>. — Terrain jurassique.

Principaux v. et h. : St-Médard ; — Causse de Cahors (60 hab.), à 2 k. 500 de St-Médard ; — Mas-de-Bro (72 hab.), à 1 k. 800 ; — Rostassac (64 hab.), à 2 k.

Cours d'eau : Ruisseau du Vert.

Voies de c<sup>on</sup> : Route nat<sup>le</sup> n° 111, de Millau à Tonneins ; — route dép<sup>le</sup> n° 10, de Cahors à Villefranche-de-Périgord ;

— route dép<sup>le</sup> n° 12, de Lamothe-Cassel à Castelfranc ; — 4 chem. vic. ord.

Distances : au chef-l. de cant. 5 k. ; au chef-l. d'arr. et de départ. 18 k.

*Statistique* : 161 Electeurs. — 12 Cons. mun.

Principal des 4 cont. dir. 3361 fr.

Revenus de la commune, 183 fr.

*Instruction* : Ecole c<sup>le</sup> laïque de garç. (35 élèves) ; — école c<sup>le</sup> congrég. de filles (24 élèves).

*Produits agricoles* : Céréales, vin, noix, fourrages.

*Commerce et Industries* : 2 moulins à farine ; — foulon et pressoir à huile sur le ruisseau du Vert. — Fête patr., le 8 juin.

### Historique.

*Pendant la Révolution.* — C. du cant. de Catus et du district de Cahors.

*Avant la Révolution.* — C<sup>té</sup> de la subdél. de Prayssac et de l'élection de Cahors. — Paroisse sous l'invocation de St-Médard (485 p.). — Cette c<sup>té</sup> payait 3051 livres d'impositions ; ses charges locales ord. étaient de 124 livres.

St-Médard, autrefois appelé Fretbert, fut donné aux religieux de Catus, par Guillaume III, évêque de Cahors, vers 1116.

*Anciennes mesures* : Les mesures de St-Médard étaient celles de Cahors.

**St-Médard**, h., c. d'Issepts.

**St-Médard-de-Presque**, c., cant. de St-Céré, arr. de Figeac. — ⊠ et ▦ de St-Céré. — Percept. d'Autoire. — ☗ de St-Médard (340 p.) et de St-Jean-Lagineste (650 p.). — Débit de tabac.

*Géographie* : Superf. 1277 hect. — 660 hab. — Alt. moy. 387<sup>m</sup>. — Cette c. est située sur les marnes infra-liasiques et sur le calcaire appartenant à cette formation. — Carrière de marbre rouge, dite la *Marbrière*.

Principaux v. et h. : St-Médard (150 hab.) ; — Donath-Bas (160 hab.), à 4 k. de St-Médard ; — Laborie (100 hab.), à 2 k. ; — Lagineste (150 hab.), à 5 k. ; — Vernhol (100 hab.), à 5 k.

Cours d'eau : La Bave.

Voies de c<sup>on</sup> : Route nat<sup>le</sup> n° 140, de Figeac à Montargis ; — route dép<sup>le</sup> n° 5, de Cahors à Clermont ; — chem. vic. de g. c<sup>on</sup> n° 38, de Vayrac à St-Céré ; — 5 chem. vic. ord.

Distances : au chef-l. de cant. 4 k. ; au chef-l. d'arr. 44 k. ; au chef-l. de départ. 72 k.

Curiosités : Grotte dite *Grotte de Presque*, tout près de la route dép<sup>le</sup> ; c'est le souterrain du départ. renfermant le plus de concrétions. — Cette grotte a 200<sup>m</sup> de profondeur.

*Statistique* : 182 Electeurs. — 12 Cons. mun.

Principal des 4 cont. dir. 4736 fr.

Revenus de la commune, 111 fr.

Bureau de bienfaisance (revenu annuel 262 fr.).

*Instruction* : Ecole c<sup>le</sup> laïque de garç. (19 élèves) ; — école c<sup>le</sup> laïque de filles (18 élèves) ; — école laïque de h. à Lagineste (40 élèves) ; — école congrég. libre de filles à Lagineste (30 élèves).

*Produits agricoles* : Céréales, vin, pommes de terre, châtaignes, fourrages.

*Commerce et Industries* : 5 cabarets. — Fête patr., le 8 juin.

### Historique.

*Pendant la Révolution.* — C. du cant. et du district de St-Céré.

*Avant la Révolution.* — C<sup>té</sup> de la subdél. et de l'élection de Figeac. — Cette c<sup>té</sup> appartenait à la vicomté de Turenne et formait une paroisse sous l'invocation de St-Médard (912 p.).

En 962, la propriété du château de St-Médard était revendiquée par deux frères qui, ne pouvant se mettre d'accord, portèrent leur différend devant Raymond III, comte de Toulouse. Raymond ordonna de vider leur querelle dans un combat judiciaire et permit aux plaideurs de se faire remplacer par des champions. — La lutte fut indécise pendant 48 heures et le comte de Toulouse en tira la conclusion que le château ne devait appartenir à aucun des deux frères ; il en fit cadeau à l'abbaye de Beaulieu, dans la Corrèze.

*Anciennes mesures* : Les mesures de St-Médard étaient celles de St-Céré.

*Antiquités* : Restes du château de Presque.

**St-Médard-Lagarenie**, v., c. d'Issepts.

**St-Médard-Nicourby**, c., cant. de Latronquière, arr. de Figeac. — ⊠ et Percept. de Latronquière. — ☗ (400 p.). — Débit de tabac.

*Géographie* : Superf. 776 hect. — 238 hab. — Alt. moy. 551<sup>m</sup>. — Terrains primitifs.

Principaux. v. et h. : St-Médard (17 hab.) ; — Fournanty (60 hab.), à 0 k. 500 de St-Médard ; — Laborie (17 hab.), à 0 k. 500 ; — Nicourby (31 hab.), à 0 k. 600 ; — Rixoul (70 hab.), à 2 k.

Cours d'eau : Sources de la Bave.

Voies de c<sup>on</sup> : Chem. vic. de g. c<sup>on</sup> n° 16, de Cahors à Aurillac ; — chem. vic. d'int. com. n° 48, de Rouqueyroux à St-Céré ; — 3 chem. vic. ord.

Distances : au chef-l. de cant. 7 k. ; au chef-l. d'arr. 26 k. ; au chef-l. de départ. 84 k.

*Statistique :* 53 Electeurs. — 10 Cons. mun.

Principal des 4 cont. dir. 1222 fr.

Revenus de la commune, 24 fr.

*Instruction :* Ecole c<sup>le</sup> mixte (24 élèves).

*Produits agricoles :* Seigle, sarrasin, avoine, pommes de terre, châtaignes, fourrages.

Historique.

St-Médard-Nicourby dépendait, avant la Révolution, de la c<sup>té</sup> de Terrou et formait une paroisse sous l'invocation de St-Médard (288 p.). — Château de Laborie.

**St-MICHEL-DE-BANNIÈRES**, c., cant. de Vayrac, arr. de Gourdon. — ⊠ et Percept. de Vayrac. — ⊺ et ⊽ des Quatre-Routes. — ⚭ (730 p.). — Débit de tabac. — Notaire.

*Géographie :* Superf. 797 hect. — 611 hab. — Alt. moy. 172 <sup>m</sup>. — Cette c. repose sur le trias et le lias inférieur ; — le sol est en calcaire sur les hauteurs, marneux à la base des coteaux et alluvional dans les vallées

Principaux v. et h. : St-Michel (560 hab.) et St-Félix.

Cours d'eau : Ruisseaux de la Tourmente et de Maumont.

Voies de c<sup>on</sup> : chem. vic. de g. c<sup>on</sup> n° 5, de Vayrac à Turenne ; — 6 chem. vic. ord.

Distances : au chef-l. de cant. 3 k. ; au chef-l. d'arr. 50 k. ; au chef-l. de départ. 87 k.

*Statistique :* 203 Electeurs. — 12 Cons. mun.

Principal des 4 cont. dir. 5967 fr.

Revenus de la commune, 389 fr.

Bureau de bienfaisance (revenu annuel 330 fr.).

*Instruction :* Ecole c<sup>le</sup> laïque de garç. ; — école libre congrég. de filles (50 élèves).

*Produits agricoles :* Blé, maïs, vin, noix, fourrages.

*Commerce et Industries :* Briqueterie. — 2 auberges, 3 cabarets. — Fête patr., le 8 mai.

Historique.

*Pendant la Révolution.* — St-Michel formait les 2 c. de Seu-Michel et de Seu-Félix, du cant. de Vayrac et du district de St-Céré.

*Avant la Révolution.* — St-Michel formait les 2 c<sup>tés</sup> de St-Michel et de St-Félix, de la subdél. de Gourdon et de l'élection de Figeac ; — ces 2 c<sup>tés</sup> appartenaient à la vicomté de Turenne et comprenaient les paroisses de St-Michel (457 p.) et de St-Félix (200 p.).

La moitié des biens attachés à l'église de St-Michel fut donnée à l'église de Tulle, au commencement du XI<sup>e</sup> siècle, par Géraud de Cardaillac, évêque de Cahors.

*Anciennes mesures :* Les mesures de St-Michel étaient celles de Martel.

**St-MICHEL-DE-VERS**, v., c. de Cours.

**St-MICHEL-LOUBÉJOU** c., cant. de Bretenoux, arr. de Figeac. — ⊠ de Bretenoux. — Percept. de Prudhomat. — ⚭ (445 p.).

*Géographie :* Superf. 527 hect. — 461 hab. — Alt. moy. 244 <sup>m</sup>. — Cette c. se trouve sur les terrains primitifs et surtout sur les gneiss ; — on trouve dans cette c. quelques calcaires de nouvelle formation, connus sous le nom de *tufs*.

Principaux v. et h. : St-Michel (152 hab.) ; — Durand (77 hab.), à 1 k. 200 de St-Michel ; — Granval (35 hab.), à 2 k. ; — Langélerie (19 hab.), à 0 k. 500 ; — Larrouquette (76 hab.), à 2 k. ; — Puymeule (73 hab.), à 2 k. 200.

Cours d'eau : La Bave.

Voies de c<sup>on</sup> : Route nat<sup>le</sup> n° 140, de Figeac à Montargis ; — chem. vic. d'int. com. n° 72, de Bonneviole à St-Céré ; — chem. vic. d'int. com. n° 94, de Bonneviole à Mayrinhac ; — 3 chem. vic. ord.

Distances : au chef-l. de cant. 3 k. ; au chef-l. d'arr. 49 k. ; au chef-l. de départ. 78 k.

*Statistique :* 151 Electeurs. — 10 Cons. mun.

Principal des 4 cont. dir. 4082 fr.

Revenus de la commune, 96 fr.

*Instruction :* Ecole c<sup>le</sup> laïque de garç.

(22 élèves); — école laïque libre de filles (30 élèves).

*Produits agricoles* : Céréales, tabac, vin, pommes de terre, châtaignes, fourrages.

*Commerce et Industries* : Syndicat de la Bave. — 2 cabarets. — Fête patr., le 29 septembre.

Historique.

*Pendant la Révolution.* — C. du cant. de Bretenoux et du district de St-Céré.

*Avant la Révolution.* — Cᵗᵉ de la sub-dél. et de l'élection de Figeac. — Paroisse sous l'invocation de St-Michel (400 p.). — Cette cᵗᵉ payait 5643 livres d'impositions; ses charges locales ord. étaient de 129 livres. — St-Michel faisait partie de la baronnie de Castelnau-Bretenoux.

*Anciennes mesures* : La principale mesure de vin de St-Michel était la baste contenant 42 ˡⁱᵗʳᵉˢ 90. — Les autres mesures étaient celles de St-Céré.

Sᵗᵉ-NEBOULE, *f.*, c. de Béduer.
St-PALAVY, *v.* et *ch.*, c. de Cavagnac.

**St-PANTALÉON**, c., cant. de Montcuq, arr. de Cahors. — ⊠ et ☎ de Montcuq. — Percept. de Sauzet. — ⚭ de St-Pantaléon (508 p.) et de St-Martial (190 p.). — Débit de tabac.

*Géographie* : Superf. 1937 hect. — 683 hab. — Alt. moy. 269 ᵐ. — Terrain tertiaire.

Principaux v. et h. : St-Pantaléon (155 hab.); — Laboissière (27 hab.), à 1 k. 200 de St-Pantaléon; — Lascatios (33 hab.), à 2 k. 100; — St-Martial à 4 k.

Cours d'eau : Ruisseaux de la Barguelonne et du Fraysse.

Voies de cᵒⁿ : Route dépᵗˡᵉ nᵒ 11, de Cahors à Lauzerte; — chem. vic. d'int. com. nᵒ 7, de Castelnau à Castelfranc; — chem. vic. d'int. com. nᵒ 77, de Cahors à St-Pantaléon; — 5 chem. vic. ord.

Distances : au chef-l. de cant. 6 k.; au chef-l. d'arr. et de départ. 20 k.

Curiosités : Grotte, près de St-Martial, dans laquelle on ne pénètre que par une ouverture très étroite.

*Statistique* : 206 Electeurs. — 12 Cons. mun.

Principal des 4 cont. dir. 4771 fr.

Revenus de la commune, 96 fr.

*Instruction* : Ecole cˡᵉ laïque de garç. — Ecole cˡᵉ congrég. de filles.

*Produits agricoles* : Blé, maïs, vin, fourrages.

*Commerce et Industries* : 8 Moulins à farine et Pressoirs sur les ruisseaux. — Cabaret. — Foires les 29 janv., 18 mars, 18 mai, 16 août, 18 novemb. et 13 déc. — Fêtes patr. : à St-Pantaléon, le 27 juil.; à St-Martial, le 3 juillet.

Historique.

*Pendant la Révolution.* — C. de Pantaléon, du cant. de Montcuq et du district de Lauzerte.

*Avant la Révolution.* — Cᵗᵉ de la sub-dél. de Lauzerte et de l'élection de Cahors. — Paroisses sous l'invocation de St-Pantaléon (680 p.) et sous l'invocation de St-Martial (142 p.). — Cette cᵗᵉ payait 8567 livres d'impositions; ses charges locales ord. étaient de 1517 livres.

*Anciennes mesures* : Les mesures de St-Pantaléon étaient celles de Montcuq.

*Antiquités* : On a trouvé, dans cette c., un grand nombre de médailles des premiers empereurs romains.

St-PAUL-DE-VERN, *v.*, c. de St-Céré.

**St-PAUL-LABOUFFIE**, c., cant. de Castelnau, arr. de Cahors. — ⊠ et ☎ de Castelnau. — Percept. de Pern. — ⚭ de St-Paul (554 p.) et de St-Etienne (280 p.). — Débit de tabac. — Notaire.

*Géographie* : Superf. 2019 hect. — 740 hab. — Alt. moy. 229 ᵐ. — Terrain tertiaire.

Principaux v. et h. : St-Paul (148 hab.); — Arbussac à 3 k. de St-Paul; — Linon à 2 k.; — St-Etienne à 3 k. 500.

Cours d'eau : Ruisseaux de la Lupte et de l'Emboulas.

Voies de cᵒⁿ : Route natˡᵉ nᵒ 20, de Paris à Toulouse; — chem. vic. d'int. com. nᵒ 27, de Lalbenque à Lafrançaise; — 7 chem. vic. ord.

Distances : au chef-l. de cant. 10 k.; au chef-l. d'arr. et de départ. 21 k.

*Statistique* : 255 Electeurs. — 12 Cons. mun. — Sect. élect. de St-Paul (8 cons. mun.) et de St-Etienne (4 cons. mun.).

Principal des 4 cont. dir. 5980 fr.

Revenus de la commune, 206 fr.

*Instruction* : Ecole cˡᵉ laïque de garç. (40 élèves). — Ecole cˡᵉ congrég. de filles (35 élèves). — Ecole laïque de h. à St-Etienne (25 élèves).

*Produits agricoles* : Céréales, vin, fourrages.

*Commerce et Industries* : Moulins à

farine sur les ruisseaux. — [Auberge, cabaret et café. — Foires les 26 janv. et 28 décembre. — Fêtes patr. : à St-Paul, le 8 septembre ; — à St-Etienne le 3 août.

Historique.

*Pendant la Révolution*. — St-Paul formait les c. de St-Paul-de-Loubressac et de Labouffle et la Magdelaine, du cant. de Castelnau et du district de Cahors.

*Avant la Révolution*. — C^lé de Laboufie et la Magdelaine, de la subdél. et de l'élection de Cahors. — Paroisse sous l'invocation de St-Paul (400 p.). — Cette c^lé payait 5832 livres d'impositions ; ses charges locales ord. étaient de 254 livres.

*Anciennes mesures :* Les mesures de St-Paul étaient celles de Castelnau.

**St-PERDOUX**, c., cant. de Figeac (est), arr. de Figeac. — ⊠, ▥ et ▧ de Figeac. — Percept. de Bagnac. — ☿ (630 p.). — Débit de tabac.

*Géographie :* Superf. 1253 hect. — 615 hab. — Alt. moy. 477 ^m. — Le sol de cette c. est composé de détritus de grès et de schistes mêlés de calcaire. — Couches de houille exploitées.

Principaux v. et h. : St-Perdoux.

Cours d'eau : Ruisseaux de Burlande et de St-Perdoux.

Voies de c^on : chem. vic. d'int. com. n° 88, de Buzac à St-Perdoux ; — 4 chem. vic. ord.

Distances : au chef-l. de cant. et d'arr. 9 k. ; au chef-l. de départ. 81 k.

*Statistique :* 188 Electeurs. — 12 Cons. mun.

Principal des 4 cont. dir. 3009 fr.

Revenus de la commune, 67 fr.

*Instruction :* Ecole c^le laïque de garç. (37 élèves); — école c^le laïque de filles (37 élèves).

*Produits agricoles :* Céréales, vin, pommes de terre, châtaignes, fourrages. — Bois.

*Commerce et Industries :* Exploitation de mines de charbon. — 4 cabarets.— Fête patr., le 15 août.

Historique.

*Pendant la Révolution*. — C. du cant. et du district de Figeac.

*Avant la Révolution*. — C^lé de la subdél. et de l'élection de Figeac. — Paroisse sous l'invocation de St-Perdoux (445 p.). — Cette c^lé payait 4818 livres d'impositions ; ses charges locales ord. étaient de 150 livres.

*Anciennes mesures :* La principale mesure de vin de St-Perdoux était la charge contenant 133 ^litres 76. — Les autres mesures étaient celles de Figeac.

St-PEYRE, h., c. de Vayrac.
St-PIERRE, h., c. de Carlucet.
St-PIERRE-LAFEUILLE, v., c. de Maxou.
St-PIERRE-LIVERSOU, v., c. de Francoulès.

**St-PIERRE-TOIRAC**, c., cant. de Cajarc, arr. de Figeac. — ⊠ de Cajarc. — Percept. de Gréalou. — ☿ (372 p.). — Débit de tabac.

*Géographie :* Superf. 1584 hect. — 340 hab. — Alt. moy. 234 ^m. — Cette c. se trouve sur le jurassique inférieur qui couronne les marnes du supra lias.

Principaux v. et h. : St-Pierre-Toirac.

Cours d'eau : Rivière du Lot. — Fontaine minérale de Toirac.

Voies de c^on : Chem. vic. de g. c^on n° 33, de Vers à Figeac ; — chem. vic. d'int. com. n° 89, d'Espédaillac à Villeneuve ; — 4 chem. vic. ord.

Distances : au chef-l. de cant. 14 k. ; au chef-l. d'arr. 14 k. ; au chef-l. de départ. 63 k.

*Statistique :* 119 Electeurs. — 10 Cons. mun.

Principal des 4 cont. dir. 3739 fr.

Revenus de la commune, 58 fr.

Bureau de bienfaisance (revenu annuel 101 fr.).

*Instruction :* Ecole c^le laïque de garç. (15 élèves) ; — école libre congrég. de filles (24 élèves).

*Produits agricoles :* Blé, vin, chanvre, maïs, pommes de terre, truffes. — Bois.

*Commerce et Industries :* 3 cabarets.— Foires le 1^er jeudi après Pâques et le 13 décembre. — Fête patr., le 29 juin.

Historique.

*Pendant la Révolution*. — C. du cant. de Cajarc et du district de Figeac.

*Avant la Révolution*. — C^lé de la subdél. et de l'élection de Figeac. — Paroisse sous l'invocation de St-Pierre (900 p.). — Cette c^lé payait 5309 livres d'impositions ; ses charges locales ord. étaient de 129 livres ; sa population de 439 hab.

L'église et le lieu de Toirac furent donnés en 889, par Caumont, évêque de Rodez, au monastère de Marcillac.

*Anciennes mesures :* La principale mesure de vin de St-Pierre-Toirac portait le nom de charge et contenait 133 litres 76 (la charge se subdivisait en 2 comportes, la comporte en 32 pintes et la pinte en 4 pauques). — Les autres mesures étaient celles de Figeac.

*Antiquités :* Eglise ayant l'aspect d'un château-fort et renfermant un tableau très précieux.

St-Piquet, *i.,* c. de Ste-Alauzie.
St-Prignes, *h.,* c. de Brengues.
St-Privat-de-Balme, *h.,* c. de Castelnau.
St-Privat-de-Brittes, *h.,* c. de Castelnau.

**St-PROJET,** c., cant. et arr. de Gourdon. — ✉ et ☎ de Gourdon. — Percept. du Vigan. — ⚕ de St-Projet (620 p.) et d'Auzac (360 p.). — Débit de tabac.

*Géographie :* Superf. 1583 hect. — 789 hab. — Alt. moy. 308 m. — Terrain crétacé. — Le sol de cette c. est essentiellement calcaire ; il est recouvert de distance en distance par un dépôt argilo-sablonneux de la formation tertiaire où l'on rencontre d'énormes blocs de grès ferrugineux.

Principaux v. et h. : St-Projet (407 hab.) ; — Auzac (43 hab.), à 3 k. 500 de St-Projet ; — le Couderc (55 hab.), à 1 k. ; — Mas de Causse (58 hab.), à 1 k. 500 ; — Peyrebrune (35 hab.), à 2 k. ; — Vignals d'Auzac (38 hab.), à 4 k.

Voies de con : Route natle no 20, de Paris à Toulouse ; — route déple no 1, de Mende à Sarlat ; — chem. vic. d'int. com. no 41, de Creysse à la route natle no 20 ; — chem. vic. d'int. com. no 70, de Gourdon à Gramat ; — 2 chem. vic. ord.

Distances : au chef-l. de cant. et d'arr. 10 k. ; au chef-l. de départ. 43 k.

*Statistique :* 267 Electeurs. — 12 Cons. mun. — Sect. élect. de St-Projet (8 cons. mun.) et d'Auzac (4 cons. mun.).

Principal des 4 cont. dir. 4500 fr.

Revenus de la commune, 213 fr.

Bureau de bienfaisance (revenu annuel 257 fr.).

*Instruction :* Ecole cle laïque de garç. (39 élèves) ; — école cle congrég. de filles (30 élèves) ; — école laïque mixte de h. à Auzac (30 élèves).

*Produits agricoles :* Blé, vin, maïs.

*Commerce et Industries :* Briqueterie et pressoir à huile. — 4 cabarets ; — 3 cafés. — Foires les 26 janv., 6 mai, 17 novemb. et 11 décemb. — Fête patr., le 14 juillet.

Historique.

*Pendant la Révolution.* — St-Projet portait le nom de Mont-Libre et faisait partie du cant. et du district de Gourdon.

*Avant la Révolution.* — Cté de la subdél. de Gourdon et de l'élection de Cahors. — Paroisse sous l'invocation de St-Projet (742 p.). — Cette cté payait 6739 livres d'impositions ; ses charges locales ord. étaient de 151 livres.

*Anciennes mesures :* Les mesures de St-Projet étaient celles de Gourdon.

*Antiquités :* Cromlek, dont les blocs de grès sont désignés dans le pays, sous le nom de *Pierres brunes.*

St-Quenty, *h.,* c. d'Assier.
St-Rames, *h.,* c. de St-Félix.
St-Rémy, *v.,* et *ch.,* c. de Labastide-[Marnhac].
St-Romain, *v.,* c. de Gourdon.
St-Rouma, *h.,* c. de Duravel.
St-Saul, *m. e.,* c. de Bétaille.
St-Saury, *i.,* c. de Cahus.
St-Sauveur, *h.,* c. de Calès.

**St-SAUVEUR-LA-VALLÉE,** (c. créée en 1845), c., cant. de Labastide-Murat, arr. de Gourdon. — ✉, ☎ et Percept. de Labastide. — ⚕ (280 p.). — Débit de tabac.

*Géographie :* Superf. 659 hect. — 289 hab. — Alt. moy. 371 m. — Terrain jurassique moyen.

Principaux v. et h. : St-Sauveur (127 hab.) ; — Maylargues et Roquesude (98 hab.), à 2 k. de St-Sauveur ; — Montcuq (44 hab.), à 1 k.

Cours d'eau : Ruisseau du Vert.

Voies de con : Chem. vic. d'int. com. no 2, de Vers à la route déple no 1 ; — 4 chem. vic. ord.

Distances : au chef-l. de cant. 5 k. ; au chef-l. d'arr. 25 k. ; au chef-l. de départ. 31 k.

*Statistique :* 149 Electeurs. — 10 Cons. mun.

Principal des 4 cont. dir. 2128 fr.

Revenus de la commune, 28 fr.

*Instruction :* Ecole cle laïque de garç. (22 élèves) ; — école cle laïque de filles.

31

*Produits agricoles :* Céréales, vin, pommes de terre, fourrages.

*Commerce et Industries :* 6 moulins à farine sur le Vert. — Cabaret. — Fête patr., le 6 août.

### Historique.

*Pendant la Révolution.* — St-Sauveur portait le nom de Puyvalon et faisait partie du cant. de Montfaucon et du district de Gourdon.

*Avant la Révolution.* — C^lé de la subdél. de Gourdon et de l'élection de Cahors. — Paroisse sous l'invocation de St-Sixte (332 p.). — Cette c^lé payait 2976 livres d'impositions ; ses charges locales ord. étaient de 122 livres.

*Anciennes mesures :* Les mesures de St-Sauveur étaient celles de Cahors.

St-SERNIN, *v.*, c. de Montcuq.
St-SERNIN. (*Voir St-Cernin*).
St-SEVER, *v.*, c. de Fontanes.

**St-SIMON**, c., cant. de Livernon, arr. de Figeac. — ⊠, ▥, ▨ et Percept. d'Assier. — ⚷ (420 p.). — Débit de tabac.

*Géographie :* Superf. 926 hect. — 469 hab. — Alt moy. 345^m. — Le sol de cette c. appartient à la formation du lias ; — on y trouve des couches de marnes et des carrières d'une pierre très dure, susceptible de polissage.

*Principaux v. et h. :* St-Simon (51 hab.) ; — Cammas (60 hab.), à 0 k. 100 de St-Simon ; — Mas-del-Vit (78 hab.), à 1 k. ; — Mas-de-Lavit (75 hab.), à 2 k. ; — Roucous (35 hab.), à 3 k.

*Voies de c^on :* Chem. vic. d'int. com. n° 16, de Corn à Rueyres ; — chem. vic. d'int. com. n° 17, de Labastide-Murat à Lacapelle.

*Distances :* au chef-l. de cant. 6 k. ; au chef-l. d'arr. 23 k. ; au chef-l. de départ. 61 k.

*Curiosités :* Caverne traversée par une source abondante qui y entretient une douce température.

*Statistique :* 149 Electeurs. — 10 Cons. mun.

Principal des 4 cont. dir. 3331 fr.

Revenus de la commune, 51 fr.

Bureau de bienfaisance (revenu annuel 177 fr.).

*Instruction :* Ecole c^le laïque de garç. (30 élèves) ; — école c^le laïque de filles (36 élèves).

*Produits agricoles :* Céréales, vin. — Bois.

*Commerce et Industries :* 3 cabarets. — Foires les 12 janvier, 12 avril, 12 septembre et 12 décembre. — Fête patr., le 1er mai.

### Historique.

*Pendant la Révolution.* — C. du cant. de Livernon et du district de Figeac.

*Avant la Révolution.* — C^lé de la subdél. et de l'élection de Figeac. — Paroisse sous l'invocation de St-Sigismond (489 p.). — Cette c^lé payait 5234 livres d'impositions ; ses charges locales ord. étaient de 128 livres ; sa population de 425 hab.

*Anciennes mesures :* Les mesures de vin de St-Simon étaient celles de Livernon. — Les autres mesures étaient celles de Figeac.

St-SOL, *i.*, c. de St-Sozy.

**St-SOZY**, c., cant. de Souillac, arr. de Gourdon. — ⊠ et ▨ de Souillac. — ▥ de Rocamadour. — Percept. de Souillac. — ⚷ (730 p.). — Débit de tabac. — Notaire.

*Géographie :* Superf. 1646 hect. — 1134 hab. — Alt. moy. 247^m. — Terrain jurassique inférieur et moyen.

*Principaux v. et h. :* St-Sozy (210 hab.) ; — Faget et le Pigeon (293 hab.), à 4 k. 500 de St-Sozy ; — Malpas et Poutissou (263 hab.), à 2 k. 500 ; — Mayrac et Garric (153 hab.), à 3 k. 500.

*Cours d'eau :* Rivière de la Dordogne (bac de Lavayssière).

*Voies de c^on :* Route dép^le n° 15, de Gramat à Souillac ; — chem. vic. d'int. com. n° 12, de Carennac à la route dép^le n° 15 ; — 7 chem. vic. ord.

*Distances :* au chef-l. de cant. 11 k. ; au chef-l. d'arr. 35 k. ; au chef-l. de départ. 66 k.

*Statistique :* 383 Electeurs. — 12 Cons. mun. — Sect. élect. de St-Sozy (7 cons. mun.) et de Mayrac (5 cons. mun.).

Principal des 4 cont. dir. 6616 fr.

Revenus de la commune, 575 fr.

*Instruction :* Ecole c^le laïque de garç. ; — école c^le laïque de filles (22 élèves) ; — école mixte de h. à Mayrac (46 élèves).

*Produits agricoles :* Céréales, vin, tabac, chanvre, noix.

*Commerce et Industries :* Auberge ; — 8 cabarets. — Foires les 12 février, mars, avril, mai, juin, juil., août et septemb. — Fête patr., le 24 août.

Historique.

*Pendant la Révolution*. — St-Sozy formait les c. de St-Sozy et de Mayrac, du cant. de Martel et du district de St-Céré.

*Avant la Révolution*. — St-Sozy formait les 2 c$^{lés}$ de St-Sozy et de Mayrac, (subdél. de Souillac et élection de Figeac); ces c$^{ics}$ appartenaient à la vicomté de Turenne et formaient les paroisses de St-Sozy, sous l'invocation de St-Sozy (532 p.) et de Mayrac, sous l'invocation de St-Martin (378 p.).

St-Sozy est désigné dans un acte par lequel Aymard, vicomte de Chelles, donna, en 940, plusieurs paroisses au couvent de Tulle.

*Anciennes mesures* : Les mesures de St-Sozy étaient celles de Souillac.

**St-SULPICE**, c., cant. de Cajarc, arr. de Figeac. — ⊠ de Marcillac. — Percept. de Gréalou. — ⚷ (403 p.). — Débit de tabac.

*Géographie* : Superf. 1316 hect. — 409 hab. — Alt. moy. 282 $^m$. — Cette c. s'étend sur le jurassique moyen; — on trouve beaucoup de tufs aux environs du bourg.

Principaux v. et h. : St-Sulpice (197 hab.); — La Gravette (23 hab.), à 1 k. de St-Sulpice; — Lascombes (18 hab.), à 3 k.; — Mas-de-Jean-Blanc (19 hab.), à 2 k. 300; — Mas de Jordy (31 hab.), à 2 k. 500; — Nozac (24 hab.), à 2 k. 500; — le Rat (12 hab.), à 2 k. 300.

Cours d'eau : Le Célé.

Voies de c$^{on}$ : Chem. vic. de g. c$^{on}$ n° 41, de Figeac à Cahors; — 2 chem. vic. ord.

Distances : au chef-l. de cant. 14 k.; au chef-l. d'arr. 28 k.; au chef-l. de départ. 50 k.

*Statistique* : 115 Electeurs. — 10 Cons. mun.

Principal des 4 cont. dir. 2608 fr.

Revenus de la commune, 31 fr.

*Instruction* : Ecole c$^{le}$ laïque de garç. (32 élèves); — école c$^{le}$ laïque de filles (24 élèves).

*Produits agricoles* : Céréales, vin, tabac, chanvre.

*Commerce et Industries* : Moulin à farine sur le Célé. — 2 cabarets. — Foire le 1$^{er}$ mai. — Fête patr., le 17 janvier.

Historique.

*Pendant la Révolution*. — C. du cant. de Cajarc et du district de Figeac.

*Avant la Révolution*. — C$^{té}$ de la sub-dél. et de l'élection de Figeac. — Paroisse sous l'invocation de St-Sulpice (391 p.). — Cette c$^{té}$ payait 4183 livres d'impositions; ses charges locales ord. étaient de 108 livres; sa population de 400 hab. — Les plus anciens seigneurs de St-Sulpice, dont on a conservé le souvenir, portaient le nom d'Hébrard; suivant un auteur du Quercy, ces seigneurs étaient de la même famille que St-Sulpice, évêque d'Auxerre, au VII$^e$ siècle; dans tous les cas, en 1298, Aymeri Lasfargues, Hugues Delclos et Latrade, jurats du lieu de St-Sulpice, reconnurent pour leur seigneur Bertrand d'Hébrard, en leur nom et au nom de la commune. Quelques uns des descendants de ce Bertrand sont devenus célèbres dans l'histoire du Quercy; parmi ceux-là nous citerons : Hébrard de St-Sulpice, évêque de Cahors de 1576 à 1600 et son frère Bertrand Hébrard de St-Sulpice, sénéchal du Quercy et du Rouergue tué à la bataille de Coutras, en 1587. — La terre de St-Sulpice avait titre de marquisat et passa dans la suite dans la maison de Crussol.

*Anciennes mesures* : La principale mesure de vin de St-Sulpice était le poinçon contenant 214 $^{litres}$ (le poinçon se subdivisait en 2 charges, la charge en 2 barils, le baril en 25 pintes). — Les autres mesures étaient celles de Figeac.

*Antiquités* : Restes d'un vaste château construit partie au XIII$^e$ siècle et partie au XVI$^e$ siècle.

**St-THAMARD**, ch. et *m. e.*, c. de Terrou.

**St$^e$-VALERIE**, *h.*, c. de Cahors.

**St-VINCENT**, c., cant. de St-Céré, arr. de Figeac. — ⊠ et ▦ de St-Céré. — ▦ de Gramat. — Percept. de St-Céré. — ⚷ (501 p.).

*Géographie* : Superf. 1126 hect. — 540 hab. — Alt. moy. 467 $^m$. — Terrain primitif.

Principaux v. et h. : St-Vincent (102 hab.).

Cours d'eau : Ruisseau de Mellac et affluents.

Voies de c$^{on}$ : Chem. vic. de g. c$^{on}$ n° 48, de Lacapelle à St-Céré, par Leyme; — chem. vic. d'int. com. n° 48, de Rouqueyroux à St-Céré; — 3 chem. vic. ord.

Distances : au chef-l. de cant. 3 k.; au chef-l. d'arr. 42 k.; au chef-l. de départ. 79 k.

*Statistique* : 150 Electeurs. — 12 Cons. mun.

Principal de 4 cont. dir. 2466 fr.

Revenus de la commune, 114 fr.

*Instruction* : Ecole c^le laïque de garç. (29 élèves); — école c^le laïque de filles (23 élèves).

*Produits agricoles* : Blé, sarrasin, châtaignes, pommes de terre, seigle, avoine, maïs et vin. — Bois.

*Commerce et Industries* : Moulin à farine. — Fête patr., le 22 janvier. — Fête locale le 1er dimanche de juin.

Historique.

*Pendant la Révolution* — C. de St-Vincent et Bannes, du cant. et du district de St-Céré.

*Avant la Révolution.* — C^lé de St-Vincent et Bannes, de la subdél. et de l'élection de Figeac. — Cette c^lé appartenait à la vicomté de Turenne et formait les paroisses de St-Vincent, sous l'invocation de St-Vincent (500 p.) et de Bannes, sous l'invocation de St-Joseph (604 p.).

*Anciennes mesures :* Les mesures de St-Vincent étaient celles de St-Céré.

St-VINCENT, m. e., c. de Castelnau.

**St-VINCENT-Rive-d'Olt**, c., cant. de Luzech, arr. de Cahors. — ✉ et Percept. de Luzech. — ▦ et ▦ de Parnac. — ⚲ de St-Vincent (660 p.), de Cournou (420 p.) et des Roques (330 p.). — Rec.-buraliste.

*Géographie :* Superf. 1974 hect. — 1342 hab. — Alt. moy. 264 m. — Les parties élevées de cette c. appartiennent à l'étage supérieur de la formation jurassique; — les parties basses sont recouvertes par des alluvions.

Principaux v. et h. : St-Vincent (585 hab.); — Cournou (413 hab.), à 4 k. de St-Vincent; — les Roques (276 hab.), à 5 k.

Cours d'eau : Rivière du Lot et ruisseau de St-Vincent.

Voies de c^on : Chem. vic. de g. c^on n° 14, de Catus à Montcuq; — 9 chem. vic. ord.

Distances : au chef-l. de cant. 3 k.; au chef-l. d'arr. et de départ. 18 k.

*Statistique* : 470 Electeurs. — 12 Cons. mun.

Principal des 4 cont. dir. 7265 fr.

Revenus de la commune, 273 fr.

Bureau de bienfaisance (revenu annuel 219 fr.).

*Instruction* : Ecole c^le laïque de garç. (35 élèves); — école c^le congrég. de filles (38 élèves); — école laïque de h. de garç. à Cournou (26 élèves); — école congrég. de h. de filles à Cournou (28 élèves); — école mixte de h. aux Roques (25 élèves).

*Produits agricoles* : Vin, blé, pommes de terre, tabac, fourrages.

*Commerce et Industries* : 2 moulins à farine sur le ruisseau. — 5 cabarets; — café. — Foires le 23 janv. et le 6 nov. — Fêtes patr. : à St-Vincent, le 10 août; à Cournou, le 28 juil.; aux Roques, le 10 septemb.

Historique.

*Pendant la Révolution.* — C. du cant. de Luzech et du district de Cahors.

*Avant la Révolution.* — C^lé de la subdél. et de l'élection de Cahors. — Paroisses de St-Vincent (641 p.), de Cels, sous l'invocation de St-Martin (133 p.), de Cournou, sous l'invocation de St-Nazaire (455 p.) et des Roques, sous l'invocation de St-Nicolas (213 p.). — Cette c^lé payait 7754 livres d'impositions; ses charges locales ord. étaient de 154 livres.

*Anciennes mesures* : Les mesures de St-Vincent étaient celles de Cahors.

*Antiquités* : Eglise et restes d'un ancien château.

*Hommes célèbres :* Le patriote Guillaume Bessières, mort en 1793, et dont l'image est grossièrement sculptée sur une maison du bourg.

# T

TABASTE, h., c. de Cazillac.

TABEL, u., c. de St-Céré.

TABOURAIRE, h., c. de Montcléra.

TABOURET, m., c. de Belmontet.

TADAR, h., c. de Vaylats.

TAILLADE (la), h., c. de Duravel.

TAILLADE, h., c. de St-Germain.

TAILLEFER, h., c. d'Autoire.

TAILLEFER, *h.*, c. de Gintrac.
TAILLEFER, *h.*, c. de Martel.
TAILLEPO, *h.*, c. de Figeac.
TALABAU, *h.*, c. de Montvalent.
TALAY, *h.*, c. du Vigan.
TALOU, *h.*, c. de Vaylats.
TALOUNET, *h.*, c. d'Esclauzels.
TALOUSSET (le), *h.*, c. de St-Médard [Catus].

TAMBOURLE, *f.*, c. de Montfaucon.
TAMOUR, *h.*, c. de Padirac.
TANAVÈRE, *h.*, c. de St-Paul.
TANDOUNET, *h.*, c. de Lalbenque.
TANIÈS, *h.*, c. de Reyrevignes.
TANIOU (le), *h.*, c. de Cassagnes.
TANTAYNE, *f.*, c. de Livernon.
TARDIEUX (les), *h.*, c. de Maxou.
TARIDOU, *m. e.*, c. d'Anglars.
TARINQUES, *h. et m. e.*, c. de Latronquière.
TARRAL (le), *h.*, c. du Bouyssou.
TARRI, *i.*, c. d'Espédaillac.
TARRIDE, *i.*, c. de Frayssinet-le-Gélat.
TARRIEU, *h.*, c. de Cassagnes.
TARRIOLES, *i.*, c. de Frayssinet-le-[Gélat].

TARTABELLE, *h.*, c. de Durbans.
TARTAYROU, *h.*, c. du Bastit.
TARTUÉ, *i.*, c. de St-Cyprien.
TAU (la), *h.*, c. de Baladou.
TAULANDES (les), *i.*, c. de Sabadel.
TAUMON, *h.*, c. de St-Médard-de-P.
TAUPE, *m. e.*, c. de Sauliac.
TAURAN, *h.*, c. de Sousceyrac.

**TAURIAC**, c., cant. de Bretenoux, arr. de Figeac. — ⊠ de Puybrun. — 🚉 de St-Denis. — Percept. de Prudhomat. — ⚕ (670 p.). — Débit de tabac.

*Géographie :* Superf. 810 hect. — 633 hab. — Alt. moy. 140 ᵐ. — Cette c. se trouve sur les marnes supra-liasiques.

Principaux v. et h. : Tauriac (241 hab.); — Chapoux, Labastide, Labrunie et Magnol.

Cours d'eau : Rivière de la Dordogne (bacs de Barrié-Pétayrol et de Sals); — ruisseau de Lucques.

Voies de cᵒⁿ : Route déplᵗᵉ nᵒ 3, de Sarlat à Aurillac; — chem. vic. de g. cᵒⁿ nᵒ 31, de Gramat à Beaulieu; — 4 chem. vic. ord.

Distances : au chef-l. de cant. 7 k.; au chef-l. d'arr. 56 k.; au chef-l. de départ. 76 k.

*Statistique :* 198 Electeurs. — 12 Cons. mun.

Principal des 4 cont. dir. 5963 fr. Revenus de la commune, 195 fr.

Bureau de bienfaisance (revenu annuel 196 fr.).

*Instruction :* Ecole cˡᵉ laïque de garç. (54 élèves); — école cˡᵉ congrég. de filles (36 élèves).

*Produits agricoles :* Blé, seigle, pommes de terre, chanvre, vin.

*Commerce et Industries :* 2 cabarets. — Fête patr., le 14 septemb.

Historique.

*Pendant la Révolution.* — C. du cant. de Bretenoux et du district de St-Céré.

*Avant la Révolution.* — Cˡᵉ de la subdél. et de l'élection de Figeac. — Paroisse sous l'invocation de St-Martial et St-Agapit (900 p.). — Cette cˡᵉ faisait partie de la baronnie de Castelnau et payait 2835 livres d'impositions; ses charges locales ord. étaient de 779 livres.

Les *Olim* mentionnent à la date de 1301, une demande adressée au Parlement de Paris, par les consuls de la Bastide neuve de Tauriac (Bastide nove de Tauriaco) pour que 26 villages du ressort de Martel, de Brive et de Fons soient mis dans leur propre ressort.

*Anciennes mesures :* Aune = 1ᵐ 188. — Canne carrée = 2ᵐ·ᶜ· 6330. — Baste = 47 ˡⁱᵗʳᵉˢ 28 (la baste se subdivisait en 24 pintes, la pinte en 2 quarts et le quart en 2 pauques). — Les mesures agraires et de grains de Tauriac étaient celles de Bretenoux.

*Antiquités :* Eglise renfermant des peintures murales.

TAURIAC, *h.*, c. de Cahors.
TAUTY, *h.*, c. du Vigan.
TAXIÉ, *h.*, c. de Fargues.
TAYRAC, *i.*, c. du Boulvé.
TEIL, *i.*, c. de Masclat.
TEMPESTAS, *i.*, c. de Crayssac.
TENDONNET, *h.*, c. de Lalbenque.
TENDOU, *i.*, c. de Puy-l'Evêque.
TENEMENT, *h.*, c. de Pomarède.
TERAYZOL, *i.*, c. de Masclat.
TERME-ROUGE (le), *h.*, c. de Bagnac.
TERMES-DES-CAZALS, *h.*, c. de Pomarède.
TÉRON (le), *i.*, c. du Boulvé.
TERRAIL (le), *h.*, c. de Cornac.
TERRAIL (les), *h.*, c. de Tauriac.
TERRAL, *h.*, c. de Pinsac.
TERRAL, *h.*, c. de Rueyres.
TERRAL (le), *i.*, c. de Sénaillac.
TERRAU, *h.*, c. de Boissières.
TERRE (la), *f.*, c. de Livernon.
TERRE-BASSE, *h.*, c. de Floirac.

TERREBLANE, *i.*, c. de Ste-Alauzie.
TERREBLANE, *i.*, c. de St-Denis (Catus).
TERRE-DE-PRAT, *m.*, c. de Montfaucon.
TERRE-DES-BOIS, *h.*, c. de Souillac.
TERREGAYE, *h.*, c. de Pinsac.
TERREGAYE, *h.*, c. de St-Perdoux.
TERREGAYE, *h.*, c. de Thédirac.
TERRE-ROUGE, *i.*, c. de Cahors.
TERRE-ROUGE, *i.*, c. de Lamativie.
TERRE-ROUGE, *i.*, c. de Rouffiac.
TERRE-ROUGE, *i.*, c. de St-Clair.
TERRE-ROUGE, *i.*, c. de St-Paul.
TERRET, *h.*, c. de Bélaye.
TERRIDE, *i.*, c. de Belfort.
TERRIÉ, *h*, c. de Catus.
TERRIÉ, *h.*, c. de St-Cernin.
TERRIÉ, *h.*, c. de Thédirac.
TERRIÉ, *h.*, c. du Vigan.
TERRIÉ-BLANC, *h.*, c. de Rueyres.
TERRIER, *i.*, c. de Cieurac.
TERRIER, *i.*, c. de Figeac.
TERRIER, *i.*, c. de Viazac.
TERRIER, *h.*, c. du Vigan.
TERRISSE, *h.*, c. du Bastit.
TERRONDEL, *h.*, c. de Boissières.

**TERROU**, c., cant. de Latronquière, arr. de Figeac. — ⊠ et Percept. de Latronquière. — ☊ (1230 p.). — Débit de tabac.

*Géographie* : Superf. 1913 hect. — 1052 hab. — Alt. moy. 497 m. — Terrains primitifs appartenant au grand massif du centre de la France.

Principaux v. et h. ; Terrou (57 hab.); — Ladirat, le Mazet, le Montet et Tillet.

Cours d'eau : Ruisseau de la Bave.

Voies de con : Chem. vic. d'int. com. nº 48, de Rouqueyroux à St-Céré; — chem. vic. d'int. com. nº 50, de Latronquière à Gramat; — 4 chem. vic. ord.

Distances : au chef-l. de cant. 10 k.; au chef-l. d'arr. 27 k.; au chef-l. de départ. 80 k.

*Statistique* : 318 Electeurs. — 12 Cons. mun.

Principal des 4 cont. dir. 4816 fr.

Revenus de la commune 77 fr.

*Instruction* : Ecole cle laïque de garç. (44 élèves); — école clo congrég. de filles (50 élèves); — école congrég. mixte de h. à Ladirat (40 élèves).

*Produits agricoles* : Blé, sarrasin, pommes de terre, châtaignes et fourrages. — Bois.

*Commerce et Industries* : 8 moulins à farine; — foulon et scierie sur la Bave. — 5 cabarets. — Foires les 24 janvier,

mars, mai, juil., septemb. et novemb. — Fête patr., le 1er dimanche après le 1er août.

Historique.

*Pendant la Révolution*. — C. du cant. de Latronquière et du district de Figeac.

*Avant la Révolution*. — Cté de la subdél. et de l'élection de Figeac. — Paroisses de Terrou, sous l'invocation de St-Pierre ès-liens (1189 p.) et de St-Médard-Nicourby, sous l'invocation de St-Médard (288 p.). — Cette cté payait 7380 livres d'impositions; ses charges locales ord. étaient de 164 livres.

*Anciennes mesures* : Canne = 2 m 003. — Canne carrée = 4 m. ᵈ 2325. — Sétérée = 33 ares 1831 (la sétérée se subdivisait en 4 quarterées et la quarterée en 7 pugnères ou en 2 quartonées). — Setier = 144 litres (le setier se subdivisait en 8 quartons, le quarton en 4 pennes et la penne en 4 pennons). — Charge = 125 litres 52 (la charge était composée de 60 pintes et se subdivisait en 2 comportes).

TERROU, *h.*, c. de Gramat.
TERRY, *v.*, c. de Pern.
TERSAC, *ch.*, c. de Cressensac.
TESSILIDE, *h.*, c. de Gignac.
TESSONIÈRES, *m.*, c. de Concots.
TEUILLE, *m.*, c. de Limogne.
TEULE (la), *h.*, c. de Béduer.
TEULEYROUX, *h.*, c. d'Issendolus.
TEULIÈRES, *h.*, c. d'Issendolus.
TEULIÈRES (les), *h.*, c. de St-Sozy.
TEYSSIÉ, *h.*, c. de Mechmont.

**TEYSSIEU**, c., cant. de Bretenoux, arr. de Figeac. — ⊠ et Percept. de Bretenoux. — ☊ (1000 p.). — Débit de tabac.

*Géographie* : Superf. 1096 hect. — 683 hab. — Alt. moy. 502 m. — Terrains primitifs.

Principaux v. et h. : Teyssieu (268 hab.); — Cazals (54 hab.), à 0 k. 600 de Teyssieu; — Lacondamine (80 hab.), à 2 k.; — Paillargues (33 hab.), à 2 k. 500; — Planavergne (40 hab.), à 2 k. 100; — Ussel (47 h.), à 0 k. 800.

Cours d'eau : Ruisseau de Teyssieu.

Voies de con : Chem. vic. de g. con nº 35, de Bretenoux dans le Cantal; — chem. vic. d'int. com. nº 15, de St-Céré à Comiac; — chem. vic. d'int. com. nº 46, de Sousceyrac à Cahus; — 1 chem. vic. ord.

Distances : au chef-l. de cant. 14 k.; au chef-l. d'arr. 49 k.; au chef-l. de départ. 87 k.

*Statistique* : 205 Electeurs. — 12 Cons. mun.

Principal des 4 cont. dir. 2879 fr.

Revenus de la commune, 86 fr.

*Instruction* : Ecole c<sup>le</sup> laïque de garç. (72 élèves); — école c<sup>le</sup> laïque de filles (35 élèves); — école laïque libre de filles (18 élèves).

*Produits agricoles* : Seigle, sarrasin, pommes de terre, châtaignes, fourrages.

*Commerce et Industries* : 4 auberges; — 1 cabaret. — Foires les 2 fév., 13 mars, 2 et 21 mai, 23 juillet, 10 et 26 décembre. — Fête patr., le 22 juillet.

Historique.

*Pendant la Révolution.* — C. du cant. de Bretenoux et du district de St-Céré.

*Avant la Révolution.* — C<sup>té</sup> de la subdél. et de l'élection de Figeac. — Paroisse sous l'invocation de S<sup>te</sup>-Madeleine (700 p.). — Cette c<sup>té</sup> payait 5182 livres d'impositions; ses charges locales ord. étaient de 161 livres; sa population était de 500 hab.

Le bourg de Teyssieu, autrefois assez important, fut ravagé par les Anglais au XIV<sup>e</sup> siècle et par les Protestants au XVI<sup>e</sup> siècle.

*Anciennes mesures* : La principale mesure de vin de Teyssieu était la baste contenant 47 <sup>litres</sup> 28. — Les autres mesures étaient celles de St-Céré.

*Antiquités* : Haute tour carrée du XIV<sup>e</sup> siècle.

**TÉZELS**, *i.*, c. de Girac.

**THÉDIRAC**, c., cant. de Salviac, arr. de Gourdon. — ✉ et ☎ de Dégagnac. — Percept. de Salviac. — ♁ (810 p.). — Débit de tabac. — Notaire.

*Géographie* : Superf. 1651 hect. — 837 hab. — Alt. moy. 273 <sup>m</sup>. — Cette c. se trouve sur un grand lambeau de terrain tertiaire qui recouvre le jurassique supérieur entre Catus et St-Germain.

Principaux v. et h. : Thédirac (386 hab.); — Bosredon (34 hab.), à 1 k. de Thédirac; — Boyé (26 hab.), à 2 k.; — Cavalié (35 hab.), à 1 k.; — Laviste (26 hab.), à 1 k.; — Mas de Guiral (26 hab.), à 3 k.

Cours d'eau : Ruisseaux de Malemort et de Pont-Barrat.

Voies de c<sup>on</sup> : Route dép<sup>le</sup> n° 9, de Cahors à Domme; — chem. vic. d'int.

com. n° 21, de la route dép<sup>le</sup> n° 12, à Villefranche; — 8 chem. vic. ord.

Distances : au chef-l. de cant. 13 k.; au chef-l. d'arr. 19 k.; au chef-l. de départ. 25 k.

*Statistique* : 250 Electeurs. — 12 Cons. mun.

Principal des 4 cont. dir. 4064 fr.

Revenus de la commune, 2100 fr.

Bureau de bienfaisance (revenu annuel 109 fr.).

*Instruction* : Ecole c<sup>le</sup> laïque de garç. (53 élèves); — école c<sup>le</sup> congrég. de filles (53 élèves).

*Produits agricoles* : Blé, vin, pommes de terre, noix, maïs, fourrages.

*Commerce et Industries* : Pressoir à huile. — 2 cabarets et café. — Foire le 18 août. — Fête patr., le 16 août.

Historique.

*Pendant la Révolution.* — C. du cant. de Salviac et du district de Gourdon.

*Avant la Révolution.* — C<sup>té</sup> de la subdél. de Gourdon et de l'élection de Cahors. — Paroisse sous l'invocation de St-Roch (700 p.). — Cette c<sup>té</sup> payait 3551 livres d'impositions; ses charges locales ord. étaient de 101 livres.

Guillaume Amalvin v, baron de Luzech, rendit hommage, le 30 mars 1397, pour la terre et baronnie de Thédirac, à Guillaume de Beaufort, vicomte de Turenne. — Le 15 janvier 1493, le château de Thédirac fut cédé à messire Jean du Maine, par noble et puissant homme Bertrand de Luzech.

*Anciennes mesures* : Les mesures de Thédirac étaient celles de Cahors.

**THÉGRA**, c., cant. de Gramat, arr. de Gourdon. — ✉, ☎, ⌷ et Percept. de Gramat. — ♁ (830 p.). — Débit de tabac.

*Géographie* : Superf. 1296 hect. — 834 hab. — Alt. moy. 402 <sup>m</sup>. — Terrains jurassiques inférieur et moyen. — Dépôts d'argile.

Principaux v. et h. : Thégra (283 hab.); — les Falguerines (50 hab.), à 1 k. de Thégra; — Gaules (64 hab.), à 3 k.; — Lacam (33 hab.), à 3 k.; — Pouzalgues (28 hab.), à 1 k.

Cours d'eau : Ruisseau de Thégra.

Voies de c<sup>on</sup> : Chem. vic. d'int. com. n° 3, de Bretenoux à Gramat; — chem. vic. d'int. com. n° 30, de Rocamadour à St-Céré; — chem. vic. d'int. com. n° 43, de Lacapelle-Marival à Martel; — 6 chem. vic. ord.

Distances : au chef-l. de cant. 7 k. ; au chef-l. d'arr. 44 k. ; au chef-l. de départ. 63 k.

*Statistique* : 269 Electeurs. — 12 Cons. mun.

Principal des 4 cont. dir. 6955 fr.

Revenus de la commune, 262 fr.

*Instruction* : Ecole c^le laïque de garç. (59 élèves) ; — école c^le congrég. de filles (46 élèves).

*Produits agricoles* : Céréales, pommes de terre, légumes, fourrages.

*Commerce et Industries* : 2 moulins à farine sur le ruisseau. — 7 cabarets. — Foire le 3 mai. — Fête patr., le 24 août.

### Historique.

*Pendant la Révolution.* — C. du cant. de Gramat et du district de St-Céré.

*Avant la Révolution.* — C^té de la subdél. et de l'élection de Figeac. — Paroisse sous l'invocation de St-Barthélemy (912 p.). — Cette c^té payait 11350 livres d'impositions ; ses charges locales ord. étaient de 323 livres.

Les revenus de l'église de Thégra furent donnés, en 1106, par le pape Pascal II aux chanoines réguliers de Cahors. — Thégra fut pris par les Anglais, en 1371.

*Anciennes mesures* : Canne = 2^m 057. — Canne carrée = 4^m. ^c. 2325. — Les autres mesures de Thégra étaient celles de Gramat.

*Hommes célèbres* : Thégra a donné naissance à l'illustre troubadour, Hugues de St-Cirq (xv^e siècle).

THEIL, *i.*, c. de Bretenoux.

THEIL, *h.* et *m. e.*, c. de Calviac.

THEIL, *m. e.*, c. de Lamativie.

THEIL (le), *i.*, c. de Cahus.

THEIL (le), *h.*, c. de Gorses.

THEIL (le), *i.*, c. de Souillaguet.

THEL, *h.*, c. de Bio.

**THÉMINES**, c., cant. de Lacapelle, arr. de Figeac. — ⊠, ▨ et ▧ de Gramat. — Percept. de Thémines. — ⚭ (700 p.). — Débit de tabac. — Notaire.

*Géographie* : Superf. 1335 hect. — 659 hab. — Alt. moy. 346^m. — Le sol calcaire de cette c. appartient à la formation liasique ; on y trouve quelques dépôts sablonneux et des terres d'alluvions.

Principaux v. et h. : Thémines (257 hab.) ; — Laval (34 hab.), à 0 k. 700 de Thémines ; — Mas du Causse (33 hab.), à 1 k. 500.

*Cours d'eau* : Ruisseau de l'Ouysse (ne pas confondre ce ruisseau avec le cours d'eau du même nom qui prend sa source dans la c. de Calès) ; — Fontaine minérale.

*Voies de c^on* : Route dép^le n° 1, de Mende à Sarlat ; — chem. vic. de g. c^on n° 40, d'Aynac à la route dép^le n° 13 ; — chem. vic. d'int. com. n° 16, de Corn à Rueyres ; — 4 chem. vic. ord.

Distances : au chef-l. de cant. 11 k. ; au chef-l. d'arr. 26 k. ; au chef-l. de départ. 65 k.

*Curiosités* : Gouffre de Thémines, à 100^m du bourg, dans lequel se jette et disparaît le ruisseau de l'Ouysse.

*Statistique* : 240 Electeurs. — 12 Cons. mun.

Principal des 4 cont. dir. 5067 fr.

Revenus de la commune, 203 fr.

*Instruction* : Ecole c^le laïque de garç. ; — école c^le laïque de filles (46 élèves).

*Produits agricoles* : Blé, avoine, maïs, vin, fourrages.

*Commerce et Industries* : 5 moulins à farine sur l'Ouysse. — 2 auberges ; — 3 cabarets ; — café. — Foires les 18 janv., 11 mai et 18 octobre. — Fête patr., le 8 septembre.

### Historique.

*Pendant la Révolution.* — C. du cant. d'Aynac et du district de Figeac.

*Avant la Révolution.* — C^té de la subdél. et de l'élection de Figeac. — Paroisse sous l'invocation de St-Eutrope (683 p.) — Cette c^té payait 6617 livres d'impositions ; ses charges locales ord. étaient de 151 livres ; sa population de 505 hab.

Le château de Thémines existait dans le xi^e siècle. La famille de Thémines, après s'être fondue successivement dans celles de Cardaillac et de Penne, s'allia à celle de Lauzières, d'où sortit à la fin du xvi^e siècle, Pons de Lauzières-Thémines, maréchal de France, sénéchal et gouverneur du Quercy. La maison de Thémines a joué un rôle important dans les annales du Quercy et plusieurs membres de cette famille se sont trouvés mêlés aux grands évènements de l'histoire. — Thémines fut hypothéqué aux Anglais en 1287. — La terre de Thémines avait titre de marquisat.

*Anciennes mesures* : Les mesures de vin de Thémines étaient celles de Lacapelle-Marival. — Les autres mesures de cette c^té étaient celles de Figeac.

*Antiquités :* Vestiges de l'ancien château.

*Hommes célèbres :* Pons de Lauzières, marquis de Thémines-Cardaillac, maréchal de France, dont nous avons parlé plus haut, vit le jour à Thémines (1553-1627).

**THÉMINETTES**, c., cant. de Lacapelle, arr. de Figeac. — ⊠ de Lacapelle. — TE et ST d'Assier. — Percept. de Thémines. — ♁ (300 p.). — Débit de tabac.

*Géographie :* Superf. 874 hect. — 323 hab. — Alt. moy. 355 m. — Sol en partie calcaire et en partie argileux, appartenant à la formation liasique.

Principaux v. et h. : Théminettes (104 hab.) et Couderc.

Cours d'eau : Ruisseau de Francès. — Fontaine minérale de Théminettes.

Voies de c^on : Chem. vic. d'int. com. n° 16, de Corn à Rueyres ; — 1 chem. vic. ord.

Distances : au chef-l. de cant. 9 k. ; au chef-l. d'arr. 24 k. ; au chef-l. de départ. 63 k.

Curiosités : Gouffre de Théminettes où se jette et disparaît le ruisseau de Francès. — Grotte de Marut.

*Statistique :* 105 Electeurs. — 10 Cons. mun.

Principal des 4 cont. dir. 3647 fr.

Revenus de la commune, 205 fr.

Bureau de bienfaisance (revenu annuel 102 fr.).

*Instruction :* Ecole c^le laïque de garç. (22 élèves) ; — école laïque libre de filles.

*Produits agricoles :* Céréales, vin, tabac. — Bois.

*Commerce et Industries :* Moulins à farine sur le ruisseau de Francès. — 3 cabarets. — Fête patr., le 24 août.

Historique.

*Pendant la Révolution.* — C. du cant. de Lacapelle et du district de Figeac.

*Avant la Révolution.* — C^té de la subdél. et de l'élection de Figeac. — Paroisse sous l'invocation de St-Christophe (420 p.). — Cette c^té payait 7432 livres d'impositions ; ses charges locales ord. étaient de 310 livres ; sa population de 608 hab.

*Anciennes mesures :* Les mesures de vin de Théminettes étaient celles de Lacapelle-Marival. — Les autres mesures de cette c^té étaient celles de Figeac.

THERMES, *h.*, c. de St-Denis (Martel).
THÉRON, *m.*, c. du Boulvé.
THÉRON, *h.*, c. de Cézac.
THÉRON, *h.*, c. de Valprionde.
THÉRON (bas et haut), *h.*, c. de Prayssac
THÉRON (le), *i.*, c. de Cieurac.
THÉRONDEL, *h.*, c. de Nuzéjouls.
THÉRONDEL (le), *h.*, c. de Linac.
THÉSORIES, *h.*, c. d'Aujols.
THÉZELS, *v.*, c. de Castelnau.
THIRONDELS, *h.*, c. de Fourmagnac.
THOMAS, *m.*, c. de Promilhanes.
THOMAS, *i.*, c. de St-Paul.
THOURON (le), *ch.*, c. de Prayssac.
TILLET, *i.*, c. de St-Michel-Loubéjou.
TILLETS (les), *h.*, c. de Terrou.
TILLOU, *i.*, c. de Belfort.
TIMBERGUE, *i.*, c. de Lachapelle-Auz.
TIMBERGUE, *h.*, c. de Souillac.
TINDETS, *i.*, c. de Marminiac.
TINEHON, *h.*, c. de Baladou.
TINETTE, *h.*, c. de St-Sulpice.
TIRE (la), *m.*, c. de St-Daunès.
TISSANDIÉ, *h.*, c. de Lavergne.
TISSANDIER, *m.*, c. de Castelnau.
TISSANDIER, *h.*, c. de St-Céré.
TITOUL, *i.*, c. de Bagat.
TOCAVEN, *h.*, c. de Thédirac.
TOIRAC, *i.*, c. de Puy-l'Evêque.
TOIRAC, *v.*, c. de St-Pierre-Toirac.
TOIRES (les), *i.*, c. de Dégagnac.
TOMBEBIAU, *i.*, c. de Figeac.
TOQUEVENT, *i.*, c. de St-Cernin.
TOQUEVENT, *i.*, c. de Thédirac.
TOUCHY, *h.*, c. de St-Sozy.
TOUILLE (la), *h.*, c. de Lentillac (St-Céré).
TOULAS, *h.*, c. de Payrac.
TOULOUMIOU, *h.*, c. de Baladou.
TOULOUSIE, *h.*, c. de Loupiac.
TOULOUSQUE, *h.*, c. de Cahors.
TOULRO, *i.*, c. de Belfort.
TOULSANE (la), *f.*, c. de Figeac.
TOULZAC, *h.*, c. de St-Michel-de-Ban.
TOULZANIE (la), *h.*, c. de St-Martin-[Labouval].
TOULZE ou TOULZO, *i.*, c. d'Arcambal.
TOUMAS, *i.*, c. de Belfort.
TOUMAZEL, *i.*, c. de Meyronne.
TOUNI, *h.*, c. d'Uzech.
TOUNIAGUES, *h.*, c. de Frayssinet-le-Gélat.
TOUNIOUNETS, *h.*, c. de Frayssinet-le-Gélat.
TOUNIS (les), *i.*, c. de Belfort.
TOUNIS (les), *i.*, c. de Lalbenque.

Tounissels (les), *h.*, c. de Lentillac (Lauzès).
Toupinot, *h.*, c. de St-Hilaire-de-Bes.
Tour, *h.*, c. de Duravel.
Tour (la), *i.*, c. de Marcillac.
Tour-de-Faure, *v.*, c. de St-Cirq-
[Lapopie].
Tour d'Etienne, *f.*, c. de Flaugnac.
Tourel, *h.*, c. de Castelnau.
Tourel, *h.*, c. de St-Jean-Lespinasse.
Tourène, *h.*, c. d'Anglars.
Tourène, *i.*, c. d'Espédaillac.
Tourette (la), *h.*, c. de Floressas.
Tourin (le), *h.*, c. de Lentillac.
Touriols (les), *h.*, c. de Dégagnac.
Tourneboule, *m. v.*, c. de Lalbenque.
Tournefeuille, *m. e.*, c. de Rocamadour.
Tour-Nègre (la), *f.*, c. de Figeac.
Tourne-Pique, *f.*, c. d'Albas.
Tourneries, *i.*, c. de Lacapelle-Cab.
Tourniac, *h.*, c. de Pontcirq.
Tourniac, *h.*, c. de Saux.
Tournié, *h.*, c. de Gindou.
Tournié, *h.*, c. de St-Projet.
Touron, *h.*, c. de Gorses.
Touron, *h.*, c. de Lachapelle-Auzac.
Touron (le), *h.*, c. de Capdenac.
Touron (le), *h.*, c. de Figeac.
Touron (le), *h.*, c. de Goujounac.
Touron (le), *h.*, c. de Lavercantière.
Touron (le), *h.*, c. d'Uzech.
Tourond (le), *i.*, c. de Cazals.
Tourond (le), *m. e.*, c. de Marminiac.
Touroudel, *i.*, c. du Boulvé.
Tourouneau, *i.*, c. de Loupiac.
Tourrielles, *m. e.*, c. de Cornac.
Tourriol (le), *h.*, c. de Concorès.
Tourrit, *h.*, c. de Soturac.
Tourtal, *h.*, c. de Baladou.
Tourtelle, *i.*, c. de Laroque-Toirac.
Tourtes, *m. e.*, c. de Gagnac.
Tourtonde, *i.*, c. de Capdenac.
Tourtrou, *h.*, c. de St-Germain.
Tout-Vent, *i.*, c. de Lhospitalet.

**TOUZAC**, c., cant. de Puy-l'Évêque, arr. de Cahors. — ✉ de Puy-l'Évêque. — ▯ et ▯ de Soturac-Touzac. — Percept. de Duravel. — ☿ (437 p.). — Rec.-buraliste.

*Géographie :* Superf. 413 hect. — 428 hab. — Alt. moy. 103 ᵐ. — Terrain jurassique supérieur. — Couches de calcaire argilo-marneux fournissant un excellent ciment hydraulique.

Principaux v. et h. : Touzac (318 hab.); — Lafargue (22 hab.), à 2 k. 500 de Touzac; — Lastriboules (24 hab.), à 3 k.; — Leygue (19 hab.), à 1 k.

Cours d'eau : Rivière du Lot (pont suspendu). — Fontaine de Leygue.

Voies de cᵒⁿ : Chem. vic. de g. cᵒⁿ nᵒ 8, de Cahors à Touzac; — chem. vic. d'int. com. nᵒ 38, de Sérignac à Touzac.

Distances : au chef-l. de cant. 8 k.; au chef-l. d'arr. et de départ. 41 k.

Curiosités : Fontaine très-abondante, dite source de Leygue, sortant d'un gouffre dont on n'a pu sonder le fond.

*Statistique :* 145 Electeurs. — 10 Cons. mun.

Principal des 4 cont. dir. 3276 fr.

Revenus de la commune, 91 fr.

Bureau de bienfaisance (revenu annuel 55 fr.).

*Instruction :* Ecole cˡᵉ laïque de garç. (25 élèves); — école libre congrég. de filles (26 élèves).

*Produits agricoles :* Blé, vin, maïs, pommes de terre, fourrages.

*Commerce et Industries :* Moulin de Leygue et boulangerie importante. — 2 cabarets. — Foires le 12 des mois de mars, avril, septembre et octobre.—Fête patr., le 22 juillet.

Historique.

*Pendant la Révolution.* — C. du cant. de Duravel et du district de Cahors.

*Avant la Révolution.* — Cˡᵉ de la subdél. de Prayssac et de l'élection de Cahors. — Paroisse sous l'invocation de Stᵉ-Madeleine (430 p.). — Cette cˡᵉ payait 4149 livres d'impositions; ses charges locales ord. étaient de 104 livres.

*Anciennes mesures :* Canne = 1ᵐ 786. — Canne carrée = 3ᵐ·ᶜ· 2568. — Quarterée = 23ᵃʳᵉˢ 7421 (la quarterée se subdivisait en 4 quartonats, le quartonat en 4 boisselats, le boisselat en 16 onces). — Quarte = 78ˡⁱᵗʳᵉˢ (la quarte se subdivisait en 4 quartons, le quarton en 4 boisseaux, le boisseau en 16 onces). — Barrique = 200ˡⁱᵗʳᵉˢ.

Trabades, *h.*, c. d'Issendolus.
Tracas (le), *h.*, c. de Castelnau.
Trados, *h.*, c. de Viazac.
Tranchou, *h.*, c. de St-Denis (Martel).
Trapelle (la), *i.*, c. de Montcléra.
Trapes, *i.*, c. de St-Cernin.
Trapi, *h.*, c. de Capdenac.
Trassevent, *i.*, c. du Bastit.
Trassevent, *i.*, c. de Montfaucon.
Trauniac, *h.*, c. de Saux.
Travail, *h.*, c. du Roc.
Travers (le), *i.*, c. de Terrou.
Travers-d'Auriac, *i.*, c. de Lunan

TRAVERS-GRAND (le), *i.*, c. de Sénaillac (Lauzès).

TRAVERSOUS (les), *i.*, c. de Sabadel (Lauzès).

TRAYNE (la), *ch.*, c. de Pinsac.

TRÉBAÏX, *v.*, c. de Villesèque.

TRÉBOULET, *i.*, c. de Vers.

TRÉDÉDES, *f.*, c. de Cabrerets.

TRÉGANSOU, *h.*, c. de Vers.

TRÉGOUX, *h.*, c. de Crégols.

TREIL, *h.*, c. de Loupiac.

TREIL (bas et haut), *h.*, c. de Frayssinet

TREIL (le), *h.*, c. de Belmont (Bretenoux)

TREILLE, *i.*, c. de Bagat.

TREILLE, *h.*, c. de St-Jean-de-Laur.

TREILS (les), *i.*, c. de St-Cyprien.

TREIZE-BENTS, *h.*, c. du Bourg.

TREIZE-VENTS, *i.*, c. d'Issepts.

TREJET, *h.*, c. de Duravel.

TRELAFON, *h.*, c. de Cézac.

TREMENOUZE, *h.*, c. de St-Vincent (St-Céré).

TRÉMON, *i.*, c. de Figeac.

TRÉMONTANE, *i.*, c. de Capdenac.

TRÉMOUL, *h.*, c. de Gorses.

TRÉMOULET, *m.*, c. de St-Cyprien.

TRÉMOULET, *h.*, c. de Thégra.

TRÉMOULS, *i.*, c. de Béduer.

TRÉPADER, *h.*, c. de Goujounac.

TRÉPADOUX, *h.*, c. de St-Michel-de-B.

TRÉPADOUX, *ch.*, c. de Montcuq.

TRESGNES, *h.*, c. de Gindou.

TRESPECH, *i.*, c. de Camboulit.

TRESPOU, *i.*, c. d'Espédaillac.

**TRESPOUX-RASSIELS**, c., cant. de Cahors (sud), arr. de Cahors. — ⊠, ▭ et ▭ de Cahors. — Percept. de Pradines. — ☖ de Trespoux (360 p.) et du Bournaguet-Rassiels (350 p.).

*Géographie :* Superf. 2070 hect. — 675 hab. — Alt. moy. 296 ᵐ. — Terrain jurassique supérieur.

Principaux v. et h. : Trespoux (164 hab.); — Bournaguet (160 hab.), à 3 k. de Trespoux; — Colombier (89 hab.), à 3 k. 500; — Lannat (42 hab.), à 2 k.; — Rassiels (89 hab.), à 4 k.

Cours d'eau : Ruisseaux du Quercy et de Freysse.

Voies de cᵒⁿ : Chem. vic. d'int. com. nᵒ 34, de Mercuès à Montcuq; — chem. vic. d'int. com. nᵒ 77, de Cahors à St-Pantaléon; — 9 chem. vic. ord.

Distances : au chef-l. de cant., d'arr. et de départ. 8 k.

*Statistique :* 237 Electeurs. — 12 Cons. mun. — Sect. élect. de Trespoux (5 cons. mun.), du Bournaguet (4 cons. mun.) et de Rassiels (3 cons. mun.).

Principal des 4 cont. dir. 4207 fr.

Revenus de la commune, 66 fr.

*Instruction :* Ecole cˡᵉ laïque de garç. (50 élèves); — école cˡᵉ laïque de filles (25 élèves).

*Produits agricoles :* Céréales, vin, noix, truffes.

*Commerce et Industries :* Moulins à farine. — Cabaret. — Fêtes patr., à Trespoux, le 6 août et à Bournaguet-Rassiels, le 8 septemb.

Historique.

*Pendant la Révolution.* — C. du cant. et du district de Cahors.

*Avant la Révolution.* — Trespoux formait 2 cᵗᵉˢ de la subdél. et de l'élection de Cahors :

1º Cᵗᵉ de Trespoux : payait 2215 livres d'impositions; ses charges locales ord. étaient de 57 livres. — Paroisse sous l'invocation de St-Sixte (335 p.);

2º Cᵗᵉ de Rassiels : payait 4090 livres d'impositions; ses charges locales ord. étaient de 153 livres. — Paroisse sous l'invocation de la Nativité de N.-D. (388 p.).

En 1258, Barthélemy de Roux, évêque de Cahors, régla un différend survenu entre Guillaume de Lard, seigneur de Rassiels et le curé de l'endroit, au sujet de la perception des dîmes. — En 1368, une partie des dîmes de Rassiels fut affectée à l'entretien du collège Pélégry de Cahors. — En 1597, la justice de Trespoux et de Rassiels fut achetée au domaine du Roi, par les consuls de Cahors.

*Anciennes mesures :* Les mesures de ces 2 cᵗᵉˢ étaient celles de Cahors.

TRESPOUZET, *i.*, c. de Trespoux.

TRESSE, *i.*, c. de St-Médard (Catus).

TREZAGOU, *m.*, c. de St-Céré.

TREZET (*port*), c. de Duravel.

TRIADOU, *i.*, c. de Flaujac (Livernon).

TRIAUBOUT, *h.*, c. de Prayssac.

TRICOUNET, *h.*, c. de Labastide-du-V.

TRIEUX, *i.*, c. de Vire.

TRIEUX (les), *h.*, c. de St-Michel-de-B.

TRIGAUDINAUT, *h.*, c. de Labastide-[du-Vert].

TRIGODINA, *h.*, c. de Valroufié.

TRIGUEFOL, *m.*, c. de Belmontet.

TRILLOU, *h.*, c. de St-Germain.

TRINQUE, *h.*, c. de St-Caprais.

TRIOULOU, *ch.*, c. de Bagnac.

Tripadel, *i.*, c. de Saillac.
Tristou, *i.*, c. de Bagat.
Tritocos, *i.*, c. de Belfort.
Trognac, *h.*, c., de Saux.
Trois-Fons, *h.*, c. de Blars.
Trois-Lacs, *h.*, c. d'Espédaillac.
Trois-Lacs, *h.*, c. de Grèzes.
Trois-Mulets (les), *h.*, c. du Montat.
Trois-Noyers, *i.*, c. de Mauroux.
Trois-Pécouls, *m. e.*, c. de Peyrilles.
Trois-Postes, *h.*, c. de St-Caprais.
Troly, *i.*, c. de Lascabanes.
Trompette *ch.*, c. de Vire.
Trompette (la), *h.*, c. de Cassagnes.
Tronquet, *h.*, c. de Duravel.
Tronquet, *h.*, c. de Gorses.
Tronquet, *i.*, c. de Promilhanes.
Tronquière, *h.*, c. des Arques.
Tronquière (la). — *Voir Latronquière*.
Tros-Puech, *i.*, c. de Montgesty.
Trotte-Ligotte, *h.*, c. de Pomarède.
Troual, *i.*, c. de Labastide-Murat.
Troubat, *h.*, c. de Prudhomat.
Trouche, *m.*, c. des Arques.
Trouches, *h.*, c. de Flaugnac.
Trouilhé, *h.*, c. de Gintrac.
Trouillé (le), *i.*, c. de Cuzac.
Trouillies, *h.*, c. de Cazillac.
Trouillou, *h.*, c. de Thégra.
Truc (le), *h.*, c. des Arques.
Truc (le), *h.*, c. de Bélaye.
Truffe, *m.*, c. de Lugagnac.
Truffe, *i.*, c. de Valprionde.
Truffe (la), *m.*, c. de Castelnau.
Trugal, *i.*, c. de St-Jean-de-Laur.
Truniac (au), *i.*, c. du Boulvé.
Truque, *i.*, c. de Trespoux.
Truquet, *i.*, c. de Belmontet.
Truquet, *i.*, c. de St-Pantaléon.
Truquet (le), *i.*, c. de Belfort.
Trussal, *h.*, c. de Mauroux.
Tuc (le), *h.*, c. de Sérignac.
Tuffirit, *m. e.*, c. de Frayssinet.

Tuile (la), *i.*, c. de Trespoux.
Tuilerie, *f.*, c. de Cabrerets.
Tuilerie-Haute, *h.*, c. de Bagat.
Tuilerie (la), *u.*, c. de Belfort.
Tuilerie (la), *h.*, c. de St-Martin-
[Labouval].
Tuileries (les), *m.*, c. de Calvignac.
Tuileries (les), *u.*, c. de Lentillac
(St-Céré).
Tuileries (les), *h.*, c. de Prendeignes
Tuileries (les), *h.*, c. de Sauzet.
Tuileries (les), *f, g.*, c. de St-Céré.
Tuileries (les), *h.*, c. d'Uzech.
Tuilier (le), *i.*, c. de Belfort.
Tuilière (la), *u.*, c. de Marminiac.
Tuilière (la), *h.*, c. de St-Cernin.
Tuilières, *h.*, c. de Lamothe-Fénelon.
Tuille, *i.*, c. d'Issepts.
Tuillères, *m.*, c. de Strenquels.
Tuillères-de-Marbos, *u.*, c. de St-
[Michel-de-Ban.]
Tuillerie (la), *h.*, c. de Douelle.
Tuillerie, *h.*, c. du Montat.
Tuilleries (les), *h.*, c. de Cahors.
Tuilleries (les), *m.*, c. de Castelnau.
Tuilleries (les), *h.*, c. de Maxou.
Tuilleries (les), *h.*, c. de Rouffillac.
Tuillière (la), *h.*, c. de Cressensac.
Tuillières, *h.*, c. de Corn.
Tulière, *i.*, c. de Belmontet.
Tulle, (la), *ch.*, c. de Strenquels.
Tullerie, *h.*, c. de Lauzès.
Tuque, *i.*, c. de Duravel.
Tuque (la), *i.*, c. du Boulvé.
Tuque (la), *h.*, c. de Puy-l'Evêque.
Tuques, *i.*, c. de Mauroux.
Tuquet, *i.*, c. de Belmontet.
Tuquet, *h.*, c. de Montcléra.
Tuquet (le), *h.*, c. de Bélaye.
Tuquette (la), *h.*, c. de Pomarède.
Tural, *h.*, c. de Rueyres.
Turmen, *h.*, c. de Puy-l'Evêque.
Tursol, *h.*, c. de Blars.

# U

Uffande, *h.*, c. de Toirac.
Ugounou, *h.*, c. de Montfaucon.
Usclades (les), *h.*, c. de Latronquière.
Uscladies (les), *h.*, c. de St-Michel-de-Ban.
Ussac, *i.*, c. de Cajarc.

Ussel, *c.*, cant. de St-Germain, arr. de Gourdon. — ✉ de Frayssinet. — Per-

cept. de St-Germain. — ♂ (400 p.) — Débit de tabac. — Notaire.
*Géographie :* Superf. 674 hect. — 410 hab. — Alt. moy. 376 m. — Terrain jurassique supérieur.
Principaux v. et h. : Ussel (233 hab.); — Geniès et Camp-Grand (41 hab.), à 2 k. d'Ussel ; — le Pouzat (62 hab.), à 2

k. ; — Rieuzal et les Plasses (51 hab.), à 2 k.

Cours d'eau : Ruisseau du Vert.

Voies de c^on : Route nat^le n° 20, de Paris à Toulouse ; — chem. vic. d'int. com. n° 60, de Gigouzac à la route nat^le n° 20 ; — 4 chem. vic. ord.

Distances : au chef-l. de cant. 11 k. ; au chef-l. d'arr. 24 k. ; au chef-l. de départ. 23 k.

*Statistique* : 107 Electeurs. — 10 Cons. mun.

Principal des 4 cont. dir. 2233 fr.

Revenus de la commune, 29 fr.

*Instruction* : Ecole c^le laïque de garç. (23 élèves) ; — école c^le laïque de filles (29 élèves).

*Produits agricoles* : Céréales, vin, noix, fourrages.

*Commerce et Industries* : Cabaret. — Foires les 9 février, 18 mai, 7 septembre et 19 novembre. — Fête patr., le 8 septembre.

### Historique.

*Pendant la Révolution.* — C. du cant. de St-Germain et du district de Gourdon.

*Avant la Révolution.* — C^té de la subdél. de Gourdon et de l'élection de Cahors. —Paroisse sous l'invocation de St-Martin (350 p.). — Cette c^té payait 4090 livres d'impositions ; ses charges locales ord. étaient de 123 livres.

*Anciennes mesures* : Les mesures d'Ussel étaient celles de Cahors.

Ussel, h., c. de Cornac.

Ussel, h., c. de St-Vincent (St-Céré).

Ussel, h., c. de Teyssieu.

Ussel (croix d'), i., c. de Teyssieu.

**UZECH**, c., cant. de St-Germain, arr. de Gourdon. — ⊠ et Percept. de St-Germain. — ♂ (600 p.). — Débit de tabac.

*Géographie* : Superf. 1221 hect. — 591 hab. — Alt. moy. 325 ^m. — Cette c. se trouve sur la lisière du jurassique supé-rieur recouvert, dans cette partie du département, par un massif de terrain tertiaire de la formation d'eau douce et qui s'étend entre Uzech, Montgesty et Gindou. — Bancs importants d'une argile propre à la fabrication d'objets céramiques.

Principaux v. et h : Uzech (348 hab.) ; — Mas del Sol (30 hab.), à 1 k. d'Uzech ; — Moulès (20 hab.), à 1 k. 500 ; — Rimat (26 hab.), à 1 k. 800.

Cours d'eau : Ruisseaux peu importants, au nombre de 4.

Voies de c^on : Route dép^le n° 12, de Lamothe-Cassel à Castelfranc ; — chem. vic. de g. c^on n° 1, de Cahors à Gourdon ; — 3 chem. vic. ord.

Distances : au chef-l. de cant. 8 k. ; au chef-l. d'arr. 20 k. ; au chef-l. de départ. 22 k.

*Statistique* : 189 Electeurs. — 12 Cons. mun.

Principal des 4 cont. dir. 3035 fr.

Revenus de la commune, 206 fr.

*Instruction* : Ecole c^le laïque de garç. (33 élèves) ; — école c^le congrég. de filles (35 élèves).

*Produits agricoles* : Céréales, vin, pommes de terre, chanvre, lin. — Bois.

*Commerce et Industries* : 2 moulins à farine sur les ruisseaux. — 10 fabriques de poteries ; — 2 briqueteries. — Auberge ; — cabaret ; — café. — Fête patr., le 24 août.

### Historique.

*Pendant la Révolution.* — C. du cant. de St-Germain et du district de Gourdon.

*Avant la Révolution.* — C^té d'Uzech-des-Oules, de la subdél. de Gourdon et de l'élection de Cahors. — Paroisse sous l'invocation de St-Martin (669 p.). — Cette c^té payait 3215 livres d'impositions ; ses charges locales ord. étaient de 106 livres.

*Anciennes mesures* : Les mesures d'Uzech étaient celles de Cahors.

# V

Vacalerie (la), h., c. de Capdenac.

Vacalerie (la), h., c. de Lunan.

Vacant, h., c. de Sérignac.

Vaches (Chemin des), f., c. de Rocamadour

Vacquié, ch., c. de Soturac.

**VAILLAC**, c., cant. de Labastide-Murat, arr. de Gourdon. — ⊠, ▦ et Percept. de Labastide. — ♂ (605 p.). — Débit de tabac.

*Géographie* : Superf. 1368 hect. — 544

hab. — Alt. moy. 358 $^m$. — Terrain jurassique moyen.

Principaux v. et h. : Vaillac (481 hab.).

Cours d'eau : Ruisseau du Céou et un affluent.

Voies de c$^{on}$ : Chem. vic. de g. c$^{on}$ n° 2, de Gourdon à Figeac ; — chem. vic. d'int. com. n° 37, de Labastide-Murat à Gourdon ; — 2 chem. vic. ord.

Distances : au chef-l. de cant. 5 k. ; au chef-l. d'arr. 18 k. ; au chef-l. de départ. 38 k.

*Statistique :* 150 Electeurs. — 12 Cons. mun.

Principal des 4 cont. dir. 3776 fr.

Revenus de la commune, 83 fr.

*Instruction :* Ecole c$^{le}$ laïque de garç. (43 élèves) ; — école c$^{le}$ congrég. de filles (38 élèves).

*Produits agricoles :* Céréales et vin.

*Commerce et Industries :* Moulins à farine sur les ruisseaux. — 2 cabarets. — Foires les 30 avril et 25 novembre. — Fête patr., le 28 août.

Historique.

*Pendant la Révolution.* — C. du cant. de Montfaucon et du district de Gourdon.

*Avant la Révolution.* — C$^{té}$ de la subdél. de Gourdon et de l'élection de Cahors. —Paroisse sous l'invocation de St-Julien (712 p.). — Cette c$^{té}$ payait 8037 livres d'impositions ; ses charges locales ord. étaient de 207 livres.

La famille des Vaillac était issue de celle des Gourdon ; elle a fourni plusieurs personnages célèbres. Il est question des seigneurs de Vaillac dans le traité conclu à Villefranche de Périgord, en 1289, entre les rois de France et d'Angleterre. — Vers l'année 1700 la famille de Vaillac fut obligée d'aliéner son fief et le château devint la propriété d'un conseiller au Parlement de Toulouse. — La terre de Vaillac avait titre de comté.

*Anciennes mesures :* La principale mesure agraire de Vaillac était la quarte qui valait 45 $^{ares}$ 9647. — Les autres mesures de cette c$^{té}$ étaient celles de Gourdon.

*Antiquités :* Ancien château dont les écuries seules pouvaient renfermer 500 chevaux.

*Hommes célèbres :* Louis de Genouillac-Vaillac, évêque de Cahors (1500-1583).— Louis de Gourdon-Galiot, seigneur de Vaillac, fut gouverneur de Bordeaux (XVI$^e$ siècle).

VAILLES, *m. e.*, c. de Loubressac.
VAIQUIÉ, *h.*, c. du Vigan.
VALADE, *h.*, c. d'Assier.
VALADE (basse et haute), *h.*, c. de [Goujounac].
VALADIÉ, *h.*, c. de Marminiac.
VALADIÉ, *h.*, c. de Sabadel.
VALADIER, *h.*, c. de Condat.
VALARENS, *h.*, c. de St-Germain.
VALAYRAC, *v.*, c. de Sarrazac.
VALDIÉ, *h.*, c. de Pontcirq.
VALEILLE, *i.*, c. de Fons.
VELEILLE, *m. e.*, c. de Lacave.
VALETTE, *h.*, c. de Gignac.
VALETTE, *f.*, c. de Montfaucon.
VALETTE, *h.*, c. de St-Jean-Lespinasse.
VALETTERIE, *h.*, c. de Sarrazac.
VALLIÈRE (la), *h.*, c. de Duravel.
VALLON, *h.*, c. de St-Michel-de-Ban
VALMARY, *h*, c. de Castelnau.

**VALPRIONDE**, c., cant. de Montcuq, arr. de Cahors. — ⊠ et ▨ de Montcuq. — Percept. de St.-Matré.— ⚕ de Valprionde (390 p.) et de St-Félix (223 p.). — Rec.-buraliste. —Notaire.

*Géographie :* Superf. 1592 hect. — 559 hab. — Alt. moy. 241 $^m$. — Terrain tertiaire.

Principaux v. et h. : Valprionde (30 hab.) ; — Larroque (33 hab.), à 0 k. 600 de Valprionde ; — Moulin-Bessou (70 hab.), à 0 k. 900 ; — Paillas et Lasserre (104 hab.), à 0 k. 500 ; — St-Félix (216 hab.), à 3 k. ; — Théron (106 hab.), à 0 k. 700.

Cours d'eau : Ruisseau de la Séoune.

Voies de c$^{on}$ : Chem. vic. de g. c$^{on}$ n° 27, de Montcuq à Montaigu ; — chem. vic. d'int. com. n° 6, de Sauzet à Belvèze ; — 3 chem. vic. ord.

Distances : au chef-l. de cant. 10 k. ; au chef-l. d'arr. et de départ. 35 k.

*Statistique :* 177 Electeurs. — 12 Cons. mun.

Principal des 4 cont. dir. 4919 fr.

Revenus de la commune, 409 fr.

*Instruction :* Ecole c$^{le}$ laïque de garç. (31 élèves) ; — école c$^{le}$ laïque de filles (26 élèves).

*Produits agricoles :* Céréales, vin, légumes, prunes, fourrages.

*Commerce et Industries :* Moulins à farine sur la Séoune. — 2 cabarets. — Foires les 11 janv., 27 fév. et 19 août.

— Fêtes patr., à Valprionde, le 17 janv. et à St-Félix, le 14 septemb.

Historique.

*Pendant la Révolution.* — Valprionde formait 2 c. (Valprionde et Félix), du cant. de Montcuq et du district de Lauzerte.

*Avant la Révolution.* — Valprionde formait 2 c^{tés} de la subdél. de Lauzerte et de l'élection de Cahors :

1° C^{té} de Valprionde : payait 4706 livres d'impositions; ses charges locales ord. étaient de 145 livres. — Paroisses de Valprionde sous l'invocation de St-Sulpice (382 p.) et de St-Agnan (120 p.);

2° C^{té} de St-Félix-de-Vaux : payait 2929 livres d'impositions; ses charges locales ord. étaient de 86 livres. — Paroisse sous l'invocation de St-Félix (346 p).

*Anciennes mesures :* Les mesures de Valprionde étaient celles de Montcuq.

**VALROUFIÉ,** (c. créée en 1851, — faisait partie de la c. de Laroque-des-Arcs), c., cant. de Cahors (nord), arr. de Cahors. — ⊠ de Cahors. — Percept. de Pradines. — ⚕ de Valroufié (373 p.) et de Constans (314 p.). — Rec.-buraliste.

*Géographie :* Superf. 1345 hect. — 583 hab. — Alt. moy. 298 ^{m}. — Terrains appartenant à la formation jurassique supérieure.

Principaux v. et h. : Valroufié (300 hab.); — Constans (113 hab.), à 2 k. de Valroufié; — Cournies (28 hab.), à 2 k.; — Lagarde (51 hab.), à 2 k. 500; — Merle-Castel (25 hab.), à 4 k.; — Montcoutié (51 hab.), à 3 k.

Cours d'eau : Ruisseau de Bellefont.

Voies de c^{on} : Route nat^{le} n° 20, de Paris à Toulouse; — chem. vic. d'int. com. n° 52, de St-Martin-de-Vers à Laroque-des-Arcs; — 5 chem. vic. ord.

Distances : au chef-l. de cant., d'arr. et de départ. 10 k.

*Statistique :* 188 Electeurs. — 12 Cons. mun. — Sect. élect. de Valroufié (7 cons. mun.) et de Constans (5 cons. mun.).

Principal des 4 cont. dir. 3402 fr.

Revenus de la commune, 96 fr.

*Instruction :* Ecole c^{le} laïque de garç. (27 élèves); — école c^{le} laïque de filles (18 élèves); — école laïque de h. de filles à Constans (22 élèves).

*Produits agricoles :* Blé, vin, maïs,

pommes de terre, chanvre, noix, fourrages.

*Commerce et Industries :* Moulin à farine sur le ruisseau de Bellefont. — Cabaret. — Foires les 5 janv., 5 mai et 7 novemb. — Fêtes patr., à Valroufié, le 7 novemb. et à Constans, le 3 août.

Historique.

*Pendant la Révolution.* — C. du cant. et du district de Cahors.

*Avant la Révolution.* — C^{té} de Valroufié et Moncoutié, de la subdél. et de l'élection de Cahors. — Paroisse sous l'invocation de St-Pierre ès-liens (429 p.). — Cette c^{té} payait 2357 livres d'impositions; ses charges locales ord. étaient de 81 livres.

*Anciennes mesures :* Les mesures de Valroufié étaient celles de Cahors.

**VAQUIÉ,** h., c. de Sénaillac.
**VARAGNES,** h., c. de Rocamadour.

**VARAIRE,** c., cant. de Limogne, arr. de Cahors. — ⊠ de Limogne. — Percept. de Bach. — ⚕ (913 p.). — Débit de tabac. — Notaire.

*Géographie :* Superf. 1711 hect. — 957 hab. — Alt. moy. 326 ^{m}. — Terrain jurassique moyen. — Gisements de phosphates de chaux.

Principaux v. et h. : Varaire (556 hab.); — Bourel (124 hab.), à 1 k. 300 de Varaire; — Ladoux (109 hab.), à 1 k.

Voies de c^{on} : Route dép^{le} n° 19, de Figeac à Caussade; — chem. vic. de g. c^{on} n° 46, de St-Projet à la route nat^{le} n° 111; — chem. vic. d'int. com. n° 79, de Varaire à Villefranche; — 2 chem. vic. ord.

Distances : au chef-l. de cant. 6 k.; au chef-l. d'arr. et de départ. 31 k.

*Statistique :* 290 Electeurs. — 12 Cons. mun.

Principal des 4 cont. dir. 5056 fr.

Revenus de la commune, 252 fr.

Bureau de bienfaisance (revenu annuel 245 fr.).

*Instruction :* Ecole c^{le} laïque de garç. (61 élèves); — école c^{le} congrég. de filles (54 élèves).

*Produits agricoles :* Céréales, vin, truffes. — Bois.

*Commerce et Industries :* Auberge; — cabaret; — 2 cafés. — Foires les 29 janv., 23 avril, 29 août et 1^{er} décemb. — Fête patr., le 24 août.

Historique.

*Pendant la Révolution.* — C. du cant. de Limogne et du district de Cahors.

*Avant la Révolution.* — C^té de la sub-dél. de Caussade et de l'élection de Montauban. — Paroisse sous l'invocation de St-Barthélemy (780 p.). — Cette c^té payait 5766 livres d'impositions ; ses charges locales ord. étaient de 150 livres ; sa population de 1050 hab.

Le château de Varaire était l'apanage de Bertrand de Cardaillac, qui fonda la maison de Cardaillac-Varaire-Privezac ; son frère avait fondé celle de Cardaillac-Brengues. — Un des membres de cette famille, François de Cardaillac devint évêque de Cahors, en 1389.

*Anciennes mesures :* Canne = 2^m 003. — Canne carrée = 4^m.^c. 0127. — Les autres mesures de Varaire étaient celles de Limogne.

*Antiquités :* Vestiges de la voie romaine de Bordeaux à Lyon.

VARGUES, *h.*, c. de Bannes.
VARLUS, *h.*, c. de St-Denis (Catus).
VASSALEZ, *h.*, c. de Lamagdelaine.
VASSAUDIE (la), *ch.*, c. de Martel.
VAURÈS, *h.*, c. de Cressensac.
VAUX, *m.*, c. de Flaugnac.

**VAYLATS**, c., cant. de Lalbenque, arr. de Cahors. — ⊠ de Lalbenque. — Percept. de Bach. — ♂ (872 p.). — Débit de tabac. — Notaire.

*Géographie :* Superf. 2661 hect. — 942 hab. — Alt. moy. 301^m. — Terrain jurassique moyen. — Gisements de phosphates de chaux.

Principaux v. et h. : Vaylats (225 hab.).

Voies de c^on : Route dép^le n° 19, de Figeac à Caussade ; — chem. vic. de g. c^on n° 12, de Castelnau à Limogne ; — chem. vic. d'int. com. n° 61, de St-Cirq-Lapopie à Vaylats ; — 4 chem. vic. ord.

Distances : au chef-l. de cant. 8 k. ; au chef-l. d'arr. et de départ. 25 k.

*Statistique :* 267 Electeurs. — 12 Cons. mun.

Principal des 4 cont. dir. 5942 fr.

Revenus de la commune, 298 fr.

*Instruction :* Ecole c^le laïque de garç. (47 élèves) ; — école c^le congrég. de filles (51 élèves).

*Produits agricoles :* Blé, maïs, avoine, vin, truffes. — Bois.

*Commerce et Industries :* 2 cabarets ; — café. — Foires le 5 mars, le 15 mai, la veille du 1^er dimanche d'août et le 18 octobre. — Fête patr., le 1^er août.

Historique.

*Pendant la Révolution.* — C. du cant. de Lalbenque et du district de Cahors.

*Avant la Révolution.* — C^té de la sub-dél. de Caussade et de l'élection de Montauban. — Paroisse sous l'invocation de St-Pierre ès-liens (740 p.). — Cette c^té payait 3811 livres d'impositions ; ses charges locales ord. étaient de 117 livres ; sa population de 650 hab.

*Anciennes mesures :* Les mesures de Vaylats étaient celles de Lalbenque.

**VAYRAC**, c., chef-l. de cant. de l'arr. de Gourdon. — ⊠, ▥ et Percept. — ▤ de St-Denis. — ♂ de Vayrac (1726 p.) et de Mézels (310 p.). — Rec.-buraliste et débit de tabac. — Notaire. — Brigade de gendarmerie à pied.

*Géographie :* Superf. 1627 hect. — 1852 hab. — Alt. moy. 180^m. — Cette c. s'étend sur le trias et le lias.

Principaux v. et h. : Vayrac (1017 hab.) et Mézels (293 hab.), à 3 k. 500 de Vayrac.

Cours d'eau : Rivière de la Dordogne (bac de Mézels). — Ruisseaux de la Sourdoire et de la Tourmente.

Voies de c^on : Route dép^le n° 3, de Sarlat à Aurillac ; — chem. vic. de g. c^on n° 5, de Vayrac à Turenne ; — chem. vic. d'int. com. n° 12, de Carennac à la route dép^le n° 15 ; — 7 chem. vic. ord.

Distances : au chef-l. d'arr. 48 k. ; au chef-l. de départ. 84 k.

*Statistique :* 585 Electeurs. — 16 Cons. mun.

Principal des 4 cont. dir. 13841 fr.

Revenus de la commune, 5122 fr.

Bureau de bienfaisance (revenu annuel 1954 fr.). — Société de secours mutuels (120 membres ; — 450 fr. de revenu).

*Instruction :* Ecole c^le laïque de garç. (75 élèves) ; — école c^le congrég. de filles (100 élèves). — Ecole congrég. mixte de h. à Mézels (25 élèves).

*Produits agricoles :* Céréales, vin, tabac, betteraves, fruits.

*Commerce et Industries :* Moulins à farine sur la Sourdoire. — Briqueterie. — 11 hôtels ou auberges ; — 10 cabarets. — 15 cafés. — Foires le 1^er et le 17 de chaque mois. — Marché le jeudi de chaque semaine. — Halle aux grains. — Fête patr., le 11 novemb.

*Historique.*

*Pendant la Révolution.* — Vayrac formait les 2 c. de Vayrac et de Mezels, du cant. de Vayrac et du district de St-Céré.

*Avant la Révolution.* — Vayrac formait 2 c^tés :

1º C^té de Vayrac (subdél. de Gourdon et élection de Figeac) : payait 14712 livres d'impositions ; ses charges locales ord. étaient de 656 livres. — Paroisse sous l'invocation de St-Martin ;

2º C^té de Mezels (subdél. de Souillac et élection de Cahors) : payait 2028 livres d'impositions ; ses charges locales ord. étaient de 71 livres. —Paroisse sous l'invocation de St-Maurille (244 p.).

En 1387, Vayrac était occupé par les Anglais, qui n'évacuèrent cette localité que moyennant une forte rançon.

*Anciennes mesures :* Les mesures de Vayrac étaient celles de Martel.

*Antiquités :* Retranchements de Puy-d'Issolud (de nombreux savants admettent que le Puy-d'Issolud est l'emplacement du célèbre *Uxellodunum*). — Eglise fortifiée du XVᵉ siècle.

*Hommes célèbres :* L'abbé Jean de Vayrac est né dans cette localité, en 1660.

VAYROLS, h., c. de Flaujac (Cahors).
VAYSSAC, h., c. de Nozac.
VAYSSAYRÉ, m. e., c. de Montcabrier.
VAYSSE, m. e., c. de Belfort.
VAYSSE, v., c. de Lherm.
VAYSSE (la), h., c. de Martel.
VAYSSE (la), h., c. de Sénaillac.
VAYSSET (bas et haut), h., c. de [Montdoumerc].
VAYSSIÉ, h., c. de Durbans.
VAYSSIÈRE (la), i., c. de Durbans.
VAYSSIÈRE (la), h., c. de Gignac.
VAYSSIÈRES, h., c. de Montfaucon.
VAYSSIÈRES, h., c. de Prudhomat.
VAYSSOU, h., c. de Montvalent.
VÈDES, h., c. de Touzac.
VÉDRINE, h., c. de Gréalou.
VELLES, h., c. de Vers.
VEMIÈRES, m., c. de Villesèque.
VENDOU, h., c. de Cuzance.
VENTAILLAC, h., c. de Pern.
VENTAILLAC, h., c. de St-Cernin.
VENTAL (le), h., c. de Prendeignes.
VENTALAYX, ch., c. de Montcuq.
VENTALOU, h., c. de Thégra.
VENTAUREL, h., c. de St-Daunès.

VENTE (la), h., c. de Prendeignes.
VENTÉJOULS, h., c. de Fajoles.
VENTEPLUME, f., c. de Lalbenque.
VENTEYOUL, i., c. de Sauzet.
VENTINEL, h., c. de Montgesty.
VER (le), i., c. de Camboulit.
VER (le), i., c. de Capdenac.
VER (le), i., c. de Faycelles.
VER (le), i., c. de Planioles.
VER (le), i., c. de Viazac.
VERBIGUIÉ, h., c. de Frayssinhes.
VERDAL, m. e., c. de Sousceyrac.
VERDALE, h., c. de Cressensac.
VERDÉRERIE (la), h., c. de Gignac.
VERDIÉ, h., c. de Thégra.
VERDIÉ (le), h., c. de Cornac.
VERDIÉ (le), h., c. de Linac.
VERDIER, h., c. de Castelnau.
VERDIER, m. e., c. de Cazillac.
VERDIER, h., c. de Vayrac.
VERDIER (bas et haut), h., c. de Bétaille
VERDIER (le), h., c. de Cajarc.
VERDOIRE, h., c. de Lacave.
VERDUS (les), h., c. des Junies.
VERDUS (les), h., c. de Prayssac.
VERGNE, h., c. de Concots.
VERGNE, h., c. de Fajoles.
VERGNE, h., c. de Reyrevignes.
VERGNES, h., c. de Dégagnac.
VERGNES, h., c. de Mauroux.
VERGNES (les), i., c. de Labastide-[du-Vert].
VERGNOLE, h., c. de Thégra.
VERGNOLET, h., c. de Thégra.
VERLIÈS (bas et haut), h., c. de Saint-[Martin-de-Vers].
VERNEJOUL, h., c. de Belmont (Breteuoux)
VERNEJOUL, h., c. de Cornac.
VERNEL, h., c. de Montfaucon.
VERNEUIL, h., c. de St-Sozy.
VERNHOL, h., c. de St-Médard-de-P.
VERNHOLAT, m., c. de Montfaucon.
VERNILLOU, i., c. de Belfort.
VERNIQUE, h., c. d'Issendolus.
VERNOLIS, i., c. de Laroque-des-Arcs.
VERNOULADE (la), h., c. de St-Cirgues.
VERNOULAT, h., c. de Montfaucon.
VERNOULIE (la), h., c. de St-Céré.
VEROUTOUS, h., c. d'Alvignac.
VERRERIE, i., c. de Douelle.

**VERS**, c., cant. de St-Géry, arr. de Cahors. — ⊠ et Percept. de St-Géry. — ☐ (950 p.). — Rec.-buraliste.
*Géographie :* Superf. 1794 hect. — 819 hab. — Alt. moy. 261 ᵐ. — Terrain ju-

rassique moyen. — Dépôt ferrugineux de la formation tertiaire.

Principaux v. et h. : Vers (367 hab.); — le Causse et Sauliès (170 hab.), à 4 k. 500 de Vers ; — le Cuzoul (40 hab.), à 3 k. ; — Pech-Picou (25 hab.), à 1 k. ; — St-Crépin (30 hab.), à 4 k. ; — Trégantou (60 hab.), à 5 k.

Cours d'eau : Rivière du Lot (bac). — Ruisseau de Vers (pont).

Voies de c<sup>on</sup> : Route dép<sup>le</sup> n° 13, de Cahors à Figeac ; — chem. vic. de g. c<sup>on</sup> n° 33, de Vers à Figeac ; — chem. vic. d'int. com. n° 13, de Vers à Pélacoy ; — chem. vic. ord.

Distances : au chef-l. de cant. 5 k. ; au chef-l. d'arr. et de départ. 15 k.

*Statistique* : 252 Electeurs. — 12 Cons. mun.

Principal des 4 cont. dir. 6146 fr.

Revenus de la commune 463 fr.

Bureau de bienfaisance (revenu annuel 42 fr.).

*Instruction* : Ecole c<sup>le</sup> laïque de garç. (56 élèves); — école c<sup>le</sup> congrég. de filles (40 élèves).

*Produits agricoles* : Céréales, vin, tabac, fourrages.

*Commerce et Industries* : 6 moulins à farine ; — carderie et scierie sur le ruisseau de Vers. — 2 auberges ; — cabaret ; — 3 cafés. — Foires le lundi après Quasimodo, les 31 mai, 26 octob. et 9 décemb. — Fête patr., le 25 octobre.

Historique.

*Pendant la Révolution.* — C. de Vers et Velles, du cant. de St-Géry et du district de Cahors.

*Avant la Révolution.* — C<sup>té</sup> de Vers et Velles, de la subdél. et de l'élection de Cahors. — Paroisses de Vers, sous l'invocation de St-Crépin et de Velles, sous l'invocation de St-Etienne (1430 p.). Cette c<sup>té</sup> payait 8237 livres d'impositions ; ses charges locales ord. étaient de 150 livres.

Vers était une des villes basses du Quercy, qui avaient le droit d'être représentées aux Etats de la province. — Cette localité fut occupée par les Anglais durant la guerre de cent ans et les consuls de Cahors en firent démolir le château-fort, en 1374, pour enlever aux ennemis ce lieu de refuge.

*Anciennes mesures* : Les mesures de Vers étaient celles de Cahors.

*Antiquités* : Restes de l'aqueduc romain qui conduisait à Cahors les eaux du ruisseau de Vers. — Chapelle romane, (ancienne église paroissiale de Velles).

**Vers**, h., c. de Castelnau.

**Vers**, i., c. de St-Pantaléon.

**Versailles**, i., c. de Montfaucon.

**Versailles** (Petit), i., c. de Cahors.

**Versane** (la), i., c. de St-Sozy.

**Vert**, h., c. de Mauroux.

**Vert** (le), i., c. de Flaujac (Cahors).

**Vert** (le), i., c. de Mechmont.

**Vert** (le), h., c. de Roufflac.

**Vert** (le), h., c. d'Ussel.

**Verteillac**, i., c. de Dégagnac.

**Very** (*Moulin de*), i., c. de Lavercantière.

**Vespié**, h., c. de Gorses.

**Vessierou**, h., c. de Montfaucon.

**Veyrac**, h., c. de Calviac.

**Veyrac**, i., c. de Planioles.

**Veyrazet**, h., c. de Montvalent.

**Veyres**, h., c. de Bagnac.

**Veyres**, h., c. de Linac.

**Veyrières** (les), m. e., c. de Concorès.

**Veyssié**, h., c. de Gramat.

**Veyssière**, i., c. de Quissac.

**Veyssière** (la), h., c. de Sénaillac (Lauzès)

**Veyssières**, h., c. de Prudhomat.

**Vezinet**, h., c. de Ginouillac.

**Veziou**, m. e., c. de Boissières.

**Vialan**, h., c. d'Assier.

**Vialaret**, h., c. de Lalbenque.

**Vialars**, v., c. de Laramière.

**Vialat**, h., c. de St-Cirgues.

**Viale-Nègre**, h., c. de Lentillac (St-Céré).

**Vialengues**, m., c. de Linac.

**Vialoles**, h., c. de Cabrerets.

**Vialosse**, h., c. d'Issendolus.

**Vialou**, h., c. de Bannes.

**Viarnès**, h., c. de Cabrerets.

**VIAZAC**, c., cant. de Figeac (est), arr. de Figeac. — ✉, ▨, ▨ et Percept. de Figeac. — ⚓ (640 p.).

*Géographie* : Superf. 1774 hect. — 666 hab. — Alt. moy. 389 <sup>m</sup>. — Terrain granitique où le feldspath rouge prédomine.

Principaux v. et h. : Viazac (26 hab.); — Caviole (102 hab.), à 1 k. de Viazac ; — Laboudie et Cayrigues (138 hab.), à 5 k. ; — Lapeyronie (53 hab.), à 2 k.; — Larroumiguière (65 hab.), à 4 k.

Cours d'eau : Le Célé et les ruisseaux de Burlande et du Bervezou.

Voies de c<sup>on</sup> : Route na<sup>le</sup> n° 122, de

Toulouse à Clermont ; — chem. vic. d'int. com. n° 84, de Rouqueyroux au Colombié et chem. d'int. com. n° 88, de Viazac à St-Perdoux ; — 5 chem. vic. ord.

Distances : au chef-l. de cant. et d'arr. 6 k. ; au chef-l. de départ. 77 k.

*Statistique :* 226 Electeurs. — 12 Cons. mun.

Principal des 4 cont. dir. 3565 fr.

Revenus de la commune, 62 fr.

Bureau de bienfaisance (revenu annuel 100 fr.).

*Instruction :* Ecole c^le laïque de garç. (35 élèves) ; — école c^le laïque de filles (33 élèves).

*Produits agricoles :* Céréales, pommes de terre, châtaignes. — Fourrages.

*Commerce et Industries :* Moulin à farine et four à chaux. — 3 cabarets. — Fête patr., le 25 juillet.

Historique.

*Pendant la Révolution.* — C. du cant. et du district de Figeac.

*Avant la Révolution.* — C^té de la sub-dél. et de l'élection de Figeac. — Paroisse sous l'invocation de St-Christophe (800 p.) — Cette c^té payait 7383 livres d'impositions ; ses charges locales ord. étaient de 184 livres.

*Anciennes mesures :* La principale mesure de vin de Viazac portait le nom de charge et contenait 133^litres 76 (la charge se subdivisait en 2 comportes, la comporte en 32 pintes et la pinte en 4 pauques). — Les autres mesures de cette c^té étaient celles de Figeac.

VIAZAC, *h.*, c. de Livernon.
VIC, *h.*, c. de Capdenac.
VICARI, *i.*, c. de Belfort.
VICARY, *i.*, c. de Fargues.
VICHELES, *f.*, c. de Livernon.
VICOMTESSE, *f.*, c. de Figeac.

**VIDAILLAC**, c., cant. de Limogne, arr. de Cahors. — ⊠ et Percept. de Limogne. — ⚲ (500 p.). — Débit de tabac.

*Géographie :* Superf. 947 hect. — 447 hab. — Alt. moy. 372 ^m. — Terrain jurassique moyen. — Traces de gisements de phosphates de chaux.

Principaux v. et h. : Vidaillac (267 hab.) ; — Lapoujade (74 hab.), à 1 k. 500 de Vidaillac ; — Marion (62 hab.), à 2 k. 500.

Cours d'eau : Ruisseau de Bàlat qui s'engouffre dans la c. de Saillac.

Voies de c^on : Chem. vic. d'int. com.

n° 4, de St-Martin-Labouval à Puylagarde ; — chem. vic. d'int. com. n° 32, de St-Jean-de-Laur à Jamblusse ; — chem. vic. d'int. com. n° 79, de Varaire à Villefranche ; — 2 chem. vic. ord.

Distances : au chef-l. de cant. 7 k. ; au chef-l. d'arr. et de départ. 40 k.

*Statistique :* 123 Electeurs. — 10 Cons. mun.

Principal des 4 cont. dir. 2934 fr.

Revenus de la commune, 250 fr.

*Instruction :* Ecole c^le laïque de garç.

*Produits agricoles :* Blé, avoine, fourrages, vin.

*Commerce et Industries :* 2 cabarets. — Fête patr., le 6 août.

Historique.

*Pendant la Révolution.* — C. du cant. de Limogne et du district de Cahors.

*Avant la Révolution.* — C^té de la subdél. de Caussade et de l'élection de Montauban. — Paroisse sous l'invocation de St-Pierre ès-liens (432 p.). — Cette c^té payait 5579 livres d'impositions ; ses charges locales ord. étaient de 298 livres ; sa population de 450 hab.

*Anciennes mesures :* Canne = 2^m 003. — Canne carrée = 4^m. c. 0127. — Sétérée = 61 ^arcs 6353 (la sétérée se subdivisait en 8 quartonats, le quartonat en 6 pennes, la penne en 4 pennons). — Quarte = 24 ^litres 028 (la quarte se subdivisait en 4 pugnères). — Barrique = 212 ^litres 35 (la barrique se subdivisait en 5 setiers et le setier en 64 pauques).

VIDAILLAC, *f.*, c. de Figeac.
VIDAILLAC, *h.*, c. de Vaylats.
VIDAL, *i.*, c. de Belfort.
VIDAL, *m. e.*, c. de Douelle.
VIDAL, *h.*, c. de Rouffillac.
VIDALE (la), *h.*, c. de Fargues.
VIDALIÉ (le), *h.*, c. de Sonac.
VIDALIS, *h.*, c. de Cuzance.
VIDALOT, *i.*, c. de Belmontet.
VIDALOU, *h.*, c. de Cassagnes.
VIDELLES, *h.*, c. de Frayssinet.
VIDISCLE (la), *h.*, c. de Ste-Alauzie.
VIDON (bas et haut), *h.*, c. de St-Matré.
VIEILLES-VIGNES, *h.*, c. de Ste-Eulalie.
VIELCANET, *h.*, c. de Gorses.
VIELFOUR (bas et haut), *h.*, c. de Gignac.
VIELFOY, *m.*, c. de Bannes.
VIELLE, *m. e.*, c. de Payrignac.
VIERNES, *h.*, c. d'Escamps.
VIÈS, *i.*, c. de St-Cirq-Lapopie.
VIEUX-LE-VERT, *m.*, c. de Montcuq.

Vieyres, *h.*, c. de Lamativie.
Viezac, *h.*, c. de Livernon.
Vigairie (la), *h.*, c. de Prendeignes.

**Vigan** (le), c., cant. et arr. de Gourdon.
— ⊠ et ▥ de Gourdon. — Percept. —
☦ (1800 p.). — Débit de tabac.—Notaire.
*Géographie :* Superf. 3451 hect. — 1696
hab. — Alt. moy. 320 ᵐ. — Terrain jurassique supérieur.
Principaux v. et h. : Le Vigan (490
hab.); — Dardennes (54 hab.), à 1 k. du
Vigan ; — Lamolière (57 hab.), à 4 k.; —
Lavayssière (80 hab.), à 3 k.; — Negre-
feuille (37 hab.), à 6 k.; — Revers (55
hab.), à 5 k.
Cours d'eau : Ruisseau du Bléou.
Voies de cᵒⁿ : Route natˡᵉ nᵒ 20, de
Paris à Toulouse ; — routes dépˡᵉˢ nᵒ 1,
de Mende à Sarlat, nᵒ 4, de Cahors à
Gourdon et nᵒ 8, de Payrac à Fumel ; —
4 chem. vic. ord.
Distances : au chef-l. de cant. et d'arr.
5 k. ; au chef-l. de départ. 43 k.
*Statistique* : 518 Electeurs. — 16 Cons.
mun.
Principal de 4 cont. dir. 11084 fr.
Revenus de la commune, 453 fr.
Bureau de bienfaisance (revenu annuel
367 fr.).
*Instruction* : Ecole cˡᵒ laïque de garç.
(118 élèves); — école cˡᵉ congrég. de filles
(105 élèves).
*Produits agricoles* : Céréales, vin, noix,
châtaignes, fourrages.
*Commerce et Industries* : 12 moulins à
farine sur le Bléou. — auberge ; — 5 cabarets, 2 cafés. — Foires le 12 janv., le
1ᵉʳ lundi de carême, les 2 mai, 2 août, 17
octobre et 15 décembre. — Fête patr., le
3ᵉ dimanche d'octobre.

Historique.

*Pendant la Révolution.* — C. du cant.
et du district de Gourdon.
*Avant la Révolution.* — Cᵗᵉ de la subdél. de Gourdon et de l'élection de Cahors. — Paroisse sous l'invocation de
St-Gal (1680 p.). — Cette cᵗᵉ payait 14439
livres d'impositions ; ses charges locales
ord. étaient de 438 livres.
Le bourg du Vigan avait autrefois un
chapitre qui devait son origine à une
donation faite, en 1083, par Géraud iii,
évêque de Cahors. — En 1183, l'archevêque de Bourges confirma le chapitre
du Vigan dans la possession des églises
de Gourdon, de Masclat et de Ginouillac.
— En 1309, l'évêque de Cahors fit de

nouveaux statuts pour ce chapitre et
ordonna que dorénavant la dignité d'abbé
serait toujours attachée à l'évêché de
Cahors. — Au moment de la Révolution,
le chapitre du Vigan était composé de
12 chanoines.
*Anciennes mesures :* Les mesures du
Vigan étaient celles de Gourdon.
*Antiquités :* Eglise gothique (mon.
hist.) servant aujourd'hui d'église paroissiale et qui appartenait, avant 1789,
au chapitre du Vigan. — Ruines de 2
châteaux.

Vigayral (le), *h.*, c. de Catus.
Vigayries, *h.*, c. de St-Daunès.
Vigerie (la), *m.*, c. de Cressensac.
Vignac, *h.*, c. de Lamothe-Fénelon.
Vignal, *h.*, c. de Duravel.
Vignal (le), *h.*, c. d'Albas.
Vignal (le), *h.*, c. de Lachapelle-Auz.
Vignal (bas et haut), *h.*, c. du Vigan.
Vignals, *h.*, c. de Duravel.
Vignals, *h.*, c. de Frayssinet-le-Gél.
Vignals, *h.*, c. de Lascabanes.
Vignals, *h.*, c. de St-Pantaléon.
Vignals (les), *i.*, c. de Pradines.
Vignals (les), *h.*, c. de Thédirac.
Vignals-d'Auzac, *h.*, c. de St-Projet.
Vignasse (la), *h.*, c. de Beaumat.
Vigne-Combe, *h.*, c. de Duravel.
Vignes-Vieilles, *i.*, c. de Cieurac.
Vigne-Grande, *i.*, c. de St-Matré.
Vignet, *i.*, c. de Lebreil.
Vignette, *h.*, c. de Luzech.
Viguié, *m.*, c. de Castelnau.
Viguié, *m.*, c. de Flaugnac.
Viladie, *h.*, c. de Puy-l'Evêque.
Vilary, *h.* et *u.*, c. de Catus.
Vilas, *i.*, c. de Belfort.
Vileterne, *h.*, c. de Lhospitalet.
Villajou (le), *h.*, c. de Lachapelle-A.
Villas, *ch.*, c. de St-Daunès.
Villas, *m.*, c. de Flaugnac.
Villassac, *m.*, c. de Flaugnac.
Ville (la), *h.*, c. de Lavercantière.
Villeneuve, *h.*, c. de Miers.
Villeneuve, *h.*, c. de Pinsac.
Villeneuve, *h.*, c. de St-Sozy.
Villers, *h.*, c. de Bio.

**Villesèque**, c., cant. de Luzech, arr.
de Cahors. — ⊠ de Luzech. — Percept.
de Sauzet — ☦ de Villesèque (550 p.) et
de Trébaïx (360 p.). — Débit de tabac.
*Géographie :* Superf. 2354 hect. — 861
hab. — Alt. moy. 299 ᵐ. — Cette c. se
trouve sur la limite des terrains juras-

siques supérieurs et des terrains tertiaires.

Principaux v. et h. : Villesèque (181 hab.) et Trébaïx à 3 k. de Villesèque.

Voies de c<sup>on</sup> : Routes dép<sup>les</sup> n° 11, de Cahors à Lauzerte et n° 17, de Villesèque à Agen ; — chem. vic. d'int. com. n° 34, de Mercuès à Montcuq et n° 77 de Cahors à St-Pantaléon ; — 6 chem. vic. ord.

Distances : au chef-l. de cant. 16 k. au chef-l. d'arr. et de départ. 15 k.

Curiosités : Grotte assez vaste.

*Statistique :* 287 Electeurs. — 12 Cons. mun.

Principal des 4 cont. dir. 5874 fr.

Revenus de la commune, 151 fr.

*Instruction :* Ecole c<sup>le</sup> laïque de garç. (43 élèves) ; — école c<sup>le</sup> congrég. de filles (40 élèves).

*Produits agricoles :* Blé, vin, noix.

Fêtes patr. le 24 juin à Villesèque et le 22 juillet à Trébaïx.

Historique.

*Pendant la Révolution.* — Villesèque formait les c. de Villesèque et de Trébaïx du cant. de Luzech et du district de Cahors.

*Avant la Révolution.* — Villesèque formait 2 c<sup>tés</sup> de la subdél. de Lauzerte et de l'élection de Cahors :

1° C<sup>té</sup> de Villesèque : payait 2860 livres d'impositions ; ses charges locales ord. étaient de 95 livres ;—paroisse sous l'invocation de St-Michel (373 p.) ;

2° C<sup>té</sup> de Trébaïx : payait 2877 livres d'impositions ; ses charges locales ord. étaient de 88 livres ; paroisse sous l'invocation de S<sup>te</sup>-Marie-Madeleine (390 p.).

En 1597, la justice de Villesèque fut achetée par les consuls de Cahors.

*Anciennes mesures :* Les mesures de Villesèque étaient celles de Cahors.

VILLESÈQUES, *h.*, c. de Rouffillac.

VILLOIRES, *h.*, c. de Cassagnes.

VINADE, *h.*, c. d'Alvignac.

VINAGROU, *h.*, c. de Concots.

VINNAL, *h.*, c. de Valroufié.

VINTEJOUL, *i.*, c. de Soulomès.

VIORS, *h.*, c. de Cuzance.

VIRAT, *h.*, c. de St-Sozy.

VIRBIGUIÉ, *h.*, c. de Frayssinhes.

VIRE, c., cant. de Puy-l'Evêque, arr. de Cahors. — ⊠ de Puy-l'Evêque. — ▦, ▦ et Percept. de Duravel. — ♀ (550 p.). — Débit de tabac.

*Géographie :* Superf. 769 hect. — 490 hab. — Alt. moy. 103 <sup>m</sup>. — Terrain jurassique supérieur.

Principaux v. et h. : Vire ; — Arquiès (42 hab.), à 0 k. 780 de Vire ; — Bru (47 hab.), à 2 k. 050 ; — Brouel (23 hab.), à 0 k. 650 ; — Pis (56 hab.), à 2 k. 850 ; — Port-de-Vire (55 hab.), à 0 k. 450.

Cours d'eau : Rivière du Lot (bac).

Voies de c<sup>on</sup> : Chem. vic. de g. c<sup>on</sup> n° 8, de Cahors à Touzac et chem. vic. de g. c<sup>on</sup> n° 44, de Puy-l'Evêque à Tournon ; — chem. vic. d'int. com. n° 9, de Floressas à Villefranche ; — 5 chem. vic. ord.

Distances : au chef-l. de cant. 6 k. ; au chef-l. d'arr. et de départ. 39 k.

*Statistique :* 170 Electeurs. — 10 Cons. mun.

Principal des 4 cont. dir. 5554 fr.

Revenus de la commune, 67 fr.

Bureau de bienfaisance (revenu annuel 249 fr.).

*Instruction :* Ecole c<sup>le</sup> laïque de garç. (21 élèves) ; — école c<sup>le</sup> laïque de filles (27 élèves).

*Produits agricoles :* Céréales, vin, tabac.

*Commerce et Industries :* Auberge. — Fête patr., le 11 juin.

Historique.

*Pendant la Révolution.* — C. du cant. de Duravel et du district de Cahors.

*Avant la Révolution.* — C<sup>té</sup> de la subdél. de Prayssac et de l'élection de Cahors. — Paroisse sous l'invocation de St-Pierre ès-liens (452 p.). — Cette c<sup>té</sup> payait 4397 livres d'impositions ; ses charges locales ord. étaient de 69 livres.

*Anciennes mesures :* Les mesures de Vire étaient celles de Touzac.

VIRCOLOU (*moulin de*), c. de Lavercantière.

VIRGOURDIÉ (la), *h.*, c. de Sarrazac.

VIROLES, *h.*, c. de Prudhomat.

VIROLLE, *i.*, c. de St-Sozy.

VIROUSTOU, *i.*, c. de Rocamadour.

VISTE, *i.*, c. du Boulvé.

VIT (la), (basse et haute), *h*, c. du Boulvé.

VITAILLOU, *i.*, c. de Comiac.

VITALIE (la), *h.*, c. de Prendeignes.

VITAREL, *h.*, c. de Soucirac.

VITAREL, *h.*, c. de Thégra.

VITARELLE (la), *h.*, c. de Cambes.

VITARELLE (la), *h.*, c. de Castelnau.

VITARELLE (la), *h.*, c. de Gramat.

VITARELLE (la), *h.*, c. de Montet et [Bouxal].

VITARELLE (la), *h.*, c. de Pomarède.
VITARELLE (la), *h.*, c. de Salviac.
VITARELLE (basse et haute) (la), *i.*, c. [de Gagnac].
VITARELLE-DE-COMBART (la), *h.*, c. de [Gorses].
VITARELLES, *h.*, c. de Calès.
VITARELLES, *h.*, c. de Crayssac.
VITARELLES, *h.*, c. de Dégagnac.
VITARELLES, *h.*, c. d'Esclauzels.
VITARELLES, *h.*, c. de Léobard.
VITARELLES, *h.*, c. de Montfaucon.
VITARELLES, *h.*, c. de Puy-l'Evêque.
VITARELLES-CAPICHOU, *h.*, c. de Sousceyrac
VITARELLES-CASTANIÉ, *h.*, c. de Calviac.

VITARELLES-LHERM, *i.*, c. de Calviac.
VITARELLES-MARGUIL, *h.*, c. de Sousceyrac.
VITARELLES-MIRZIOLS, *h.*, c. de Lamativie.
VITARELLES-ROUGE, *h.*, c. de Calviac.
VITARELLES-SARRAGOSSE, *h.*, c. de [Sousceyrac].
VITARELLES-SÉGÉRIE, *i.*, c. de Sousceyrac.
VITATERNE, *h.*, c. de Cahors.
VITRAC, *i.*, c. des Junies.
VITROQUE (la), *h.*, c. de St-Céré.
VIVINIÈS, *h.*, c. de St-Jean-de-Laur.
VOL, *h.*, c. de Frontenac.
VORMES, *h.*, c. de Vayrac.
VOULADE (la), *h.*, c. de St-Sozy.
VOURNAC, *i.*, c. de Montfaucon.

# Z

ZACHARIAS, *h.*, c. de Crégols.
ZAYRÉ, *h.*, c. de Quissac.

ZET (le), *h.*, c. de St-Cirgues.
ZON, *i.*, c. de Rouffiac.

---

# CHANGEMENTS SURVENUS EN COURS D'IMPRESSION

---

Par décisions ministérielles, un bureau de poste a été créé à Concots, le 7 février 1881 et un bureau télégraphique a été ouvert à Cazals, le 21 mars suivant.

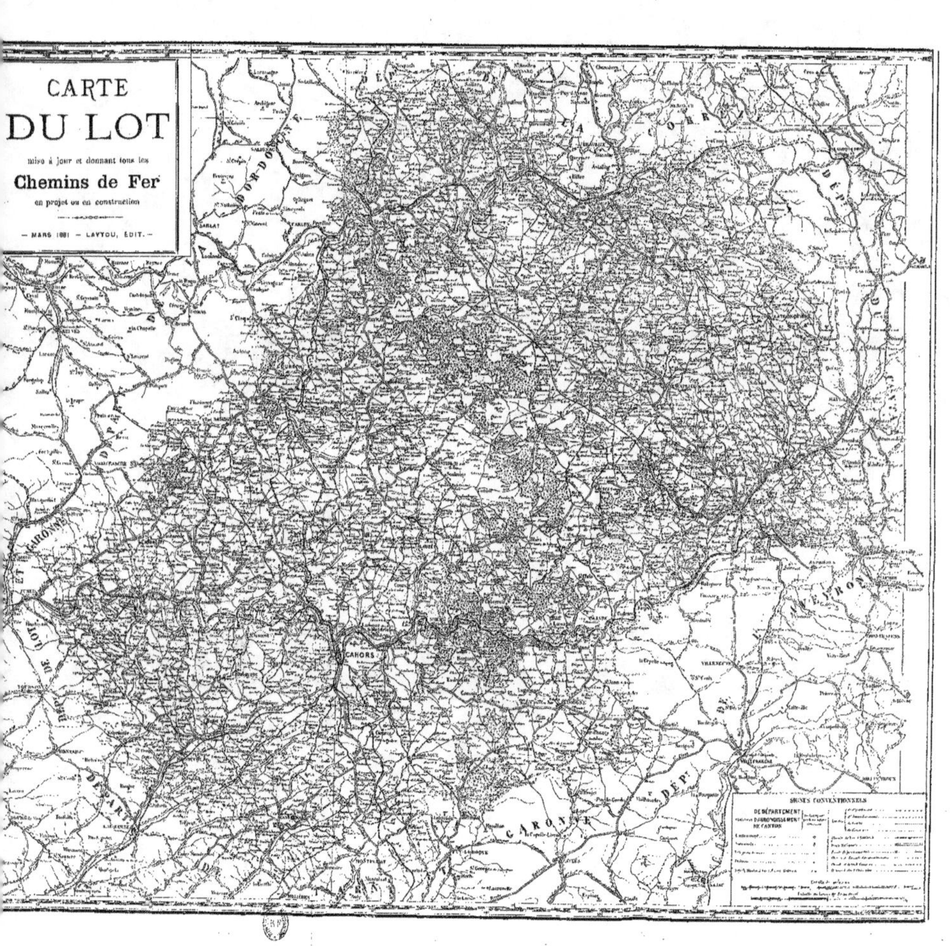

CARTE
DU LOT
mise à jour et donnant tous les
Chemins de Fer
en projet ou en construction
— MARS 1881 — LAYTOU, ÉDIT. —
CAHORS
SIGNES CONVENTIONNELS

Imprimés Administratifs et Commerciaux
Journal du Lot
Publications périodiques
IMPRIMERIE
IMPRIMERIE A. LAYTOU, RUE DU LYCÉE, 34-36, CAHORS